東洋古典譯註叢書 107-1

譯註 墨子閒詁 7

附 索引

校注 孫詒讓
책임번역 李相夏
공동번역 邊球鎰

전통문화연구회

東洋古典譯註叢書를 발간하면서

우리의 古典國譯事業은 민족문화 진흥의 기초사업으로 1960년대부터 政府 支援으로 古文獻 現代化 작업을 추진하여 많은 成果를 거두었다. 당시 이 사업 추진의 先行課題로 東洋古典이라 일컬어지는 중국의 基本古典을 먼저 飜譯하여야 한다는 學界의 주장이 있었음에도 불구하고 우리 고전이 아니라는 일부의 偏狹한 視角과 財政 事情 등으로 인하여 배제되어 왔다.

전통적으로 중국의 기본고전은 우리 歷史와 함께 숨쉬며 각종 교육기관의 教科書로 활용됨은 물론이고 지식인들의 必讀書가 되어 왔으며, 우리 文化의 基底에 자리잡고 거의 모든 방면의 體系와 根幹을 형성하여 왔다. 그래서 학문연구의 기본서 역할을 해 왔을 뿐만 아니라 오늘날에도 우리의 國學徒 및 東洋學 硏究者들에게 같은 역할을 하고 있음은 주지의 사실이다. 그럼에도 불구하고 中國古典은 우리 것이 아니라 하여 專門機關의 飜譯對象에 포함하지 않음으로써, 대부분 原典에서의 직접 번역이 아닌 重譯이나 拔萃譯의 방식이 주를 이루면서 教養水準으로 出版되어 왔다.

오늘날 東洋 三國 중에서 우리의 東洋學 연구가 가장 부진한 이유는, 東洋基本古典에 대한 폭넓은 이해의 부족과 漢文古典 讀解力의 저하에 기인함을 우리는 솔직히 인정하여야 한다. 따라서 이들 중국고전에 대한 신뢰할 만한 國譯이 이루어지는 것이 한국학 연구를 촉진시키는 시급한 先行課題라 할 수 있다.

이에 韓國學 및 東洋學의 연구와 古典現代化의 基盤構築을 위해서는, 전문기관으로 하여금 동양고전을 단기간에 각 분야의 專門 硏究者와 漢學者가 상호 협동하여 연구번역하여 飜譯의 傳統性과 效率性, 硏究의 專門性을 높일 수 있도록 政策的 配慮가 있어야 한다.

이에 本會에서는 元老 및 中堅 漢學者와 斯界의 專攻者로 하여금 協同研究飜譯하여 공부하는 사람들이 믿고 引用하거나 깊이 있는 註釋 등을 활용할 수 있게 하고, 知識人들의 教養을 증진시켜 줄 수 있는 東洋古典의 國譯書 간행을 지속적으로 추진해 왔다. 근래에 다행히 이 사업에 대하여 각계 지도층의 폭넓은 이해와 지원에 힘입어 2001년도부터 國庫補助를 받아 東洋古典譯註叢書를 간행하게 되었다. 이를 계기로 우리 先學의 註釋과 見解를 반영하는 등 국역사업의 內實을 기하게 되었음을 이 자리를 빌어 衷心으로 감사드리며, 아울러 國譯에 參與하신 관계자 여러분의 勞苦에 깊은 謝意를 표한다.

끝으로 우리의 이러한 작업은 오랜 역사 위에 축적된 先賢들의 業績과 現代學問을 이어주는 튼튼한 架橋와 礎石이 되어 진정한 韓國學과 東洋學 발전에 기여할 것을 굳게 믿으며, 21세기를 우리 文化의 世紀로 열어 가는 밑거름이 되도록 우리의 力量을 本 事業에 경주하고자 한다. 江湖諸賢의 부단한 관심과 지원을 기대해 마지않는다.

社團法人 傳統文化研究會 理事長 李啓晃

凡 例

1. 본서는 ≪譯註 墨子閒詁≫의 제7책이다.
2. 본서의 底本은 ≪墨子閒詁≫(孫詒讓, 中華書局, 2001)로 하되, ≪墨子閒詁≫(孫詒讓, 掃葉山房, 1907, 고려대학교 도서관 소장본), ≪墨子閒詁≫(孫詒讓, 1910, 續修四庫全書 수록본), ≪墨子閒詁≫(孫詒讓, 漢文大系 卷14, 富山房, 1913), ≪墨子注≫(畢沅, 經訓堂本, 1835), ≪郡經平議·墨子評議≫(兪樾, 世界書局, 1881), ≪墨子經說解≫(張惠言, 國粹學報館, 1909), ≪墨經校釋≫(梁啓超, 中華書局, 1922), ≪墨子集解≫(張純一, 文史哲出版社, 1932), ≪墨子斠證≫(王叔岷, 中央硏究員 歷史語言硏究所, 1959), ≪墨子 上·下≫ (新釋 漢文大系 卷50·51, 明治書院, 1972), ≪墨子雜志≫(王念孫, 墨子集成 卷9, 成文出版社, 1975), ≪墨子注≫(畢沅, 中華書局, 1985), ≪墨子校注≫(吳毓江, 中華書局, 2006) 등을 참고하였다.
3. 본서는 원전의 傳統性과 번역의 現代性을 구현하기 위해 노력하였다.
4. 原文에는 우리나라 전통방식의 懸吐를 하였다.
5. 原文은 저본의 體制에 따라 단락을 구분하고, 각 단락마다 일련번호를 부여하였다.
6. 飜譯은 原義에 충실하게 하되, 이해가 어려운 부분은 意譯 또는 補充譯을 하였다.
7. 飜譯文은 한글과 漢字를 混用하였으며, 맞춤법과 띄어쓰기는 한글 맞춤법과 표준어 규정을 따르는 것을 원칙으로 하였다.
8. 譯註는 校勘, 異說, 인용문의 出典, 故事, 역사적 사건, 전문용어, 難解語, 人物, 制度, 官職 등에 관한 사항을 밝혔다.
9. 校勘은 원문의 誤字, 脫字, 衍字, 倒文 등을 대상으로 하였다.
10. 각 篇마다 간략한 해설을 달아 독자의 이해를 돕고자 하였다.
11. 본서에 사용된 주요 符號는 다음과 같다.

   " " : 對話, 각종 引用

   ' ' : " " 안에서 再引用, 强調

   「 」: ' ' 안에서 再引用, 强調

( ) : 원문에서는 讀音이 다른 글자나 僻字의 音
　　번역문에서는 간단한 譯註
〔 〕: 번역문의 이해를 돕기 위한 原文의 漢字나 句節 표기
　　譯註에서 인용한 原文
≪ ≫ : 書名이나 典據
〈 〉: 篇章名, 作品名, 補充譯

12. 본서의 校勘에 사용된 符號는 다음과 같다.
( )〔 〕: (저본의 誤字)〔교감한 正字〕
〔 〕: 저본의 脫字 補充
( ) : 저본의 衍字

目 次

〔附錄 1〕- 索引

〔附錄 2〕- 參考資料

譯註 墨子間詁 7

제71편 잡수 雜守

이 편은 편명에서 알 수 있듯이 城을 수비하는 측에서 유념해야 할 여러 주제를 한데 모아 설명하고 있는데, 앞에서 守城에 대해 서술한 일련의 편들(〈備城門〉, 〈備高臨〉, 〈備穴〉, 〈備蛾傅〉, 〈旗幟〉, 〈號令〉 등)과 중복되는 부분이 적지 않다. 구체적으로는 土山을 쌓아 성을 공격하는 敵을 막는 방법, 烽火나 표지의 관리 방법, 民心을 다잡고 士氣를 북돋는 방법, 民家의 物資를 徵發하고 活用하는 방법, 성이 포위되어 위기에 처했을 때 糧食을 절약하는 방법, 人才를 알아보고 適材適所에 두어 쓰는 방법 등을 서술하고 있다.

71-1-1 禽子問曰[1] 客衆而勇하여 **輕(意)〔竟〕見威**하여

禽子가 물었다. "적이 무리가 많고 용감하여 쉽게 싸우며 威勢를 보여

輕意는 **義難通**하니 **意疑當爲竟之訛**요 **竟競古字通**하니 **與旗幟篇竟士義同**[2]이라 **輕竟**은 **言輕鬪**니 **猶下云重下輕去矣**라

'輕意'는 뜻이 통하지 않으니 '意'는 아마도 '竟'의 誤字가 되어야 할 듯하고, '竟'과 '競'은 古字에 통용되니 〈旗幟〉에 나오는 '竟士(용맹한 정예 군사)'와 뜻이 같다. '輕竟'은 쉽게 싸운다는 말이니 아래(71-1-11)에 '重下輕去(거듭 아래로 치면 쉽게 떠나가다)'라고 한 것과 같다.

71-1-2 以駭主人하고 **薪土俱上**하여 **以爲羊坽[3]**하고

主人(我軍)을 겁먹게 하고는, 땔나무와 흙을 함께 위에 더 얹어서 羊坽을 만들고

---

1) 禽子問曰 : 이하에 나오는 禽滑釐의 질문은 본서 6책 〈備高臨〉 53-1-1~6에도 보이는데, 문장이 다소 다르다.
2) 與旗幟篇竟士義同 : 본서 6책 69-1-4에 보인다.
3) 羊坽 : 성을 공략할 때 성벽에 올라가기 위해 높이 쌓아 올린 土山으로, 〈備高臨〉에 보이는 '羊黔'과 같은 말이다.

茅本作坽하니 **从今**이라

〈'埁'이〉 茅本에는 '坽'으로 되어 있으니 '今'으로 이루어져 있다.

71-1-3 積土爲高하여 **以臨民**하고

흙을 쌓아 높은 土山을 만들어서 〈우리〉 백성을 굽어보고

畢云 句脫一字[4]라

畢沅 : 이 句는 한 글자가 빠졌다.

71-1-4 蒙櫓俱前하여 **遂屬之城**하여

큰 방패로 몸을 가린 채 병사들이 함께 전진하여 마침내 城과 만나

畢云 民城爲韻이라 **詒讓案 埁亦合韻**이라

畢沅 : '民', '城'이 韻字이다.

詒讓案 : '埁' 또한 符合하는 韻이다.

71-1-5 兵弩俱上하면 **爲之柰何**잇고한대

子墨子曰 子問羊埁之守邪(야)아

병기와 쇠뇌를 들고 다 함께 올라오면 어떻게 해야 합니까?"

子墨子께서 말씀하셨다. "그대는 羊埁을 수비하는 방법을 묻는가?

舊本脫之字러니 **今據王校補**라

舊本에 '之'자가 빠졌는데, 지금 王念孫의 校勘에 의거하여 보충한다.

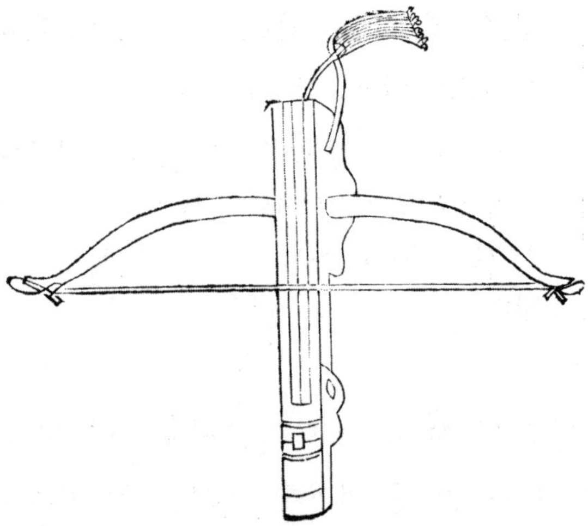

弩(쇠뇌)

4) 句脫一字 : 〈備高臨〉에는 '積土爲高 以臨吾城'으로 되어 있는바, 畢沅은 '吾'와 비슷한 뜻의 글자가 빠진 것으로 본 듯하다.

71-1-6 羊坽者攻之拙者也니 **足以勞卒**이요 **不足以害城**이라 **羊坽之(政)〔攻〕**에

羊坽이란 것은 공격 가운데 서툰 것이니, 〈자기〉 병졸을 피로하게 할 뿐이고 〈우리〉 성을 侵害할 수는 없다. 〈적이〉 양령으로 공격해 올 때

蘇云 政은 **當作攻**이라하다

蘇時學 : '政'은 '攻'이 되어야 한다.

71-1-7 遠攻則遠(害)〔圄〕하고 **近(城)〔攻〕則近(害)〔圄〕**하면

멀리서 공격하면 멀리서 막고 가까이서 공격하면 가까이서 막으면

城當作攻이라 **害竝當爲圄**니 **圄與圉禦字同**이어늘 **此涉上文而誤**라 **言遠攻則遠禦之**요 **近攻則近禦之也**라 **公孟篇**에 **云 厚攻則厚吾**요 **薄攻則薄吾**[5]라하여늘 **彼吾亦圄之省**(생)이니 **語意與此異而義同**이라

'城'은 '攻'이 되어야 한다. '害'는 모두 '圄'가 되어야 하니 '圄'는 '圉', '禦'자와 같은데, 이 대목은 위 글과 관련하여 잘못된 것이다. 멀리서 공격하면 멀리서 막고 가까이서 공격하면 가까이서 막는다는 말이다. 〈公孟〉에 "무겁게 攻駁해 오면 무겁게 反論하고, 가볍게 공박해 오면 가볍게 반론한다.〔厚攻則厚吾 薄攻則薄吾〕"라고 하였는데, 그곳의 '吾' 역시 '圄'의 略字이니 語意는 이 대목과 다르지만 뜻은 같다.

71-1-8 〔害〕不至城이라

侵害가 城에 이르지 않는다.

畢云 句脫一字라 **詒讓案 此當作害不至城**이니 **卽上云不足以害城也**라 **因上文兩圄字竝譌害**일새 **此句首害字轉涉彼而脫耳**라

畢沅 : 이 句는 한 글자가 빠졌다.

詒讓案 : 이 대목은 '害不至城'이 되어야 하니, 바로 위에서 '不足以害城'이라 하였다. 그런데 위 글의 두 '圄'자가 모두 '害'로 잘못되었기 때문에 이 句 맨 앞의 '害'자가 도리어 그곳과 연관되어 빠뜨린 것일 뿐이다.

---

5) 公孟篇……薄攻則薄吾 : 본서 5책 48-14-15에 보인다.

71-1-9 矢石無休하되 **左右趣**(촉)**射**하고 **蘭爲柱後**[6]하여

쉼 없이 화살을 쏘고 돌을 던지되 좌우에서 재빨리 쏘아대고 〈병기와 쇠뇌를 얹어놓은〉 시렁을 뒤에 세워두어

蘭은 **疑卽備城門篇之兵弩簡格**[7]이라 **柱**는 **謂楮**(지)**柱**라 **畢云 休後爲韻**이라하다

'蘭'은 아마도 바로 〈備城門〉의 '兵弩簡格(병기와 쇠뇌를 얹어놓는 시렁)'인 듯하다. '柱'는 楮柱(기둥)를 말한다.

畢沅 : '休 ', '後'가 韻字이다.

71-1-10 望以固[8]라

방어가 견고함을 보인다.

畢云 句脫一字라

畢沅 : 이 句는 한 글자가 빠졌다.

71-1-11 厲吾銳卒하여 **愼無使顧**하여 **守者重下**하면 **攻者輕去**라

우리 정예병을 독려하여 후퇴하는 일이 없도록 경계하면서 〈성을〉 지키는 자가 거듭 아래로 치면 공격하는 적이 쉽게 떠나갈 것이다.

畢云 舊作云이러니 **以意改**라 **固顧去爲韻**이라하다

畢沅 : 〈'去'는〉 舊本에 '云'으로 되어 있는데, 글 뜻으로 판단하여 고쳤다. '固', '顧', '去'가 韻字이다.

71-1-12 養勇高奮하면 **民心百倍**요 **多執數**(삭)(**少**)〔**賞**〕하면

勇氣를 배양하고 鬪志를 높이면 民心이 백배나 고무될 것이고 적을 많이 잡은

---

6) 蘭爲柱後 : ≪墨子今注今譯≫에서는 '蘭'을 絫石, 즉 성 위에서 던지는 큰 돌인 礧石으로 보고 "〈작은 돌을 던진 뒤〉 큰 돌을 던지며 버티다."라고 하였다. 絫石은 본서 5책 52-12-27에 보인다.

7) 備城門篇之兵弩簡格 : 본서 5책 52-12-7에 보인다.

8) 望以固 : ≪墨子今注今譯≫에서는 軍士를 설명하는 뒤의 문장에 이어지는 句로 보아 "그 의지를 굳건히 지키게 하다."라고 하였다.

자에게 자주 상을 내리면

王云 多執數少는 義不可通하니 少當爲賞이라 賞字脫去大半하고 僅存小字어늘 因謁而爲少라 言我之卒能多執敵人者를 數(삭)賞之면 則卒乃不怠也라 下文正作多執數賞卒乃不怠라하다 蘇說同이라

王念孫 : '多執數少'는 뜻이 통하지 않으니 '少'는 '賞'이 되어야 한다. '賞'자에서 태반의 획이 탈락되고 겨우 '小'자만 남았는데 誤謬를 그대로 따라서 '少'가 된 것이다. 우리 병졸 가운데 능히 적군을 많이 잡은 자에게 자주 상을 내리면 병졸들이 이에 懈怠해지지 않게 된다는 말이다. 아래 글(71-2-8)에 '多執數賞 卒乃不怠'로 바르게 되어 있다.

蘇時學의 說이 같다.

71-1-13 卒乃不殆[9]라

병졸들이 懈怠해지지 않을 것이다.

畢云 舊脫卒字러니 据下文增이라 倍殆爲韻이라하다 王云 怠殆古字通이라하다

畢沅 : 舊本에 '卒'자가 빠졌는데, 아래 글(71-2-8)에 의거하여 덧붙였다. '倍', '殆'가 韻字이다.

王念孫 : '怠', '殆'는 古字에 통용된다.

71-2-1 作(士)〔土〕不休어늘

〈적이〉 쉬지 않고 흙을 쌓아올리는데도

士는 當作土니 卽上文之積土也라 商子[10]兵守篇에 云 客至어든 而作土以爲險阻라하다

---

9) 殆 : 底本의 傍注에 "'殆'는 원래 '怠'로 되어 있는데, 畢沅의 刻本에 의거하여 고친다. 살펴보건대, 各 판본에서 이곳은 모두 '殆'로 되어 있고 아래 글에는 '怠'로 되어 있으니, 이곳의 '殆'는 바로 '怠'의 通假字이다. 그래서 王念孫의 注에 '怠와 殆는 古字에 통용된다.' 하였으니 本書에서 선불리 怠로 한 것은 판각 과정에서의 잘못이다.〔殆 原作怠 據畢沅刻本改 按 各本此處均作殆 下文則作怠 此殆乃怠之通假字 故王注云 怠殆古字通 本書徑作怠 係梓誤〕"라고 하였다.

10) 商子 : 戰國時代 商鞅이 저술했다고 하는 책으로, ≪商君書≫라고도 한다. 상앙은 본래 衛鞅, 公孫鞅이라고도 하는데, 秦 孝公을 도와 井田法을 없애고 賦稅의 제도를 고쳐 富國强兵을 이룬 공로로 商에 봉해져 후대에 商君, 商子라 불리었다. 그래서 그의 주장을 담은 책을 ≪漢書≫ 〈藝文志〉에서는 ≪商君≫이라 하였고, ≪隋書≫ 〈經籍志〉에서는 ≪商子≫라 하였다. 본래 29편이었으나 처음에 1편이 사라지고 뒤에 결국 3편이 빠져 26편이

'士'는 '土'가 되어야 하니 바로 위 글(71-1-3)의 '積土'이다. ≪商子≫ 〈兵守〉에 "적이 이르면 흙을 쌓아올려 험난한 지형을 만든다."라고 하였다.

71-2-2 不能禁禦하여 **遂屬之城**이어든 **以禦雲梯之法應之**라 **凡待(煙)〔堙〕衝雲梯臨之法**은

저지하지 못하여 마침내 城과 만나게 되면 雲梯를 막는 방법으로 대응한다. 무릇 堙(垓字 메우기), 衝(衝車), 雲梯, 臨(土山)에 대응하는 방법은

畢云 煙同垔이라하다 詒讓案 當依備城門篇作堙[11]이라

畢沅 : '煙'은 '垔'과 같다.

詒讓案 : 〈'煙'은〉 〈備城門〉에 의거하여 '堙'이 되어야 한다.

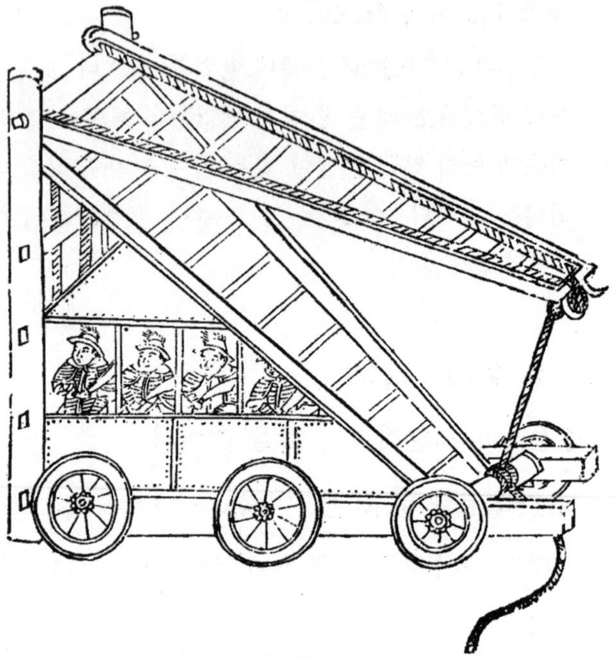

雲梯

71-2-3 必應城以禦之[12]요 **曰不足**하면 **則以木(槨)〔椁〕之**[13]니

반드시 臺城을 만들어 막고 부족하다고 하면 나무로 치는 것인데

王引之云 槨字義不可通이라 槨當爲椁이니 字之誤也라 說文[14]에 朾은 撞(당)也라하고 廣

전한다.

11) 當依備城門篇作堙 : 堙에 대한 설명은 본서 5책 52-1-7에 보인다.

12) 必應城以禦之 : 여기서 城은 〈備高臨〉에 나오는 '臺城'으로, 적이 攻城하기 위해 쌓은 土山에 대응하기 위한 임시 방어 시설을 말한다. 본서 6책 53-2-3에 보인다.

13) 以木(槨)〔椁〕之 : 岑仲勉은 '槨'을 城郭, 棺槨처럼 둘러싼다는 본뜻으로 보고 攻城에 대응하기 위해 성벽 위에 널빤지를 세우는 일이라 하면서 뒤에 나오는 '左百步右百步'를 그 널빤지 구조물의 너비를 가리키는 것이라 하였다.

14) 說文 : 後漢의 許愼(B.C. 58?~B.C. 147?)이 20여 년에 걸쳐 완성한 字書인 ≪說文解字≫로, 漢字의 形·義·音을 체계적이고 종합적으로 설명하였다. 중국 最古의 字書로, 원본은 전하지 않는다. 남아 있는 것은 宋나라 徐鉉이 펴낸 교정본으로 본문 14권과 敍目 1권으

雅[15)]에 曰 捽은 撞刺也라하다 捽與朾同하니 謂以木撞其堙衝梯臨也라하다

王引之 : '椰'자는 뜻이 통하지 않는다. '椰'은 '捽'이 되어야 하니, 글자의 誤記이다. ≪說文解字≫에 "'朾'은 撞(칢)이다."라고 하고, ≪廣雅≫에 "'捽'은 撞刺(때림)이다."라고 하였다. '捽'은 '朾'과 같으니 나무로 堙, 衝, 雲梯, 臨을 때린다는 말이다.

71-2-4 左百步요 右百步라

왼쪽 백 보, 오른쪽 백 보로 한다.

茅本右作又라

茅本에는 '右'가 '又'로 되어 있다.

71-2-5 繁下矢石沙(炭)〔灰〕[16)]以雨之하고 薪火水湯以濟之라 選厲銳卒하여 愼無使顧하고 審賞行罰하며

화살, 돌, 모래, 재를 빗발처럼 많이 떨어뜨리고 불붙은 땔나무와 끓는 물을 함께 더 떨어뜨린다. 정예병을 선발하고 독려하여 후퇴하는 일이 없도록 경계하고 신중히 살펴서 상을 주고 벌을 내리며

審賞은 舊本誤到라 王云 當爲審賞行罰이어늘 今本審賞二字倒轉하니 則文義不順이라 備梯篇正作審賞行罰이라하다 案 王校是也니 茅本正作審賞하여 不倒라 今據乙이라

'審賞'은 舊本에 잘못하여 순서가 뒤바뀌어 있다.

王念孫 : '審賞行罰'이 되어야 하는데, 今本에 '審賞' 2자가 〈'賞審'으로〉 뒤바뀌어 있으니 글뜻이 순조롭지 않다. 〈備梯〉에 '審賞行罰'로 바르게 되어 있다.

案 : 王念孫의 校勘이 맞으니, 茅本에는 '審賞'으로 바르게 되어 있고 뒤바뀌어 있지 않다. 지금 이에 의거하여 바로잡는다.

로 이루어져 있다. 淸나라 段玉裁의 ≪說文解字注≫가 ≪說文解字≫의 주석서로 가장 널리 알려져 있다.

15) 廣雅 : ≪博雅≫라고도 한다. 北魏 太和(227~232) 연간에 魏나라 학자 張揖이 ≪三蒼≫과 ≪說文解字≫ 등을 참고하여 ≪爾雅≫를 증보한 것으로 모두 10권이다. 古書의 字句를 해석하였으며 經書를 고증하고 주석을 달았다. 隋나라 曹憲이 音釋을 달고, 淸나라 王念孫(1744~1832)이 이를 증보하여 ≪廣雅疏證≫과 ≪釋大≫를 지었다.

16) (炭)〔灰〕: 저본에는 '炭'으로 되어 있으나, 본서 6책 〈備梯〉 56-5-13의 王引之의 校勘에 의거하여 '灰'로 바로잡았다.

71-2-6 以靜爲故라가 **從之以急**하여 **無使生慮**라

평소에는 침착하게 있다가 일이 발생하면 신속하게 대처하여 염려할 일이 생기지 않도록 한다.

畢云 生은 **舊作主**러니 **以意改**라하다 **案 茅本正作生**하니 **不誤**요 **備梯篇亦作生**[17]이라

畢沅 : '生'은 舊本에 '主'로 되어 있는데, 글 뜻으로 판단하여 고쳤다.

案 : 茅本에는 '生'으로 바르게 되어 있으니 잘못되지 않았고 〈備梯〉에도 '生'으로 되어 있다.

71-2-7 (恚(에))〔恙〕(癒)〔恿〕高憤하면

勇氣를 배양하고 鬪志를 높이면

茅本作慎하니 **誤**라 **畢云 說文**에 **恚**는 **恨也**라하고 **恿**은 **古文勇**이니 **从心**이라하니 **則字當爲(癒)〔恿〕**[18]이라하다 **王引之云 畢以癒爲恿之誤**하니 **是也**라 **恚當爲恙**이니 **字之誤也**라 **恙與養古字通**이라 **憤與奮同**이라 **上文云 養勇高奮**하면 **民心百倍**라하니 **是其明證也**라하다

〈'憤'은〉 茅本에 '慎'으로 되어 있으니, 잘못이다.

畢沅 : ≪說文解字≫에 "'恚'는 恨이다."라고 하고, "'恿'은 古文의 '勇'으로, 부수가 '心'이다."라고 하였으니 '恿'자가 되어야 한다.

王引之 : 畢沅은 '癒'을 '恿'의 誤字로 보았는데 맞다. '恚'는 '恙'이 되어야 하니 글자의 誤記이다. '恙'과 '養'은 古字에 통용된다. '憤'은 '奮'과 같다. 위 글(71-1-12)에 '養勇高奮民心百倍'라 하였으니, 이것이 그 명확한 증거이다.

71-2-8 民心百倍요 **多執數**(삭)**賞**하면 **卒乃不怠**라

民心이 백배나 고무될 것이고 적을 많이 잡은 자에게 자주 상을 내리면 병졸들이 懈怠해지지 않을 것이다.

畢云 舊乃不二字倒러니 **以意改**라 **顧故慮倍怠爲韻**이라하다

畢沅 : 舊本에 '乃不' 2자는 순서가 〈'不乃'로〉 뒤바뀌어 있는데, 글 뜻으로 판단하여 고쳤다. '顧', '故', '慮', '倍', '怠'가 韻字이다.

---

17) 備梯篇亦作生 : 본서 6책 56-5-14에 보인다.

18) (癒)〔恿〕: 저본에는 '癒'으로 되어 있으나, 문맥에 의거하여 바로잡았다.

71-2-9 衝臨梯皆以衝衝之라

衝車, 臨(土山), 雲梯는 모두 衝車로 때린다.

71-3-1 渠長丈五尺[19)]이니 **其埋者三尺**이요

渠는 길이가 1장 5척이니, 흙에 묻는 부분이 3척이고

畢云 埋舊作理러니 **以意改**라하다

畢沅 : '埋'는 舊本에 '理'로 되어 있는데, 글 뜻으로 판단하여 고쳤다.

71-3-2 (矢)〔夫〕**長丈二尺**이라

발의 길이가 1장 2척이다.

蘇云 備城門篇矢作夫라하다 **詒讓案 當爲夫**니 **卽趹之省**(생)이니 **詳備城門篇**[20)]이라

蘇時學 : 〈備城門〉에 '矢'가 '夫'로 되어 있다.

詒讓案 : 〈'矢'는〉 '夫'가 되어야 하니 바로 '趹(발)'의 略字로, 〈備城門〉에 자세히 설명하였다.

71-3-3 渠廣丈六尺[21)]이니 **其**(弟)〔**梯**〕**丈二尺**이요

渠는 너비가 1장 6척이니, 그 사다리가 1장 2척이고

蘇云 弟與梯同하니 **下文作梯**가 **是也**라하다

蘇時學 : '弟'는 '梯'와 같으니 아래 글(71-3-5)에 '梯'로 되어 있는 것이 그것이다.

71-3-4 渠之垂者四尺[22)]이라 **樹渠無傳**(葉)〔**堞**〕**五寸**하고

---

19) 渠長丈五尺 : 渠에 대해 畢沅은 塹壕라고 본 반면, 孫詒讓은 성을 수비하기 위해 쇠와 나무로 만든 기계라고 하였다. 본서 5책 〈備城門〉 52-12-28~30, 52-15-1~3, 52-21-1~4에 그 制度가 보이는데, 52-12-28에서는 渠의 길이가 1장 6척이라 하였다.

20) 詳備城門篇 : 본서 5책 52-12-29에 보인다.

21) 渠廣丈六尺 : 岑仲勉은 〈備城門〉의 渠에 대한 설명에서는 너비에 대한 언급이 없고 이곳에서 너비가 1장 6척이라 한 것은 渠의 길이와 동일하며 뒤에서 梯渠를 말하고 있으므로, 이 句는 梯渠의 길이를 말한 것이라 하였다.

渠의 掩蔽하는 부분이 4척이다. 渠를 세울 때에는 城堞에 5촌 이내로 붙여서는 안 된다.

畢云 葉은 卽堞字라하다 蘇云 備城門篇言去堞五寸[23]이라하니 與此言合이라하다

畢沅 : '葉'은 바로 '堞'자이다.

蘇時學 : 〈備城門〉에 '去堞五寸(城堞과의 거리는 5촌이다.)'이라 하였으니 이 대목과 말이 부합한다.

71-3-5 梯渠十丈一梯라

梯渠는 10장마다 한 개의 사다리를 둔다.

渠之有梯者謂之梯渠라 但渠廣丈六尺이니 則不得有十丈이라 若據設渠處言之하면 則城上二步一渠[24]니 其廣丈二尺일새 二十步而十渠면 則十二丈也라 與此數皆不相應하니 未詳이라

渠에 梯가 있는 것을 梯渠라 한다. 다만 渠는 너비가 1장 6척이니 10장이 될 수 없다. 만약 渠를 설치하는 곳에 근거하여 말해본다면 城 위에 2步마다 하나씩 渠를 두니 그 너비는 1장 2척이기에 20보에 10개의 渠를 두면 12장인지라 이 대목의 수와 모두 상응하지 않는데, 알 수 없다.

71-3-6 渠荅大數는 里二百五十八〔步〕에 渠荅百二十九라

渠와 荅(차단막)을 〈설치하는〉 대략의 숫자는 1리 258보에 渠와 荅이 129개이다.

蘇云 備城門篇言城上二步一渠라하고 又言二步一荅[25]이라하니 此里字疑當作步라하다 詒讓案 此當作里二百五十八步요 里字不誤니 今本脫一步字耳라 里法本三百步어늘

---

22) 渠之垂者四尺 : 岑仲勉은 〈備城門〉에는 渠에 '垂'가 있다는 말이 없고, 단지 〈備蛾傅〉에 "荅은 너비가 1장 2척이고 〈길이가〉 1장 6척이니, 앞의 가로대 4촌 되는 곳에 드리운다.〔荅廣丈二尺 □□丈六尺 垂前衡四寸〕"라 하여 荅에 '垂'를 썼고, 이 대목 아래에 渠와 荅을 뒤섞어 언급하고 있으므로 이 句는 渠가 아닌 荅을 말한 것이라 하였다. 荅은 날아오는 화살이나 돌을 막기 위해 대나무와 풀 등을 짜 엮어 길게 드리울 수 있게 만든 차단막이다.

23) 備城門篇言去堞五寸 : 본서 5책 52-21-3에 보인다.

24) 城上二步一渠 : 본서 5책 52-15-1에 보인다.

25) 二步一荅 : 본서 5책 52-15-4에 보인다.

而云二百五十八步者는 蓋就設渠荅之處計之하면 所餘四十二步어나 或當門隅及樓圂(혼)하여는 不能盡設渠荅이라 故不數라

蘇時學 : 〈備城門〉에 "성 위에는 2보마다 하나씩 渠를 둔다.〔城上二步一渠〕"고 하고, 또 "2보마다 하나씩 荅을 둔다.〔二步一荅〕"고 하였으니, 이 대목의 '里'자는 아마도 '步'가 되어야 할 듯하다.

詒讓案 : 이 대목은 '里二百五十八步'가 되어야 하고 '里'자는 잘못되지 않았으니, 今本에 '步' 한 글자가 빠졌을 뿐이다. 里法은 본래 3백 보인데 258보라고 한 것은 아마도 渠와 荅을 설치하는 곳에 나아가 계산하면 남는 부분이 42보이거나 혹은 門隅(문 모퉁이) 및 樓圂(누대 측간)까지는 渠와 荅을 다 설치하지는 못하므로 세지 않은 듯하다.

71-4-1 諸外道可要塞(새)以難寇요 其甚害者爲築三亭하되

성 밖의 모든 도로에는 요새를 만들어 적이 통과하기 어렵게 하고 가장 요해가 되는 곳에는 세 개의 정자를 만들되

蘇云 此言險隘宜守라 害謂要害라 築亭은 備瞭望也라하다

蘇時學 : 이 대목은 險隘한 곳을 지켜야 함을 말한 것이다. '害'는 要害를 말한다. 亭을 쌓는 것은 瞭望을 갖추기 위한 것이다.

71-4-2 亭三隅

정자는 삼각형으로

亭三二字는 舊本倒러니 今據茅本乙이라

'亭三' 2자는 舊本에 순서가 〈'三亭'으로〉 뒤바뀌어 있는데, 지금 茅本에 의거하여 바로잡았다.

71-4-3 織女之하여

織女星처럼 배열하여

畢云 當云織如之라 織은 古幟字라하다 陳奐云 織女三星成三角이라 故築防禦之亭에 以象織女處隅之形이라하다 案 陳說是也라 上文不言織하니 則不當云如之라 畢校未

墎(확)이라 **此言亭爲三隅形**이 **如織女三星之隅列**이니 **猶下文云 爲擊三隅之也**라 **六韜**[26]**軍用篇**에 **云 兩鏃蒺**(여)**蔾**과 **參連織女**라하니 **是古書多以織女儗三角形之證**이라

畢沅 : '織如之'라고 해야 한다. '織'은 '幟'의 古字이다.

陳奐 : 織女星의 세 별이 三角形을 이루므로 防禦하는 정자를 지을 때 織女星〈의 세 별〉이 삼각형 모서리에 자리한 형상을 상징한다.

案 : 陳奐의 說이 맞다. 위 글에 '織'을 말하지 않았으니 '如之'라고 해서는 안 된다. 畢沅의 校勘은 확실하지 않다. 이 대목은 정자가 삼각형이 되는 것이 마치 織女星 세 별이 삼각형 모서리에 벌여 있는 것과 같다는 말이다. 아래 글(71-19-10~11)에 '爲擊三隅之(署隔을 짓되 삼각형으로 한다.)'라고 한 것과 같다. ≪六韜≫ 〈軍用〉에 "두 갈래 촉의 蔾蒺과 삼각으로 이어진 織女〔兩鏃蔾蒺 參連織女〕"라 하였으니, 이는 古書에서 대체로 織女를 가지고 三角形에 비긴 증거이다.

71-4-4 令能相救라 諸距阜

서로 救援할 수 있게 한다. 모든 큰 언덕,

畢云 距舊作詎러니 **以意改**라하다 **蘇云 距鉅通用**하니 **大也**라하다

畢沅 : '距'는 舊本에 '詎'로 되어 있는데, 글 뜻으로 판단하여 고쳤다.

蘇時學 : '距', '鉅'는 通用하니 크다는 뜻이다.

71-4-5 山林溝瀆丘陵阡陌(맥)

山林, 溝瀆(물길), 丘陵, 阡陌(田地의 길),

畢云 古只爲仟伯이라하다

畢沅 : 〈'阡陌'은〉 古代에 단지 '仟伯'이었다.

71-4-6 郭門若閻術에 可要塞(새)

郭門(外城 문)과 里門(마을 문)에 요새를 만들고

---

26) 六韜 : 周나라 太公望이 지었다고 하는 兵書로 〈文韜〉, 〈武韜〉, 〈龍韜〉, 〈虎韜〉, 〈豹韜〉, 〈犬韜〉 6권으로 되어 있다.

說文門部에 **云 閭**은 **里中門也**라하다

≪說文解字≫ 門部에 "'閭'은 里中의 門이다."라고 하였다.

71-4-7 及爲(微職)〔微識(휘지)〕하면

표지를 세워두면

畢云 同織이라하다 **案 詳號令篇**[27]이라

畢沅 : 〈'職'은〉 '織'과 같다.

案 : 〈號令〉에 자세히 설명하였다.

71-4-8 可以跡知往來者少多及所伏藏之處라

왕래하는 자의 숫자 및 숨어 있는 곳을 자취로 알아낼 수 있다.

71-5-1 葆民은 **先擧城中官府民宅室署**하여 **大小調處**라

〈성 밖에서 들어와〉 보호받는 백성들은 먼저 성 안의 官府, 民家, 각 官署를 뽑아서 크기에 따라 고르게 배치한다.

葆民은 **卽外民入葆者**라 **計度**(탁)**城內宮室之大小**하여 **分處之**하되 **必均調也**라

'葆民'은 바로 들어와 보호받는 城 밖의 백성이다. 성 안의 집들의 크기를 헤아려 나누어 지내게 하되 반드시 고르게 안배한다.

71-5-2 葆者或欲從兄弟知識者許之라

보호받는 자가 혹 형제나 知人과 함께 지내려고 하는 경우는 허락한다.

識字舊本脫이라 **王引之云 知下當有識字**어늘 **而今本脫之**하니 **則文義不完**이라 **號令篇**에 **曰 其有知識兄弟欲見之**[28]라하니 **是其證**이라

'識'자는 舊本에 빠졌다.

---

27) 詳號令篇 : 본서 6책 70-30-9에 보인다.
28) 號令篇……其有知識兄弟欲見之 : 본서 6책 70-19-4에 보인다.

王引之 : '知' 뒤에 '識'자가 있어야 하는데 今本에 빠졌으니 글 뜻이 완전하지 않다. 〈號令〉에 "그들이 知人이나 형제가 있어서 보고자 하다.〔其有知識兄弟欲見之〕"라고 하였으니, 이것이 그 증거이다.

71-5-3 外宅粟米畜産財物諸可以佐城者는 **送入城中**하되 **事卽急**이어든 **則使積門內**라

守城에 도움될 수 있는 성 밖 민가의 양식, 畜産, 재물은 성 안으로 輸送해 들이되, 사태가 급박하면 성문 안에 쌓아두게 한다.

事急不及致所積之處하면 **則令暫積門內**하니 **取易(이)致也**라 **此下舊本有候無過五十云云十四字**하니 **乃下文錯簡**일새 **今移於彼**하노라

사태가 급박하여 쌓아두는 곳까지 미처 보내지 못하면 성문 안에 잠시 쌓아두게 하니 쉽게 보낼 수 있는 장점을 취한 것이다. 이 대목 뒤에 舊本에는 '候無過五十' 운운한 14자가 있는데 바로 아래 글(71-8-1)의 錯簡이기에 지금 그곳으로 옮긴다.

71-5-4 民獻粟米布帛金錢牛馬畜産은 **皆爲(置平)〔平直(치)〕賈**하여

백성이 올린 양식, 布帛, 金錢, 牛馬, 畜産은 모두 가격을 공평하게 매기고서

號令篇作皆爲平直其價[29)]하니 **疑置平亦平直之誤**라

〈號令〉에 '皆爲平直其價'로 되어 있으니, 아마도 '置平' 역시 '平直'의 誤字인 듯하다.

71-5-5 與主券書之[30)]라

主券하는 사람과 함께 그 값을 써둔다.

71-6-1 使人各得其所長이라야 **天下事當**이요

〈用人할 때〉 사람들이 저마다 자기 장점을 발휘하도록 해야 천하의 일이 합당해지고,

---

29) 號令篇作皆爲平直其價 : 본서 6책 70-28-8에 보인다.

30) 與主券書之 : 본서 6책 70-28-8에는 '與主券人書之'로 되어 있다. '主券'은 증빙서나 영수증 같은 문서를 주관한다는 뜻인 듯하다.

畢云 長當爲韻이라하다

畢沅 : '長', '當'이 韻字이다.

71-6-2 鈞其分職이라야 **天下事得**이요

職責의 分配가 공평해야 천하의 일이 잘 이루어지고,

畢云 職得爲韻이라하다

畢沅 : '職', '得'이 韻字이다.

71-6-3 皆其所喜라야 **天下事備**요

모든 이가 자기가 기뻐하는 일을 해야 천하의 일이 갖추어지고

畢云 喜備爲韻이라하다

畢沅 : '喜', '備'가 韻字이다.

71-6-4 强弱有數라야 **天下事具矣**라

강자와 약자가 分數를 지켜야 천하의 일이 구비된다.

畢云 數具爲韻이라하다 **蘇云 此八句與前後文語意不倫**하니 **疑有錯簡**[31)]이라하다

畢沅 : '數', '具'가 韻字이다.

蘇時學 : 이 8句는 앞뒤의 글들과 語意가 어울리지 않으니 아마도 錯簡이 있는 듯하다.

71-7-1 築郵亭者圜之하되 **高三丈以上**이요 **令(侍)〔倚〕殺**(쇄)라

郵亭을 짓는 경우 둥글게 만들되, 높이는 3丈 이상으로 하고 비스듬하게 내려오도록 한다.

侍當爲倚니 **言邪殺**(쇄)**爲梯也**라 **備城門篇**에 **云 倚殺如城埶**(세)[32)]라하니 **可證**이라 **蘇云**

31) 此八句與前後文語意不倫 疑有錯簡 : ≪墨子今注今譯≫에서는 71-6-1~4의 8句를 71-20-3 뒤로 옮겼다.

32) 備城門篇……倚殺如城埶(세) : 본서 5책 52-11-9에 보인다.

侍當作特이요 **殺**는 **減也**라한대 **非**라

'侍'는 '倚'가 되어야 하니 기울어져 내려와 사다리가 된다는 말이다. 〈備城門〉에 "마치 성의 형세와 같이 비스듬하게 만든다.〔倚殺如城埶〕"라고 하였으니, 증거로 삼을 수 있다. 蘇時學은 "'侍'는 '特'이 되어야 하고 '殺'는 減(줄임)이다."라고 하였는데, 잘못 본 것이다.

71-7-2 爲辟(비)**梯**하되

臂梯(팔 달린 사다리)를 만들되,

畢云 辟는 **卽臂字**라하다

畢沅 : '辟'는 바로 '臂'자이다.

71-7-3 梯兩臂長三(尺)〔**丈**〕[33]이요

사다리의 양팔은 길이가 3장이고

亭高三丈以上이면 **則梯長不得止三尺**이니 **疑尺當爲丈**이라

郵亭의 높이가 3장 이상이면 사다리의 길이는 3척에 그칠 수가 없으니 아마도 '尺'은 '丈'이 되어야 할 듯하다.

71-7-4 連(門)〔**版**〕**三尺**이니 **報以繩連之**라

連版(연결하는 板子)은 3척인데 밧줄로 휘감아 연결한다.

連門은 **疑當作連版**이라

'連門'은 아마도 '連版'이 되어야 할 듯하다.

71-7-5 (**槧**)〔**塹**〕**再雜爲縣梁**이라

참호를 거듭 두르고 縣梁(걸치는 교량)을 만든다.

槧當爲塹이라 **塹縣梁**은 **見備城門篇**[34]이라 **再雜**은 **猶言再帀**(잡)이니 **詳經上篇**[35]이라

---

33) 梯兩臂長三(尺)〔丈〕 : ≪墨子今注今譯≫에서는 岑仲勉의 校勘에 의거하여 '尺'은 그대로 두고 '長'을 '袤'로 고치고서 "사다리의 양팔은 너비가 3척이다."라고 하였다.

'槧'은 '塹'이 되어야 한다. '塹縣梁'은 〈備城門〉에 보인다. '再雜'은 '再币'이라는 말과 같으니 〈經 上〉에 자세히 설명하였다.

71-7-6 (聾)〔壟〕竈와

화덕과

當作壟竈니 **詳備城門篇**[36]이라 **亦言每亭爲一壟竈**라 **號令篇**에 **云 樓一鼓壟竈**[37]라하다

〈'聾竈'는〉 '壟竈'가 되어야 하니 〈備城門〉에 자세히 설명하였다. 또한 郵亭마다 壟竈를 하나씩 만든다는 말이다. 〈號令〉에 "누각에 북 하나와 화덕 하나를 둔다.〔樓一鼓壟竈〕"라고 하였다.

71-7-7 亭一鼓라 **寇烽驚烽亂烽**에

북 하나를 郵亭마다 둔다. 적의 침입을 알리는 烽火, 警戒 사태를 알리는 봉화, 소란을 알리는 봉화를 구분하고

言擧烽有此三等하여 **以爲緩急之辨**이라

봉화를 올릴 때 이 세 등급을 두어 緩急을 변별하도록 한다는 말이다.

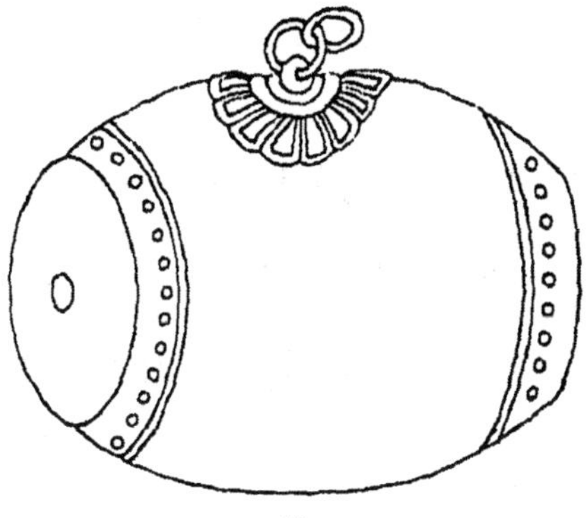

鼓

71-7-8 傳火以次應之하여 **至主國**[38]**止**하고

봉화를 전하여 차례대로 호응하여 國都에 도달하면 그치고

畢云 舊作正이러니 **以意改**라하다

畢沅 : 〈'止'는〉 舊本에 '正'으로 되어 있는데, 글 뜻으로 판단하여 고쳤다.

---

34) 塹縣梁 見備城門篇 : 본서 5책 52-11-6에 보인다.
35) 再雜……詳經上篇 : 본서 3책 40-20-2에 보인다.
36) 當作壟竈 詳備城門篇 : 본서 5책 52-12-37에 보인다.
37) 號令篇……樓一鼓壟竈 : 본서 6책 70-32-18에 보인다.
38) 主國 : 본서 6책 70-29-13의 孫詒讓 註에서 國都라 하였다.

71-7-9 其事急者引而上下之라

사태가 급박한 경우에는 봉화를 당겨 올렸다 내렸다 한다.

謂引烽而上下之라 **烽著**(착)**桔槔頭**라 **故可引而上下**니 **詳號令篇**이라

봉화를 당겨 올렸다 내렸다 한다는 말이다. 봉화는 桔槔(도르래) 머리에 붙였으므로 당겨서 올렸다 내릴 수 있으니, 〈號令〉에 자세히 설명하였다.

71-7-10 烽火以擧어든

烽火가 이미 올라왔으면

王云 以는 **已同**이라하다

王念孫 : '以'는 '已'와 같다.

71-7-11 輒五鼓傳하고 **又以火屬**(촉)**之**하여

바로 다섯 번 북을 쳐 전하고 또 불을 이어 피워서

畢云 火舊作叉러니 **以意改**라하다

畢沅 : '火'는 舊本에 '叉'로 되어 있는데, 글 뜻으로 판단하여 고쳤다.

71-7-12 言寇所從來者少多하되

침입해 온 적의 규모를 파악하되

廣雅釋詁에 **云 言**은 **問也**라하다

≪廣雅≫ 〈釋詁〉에 "'言'은 묻는다〔問〕는 뜻이다."라고 하였다.

71-7-13 (旦)〔**毋**〕**弇**(還)〔**建**〕이요

지체하지 않도록 하고

旦은 **茅本作且**라 **疑當爲毋弇建**이니 **即號令篇之無厭建**[39]이라 **後文又作唯弇逮**하니 **則**

---

39) 號令篇之無厭建 : 본서 6책 70-30-6에 보인다. 孫詒讓은 '建'을 '逮'의 誤記로 보고, '逮'는

疑還或爲遝(답)**之誤**니 **此書遝多誤還**이라 **遝逮同**하니 **詳非攻下篇**[40]이라

'旦'은 茅本에 '且'로 되어 있다. 〈'旦弁還'은〉 아마도 '毋弁建'이 되어야 할 듯하니, 바로 〈號令〉의 '無厭建'이다. 뒷글(71-8-1)에는 또 '唯弁逮(지체하지 않도록 한다.)'로 되어 있는데 아마도 '還'은 혹 '遝'의 誤字인 듯도 하니 이 책에 '遝'은 '還'으로 잘못된 경우가 많다. '遝'과 '逮'는 같으니 〈非攻 下〉에 자세히 설명하였다.

71-7-14 去來屬次烽勿罷[41]라 **望見寇**하면 **擧一烽**하고 **入境**하면

적이 물러가든 나아오든 次烽(후속 봉화)을 그만두지 않도록 한다. 망보다가 멀리서 적을 발견하면 봉화 하나를 올리고, 국경으로 들어오면

畢云 號令篇作竟[42]하니 **是**라하다

畢沅 : 〈'境'은〉 〈號令〉에 '竟'으로 되어 있는데, 맞다.

71-7-15 擧二烽하고 **射**(**妻**)〔**要**〕[43]하면

봉화 둘을 올리고, 적이 요새에 급히 다가오면

妻는 **疑要之譌**라 **上文屢云 要塞**하고 **下文又云 有要有害**하니 **可證**이라 **射要**는 **謂急趨要害**라 **周禮野廬氏鄭注**에 **云 徑踰**는 **射邪趨疾**하고 **越渠隄也**라하다 **畢云 當是女垣譌字**라하다 **案 此方入境**이요 **尙未郭會**하니 **安得至女垣**이리오 **畢說非**라

'妻'는 아마도 '要'의 誤字인 듯하다. 위 글(71-4-1, 71-4-6)에 누차 '要塞'를 말하였고 아래 글(71-12-2)에도 '有要有害'를 말하였으니, 증거로 삼을 수 있다. '射要'는 要害에 급히 다가온다는 말이다. ≪周禮≫ 〈秋官 野廬氏〉의 鄭玄의 注에 "'徑踰'는 비뚠 지름길을 질러가고 도랑과 제방을 넘어다니는 것이다.〔徑踰 射邪趨疾 越渠隄也〕"라고 하였다.

'怠'와 통용한다고 하였다.

40) 詳非攻下篇 : 본서 2책 19-4-1에 보인다.

41) 去來屬次烽勿罷 : 孫詒讓은 71-8-8의 註에서 '次烽'을 단어로 본 반면, 岑仲勉은 '去來屬次'에 대해 "적이 가기도 하고 오기도 하면서 이동 경로가 일정치 않은 것을 말한다."라고 하였다.

42) 號令篇作竟 : 본서 6책 70-30-20에 보인다.

43) 射(妻)〔要〕: ≪墨子今注今譯≫에서는 岑仲勉의 說에 의거하여 '妻'를 '棲'로 교감하고, "적이 화살이 닿는 거리에 다가오면"이라 하였다.

畢沅 : 〈'射妻'는〉 응당 '女垣'의 誤字일 것이다.

案 : 이때는 이제 막 국경으로 들어온 상태이고 아직 外城에는 모이지 않았으니 어떻게 女垣에 이를 수 있겠는가. 畢沅의 說은 잘못 본 것이다.

71-7-16 擧三烽一(藍)〔鼓〕[44)]하고

봉화 셋을 올리면서 북을 한 번 치고,

舊本脫一字러니 **今據道藏本茅本補**라 **王校改一爲三**이라 **畢讀**(두)**藍郭句**하고 **云 藍藺**(인)**聲相近**하니 **言藺郭也**니 **謂近之**라하다 **案 畢失其句讀**하니 **不可從**이라

舊本에 '一'자가 빠졌는데, 지금 道藏本, 茅本에 의거하여 보충한다. 王引之의 校勘에는 '一'을 '三'으로 고쳤다. 畢沅은 藍郭에 句를 떼어 읽고, "'藍'과 '藺'은 聲音이 서로 비슷하니 〈'藍郭'은〉 藺郭을 말하는데 가까이 다가온다는 말이다."라고 하였다.

案 : 畢沅은 그 句讀를 잘못 보았으니 따를 수 없다.

71-7-17 郭會하면

적이 外城에 모이면

謂寇至郭이라

적이 외성에 이르렀다는 말이다.

71-7-18 擧四烽二(藍)〔鼓〕하고

봉화 넷을 올리면서 북을 두 번 치고,

二는 **王校改四**라

'二'는 王引之의 校勘에는 '四'로 고쳤다.

71-7-19 城會하면 **擧五烽五(藍)〔鼓〕**하고

적이 성 아래 모이면 봉화 다섯을 올리면서 북을 다섯 번 친다.

---

44) (藍)〔鼓〕 : 저본에는 '藍'으로 되어 있으나, 王引之의 校勘에 의거하여 '鼓'로 바로잡았다. 참고로 ≪墨子今注今譯≫에서는 '藍'을 '籃', 즉 큰 광주리라고 하였다.

王引之云 藍字는 義不可通하니 蓋鼓字之誤라 鼓字篆文作𡔷하니 上艸誤爲艹하고 中𠮷誤爲臥하고 下𠂉誤爲血하여 遂合而爲藍字라 此文當云 望見寇하면 擧一烽一鼓하고 入境하면 擧二烽二鼓하고 射妻하면 擧三烽三鼓하고 郭會하면 擧四烽四鼓하고 城會하면 擧五烽五鼓라 上文曰 烽火以擧어든 輒五鼓傳이라하니 正與此擧五烽五鼓相應이라 史記周本紀에 幽王爲熢燧大鼓하고 有寇至則擧熢火라하니 是有熢卽有鼓也라 今本擧一烽擧二烽下에 脫一鼓二鼓四字하고 擧三烽三鼓와 擧四烽四鼓에 鼓字既皆誤作藍하고 而上句三字又誤作一하고 下句四字誤作二하고 唯下文擧五烽五藍은 藍字雖誤나 而兩五字不誤하니 猶足見烽鼓相應之數라 而自一烽一鼓로 以至五烽五鼓히 皆可次第而正之矣라 下文曰 夜以火는 如此數라한대 正謂如五烽五鼓之數니 則藍爲鼓字之誤甚明이라 畢以藍郭二字連讀하고 又謂藍藺聲相近하여 而以爲蹂躪字하니 大誤라하다 案 王說以藍爲鼓하니 甚塙이라 惟依舊本하면 則前二烽皆無鼓요 三烽一鼓요 四烽二鼓니 鼓數與烽亦不必盡相應이라 依王說하면 鼓數各如烽하니 則增改字太多라 不知塙否일새 今未敢輒改라 蘇謂二字及五藍二字竝衍이어늘 失之라

王引之 : '藍'자는 뜻이 통하지 않으니 아마도 '鼓'자의 誤記인 듯하다. '鼓'자는 篆文에 '𡔷'로 되어 있으니 위는 '艸'가 '艹'로 잘못되고 가운데는 '𠮷'이 '臥'로 잘못되고 아래는 '𠂉'이 '血'로 잘못되어 마침내 합쳐져 '藍'자가 된 것이다. 이 글은 '望見寇 擧一烽一鼓 入境 擧二烽二鼓 射妻 擧三烽三鼓 郭會 擧四烽四鼓 城會 擧五烽五鼓'라고 해야 한다. 위 글(71-7-10)에 '烽火以擧 輒五鼓傳'이라고 하였으니 이 대목의 '擧五烽五鼓'와 바로 相應한다. ≪史記≫ 〈周本紀〉에 "幽王이 熢燧, 大鼓를 만들고 적이 이르면 熢火를 올렸다.〔火幽王爲熢燧大鼓 有寇至則擧熢火〕"라고 하였으니, 이는 熢火가 있으면 바로 鼓가 있는 것이다. 今本에 '擧一烽', '擧二烽' 아래 '一鼓', '二鼓' 4자가 빠졌고, '擧三烽三鼓'와 '擧四烽四鼓'에 '鼓'자가 이미 모두 '藍'으로 잘못되어 있으면서 앞 句의 '三'자가 또 '一'로 잘못되어 있고 뒷 句의 '四'자가 '二'로 잘못되어 있고, 오직 아래 글의 '擧五烽五藍'에서는 '藍'자가 비록 잘못되었지만 두 '五'자는 잘못되지 않았으니 그나마 烽火와 鼓가 서로 호응하는 숫자를 족히 볼 수 있다. 그래서 '一烽一鼓'부터 '五烽五鼓'까지 모두 차례대로 바로잡을 수 있다. 아래 글에 '夜以火 如此數'라고 하였는데 바로 '五烽五鼓'의 숫자대로라는 말이니 '藍'은 '鼓'자의 誤記임이 매우 분명하다. 그런데 畢沅은 '藍郭' 2자를 이어붙여 읽고 또 '藍'과 '藺'이 聲音이 서로 비슷하다고 하면서 '蹂躪'자라고 하였으니 크게 잘못 본 것이다.

案 : 王引之의 說에 '藍'을 '鼓'로 본 것은 매우 확실하다. 다만 舊本에 의거하면 앞의 두

烽은 모두 鼓가 없고 '三烽一鼓'와 '四烽二鼓'로 되어 있으니 鼓의 數가 烽火의 數와 또한 꼭 다 서로 호응하지는 않는다. 王引之의 說에 의거하면 鼓의 數가 각각 烽火의 數와 같으니 덧붙이고 고친 글자가 너무 많은지라 확실한지 여부를 알 수 없기에 지금 감히 바로 고치지 않는다. 蘇時學은 '二'자 및 '五藍' 2자는 모두 衍字라고 하였는데, 잘못 본 것이다.

71-7-20 夜以火하되 **如此數**라

밤에는 횃불로 올리되 이와 같은 횟수로 한다.

王引之云 號令篇에 **夜以火**하되 **皆如此**[45]라하니 **亦謂如五表之數**라하다

王引之 : 〈號令〉에 "밤에는 횃불로 올리되 이와 같은 횟수로 한다.〔夜以火 皆如此〕"라고 하였으니 역시 五表의 수와 같다는 말이다.

71-7-21 守烽者事急이라

봉화를 지키는 것은 사태가 급박함을 알리기 위함이다.

此下疑有脫文이라

이 대목 아래에 아마도 빠진 글이 있는 듯하다.

71-8-1 候[46]**無過五十**이요 **寇至(葉)〔堞〕**이어든 **隨去之**하되 **(唯弇)〔無厭〕逮**라

정찰병은 50명을 초과하지 않고 적이 城에 달라붙어 기어오르면 바로 그들을 철수시키되 지체하지 않도록 한다.

寇至葉隨去之는 **舊本作寇至隨葉去五字**러니 **畢以意改葉爲棄**라 **王云 畢改非也**라 **此當作寇至葉隨去之**니 **言候無過五十人**이요 **及寇至堞時**하여 **卽去之也**라 **號令篇**에 **曰遣卒候者無過五十人**이요 **客至堞**이어든 **去之**[47]라하니 **是其證**이라 **今本去下脫之字**하고 **又升隨字於葉字上**하니 **則義不可通**이라하다 **又云 葉與堞同**하니 **上文樹渠無傅葉五寸**에

45) 號令篇……皆如此 : 본서 6책 70-30-24에 보인다.
46) 候 : 孫詒讓은 候는 성곽에서 10리 밖까지 돌아다니며 정찰하는 것이고, 斥은 성곽을 巡邏하며 정찰하는 것으로 '遮'와 같다고 하였다. 이를 따라 候는 정찰병으로, 斥은 경계병으로 번역하였다. 본서 6책 70-30-13과 아래 글의 71-8-5에 보인다.
47) 號令篇……去之 : 본서 6책 70-30-5에 보인다.

亦以葉爲堞이라하다 案 王校是也니 今據乙增이라 又此十四字는 舊本誤錯入上文事卽急則使積門內下러니 今移於此하노라 號令篇에 云 遣卒候無過五十人이요 客至堞이어든 去之하되 愼無厭建이라 候者曹無過三百人이요 日暮出之에 爲微職[48]이라하여 與此上下文正同하니 則其爲錯簡無疑矣라 唯弇逮는 亦當作無厭逮니 逮怠通이라 號令篇作無厭建이라

'寇至葉隨去之'는 舊本에 '寇至隨葉去' 5자로 되어 있는데, 畢沅은 글 뜻으로 판단하여 '葉'을 '棄'로 고쳤다.

王念孫 : 畢沅이 고친 것은 잘못이다. 이 대목은 '寇至葉隨去之'가 되어야 하니, 정찰병은 50인을 초과해서는 안 되고 적군이 성에 달라붙어 기어오르는 때에 미쳐서는 바로 철수시킨다는 말이다. 〈號令〉에 "내보내는 정찰병은 50명을 초과하지 않고 적이 성에 달라붙어 기어오르면 그들을 철수시킨다.〔遣卒候者無過五十人 客至堞 去之〕"라고 하였으니, 이것이 그 증거이다. 今本에 '去' 뒤에 '之'자가 빠졌고, 또 '隨'자를 '葉'자 앞에 올렸으니, 뜻이 통하지 않는다.

又(王念孫) : '葉'은 '堞'과 같으니 위 글(71-3-4) '樹渠無傅葉五寸'에서도 '葉'을 '堞'으로 보았다.

案 : 王念孫의 校勘이 맞으니, 지금 이에 의거하여 바로잡고 덧붙인다. 또 이 14자는 舊本에 위 글(71-5-3)의 '事卽急 則使積門內' 뒤에 잘못하여 착간으로 들어갔는데 지금 여기로 옮긴다. 〈號令〉에 "내보내는 정찰병은 50명을 초과하지 않고 적이 성에 달라붙어 기어오르면 그들을 철수시키되 주의를 기울여 지체하지 않도록 한다. 정찰병 인원은 3백 명을 초과하지 않고 날이 저물어 성을 나갈 때는 휘장을 표시하고 다닌다.〔遣卒候無過五十人 客至堞 去之 愼無厭建 候者曹無過三百人 日暮出之 爲微職〕"라고 하여 이 대목과 위아래 글이 정확히 같으니 錯簡이라는 점에 의심할 게 없다. '唯弇逮'는 역시 '無厭逮'가 되어야 하니 '逮'와 '怠'는 통용한다. 〈號令〉에는 '無厭建'으로 되어 있다.

71-8-2 日暮出之에 令皆爲(微職)〔徽識(휘지)〕라 距阜山林에 皆令可以迹하되 平明而迹이요

날이 저물어 성을 나갈 때는 모두 휘장을 표시하고 다니게 한다. 큰 언덕과 산림에 모두 추적할 수 있게 하되 동이 트면 추적하고

48) 號令篇……爲微職 : 본서 6책 70-30-5~9에 보인다.

句라

여기에서 句를 뗀다.

71-8-3 (無迹)〔迹者無下里三人〕이니 各立其表어든 (下城之應)〔城上應之〕[49)]라

추적하는 자는 里마다 3인 이하로 내려가지 않으니, 〈추적하는 자가〉 각각 表를 세워 알리면 성 위에서 이에 호응한다.

王引之云 此本作平明而迹迹者無下里三人各立其表城上應之라 言迹者之數는 每里無下三人하고 各立其表어든 而城上應之也라 號令篇에 云 迹者無下里三人이요 平明而迹이라 各立其表어든 城上應之[50)]라하니 是其證이라 今本迹者無下里三人七字가 祇存無迹二字하고 城上應之又譌作下城之應하니 則義不可通이라

王引之 : 이 대목은 본래 '平明而迹 迹者無下里三人 各立其表 城上應之'로 되어야 한다. 자취를 추적하는 자의 숫자는 里마다 3인 이하로 내려가지 않고 각기 그 表를 세워 알리면 성 위에서 호응한다는 말이다. 〈號令〉에 "추적하는 자는 里마다 3인 이하로 내려가지 않고 동이 트면 추적한다. 〈추적하는 자가〉 각각 表를 세워 알리면 성 위에서 이에 호응한다.〔迹者無下里三人 平明而迹 各立其表 城上應之〕"라고 하였으니, 바로 그 증거이다. 今本에 '迹者無下里三人' 7자가 단지 '無迹' 2자만 남고 '城上應之'가 또 '下城之應'으로 잘못되어 있으니, 뜻이 통하지 않게 되었다.

71-8-4 候出置田表하고

정찰병은 나가서 田表(田野에 설치한 표지)를 설치하고

田表는 候出郭外所置之表라 郭外皆民田이니 下云 田者男子以戰備從斥이라한대 即郭外耕田之民也라

'田表'는 정찰병이 外城 밖에 나가 설치하는 表이다. 외성 밖은 모두 民田이니 아래(71-8-11)에 '田者男子以戰備從斥(농사짓는 남자들은 兵器를 가지고 경계병을 따르다.)'이라

---

49) (無跡)〔跡者無下里三人〕……(下城之應)〔城上應之〕: 이 대목은 王引之의 校勘을 따르고, 그에 의거하여 번역하였다.
50) 號令篇……城上應之 : 본서 6책 70-30-11~12에 보인다.

하였는데, 바로 외성 밖에서 농사짓는 백성이다.

71-8-5 斥坐郭內外하여 立旗幟하되

경계병은 外城 〈문의〉 안팎에 앉아서 깃발을 세우되

蘇云 號令篇에 **云 候出越陳表**나 **遮**(차)**坐郭門之外內**하여 **立其表**[51]라한대 **文校此爲優**라 **田與陳通**이라하다 **詒讓案 斥遮義同**하니 **淮南子**[52]**兵略訓**에 **斥闉**(인)**要遮**라한대 **高**[53]**注**에 **云 斥**은 (堠)〔**候**〕[54]**也**라하다 **此斥爲遮**니 **與候異**[55]라 **幟**는 **俗字**라 **上文微職竝作職**이라

蘇時學 : 〈號令〉에 "정찰병은 田表를 넘어가지만 경계병은 外城 문의 안팎에 앉아서 表를 세운다.〔候出越陳表 遮坐郭門之外內 立其表〕"라고 하였는데, 글이 이 대목과 비교해 더 낫다. '田'과 '陳'은 통용한다.

詒讓案 : '斥'과 '遮'는 뜻이 같으니 ≪淮南子≫ 〈兵略訓〉에 "살피며 가로막고 길목을 지키며 막아서다.〔斥闉要遮〕"라고 하였는데, 高誘의 注에 "'斥'은 候(살핌)이다."라고 하였다. 이 대목의 '斥'은 '遮'이니 '候'와 다르다. '幟'는 俗字이다. 위 글(71-4-7, 71-8-2)에 나오는 '微職'은 모두 '職'으로 되어 있다.

71-8-6 卒半在內하여 令多少無可知라 卽有驚하면

병졸의 절반은 〈외성 문의〉 안에 두어 〈적으로 하여금 우리 병졸의〉 규모를 알 수 없게 한다. 危急한 警戒 상황이 생기면

驚은 **警同**하니 **詳號令篇**[56]이라

'驚'은 '警'과 같으니 〈號令〉에 자세히 설명하였다.

---

51) 號令篇……立其表 : 본서 6책 70-30-12~14에 보인다.
52) 淮南子 : 前漢의 淮南王 劉安이 賓客과 方士 수천 명을 불러 지었다고 한다. 內篇 21권, 外篇 33권으로, 현재 내편만 전해진다. '淮南子'라는 명칭은 梁나라 吳均의 ≪西京雜記≫에 처음 보이며, 그 전에는 ≪鴻烈≫ 또는 ≪淮南鴻烈≫이라 하였다. ≪漢書≫ 〈藝文志 雜家〉에 수록되어 있다.
53) 高 : 高誘(?~?)를 가리킨다. 涿郡 涿縣 사람이다. 東漢 末年에 활동했고, 馬融의 再傳弟子로 ≪淮南子≫와 ≪呂氏春秋≫, ≪戰國策≫에 대한 주석이 있다.
54) (堠)〔候〕 : 저본에는 '堠'로 되어 있으나, ≪淮南子≫ 高誘의 注에 의거하여 '候'로 바로잡았다.
55) 此斥爲遮 與候異 : 이에 대한 孫詒讓의 자세한 설명은 본서 6책 70-30-13에 보인다.
56) 詳號令篇 : 본서 6책 70-5-1, 70-30-14~15에 보인다.

71-8-7 擧(孔)〔外〕表하고

〈성 밖의〉 外表(첫째 田表)를 올리고,

孔은 **疑當作外**니 **艸書相似而誤**라

'孔'은 아마도 '外'가 되어야 할 듯하니, 草書가 서로 비슷하여 잘못된 것이다.

71-8-8 見寇하면 **擧(牧)〔次〕表**[57]라

적을 발견하면 次表(둘째 전표)를 올린다.

牧은 **疑當爲次**니 **亦艸書之誤**니 **若上文云次烽**이라

'牧'은 아마도 '次'가 되어야 할 듯하니 역시 草書가 잘못된 것으로, 위 글(71-7-14)에서 '次烽'이라 한 것과 같다.

71-8-9 城上以麾指之하고 **斥(步)〔坐〕鼓整旗(旗)**하고

성 위에서는 깃발로 지휘하고 경계병은 앉아서 북을 치고 깃발을 세우며

蘇云 步當作爲坐요 **下旗字衍**이라하다

蘇時學 : '步'는 '坐'가 되어야 하고 아래 '旗'자는 잘못 덧붙은 것이다.

71-8-10 以(備戰)〔戰備〕從麾所指라

兵器를 가지고 〈성 위의〉 깃발이 지휘하는 바를 따른다.

備戰은 **當從旗幟篇作戰備**니 **卽兵械之屬**이라 **言斥各持戰備**하고 **從城上旌麾所指而迎敵也**라 **下云 田者男子以戰備從斥**이라하니 **義同**이라 **舊讀以備戰三字屬上句**[58]한대 **誤**라 **指**는 **舊本譌止**러니 **今據道藏本茅本正**이라 **蘇云 號令篇作指**[59]라하다

---

57) (牧)〔次〕表 : 〈號令〉에서 정찰병을 내보내는 범위가 10리를 넘지 않는데 그 사이에 田表 3개를 세운다고 한 데 의거하여, 外表와 次表의 구분을 둔 것으로 본 것이다. 본서 6책 70-30-1~2에 보인다.

58) 舊讀以備戰三字屬上句 : 蘇時學이 '以備戰'을 앞 구에 붙여 읽었는데, 그에 따라 번역하면 "경계병은 앉아서 북을 치고 깃발을 세워 전투에 대비하고 깃발이 지휘하는 바를 따른다."이다.

59) 號令篇作指 : 본서 6책 70-30-18에 보인다.

'備戰'은 〈旗幟〉를 따라 '戰備'가 되어야 하니, 바로 兵械(병기)의 등속이다. 경계병이 각각 戰備(병기)를 지니고 성 위의 旌麾(깃발)가 지휘하는 바를 따라 적과 맞선다는 말이다. 아래에 '田者男子以戰備從斥'이라 하였으니, 뜻이 같다. 예전에 '以備戰' 3자를 上句에 이어붙여 읽었는데, 잘못이다. '指'는 舊本에 '止'로 잘못되어 있는데, 지금 道藏本, 茅本에 의거하여 바로잡는다.

蘇時學 : 〈號令〉에는 '指'로 되어 있다.

71-8-11 田者男子以戰備從斥하고

농사짓는 남자들은 兵器를 가지고 경계병을 따르고

謂從斥卒禦敵이라

경계병을 따라 적을 막는다는 말이다.

71-8-12 女子亟(극)走入이라

여자들은 급히 〈성 안으로〉 들어온다.

亟은 舊本譌函이러니 王校改亟하고 茅本正作亟하니 今據正이라

'亟'은 舊本에 '函'으로 잘못되어 있는데, 王念孫의 校勘에 '亟'으로 고쳤고 茅本에 바로 '亟'으로 되어 있으니, 지금 이에 의거하여 바로잡는다.

71-8-13 卽見(放)〔寇〕하면

적을 발견하면

放當爲寇니 下文可證이라

'放'은 '寇'가 되어야 하니, 아래 글(71-8-18)을 증거로 삼을 수 있다.

71-8-14 (到)〔鼓〕傳到城止라

북을 쳐 성에 전하고 나서 그친다.

止는 舊本誤正이라 王引之云 上到字當爲鼓요 正當爲止라 鼓傳到城止는 見下文이라

上文又曰 烽火以擧어든 輒五鼓傳이라하다 蘇云 上到字誤衍이요 正爲止字之訛라하다 案王說近是라 茅本止字不誤니 今據正이라

'止'는 舊本에 '正'으로 잘못되어 있다.

王引之 : 앞의 '到'자는 '鼓'가 되어야 하고 '正'은 '止'가 되어야 한다. '鼓傳到城止'는 아래 글(71-8-18)에 보인다. 위 글(71-7-11)에도 '烽火以擧 輒五鼓傳(烽火가 이미 올라왔으면 바로 다섯 번 북을 쳐 전한다.)'라고 하였다.

蘇時學 : 앞의 '到'자는 잘못 덧붙인 듯하고 '正'은 '止'자의 誤字이다.

案 : 王引之의 說이 옳은 듯하다. 茅本에 '止'자는 잘못되지 않았으니 지금 이에 의거하여 바로잡는다.

71-8-15 守表者三人이니 更立(捶)〔郵〕表而望이라

表(표지)를 지키는 자는 세 명이니 교대로 〈烽火臺에서〉 郵表를 세우고서 망본다.

蘇云 號令篇言表三人守之[60]라하니 與此合이라 捶는 號令篇作垂라하다 案 捶表는 兪謂卽郵表가 是也라 王校刪捶字한대 非라 詳號令篇[61]이라

蘇時學 : 〈號令〉에 "表마다 세 사람이 지킨다.〔表三人守之〕"라고 하였으니, 이 대목과 부합한다. '捶'는 〈號令〉에 '垂'로 되어 있다.

案 : '捶表'는 兪樾이 "바로 郵表이다."라고 한 것이 이것이다. 王引之의 校勘에 '捶'자를 刪削하였는데, 잘못 본 것이다. 〈號令〉에 자세히 설명하였다.

71-8-16 守數(삭)令騎若吏行旁視하여 有以知(爲)〔其〕所爲라

太守는 자주 기병이나 관리로 하여금 각처에 가 살피게 하여 그들의 행동을 파악한다.

蘇云 旁當作訪이요 上爲字當作其라하다 詒讓案 旁視猶言徧視라 又疑當作行視旁이니 旁謂城之四面也라

蘇時學 : '旁'은 '訪'이 되어야 하고 앞의 '爲'자는 '其'가 되어야 한다.

詒讓案 : '旁視'는 '徧視(두루 살핌)'라는 말과 같다. 또 〈'行旁視'는〉 '行視旁'이 되어야 할

60) 號令篇言表三人守之 : 본서 6책 70-30-2에 보인다.
61) 詳號令篇 : 본서 6책 70-30-23에 보인다.

듯도 하니, '旁'은 성의 네 방면을 말한다.

71-8-17 其曹[62]**一鼓**라

〈表를 지키는〉 曹마다 북 하나씩 두고

言守表者는 **每曹有一鼓**라

表를 지키는 자는 曹마다 鼓 하나씩 둔다는 말이다.

71-8-18 望見寇하면 **鼓傳到城止**라

망보다가 멀리서 적을 발견하면 북을 쳐 성에 전하고 나서 그친다.

71-9-1 斗食[63]하면

〈매일〉 1斗를 먹으면

斗는 **舊本譌升**이라 **畢云 疑斗食**이라하다 **兪云 以下文推之**컨대 **則升爲斗字之誤無疑**라하다 **案 畢兪說是也**라 **蘇校同**하니 **今據正**이라

'斗'는 舊本에 '升'으로 잘못되어 있다.

畢沅 : 〈'升食'은〉 아마도 '斗食'인 듯하다.

兪樾 : 아래 글로 추론해보면 '升'은 '斗'자의 誤字인 것이 의심할 게 없다.

案 : 畢沅, 兪樾의 說이 맞다. 蘇時學의 校勘이 같으니, 지금 이에 의거하여 바로잡는다.

71-9-2 終歲三十六石[64]이니

1년에 36石이니,

蘇云 據下言斗食食五升과 **又言日再食**하면 **是一食五升**이요 **再食則一斗**니 **以終歲計**

---

62) 曹 : 岑仲勉은 '曹'가 오늘날 '處'나 '科'라는 말과 같은 뜻으로 옛 관직 명칭이라 하였다. 본서 6책 70-9-2에 보인다.

63) 斗食 : 孫詒讓은 본서 5책 〈備城門〉의 52-23-1~4에 해당하는 단락이 이곳 앞에 와야 할 듯하다고 한 반면, ≪墨子今注今譯≫에서는 岑仲勉의 校勘에 의거하여 71-9-7의 '日再食' 뒤에 52-23-4의 '城中無食 則爲大殺(성 안에 식량이 없으면 크게 줄인다.)'를 옮겼다.

64) 終歲三十六石 : 1石은 10斗로, 1년을 360일로 계산하면 360斗, 즉 36石이 된다.

之하면 當三十六石也라

蘇時學 : 아래(71-9-6~7) 매일 1斗의 양식을 먹는 사람은 한끼에 5升을 먹는 것이라고 한 말과 또 하루에 두 끼를 먹는다고 한 말에 의거하면 이는 한끼에 5승이고 두 끼를 먹으면 1두이니 1년으로 계산하면 36석에 해당한다.

71-9-3 參(삼)食하면 終歲二十四石이요 四食하면 終歲十八石이요

〈매일〉 3분의 2斗를 먹으면 1년에 24석이고, 4분의 2斗를 먹으면 1년에 18석이고,

舊本食上脫四字러니 今據道藏本茅本補라 蘇云 當作參食終歲二十石四食終歲十八石이라 然二十下尙當有脫字라 據下言參食食參升하면 日再食則六升이니 以終歲計之하면 當得二十一石六斗라 四食食二升半하면 日再食則五升이니 以終歲計之하면 當得十八石也라하다 兪云 此數不同者는 上所說是常數요 下所說是圍城之中에 民食不足하여 減去其半之數也라 參食者는 參分斗而日食其二也라 故終歲二十四石也라 句下脫四字하니 當據下文補라 四食者는 四分斗而日食其二也라 故終歲十八石也라하다

舊本에 '食' 앞에 '四'자가 빠졌는데, 지금 道藏本, 茅本에 의거하여 보충한다.

蘇時學 : '參食 終歲二十石 四食 終歲十八石'이 되어야 한다. 그렇지만 '二十' 뒤에 여전히 의당 빠진 글자가 있을 것이다. 아래(71-9-7) 〈매일〉 3분의 2斗를 먹으면 한끼에 3승을 먹는 것이라고 한 말에 의거하면 하루에 두 끼를 먹을 경우 6승이니 1년으로 계산하면 21석 6두가 된다. 〈매일〉 4분의 2斗를 먹으면 한끼에 2승 반을 먹는 것이라고 한 말에 의거하면 하루에 두 끼를 먹을 경우 5승이니 1년으로 계산하면 18석이 된다.

兪樾 : 이 대목의 숫자가 같지 않은 것은 위에서 말한 것은 평상시의 숫자이고 아래에서 말한 것은 〈적이〉 城을 포위한 가운데 백성들의 식량이 부족하여 그 절반을 줄인 숫자라서이다. '參食'이라는 것은 1두를 셋으로 나누어 하루에 그중 둘을 먹는 것이다. 그래서 1년에 24석이다. 句 뒤에 '四'자가 빠졌으니 아래 글에 의거하여 보충해야 한다. '四食'이라는 것은 1두를 넷으로 나누어 하루에 그중 둘을 먹는 것이다. 그래서 1년에 18석이다.

71-9-4 五食하면 終歲十四石四斗요

〈매일〉 5분의 2斗를 먹으면 1년에 14석 4두이고,

舊本作五食終歲十四石升이라 **盧云 疑十四石五升**이어나 **否或升字衍**이라하다 **俞云 五食者**는 **五分斗而食其二**니 **則每日食四升**일새 **終歲當食十四石四斗**라 **今作終歲十四石升**은 **蓋誤斗爲升**하고 **又脫四字耳**라 **盧說於數不合**하니 **非也**라하다 **案 俞校是也**요 **蘇說同**하니 **今據補正**이라

舊本에는 '五食 終歲十四石升'으로 되어 있다.

盧文弨 : 아마도 '十四石五升'이거나 아니면 혹 '升'자는 잘못 덧붙인 듯하다.

俞樾 : '五食'이라는 것은 1斗를 다섯으로 나누어 그중 둘을 먹는 것이니 매일 4升을 먹기에 1년에 의당 14석 4두를 먹어야 한다. 지금 '終歲十四石升'으로 되어 있는 것은 아마도 '斗'가 잘못되어 '升'이 되고 또 '四'자가 빠진 것일 뿐인 듯하다. 盧文弨의 說은 숫자가 부합하지 않으니, 잘못 본 것이다.

案 : 俞樾의 校勘이 맞고, 蘇時學의 說이 같으니, 지금 이에 의거하여 보충하여 바로잡는다.

71-9-5 六食하면 **終歲十二石**이라

〈매일〉 6분의 2斗를 먹으면 1년에 12석이다.

俞云 六食者는 **六分斗而食其二也**라 **故終歲十二石也**라하다 **蘇云 下言六食一升大半**하니 **是每日食三升有奇**니 **以終歲計之**하면 **當得十二石也**라하다

俞樾 : '六食'이라는 것은 1두를 여섯으로 나누어 그중 둘을 먹는 것이다. 그러므로 일년이면 12석이다.

蘇時學 : 아래에 "6분의 2斗를 먹으면 1승 ⅔를 먹는 것이다.〔六食一升大半〕"라고 하였으니, 이는 매일 3승 남짓을 먹는 것으로, 1년으로 계산하면 12석이 된다.

71-9-6 斗食食五升이오

〈매일〉 1斗를 먹으면 〈한끼에〉 5升을 먹는 것이고,

上斗字는 **舊本亦譌升**이러니 **今依畢蘇校正**이라

앞의 '斗'자는 舊本에 또한 '升'으로 잘못되어 있는데, 지금 畢沅, 蘇時學의 校勘에 의거하여 바로잡는다.

71-9-7 參食食參升小半이요 **四食食二升半**이요 **五食食二升**이요 **六食食一升大半**[65]이니 **日再食**이라

〈매일〉 3분의 2斗를 먹으면 〈한끼에〉 3升 ⅓을 먹는 것이고, 〈매일〉 4분의 2斗를 먹으면 〈한끼에〉 2승 반을 먹는 것이고, 〈매일〉 5분의 2斗를 먹으면 〈한끼에〉 2승을 먹는 것이고, 〈매일〉 6분의 2斗를 먹으면 〈한끼에〉 1승 ⅔를 먹는 것인데, 이는 하루에 두 끼를 먹는 것이다.

此申析上文하니 斗食以下日再食은 每食之升數也라 故末又云日再食하여 以總釋之라 兪云 此依前數而各減其半이라 斗食者每日一斗어늘 今則爲五升矣요 參食者每日六升大半어늘 今爲參升小半矣니 不言小半者는 傳寫脫去也라 下文言六食食一升大半하니 則此必言食參升小半可知라 蓋參食本食六升大半이어늘 而減之爲三升小半이니 猶六食本食三升小半이어늘 而減之爲一升大半也라 無小半二字면 卽於數不足矣라 四食本食五升이라 故減爲二升半이라 五食本食四升이라 故減爲二升이라 其數甚明이라하다 案兪以此爲民食不足하여 依前數而各減其半하니 非墨子之恉로되 而謂參食食參升下當有小半二字는 則甚塙하니 今據增이라

이 대목은 위 글을 거듭 분석하였으니 '斗食' 이하 '日再食'까지는 매 끼니의 升數이다. 그래서 마지막에 다시 '日再食'이라 하여 총괄하여 풀이하였다.

兪樾 : 이 대목은 앞의 수에 의거하여 각각 그 반씩 줄인 것이다. 斗食하는 경우 매일 1두인데 지금은 〈식량이 부족하여〉 5승이 되고 參食하는 경우 매일 6승 大半(⅔)인데 지금은 〈식량이 부족하여〉 3승 小半(⅓)이 되니, 小半을 말하지 않은 것은 옮겨 베끼는 과정에 빠진 것이다. 아래 글에 '六食食一升大半'이라 하였으니, 여기서 반드시 3승 小半을 먹는다고 한 것임을 알 수 있다. 대체로 參食은 본래 6승 大半을 먹는데 〈반을〉 줄여 3승 小半이 되니, 六食이 본래 3승 小半을 먹는데 〈반을〉 줄여 1승 大半이 되는 것과 같다. '小半' 2자가 없으면 바로 수가 부족하다. 四食은 본래 5승을 먹으므로 〈반을〉 줄여 2승 반이 된다. 五食은 본래 4승을 먹으므로 〈반을〉 줄여 2승이 되니 그 수가 매우 분명하다.

案 : 兪樾은 이 대목을 백성들의 식량이 부족하여 앞의 수에 의거하여 각기 그 절반을 줄였다고 보았는데 墨子의 뜻이 아니다. 그렇지만 '參食食參升' 뒤에 '小半' 2자가 있어야 한다고 한 말은 매우 확실하니 지금 이에 의거하여 덧붙인다.

---

65) 參食食參升小半……六食食一升大半 : 孫詒讓의 註를 참고하면, 小半은 절반에 못 미치는 ⅓, 大半은 절반이 넘는 ⅔를 가리킨다.

71-9-8 救死之時에 **日二升者二十日**이요 **日三升者三十日**이요 **日四升者四十日**이니

생존을 도모할 때 하루에 2승씩 먹으며 20일을 버티고, 하루에 3승씩 먹으며 30일을 버티고, 하루에 4승을 먹으며 40일을 버티는데

日二升者는 **再食每食一升也**요 **日三升者**는 **每食一升有半也**요 **日四升者**는 **每食二升也**라

'日二升'이라는 것은 〈하루〉 두 끼를 먹을 때 끼니마다 1승을 먹는 것이고, '日三升'이라는 것은 끼니마다 1승 반을 먹는 것이고, '日四升'이라는 것은 끼니마다 2승을 먹는 것이다.

71-9-9 如是면 **而民免於九十日之約矣**[66)]라

이와 같이 하면 백성들이 90일의 위급 상황에서 벗어날 수 있다.

約은 **謂危約**이라

'約'은 危約(위급하고 부족한 상태)을 말한다.

71-10-1 寇近이어든 **亟**(극)**收諸(雜鄕)〔離鄕〕金器**와 **若銅鐵**

적이 접근해 오면 급히 〈성 밖에〉 따로 떨어진 고을의 쇠로 된 기구나 銅鐵

亟은 **舊本譌函**이러니 **今據茅本正**이라 **王校同**이라 **雜鄕**은 **當作離鄕**이니 **言城外別鄕器物皆收入城內也**라 **備城門篇**에 **云 城小人衆**에 **葆離鄕老弱國中及他大城**[67)]이라하다

'亟'은 舊本에 '函'으로 잘못되어 있는데, 지금 茅本에 의거하여 바로잡는다. 王念孫의 校勘은 같다. '雜鄕'은 '離鄕'이 되어야 하니 성 밖에 따로 떨어진 고을의 器物을 모두 城 안으로 거두어들인다는 말이다. 〈備城門〉에 "성은 작고 사람은 많을 경우에는 〈國都 밖의〉 따로 떨어진 고을의 노약자들을 國都 안과 다른 큰 성에 보내어 보호한다.〔城小人衆葆離鄕老弱國中及他大城〕"라고 하였다.

---

66) 民免於九十日之約矣 : ≪墨子今注今譯≫에서는 '約'을 節約의 뜻으로 보고 "백성들이 90일 동안 양식을 절약하는 노력을 통해 죽음을 면할 수 있다."라고 하였다.

67) 備城門篇……葆離鄕老弱國中及他大城 : 본서 5책 52-22-34에 보인다.

71-10-2 及他可以左守事者라

및 기타 守備하는 일에 도움될 만한 것들을 거두어들인다.

顧云 左는 **助也**라하다 **蘇云 左佐通用**하니 **下同**이라하다

顧廣圻 : '左'는 돕다〔助〕는 뜻이다.

蘇時學 : '左', '佐'는 通用하니, 아래도 같다.

71-10-3 先擧縣官室居官府不急者와 **材之大小長短及凡數**라가

먼저 관리가 지내는 집과 官府에서 급히 필요하지 않은 물건, 材木의 크기와 길이 및 대략적인 수량을 조사해두었다가

蘇云 凡字誤니 **當作亓**요 **與其通**하니 **書中其多作亓**라하다 **案 凡數**는 **猶言大總計數也**라 **周禮(外)〔御〕**[68]**史**에 **云 凡數從政者**라하니 **蘇說非**라

蘇時學 : '凡'자는 誤字이니 '亓'가 되어야 하고, '其'와 통용하니 ≪墨子≫에서 '其'는 '亓'로 되어 있는 경우가 많다.

案 : '凡數'는 大總計數(대략적으로 숫자를 계산하다)라는 말과 같다. ≪周禮≫ 〈春官 御史〉에 "벼슬하는 자들의 수를 대략적으로 헤아린다.〔凡數從政者〕"라고 하였으니, 蘇時學의 說은 잘못 본 것이다.

71-10-4 卽急先發이라

급히 필요하게 되면 우선 徵發한다.

句라

여기에서 句를 뗀다.

71-10-5 寇薄이어든

적이 육박해 오면

蘇云 薄은 **謂迫近**이라하다

蘇時學 : '薄'은 가까이 다가온다는 말이다.

---

68) (外)〔御〕 : 저본에는 '外'로 되어 있으나, ≪周禮≫ 〈春官 御史〉에 의거하여 '御'로 바로잡았다.

71-10-6 發屋伐木하며 **雖有請謁**이라도 **勿聽**이라

집을 허물고 나무를 베며 비록 사적인 청탁을 하더라도 들어주지 않는다.

句라

여기에서 句를 뗀다.

71-10-7 入柴에

땔감을 들일 때

入讀爲內(납)이라

'入'은 '內'으로 읽는다.

71-10-8 勿積魚鱗簪(잠)하고

물고기 비늘처럼 차곡차곡 쌓지 않고,

畢云 疑槮(삼)**字假音**이니 **讀若高誘注淮南子積柴之罧**(삼)이라하다 **案 畢說是也**라 **淮南子說林訓本作罧**(삼)한대 **高注**에 **云 罧者**는 **以柴積水中以取魚**라 **罧**은 **讀沙槮**이니 **幽州名之爲涔**(잠)**也**라하다 **說文作罧**하고 **云 積柴水中**하여 **以聚魚也**라하다 **備蛾傳篇說荅云 兩端接尺相覆**하고 **勿令魚鱗三**[69]이라한대 **三卽參**이니 **亦卽槮之省**(생)**也**이라 **爾雅**[70]**釋器**에 **云 槮謂之涔**이라한대 **郭**[71]**注以爲聚積柴木**하여 **捕取魚之名**이라 **小爾雅**[72]**廣**

---

69) 備蛾傳篇說荅云……勿令魚鱗三 : 본서 6책 63-4-9에 보인다.

70) 爾雅 : 중국 最古의 訓詁書이다. ≪釋名≫ 또는 ≪釋言≫이라고도 한다. 저자와 편찬 시기는 분명치 않으며, 戰國時代(B.C. 403~B.C. 221) 말에서 前漢 武帝(재위 B.C. 141~B.C. 87) 사이일 것으로 추정할 뿐이다. ≪爾雅≫의 經文을 풀이하여 注를 낸 郭璞(276~324)의 ≪爾雅注≫와 ≪爾雅≫의 경문과 ≪爾雅注≫를 풀이한 邢昺(932~1010)의 ≪爾雅疏≫가 가장 널리 알려져 있다. 唐 高祖 때의 國學博士인 陸德明(550~630)이 ≪爾雅音義≫를 짓고 자신의 저서인 ≪經典釋文≫에 수록하였다.

71) 郭 : 郭璞(276~324)으로, 東晉 河東 聞喜 사람이다. 字는 景純이다. 詩賦에 特長이 있었으며, 古文奇字・曆算・卜筮術에도 밝았다. 저서로 ≪爾雅注≫, ≪方言注≫, ≪山海經注≫, ≪水經注≫, ≪楚辭注≫가 있으며, 문집으로 ≪郭弘農集≫이 있다.

72) 小爾雅 : 訓詁學 저작으로, ≪爾雅≫의 체제를 따라 古書에 나오는 詞語를 해석한 책이다. ≪漢書≫ 〈藝文志〉에 ≪小爾雅≫ 1편이 들어있지만 편찬자의 이름은 전하지 않으며, ≪隋書≫ 〈經籍志〉와 ≪唐書≫ 〈藝文志〉에는 李軌가 주석한 ≪小爾雅≫ 1권이 목록에 있지만 원본은 전하지 않는다. 지금 ≪小爾雅≫라고 하는 것은 ≪孔叢子≫에 일부 수록된 것으

獸에 云 濳은 槮也라하다 濳涔字通이라 蓋通言之하면 凡積聚柴木을 竝謂之槮이라 槮濳參簪은 聲竝相近이라 通典[73]兵門說束柂하여 云 皆去鑽刊以束爲魚鱗次하고 橫檢而縛之라한대 杜[74]卽依此書也라 太玄經[75]禮에 次六은 魚鱗差之하고 乃矢施之라하다 魚鱗簪은 猶言魚鱗次魚鱗差也라 細繹此與備蛾傳篇文하면 似竝謂勿如魚鱗簪이라 而杜佑之意는 則謂束柂當爲魚鱗次라 依其說하면 則此文勿積當略讀(두)어늘 與備蛾傳篇語意不同하니 未知是否라

畢沅 : 〈'簪'은〉 아마도 '槮'자의 假借한 音인 듯하니 ≪淮南子≫ 高誘 注에 나오는 땔감을 쌓아놓은 漁具〔積柴〕인 罧과 같이 읽어야 한다.

案 : 畢沅의 說이 맞다. ≪淮南子≫ 〈說林訓〉에는 본래 '罧'으로 되어 있는데, 高誘의 注에 "'罧'이라는 것은 땔감을 물속에 쌓아놓고 물고기를 잡는 것이다. '罧'은 沙槮으로 읽으니 幽州에서는 '涔'이라고 이름한다.〔罧者 以柴積水中以取魚 罧讀沙槮 幽州名之爲涔也〕"라고 하였다. ≪說文解字≫에는 '罧'으로 되어 있고 "물속에 땔감을 쌓아놓고 물고기를 모이게 하는 것이다.〔積柴水中 以聚魚也〕"라고 하였다. 〈備蛾傳〉에 苫(차단막)을 설명하여 "양 끝의 이어지는 부분이 1척씩 겹치게 하고 물고기 비늘처럼 차곡차곡 쌓지 않는다.〔兩端接尺相覆 勿令魚鱗三〕"라고 하였는데, '三'은 바로 '參'이니 역시 바로 '槮'의 略字이다. ≪爾雅≫ 〈釋器〉에 "'槮'은 涔이라 한다."라고 하였는데, 郭璞의 注에 땔나무를 모아 쌓아놓고서 물고기를 잡아 취하는 것의 명칭이라 하였다. ≪小爾雅≫ 〈廣獸〉에 "'濳'은 槮이다."라고 하였다. '濳'과 '涔'자는 통용한다. 대체로 통칭하면 모든 땔나무를 쌓아 모아놓는 것을 모두 '槮'이라고 한다. '槮', '濳', '參', '簪'은 聲音이 모두 서로 비슷하다. ≪通典≫ 〈兵門〉에 '束柂(뗏목 묶기)'을 설명하면서 "모두 뚫어 깎고 묶어 물고기 비늘 모양으로 만들어 가로로 대고 묶는다.〔皆去鑽刊以束爲魚鱗次 橫檢而縛之〕"라고 하였는데, 杜佑는 바로 이 책(≪墨子≫)에 의거한 것이다. ≪太玄經≫ 〈禮卦〉에 "次六

로, 모두 13장으로 구성되어 있다.

73) 通典 : 唐代의 政治家이자 史學者였던 杜佑가 편찬한 책으로 총 200권이다. '十通'의 하나로, 唐의 天寶 이전의 역대 경제, 정치, 예법, 군제, 형법 등의 전장제도에 대해 정리한 것이다.

74) 杜 : 唐나라 杜佑(735~812)로, 자는 君卿이다. 관직은 濟南參軍·江南節度使를 역임하였으며, 德宗·順宗·憲宗 때 재상을 지냈다. 封號는 岐國公이고, 시호는 安簡이다. 저서로 ≪通典≫·≪理道要訣≫·≪管氏指略≫·≪賓佐記≫ 등이 있다

75) 太玄經 : 前漢 末의 揚雄(B.C. 53~18)이 ≪周易≫을 모방하여 저술한 것이다. ≪漢書≫ 〈藝文志〉에는 총 19권이라고 하였으나, ≪文獻通考≫에는 총 10권이라 하였다. 현전하는 판본은 총 10권이다. 晉의 范望이 注를 달았다.

은 물고기 비늘 모양으로 차례대로 하고 비로소 〈예법대로〉 陳設한다.〔次六 魚鱗差之乃矢施之〕"라고 하였다. '魚鱗簪'은 '魚鱗次', '魚鱗差'라고 말하는 것과 같다. 이 대목과 〈備蛾傅〉의 글을 세밀히 연역해보면 모두 '魚鱗簪'처럼 하지 말라고 말하는 듯하다. 그런데 杜佑의 뜻은 束柤을 魚鱗次처럼 해야 한다고 여긴 것이다. 그의 說에 의거하면 이 글은 '勿積'에서 대략 구두를 떼어 읽어야 하는데 〈備蛾傅〉의 말 뜻과 같지 않으니, 맞는지는 알 수 없다.

71-10-9 當隊(수)하여 **令易**(이)**取也**라

적이 공격해 오는 길에 두어 쉽게 가져갈 수 있게 한다.

當隊는 **卽當隧**니 **詳備城門篇**[76)]이라

'當隊'는 바로 當隧니 〈備城門〉에 자세히 설명하였다.

71-10-10 材木不能盡入者는 **燔之**하여 **無令寇得用之**라

材木 가운데 다 들이지 못하는 것들은 불태워 적으로 하여금 쓸 수 없게 한다.

商子兵守篇에 **云 客至**어든 **發梁徹屋**하여 **給徙徙之**하고 **不給而熯之**하여 **使客無得以助攻備**라하니 **與此同**이라

≪商子≫ 〈兵守〉에 "적군이 이르면 들보를 뽑아 집을 철거하여 옮길 수 있으면 옮기고 옮기지 못하면 태워버려 적군으로 하여금 그것을 공격하는 수단으로 활용하지 못하게 한다."라고 하였으니, 이 대목과 같다.

71-10-11 積木엔 **各以長短大小惡美形相從**이라

나무를 쌓을 때는 각각 길이, 크기, 품질, 모양에 따라 정리한다.

大小는 **茅本作小大**라

'大小'는 茅本에 '小大'로 되어 있다.

---

76) 當隊……詳備城門篇 : 본서 5책 52-12-36에 보인다.

71-10-12 城四面外各積其內하되 **諸木大者皆以爲關鼻**[77)]하고

성 밖의 사방에서 〈나무를 거둬 와〉 각각 성 안에 쌓아두되, 큰 나무들은 모두 구멍을 뚫고 나서

畢云 言爲之紐라가 **令事急可曳**라하다

畢沅 : 끈으로 묶어두었다가 사태가 급박해지면 〈나무들을〉 끌 수 있게 한다는 말이다.

71-10-13 乃積聚之라

모아 쌓아둔다.

71-11-1 城守司馬以上은 **父母昆弟妻子有質在主所**[78)]라야 **乃可以堅守**라 **署都司空**하되

성을 수비할 때 司馬 이상의 관리는 父母, 兄弟, 妻子를 葆宮에 人質로 두어야만 굳게 지킬 수 있다. 都司空을 두되

都司空은 **蓋五官之一**이니 **詳號令篇**[79)]이라

'都司空'은 대체로 五官 가운데 하나이니 〈號令〉에 자세히 설명하였다.

71-11-2 大城四人이요 **候二人**이라

大城에 4명이고 候는 2명이다.

候는 **亦五官之一**이니 **詳號令篇**이라 **二**는 **茅本作一**이라

---

77) 關鼻 : 뚫어서 끈으로 묶을 수 있는 구멍을 말하는 것으로, 岑仲勉은 "粵나라 俗語에 구멍을 鼻라고 늘상 부른다. 또 보통의 木材를 수송에 편리하도록 늘 재목 끝에 구멍 하나를 뚫어두어 밧줄을 꿰어 묶기 편하게 하는데 關鼻가 어쩌면 바로 이를 가리키는 듯하다."라고 하였다.

78) 主所 : 여기서는 太守가 있는 곳 가까이에 둔 葆宮으로, 官吏나 偵探 등의 배반을 막기 위해 그들의 가족을 인질로 잡아 지내도록 한 곳이다. 質宮이라고도 하는데, 담장을 두르고 衛卒을 두어 지키게 한다. 본서 6책 70-24-14에 보인다.

79) 都司空……詳號令篇 : 都司空에 대한 설명은 본서 6책 70-12-17에 보이고, 五官에 대한 설명은 70-2-2에 보인다.

'候' 역시 五官 가운데 하나이니 〈號令〉에 자세히 설명하였다. '二'는 茅本에 '一'로 되어 있다.

71-11-3 縣候는 **面一**이요

縣候는 사방의 면마다 1명을 두고

四面面各一候라

四面의 면마다 1候이다.

71-11-4 亭尉次司空은

亭尉와 次司空은

亭尉는 **卽備城門篇之帛尉**[80)]요 **號令篇之百長**[81)]이니 **其秩蓋次於縣尉**라 **次司空**은 **亦次於都司空也**라

'亭尉'는 바로 〈備城門〉의 '帛尉'이고 〈號令〉의 '百長'이니 그 品秩은 대체로 縣尉 다음인 듯하다. '次司空' 역시 都司空의 다음이다.

71-11-5 亭一人이라 **吏侍守所者財足**하되 **廉信**[82)]이요

亭마다 1명을 둔다. 太守의 官署를 侍衛하는 관리는 〈조건을〉 충족하기만 하면 쓰되 淸廉하면서 忠信하고

畢云 言厚祿足以養其廉信이라하다 **案 財足疑當屬上讀**이라 **財纔通**이라 **言吏侍守所者**는 **纔足應用**이요 **無定數也**라 **財足見備城門篇**[83)]이라 **它篇亦多云財自足**[84)]이라 **畢讀恐非是**라

80) 備城門篇之帛尉 : 본서 5책 52-21-33에 보이는데, 100명의 병졸을 통솔하는 지휘관을 말한다. 孫詒讓은 '帛'을 '百' 혹은 '亭'의 誤記로 보았다.
81) 號令篇之百長 : 본서 6책 68-3-11에 보인다.
82) 吏侍守所者財足 廉信 : ≪墨子今注今譯≫에서는 '財'를 '材' 즉 才能의 뜻으로 보고 "太守의 官署를 侍衛하는 관리는 재능이 넉넉하고 淸廉하면서 忠信하고"라고 하였다.
83) 財足見備城門篇 : 본서 5책 52-12-48에 보인다.
84) 它篇亦多云財自足 : 它篇은 〈備突〉로, 본서 6책 62-11-18, 62-12-1, 62-12-6, 62-15-6, 62-16-3 등에 보인다.

畢沅 : 후한 俸祿이 족히 그 淸廉과 忠信을 기를 수 있다는 말이다.

案 : '財足'은 아마도 앞에 붙여 읽어야 할 듯하다. '財'와 '纔'는 통용한다. 太守의 官署를 侍衛하는 관리는 〈조건을〉 충족하기만 하면 응당 써야 하고 정해진 수는 없다는 말이다. '財足'은 〈備城門〉에 보인다. 다른 편에도 '財自足'이라 한 경우가 많다. 畢沅의 讀法은 옳지 않은 듯하다.

71-11-6 父母昆弟妻子有在葆宮中者라야 **乃得爲侍吏**라 **諸吏必有質**이라야 **乃得任事**라 (守)〔侍〕**大門者二人**이

父母, 兄弟, 妻子가 葆宮에 있는 자라야 侍衛하는 관리가 될 수 있다. 모든 관리는 반드시 인질을 두어야 일을 맡을 수 있다. 大門을 侍衛하는 자 2명이

守는 **疑當作侍**라 **號令篇**에 **云 吏卒侍大門中者**는 **曹無過二人**[85]이라하다

'守'는 아마도 '侍'가 되어야 할 듯하다. 〈號令〉에 "大門 안을 侍衛하는 병졸은 曹를 짤 때 두 사람을 초과하지 않는다.〔吏卒侍大門中者 曹無過二人〕"라 하였다.

71-11-7 夾門而立하여 **令行者趨其外**라

문 양편에 떨어져 서서 행인들로 하여금 문 밖을 빨리 지나가도록 한다.

蘇云 趨은 **疾行也**니 **所以防窺伺者**라하다

蘇時學 : '趨'은 빨리 간다는 뜻이니 엿보는 자를 막기 위해서이다.

71-11-8 各四戟을 **夾門立**하고

각기 4개의 창을 문 양편에 세워두고

此言夾門別有持戟者四人也라

이 대목은 문 양편에 따로 창을 든 자가 4명이 있다는 말이다.

戟

85) 號令篇……曹無過二人 : 본서 6책 70-9-1～2에 보인다. 다만, 〈號令〉에 '吏'자는 없다.

71-11-9 而其人坐其下라 **吏日五閱之**하여 **上逋者名**이라

창을 잡는 衛士는 그 아래 앉는다. 관리는 하루에 다섯 번 點呼하여 관서를 이탈한 자의 명단을 올린다.

71-12-1 池外廉

垓字 바깥 가장자리의

外는 **舊本譌水**라 **王云 水廉當爲外廉**이라 **鄭注鄕飮酒禮**에 **曰 側邊曰廉**이라하다 **池外簾**은 **謂池之外邊近敵者也**라 **下文曰 前外廉三行**이라하고 **旗幟篇**에 **曰 大寇傅攻前池外廉**[86]이라하니 **皆其證**이라 **隸書外字或作氺**하니 **見漢司隸校尉魯峻碑**니 **與水相似而譌**라 **史記秦本紀**에 **與韓襄王會臨晉外**라한대 **正義**[87]에 **外字一作水**라하다 **案 王校是也**니 **今據正**이라 **蘇云 廉**은 **猶察也**라한대 **非**라

'外'는 舊本에 '水'로 잘못되어 있다.

王念孫 : '水廉'은 '外廉'이 되어야 한다. ≪儀禮≫ 〈鄕飮酒禮〉의 鄭玄 注에 "곁의 가장자리를 廉이라 한다.〔側邊曰廉〕"라고 하였다. '池外簾'은 해자 바깥 가장자리의 적에게 가까운 곳을 말한다. 아래 글(71-12-7)에 '前外廉三行'이라 하고, 〈旗幟〉에 "적이 〈성으로〉 달려와 進攻하여 垓字 앞의 바깥 가장자리에 이르다.〔大寇傅攻前池外廉〕"라고 하였으니, 모두 그 증거이다. 隸書에 '外'자는 더러 '氺'로 되어 있기도 하니, 〈漢司隸校尉魯峻碑〉에 보이는데 '水'와 서로 비슷하여 잘못된 것이다. ≪史記≫ 〈秦本紀〉에 "韓 襄王과 晉城 밖에 임하여 會盟하였다.〔與韓襄王會臨晉外〕"라고 하였는데, 正義에 "'外'자는 어떤 본에 '水'로 되어 있다."라고 하였다.

案 : 王念孫의 校勘이 맞으니, 지금 이에 의거하여 바로잡는다. 蘇時學은 "'廉'은 察(살핌)과 같다."라고 하였는데 잘못 본 것이다.

71-12-2 有要有害에 **必爲疑人**하고 **令往來行夜者射**(석)**之**[88]하되 **(謀)〔誅〕其疏者**라

86) 旗幟篇……大寇傅攻前池外廉 : 본서 6책 69-3-3에 보이는데, 孫詒讓은 '大'를 '六'의 誤記로 보고 앞 句에 붙여 읽었다.

87) 正義 : 唐나라 張守節이 지은 ≪史記正義≫로, ≪史記≫의 주석서이다. 원래는 모두 30권의 단행본이었으나, 宋나라 초기에 ≪史記≫ 원문 아래에 주석이 들어가는 체제로 다시 편집되는 과정에서 많은 부분이 망실되었다고 한다.

요해처에 반드시 허수아비를 만들어 세우고 밤에 오가며 순찰하는 자로 하여금 화살을 쏘아 맞히게 하되 소홀히 하는 자는 처벌한다.

蘇云 言要害之處必嚴密防守하고 至於人疏之處하여는 亦不可不預爲謀也라하다 兪云 疑人은 蓋束草爲人形이니 望之如人이라 故曰疑人이라 謀其疏者에 謀乃誅字之誤라하다 案 兪說是也라

蘇時學 : 요해처에서는 반드시 防守를 嚴密하게 하고, 사람이 드문 곳의 경우에도 미리 대비하지 않으면 안 된다는 말이다.

兪樾 : '疑人'은 대체로 풀을 엮어 사람 모양을 만든 것이니 멀리서 바라보면 사람인 듯하므로 '疑人'이라 한 것이다. '謀其疏者'에서 '謀'는 바로 '誅'자의 誤字이다.

案 : 兪樾의 說이 맞다.

71-12-3 牆外水中에

울타리 담 밖 해자의 물속에

卽城外池也라 牆은 疑卽旗幟篇之藩[89]이라

바로 성 밖의 垓字이다. '牆'은 아마도 바로 〈旗幟〉의 '藩'인 듯하다.

71-12-4 爲竹箭하되

대나무 화살을 꽂되

畢云 舊作箣이러니 今改라 下同이라하다 詒讓案 茅本竝作箭[90]이라 蘇云 箭當從舊作

---

88) 必爲疑人 令往來行夜者射(석)之 : '疑人'에 대해 孫詒讓은 兪樾의 說을 따라 허수아비로 보았으나, ≪墨子今注今譯≫에서는 '수상한 사람'의 뜻으로 보고, "요해처에서 의심스러운 사람이 다닌다고 단정할 수 있으면 밤에 오가며 순찰하는 자로 하여금 화살을 쏘아 맞히게 하다."라고 하였다.

89) 疑卽旗幟篇之藩 : 본서 6책 69-3-5에 보이는데, '藩'에 대해 孫詒讓은 해자 안 둔덕에 대나무를 엮어 심어 담 울타리를 만든 것인 듯하다고 하였다.

90) 茅本竝作箭 : 底本의 傍注에 "살펴보건대, '竝'은 아마도 '亦'이 되어야 할 듯하다. 또 살펴보건대, 明나라 茅坤(1512~1601)의 刻本에는 실제 '箣'으로 되어 있고 日本 寶曆 7년(1757)에 翻刻한 茅本에 비로소 '箭'으로 되어 있다. 무릇 孫詒讓의 校勘에서 이른바 '茅本'이라 한 것은 실제 寶曆本을 가리킨다.〔按 竝疑當作亦 又按 明茅坤刻本實作箣 日本寶曆七年翻刻茅本乃作箭 凡孫校所謂茅本 實指寶曆本〕"라고 하였다.

箭이니 **漢書有此字**라 **竹箭蓋竹籤**(첨)[91]**也**니 **削竹而布之水中**하고 **所以防盜涉者**라 **今案箭字**는 **古字書所無**요 **俗字書引漢書王尊傳箭張禁**한대 **字如此作**이라하다 **攷漢書各本皆作箭**하고 **不作箭**하니 **蘇誤據之**는 **非也**라

畢沅 : 舊本에 '箭'으로 되어 있는데 지금 고친다. 아래도 같다.

詒讓案 : 茅本에는 모두 '箭'으로 되어 있다. 蘇時學은 "'箭'은 舊本을 따라 '箭'이 되어야 하니 ≪漢書≫에 이 글자가 있다. 竹箭은 아마도 竹籤인 듯하니 대나무를 깎아 水中에 펼쳐두고서 몰래 건너는 자들을 막는 수단이다."라고 하였다. 지금 살펴보건대, '箭'자는 古字書에 없는 것이고 俗字書에 ≪漢書≫ 〈王尊傳〉의 '箭張禁(화살 만드는 장금)'을 인용하였는데 글자가 이처럼 되어 있다. 그러나 ≪漢書≫의 각종 本을 상고해보면 모두 '箭'으로 되어 있고 '箭'으로 되어 있지 않으니, 蘇時學이 잘못 근거하고 있는 것은 잘못 본 것이다.

71-12-5 箭尺廣二步[92]요

화살을 〈꽂아두는〉 너비는 2보이고,

言揷竹箭之處廣二步也라

대나무 화살을 꽂아두는 곳의 너비가 2보라는 말이다.

71-12-6 箭下於水五寸하되

화살은 水面보다 5촌 낮게 잠그되

下於二字舊倒러니 **今依蘇校乙**이라

'下於' 2자는 舊本에 순서가 〈'於下'로〉 뒤바뀌어 있는데, 지금 蘇時學의 校勘에 의거하여 글자의 순서를 바꾼다.

71-12-7 雜長短이라 前外廉三行(항)하되 外外鄕하고 內亦內鄕이라

長短을 뒤섞는다. 〈垓字〉 앞 바깥 가장자리에 〈대나무 화살을〉 세 줄로 세우되 바깥쪽 화살은 바깥쪽으로 향하게 하고 안쪽 화살은 또한 안쪽으로 향하게 한다.

---

91) 竹籤(첨) : 한쪽을 뾰족하게 깎은 가늘고 긴 竹竿이나 竹片을 가리킨다. '竹簽'이라고도 한다.
92) 箭尺廣二步 : 2步는 1丈 2尺으로, '尺'은 衍文인 듯하다. '步'에 대한 설명은 본서 5책 52-20-29에 보인다.

蘇云 於下二字誤倒하니 **當作篗下於水五寸**이라 **言藏之水中令人勿見也**라 **雜長短**은 **使之不齊也**라 **前亦當作篗**이요 **外廉者**는 **廉其外令有鋒鋩也**라 **行讀如杭**이요 **鄕讀如向**이라 **案 旗幟篇**에 **云 前池外廉**[93)]이라하니 **前外廉三行**은 **謂前池之外廉**에 **列竹箭三行也**라 **蘇說非**라

蘇時學 : '於下' 2자는 잘못되어 순서가 뒤바뀌어 있으니 '篗下於水五寸'이 되어야 한다. 물속에 감춰두어 사람들로 하여금 보지 못하게 한다는 말이다. '雜長短'은 화살들을 가지런하지 않게 하는 것이다. '前' 역시 '篗'이 되어야 하고 '外廉'은 그 바깥을 모나게 해서 날이 있게 하는 것이다. '行'은 '杭'처럼 읽고, '鄕'은 '向'처럼 읽는다.

案 : 〈旗幟〉에 '前池外廉(垓字 앞의 바깥 가장자리)'이라 하였으니, '前外廉三行'은 해자 앞의 바깥 가장자리에 대나무 화살을 세 줄로 벌여놓는 것이다. 蘇時學의 說은 잘못 본 것이다.

71-12-8 三十步一弩廬하되 **廬廣十尺**이요 **袤**(무)**丈二尺**이라

30보마다 弩廬를 하나씩 두되, 弩廬의 너비는 10척이고 길이는 1장 2척이다.

弩廬는 **卽置連弩車之廬也**[94)]라 **通典兵守拒法有弩臺**하니 **制與此略同**이요 **而步尺數異**[95)]라 **詳備高臨篇**[96)]이라

'弩廬'는 바로 連弩車를 두는 집이다. ≪通典≫ 〈兵5 守拒法〉에 '弩臺'가 있는데 제도가 이 대목과 대략 같고 步數와 尺數만 다르다. 〈備高臨〉에 자세히 설명하였다.

71-13-1 隊(수)**有急**[97)]이어든

적이 공격해 오는 길에 긴급 상황이 발생하면

---

93) 旗幟篇……前池外廉 : 본서 6책 69-3-3에 보인다.

94) 弩廬 卽置連弩車之廬也 : 孫詒讓과 달리 岑仲勉은 弩廬가 弩手들이 지내는 집일 듯하다고 하였다. 連弩는 화살을 한 번에 여러 발 발사하거나 화살을 연달아 발사할 수 있는 쇠뇌로, 連弩車는 이 連弩를 장착한 수레이다.

95) 通典兵守拒法有弩臺……而步尺數異 : ≪通典≫에서는 弩臺는 높이를 성과 같게 하고 성과 100보 거리를 두며 노대마다 거리도 100步이고, 노대의 하부는 너비는 4丈이고 높이는 5장이며, 상부는 너비가 2장이라 하였다.

96) 詳備高臨篇 : 본서 6책 53-3-1, 53-3-32에 보인다.

97) 隊(수)有急 : ≪墨子今注今譯≫에서는 뒤(71-15-1)의 '百步一隊(100보마다 隊伍 하나를 두되)'를 이 句 앞으로 옮겼다.

隊는 **亦謂當攻**(隊)〔**隧**〕[98]라

'隊' 역시 적이 공격해 오는 길을 마주한 지점이란 말이다.

71-13-2 極發其近者往佐하고

급히 隣近의 부대를 출동시켜 가서 돕고

王引之云 古字極與亟通하니 **極發**은 **卽亟發也**라 **莊子盜跖篇**에 **亟去走歸**라한대 **釋文**[99]에 **亟**은 **急也**니 **本或作極**이라하다 **荀子**[100]**賦篇**에 **出入甚極**이라하고 **又曰 反覆甚極**이라한대 **楊**[101]**注竝云 極**은 **讀爲亟**이니 **急也**라하다 **淮南子精神篇**에 **隨其天**(貲)〔**資**〕[102]하여 **而安之不極**이라한대 **高注**에 **云** (亟)〔**極**〕[103]은 **急也**라하다 **案 王說是也**니 **極下**에 **道藏本有急字**어늘 **疑衍**이라

王引之：古字에 '極'은 '亟'과 통용하니 '極發'은 바로 '亟發'이다. ≪莊子≫ 〈盜跖〉에 "급히 떠나고 달려 돌아간다.〔亟去走歸〕"라고 하였는데, ≪經典釋文≫에 "'亟'은 急(급함)이니 어떤 本에는 더러 '極'으로 되어 있기도 하다."라고 하였다. ≪荀子≫ 〈賦〉에 "출입하는 것이 매우 급하다.〔出入甚極〕"라고 하고, 또 "반복하는 것이 매우 급하다.〔反覆甚極〕"라고 하였는데, 楊倞의 注에 모두 "'極'은 '亟'으로 읽으니 急(급함)이다."라고 하였다. ≪淮南子≫ 〈精神訓〉에 "그 天時를 따라서 편안히 여기며 급박하지 않다.〔隨其天資 而安之不極〕"라고

98) 隊 亦謂當攻(隊)〔隧〕：71-10-9의 孫詒讓의 註에서 말한 '當隊 卽當隧'를 두고 '亦'자를 쓴 것으로, '當攻隊'의 '隊'는 '隧'의 誤記로 보이는데, ≪墨子今注今譯≫에서는 '隊'를 '隊伍'의 의미로 보았다.

99) 釋文：≪經典釋文≫으로, 唐代 經學家 陸德明이 지은 것이다. ≪周易≫, ≪古文尙書≫, ≪毛詩≫, ≪周禮≫, ≪儀禮≫, ≪禮記≫, ≪春秋左氏傳≫, ≪春秋公羊傳≫, ≪春秋穀梁傳≫, ≪孝經≫, ≪論語≫, ≪爾雅≫, ≪老子≫, ≪莊子≫ 등의 古音과 訓義에 대하여 고증한 책으로, 魏晉 이래 혼란해진 注音을 통일하기 위해 經文과 注文에 모두 反切이나 直音을 달았을 뿐 아니라 漢魏六朝의 經學家들의 音切과 訓詁를 망라하여 수록함으로써 이후 經學의 기본서가 되었다.

100) 荀子：荀子(B.C. 313~B.C. 238, 이름은 況, 字는 卿)의 저술이다. 〈勸學〉, 〈修身〉, 〈性惡〉 등 총 32편으로 구성되어 있다.

101) 楊：楊倞으로, 弘農(지금의 河南省 靈寶縣) 사람이다. 唐 憲宗 연간(805~820)에 주로 활동하였다. 前漢의 劉向이 당대 전하던 荀子의 글 322편을 편집하여 ≪孫卿新書≫ 32편으로 편찬하였는데, 그가 순서를 바꾸고 注를 내었다.

102) (貲)〔資〕：저본에는 '貲'로 되어 있으나, ≪淮南子≫ 〈精神訓〉에 의거하여 '資'로 바로잡았다. 참고로, 高誘는 '資'가 '時'의 뜻이라 하였다.

103) (亟)〔極〕：저본에는 '亟'으로 되어 있으나, ≪淮南子≫ 高誘의 注에 의거하여 '極'으로 바로잡았다.

하였는데, 高誘의 注에 "'極'은 急(급함)이다."라고 하였다.

案 : 王引之의 說이 맞다. '極' 뒤에 道藏本에는 '急'자가 있는데 아마도 잘못 들어간 듯하다.

71-13-3 其次襲其處라

그다음의 부대를 그곳에 가서 지키도록 한다.

漢書揚雄傳顏[104]**注**에 **云 襲**은 **繼也**라하다 **蘇云 言軍有危急**하면 **則發其近者往助之**요 **近者既發**이면 **則移其次者居之**하여 **以爲接應也**라하다

≪漢書≫ 〈揚雄傳〉의 顏師古의 注에 "'襲'은 繼(이음)이다."라고 하였다.

蘇時學 : 군대가 위급한 상태라면 인근의 부대를 출동시켜 가서 돕도록 하고 인근의 부대가 출동하고 나면 그다음에 있는 부대를 그곳에 옮겨 있도록 하여 이어 대응하게 한다는 말이다.

71-14-1 守節出入使에 **主節必疏書**하되

太守가 符節로 使者를 出入시킬 때 부절을 관장하는 자는 반드시 써놓되

主節은 **小吏掌符節者**니 **與號令篇主券**[105]**相類**라 **周官有掌節**한대 **屬地官**[106]이니 **蓋都邑亦有之**라

'主節'은 符節을 관장하는 小吏이니 〈號令〉에 나오는 '主券'과 서로 비슷하다. ≪周官≫에 掌節이 있는데 地官에 속하니 대체로 都邑에도 있다.

71-14-2 署其情하여 **令(若)〔著〕其事**[107]라가

그 실정을 기록하여 그 사실을 등재하게 하였다가

---

104) 顏 : 顏師古(581~645)이다. 唐나라 초기 사람으로 聲韻學 및 文字訓詁, 校勘學에 조예가 깊었다. ≪漢書≫에 注를 달았다.

105) 號令篇主券 : 본서 6책 70-28-8에 보인다. 앞의 71-5-5에도 나온다.

106) 周官有掌節 屬地官 : 掌節은 ≪周禮≫ 地官의 屬官으로, 나라의 符節을 용도에 맞게 쓰는 일을 관장한다.

107) 署其情 令(若)〔著〕其事 : ≪墨子今注今譯≫에서는 '若'을 '符合'의 뜻으로 보고, "그 실정을 기재하여 使者가 맡은 임무와 부합하도록 한다."라고 하였다.

若은 疑著之誤라

'若'은 아마도 '著'의 誤字인 듯하다.

71-14-3 而須其還報以(劍)〔參〕驗之라

사자가 돌아와 보고하기를 기다려 參驗한다.

王云 劍驗亦當爲參驗이니 謂參驗其事情也라 此參譌爲僉하고 又譌爲劍耳라 隸書參或作叅하고 僉或作[illegible]한대 二形相似而誤라하다 案 王校是也요 蘇說同이라 參驗見後라

王念孫 : '劍驗'은 또한 '參驗'이 되어야 하니, 그 事情을 參驗한다는 말이다. 이 '參'이 '僉'으로 잘못되고 다시 '劍'으로 잘못된 것일 뿐이다. 隸書에 '參'은 더러 '叅'으로 되어 있고 '僉'은 더러 '[illegible]'으로 되어 있는데, 두 字形이 서로 비슷하여 잘못된 것이다.

案 : 王念孫의 校勘이 맞고 蘇時學의 說은 같다. '參驗'은 뒤(71-20-6)에 보인다.

71-14-4 節出에 使所出門者로 輒言節出時摻(삼)者名이라

부절이 나갈 때 城門을 나가게 하는 자로 하여금 곧바로 부절이 나갈 때 소지한 자의 이름을 보고하게 한다.

畢云 言操節人은 卽出門者니 當記其名이라하다

畢沅 : 부절을 지닌 사람은 바로 문을 나가는 자이니 그 이름을 기록해야 한다는 말이다.

71-15-1 百步一隊[108]라

100步마다 隊伍 하나를 둔다.

上疑有脫文이라

위에 아마도 빠진 글이 있는 듯하다.

71-16-1 閤通守舍하되

閤門은 太守의 官舍와 통하게 하되

---

108) 百步一隊 : ≪墨子今注今譯≫에서는 이 句를 앞(71-13-1)의 '隊有急' 앞으로 옮겼다.

說文門部에 **云 閤**은 **門旁戶也**라하다 **爾雅釋宮**에 **云 小閨謂之閤**이라하다 **茅本作閣**한대 **非**라

≪說文解字≫ 門部에 "'閤'은 門의 旁戶(側門)이다."라고 하였다. ≪爾雅≫ 〈釋宮〉에 "小閨(작은 문)를 閤이라 한다."라고 하였다. 茅本에 '閣'으로 되어 있는데, 잘못이다.

71-16-2 相錯穿室이라 **治復道**하고 **爲築墉**하되 **墉善其上**이라

서로 어긋나게 두어 방까지 들어가게 한다. 復道를 만들고 담장을 쌓되 담장은 그 위를 〈잘 덮는다.〉

蘇云 善與繕通이라하다 **案 蘇說未塙**하니 **此善下有脫字**라 **後文說轀車**하여 **云 善蓋**라하고 **上備穴篇**에 **云 善塗亓竇際**[109)]라하니 **此疑亦當云 善蓋其上**이어나 **或云 善塗其上**이라 **又此下**에 **舊本有先行德至用人少易守凡四十三字**어늘 **當爲前備城門篇之錯簡**일새 **今審定移正**[110)]하노라

蘇時學 : '善'은 '繕'과 통용한다.

案 : 蘇時學의 說은 확실하지 않다. 이 '善' 뒤에 빠진 글자가 있다. 뒷글(71-20-20)에 轀車를 설명하면서 '善蓋'라 하고, 앞의 〈備穴〉에 '善塗亓竇際(그 접합면에 진흙을 잘 바르다.)'라 하였으니, 이 대목은 아마도 역시 '善蓋其上(그 위를 잘 덮다.)'이라 하거나 혹은 '善塗其上(그 위를 잘 바르다.)'이라 해야 할 듯하다. 또 이 대목 뒤에 舊本에는 '先行德'에서 '用人少易守'까지 모두 43자가 있는데 앞의 〈備城門〉에 들어갈 錯簡이 되어야 하기에 지금 살펴 정하여 옮겨 바로잡는다.

71-17-1 取疏하되

채소를 채취하되

畢云 此正字요 **下作蔬**는 **俗**이라하다

畢沅 : 이것('疏')이 正字이고 아래 '蔬'로 되어 있는 것은 俗字이다.

---

109) 上備穴篇……善塗亓竇際 : 본서 6책 62-2-8에 보인다.

110) 舊本有先行德至用人少易守凡四十三字……今審定移正 : 본서 5책 52-22-53~57로 옮긴 것을 말한다.

71-17-2 令民家有三年畜蔬食하여

民家로 하여금 3년치 채소와 식량을 비축해두어

畜蓄字通하니 **下同**이라

'畜'과 '蓄'자는 통용하니, 아래도 같다.

71-17-3 以備湛(음)旱

장마와 가뭄,

王云 論衡[111]**明雩篇**에 **曰 久雨爲湛**이라하다 **畢云 言湛**(침)**溺大水與旱**이라한대 **非**라

王念孫 : ≪論衡≫ 〈明雩〉에 "오래 비가 내리는 것이 湛이다.〔久雨爲湛〕"라고 하였다. 畢沅은 "홍수와 가뭄에 빠진다는 말이다."라고 하였는데, 잘못 본 것이다.

71-17-4 歲不爲라

농사의 흉작에 대비하도록 한다.

王云 畢以歲字絕句하고 **不爲屬下讀**이라하다 **案 不爲二字**는 **與下文義不相屬**하니 **當以歲不爲連讀**이라 **湛旱**은 **水旱也**니 **言令民多畜蔬食**하여 **以備水旱歲不爲也**라 **晉語**[112] **注**에 **曰 爲**는 **成也**라하니 **歲不爲**는 **猶玉藻言年不順成也**라 **賈子**[113]**孽產子篇**에 **曰 歲適不爲**라하니 **是其證**이라

---

111) 論衡 : 後漢의 王充(27~97)이 지은 책으로, 현재 85篇(〈招致〉는 篇目만 전함)이 전한다. '論衡'은 '저울에 대해 논한다'는 의미로, '實'을 근거로 세속의 의혹을 해석하여 시비를 가리는 것을 목적으로 삼았다. 현대 중국에서는 고대의 唯物主義 철학서로 평가받기도 한다.

112) 晉語 : ≪國語≫의 편명으로, 春秋時代 晉나라의 역사를 기록한 것이다. ≪國語≫는 ≪春秋外傳≫, 혹은 ≪左氏外傳≫이라고 칭해지기도 하며, 춘추시대 末期 魯나라 左丘明이 지은 것으로 전해지지만 현재는 戰國時代의 학자가 春秋時代 각국의 사료를 토대로 편찬한 것이라 여겨진다. 중국 최초의 나라별 역사서로, 周王室과 魯, 齊, 晉, 鄭, 楚, 吳, 越 등의 기사를 싣고 있으며, 이는 B.C. 947년에서 B.C. 453년까지 약 500년간의 역사를 포괄하는 것이다. 모두 21권이다.

113) 賈子 : 漢나라 賈誼(B.C. 200~B.C. 168)가 찬한 책으로, 모두 10권이다. ≪賈誼新書≫ 또는 ≪賈子新書≫라고도 한다. 前 5권은 條奏文이며, 後 5권은 先賢의 禮樂政術 등을 인용·서술하였다. 원본은 58편이라고 하는데, 이 중 3편이 전하지 않는다. 賈子는 前漢의 賈誼를 말한다.

王念孫：畢沅은 '歲'자로 句를 끊고 '不爲'는 뒤에 이어붙여 읽었다. 살펴보건대, '不爲' 2자는 아래 글과 뜻이 서로 이어지지 않으니 응당 '歲不爲'로 이어 읽어야 한다. '湛旱'은 水旱(홍수와 가뭄)이니 백성들에게 채소와 식량을 많이 저장하여 水旱과 歲不爲(농사의 흉작)를 대비하게 한다는 말이다. ≪國語≫ 〈晉語〉의 韋昭 注에 "'爲'는 여물다〔成〕는 뜻이다."라고 하였으니 '歲不爲'는 ≪禮記≫ 〈玉藻〉에 "농사가 순조롭게 이루어지지 않는다.〔年不順成〕"라고 말한 것과 같다. ≪賈子≫ 〈孽產子〉에 "농사가 마침 되지 않았다.〔歲適不爲〕"라고 하였으니, 바로 그 증거이다.

71-17-5 常令邊縣豫種畜芫(芸)〔芒〕烏喙(훼)(袾)〔椒(초)〕葉하고

늘 邊境의 縣에는 미리 芫華, 芒草, 烏喙, 椒, 葉 등의 毒草를 심고 비축하게 하고

蘇云 芫은 魚毒也니 漁者煮之以投水中하면 魚則死而浮出이라 故以爲名이라 芸은 香草也니 可以辟蠹(두)라 烏喙는 烏頭別名이라 袾葉은 未詳이라하다 詒讓案 說文艸部에 云 芫은 魚毒也라하다 太平御覽[114]藥部에 引吳氏本艸[115]하여 云 芫華根有毒하여 可用殺魚[116]라하고 本艸經하여 云 烏頭는 一名烏喙라하다 廣雅釋艸에 云 蕉(착)은 奚毒이니 附子也라 一歲爲萴子요 二歲爲烏喙요 三歲爲附子요 四歲爲烏頭요 五歲爲天雄이라하다 芸非毒艸니 當爲芒字之誤라 爾雅釋艸에 云 莔는 春草라한대 郭注에 云 一名芒草라하고 山海經[117]中山經에 云 葌山有木曰芒草어늘 可以毒魚라하다 朝歌山作莽(망)草[118]한대 周禮翦氏及本艸經同[119]이라 本艸字又作莔하니 竝聲近字通이라 芒與芫은 皆毒魚之艸니

114) 太平御覽：宋代의 유명한 類書로, 北宋의 李昉, 李穆, 徐鉉 등이 王命으로 편찬한 책이다. 天, 地, 人, 事, 物의 순으로 55부로 구성되었으며, 1,000여 종의 古書가 인용되어 宋代 이전의 문헌자료를 대량으로 보존하고 있다.

115) 吳氏本艸：魏나라 吳普가 지은 藥物學 서적으로, 宋나라 때 逸失되었다. 본래 6권으로 441종의 약물을 수록하였는데, 약물마다 正名, 別名, 藥性, 產地, 形態, 채취 시기, 가공 방법, 효능 등을 서술하여 위나라 이전 本草學의 集大成이라 할 수 있다. 다만 지금은 ≪太平御覽≫, ≪證類本草≫, ≪齊民要術≫, ≪藝文類聚≫, ≪初學記≫, ≪本草綱目≫ 등 수십 종의 저작에 인용되어 있을 뿐이다.

116) 芫華根有毒 可用殺魚：≪太平御覽≫에는 두 句가 떨어져 있고 '用' 뒤에 '毒'자가 있다.

117) 山海經：戰國時代 中後期에서 漢代 初中期 사이에 楚나라, 혹은 巴蜀 땅 사람이 지은 것으로 여겨지는 책으로, 민간 설화에 나오는 妖怪와 怪獸에 대한 설명과 신화를 수록하고 있다. 이 책을 통해 古代의 신화, 지리, 동식물, 광물, 종교, 역사, 의약, 민속 등 여러 방면의 정보를 얻을 수 있다고 평가받는다. 현존하는 것은 18篇이다.

118) 朝歌山作莽草：≪山海經≫ 〈中山經〉의 朝歌之山을 서술하는 부분에, "풀이 있으니 莽草라고 하는데 물고기를 중독시킬 수 있다.〔有草焉 名曰莽草 可以毒魚〕"라고 하였다.

蓋亦可以毒人이라 祩는 茅本作株한대 疑當爲𣏾(초)니 與椒同이라 急就篇[120]에 云 烏喙附子椒芫華라한대 皇象本[121]作烏啄付子𣏾元華라 芒芸과 𣏾株는 字形竝相近이라 烏喙는 茅本作烏啄하니 亦與皇同이라 𣏾與烏喙芫華等하니 皆藥之有毒者라 故此書及史游竝兼擧之라 葉은 不審何字之誤라 通典兵守拒法에 云 凡敵欲攻하면 卽去城外五百步內하여 井樹牆屋竝塡除之하되 井有塡不盡者어든 投藥毒之라하다

蘇時學 : '芫'은 魚毒(물고기 죽이는 독)이니 물고기 잡는 자가 이를 끓여서 물속에 던지면 물고기가 죽어서 떠 나온다. 그래서 이로써 명명한 것이다. '芸'은 香草이니 좀이 스는 것을 막을 수 있다. '烏喙'는 烏頭의 別名이다. '祩葉'은 알 수 없다.

詒讓案 : ≪說文解字≫ 艸部에 "'芫'은 魚毒이다."라고 하였다. ≪太平御覽≫ 〈藥部〉에 ≪吳氏本艸經≫을 인용하여 "'芫華'는 뿌리에 毒이 있어 물고기를 죽이는 데 쓸 수 있다."라고 하고, ≪本艸經≫을 인용하여 "'烏頭'는 一名 烏喙라고도 한다."라고 하였다. ≪廣雅≫ 〈釋艸〉에 "'蘸'은 奚毒(바꽃 뿌리)이니 附子이다. 1년 묵은 것은 '萴子'이고 2년 묵은 것은 '烏喙'이고 3년 묵은 것은 '附子'이고 4년 묵은 것은 '烏頭'이고 5년 묵은 것은 '天雄'이다."라고 하였다.

芫華

119) 周禮翦氏及本艸經同 : ≪周禮≫와 ≪本艸經≫에는 '莽草'로 되어 있다는 말이다. 참고로, ≪周禮≫ 〈秋官 翦氏〉에 "翦氏는 좀벌레를 제거하되 攻祭와 禜祭로 좀벌레를 제거해 달라 빌고 망초로 좀벌레를 熏殺하는 일을 관장한다.〔翦氏掌除蠹物 以攻禜攻之 以莽草熏之〕"라고 하였다.

120) 急就篇 : 前漢 元帝 때 史遊에게 명하여 어린이의 習字를 위하여 편집한 습자교재로, 글의 첫머리에 '急就' 두 글자가 있음으로 해서 이 이름이 붙은 것이다. ≪急就章≫이라고도 한다. 이 책은 모두 다른 글자로 구성된 三言, 四言 또는 七言으로 구성된 韻文이며, 내용은 姓名, 組織, 生物, 禮樂, 職官 등을 망라한다. 이 책은 이후 唐나라에 이르기까지 습자교재로 사용되었으며, 글씨를 익힐 때 臨書하는 法帖으로도 사용되었다. 史游는 ≪漢書≫ 〈藝文志〉의 注에서 元帝 때 黃門令이라 했으니, 宦官이다. 그의 생애는 고찰할 수 없다.

121) 皇象本 : 三國時代 吳나라 書法家 皇象이 쓴 ≪急就篇≫으로, 眞本은 전하지 않고 刻帖本만 전해온다.

'芸'은 毒艸가 아니니 응당 '芒'자의 誤字일 것이다. ≪爾雅≫ 〈釋艸〉에 "葞는 春草이다."라고 하였는데, 郭璞의 注에 "一名 芒草라고도 한다."라고 하고, ≪山海經≫ 〈中山經〉에 "葌山에 나무가 있으니 芒草라고 하는데 물고기를 중독시킬 수 있다.〔葌山有木曰芒草 可以毒魚〕"라고 하였다. 〈中山經 朝歌山〉에는 '莽草'로 되어 있는데, ≪周禮≫ 〈秋官 翦氏〉 및 ≪本艸經≫에는 같다. ≪本艸≫에는 글자가 '莔'으로도 되어 있으니 모두 聲音이 비슷하여 글자가 통용된다. '芒'과 '芫'은 모두 물고기를 중독시키는 풀이니 대체로 사람을 중독시킬 수도 있다. '袾'는 茅本에 '株'로 되어 있는데 아마도 '朹'가 되어야 할 듯하니 '椒'와 같다. ≪急就篇≫에 "烏喙, 附子, 椒, 芫華"라고 하였는데, 皇象本에는 '烏啄, 付子, 朹, 元華'로 되어 있다. '芒'과 '芸', '朹'와 '株'는 字形이 모두 서로 비슷하다. '烏喙'는 茅本에 '烏啄'으로 되어 있으니 역시 皇象本과 같다. '朹'는 '烏喙', '芫華' 등과 같으니 모두 毒이 있는 藥이다. 그러므로 이 책 및 史游(≪急就篇≫)가 모두 아울러 열거한 것이다. '葉'은 무슨 글자의 誤記인지 알 수 없다. ≪通典≫ 〈兵5 守拒法〉에 "무릇 적군이 공격하려고 하면 바로 성 밖 500보 안까지 우물과 나무, 담장과 지붕을 모두 메우고 제거하되 우물 가운데 다 메우지 못하는 것이 있으면 약을 넣어 독을 푼다."라고 하였다.

71-17-6 外宅溝井은 **可**어든 **窴**(전)

성 밖 민가의 도랑과 우물은 메울 수 있으면

句[122]라

여기에서 句를 뗀다.

71-17-7 塞(색)하고

메우고

窴은 **舊本作窴**(치)라 **畢云 同塡**이라하고 **王校作窴**하니 **今據改**라 **說文穴部**에 **云 窴**은 **塞**

122) 句 : 底本의 傍注에 "살펴보건대, 이 부분은 응당 '外宅溝井可 窴塞' 7字에 句를 떼어 읽어야 한다. 아래 글의 孫詒讓의 注에 '井可窴塞則窴塞'이라 하였으니, 이는 '窴塞'을 붙은 글로 읽었음을 증명할 수 있다. 이 '句'자의 注는 본래 '塞'자 뒤에 있어야 하는데 잘못으로 '窴'자 뒤에 붙인 것이다.〔按 此當讀外宅溝井可窴塞七字爲句 下文孫注云 井可窴塞則窴塞是其讀以窴塞連文可證 此句字之注本應在塞字下 誤著於窴字下〕"라고 하였는데, 이에 의거하여 번역하였다.

也라하다

'窴'은 舊本에 '寘'로 되어 있다. 畢沅은 "〈'窴'은〉 '塡'과 같다."라고 하였으며, 王念孫의 校勘에 '窴'으로 되어 있으니, 지금 이에 의거하여 고친다. ≪說文解字≫ 穴部에 "'窴'은 塞(막음)이다."라고 하였다.

71-17-8 不可어든

메울 수 없으면

句라

여기에서 句를 뗀다.

71-17-9 置此其中이라

이것들을 그 속에 푼다.

畢云 言此數物有毒하니 可置外宅이요 不可置中이라하다 顧云 左氏傳에 秦人毒涇上流라하다 案 顧說是也라 不可置此其中은 言井溝可窴塞則窴塞之하고 不可窴塞者는 以上所蓄毒艸置其中하여 毋使敵汲用也라 畢說誤라

畢沅 : 이 몇 가지 藥物은 毒이 있으니 집 밖에 두어야지 집 안에 두어서는 안 된다는 말이다.

顧廣圻 : ≪春秋左氏傳≫ 襄公 14년에 "秦나라 사람이 涇水의 상류에 독을 풀었다."라고 하였다.

案 : 顧廣圻의 說이 맞다. '不可置此其中'은 우물과 도랑을 메울 수 있으면 메우고 메울 수 없는 경우에는 앞에서 비축한 毒艸를 그 속에 풀어서 적이 길어 쓰지 못하게 한다는 것이다. 畢沅의 說은 잘못이다.

71-18-1 安則示以危하고 危示以安이라

평안한 시기에는 〈전쟁이 일어날〉 위험을 보여주고, 〈전쟁 중의〉 위기 시기에는 〈전쟁을 승리해야〉 평안해질 수 있음을 보여준다.

71-19-1 寇至어든 **諸門戶令皆鑿而(類)〔幎(멱)〕竅之**하되

적이 이르면 문호들에는 다 구멍을 뚫고서 가림막으로 구멍을 가려놓되

類는 **備城門篇作慕**한대 **畢校改幕**이라 **案 彼慕當作幂(멱)**이요 **此類當作幎**이니 **蓋幎隸書形近頪(뢰)**하고 **因又誤作類也**라 **幎正字**요 **幂變體**니 **義竝詳彼篇**[123]이라 **下同**이라

'類'는 〈備城門〉에 '慕'로 되어 있는데, 畢沅의 校勘에는 '幕'으로 고쳤다.

案 : 그곳의 '慕'는 '幂'이 되어야 하고 이 대목의 '類'는 '幎'이 되어야 하니, 대체로 '幎'은 隸書에 字形이 '頪'에 가깝고 이로 인해 다시 '類'로 잘못된 것이다. '幎'이 正字이고 '幂'은 變體이니 뜻은 모두 그 篇에 자세히 설명하였다. 아래도 같다.

71-19-2 各爲二(類)〔幎〕[124]하고 **一鑿而屬繩**하되 **繩長四尺**이요 **大如指**라 **寇至**어든 **先殺牛羊雞狗〔彘(체)〕(烏)〔鳧(부)〕鴈**하여

각각 두 개의 가림막을 만들고 한 구멍에는 밧줄을 연결하되 밧줄의 길이는 4척이고 크기는 손가락만 하다. 적이 이르면 먼저 소, 양, 닭, 개, 돼지, 집오리, 거위를 잡아서

畢云 說文에 **云 鴈**은 **鵝也**라하니 **此與鴻雁異**이라 **呂氏春秋**[125]에 **云 莊子舍故人之家**하니 **故人令豎(수)子爲殺鴈饗之**라하여늘 **亦見莊子**라 **新序**[126]**刺奢**[127]에 **云 鄒穆公有令**하여 **食鳧鴈必以秕**요 **無得以粟**이라하니 **皆卽鵝也**라 **今江東人呼鵝猶曰鴈鵝**라하다 **王云 畢說是也**라 **烏非家畜**이니 **不得與牛羊雞狗鵝竝言之**라 **烏當爲鳧**니 **此鳧謂鴨也**요 **亦非弋鳧與鴈**[128]**之鳧**라 **廣雅**에 **鳧**는 **鶩鸔(압)也**라하여늘 **鸔與鴨同**이라 **晏子春秋**[129]**外篇**에 **君之**

---

123) 義竝詳彼篇 : 본서 5책 52-4-2에 보인다.

124) (類)〔幎〕 : 저본에는 '類'로 되어 있으나, 본서 5책 〈備城門〉 52-4-2에 의거하여 '幎'으로 바로잡았다.

125) 呂氏春秋 : 秦나라 呂不韋(?~B.C. 235)가 食客에게 저술을 맡겨 편찬한 책이다. 총 26권이다. 儒家를 중심으로 道家・墨家・法家・農家・陰陽家 등 선진시대의 諸說과 說話를 채택하여 수록하였다. 선진시대 사상사를 연구하는 데 주요한 자료로 꼽힌다. 後漢의 高誘가 注를 달았다.

126) 新序 : 前漢 말기에 劉向이 편집한 故事集이다. 〈雜事〉 5편, 〈刺奢〉, 〈節士〉, 〈義勇〉, 〈善謀〉 등 총 10편으로 구성되어 있다.

127) 刺奢 : 底本의 傍注에 "'刺奢'는 원래 '束奢'로 잘못되어 있으나, ≪新序≫에 의거하여 고친다.〔刺奢 原誤束奢 據新序改〕"라고 하였다.

128) 弋鳧與鴈 : ≪詩經≫ 〈鄭風 女曰鷄鳴〉에, "그대는 일어나 밤을 보소서. 啓明星이 환히 밝

鳧鴈食以菽粟이라하니 **是也**라 **故曰 殺牛羊雞狗鳧鴈**이라하다 **蘇說同**이라

畢沅 : ≪說文解字≫에 "'鴈'은 鵝(거위)이다."라고 하였으니, 이것은 鴻雁(기러기)과 다르다. ≪呂氏春秋≫에 "莊子가 벗의 집에 머무르니, 벗이 童僕으로 하여금 鴈을 죽여 대접하게 하였다.〔莊子舍故人之家 故人令豎子爲殺鴈饗之〕"라고 하였는데, ≪莊子≫에도 보인다. ≪新序≫ 〈刺奢〉에 "鄒 穆公이 令을 내려 鳧鴈을 먹일 때 반드시 쭉정이로 하고 좁쌀로 하지 못하게 하였다.〔鄒穆公有令 食鳧鴈必以秕 無得以粟〕"라고 하니 모두 바로 鵝(거위)이다. 지금 江東 사람은 鵝를 여전히 '鴈鵝'라고 부른다.

王念孫 : 畢沅의 說은 맞다. 烏(까마귀)는 家畜이 아니니 소, 양, 닭, 개, 거위와 함께 말할 수 없다. '烏'는 '鳧'가 되어야 하니 이 鳧는 鴨(집오리)을 말하지 또한 '弋鳧與鴈'의 鳧(들오리)가 아니다. ≪廣雅≫에 "'鳧'는 鶩鸔(집오리)이다."라고 하였는데 '鸔'은 '鴨'과 같다. ≪晏子春秋≫ 〈外篇〉에 "임금의 鳧鴈을 콩과 조로 먹이다.〔君之鳧鴈食以菽粟〕"라고 한 것이 이것이다. 그래서 '殺牛羊雞狗鳧鴈'이라 한 것이다.

蘇時學의 說은 같다.

71-19-3 收其皮革筋角脂(葘(뇌))〔匘(뇌)〕羽라

그 가죽, 힘줄, 뿔, 脂肪, 뇌, 깃털을 모은다.

畢云 舊收作牧하고 **皮作支**러니 **俱以意改**라 **葘**는 **卽考工記𠜴(뇌)字**니 **本匘字之譌也**[130]라하다

畢沅 : 舊本에 '收'는 '牧'으로 되어 있고, '皮'는 '支'로 되어 있는데, 모두 글 뜻으로 판단하여 고쳤다. '葘'는 바로 ≪周禮≫ 〈考工記〉의 '𠜴'자니 본래 '匘'자의 誤字이다.

71-19-4 (䖸)皆剝之[131]라

모두 껍질을 벗긴다.

을 것이니. 장차 이리저리 다니면서, 오리와 기러기를 주살로 잡아오세요.〔子興視夜 明星有爛 將翺將翔 弋鳧與雁〕"라고 한 것을 말한다.

129) 晏子春秋 : 春秋時代 齊나라 晏嬰의 言行을 문답식으로 기록한 책이다. 內篇인 〈諫上〉, 〈諫下〉, 〈問上〉, 〈問下〉, 〈雜上〉, 〈雜下〉와 外篇으로 구성되어 있다.

130) 葘……本匘字之譌也 : ≪周禮≫ 〈考工記 弓人〉에 "뿔의 뿌리는 뇌에 가까워서 뇌의 기운에 쐬이므로 유순하다.〔夫角之本蹙于𠜴而休於氣 是故柔〕"라고 하였다.

131) 䖸皆剝之 : ≪墨子今注今譯≫에서는 이 句 전체를 71-19-2의 '鴈'의 뒤에 붙였다.

王引之云 䍶與皮革筋角脂羽竝言之하니 **亦爲不倫**이라 **䍶字當在上文牛羊雞狗之間**(간)이니 **迎敵祠篇亦云 狗䍶豚雞**[132]라하다

王引之 : '䍶'를 '皮革筋角脂羽'와 함께 말하였으니 역시 어울리지 않는다. '䍶'자는 응당 위 글 '牛羊雞狗'의 사이에 있어야 하니 〈迎敵祠〉에서도 '狗䍶豚雞'라 하였다.

71-19-5 (吏)〔使〕(樿)〔櫝〕桐([illegible])〔栗〕[133]로

개오동나무, 오동나무, 밤나무로

吏는 **疑使之誤**니 **下有脫字**라 **樿**은 **疑櫝之誤**라 **說文木部**에 **云 櫝**는 **楸也**라하다 **故與桐竝擧**라 **然文尙有脫誤**라 [illegible]는 **茅本作自**라 **畢云 未詳**이라하다

'吏'는 아마도 '使'의 誤字인 듯하니 아래 빠진 글자가 있다. '樿'은 아마도 '櫝'의 誤字인 듯하다. ≪說文解字≫ 木部에 "'櫝'는 楸(개오동나무)이다."라고 하였다. 그래서 '桐'과 함께 열거하였다. 그렇지만 글이 여전히 빠지고 잘못된 것이 있다. '[illegible]'는 茅本에 '自'로 되어 있다.

畢沅 : 〈'[illegible]'는〉 알 수 없다.

71-19-6 爲鐵錍[134]하고

쇠도끼를 만들고

方言[135]에 **云 凡箭其廣長而薄鎌謂之錍**라한대 **郭璞注**에 **云 江東呼鎞**(비)**箭**이라하다 **蘇云 錍**는 **賓彌切**이요 **音卑**라 **說文**에 **曰 鈭**(자)**錍**이니 **斧也**라하다

≪方言≫에 "무릇 화살이 그 너비가 길고 모서리가 얇은 것을 錍라고 한다."라고 하였는데, 郭璞의 注에 "江東에서는 鎞箭이라 부른다."라고 하였다.

蘇時學 : '錍'는 '賓'과 '彌'의 反切이고 音이 卑이다. ≪說文解字≫에 "〈'鈭'는〉 鈭錍(자루 짧은 도끼)이니 도끼 종류이다."라고 하였다.

---

132) 迎敵祠篇亦云 狗䍶豚雞 : 본서 6책 68-3-19에 보인다.

133) ([illegible])〔栗〕 : 저본에는 '[illegible]'로 되어 있으나, 岑仲勉의 校勘에 의거하여 '栗'로 바로잡았다.

134) 爲鐵錍 : ≪墨子今注今譯≫에서는 이 句를 71-19-11 '三隅之' 앞으로 옮겼다.

135) 方言 : 각 지방의 言語, 物名의 同異를 수록한 책으로 모두 13권이다. 漢나라 揚雄의 저술이라 한다. 그러나 ≪漢書≫〈揚雄傳〉에 양웅의 저술을 언급한 데도 보이지 않고, 許愼의 ≪說文解字≫에 양웅의 말을 인용한 것이 ≪방언≫에 보이지 않는다는 사실로 보아 양웅의 저술이라 할 근거가 희박하다.

71-19-7 (厚簡)〔后蘭〕爲衡(枉)〔柱〕라

뒤에 〈병기와 쇠뇌를 얹어놓는〉 시렁을 만들어 세워둔다.

厚는 疑當爲后니 與後聲近字通이라 簡은 疑當爲蘭之誤라 前備城門篇亦有兵弩簡格[136]하니 卽蘭格也라 枉은 當爲柱라 此疑卽上文所謂蘭爲柱後也라

'厚'는 아마도 '后'가 되어야 할 듯하니 '後'와 聲音이 비슷하고 글자가 통용된다. '簡'은 아마도 '蘭'의 誤字가 되어야 할 듯하다. 앞의 〈備城門〉에도 '兵弩簡格(병기와 쇠뇌를 얹어놓는 시렁)'이 있으니 〈簡格은〉 바로 蘭格이다. '枉'은 '柱'이다. 이 대목은 아마도 바로 위 글(71-1-9)에 이른바 '蘭爲柱後(〈병기와 쇠뇌를 얹어놓은〉 시렁을 뒤에 세워두다.)'의 의미인 듯하다.

71-19-8 事急에 卒不可遠이면 令掘外宅(林)〔材〕라

사태가 급박하여 병졸을 멀리 보내 〈가져올 수〉 없으면 성 밖 집의 材木을 파내어 쓰게 한다.

疑當作材니 下同이라 言事急에 守城之卒不可令遠出이면 則令掘外宅材木하여 納城內以備用이라 又疑或當作事急卒不可遝(답)이라 卒猝同하니 言倉猝不及致材木也라

〈'林'은〉 아마도 '材'가 되어야 할 듯하니, 아래도 같다. 사태가 급박한데 성을 지키는 병졸을 멀리 나가게 할 수 없다면 성 밖의 집의 材木을 뽑아 성 안에 들여 필요에 대비하게 한다는 말이다. 또 어쩌면 '事急卒不可遝(사태가 급박하여 갑자기 미칠 수가 없다.)'이 되어야 할 듯도 하다. '卒'과 '猝'이 같으니 倉卒間에 材木을 미처 대지 못한다는 말이다.

71-19-9 (謀)〔課〕多少하여

재목의 다소를 검사하여

謀는 疑當爲課니 詳號令篇[137]이라

'謀'는 아마도 '課'가 되어야 할 듯하니, 〈號令〉에 자세히 설명하였다.

---

136) 前備城門篇亦有兵弩簡格 : 본서 5책 52-12-7에 보인다.
137) 詳號令篇 : 본서 6책 70-23-8에 보인다.

71-19-10 若治城(□)〔上〕爲擊엔

성 위에 署隔(부서의 구역 칸막이)을 짓는 경우에는

即號令篇所云 五十步一擊也[138]니 城下疑缺上字라

바로 〈號令〉에서 이른바 '五十步一擊(50보마다 署隔 하나를 설치한다.)'이니 '城' 뒤에 아마도 '上'자가 빠진 듯하다.

71-19-11 三隅之라

삼각형으로 한다.

言擊之形爲三隅요 不方也라

署隔을 삼각형으로 만들고 사각형으로 하지 않는다는 말이다.

71-19-12 重五斤已上[139]諸(林)〔材〕木은 渥水中하되 無過一茷[140]이라

무게 5근 이상의 재목들은 물속에 담가두되 1茷을 초과하지 않는다.

重五斤以上은 謂材木之小者라 畢云 說文에 云 橃은 海中大船이라하다 臣鉉[141]等曰 今俗別作筏이라하다 案 唐隆闡禪師碑又作栰이라 此作茷은 皆橃假音字라하다 蘇云 林疑當作材라 渥은 漬也라하다 案 蘇校是也라 論語公冶長集解[142]引馬融[143]云 編竹木

---

138) 號令篇所云 五十步一擊也 : 본서 6책 70-3-8에 보인다.

139) 重五斤已上 : ≪墨子今注今譯≫에서는 이 5字에서 句를 떼되, 앞의 71-19-6 '爲鐵錍', 71-19-11 '三隅之'와 합쳐 한 문장으로 보고, "쇠도끼를 만들되 삼각 모양으로 하고 무게는 5근 이상으로 한다."라고 하였다.

140) 一茷 : 孫詒讓은 일정 수량의 떼, 즉 나무 묶음으로 보았는데, ≪墨子今注今譯≫에서는 '一排', 즉 한 줄의 뜻으로 보았다.

141) 鉉 : 徐鉉(917~992)이다. 宋나라 揚州 廣陵 사람으로, 字는 鼎臣이다. 젊어서 韓熙載와 함께 명성을 날려 江東에서는 韓徐라 병칭되었고, 동생 徐鍇와 함께 二徐로 불렸다. 五代 때 吳나라에 벼슬하여 校書郞을 지냈고, 南唐에 벼슬하여 吏部尙書 등을 역임하였다. 송나라에 들어와 散騎常侍에까지 올랐는데 淳化 2년에 靜難軍行軍司馬로 좌천되었다. 詩文에 능하고, 文字學에 정통하였다. 句中正 등과 ≪說文解字≫를 교정하였고, 저서로 ≪騎省集≫ 등이 있다.

142) 集解 : 三國시대 何晏(?~249)이 지은 ≪論語≫ 주석서이다. 何晏은 字가 平叔이고 南陽宛(지금의 河南省 南陽) 사람이다. 삼국시대 魏의 大臣이었고, 玄學者로, 저서로 문집 11권이 있고, 鄭冲 등과 함께 ≪論語集解≫를 지었다.

大者曰栰이요 小者曰桴라하다 方言에 云 簰(패)謂之筏이라하다 通典兵門에 云 槍十根爲一束이니 勝力一人이요 四千一百六十六根이 卽成一栰[144]이라하여늘 此後世法이니 不知墨子所謂一筏은 數幾何也라

무게 5근 이상은 작은 材木을 말한다.

畢沅 : ≪說文解字≫에 "'橃'은 바다의 大船이다. 신 徐鉉 등이, '지금 俗字는 따로 筏로 되어 있다.'라고 하였다."라고 하였다. 살펴보건대, 〈唐隆闡禪師碑〉에도 '栰'로 되어 있다. 여기서 '茷'로 되어 있는 것은 모두 '橃'의 假音字이다.

蘇時學 : '林'은 아마도 '材'가 되어야 할 듯하다. '涅'은 漬(담금)이다.

案 : 蘇時學의 校勘이 맞다. ≪論語≫ 〈公冶長〉의 集解에 馬融을 인용하여, "대나무를 엮은 것 중에 큰 것을 '栰'이라 하고 작은 것을 '桴'라 한다."라고 하였다. ≪方言≫에 "'簰'를 筏이라 한다.〔簰謂之筏〕"라고 하였다. ≪通典≫ 〈兵門13〉에 "槍 10根이 1束이 되니 1人을 견디는 힘이 있고 4,166根이 바로 1栰을 이룬다."라고 하였는데, 이는 後世의 制度이니 墨子가 말한 '一筏'은 수량이 얼마인지 알 수 없다.

71-19-13 塗茅屋若積薪者엔 厚五寸已上이라 吏各擧其(步)〔部〕界中財物可以左守備者하여 上〔之〕라

초가집과 쌓아둔 땔나무에 진흙을 바를 때는 5촌 이상 두께로 한다. 관리는 각각 자기 구역 안의 수비에 도움이 될 수 있는 物資를 거두어 바친다.

王引之云 步界二字는 義不可通하니 步當爲部라 吏各有部하고 部各有界라 故曰部界라 號令篇에 云 因城中里爲八部하고 部一吏[145]라하고 又云 諸吏卒民이 非其部界而擅入[146]이라하니 皆其證也라 俗讀部步聲相亂이라 故部譌作步라 上下當有之字니 上之는 謂上其財物也라 備城門篇에 云 民室材木瓦石은 可以益城之備者를 盡上之[147]라한대

143) 馬融 : 79~166. 후한의 經學家로, 扶風 茂陵 사람이다. 字는 季長이다. 110년 校書郎이 되어 南郡太守를 지냈다. 그는 古文 經學의 설을 위주로 하면서 今文 經學의 설을 아울러 취하였다. 鄭玄·盧植 등이 그의 학설을 이었다. 三禮, ≪孝經≫, ≪論語≫, ≪詩經≫, ≪周易≫, ≪尙書≫, ≪老子≫, ≪淮南子≫, ≪離騷≫, ≪烈女傳≫ 등에 주를 달았는데 지금은 전하지 않고, 일부가 馬國翰의 ≪玉函山房輯佚書≫ 등에 수록되어 있다.

144) 通典兵門……卽成一栰 : ≪通典≫ 〈兵13 軍行渡水附〉에 보인다.

145) 號令篇……部一吏 : 본서 6책 70-3-9에 보인다.

146) 諸吏卒民 非其部界而擅入 : 본서 6책 70-12-16에 보인다.

與此文同一例라 **今本脫之字**하니 **則文義不明**이라하다 **又云 左與佐同**이라하다 **蘇云 上**은 **謂聞之於上**이라하다

王引之 : '步界' 2자는 뜻이 통하지 않으니 '步'는 '部'가 되어야 한다. 吏마다 각각 部가 있고 部마다 각각 界가 있으므로 '部界'라 한 것이다. 〈號令〉에 "城 안의 마을에 근거해 8部로 나누고 部마다 관리 한 명을 둔다.〔因城中里爲八部 部一吏〕"라고 하고, 또 "관리와 병졸, 백성 가운데 자기 구역이 아닌데도 마음대로 들어가는 모든 자들의 경우〔諸吏卒民 非其部界而擅入〕"라고 하였으니, 모두 그 증거이다. 민간에서 '部'와 '步'의 聲音을 읽을 때 서로 헷갈리므로 '部'가 '步'로 잘못된 것이다. '上'의 뒤에는 '之'자가 있어야 하니 '上之'는 그 財物을 올린다는 말이다. 〈備城門〉에 "백성들 家屋의 목재와 기와와 돌은 성의 수비에 도움이 될 수 있는 것들을 다 바치게 한다.〔民室材木瓦石 可以益城之備者 盡上之〕"라고 하였는데, 이 대목의 글과 동일한 예이다. 그런데 今本에 '之'자가 빠졌으니 글뜻이 분명하지 않다.

又(王引之) : '左'는 '佐'와 같다.

蘇時學 : '上'은 위에 보고한다는 말이다.

71-20-1 有讒人하고 **有利人**하고 **有惡人**하고 **有善人**하고 **有長人**하고 **有謀士**하고 **有勇士**하고 **有巧士**하고 **有(使)〔信〕士**[148]하고

讒人(남을 헐뜯는 사람), 利人(남을 돕는 사람), 惡人, 善人, 長人(우두머리가 되는 사람), 謀士, 勇士, 巧士(기교가 뛰어난 士), 信士(믿을 만한 士)가 있으며,

使士는 **謂可以奉使之士**요 **又疑當作信士**라 **號令篇屢言信人**한대 **亦或誤爲使人**[149]이라

'使士'는 왕명을 받들고 사신 갈 수 있는 士를 이르고, 또 어쩌면 '信士'가 되어야 할 듯하다. 〈號令〉에 '信人'을 여러 번 말했는데 또한 더러 '使人'으로 잘못되어 있기도 하다.

71-20-2 有內人者와 **外人者**하고 **有善**[150]**人者**하고 **有善(門)〔鬪〕人者**하니

---

147) 備城門篇……盡上之 : 본서 5책 52-7-1~3에 보인다.

148) 使士 : 岑仲勉은 '使'를 '死'로 교감하고, '죽음을 불사하는 士'라 하였다.

149) 號令篇屢言信人 亦或誤爲使人 : 본서 6책 70-2-4, 70-6-10에는 '信人'으로 되어 있고, 70-5-11에는 '使人'으로 되어 있다.

150) 善 : 岑仲勉은 뒤에 '愛' 1자가 빠진 것으로 보았다.

내부에 있던 사람과 외부에서 새로 온 사람이 있고 남을 잘 대하는 사람이 있고 남과 잘 싸우는 사람이 있으니,

蘇云 上句善下에 疑脫一字라 善門은 疑善鬪之訛라하다

蘇時學 : 앞 구(有善人者) '善'의 뒤에 아마도 1자가 빠진 듯하다. '善門'은 아마도 '善鬪'의 誤字인 듯하다.

71-20-3 守必察其所以然者하고 應名乃內(납)之라

태수는 반드시 그렇게 된 이유를 살피고 名實이 상응하는 경우에야 비로소 받아들여야 한다.

蘇云 應名은 言名實相應也라 內은 讀如納이라

蘇時學 : '應名'은 名實이 상응한다는 말이다. '內'은 '納'처럼 읽는다.

71-20-4 民相惡(오)어나 若議吏하면 吏所解[151)]를

백성들이 서로 원수를 지거나 관리에게 고소하는 일이 있으면 관리가 해결해 준 바를

吏所解는 謂民相惡有讐怨에 吏爲解之者니 見上號令篇[152)]이라

'吏所解'는 백성이 서로 미워하여 원수를 졌을 때 관리가 그들을 위해 풀어준다는 말이니 앞의 〈號令〉에 보인다.

71-20-5 皆札書藏之하여

모두 기록해서 보관하여

札은 舊本譌作禮라 王引之云 禮書當爲札書라 古禮字作礼하니 與札相似하여 札譌爲礼어늘 後人因改爲禮耳라 札書見號令篇[153)]이라 莊子人間世篇에 名也者는 相札

---

151) 民相惡(오)……吏所解 : ≪墨子今注今譯≫에서는 3句를 병렬 관계로 보고, "백성들이 서로 원수를 지거나 관리에게 고소한 내용 및 관리의 변호는"이라 하였다.

152) 吏所解……見上號令篇 : 본서 6책 70-24-2~3에 보인다.

153) 札書見號令篇 : 본서 6책 70-32-14에 보인다.

也[154]라한대 崔譔曰 札或作禮라하다 淮南說林篇에 烏力勝日이로되 而服於鵻札[155]이라한대 今本札譌作禮라하다 蘇云 禮當作謹이라 備城門篇言皆謹收藏也[156]라하다 案 王校是也니 今據正이라 周禮調人에 云 凡有鬭怒者成之요 不可成者則書之하고 先動者誅之라한대 鄭注에 云 不可成은 不可平也라 書之는 記其姓名이니 辯本也라하다 此札書與彼義同이라

'札'은 舊本에 '禮'로 잘못되어 있다.

王引之 : '禮書'는 '札書'가 되어야 한다. 옛 '禮'자는 '礼'로 되어 있으니 '札'과 서로 비슷하여 '札'이 '礼'로 잘못된 것인데 後人이 이로 인하여 '禮'로 고친 것일 뿐이다. '札書'는 〈號令〉에 보인다. ≪莊子≫ 〈人閒世〉에 "명예라는 것은 서로 싸우는 것이다.〔名也者 相札也〕"라고 하였는데, 崔譔이 "札은 더러 '禮'로 되어 있기도 하다."라고 하였다. ≪淮南子≫ 〈說林訓〉에 "三足烏의 힘은 해를 이기는데도 〈작디작은〉 鵻札에 굴복한다.〔烏力勝日 而服於鵻札〕"라고 하였는데, 今本에 '札'이 '禮'로 잘못되어 있다.

蘇時學 : '禮'는 '謹'이 되어야 한다. 〈備城門〉에 '皆謹收藏(모두 신중히 거두어 갈무리해 둔다.)'이라 하였다.

案 : 王引之의 校勘이 맞으니, 지금 이에 의거하여 바로잡는다. ≪周禮≫ 〈地官 調人〉에 "무릇 言語로 忿爭하는 경우가 있으면 和解하도록 하고 화해하지 못하는 경우에는 기록해두고 먼저 報復을 행하는 자는 誅罰한다.〔凡有鬭怒者成之 不可成者則書之 先動者誅之〕"라고 하였는데, 鄭玄의 注에 "'不可成'은 화해하지 못하는 것이다. '書之'는 그 姓名을 기록하는 것이니, 근본을 논변함이다."라고 하였다. 이 대목의 札書가 그것과 뜻이 같다.

71-20-6 以須告〔者〕之至以參驗之라

보고하는 자가 오기를 기다려 參驗한다.

告下疑當有者字라 吳鈔本脫至字라

'告' 뒤에 아마도 '者'자가 있어야 할 듯하다. 吳鈔本에는 '至'자가 빠졌다.

154) 莊子人閒世篇……相札也 : ≪莊子≫ 郭象 注에 '札'이 '軋'로 교감되어 있는데, 이를 따라 번역하였다.

155) 烏力勝日 而服於鵻札 : '烏'는 三足烏로, 뜨거운 태양 속에서도 녹아내리지 않는데도 작디작은 鵻札이라는 새에게 해를 당한다는 말이다. '鵻札'은 새 이름으로, ≪爾雅≫에 '鵧鷑'이라 하고 秦나라 사람은 祀祝이라 하였다.

156) 備城門篇言皆謹收藏也 : 본서 5책 52-22-5에 보인다.

71-20-7 (睨)〔婗〕**者小五尺不可卒者**는 **爲署吏**하여 **令給事官府若舍**라

아동 가운데 키가 5척보다 작아 병졸이 되지 못하는 자는 署吏를 통해 官府나 官舍의 심부름을 맡게 한다.

蘇云 睨者二字는 傳寫錯誤니 或爲兒童之訛라 意言弱小未堪爲卒이요 唯給使令而已라하다 詒讓案 孟子梁惠王篇趙[157]注에 云 倪는 弱小繄倪者也[158]라하다 說文女部에 云 婗는 嫛婗也라하다 廣雅釋親에 云 婗兒는 子也라하다 此睨卽婗之假字라 或云 睨者小는 疑當作諸小婗요 者卽諸之省(생)이라한대 亦通이라 孟子滕文公篇에 云 五尺之童이라하고 管子[159]乘馬篇에 云 童五尺이라하고 荀子仲尼篇에 云 五尺竪子라하다 論語泰伯篇에 可以託六尺之孤라한대 周禮鄕大夫賈[160]疏引鄭注에 云 六尺은 年十五以下라하다 然則五尺者는 蓋年十四以下也라 舍謂守者之私舍니 號令篇에 云 城上吏卒養은 皆爲舍道內[161]라하다

蘇時學 : '睨者' 2자는 옮겨 베끼는 과정에서 錯誤를 일으킨 것이니 어쩌면 '兒童'의 誤字가 되어야 할 듯도 하다. 내 생각에 弱小한 이는 兵卒이 될 수 없고 오직 심부름을 할 수 있을 뿐이라는 말이다.

詒讓案 : ≪孟子≫ 〈梁惠王 下〉의 趙岐의 注에 "'倪'는 弱小하고 幼弱한 자이다.〔倪 弱小繄倪者也〕"라고 하였다. ≪說文解字≫ 女部에 "'婗'는 嫛婗(갓난아이)이다."라고 하였다. ≪廣雅≫ 〈釋親〉에 "'婗', '兒'는 子(자식)이다."라고 하였다. 이 대목의 '睨'는 바로 '婗'의

157) 趙 : 後漢 말기의 文臣이자 學者인 趙岐(108?~201)로, 자는 邠卿이며 獻帝 때 벼슬이 太常에 이르렀다. 당대의 학풍과 달리 ≪論語≫와 ≪孟子≫를 높이 평가하여 ≪孟子章句≫를 지었고, 다른 저서로는 ≪三輔決錄≫이 있다.

158) 孟子梁惠王篇趙注……弱小繄倪者也 : ≪孟子≫ 〈梁惠王 下〉에서 맹자가 "왕께서 속히 명령을 내려 노인과 어린아이를 돌려보내고 중요한 禮器 가져오던 일을 중지하고, 연나라 민중들과 도모하여 군주를 세워준 뒤에 떠나신다면, 오히려 전란이 나기 전에 중지할 수 있을 것입니다.〔王速出令 反其旄倪 止其重器 謀於燕衆 置君而後去之 則猶可及止也〕"라고 한 대목에 대한 주석이다.

159) 管子 : 春秋時代 齊나라의 유명한 정치가였던 管仲(B.C. 723~B.C. 645)의 이름을 딴 저작으로, 管仲의 영향을 받은 후대 稷下學派에 의해 작성된 것으로 알려져 있다. 四庫全書의 子部 法家類에 속해 있으며, 당대 법가사상을 대표하는 저작으로 평가받는다.

160) 賈 : 賈公彦으로, 唐나라 때 경학자이다. 高宗 연간(650~665) 太學博士와 홍문관 학사를 지냈고, 禮學에 정통하여 孔穎達 등과 ≪禮記正義≫의 편찬에 참여하였다. 그가 편찬한 주석서로는 ≪周禮疏≫, ≪儀禮疏≫, ≪禮記疏≫, ≪論語疏≫, ≪孝經疏≫가 있으며, 그 가운데 ≪주례소≫와 ≪의례소≫는 ≪十三經注疏≫에 들어가 있다.

161) 號令篇……皆爲舍道內 : 본서 6책 70-1-12~13에 보인다.

假借字이다. 어떤 이는 "'睨者小'는 아마도 '諸小婗'가 되어야 할 듯하고 '者'는 바로 '諸'의 略字이다."라고 하였는데 역시 뜻이 통한다. ≪孟子≫ 〈滕文公 上〉에 '5척의 童子〔五尺之童〕'라 하고, ≪管子≫ 〈乘馬〉에 '동자 5척〔童五尺〕'이라 하고, ≪荀子≫ 〈仲尼〉에 '5척 아이〔五尺豎子〕'라고 하였다. ≪論語≫ 〈泰伯〉에 "〈어버이를 여읜〉 6척의 아이를 맡길 수 있다.〔可以託六尺之孤〕"라고 하였는데, ≪周禮≫ 〈地官 鄕大夫〉의 賈公彦의 疏에 鄭玄의 注를 인용하여, "六尺은 나이 15세 이하이다."라고 하였다. 그렇다면 五尺이라는 것은 대체로 나이 14세 이하인 듯하다. '舍'는 지키는 사람이 편히 머무는 집을 말하니, 〈號令〉에 "성 위의 관리와 병졸, 炊事兵은 모두 길 안에 머물 곳을 만든다.〔城上吏卒養 皆爲舍道內〕"라고 하였다.

71-20-8 藺(인)石[162)]

藺石,

見號令篇[163)]이라

〈號令〉에 보인다.

71-20-9 厲矢諸材

예리한 화살, 각종 재료와

畢云 舊作林이러니 **以意改**라하다 **蘇云 諸與儲同**이라하다 **詒讓案 諸**는 **如字**[164)]라

畢沅 : 〈'材'는〉 舊本에 '林'으로 되어 있는데, 글 뜻으로 판단하여 고쳤다.

蘇時學 : '諸'는 '儲(쌓아두다)'와 같다.

詒讓案 : '諸'는 본뜻으로 썼다.

71-20-10 器用은 皆謹部하여 各有積分數[165)]라

---

162) 藺石 : 성 위에 갖다 놓은 砲石으로 적이 다가올 때 공격하는 돌인 바, 雷石, 櫑石, 礧石이라고도 한다.

163) 見號令篇 : 본서 6책 70-13-1에 보인다.

164) 如字 : 한 글자에 두 가지 이상의 뜻이나 음이 있을 경우 기본 뜻이나 음대로 읽는 것을 말한다. 如字는 통상 제시하는 것이 아니고 같은 문장에 두 자 이상 음이 다르게 쓰일 경우나 또는 뜻이 특이한 경우에 제시한다.

기구는 다 신중히 맡아 관리하여 각각 일정한 수량을 쌓아둔다.

(號令)〔旗幟〕[166]**篇云 輕重分數各有請**이라하다

〈旗幟〉에 "輕重과 分數는 각각 실상이 있어야 한다.〔輕重分數各有請〕"라고 하였다.

71-20-11 爲解車以(枱)〔**梓**〕하고 (**城矢**)〔**載矢**〕[167]

가래나무로 軺車를 만들고 화살을

說文木部에 **云** 枱는 耒耑(단)**木也**라하다 **案** 枱는 **卽考工記車人耒**(庇)〔庛〕[168]**之正字**니 **與此義不相當**이라 **此枱當爲木材**니 **疑卽梓之假借字**라 枱는 **籒**(주)**文从辝**(사)**作辝**(시)하니 **與梓聲類相近也**라 **備穴篇**에 **用揺若松爲穴戶**[169]라한대 **揺疑亦卽枱梓之異文**이라 **蘇云 此句錯誤不可讀**이라 **解車疑卽軺車**니 **據下文**컨대 **是言車之載矢者**라 **城矢二字**는 **或卽載矢之訛**라 **下以字衍**이라하다 **案 蘇說近是**어늘 **但下以字非衍**이라

≪說文解字≫ 木部에 "'枱'는 쟁기의 끝 나무〔耒耑木〕이다."라고 하였다.

案 : '枱'는 바로 ≪周禮≫ 〈考工記 車人〉의 '耒庛'의 正字인데 이 대목의 뜻과 서로 맞지 않는다. 이 대목의 '枱'는 木材가 되어야 하니 아마도 바로 '梓'의 假借字인 듯하다. '枱'는 籒文에 '辝'로 구성되어 '辝'로 되어 있으니 '梓'와 聲音의 부류가 서로 비슷하다. 〈備穴〉에 '用揺若松爲穴戶(가래나무나 소나무를 써서 땅굴의 문을 만든다.)'라고 하였는데, '揺'는 아마도 또한 바로 '枱', '梓'의 異體字인 듯하다.

蘇時學 : 이 句는 錯誤가 있어 읽을 수 없다. '解車'는 아마도 바로 軺車이니 아래 글에 의거해보면 이는 화살을 실은 수레를 말한다. '城矢' 2자는 어쩌면 바로 '載矢'의 오자인

---

165) 皆謹部 各有積分數 : ≪墨子今注今譯≫에서는 '部'를 '部署'의 뜻으로 보고, "다 部署에 주의시켜 각각 總數와 分數의 기록을 둔다."라고 하였다.

166) (號令)〔旗幟〕: 저본에는 '號令'으로 되어 있으나, 본서 6책 〈旗幟〉 69-2-8에 의거하여 '旗幟'로 바로잡았다.

167) (城矢)〔載矢〕: 岑仲勉은 '城'이 '盛'과 音이 같으므로 '盛矢'의 誤記로 보았다.

168) (庇)〔庛〕: 저본에는 '庇'로 되어 있으나, ≪周禮≫ 〈考工記 車人〉에 의거하여 '庛'로 바로잡았다. 참고로, '耒庛'의 '耒'는 耜(쟁깃날)의 나무 자루를 가리키고, '庛'는 耒 하단의 耜의 머리 부분을 잡아주는 나무를 가리키는 명칭이다. ≪周禮≫ 〈考工記 車人〉에 "車人이 耒를 만들 때, 庛는 길이가 1척 1촌이고, 중간의 곧은 부분은 3척 3촌이고, 상단에서 아래로 향한 굽은 부분은 길이가 2척 2촌이다.〔車人爲耒 庛長尺有一寸 中直者三尺有三寸 上句者二尺有二寸〕"라고 하였다.

169) 備穴篇 用揺若松爲穴戶 : 본서 6책 62-5-4에 보인다.

듯도 하다. 뒤의 '以'자는 잘못 덧붙인 듯하다.

案 : 蘇時學의 說이 옳은 듯한데 다만 뒤의 '以'자는 잘못 덧붙인 것이 아닌 듯하다.

71-20-12 以軺車니

軺車에 싣는데

畢云 漢書注에 服虔云 軺音瑤니 立乘小車也라하다

畢沅 : ≪漢書≫의 顔師古 注에 "服虔이 '軺는 音이 瑤니 서서 타는 작은 수레이다.'라고 하였다."라고 하였다.

71-20-13 輪軲[170]는

바퀴, 軓은

道藏本茅本軲作軲[171]이라 軲亦見經說下[172]라 畢云 此轂字異文無疑라 廣雅에 云 軲는 車也라한대 曹憲[173]音枯요 又音姑라하다 案 畢說未塙이라 軲疑卽車前胡[174]요 字形又與軸相近하니 詳經說下篇이라 輪與軲不得同度니 疑亦有脫誤라

道藏本·茅本에 '軲'는 '軲'으로 되어 있다. '軲'는 또한 〈經說 下〉에 보인다.

畢沅 : 이는 '轂'자의 異體字인 것이 의심할 게 없다. ≪廣雅≫에 "'軲'는 車(수레)이다." 라고 하였는데, 曹憲이 "音은 '枯'이고 다른 音은 '姑'이다."라고 하였다.

案 : 畢沅의 說은 확실하지 않다. 軲는 아마도 바로 수레 앞의 胡이고 字形이 또 軸과 서로 비슷하니 〈經說 下〉에 자세히 설명하였다. 輪과 軲는 制度가 같을 수 없으니 아마도 역시 빠지거나 잘못된 부분이 있는 듯하다.

---

170) 輪軲 : 孫詒讓은 '輪'과 '軲'가 수레의 각기 다른 부분이므로 脫誤가 있다고 하고 뒤에서 '軲'를 '軓'의 뜻으로 보았다. '軓'은 수레 앞 가로 댄 나무인 軾 앞에 수레를 덮는 板子를 말한다. ≪墨子今注今譯≫에서는 畢沅을 따라 '輪軲'를 '輪轂'으로 보아 수레바퀴라고 하였으나, 너비가 10척이 될 수 없으므로 의미가 통하지 않는다.

171) 軲 : 底本의 傍注에 "'軲'은 원래 '軲'로 잘못되어 있는데, 道藏本·茅本에 의거하여 고친다.〔軲 原誤軲 據道藏本茅本改〕"라고 하였다.

172) 軲亦見經說下 : 본서 4책 43-28-7에 보인다.

173) 曹憲 : 隋나라 때 秘書學士로, ≪廣雅≫에 音釋을 달았다.

174) 軲疑卽車前胡 : 胡는 수레 끌채 앞의 아래로 드리워진 부분을 말한다.

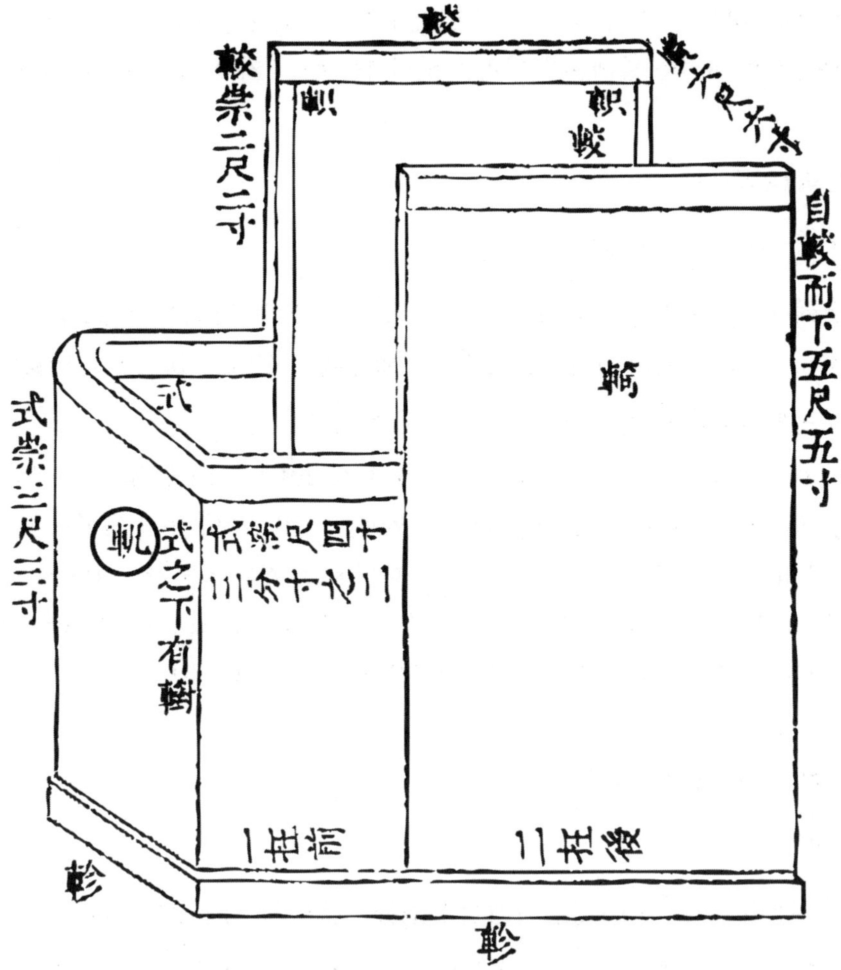

軓

71-20-14 廣十尺이요

너비가 10척이고,

轂廣度必無十尺이니 此亦足證畢說之非라 但胡卽輈前下垂柱地者일새 亦不得有廣度니 疑指車前軓當胡處而言이라 下箱與轅等亦長丈이니 則軓長廣正方矣라 若爲軸이면 則當云長이요 不當云廣이나 未能質定也라

轂(바퀴통)은 너비의 度數가 10척인 경우가 절대 없으니 이 또한 畢沅의 說의 잘못을 족히 증명한다. 다만 '胡'는 바로 수레 끌채 앞의 아래로 드리워져 땅에 고이는 것이기에 역시 너비의 度數가 있을 수 없으니, 아마도 수레 앞의 軓이 胡에 닿는 곳을 가리켜 말한

것인 듯하다. 아래 箱과 轅 등 역시 길이가 1장이니 軓의 길이와 너비는 정사각형이다. 만약 軸이라면 길이를 말해야지 너비를 말해서는 안 되지만, 考訂할 수 없다.

71-20-15 轅長丈이요

轅(끌채)은 길이가 1장이고,

此蓋直轅이니 **與考工記大車同**[175]이라 **長丈**[176]은 **當爲轅出箱前者之度**라 **下云箱長與轅等**하니 **則竝當箱與箱前二者計之**하면 **轅通長二丈也**라 **車人**에 **凡爲轅**에 **三其輪崇**이라한대 **此輪六尺**이어늘 **而轅二丈**이니 **贏於彼也**라

이는 아마도 直轅(세로로 뻗은 끌채)인 듯하니 ≪周禮≫ 〈考工記 車人〉의 大車와 같다. '長丈'은 箱 앞에 나온 轅의 度數일 것이다. 아래(71-20-18)에 箱의 길이가 轅과 같다고 하였으니 箱과 箱 앞 두 가지를 아울러 계산하면 轅은 전체 길이가 2장이다. 〈考工記 車人〉에 "무릇 轅을 만들 때 그 바퀴 높이의 세 배로 한다.〔凡爲轅 三其輪崇〕"라고 하였는데, 여기서 바퀴는 6척인데 轅이 2장이니 그곳보다 〈2척이〉 더 길다.

71-20-16 爲(三輻)〔**四輪**〕하되

네 개 바퀴를 만들되

三輻은 **疑當作四輪**이니 **備高臨篇連弩車兩軸四輪**[177]에 **亦誤作三輪**이라

'三輻'은 아마도 '四輪'이 되어야 할 듯하니 〈備高臨〉의 '連弩車兩軸四輪(連弩를 장착한 수레는 굴대가 두 개이고 수레바퀴는 네 개다.)'에 역시 '三輪'으로 잘못되어 있다.

71-20-17 廣六尺이요

너비는 6척이고,

---

175) 與考工記大車同 : ≪周禮≫ 〈考工記 車人〉에 "車人이 수레를 만들되, 大車는 높이가 9尺이다.〔車人爲車 大車崇九尺〕"라고 하였는데, 鄭玄의 注에 "大車는 평지에서 짐을 싣는 수레로 轂의 지름이 1尺 5寸이다."라고 하였다.

176) 丈 : 底本의 傍注에 "'丈'은 원래 '文'으로 잘못되어 있는데, 글 뜻에 의거하여 고친다.〔丈原誤文 據文義改〕"라고 하였다.

177) 備高臨篇連弩車兩軸四輪 : 본서 6책 53-3-1~3에 보인다.

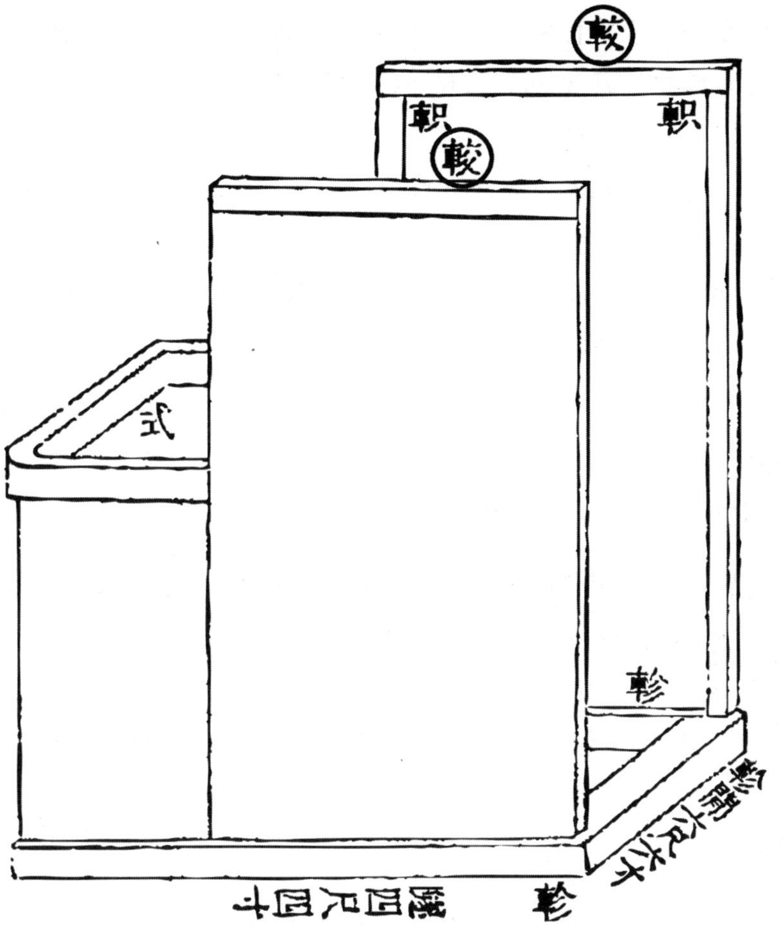

較

凡輪廣與崇等한대 考工記車人鄭注에 柏車[178]는 山車라 輪高六尺이라하니 此與彼度同이라

무릇 바퀴는 너비와 높이가 같은데, ≪周禮≫ 〈考工記 車人〉의 鄭玄의 注에 “柏車는 山地를 다니는 수레이다. 바퀴는 높이가 6尺이다.”라고 하였으니, 이 대목은 그곳과 度數가 같다.

71-20-18 爲板箱하되 長與轅等하고

板箱(판자로 된 수레 상자)을 만들되 길이는 轅과 같고

178) 柏車 : 大車, 羊車와 함께 물건을 싣는 牛車 가운데 하나로, 山地를 다니는 수레이다.

說文竹部에 **云 箱**은 **大車牝服[179]也**라하다 **考工記車人**에 **云 大車牝服二柯[180]又參分柯之二**라한대 **鄭注**에 **云 牝服長八尺**이니 **謂較也[181]**라하다 **鄭司農[182]云 牝服謂車箱**이라한대 **此車箱長丈**이니 **蓋長於大車二尺也**라

≪說文解字≫ 竹部에 "'箱'은 大車의 牝服이다."라고 하였다. ≪周禮≫ 〈考工記 車人〉에 "大車의 牝服은 2와 ⅔柯이다.〔大車牝服二柯又參分柯之二〕"라고 하였는데, 鄭玄의 注에 "牝服은 길이가 8척이니 較를 말한다."라고 하였다. 鄭司農이 "牝服은 車箱을 말한다."라고 하였는데, 이 대목에서 車箱은 길이가 1장이니 대체로 大車보다 2척 길다.

71-20-19 高四尺이요

높이는 4척이고

舊本作四高尺이라 **蘇云 當作高四尺**이라하다 **案 蘇校是也**니 **今據乙正**이라

〈'高四尺'이〉 舊本에는 '四高尺'으로 되어 있다.

蘇時學 : 〈'四高尺'은〉 '高四尺'이 되어야 한다.

案 : 蘇時學의 校勘이 맞으니, 지금 이에 의거하여 글자의 순서를 바꾸어 바로잡는다.

71-20-20 善蓋上하고 **治中[183]令可載矢**라

---

179) 牝服 : 본래 古代에 車箱 양편에 가로 댄 나무를 말하는데, 車箱과 같은 말로도 쓴다.

180) 柯 : 도끼 자루로, 길이가 3尺인데 이를 단위로 사용한 것이다. ≪周禮≫ 〈考工記 車人〉에 "車人이 수레를 만들 때 도끼자루는 길이 3尺, 너비 3寸, 두께 1촌 반이다.〔車人爲車柯長三尺 博三寸 厚一寸有半〕"라고 하였는데, 鄭玄의 注에 鄭衆의 說을 인용하여 "'柯長三尺'은 도끼자루를 이르니, 그대로 도끼자루로 尺度를 삼은 것이다.〔柯長三尺 謂斧柄 因以爲度〕"라고 하였다.

181) 鄭注……謂較也 : 鄭玄의 牝服에 대한 설명을 두고, ≪周禮正義≫에서 孫詒讓은 "지금 鄭玄의 뜻으로 미루어보면 較는 수레 양편 위 가로 댄 나무를 일컫는다. 馬車와 牛車 모두 좌우 두 較가 있는데, 단지 馬車의 較는 좌우가 式보다 돌출하여 높은 반면 牛車의 較는 낮아서 較와 式이 구별되지 않으니, 이를 일러 平較라 한다. 平較를 일러 牝服이라 한다. 較가 높은 것은 수컷이고 평평한 것은 암컷이다.〔今以鄭義推之 較者 輿兩面上橫木之稱 馬車牛車皆有左右兩較 但馬車較左右出式而高 牛車較卑 無較式之別 是之謂平較 平較謂之牝服 較高者爲牡 則平者爲牝矣〕"라고 하였다.

182) 鄭司農 : 後漢의 經學者 鄭衆(?~83)으로, 字는 仲師이고 大司農을 지냈다. 후대에는 鄭玄과 구별하기 위해 '先鄭'이라 불렀고, 또한 환관이었던 同名의 鄭衆과 구별하기 위해 鄭司農이라 불렀다. 저서로 ≪春秋難記條例≫가 있다.

183) 中 : 底本의 傍注에 "'中'자는 원래 빠졌는데, 살펴보건대 孫詒讓의 注에 '道藏本 · 吳鈔

위에 지붕을 잘 덮고 가운데를 정리하여 화살을 실을 수 있게 한다."

舊本脫中字러니 **今據道藏本吳鈔本茅本補**라

舊本에 '中'자가 빠졌는데, 지금 道藏本·吳鈔本·茅本에 의거하여 보충한다.

71-21-1 子墨子曰 凡不守者有五라 城大人少가 一不守也요

子墨子께서 말씀하셨다. "무릇 〈성을〉 지키지 못하는 경우가 다섯 가지가 있다. 성은 큰데 사람이 적은 것이 첫 번째 지키지 못하는 경우이고,

畢云 舊作者러니 **以意改**라하다 **案 茅本正作也**하니 **不誤**라

畢沅 : 〈'也'는〉 舊本에 '者'로 되어 있는데, 글 뜻으로 판단하여 고쳤다.

案 : 茅本에 바로 '也'로 되어 있으니 잘못되지 않았다.

71-21-2 城小人衆이 二不守也요 人衆食寡가 三不守也요 市去城遠이 四不守也요 畜積在外하고 富人在虛가

성은 작은데 사람이 많은 것이 두 번째 지키지 못하는 경우이고, 사람은 많은데 양식이 적은 것이 세 번째 지키지 못하는 경우이고, 저자가 성에서 멀리 있는 것이 네 번째 지키지 못하는 경우이고, 비축한 器物들이 성 밖에 있고 부자가 城邑에 없는 것이

蘇云 虛同墟하니 **言不在城邑也**라하다

蘇時學 : '虛'는 '墟'와 같으니 城邑에 있지 않다는 말이다.

71-21-3 五不守也라 率萬家而城方三里라

다섯 번째 지키지 못하는 경우이다. 대략 1萬 家口에 성이 사방 3리면 된다."

尉繚子[184]**兵談篇**에 **云 量地肥墝而立邑**하되 **建城稱地**하여 **以城稱人**하고 **以人稱粟**하여

本·茅本에 의거하여 보충한다.'라고 하였으니 이는 正文에 '中'자가 있어야 하는데 판각하면서 빠진 것이다. 지금 보충한다.〔中字原脫 按孫注云 據道藏本吳鈔本茅本補 是正文當有中字而漏刻 今補〕"라고 하였다.

184) 尉繚子 : 戰國時代 魏나라 사람 尉繚가 지은 兵書이다. 혹자는 그가 齊나라 사람으로 鬼谷

三相稱하면 則內可以固守요 外可以戰勝이라하다 畢云 言大率萬家而城方三里면 則可守라하다 詒讓案 方三里者는 積九里니 爲地八千一百畝也라 以萬家分居之에 蓋每宅不及一畝나 貧富相補하면 足以容之矣라

≪尉繚子≫ 〈兵談〉에 "땅의 비옥함을 헤아려 邑을 세우되 성을 세울 때 땅에 맞게 하고서 성을 人口에 맞게 짓고 人口를 糧食에 맞게 수용해 세 가지가 서로 맞으면 안으로는 굳게 지킬 수 있고 밖으로는 싸워 이길 수 있다.〔量地肥墝而立邑 建城稱地 以城稱人 以人稱粟 三相稱 則內可以固守 外可以戰勝〕"라고 하였다.

畢沅 : 대략 1만 가구에 城이 사방 3里라면 지킬 수 있다는 말이다.

詒讓案 : '方三里'라는 것은 面積이 9里니 8,100畝의 땅이 된다. 1만 가구로 나누어 살게 할 때 대체로 집마다 1畝에 미치지 못하지만 貧者와 富者가 서로 補助하면 족히 수용할 수 있다.

子의 제자라고도 한다. 本末과 賓主를 구별하고 賞罰을 밝게 한 책으로, 權謀詐術이 복잡했던 전국시대의 이치와 법을 밝혔다.

墨子目錄 1卷

道藏本及明鈔本刻本竝無目錄하니 此畢氏所定이니 依意林爲第十六卷[1)]이라 今從隋志하여 別爲一卷[2)]이라

道藏本 및 明나라 鈔本·刻本에는 모두 目錄이 없으니, 이 목록은 畢沅이 정한 것으로 ≪意林≫에 의거해 第16卷이 된 것이다. 지금 ≪隋書≫ 〈經籍志〉를 따라 별도로 1권을 만든다.

권1 卷之一

親士第一

〈親士〉 第1

脩身第二

〈脩身〉 第2

所染第三

〈所染〉 第3

魏徵[3)]群書治要[4)]引篇目同이라

---

1) 依意林爲第十六卷 : 道藏本은 목록 없이 전체 15권으로 되어 있는데, ≪意林≫의 目錄을 보면, '墨子十六卷'이라 하였으므로, 畢沅이 이를 따라 목록을 만들고서 제16권으로 삼았다는 말이다. ≪意林≫은 唐 穆宗 때 馬總(?~823)이 엮은 책으로, 諸子百家의 精華를 모은 것이라는 평가를 받고 있다. 본래 모두 6권이었는데, 지금은 5권만 전하고 있다.

2) 今從隋志 別爲一卷 : 畢沅이 ≪墨子≫를 16권으로 편집한 것과 달리 孫詒讓은 ≪隋書≫ 〈經籍志〉에 '墨子十五卷 目一卷'이라 한 것을 따라 目錄 1권을 따로 떼어 만든다는 말이다.

3) 魏徵 : 580~643. 자는 玄成, 시호는 文貞으로, 산동성 曲城 사람이다. 隋나라 말 혼란기에 李密의 군대에 참가하였으나, 곧 唐 高祖에게 귀순하여 고조의 장자 李建成의 유력한 측근이 되었는데, 황태자 건성이 아우 世民(뒷날 唐 太宗)과의 경쟁에서 패하였다. 그러나 위징의 인격에 감복한 태종의 부름을 받아 諫議大夫 등의 요직을 역임한 후 宰相으로 중용되었다.

魏徵의 ≪群書治要≫에서 인용한 篇目은 같다.

法儀第四

〈法儀〉第4

治要引篇目同이라

≪群書治要≫에서 인용한 篇目은 같다.

七患第五

〈七患〉第5

治要引篇目同이라

≪群書治要≫에서 인용한 篇目은 같다.

辭過第六

〈辭過〉第6

治要引此篇文竝入七患篇하니 疑唐以後人所分이라

≪群書治要≫에서 인용한 이 篇의 글은 모두 〈七患〉편에 들어가 있으니, 아마도 唐나라 이후 사람이 나눈 것인 듯하다.

三辯第七

〈三辯〉第7

黃震[5)]宋濂[6)]所見別本에 以上七篇題曰經하니 蓋宋人所加라

---

4) 群書治要 : 唐나라 태종의 勅命으로 魏徵 等이 편찬한 책이다. 經書 및 正史, 諸子書에서 政治와 관련된 대목을 발췌하여 모은 것으로, 631년에 완성되었다. 총 50권이다.

5) 黃震 : 1212~1280. 자는 東發이고, 사후에 門人들이 文潔이라 私諡하였다. 南宋 때 경학가로, 朱子의 三傳弟子 王文貫을 師事하여 何基 등과 함께 주자학을 계승하였다. 남송이 멸망한 뒤 慈溪 三北鎭에 있는 澤山에 은거하여 杖錫山居士라 자호하였다. 저서로 ≪黃氏日鈔≫, ≪古今紀要≫ 등이 있다.

6) 宋濂 : 1310~1380. 호는 潛溪이다. 元末明初의 문인・정치가로 자는 景濂이다. 元나라

黃震과 宋濂이 본 別本에는 이상 일곱 편을 두고 제목을 '經'이라 하였는데 아마도 宋나라 사람이 붙인 것인 듯하다.

권2 卷之二

尙賢上第八

〈尙賢 上〉 第8

治要引篇目同이라 **漢書藝文志顏師古注引作上賢**이라

≪群書治要≫에서 인용한 篇目은 같다. ≪漢書≫ 〈藝文志〉의 顏師古의 注에서 이 편을 인용한 곳에는 '上賢'으로 되어 있다.

尙賢中第九

〈尙賢 中〉 第9

尙賢下第十

〈尙賢 下〉 第10

권3 卷之三

尙同上第十一

〈尙同 上〉 第11

漢書顏注引作上同이라

≪漢書≫의 顏師古의 注에서 이 편을 인용한 곳에는 '上同'으로 되어 있다.

말기 전란을 피해 龍門山에 은거하면서 저작에 종사하여, ≪宋學士全集≫(42권)과 ≪篇學類纂≫, ≪龍門子≫ 등의 저서를 남겼다. 明 太祖가 일어날 때 부름을 받고 南京에 가서 왕세자의 스승이 되고, 이후 태조의 고문으로 두터운 신임을 받았다. 71세 때 그의 손자의 죄에 연좌되어 四川省으로 귀양 가서 그곳에서 병사했다. ≪宋文憲公全集≫(53권) 등이 있다.

尙同中第十二

〈尙同 中〉 第12

尙同下第十三

〈尙同 下〉 第13

中興館閣書目[7)]云 一本自親士至上同十三篇이라하니 **卽此**라 **黃震宋濂所見別本**에 **以上六篇題曰論**하니 **亦宋人所加**라

≪中興館閣書目≫에 "어느 本에는 〈親士〉부터 〈上同〉까지 13篇이다."라고 하였으니, 바로 이것이다. 黃震과 宋濂이 본 別本에는 이상 여섯 편을 두고 제목을 '論'이라 하였는데 역시 宋나라 사람이 붙인 것이다.

권4 卷之四

兼愛上第十四

〈兼愛 上〉 第14

漢書顔注引同이라

≪漢書≫의 顔師古의 注에서 이 편을 인용한 곳에는 〈篇目이〉 같다.

兼愛中第十五

〈兼愛 中〉 第15

兼愛下第十六

〈兼愛 下〉 第16

---

7) 中興館閣書目 : 陳騤(1128~1203)가 편찬한 書目으로, 南宋 淳熙 5년(1178)에 原書 70권, 序例 1권, 分 52門, 收書 44,486권을 刊行하였으나, 亡佚되었다. 이후에 ≪中興藝文志≫, ≪玉海≫, ≪山堂考索≫ 등 일부를 採錄하고, 趙士煒가 1,019家, 原釋 882條, 考 678條를 모아 ≪中興館閣書目輯考≫ 5권으로 編成하였다.

권5 卷之五

道藏本六同卷이라

道藏本은 권6이 같은 권이다.

非攻上第十七

〈非攻 上〉第17

非攻中第十八

〈非攻 中〉第18

非攻下第十九

〈非攻 下〉第19

권6 卷之六

節用上第二十

〈節用 上〉第20

漢書顔注引同이라

≪漢書≫의 顔師古의 注에서 이 편을 인용한 곳에는 〈篇目이〉 같다.

節用中第二十一

〈節用 中〉第21

節用下第二十二

〈節用 下〉第22

闕이라

결락되었다.

節葬上第二十三

〈節葬 上〉第23

闕이라

결락되었다.

節葬中第二十四

〈節葬 中〉第24

闕이라

결락되었다.

節葬下第二十五

〈節葬 下〉第25

권7 卷之七

天志上第二十六

〈天志 上〉第26

天志中第二十七

〈天志 中〉第27

天志下第二十八

〈天志 下〉第28

권8 卷之八

明鬼上第二十九

〈明鬼 上〉第29

闕이라 漢書顔注引作明鬼神이라

결락되었다. ≪漢書≫의 顔師古의 注에서 이 편을 인용한 곳에는 '明鬼神'으로 되어 있다.

明鬼中第三十

〈明鬼 中〉第30

闕이라

결락되었다.

明鬼下第三十一

〈明鬼 下〉第31

非樂上第三十二

〈非樂 上〉第32

권9 卷之九

非樂中第三十三

〈非樂 中〉第33

闕이라

결락되었다.

非樂下第三十四

〈非樂 下〉第34

闕이라

결락되었다.

非命上第三十五

〈非命 上〉第35

治要引篇目及漢書顔注引竝同이라

≪群書治要≫에서 인용한 篇目 및 ≪漢書≫의 顔師古의 注에서 인용한 〈篇目은〉 모두 같다.

非命中第三十六

〈非命 中〉第36

非命下第三十七

〈非命 下〉第37

非儒上第三十八

〈非儒 上〉第38

闕이라

결락되었다.

非儒下第三十九

〈非儒 下〉第39

권10 卷之十

經上第四十

〈經 上〉第40

晉書魯勝傳墨辯注敍云 墨辯有上下經하고 經各有說하여 凡四篇이라하니 卽此라

≪晉書≫ 〈魯勝傳〉에 인용한 〈墨辯注敍〉에 "≪墨辯≫은 上經과 下經이 있고 經에는 각각 說이 있어 모두 4篇이다."라고 하였는데, 바로 이것이다.

經下第四十一

〈經 下〉第41

經說上第四十二

〈經說 上〉第42

經說下第四十三

〈經說 下〉第43

권11 卷之十一

大取第四十四

〈大取〉第44

小取第四十五

〈小取〉第45

耕柱第四十六

〈耕柱〉第46

권12 卷之十二

畢云 舊云十三同卷者는 **梵本分帙如此**라하다 **詒讓案 此明人編入道藏所合竝**이니 **非古本也**라 **畢謂梵本**은 **亦非**라

畢沅 : 舊本에 "권13이 같은 卷이다."라고 한 것은 梵本에서 卷帙을 이처럼 나눈 것이다.

詒讓案 : 이는 道藏本에서 합쳐놓은 것을 明나라 사람이 編入시킨 것이니 古本이 아니다. 畢沅이 梵本이라 한 것 역시 잘못 본 것이다.

貴義第四十七

〈貴義〉 第47

治要引篇目同이라

≪群書治要≫에서 인용한 篇目은 같다.

公孟第四十八

〈公孟〉 第48

권13 卷之十三

魯問第四十九

〈魯問〉 第49

公輸第五十

〈公輸〉 第50

□□[8]第五十一

〈□□〉 第51

8) □□ : '備敵'으로 추정되는데, 결락되었다.

권14 卷之十四

備城門第五十二

〈備城門〉 第52

明吳寬鈔本[9]**無目錄**하고 **其當卷篇目**에 **以備城門爲五十四**하고 **備高臨爲五十五**라 **冊末**에 **吳氏手跋云 本書七十一篇**에 **其五十一之五十三**과 **五十七**과 **五十九之六十**과 **六十四之六十七**은 **篇目竝闕**하니 **當訪求古本考入云**이라하다 **是吳所據舊本實如此**면 **則當闕五十二五十三二篇**이라 **未知孰是**라

明나라 吳寬의 鈔本에는 目錄이 없고, 그 해당 卷의 篇目에는 〈備城門〉을 제54로 삼고 〈備高臨〉을 제55로 삼았다. 그런데 〈鈔本〉 冊子의 말미에는 오관이 손수 跋文을 지어 "本書 71篇 가운데 제51에서 제53까지, 제57, 제59에서 제60까지, 제64에서 제67까지 편목이 모두 결락되었으니 마땅히 古本을 찾아 구해 상고해 넣어야 한다."라고 하였다. 이는 오관이 근거한 舊本이 실제 이러하였던 것이니 그렇다면 마땅히 제52, 제53 두 편이 결락되어야 한다. 어느 것이 옳은지는 모르겠다.

備高臨第五十三

〈備高臨〉 第53

□□第五十四

〈□□〉 第54

依備城門篇所列攻具十有二[10]에 **臨第一**이요 **鉤第二**하면 **則此篇疑當爲備鉤**라

〈備城門〉에서 열거한 攻具(攻城 기구) 열두 가지에서 臨車가 첫 번째이고 鉤(사다리)가 두 번째인 데 의거하면 이 篇은 아마도 '備鉤'가 되어야 할 듯하다.

---

9) 吳寬鈔本 : 明나라 吳寬(1435~1504)이 鈔寫한 本으로, 본서에서 '吳鈔本'이라 한 것이다. 오관은 자가 原博이고 호가 匏庵으로, 直隸 長洲 사람이다. 어려서부터 학문을 좋아하여 群書를 널리 보아 深厚한 詩를 지어 一家를 이루었고 書法에도 뛰어났다. 藏書를 좋아하여 珍籍을 鈔本으로 많이 수장하였는데, 그 鈔書의 筆法이 몹시 뛰어났다. 葉德輝는 명나라 이후로 장서 가운데 吳鈔를 으뜸으로 친다고 하였다.

10) 備城門篇所列攻具十有二 : 본서 5책 52-1-3~14에 보인다.

□□第五十五

〈□□〉第55

備城門篇十二攻具에 衝第三이니 則此篇疑當爲備衝이라 詩大雅皇矣孔[11]疏引有備衝篇하니 蓋唐初尙未佚也라

〈備城門〉의 열두 가지 攻具에서 衝車가 세 번째이니, 이 편은 아마도 '備衝'이 되어야 할 듯하다. ≪詩經≫ 〈大雅 皇矣〉의 孔穎達의 疏에서 인용한 곳에 〈備衝〉편이 있으니 아마도 唐나라 초기에는 아직 散佚되지 않았던 듯하다.

備梯第五十六

〈備梯〉 第56

□□第五十七

〈□□〉 第57

十二攻具에 梯第四요 堙第五니 則此篇疑當爲備堙이라

열두 가지 攻具에서 梯(사다리)가 네 번째이고 堙(垓字 메우기)이 다섯 번째이니, 이 편은 아마도 '備堙'이 되어야 할 듯하다.

備水第五十八

〈備水〉 第58

□□第五十九

〈□□〉 第59

十二攻具[12]에 水第六이요 穴第七이요 突第八이요 空洞第九요 蛾傅第十이어늘 今唯闕備

11) 孔 : 孔穎達(574~648)로, 唐나라 초기의 학자이다. 자는 仲達이고, 冀州 衡水(지금의 河北省 衡水市) 사람이다. 孔子의 32代孫으로 唐 太宗에게 중용되어 신임을 받고, 國子博士를 거쳐 국자감의 祭酒(좨주)·東宮侍講 등을 지냈다. 문장·천문·수학에 능통하였고, 五經 해석의 통일을 시도하여 ≪五經正義≫ 170권을 편찬하였다.

空洞一篇하고 其次又不當列水突之閒(간)하니 豈爲後人所貿亂與아

열두 가지 攻具에서 水가 여섯 번째이고 穴이 일곱 번째이고 突이 여덟 번째이고 空洞이 아홉 번째이고 蟻傅가 열 번째인데, 지금 오직 〈備空洞〉 1편만 결락되어 있고 그 차례도 水와 突의 사이에 나열해서는 안 되니 어쩌면 後人들에 의해 뒤섞이게 된 것인가.

□□第六十

〈□□〉 第60

備突第六十一

〈備突〉 第61

備穴第六十二

〈備穴〉 第62

十二攻具에 穴在突(後)〔前〕[13)]하니 此篇次與彼不合이라

열두 가지 攻具에서 穴이 突의 앞에 있으니 이 편은 차례가 〈備城門〉과 부합하지 않는다.

備蛾傳第六十三

〈備蛾傳〉 第63

권15 卷之十五

□□第六十四

〈□□〉 第64

---

12) 具 : 저본의 傍注에 "'具'는 원래 '其'로 잘못되어 있는데, 글뜻에 의거하여 고친다.〔具 原誤其 據文義改〕"라고 하였다.

13) (後)〔前〕: 저본에는 '後'로 되어 있으나, 〈備城門〉에 의거하여 '前'으로 바로잡았다.

十二攻具에 **轒轀**(분운)**第十一**이요 **軒車第十二**니 **則當有備轒轀備軒車二篇**이요 **其次當在此**라

열두 가지 攻具에서 轒轀이 열한 번째이고 軒車가 열두 번째이니 〈備轒轀〉, 〈備軒車〉 두 편이 있어야 하고 그 차례는 이곳에 있어야 한다.

□□第六十五

〈□□〉 第65

□□第六十六

〈□□〉 第66

□□第六十七

〈□□〉 第67

迎敵祠第六十八

〈迎敵祠〉 第68

旗幟第六十九

〈旗幟〉 第69

幟俗字니 **王念孫校改職**이라

'幟'는 俗字니 王念孫의 校勘에 '職'으로 고쳤다.

號令第七十

〈號令〉 第70

九章筭術[14]**衰分篇劉徽**[15]**注引篇目同**이라

---

14) 九章筭術 : 黃帝가 隸數에게 명하여 만들었다는 算法書로, 일설에는 周公이 만들었다고도

≪九章算術≫ 〈衰分〉의 劉徽의 注에서 인용한 篇目은 같다.

雜守第七十一

〈雜守〉 第71

畢沅云 案舊本皆無目이러니 **隋書經籍志**에 **云 墨子十五卷**이요 **目一卷**이라하고 **馬總意林**에 **云 墨子十六卷**이라하니

畢沅 : 살펴보건대, 舊本에는 모두 目錄이 없는데, ≪隋書≫ 〈經籍志〉에 "≪墨子≫ 15권이고 목록 1권이다."라고 하고, 馬總의 ≪意林≫에 "≪墨子≫ 16권이다."라고 하였으니,

詒讓案 : **馬本梁庾仲容子鈔**[16)]하니 **見高似孫**[17)]**子略**[18)]이라

詒讓案 : 馬總은 梁나라 庾仲容의 ≪子鈔≫에 바탕하고 있는데, 高似孫의 ≪子略≫에 보인다.

하나, 作者는 정확히 알 수 없다. 算經十書 가운데 가장 중요한 책으로, 方田·粟米·差分·少廣·商功·均輸·贏不足·方程·九股 등의 算法이 수록되어 있다. 前漢 때 耿壽昌, 張蒼 등이 수정, 증보하였다고 한다.

15) 劉徽 : 225?~295?. 魏晉時代의 수학자이다. 中國 古代 數學史에서 수학 명제에 대해 논리적 논증의 범례를 최초로 만들었다. 263년에 ≪九章筭術≫에 주석을 달았으며 저서로 ≪海島算經≫이 있다.

16) 馬本梁庾仲容子鈔 : 南朝 梁의 庾仲容이 周·秦 이후 107家에 이르는 諸家의 주요 논의를 採錄하여 30권으로 엮고 ≪子鈔≫라 하였고, 唐나라 馬總이 ≪자초≫에서 抄選한 내용이 미흡하다고 여겨 유중용의 目錄을 遵用해서 加減하여 ≪意林≫이라는 책을 엮었는데, 南宋의 高似孫은 자신의 저서인 ≪子略≫에서 ≪의림≫이 ≪자초≫에 비해 嚴精함을 볼 수 있다고 평하였다.

17) 高似孫 : 1158~1231. 자는 續古, 호는 疏寮로, 鄞縣 사람이다. 南宋 때 會稽縣 主簿, 校書郎, 徽州知事, 著作佐郎 등을 지냈다. 만년에 越 지방에 은거하였다. 저서로 ≪疏寮小集≫, ≪剡錄≫, ≪子略≫, ≪蟹略≫, ≪騷略≫, ≪緯略≫ 등이 있다.

18) 子略 : 高似孫이 엮은 책으로, 4권이 전하는데 卷頭에 별도로 目錄 1권을 두었다. 목록은 ≪漢書≫ 〈藝文志〉, ≪隋書≫ 〈經籍志〉, ≪舊唐書≫ 〈經籍志〉, ≪新唐書≫ 〈藝文志〉, 庾仲容의 ≪子鈔≫, 馬總의 ≪意林≫, 鄭樵의 ≪通志≫ 〈藝文略〉에 수록된 諸子의 서책들을 차례로 나열하였는데 그 門類는 삭제하고 그 書名만 올리고 撰者와 卷數를 아래에 간략히 注로 달았다.

則是古本有目也라 **考漢書藝文志**에 **云 墨子七十一篇**이라하여늘 **高誘注呂氏春秋云 七十二篇**이라하니 **疑當時亦以目爲一篇耳**라 **藏本云 闕者八篇**이라하고 **而有其目**하니 **節用下節葬上中明鬼上中非樂中下非儒上是也**라 **當是宋本如此**어늘 **而館閣書目**에 **云 自親士至雜守爲六十一篇**이요 **亡九篇**이라하니 **恐是八譌爲九**라 **又七十一篇亡其九**면 **當存六十二**어늘 **而云六十一**이라하니 **亦二之譌也**[19]라 **其十篇者**는 **藏本竝無目**[20]하니 **亦當是宋時亡之**라 **然則宋時所存實止五十三篇耳**라

이는 古本에 篇目이 있었던 것이다. 상고하건대, ≪漢書≫ 〈藝文志〉에 "≪墨子≫ 71篇이다."라고 하였는데, 高誘가 ≪呂氏春秋≫에 낸 注에는 "72篇이다."라고 하였으니 아마도 당시에도 目錄을 1篇으로 삼았던 듯하다. 道藏本에서 "결락된 것은 8篇이다."라고 하고 그 편목이 있으니, 〈節用 下〉, 〈節葬 上〉, 〈節葬 中〉, 〈明鬼 上〉, 〈明鬼 中〉, 〈非樂 中〉, 〈非樂 下〉, 〈非儒 上〉이 이것이다. 宋本이 이와 같았을 것인데 ≪中興館閣書目≫에 "〈親士〉부터 〈雜守〉까지 61篇이고, 9篇을 잃어버렸다."라고 하였으니, 아마도 '八'이 잘못하여 '九'가 된 듯하다. 또 71篇에서 9편을 잃어버렸다면 의당 62편을 보존하고 있어야 하는데 61편이라 하였으니 역시 〈'一'은〉 '二'의 誤字이다. 나머지 10篇의 경우는 道藏本에 모두 편목이 없으니 역시 宋나라 때 잃어버렸을 것이다. 그렇다면 宋나라 때 보존하고 있던 것은 실로 53篇에 그칠 뿐이다.

詒讓案：荀子修身篇楊注에 **云 墨子著書三十五篇**이라하여늘 **疑當作五十三篇**이라 **或唐中葉以後此書卽有闕佚**하여 **篇數已與今本同也**라

詒讓案：≪荀子≫ 〈修身〉의 楊倞의 注에 "墨子는 35篇을 저술하였다."라고 하였는데, 〈'三十五篇'은〉 아마도 '五十三篇'이 되어야 할 듯하다. 어쩌면 唐나라 中葉 이후에 이 책에 바로 잃어버린 편들이 있어서 篇數가 이미 今本(53편)과 같았던 듯도 하다.

---

19) 館閣書目……亦二之訛也：이 부분은 ≪中興館閣書目≫에 의거해 가정하여 말한 것일 뿐이고, 실상을 말하면 古本에서 目錄을 뺀 71편에서 篇目만 있는 8편을 빼면 63편이고 다시 편목까지 없는 10편을 빼면 53편으로, 이것이 今本의 편수이다.

20) 其十篇者 藏本竝無目：내용과 편목 모두 없는 10편으로, 〈備敵〉, 〈備鉤〉, 〈備衝〉, 〈備堙〉, 〈備火〉, 〈備空洞〉, 〈備轒轀〉, 〈備軒車〉, 〈備襲〉, 〈備間〉으로 추정된다.

然詩正義引備衝篇[21)]하니 **則尙存其目**이로되 **而不知列在第幾**요 **太平御覽引有備衝法**한대 **正在此篇**하니 **則宋初尙多存與**아

그렇지만 ≪毛詩正義≫에 〈備衝〉을 인용하였으니 아직 그 篇目을 보존하고는 있었지만 몇 번째에 수록되어 있었던지는 알 수 없고, ≪太平御覽≫에서 ≪墨子≫를 인용한 곳에 備衝法이 있는데 바로 이 편들(10篇)에 있으니 宋나라 초엽에 아직 대부분 보존되어 있었던 것인가.

詒讓案 **御覽多本古類書**하니 **不足證北宋時此書尙有完本也**라

詒讓案：≪太平御覽≫은 옛 類書에 바탕하고 있는 경우가 많으니, 北宋 때 이 책(≪묵자≫)이 아직 完本이 있었다는 사실을 입증하기에는 부족하다.

南宋人所見十三篇一本은 **樂**(악)**臺曾注之**[22)]하니 **卽自親士至上同是**어늘 **而潛谿諸子辯**에 **云 上卷七篇**은 **號曰經**이라하고 **下卷六篇**은 **號曰論**이라하니 **共十三篇**[23)]이라하다

南宋 사람이 본 13篇으로 된 어느 本은 樂臺가 일찍이 注를 달았으니 바로 〈親士〉에서 〈上同〉까지가 이것인데, 潛谿(宋濂)가 〈諸子辯〉에서 "上卷 7篇은 '經'이라 부르고 下卷 6篇은 '論'이라 부르니 모두 13편이다."라고 하였다.

詒讓案 **此卽中興館閣書目所載別本**이니 **書錄解題**[24)]**亦箸錄**이라 **黃氏日鈔諸子**에 **云 墨子之書凡二**니 **其後以論稱者多衍復**이요 **其前以經稱者善文法**[25)]이라하다 **又吳(道**

---

21) 詩正義引備衝篇：≪詩經≫ 〈大雅 皇矣〉의 孔穎達의 正義에 "≪墨子≫에 〈備衝篇〉이 있다.〔墨子有備衝之篇〕"라고 하였다.

22) 南宋人所見十三篇一本 樂(악)臺曾注之：宋나라 鄭樵의 ≪通志≫ 〈藝文略〉에 따르면, ≪墨子≫ 3권본에 唐나라의 樂臺(?~?)가 注를 달았다고 하는데 아마도 13편으로 된 本을 말하는 듯하다.

23) 潛谿諸子辯……共十三篇：宋濂의 〈諸子辯〉에는 ≪墨子≫가 3권이라 하였고, 또 '下卷六篇'이 '中卷尙賢三篇 下卷尙同三篇'으로 되어 있다.(≪文憲集≫ 권27 〈雜著〉)

24) 書錄解題：宋나라의 학자 陳振孫(1179~1261?)이 편찬한 圖書 解題로, 그의 호를 붙여 흔히 ≪直齋書錄解題≫라고 한다. 歷代 典籍의 卷秩 및 저자의 성명 및 내용에 대한 간단한 소개와 평을 붙인 것으로, 모두 22권이다. 진진손은 자가 伯玉이고 浙江省 安吉 사람이다.

25) 黃氏日鈔諸子……其前以經稱者善文法：≪黃氏日鈔≫는 南宋의 黃震이 엮은 저술로, 모두 97권이다. 經書 30권, 三傳 및 孔氏書 각 1권, 諸儒 13권, 史書 5권, 雜史·諸子 각 4권, 文集 10권 도합 68권은 모두 古人을 논한 것이고 69권 이하로는 각종 문체의 散文들이다. 인용문은 권55 〈讀諸子〉에 나온다.

師)〔師道〕[26]戰國策校注五引兼愛中篇楚靈王好士細腰數語[27]하여 云 今按墨子三卷中無此文이라한대 三卷者는 別本也니 古墨子篇數不止此라 是陳直齋黃東發吳正傳所見墨子皆止十三篇本也라

詒讓案 : 이 本은 바로 ≪中興館閣書目≫에 실려 있는 別本으로, ≪書錄解題≫에도 著錄하였다. ≪黃氏日鈔≫ 〈諸子〉에 "≪墨子≫라는 책은 모두 두 부분이니, 뒷부분에 '論'으로 일컬어지는 것은 중복된 내용이 많고 앞부분에 '經'으로 일컬어지는 것은 文法이 좋다."라고 하였다. 또 吳師道의 ≪戰國策校注≫ 권5에 〈兼愛 中〉의 '楚靈王好士細腰' 몇 句를 인용하면서 "지금 살펴보건대, ≪墨子≫ 3권 가운데 이 글은 없다."라고 하였는데, 3권으로 된 本은 別本이니 옛 ≪墨子≫의 篇數는 이에 그치지 않는다. 이는 陳直齋(陳振孫), 黃東發(黃震), 吳正傳(吳師道)이 본 ≪墨子≫가 모두 단지 13篇으로 된 本일 뿐인 것이다.

又有可疑라 夫墨子自有經上下經說上下가 在十三篇之後어늘 此所謂經은 乃親士修身所染法儀七患辭過三辯七篇이라 與下尙賢尙同各三篇文例不異하여 似無經論之別하니 未知此說何據오 以意求之컨대 或以經上下經說上下及親士修身六篇爲經이라

또 의심할 만한 점이 있다. 무릇 ≪墨子≫에는 따로 〈經 上〉과 〈經 下〉, 〈經說上〉과 〈經說 下〉가 13篇의 뒤에 있는데 여기서 말하는 '經'은 바로 〈親士〉, 〈修身〉, 〈所染〉, 〈法儀〉, 〈七患〉, 〈辭過〉, 〈三辯〉 7篇으로, 뒤의 〈尙賢〉, 〈尙同〉 각 3篇과 文例가 다르지 않아 經과 論의 구별이 없는 듯하니 모르겠지만 이 설은 어디에 근거한 것인가. 내 추측으로 답을 찾는다면 혹 〈經 上〉과 〈經 下〉, 〈經說 上〉과 〈經說 下〉 및 〈親士〉, 〈修身〉 6篇을 經으로 삼은 듯도 하다.

---

26) 吳(道師)〔師道〕 : 저본에는 '道師'로 되어 있으나, 四庫全書本 ≪戰國策校注≫에 의거하여 '師道'로 바로잡았다. 吳師道(1283~1344)는 자가 正傳이고, 婺州 蘭溪(지금의 浙江省 金華 蘭溪) 사람이다. 元나라의 주자학자로, 저서로 ≪易詩書雜說≫, ≪春秋胡傳附辨≫, ≪戰國策校注≫, ≪敬鄕錄≫과 文集 20권이 있다.

27) 楚靈王好士細腰數語 : ≪戰國策校注≫ 권5의 注에 "楚 靈王이 士의 가는 허리를 좋아했기 때문에 그의 신하들은 모두 한 끼에 세 가지 요리만을 먹었다.〔楚靈王好士細腰 故其臣皆三飯爲節〕"라고 한 것을 말한다.

詒讓案 南宋別本不如是하니 **畢說非**라

詒讓案：南宋의 別本은 이러하지 않으니 畢沅의 說은 잘못 본 것이다.

其說或近은 **以無子墨子云云故也**라

그 說이 近理하기도 한 것은 '子墨子' 云云하는 말이 없기 때문이다.

詒讓案 此說亦非니 **詳親士篇**[28)]이라

詒讓案：이 說 역시 잘못 본 것이니, 〈親士〉에 자세히 설명하였다.

然古人亦未言之라 **至樂臺所注**하여는 **見鄭樵**[29)]**通志**[30)]**藝文略**하고 **而焦竑**(횡)[31)]**國史經籍考**[32)]**亦載之**하니 **似至明尚存**이러니

그렇지만 古人 역시 이에 대해 말하지 않았다. 樂臺가 注를 단 ≪墨子≫의 경우는 鄭樵의 ≪通志≫ 〈藝文略〉에 보이고, 焦竑의 ≪國史經籍考≫에도 실려 있으니

28) 詳親士篇：본서 1책 〈親士〉의 맨 앞에 보인다.

29) 鄭樵：1104～1162. 자는 漁中, 호는 浹漈 혹은 溪西逸民으로, 福建의 莆田 사람이다. 南宋의 학자로, 과거에 응시하지 않고 평생 각고의 노력으로 학문에 매진하여 經學·禮學·文獻學·史學 등에 뛰어난 업적을 세워 80여 종에 달하는 저서를 남겼는데, 그중에 ≪通志≫, ≪爾雅注≫, ≪詩辨妄≫ 등이 전해 온다. 특히 만년에 지은 ≪통지≫는 唐나라 杜佑의 ≪通典≫, 元나라 馬端臨의 ≪文獻通考≫와 더불어 三通이라 일컬어졌다.

30) 通志：宋나라 鄭樵가 편찬한 책으로, 三皇시대부터 隋나라에 이르기까지의 史實을 기록한 것이다. 모두 200권으로, 氏族·六書·七音·天文·地理·都邑·禮·謚·器服·樂·職官·選擧·刑法·食貨·藝文·校讐·圖報·金石·災祥·草木昆蟲 등 20略으로 분류하여 서술하였다.

31) 焦竑(횡)：1540～1620. 자는 弱侯, 호는 漪園 혹은 澹園으로, 江寧 사람이다. 明나라 학자로, 諸生일 때부터 명성을 날려 萬曆 연간에 狀元을 하였다. 翰林院修撰, 南京司業 등을 역임하고, 만년에는 講學과 著述에 종사하였다. 經史典籍에서 稗官雜說까지 섭렵하였고 古文을 잘 지었는데 風格이 典雅하였다. 藏書가 많아 ≪焦氏藏書目≫ 2권을 지었다. 저서로 ≪澹園集≫, ≪焦氏類林≫, ≪老子翼≫, ≪莊子翼≫, ≪玉堂叢話≫, ≪國史經籍志≫, ≪中原文獻≫ 등이 있다.

32) 國史經籍考：明나라 焦竑이 편찬한 책으로, ≪國史經籍志≫라고도 한다. 맨 앞에 御製, 記注, 時政, 敕修 등을 싣고 이어 經, 史, 子, 集 四部를 나누어 수록한 뒤 마지막에 糾繆 1권을 붙여 ≪漢書≫, ≪隋書≫, ≪唐書≫, ≪宋史≫ 등의 〈藝文志〉 및 ≪四庫書目≫, ≪崇文總目≫, 鄭樵의 ≪藝文略≫, 馬端臨의 ≪經籍考≫, 晁公武의 ≪讀書志≫의 오류를 논박하였다. 萬曆 연간에 초횡이 國史를 편수하는 일을 맡았는데 책을 마무리하지 못한 채 그만두라는 명이 내려 이 志 하나만 완성하였으므로 이렇게 제목을 붙인 것이다.

아마도 明나라 때까지도 존재하고 있었던 듯한데

詒讓案 鄭焦二志多存虛目하니 不足據라

詒讓案 : 鄭樵와 焦竑의 두 志는 실존하지 않는 書目을 많이 수록하고 있으니 근거하기에 부족하다.

卒亦不傳은 何也오 若錢曾[33]云 藏會稽鈕氏[34]世學樓本하니 共十五卷七十一篇이요 內亡節用等九篇者는 實卽今五十三篇之本이어늘 內著(착)闕字者八篇이니 錢不深核耳라

끝내 역시 전해지지 않은 것은 어째서인가. 이를테면 錢曾이 "會稽 鈕氏의 世學樓本을 소장하고 있는데 모두 15권, 71篇으로, 안에 〈節用〉 등 9篇을 잃어버렸다."라고 한 것은 참으로 바로 지금의 53篇으로 된 本인데, 안에 '闕'자를 붙인 것은 8篇이니 전증이 깊이 검토하지 않은 것일 뿐이다.

洪頤烜云 墨子今本十五卷이니 自親士至雜守히 凡七十一篇이어늘 內闕有題八篇과 無題十篇이라 據陳振孫書錄解題稱漢志七十一篇이요 館閣書目有十五卷六十一篇者로되 多訛脫不相聯屬컨대 是無題十篇宋本已闕하고 有題八篇闕文在

---

33) 錢曾 : 1629~1701. 자는 遵王, 호는 也是翁 혹은 貫花道人, 述古主人으로, 虞山(지금의 江蘇省 常熟) 사람이다. 族曾祖 錢謙益과 부친 錢裔肅 모두 藏書家로, 그 영향을 받아 젊은 시절부터 古籍을 收藏하는 데 뜻을 두고 힘을 다해 圖書를 찾아다녔다. 淸나라가 들어선 후 벼슬길에 뜻을 끊고 부친의 장서와 전겸익의 絳雲樓에서 타고 남은 서적들을 얻어 4,100여 종의 서적을 모았는데 宋元의 각본과 필사본이 많았다.

34) 會稽鈕氏 : 鈕緯(1518~1579)로, 호는 石溪이고, 越州 會稽(지금의 浙江省 紹興) 사람이다. 明나라 때 저명한 藏書家로 嘉靖 20년(1541) 進士가 되어 禮科給事中, 江西僉事, 山東僉事, 太平府知府 등을 역임한 뒤 부모상을 당해 고향에 돌아갔다. 이후 稽古에 힘쓰고 널리 書籍을 모아 10만 권에 달하는 장서를 소장하여 世學樓라는 藏書樓를 지었는데 월주의 여섯 명의 장서가 가운데 으뜸이었다. 저명한 학자인 商浚, 黃宗羲, 徐渭 등이 이곳에 찾아와 책들을 열람하였는데 서위는 〈世學樓賦〉를 짓기도 하였다. 세학루에 있던 ≪墨子≫, 宋本 ≪漢書≫, ≪程氏續考古編≫, ≪三餘贅筆≫, 元나라 陶宗儀의 ≪說郛≫, 宋나라 李季의 ≪乾象通鑒≫, 王楙의 ≪野客叢書≫, 張君房의 ≪雲笈七籤≫, 李昉의 ≪太平御覽≫, 晉나라 葛洪의 ≪抱樸子外篇≫ 등과 같은 抄本은 매우 높은 文獻으로서의 가치가 있다. 그가 편찬한 ≪會稽鈕氏世學樓珍藏圖書目≫이 지금도 전해오는데 그중에는 宋元의 善本을 대량으로 수록하고 있다.

宋本已後라

洪頤煊은 "≪墨子≫ 今本은 15권으로, 〈親士〉에서 〈雜守〉까지 모두 71篇인데 안에 제목 있는 8篇과 제목 없는 10篇이 결락되었다. 陳振孫의 ≪書錄解題≫에서 '≪漢書≫ 〈藝文志〉에는 71篇이라 하고 ≪中興館閣書目≫에는 15권, 61篇이 있지만 잘못되고 빠져서 서로 이어지지 않는 부분이 많다.'라고 한 것에 근거할 때 이는 제목 없는 10편은 宋本에 이미 결락되고 제목 있는 8편의 글의 결락은 송본 이후에 있은 것이다."라고 하였다.

讀書叢錄[35)]이라 詒**讓案 道藏本卽從宋本出**하니 **有題八篇**은 **宋本蓋已闕**이라 **洪說未塙**이라

≪讀書叢錄≫에 보인다.

詒讓案 : 道藏本은 바로 宋本에서 나온 것이니 제목 있는 8편은 송본에 대체로 이미 결락된지라 洪頤煊의 說은 정확하지 않다.

35) 讀書叢錄 : 洪頤煊(1765~1837)이 편찬한 저서로, 1821년에 완성했는데 모두 24권이다. 권1~23까지는 經, 小學, 子, 史의 순서로 52종의 古籍을 考證하였고, 권24에서 그가 소장하고 있던 宋元 刊本에 대한 조사와 연구 결과를 서술한 것이다.

묵자편목고 墨子篇目考

畢沅述이니 今重校補라

畢沅이 서술한 글인데 지금 거듭 校勘하여 보충한다.

漢書藝文志엔

≪漢書≫ 〈藝文志〉에는

墨子七十一篇이라

≪墨子≫ 71篇이다.

名翟이니 爲宋大夫요 在孔子後라

〈墨子의〉 이름은 翟이니 宋나라 大夫가 되었고 孔子 後代에 살았다.

隋書經籍志엔

≪隋書≫ 〈經籍志〉에는

墨子十五卷이요 **目一卷**이라

≪墨子≫ 15권이고 目錄 1권이다.

宋大夫墨翟撰이라

宋나라 大夫 墨翟이 撰하였다.

庾仲容子鈔엔

庾仲容의 ≪子鈔≫에는

見高似孫子略이어늘 **畢本無**하니 **今補**라

高似孫의 ≪子略≫에 보이는데 畢沅本에는 없으니 지금 보충한다.

墨子十六卷이라

≪墨子≫ 16권이다.

馬總意林엔

馬總의 ≪意林≫에는

墨子十六卷이라

≪墨子≫ 16권이다.

案 墨子名翟이니 **高誘曰魯人**[1]이라하여늘 **一曰宋人**이니 **爲宋大夫**하여 **善守禦**하고 **務儉嗇**이라하다 **所著書**는 **漢志七十一篇**이요 **隋唐志十五卷目一卷**이요 **宋志十五卷**이요 **楊倞荀子注**에 **云 三十五篇**이라하고 **宋潛溪曰 二卷**이니 **親士至經說十三篇**이라하다 **明堂策檻刊本十五卷七十一篇**이니 **與舊志合**하고 **闕節用下節葬上中明鬼上中非樂中下非儒上共八篇**이라 **蓋楊據篇名揔計之**요 **宋則未見全書也**라 **明刻文多重複**하니 **似亦非古本**이로되 **但次第正與此同**이라

案：墨子는 이름이 翟으로, 高誘는 魯나라 사람이라 하였는데 어떤 곳에는 宋나라 사람이니 宋나라 大夫가 되어 守備를 잘하고 儉約에 힘썼다고 하였다. 그가 지은 책은 ≪漢書≫ 〈藝文志〉에는 71篇, ≪隋書≫ 〈經籍志〉와 ≪舊唐書≫ 〈經籍志〉와 ≪新唐書≫ 〈藝文志〉에는 15권과 目錄 1권, ≪宋史≫ 〈藝文志〉에는 15권, 楊倞의 ≪荀子注≫에는 "35篇이다."라고 하였고, 宋潛溪(宋濂)는 "2권이니 〈親士〉에서 〈經說〉까지 13篇이다." 라고 하였다. 明나라 堂策檻 刊本은 15권, 71篇이니 舊志와 부합하고 〈節用 下〉, 〈節

---

1) 高誘曰魯人：≪呂氏春秋≫ 〈當染〉의 高誘 注에 보인다.

葬 上〉, 〈節葬 中〉, 〈明鬼 上〉, 〈明鬼 中〉, 〈非樂 中〉, 〈非樂 下〉, 〈非儒 上〉 모두 8편이 결락되었다. 대체로 楊倞은 篇名에 의거해 總計하였고 宋濂은 책 전체를 보지 못한 듯하다. 明나라 刻本의 글은 重複이 많으니 역시 古本이 아닌 듯하지만 차례는 바로 이것과 같다.

君子自難而易(이)**彼**하며

군자는 자신은 어려운 일에 처하고 남은 쉽게 해주며

彼字補하니 **同下**라

'彼'자를 보충하니 아래도 같다.

衆人自易(이)**而難彼**라

보통 사람들은 자신은 쉬운 일에 처하고 남은 어렵게 한다.

親士篇[2)]이라

〈親士〉의 글이다.

靈龜先灼하고 **神蛇先暴**[3)]이라

신령스런 거북이 먼저 불에 지져지고 신령스런 뱀이 먼저 햇볕에 내놓아진다.

先原作近이라

'先'은 ≪墨子≫ 원문에 '近'으로 되어 있다.

君子〔士〕[4)]**雖有學**이라도 **行爲本焉**하며 **戰雖有陳**이라도 **勇爲本焉**하며 **喪雖有禮**라도 **哀爲本焉**이라

君子는 벼슬살이에는 비록 學問이 있더라도 實行이 근본이 되며, 전투에는 비록

---

2) 親士篇 : 본서 1책 1-3-2~3에 보인다.
3) 靈龜先灼 神蛇先暴 : 본서 1책 1-4-6에 보인다.
4) 〔士〕 : 저본에는 '士'가 없으나, 본서 1책 〈修身〉 2-1-1에 의거하여 보충하였다.

陣法이 있더라도 勇猛이 근본이 되며, 喪에는 비록 禮規가 있더라도 슬픔이 근본이 된다.

修身篇[5)]이라

〈修身〉의 글이다.

墨子見染絲[6)]**而嘆曰 染於蒼則蒼**하며 **染於黃則黃**이라 **非獨染絲然也**니 **國亦有染**이라

墨子께서 실을 물들이는 자를 보고 탄식하여 말씀하셨다. "푸른 염료에 물들이면 푸르게 되며 노란 염료에 물들이면 노랗게 된다. 유독 실을 물들이는 일만 그런 것이 아니라, 나라 역시 물듦이 있다.

詒讓案 **張海鵬**[7)]**本國作人固二字**라

詒讓案 : 張海鵬本에는 '國'이 '人固' 2자로 되어 있다.

舜染許由하며 **桀染干辛**하며

舜임금은 許由에 물들었으며, 桀王은 干辛에 물들었으며

干舊作予라 **說苑作干莘**이라 **原有推哆**(치)[8)]하니 **韓非子**[9)] **曰 桀有侯侈**[10)]라하다

'干'은 舊本에 '予'로 되어 있다. ≪說苑≫ 〈尊賢〉에는 '干莘'으로 되어 있다. ≪墨子≫ 원문에 '推哆'가 있으니 ≪韓非子≫에 "桀王은 侯侈가 있었다.〔桀有侯侈〕"라고 하였다.

---

5) 修身篇 : 본서 1책 2-1-1에 보인다.

6) 絲 : 본서 1책 〈所染〉에는 뒤에 '者' 1자가 있다.

7) 張海鵬 : 1755~1816. 자는 若雲 혹은 子瑜로, 江蘇省 常熟 사람이다. 淸나라 때 刻書家이자 藏書家로, 과거에 세 차례 떨어진 뒤 서적 연구에 뜻을 두고 金元 兩代의 遺集을 수집해 전면적으로 비교하는 작업을 했다. '借月山房'이라는 藏書樓를 두고 '傳望樓'에서 서적을 판각하였다. 江南의 유명한 장서가 錢曾과 毛晉의 藏書가 시중에 나오자 많은 양을 거두어 수장하였다. ≪學津討原≫, ≪墨海金壺≫, ≪借月山房彙鈔≫ 등을 편찬하였다.

8) 原有推哆(치) : 본서 1책 〈所染〉 3-2-8~9에 "夏나라 걸왕은 간신과 추치에 물들었다.〔夏桀染於干辛推哆〕"라고 하였다.

9) 韓非子 : 戰國시대 말기 韓나라 法家의 집대성자였던 韓非(B.C. 280~B.C. 233)의 저작이다. 현존하는 것은 55편으로 대부분 한비 자신의 저술이며, 이 책에 담긴 법가사상은 이후 秦나라의 통일에 큰 영향을 주었다고 평가받는다.

10) 侈 : 저본의 傍注에 "'侈'는 ≪墨子≫ 원문에 '哆'로 잘못되어 있는데, ≪韓非子≫ 〈說疑〉에 의거하여 고친다.〔侈 原誤哆 據韓非子說疑篇改〕"라고 하였다.

紂染崇侯也라

紂王은 崇侯에 물들었다.”

所染篇[11)]이라

〈所染〉의 글이다.

聖人[12)]**爲舟車**하여 **完固輕利**하니 **可以任重致遠**이라

聖人이 배와 수레를 만들어서 완전하고 단단하며 가볍고 편리하게 하였으니, 무거운 짐을 옮기고 멀리까지 갈 수 있었다.

辭過篇[13)]이라

〈辭過〉의 글이다.

子自愛不愛父하여 **欲虧父而自利**하고 **弟自愛不愛兄**하여 **欲虧兄而自利**인댄 **非兼愛也**라

자식은 자신만을 사랑하고 아버지를 사랑하지 않아 아버지를 손상시켜 자기를 이롭게 하려 하고 아우는 자신만을 사랑하고 형을 사랑하지 않아 형을 손상시켜 자기를 이롭게 하려 한다면 兼愛가 아니다.

句非原文[14)]이라

〈'非兼愛也'〉 句는 ≪墨子≫ 原文이 아니다.

盜愛其室不愛異室하여 (故)〔欲〕[15)]**竊異室以利其室**인댄 **亦非**

도둑이 자기 가족만 사랑하고 다른 가족을 사랑하지 않아 다른 가족의 것을 훔쳐서 자기 가족을 이롭게 하려 한다면 역시

11) 所染篇 : 본서 1책 3-1-1~3, 3-2-1, 3-2-8, 3-2-10에 보인다.
12) 聖人 : 본서 1책 〈辭過〉 6-4-1에는 '聖王作'으로 되어 있다.
13) 辭過篇 : 본서 1책 6-4-1~2에 보인다.
14) 句非原文 : '非兼愛也'는 본서 2책 〈兼愛 上〉 14-2-4에 '此所謂亂也'로 되어 있다.
15) (故)〔欲〕 : 저본에는 '故'로 되어 있으나, 앞의 문맥에 의거하여 '欲'으로 바로잡았다.

舊訛能이라 **詒讓案 張本不訛**라

〈'非'는〉 舊本에 '能'으로 잘못되어 있다.

詒讓案 : 張海鵬本에는 잘못되지 않았다.

兼愛라

兼愛가 아니다

兼愛上篇[16)]이라

〈兼愛 上〉의 글이다.

節葬之法은 **三領之衣**면

葬禮를 절제하는 법은 세 벌의 옷이면

原作衣三領이라

〈'三領之衣'는〉 ≪墨子≫ 원문에 '衣三領'으로 되어 있다.

足以朽肉하고

족히 육신을 썩게 할 수 있고,

節葬篇作蔽形[17)]이라

〈'朽肉'이〉 〈節葬〉에는 '蔽形'으로 되어 있다.

三寸之棺이면

세 치 두께의 棺이면

原作棺三寸이라

〈'三寸之棺'은〉 ≪墨子≫ 원문에 '棺三寸'으로 되어 있다.

---

16) 兼愛上篇 : 본서 2책 14-2-2~5에 보인다.

17) 節葬篇作蔽形 : 본서 1책 〈節葬 下〉에는 '蔽形'은 없고 다만 25-8-5에 '衣衾三領 足以覆惡'로 되어 있다.

足以朽骸니 **深則通於泉**이라

족히 뼈를 썩게 할 수 있는 것이니, 깊이 〈묻으면〉 지하수에 통하게 된다.

原作堀穴深不通於泉流不發洩則止[18]라 **節葬篇亦云 下無及泉**이요 **上無通臭**[19]라하다 **節用中篇**[20]이라

〈'深則通於泉'은〉 ≪墨子≫ 원문에 '堀穴深不通於泉流不發洩則止(무덤을 파되 그 깊이는 지하수에 미치지 않게 하고 氣가 새어나오지 않을 만하면 그만이다.)'로 되어 있다. 〈節葬〉에도 "아래로는 지하수에 미칠 〈정도로 깊어서는〉 안 되며, 위로는 냄새가 새어나올 〈정도로 얕아서는〉 안 된다.〔下無及泉 上無通臭〕"라고 하였다. 〈節用 中〉의 글이다.

諸侯不得恣已爲政이요 **有三公政之**하며

諸侯는 자기 마음대로 바로잡을 수 없고 三公이 바로잡으며,

政之之政原作正하니 **下同**이라

'政之'의 '政'은 ≪墨子≫ 원문에 '正'으로 되어 있으니, 아래도 같다.

三公不得恣已爲政이요 **有天子政之**하며 **天子不得恣已爲政**이요 **有天**

三公은 자기 마음대로 바로잡을 수 없고 天子가 바로잡으며, 천자는 자기 마음대로 바로잡을 수 없고 하늘이

舊有下字라

舊本에는 〈'天' 아래에〉 '下'자가 있다.

政之라

바로잡는다.

天志下篇[21]이라 **案 此文兩見**하니 **皆作有天政之**[22]라

---

18) 堀穴深不通於泉流不發洩則止 : 본서 2책 21-6-4~5에 보인다.
19) 節葬篇亦云……上無通臭 : 본서 2책 25-8-6에 보인다.
20) 節用中篇 : 본서 2책 21-6-1~4에 보인다.
21) 天志下篇 : 본서 3책 28-2-3~4에 보인다.

〈天志 下〉의 글이다.

案 : 이 글은 두 번 보이는데 모두 '有天政之'로 되어 있다.

斷指以存(脛)〔擘(완)〕[23]하여

손가락을 잘라 팔뚝을 살려서

原作𦟛[24]이라 下云 利之中取大요 害之中取小也라 害之中取小는 非取害也요 取利也[25]라하다

〈'脛'은〉 ≪墨子≫ 원문에 '𦟛'으로 되어 있다. 〈이 대목〉 뒤에 "이로움 가운데 큰 것을 취한 것이고 해로움 가운데 작은 것을 취한 것이다. 해로움 가운데 작은 것을 취한 것은 해로움을 취하는 것이 아니고 이로움을 취하는 것이다."라 하였다.

以免於身者利라

자기 一身의 禍를 면하는 것은 이로움이다.

原作遇盜人而斷指以免身利也하니 言雖受傷而身得免은 卽謂之利라 大取篇[26]이라

〈'以免於身者利'는〉 ≪墨子≫ 원문에 '遇盜人 而斷指以免身 利也(도적을 만나서 손가락을 잘라 자기 一身의 禍를 면하는 것은 이로움이다.)'로 되어 있으니 비록 傷害를 받더라도 일신의 禍를 면할 수 있는 것은 바로 이로움이라 한다는 말이다. 〈大取〉의 글이다.

君子如鐘하여 扣則鳴하고 不扣則不鳴이라 美

君子는 마치 종과 같아서 치면 울리고 치지 않으면 울리지 않는다. 아름다운

原作義[27]라

〈'美'는〉 ≪墨子≫ 원문에 '義'로 되어 있다.

---

22) 此文兩見 皆作有天政之 : 본서 2책 〈天志 上〉 26-3-4에 '有天政之', 본서 3책 〈天志 下〉 28-2-4에 '有天正之'로 되어 있다.

23) (脛)〔擘〕 : 저본에는 '脛'으로 되어 있으나, 본서 4책 〈大取〉 44-2-4에 의거하여 '擘'으로 바로잡았다.

24) 𦟛 : 본서 4책 〈大取〉에는 '擘'으로 되어 있다.

25) 下云……取利也 : 본서 4책 〈大取〉에서 '斷指以存擘'에 이어지는 구절이다.

26) 大取篇 : 본서 4책 44-2-4~7에 보인다.

27) 原作義 : 畢沅本에 이미 '美'로 되어 있으니, 어떤 本을 가리키는지 알 수 없다.

女處不出이라도 **則爭求之**[28)]로되 **行而自衒**하면 **人莫之娶**라

여자가 들어앉아 나가지 않더라도 〈사람들이〉 다투어 求婚하지만 나다니면서 스스로 뽐내면 아무도 아내로 맞지 않는다.

公孟篇[29)]이라

〈公孟〉의 글이다.

墨子勸弟子學曰 汝速學이어든 (君)〔吾〕

墨子께서 弟子에게 배우도록 권하며 말씀하셨다.
"그대가 속히 배우거든 내가

原作吾라

〈'君'은〉 ≪墨子≫ 원문에 '吾'로 되어 있다.

當仕汝호리라하다 **弟子學期年**에 **就墨子責仕**라

그대에게 벼슬을 시켜주겠다."
弟子가 배운 지 1년이 되자 墨子에게 나아가 벼슬을 시켜달라 하였다.

二字補라 **責**은 **求也**라

〈'責仕'〉 2자는 보충하였다. '責'은 요구함이다.

墨子曰 汝聞魯人

墨子께서 말씀하셨다.
"그대는 魯나라 사람 〈이야기를〉 들은 적이 있는가.

原作語라

〈'人'은〉 ≪墨子≫ 원문에 '語'로 되어 있다.

---

28) 處不出 則爭求之 : 본서 5책 〈公孟〉 48-2-3에는 '處而不出 人爭求之'로 되어 있다.
29) 公孟篇 : 본서 5책 48-1-2~3, 48-2-3~4에 보인다.

乎아 **有昆弟五人**하니 **父死**로되 **其長子嗜酒不肯預葬**한대 **其四弟曰 兄若送葬**하면 **我當爲兄沽酒**호리라하다

다섯 형제가 있었는데 그들의 부친이 죽었는데도 그 맏아들이 술을 좋아하여 장례를 지내지 않자, 그 네 아우가 말하기를 '형님이 〈저희와 함께〉 장례를 지내면 저희가 형님을 위해 술을 사겠습니다.'라고 하였다.

此下與原文小異라

이 대목 아래는 ≪墨子≫ 原文과 조금 다르다.

葬訖에 **就四弟求酒**한대 **四弟曰 子葬父**하니 **豈獨吾父也**리오 **吾恐人笑**하여 **欺以酒耳**라하다 **今不學**이면 **人自笑子**라 **故勸子也**라하니 **遂不復求仕**[30)]라

장례가 끝나고 〈형이〉 네 아우에게 가서 술을 달라 하자, 네 아우가 말하기를 '형님은 부친의 장례를 지낸 것이니 어찌 다만 저희 부친일 뿐이겠습니까. 저희는 남들이 형님을 비웃을까 두려워 술로 꾄 것일 뿐입니다.'라고 하였다. 지금 〈그대가〉 배우지 않으면 남들이 절로 그대를 비웃을 것이기 때문에 그대에게 〈배우도록〉 권한 것이다."

그러자 마침내 〈그는〉 다시 벼슬을 구하지 않았다.

墨子謂門人曰 汝何不學고하니 **對曰 吾族無學者**라한대 **墨子曰 不然**하니 **豈謂欲好美**요 **而曰吾族無此**라하고 **辭不欲耶**며 **欲富貴**요 **而曰吾族無此**라하고 **辭不用耶**아 **强自力矣**[31)]라하다

墨子께서 門人에게 말씀하셨다.

"그대는 어찌하여 배우지 않는가?"

〈문인이〉 대답하였다.

"제 가족 중에는 배우는 사람이 없습니다."

---

30) 遂不復求仕 : 1-1-30에서 여기까지는 본서 5책 48-16-3~10에 보이는데 大義는 비슷하지만 字句의 出入이 다소 있다.

31) 墨子謂門人曰……强自力矣 : 본서 5책 48-17-1~2에 보이는데 大義는 비슷하지만 字句의 出入이 다소 있다.

묵자께서 말씀하셨다.

"그렇지 않으니, 어찌 아름다움을 좋아하려 하면서도 우리 가족 중에 이러한 사람이 없다고 하면서 내치고 바라지 않는다 하겠으며, 부귀하려 하면서도 우리 가족 중에 이러한 사람이 없다고 하면서 내치고 〈부귀를〉 쓰지 않는다 하겠는가? 애써 스스로 힘쓸지어다."

甘瓜苦蔕(체)하니 **天下物無全美**라

다디단 참외는 꼭지가 쓰니 天下의 사물은 모든 면에 훌륭한 것이 없다.

二句原書闕하니 見埤雅引[32]이라 下二條亦原書所無라

2句는 ≪墨子≫ 原書에 빠졌는데 ≪埤雅≫의 인용문에 보인다. 아래 두 조목 역시 原書에 없는 것이다.

古之學者得一善言이어든 **附於其身**이러니 **今之學者得一善言**이어든 **務以說**(열)**人**하니 **言過而行不及**이라

옛날의 배우는 자들은 좋은 말 하나를 얻으면 자기 몸에 붙게 하였는데, 지금의 배우는 자들은 좋은 말 하나를 얻으면 남을 기쁘게 하는 데 힘쓰니 말은 지나친 반면 실행은 미치지 못한다.

書鈔[33]引新序齊王問墨子曰 古之學者爲己러니 今之學者爲人하니 何如오한대 對曰 古之學者云云說(열)人[34]이라하니 則爲墨子之言甚明이라

≪北堂書鈔≫에 ≪新序≫의 "齊王이 墨子에게 묻기를 '옛날의 배우는 자들은 자신을 위한 학문을 하였는데 지금의 배우는 자들은 남을 위하는 학문을 하니 어떠합니까?'라고

32) 見埤雅引 : ≪埤雅≫ 권16 〈釋草〉에 墨子의 말로 나온다. ≪埤雅≫는 宋나라 陸佃이 편찬한 사전으로, 釋魚・釋獸・釋鳥・釋蟲・釋馬・釋木・釋草・釋天의 8篇, 20권인데, ≪爾雅≫를 증보했다는 뜻에서 붙여진 이름이다.

33) 書鈔 : ≪北堂書鈔≫로, 唐나라 虞世南의 편저이다. 群書의 文句를 摘錄하여 19部 801類로 분류한 것을 明나라 陳禹謨, 淸나라 孔廣陶 등이 改訂하였다. 우세남은 자가 伯施이며 餘姚(지금의 浙江省) 사람이다. 王羲之의 서법을 익혔으며, 歐陽詢・褚遂良과 함께 당나라 초 3대가로 일컬어진다.

34) 新序齊王問墨子曰……古之學者云云說(열)人 : ≪北堂書鈔≫ 권83 〈禮儀部4〉의 陳禹謨의 補註에 보이는데, 거기에는 '說'이 '悅'로 되어 있다.

하자, 〈묵자가〉 대답하기를 '옛날의 배우는 자는……남을 기쁘게 하는 데 힘씁니다.'라고 하였다."라는 말을 인용하였으니 묵자의 말임이 매우 분명하다.

君子服美則益敬하고 **小人服美則益驕**라

君子는 아름다운 옷을 입으면 더욱 공경하고, 小人은 아름다운 옷을 입으면 더욱 교만해진다.

詒讓案 今本公輸篇後와 **兵法諸篇之前**에 **闕第五十一篇**[35]이러니 **以上數條**[36]**疑皆此篇佚文**이라

詒讓案：今本의 〈公輸〉 뒤, 兵法을 다룬 여러 篇의 앞에 第51篇이 결락되었는데, 이상 몇 조문은 아마도 모두 이 篇의 佚文인 듯하다.

案 史記에 **墨翟**은 **或曰竝孔子時**라하고 **或曰在其後**[37]라하다 **張衡**[38]**謂當子思時**하니 **出仲尼後也**라 **抱朴子**[39]**小司馬**[40]**皆言在七十子**[41]**後**라 **史鄒陽**[42]**書**에 **曰 宋信子罕**(한)[43]**之**

35) 今本公輸篇後……闕第五十一篇：'備敵'으로 추정되는 篇이다.

36) 以上數條：앞의 1-1-36～38까지를 말한다.

37) 史記……或曰在其後：≪史記≫ 권74 〈孟子荀卿列傳〉에 보인다.

38) 張衡：78～139. 後漢의 문학가이자 과학자이다. 南陽의 명문가 출신으로 어려서 太學에 들어와 五經과 六藝에 정통하였다. 특히 天文, 陰陽, 曆算에 뛰어나 수력으로 작동하는 天球儀인 渾天儀를 제작하여 渾天說의 우주론을 확립하였고, 지진계인 候風地動儀를 만들었으며, 월식의 원인을 발견하였고, 2,500개의 星體를 담은 星圖를 제작하였다. 〈二京賦〉, 〈歸田賦〉 등의 문학작품을 남겼으며, 천문 관련 저술로 ≪靈憲≫, ≪算罔論≫, ≪渾天儀≫ 등을 지었다.

39) 抱朴子：葛洪(283~363)의 자호로, 그가 지은 책의 이름이기도 하다. 갈홍은 字가 稚川이다. 西晉과 東晉이 교체되는 시대에 살았으며 저명한 도교 사상가로서 풍부한 저작을 남겼다.

40) 小司馬：司馬遷과 구별하여 唐代의 司馬貞(679~732)을 일컫는 말이다. 字는 子正이고, ≪史記索隱≫의 저자이다.

41) 七十子：孔子의 제자 3천 명 가운데 특히 뛰어난 제자로 칭해지는 70여 명의 제자를 말한다. ≪孟子≫ 〈公孫丑 上〉에 "70명의 제자가 공자에게 悅服하였다.〔七十子之服孔子也〕"라는 말이 나온다.

42) 鄒陽：前漢 齊郡 臨淄 출신으로, 文辨이 뛰어났다. 景帝 때 吳王 劉濞 문하에서 활동하면서 그에게 한나라에 모반하지 말 것을 상소했지만 받아들여지지 않았고, 뒤에 梁孝王에게 투항해 門客이 되었다가 羊勝 등의 참소로 투옥되었는데, 간곡한 내용의 글을 올리자 양효왕이 읽고 감동하여 그를 살려주고, 上客으로 모셨다 한다.(≪史記≫ 권83 〈魯仲連鄒陽列傳〉)

43) 罕(한)：'罕'의 이체자이다.

計囚墨翟이라하여늘 漢書子罕作子冉이라 意其生稍後孔子하고 而先於孟子者歟아 竊謂儒與楊墨猶陰與陽하되 而墨較近理라 故與楊同一塞路하여 同經孟子辭闢[44]이로되 而墨氏之書至今猶有傳者라 甚至尸佼[45]謂孔子貴公하며 墨子貴兼하니 其實則一이라하다 韓非子顯學篇孔墨竝尊이라 史傳以墨附孟[46]하고 范書言墨孟之徒[47]라 韓昌黎謂孔子必用墨子하고 墨子必用孔子[48]라하여늘 是豈特秦越同舟已哉[49]리오 荀卿書雖不醇이나 其禮論篇譏墨子薄葬하여 反覆數百言하되 大旨謂以倍叛之心事親이니 棺槨三寸과 衣衾三領은 爲刑餘罪人之喪[50]이라하고 又謂刻死而附生이라하니 所見實出孔鮒詰墨子[51]上

---

44) 與楊同一塞路 同經孟子辭闢：漢나라 揚雄의 ≪法言≫ 〈吾子〉에 "옛날에 楊朱와 墨翟이 正道를 막자, 맹자가 변론하여 시원히 물리쳤다.〔古者 楊墨塞路 孟子辭而闢之廓如也〕"라고 한 데서 온 말로, 唐나라 韓愈의 〈與孟簡尙書書〉에도 인용되었다.

45) 尸佼：B.C. 390?~B.C. 330?. 戰國시대 사람이다. 秦나라 商鞅의 문객으로 출입하면서 變法 시행에 참여하였다가, 상앙이 죽은 뒤 蜀나라로 갔다. 저서로 ≪尸子≫가 있는데 현전하지 않는다.

46) 史傳以墨附孟：司馬遷이 墨翟을 따로 立傳하지 않고 〈孟子荀卿列傳〉의 마지막에 간략히 언급한 것을 가리킨다.(≪史記≫ 권74 〈孟子荀卿列傳〉)

47) 范書言墨孟之徒：范書는 范曄의 ≪後漢書≫로, 〈郭符許列傳 郭太傳〉의 마지막에 보인다. ≪後漢書≫는 南朝 宋代의 범엽이 편찬한 紀傳體 역사서로, ≪史記≫, ≪漢書≫, ≪三國志≫와 함께 '前四史'라 불린다. 紀 10篇, 列傳 80篇, 志 8篇으로 구성되어 있으며, 後漢의 光武帝 建武 원년(25)에서 獻帝 建安 25년(220)까지 195년의 역사를 다루고 있다. 한편 ≪後漢書注≫는 唐 高宗 675년에 李賢(654~684)이 張大安, 劉訥言, 格希元, 許叔牙 등의 학자를 招集하여 ≪후한서≫에 註釋을 붙인 것이다. 이현은 字가 明允, 시호는 章懷太子이다.

48) 韓昌黎謂孔子必用墨子 墨子必用孔子：韓愈의 〈讀墨子〉에 나온다.

49) 是豈特秦越同舟已哉：秦越은 春秋時代의 두 나라로, 진나라는 서북쪽, 월나라는 동남쪽에 있어 서로 거리가 멀었으므로, 흔히 疎遠한 사이를 비유한다. '秦越同舟'는 '吳越同舟'와 같은 말로, 서로 소원하거나 원한이 있는 사이끼리 함께할 수밖에 없는 상황을 비유하는 말이다.

50) 大旨謂以倍叛之心事親……爲刑餘罪人之喪：≪荀子≫ 〈禮論〉에 "대체로 살아 있는 것을 중시하고 죽음을 경시하는 것은 〈살아 있어〉 지각이 있는 사람을 경외하고 〈죽어〉 지각이 없는 사람을 소홀히 하는 것이니, 이것은 간사한 사람이 따르는 방식이고 다른 사람을 배반하는 심정이다. 君子는 다른 사람을 배반하는 심정으로 노비를 대하는 것조차도 부끄러워하는데, 하물며 이런 심정으로 자기가 높이는 군주와 사랑하는 부모를 섬기겠는가.〔夫厚其生而薄其死 是敬其有知 而慢其無知也 是姦人之道 而倍叛之心也 君子以倍叛之心接臧穀 猶且羞之 而況以事其所隆親乎〕"라고 한 것과, "형벌을 받고 죽은 죄인의 喪事에는 친족을 모아 〈장사를 치르지〉 못하고 오직 처자식만 모여 치르니……棺椁은 세 치이고 衣衾은 세 벌이다.〔刑餘罪人之喪 不得合族黨 獨屬妻子……棺椁三寸 衣衾三領〕"라고 한 것을 말한다.

51) 孔鮒詰墨子：孔鮒는 秦나라 때 학자로, 孔子의 후손이다. 공자 이하 子思·子高·子順 등 일족의 말을 모아 ≪孔叢子≫를 엮었다고 하는데, 그중 〈詰墨〉편에서 墨子가 공자를 비판한 말들을 몇 조목으로 나누어 언급한 뒤 각각에 대해 반박하는 주장을 폈다. 예를 들면 첫째 조목에서 공자가 楚 昭王의 부름을 받아 초나라에 갔다가 반란을 꾀한 白公에게 石乞을 추천했다고 한 齊나라 재상 晏嬰의 말을 묵자가 인용한 데 대해 당시에 공자는 이미

이라 **唐開元從祀孔庭**은 **其以此歟**아 **詒讓案 此條於墨子篇目及馬氏書均無涉**이나 **姑錄之**하여 **以存畢考之舊**라

案 : ≪史記≫에 "墨翟에 대해 어떤 이는 孔子가 살던 때 함께하였다고도 하고 어떤 이는 공자 뒤에 살았다고도 한다."라고 하였다. 張衡은 〈묵적이〉 子思(孔子의 손자)가 살던 때에 해당하니 仲尼(孔子의 字) 뒤에 나왔다고 하였다. 抱朴子와 小司馬는 모두 七十子의 뒤에 살았다고 말하였다. ≪사기≫에 鄒陽이 〈梁孝王에게 올린〉 글에 "宋나라는 子罕의 계략을 믿고서 묵적을 가두었다.〔宋信子罕之計而囚墨翟〕"라고 하였는데, ≪漢書≫에는 '子罕'이 '子冉'으로 되어 있다. 아마도 墨子가 태어난 것은 공자보다 조금 뒤이면서 孟子보다는 앞서는 듯하다.

나는 儒家와 楊朱, 묵적은 陰과 陽 같은 관계이지만 묵적이 비교적 〈양주보다〉 近理하므로 양주와 동일하게 正道를 막아 맹자가 辯論해 물리친 일을 같이 겪었으면서도 墨氏의 책은 지금까지도 전해 오는 것이 있다고 생각한다. 심지어 尸佼는 공자는 '公'을 귀하게 여기고 묵자는 '兼'을 귀하게 여겼는데 그 실제는 하나라고 하기까지 하였다. ≪韓非子≫ 〈顯學〉에서는 공자와 묵자를 함께 높였다. ≪史記≫ 〈列傳〉에서는 묵자를 맹자에 붙였고, 范曄의 ≪後漢書≫에는 '墨孟之徒'를 말하였다. 韓昌黎(韓愈)는 공자는 반드시 묵자를 쓸 것이고 묵자는 반드시 공자를 쓸 것이라 하였는데, 이것이 어찌 다만 秦나라와 越나라가 한 배를 탄 것일 뿐이겠는가. 荀卿의 책(≪荀子≫)은 비록 醇正하지는 않지만 그 〈禮論〉에서 묵자가 장례를 박하게 하는 것을 비판하면서 수백 마디의 말을 반복하였으되 大旨는 〈장례를 박하게 하는 것은〉 倍叛하는 심정으로 어버이를 섬기는 것이고 棺槨이 세 치 두께이고 衣衾이 세 벌인 것은 형벌을 받고 죽은 죄인의 喪이라고 하였고, 또 죽은 이에게 들어가는 씀씀이를 줄여 산 사람의 씀씀이를 늘리는 것이라고 하였으니 〈순경의〉 所見은 실로 孔鮒가 묵자를 비판한 것보다 낫다. 唐나라 開元 연간에 공자의 廟庭(文廟)에 순경을 從祀한 것은 이 때문인가.

詒讓案 : 이 조목은 墨子篇目 및 馬總의 책(≪意林≫)에 모두 관련이 없지만 일단 기록하여 畢沅이 상고한 옛 모습을 보존해둔다.

唐書經籍志엔

≪舊唐書≫ 〈經籍志〉에는

세상을 떠났으므로 그러한 주장이 誣告임을 몇몇 근거를 들어 반박하였는데, 묵자가 인용한 안영의 말은 본서 3책 〈非儒 下〉 39-8-6~21에 보인다.(≪孔叢子≫ 권中 〈詰墨〉)

墨子十五卷이라

《墨子》 15권이다.

墨翟撰이라

墨翟이 撰하였다.

新唐書藝文志엔

《新唐書》 〈藝文志〉에는

墨子十五卷이라

《墨子》 15권이다.

墨翟이라

墨翟이다.

宋史藝文志엔

《宋史》 〈藝文志〉에는

墨子十五卷이라

《墨子》 15권이다.

宋墨翟撰이라

宋나라 墨翟이 撰하였다.

崇文總目엔

《崇文總目》에는

畢本無어늘 **今補**라

畢沅本에는 없는데 지금 보충한다.

墨子十五卷이라

≪墨子≫ 15권이다.

墨翟撰이라

墨翟이 撰하였다.

鄭樵通志藝文略엔

鄭樵의 ≪通志≫ 〈藝文略〉에는

墨子十五卷이라

≪墨子≫ 15권이다.

宋大夫墨翟撰이라 **墨翟與孔子同時**라 **漢志注在孔子後**라

宋나라 大夫 墨翟이 撰하였다. 墨翟은 孔子와 같은 시대이다. ≪漢書≫ 〈藝文志〉에는 '孔子 뒤에 살았다.〔在孔子後〕'고 注를 달았다.

又三卷이라

또 3권본도 있다.

樂(악)**臺注**라 **唐志不載**하니 **當考**라

樂臺의 注를 달았다. ≪舊唐書≫ 〈經籍志〉와 ≪新唐書≫ 〈藝文志〉에는 〈3권본을〉 기재하지 않았으니, 더 상고해야 한다.

馬端臨[52)]**文獻通考**[53)]**經籍考**엔

52) 馬端臨 : 1254~1323. 자는 貴與, 호는 竹洲로, 江西 饒州 樂平縣 사람이다. 南宋 말에서 元나라 초기의 사학자로, 일찍부터 서적에 널리 정통하였고, 咸淳 9년(1273) 漕試에 수석으로 합격하였으나, 송나라가 망한 뒤 은거하여 부친 馬廷鸞의 친구였던 留夢炎이 중용하려 하였음에도 연로한 양친을 봉양해야 한다는 이유로 사양하였다. 이후 20년이 넘는 세월 동안 힘을 쏟아 ≪文獻通考≫를 편찬하였다.

53) 文獻通考 : 중국의 典章制度를 총망라한 通史로, 馬端臨이 총 348권으로 편찬한 책이다.

馬端臨의 ≪文獻通考≫ 〈經籍考〉에는

墨子十五卷이라

≪墨子≫ 15권이다.

王應麟[54]**玉海**[55]엔

王應麟의 ≪玉海≫에는

書目云 墨子十五卷이니 **自親士至雜守爲六十一篇**이라

≪中興館閣書目≫에 "≪墨子≫ 15권이니 〈親士〉부터 〈雜守〉까지 61篇이다.

亡九篇이라

9篇을 잃어버렸다.

一本自親士至上同凡十三篇者라하다

어느 本에는 〈親士〉부터 〈上同〉까지 13篇이다."라고 하였다.

詒讓案 此卽中興館閣書目이니 **王氏所引非全文**이라

詒讓案 : 이는 바로 ≪中興館閣書目≫이니, 王應麟이 인용한 것은 全文이 아니다.

晁公武[56]**郡齋讀書志**엔

唐나라 杜佑가 편찬한 ≪通典≫을 기초로 해서 상고시대로부터 宋 寧宗(재위 1195~1224) 때까지의 문물제도의 연혁을 기술했다.

54) 王應麟 : 1223~1296. 南宋의 관료이며 經史學者이다. 字는 伯厚이고 號는 深寧居士, 厚齋이다. 저서로 ≪玉海≫, ≪困學紀聞≫, ≪三字經≫, ≪詩攷≫, ≪漢書藝文志考證≫ 등이 있다.

55) 玉海 : 南宋의 王應麟이 지은 類書로 모두 204권이다. 天文, 地理, 官制, 食貨 등 21門으로 분류하고 그 아래 子目을 두었는데, 實錄과 國史日曆에서 宋나라 史實을 많이 채택하여 비교적 높은 史料 價値가 있다.

56) 晁公武 : 1105~1180. 자는 子止로, 濟州 鉅野 사람이다. 南宋 때 저명한 목록학자이자 장서가로, 晁沖之의 아들이다. 사람들은 그를 昭德先生이라 불렀다. 저서로 ≪郡齋讀書志≫가 있다.

晁公武의 ≪郡齋讀書志≫에는

墨子十五卷이니 **宋墨翟撰**이라 **戰國時爲宋大夫**요 **著書七十一篇**하여 **以貴儉兼愛尊賢右鬼非命尙**

≪墨子≫ 15권이니 宋나라 墨翟이 撰하였다. 〈묵적은〉 戰國시대에 宋나라 大夫가 되었고 71篇의 글을 지어 貴儉, 兼愛, 尊賢, 右鬼, 非命, 尙同을

衢本作上이라

〈'尙'은〉 衢本에 '上'으로 되어 있다.

同爲說云이라 **荀孟皆非之**어늘 **而韓愈獨謂辨生於末學**이요 **非二師之道本然也**[57]라하다

주장하여 말하였다. 荀子와 孟子는 모두 그를 비판하였는데 韓愈만 홀로 〈儒家와 墨家의〉 論爭은 後學들에게서 생긴 것이지 두 스승의 道가 본래 그러했던 것이 아니라고 하였다.

陳振孫[58]**直齋書錄解題**엔

陳振孫의 ≪直齋書錄解題≫에는

墨子三卷이니 **宋大夫墨翟撰**이라 **孟子所謂邪說詖行**이니 **與楊朱同科者也**[59]라 **韓**

---

57) 韓愈獨謂辨生於末學 非二師之道本然也 : 韓愈의 〈讀墨子〉에 "〈儒家와 墨家의〉 論爭은 後學들이 각각 그 스승의 學說이 실현되도록 힘쓴 데서 생긴 것이지 두 스승의 道가 본래 그러했던 것이 아니다.〔辨生於末學 各務售其師之說 非二師之道本然也〕"라고 하였다.

58) 陳振孫 : 1179~1261. 자는 伯玉, 호는 直齋로, 浙江省 安吉 사람이다. 南宋의 목록학자이자 장서가로, 紹興 教授, 鄞縣 教官, 興化軍 通判을 역임하고 1233년 王宮 大小學教授에 제수되었는데, 이 시기 서적을 광범위하게 수집하고 정리하면서 ≪書錄解題≫를 지은 것으로 보인다.

59) 孟子所謂邪說詖行 與楊朱同科者也 : 邪說은 부정한 말이고 詖行은 편벽된 행동으로, 孟子가 "나는 또한 인심을 바로잡아 부정한 말을 그치게 하고, 편벽된 행동을 막으며, 방탕한 말을 내쳐서 세 성인을 계승하고자 하노니, 어찌 변론하기를 좋아하겠는가. 나는 마지못해서이다. 양주와 묵적의 도를 막을 것을 말할 수 있는 자는 성인의 무리이다.〔我亦欲正人心 息邪說 距詖行 放淫辭 以承三聖者 豈好辯哉 予不得已也 能言距楊墨者 聖人之徒也〕"라고 하였다.(≪孟子≫ 〈滕文公 下〉)

吏部推尊孟子로되 **而讀墨一章**에 **乃謂孔墨相爲用**은 **何哉**오 **漢志七十一篇**이요 **館閣書目有十五卷六十一篇者**로되 **多訛脫不相聯屬**이라 **又二本止存十三篇者**는 **當是此本也**라 **方楊墨之盛**하여 **獨一孟子訟言非之**하여 **諄諄焉惟恐不勝**이라 **今楊朱書不傳**하고 **列子**[60]**僅存其餘**요 **墨氏書傳於世者亦止於此**어니와 **孟子越百世益光明**하여 **遂能上配孔氏**하여 **與論語竝行**이라 **異端之學**이 **安能抗吾道哉**리오

≪墨子≫ 3권이니 宋나라 大夫 墨翟이 撰하였다. 孟子가 이른바 邪說詖行으로 楊朱와 같은 부류라고 한 것이다. 韓吏部(韓愈)는 맹자를 推尊하였으면서도 〈讀墨〉 한 章에서 도리어 孔子와 묵적이 서로 쓰임이 될 수 있다고 한 것은 어째서인가. ≪漢書≫ 〈藝文志〉에는 71篇이라 하고 ≪館閣書目≫에는 15권, 61篇이 있지만, 잘못되고 빠져서 서로 이어지지 않는 부분이 많다. 또 두 本에 13편만 보존하고 있는 것이 의당 이 本(3권본)일 것이다. 양주와 묵적이 횡행하였을 때 오직 한 분 맹자가 분명하게 말하며 비판하여 간곡하게 타이르며 행여 물리치지 못할까 염려하셨다. 그런데 지금 양주의 글은 전하지 않고 ≪列子≫에 겨우 그 나머지가 보존되어 있고 세상에 전하는 墨氏의 글 역시 이에 그치고 있건만 맹자는 百世가 지나도록 더욱 光明해져서 마침내 위로 공자를 짝하여 ≪論語≫와 함께 유행하고 있다. 異端의 학문이 어찌 우리 道에 대항할 수 있겠는가.

焦竑國史經籍考엔

焦竑의 ≪國史經籍考≫에는

墨子十五卷이라 **又三卷**이라

≪墨子≫ 15권이다. 또 3권본도 있다.

樂臺注라

樂臺가 注를 달았다.

---

60) 列子 : 列禦寇의 저술로, 열어구는 전국시대 사람으로 알려져 있으나 확실치 않다. 前漢 때 편집된 원본 ≪列子≫는 유실되었고, 晉나라 때 加筆한 것이 현전하는바, 모두 8권이다. 後漢부터 晉까지의 道家의 학설이 혼재되어 있다.

四庫全書總目엔

≪四庫全書總目≫에는

畢本無하니 **今補**라

畢沅本에는 없으니 지금 보충한다.

墨子十五卷이라

≪墨子≫ 15권이다.

兩江總督採進本이라

兩江總督의 採進本이다.

舊本題宋墨翟撰이라 **考漢書藝文志墨子七十一篇**이라한대 **注曰 名翟**이니 **宋大夫**라하다 **隋書經籍志亦曰 宋大夫墨翟撰**이라하다 **然其書中多稱子墨子**하니 **則門人之言**이요 **非所自著**라 **又諸書多稱墨子名翟**한대 **因樹屋書影**[61]**則曰 墨子姓翟**이니 **母夢烏而生**하여 **因名之曰烏**한대 **以墨爲道**라 **今以姓爲名**하고 **以墨爲姓**하니 **是老子當姓老耶**아한대 **其說不著所出**하니 **未足爲據也**라

舊本에 宋나라 墨翟이 撰하였다고 題하였다. 상고하건대, ≪漢書≫ 〈藝文志〉에 ≪墨子≫ 71篇이라 하였는데, 注에 "이름은 翟이니 宋나라 大夫이다."라고 하였다. ≪隋書≫ 〈經籍志〉에도 "宋나라 大夫 묵적이 撰하였다."라고 하였다. 그렇지만 그 책에서는 '子墨子'라 일컬은 경우가 많으니 門人의 말이요 묵자 자신이 지은 것이 아니다. 또 여러 책에서 묵자의 이름을 翟이라 일컬은 경우가 많은데 ≪因樹屋書影≫에는 "묵자의 姓은 翟이니 모친이 까마귀〔烏〕 꿈을 꾸고 그를 낳아 인하여 '烏'라고 명명하였는데 墨을 道로 삼았다. 그런데 지금은 姓을 이름으로 삼고, '墨'을 姓으로 삼았으니 이렇다면 老子는 姓을 '老'로 해야 하는 것인가?"라고 하였는데, 그 說은 출처를 밝히지 않았으니 족히 근거할 것이 못 된다.

---

61) 因樹屋書影 : 明末淸初의 문인 周亮工이 1659년에 편찬한 讀書箚記로, 10권이다. 經史부터 聞見까지 널리 읽어 핵심만 취하면서 잘못된 것을 바로잡았는데, 臺閣의 掌故, 才女와 士子, 事物과 書法, 詩文과 詞曲, 刻印과 校勘, 草木과 花卉, 怪力亂神 등 다양한 분야에 대해 자유로이 비평하였다.

詒讓案 周亮工[62]說本元伊世珍瑯嬛記[63]라

詒讓案：周亮工의 說은 元나라 伊世珍의 ≪瑯嬛記≫에 근본하였다.

宋館閣書目稱墨子十五卷이요 **六十一篇**이라 **此本篇數與漢志合**하고 **卷數與館閣書目合**이라 **惟七十一篇之中**에 **僅佚節用下第二十二節葬上第二十三節葬中第二十四明鬼上第二十九明鬼中第三十非樂中第三十三非樂下第三十四非儒上第三十八**하니 **凡八篇**이요 **尙存六十三篇者**는

宋나라 ≪中興館閣書目≫에 ≪墨子≫ 15권이고 61篇이라 하였다. 이 本(四庫全書本)은 篇數(71편)는 ≪漢書≫ 〈藝文志〉와 부합하고 卷數(15권)는 ≪館閣書目≫과 부합한다. 다만 71篇 가운데 〈節用 下〉 第22, 〈節葬 上〉 第23, 〈節葬 中〉 第24, 〈明鬼 上〉 第29, 〈明鬼 中〉 第30, 〈非樂 中〉 第33, 〈非樂 下〉 第34, 〈非儒 上〉 第38만 散佚되었으니 모두 8篇이고 63篇이 여전히 남아 있는 것은

詒讓案 此未數失目十篇也니 今本實存五十三篇이라

詒讓案：이는 편목을 잃어버린 10篇을 세지 않은 것이니 今本은 실제로 53篇이 남아 있다.

與館閣書目不合이라 **陳振孫書錄解題又稱有一本止存十三篇者**는 **今不可見**이라 **或後人以兩本相校互有存亡**하여 **增入二篇歟**아 **抑傳寫者譌以六十三爲六十一也**아 **墨家者流**는 **史罕著錄**하니 **蓋以孟子所闢**이라 **無人肯居其名**이라 **然佛氏之敎**는 **其淸淨取諸老**하고 **其慈悲則取諸墨**이라 **韓愈送浮屠文暢序稱儒名墨行**과 **墨名儒行**[64]하여 **以佛爲墨**하니 **蓋得其眞**이로되 **而讀墨子一篇乃稱墨必用孔**하고 **孔必用**

62) 周亮工：1612~1672. 明末淸初의 문인이자 학자, 예술가, 출판가이다. 저서로 ≪賴古堂集≫, ≪因樹屋書影≫, ≪讀畫錄≫ 등이 있다.

63) 伊世珍瑯嬛記：伊世珍은 元나라 사람으로, 그가 엮은 ≪瑯嬛記≫는 志怪小說集이다. 그의 설명에 따르면, 張華가 建安의 從事가 되어 하루는 仙人을 만나 石室 안에서 여러 종의 奇書를 보았는데 이 석실은 '琅嬛福地'라고 편액하였다고 한다. 그래서 그는 이 책이 석실의 기서가 되었으면 하는 바람에서 '琅嬛'이라 명명하였다고 한다. 今本은 3권으로, 宋元시대 志怪에 관한 小說이나 짧은 글을 모은 筆記 100여 종을 輯錄한 것이다.

64) 韓愈送浮屠文暢序稱儒名墨行 墨名儒行：〈送浮屠文暢序〉는 韓愈가 승려 文暢을 전송하는 글

墨하여 **開後人三敎歸一之說**하니 **未爲篤論**이라 **特在彼法之中**에 **能自嗇其身**하고 **而時時利濟於物**은 **亦有足以自立者**라 **故其敎得列於九流**[65]하고 **而其書亦至今不泯耳**라 **第五十二篇以下皆兵家言**이니 **其文古奧**하여 **或不可句讀**(두)하여 **與全書爲不類**라 **疑因五十一篇言公輸般九攻**과 **墨子九拒之事**하여 **其徒因采摭其術**하여 **附記其末**이라 **觀其稱弟子禽滑釐等三百人已持守圉之器在宋城上**컨대 **是能傳其術之徵矣**라

≪館閣書目≫과 부합하지 않는다. 陳振孫의 ≪書錄解題≫에 13편만 남아 있는 어떤 本이 있다고 또 일컬은 것은 지금 볼 수가 없다. 어쩌면 後人이 두 本을 가지고 상호 있고 없는 부분을 서로 비교하여 두 편을 덧붙여 넣은 것인가. 아니면 옮겨 베끼는 자가 잘못하여 63을 61이라 한 것인가. 墨家의 부류는 史書에 著錄된 것이 드무니 대체로 孟子가 물리친 바라 그 이름을 기꺼이 자처하려는 사람이 없었기 때문이다. 그렇지만 佛氏의 가르침의 경우, 그 淸淨함은 老子에서 취하였고 그 慈悲는 墨子에서 취하였다. 韓愈의 〈送浮屠文暢序〉에 '儒名墨行'과 '墨名儒行'을 일컬어 佛家를 墨家로 여겼으니 대체로 그 참모습을 알아차렸던 것인데도 〈讀墨子〉 한 篇에서는 도리어 묵자는 반드시 孔子를 쓸 것이고 공자는 반드시 묵자를 쓸 것이라 하여 後人의 三敎歸一의 說을 열어주었으니 〈우리 儒敎의〉 篤實한 議論이 되지 못한다. 다만 그 法 가운데 능히 자기 몸에 인색하게 하면서 때때로 남들을 이롭게 이루어주는 것은 또한 족히 自立한 것이 있다. 그래서 그 가르침이 九流에 나열될 수 있었고 그 책 역시 지금까지 사라지지 않았던 것이다. 다만 52篇 이하는 모두 兵家의 말로 그 문장이 예스럽고 深奧하여 간혹 句讀를 끊을 수 없기도 하여 ≪묵자≫ 전체와 비슷하지 않다. 아마도 51편에서 公輸般이 아홉 차례 공격하고 묵자가 아홉 차례 물리친 일을 언급한 것을 인하여 그 門徒가 자기 術法

로, 그중에 "사람 중에는 본래 이름은 儒者이지만 墨子의 도를 행하는 자가 있는데 이름을 물어보면 유자이지만 행동을 따져보면 유자가 아니니 그 사람과 더불어 교유할 수 있겠는가. 혹은 이름은 묵자이지만 유자의 도를 행하는 자가 있는데 이름을 물어보면 유자가 아니지만 행동을 따져보면 유자이니 그 사람과 더불어 교유할 수 있겠는가.〔人固有儒名而墨行者 問其名則是 校其行則非 可以與之遊乎 如有墨名而儒行者 問其名則非 校其行則是 可以與之遊乎〕"라고 하였다.

65) 九流 : 先秦시대 9개 學術 流派로, 儒家, 道家, 陰陽家, 法家, 名家, 墨家, 縱橫家, 雜家, 農家를 말한다.

을 가려 모아서 그 마지막에 붙여 기록한 것인 듯하다. 그 책에서 弟子 禽滑釐 등 3백 인이 이미 수비하는 무기를 지니고 宋나라 城 위에 있다고 말한 것을 보면 이것이 그 술법을 능히 전할 수 있었던 徵驗이다.

錢曾讀書敏求記엔

錢曾의 ≪讀書敏求記≫에는

詒讓案 畢本在焦竑國史經籍考前이러니 今移此라

詒讓案 : 畢沅本에는 焦竑의 ≪國史經籍考≫ 앞에 있었는데, 지금 이곳으로 옮긴다.

墨子十五卷이니 **潛溪諸子辨**에 **云 墨子三卷**이니 **戰國時宋大夫墨翟撰**이라 **上卷七篇號曰經**이요 **中卷下卷六篇號曰論**이니 **共十三篇**이라 **考之漢志七十一篇**이요 **館閣書目則六十一篇**이어늘 **已亡節用節葬明鬼非樂非儒等九篇**하고 **今書則又亡多矣**라하니 **潛溪之言如此**라 **予藏宏治**[66]**己未舊抄本**한대 **卷篇之數恰與其言合**하고 **又藏會稽鈕氏世學樓本**한대 **共十五卷七十一篇**이요 **內亡節用等九篇**하니 **蓋所謂館閣書目本或卽此歟**아 **潛溪博覽典籍**하여 **其辨訂不肯聊且命筆**하여 **而止題爲三卷**하니 **豈猶未見完本歟**아 **抑此書兩行於世而未及是正歟**아 **姑識**(지)**此**하여 **以詢藏書家**라

≪墨子≫ 15권이니 潛溪(宋濂)의 ≪諸子辨≫에 "≪墨子≫ 3권이니 戰國時代 宋나라 大夫 墨翟이 撰하였다. 上卷 7篇은 '經'이라 부르고 中卷과 下卷 6篇은 '論'이라 부르니 모두 13편이다. 상고하건대, ≪漢書≫ 〈藝文志〉에 71篇이고, ≪館閣書目≫에 61篇인데, 이미 〈節用〉, 〈節葬〉, 〈明鬼〉, 〈非樂〉, 〈非儒〉 등 9篇은 잃어버렸고 지금 있는 ≪묵자≫는 다시 잃어버린 것이 많다."라고 하였으니 잠계의 말이 이러하다. 나는 弘治 己未年(1499) 舊抄本을 소장하고 있는데 卷과 篇의 수가 그의 말과 정확히 부합하고, 또 會稽 鈕氏의 世學樓本을 소장하고 있는데 모두 15권, 71篇으로, 안에 〈節用〉 등 9篇을 잃어버렸으니, 대체로 이른바 '館閣書

66) 宏治 : 弘治(1488~1505)로, 淸 高宗의 이름 '弘曆'의 '弘'을 避諱하여 '宏'으로 고친 것이다.

日本'이란 어쩌면 바로 이것인가. 잠계는 典籍을 널리 보아 辨訂함에 구차하게 붓을 휘두르는 것을 기꺼워하지 않아 단지 3권이라고만 題하였으니 어쩌면 오히려 完本을 미처 보지 못했던 것인가. 아니면 이 책이 세상에 두 종류가 유행하고 있었는데 미처 바로잡지 못하고 있었던 것인가. 일단 이를 기록하여 藏書家에게 묻는다.

詒讓案 墨子書七十一篇은 **卽漢劉向**[67]**校定本**이 **箸於別錄**[68]하고 **而劉歆**[69]**七略**과 **班固藝文志因之**하니 **舊本當亦有劉向進書奏錄**이로되 **宋以後已不傳**이라 **史記孟子荀卿傳索隱**[70]에 **按別錄云 今按墨子書有文子**호되 **文子卽子夏之弟子**니 **問於墨子**라 **如此則墨子者在七十子之後也**라하다 **此卽劉錄之佚文**이라 **攷文子今書未見**하고 **它書載子夏弟子**로되 **亦無文子**요 **唯史記儒林傳**에 **云 如田子方段干木吳起禽滑釐之屬**이 **皆受業於子夏之倫**이라하니 **則疑文子當爲禽子**라 **又耕柱篇子夏之徒問於子墨子曰 君子有鬬乎**아하니 **子政或兼據彼文也**라

詒讓案 : ≪墨子≫ 71篇은 바로 漢나라 劉向의 校定本이 ≪別錄≫에 著錄되었고, 劉歆의 ≪七略≫과 班固의 ≪漢書≫ 〈藝文志〉에 이를 그대로 따랐으니 舊本에 응당 역시 유향이 책을 올리며 아뢰는 기록이 있었을 것인데 宋나라 이후에 이미 전하지 않았다. ≪史記≫ 〈孟子荀卿傳〉의 索隱에 "살펴보건대, ≪별록≫에 '지금 살펴보면, ≪묵자≫에 文子가 있는데, 문자는 바로 子夏의 제자니, 묵자에게 물은 것이다. 이와 같다면 묵자라는 자는 〈시기적으로〉 七十子의 뒤에 있다.'라고 하였다."라고 하였다. 이는 바로 유향의 ≪별록≫에 있

---

67) 劉向 : B.C. 77~B.C. 6. 前漢 말기의 經學家이자 정치가로, 初名은 更生, 자는 子政이다. 宗親으로 宣帝 때 名儒로 선발되어 石渠閣에서 五經을 강하였고, 先秦의 古籍들을 수집하여 자신이 직접 校勘 및 분류하고 이를 바탕으로 아들 劉歆과 함께 ≪七略≫을 저술하여 목록학의 비조로 추앙되었다.

68) 別錄 : 劉向이 지은 도서 목록이다. 漢 成帝 河平 3년(B.C. 26) 焚書坑儒 이후 흩어진 도서를 수집하고 교정하라는 칙명을 받아 만들기 시작하였는데, 마치지 못하고 죽자 아들 劉歆이 先業을 계승하여 哀帝 때 완성하고 ≪七略≫이라 하였다. ≪칠략≫은 輯略, 六藝略, 諸子略, 詩賦略, 兵書略, 術數略, 方技略 등 7종류로 분류하고 모두 3만 2천 권을 수록한 중국의 가장 오래된 목록서이다.

69) 劉歆 : B.C. 50?~23. 字는 子駿이고 劉秀로 改名했다. 前漢 말년의 저명한 학자로, 劉向의 아들인데 王莽을 도와 新朝에서 國師로 칭해졌지만 만년에 모반사건에 연루되어 자살했다. 그는 고문경학자로서 漢代 今古文 經學 논쟁을 촉발시켰다.

70) 索隱 : ≪史記≫의 주석서이다. 南朝 宋나라 裴駰의 ≪史記集解≫, 唐나라 張守節의 ≪史記正義≫, 司馬貞의 ≪史記索隱≫이 ≪史記≫의 대표적인 주석서로 꼽힌다. 사마정은 唐나라 사람으로 字는 子正이다. 玄宗(712~756 재위) 때 朝散大夫, 國子博士, 弘文館學士 등을 지냈으며, ≪사기색은≫ 30권을 편찬하였다.

던 佚文이다. 상고하건대, 문자는 현존 ≪묵자≫에 보이지 않고 다른 책에 자하의 제자를 기록하였으나 역시 문자는 없고 오직 ≪史記≫ 〈儒林傳〉에 "田子方, 段干木, 吳起, 禽滑釐 같은 무리가 모두 자하의 무리에게 受業하였다."라고 하였으니, 아마도 문자는 禽子가 되어야 할 듯하다. 또 〈耕柱〉에 "자하의 門徒가 子墨子에게 물었다. '君子에게도 싸움이 있습니까?'"라고 하였으니, 子政(劉向)은 어쩌면 그 문장에 아울러 근거한 듯도 하다.

又案 漢志兵技巧家[71]注에 **云 省**(생)**墨子重[72]**이라하니 **則七略墨子書**는 **墨家與兵書蓋兩收**라가 **班志始省兵而專入墨**하니 **此亦足考劉班箸錄之異同**이라 **謹附記之**라

又案 : ≪漢書≫ 〈藝文志〉의 兵技巧家의 注에 "중복되는 ≪墨子≫는 생략하였다."라고 하였은즉, ≪七略≫에 ≪묵자≫는 墨家와 兵書에 대체로 양쪽 모두 收錄하였다가 班固의 ≪한서≫ 〈예문지〉에서야 비로소 兵家에서 생략하고 오로지 묵가에만 넣은 듯하니 여기에서 역시 족히 劉歆과 반고의 著錄의 차이를 상고할 수 있다. 삼가 붙여 기록해 둔다.

劉略入兵技巧家者는 **蓋卽備城門以下二十篇也**라

劉歆의 ≪七略≫에서 兵技巧家에 들어가 있던 것은 아마도 바로 〈備城門〉 이하 20편인 듯하다.

---

71) 兵技巧家 : ≪漢書≫ 〈藝文志〉에는 兵家의 서적을 權謀, 形勢, 陰陽, 技巧의 네 부류로 나누어 저록하였다.

72) 省(생)墨子重 : ≪漢書≫ 〈藝文志〉 顔師古의 注에 "묵자를 생략하고 蹵鞠을 거듭 넣었다.〔省墨子 重入蹵鞠也〕"로 되어 있어 孫詒讓이 句讀(구두)를 잘못 떼었으나, 그대로 번역하였다.

묵자일문 墨子佚文

畢沅述이니 **今重校補**라

畢沅이 서술한 글인데 지금 거듭 校勘하여 보충한다.

樂者는 **聖王之所非也**어늘 **而儒者爲之**하니 **過也**라

音樂은 聖王이 부정했던 것인데 儒者들은 그것을 추구하니, 잘못이다.

見荀子하니 **當是非樂篇文**[1]이라 詒**讓案 見樂論篇**이라 **然似約擧非樂篇大意**하니 **畢以爲佚文**은 **未塙**이라

≪荀子≫에 보이니 ≪墨子≫ 〈非樂〉의 글일 것이다.

詒讓案 : ≪荀子≫ 〈樂論〉에 보인다. 그렇지만 〈〈악론〉의 글은〉 〈비악〉의 大意를 대략 거론한 듯하니, 畢沅이 佚文으로 여긴 것은 정확하지 않다.

孔子

孔子가

子字皆鮒**所更**이요 **墨本用孔子諱**[2]라

'子'자는 모두 孔鮒가 고친 것이고 ≪墨子≫에서는 본래 孔子의 諱(丘)를 썼다.

見景公한대 **公曰 先生素不見晏子乎**아하니 **對曰 晏子事三君而得順焉**하니 **是有三心**이라 **所以不見也**라하다 **公告晏子**한대 **晏子曰 三君皆欲其國安**이라 **是以嬰得**

---

1) 當是非樂篇文 : 전하지 않는 ≪墨子≫ 〈非樂 中〉이나 〈非樂 下〉의 글일 것이라는 말이다.

2) 子字皆鮒所更 墨本用孔子諱 : 孔鮒는 孔子의 후손이므로 그가 지은 ≪孔叢子≫에서 避諱한 것인 데 반하여 ≪墨子≫에서는 공자의 諱를 그대로 썼다는 말인데, 대체로 '孔某' 혹은 '仲尼'라 하였다.

順也라 **聞君子獨立不慙于影**이어늘 **今孔子伐樹削跡**[3)]하되 **不自以爲辱**하고 **身窮陳蔡**[4)]하되 **不自以爲約**이라 **始吾望儒貴之**러니 **今則疑之**라하다 **景公祭**[5)]**路寢**이라가 **聞哭聲**하고 **問梁丘據**하니 **對曰 魯孔子之徒也**라 **其母死**에 **服喪三年**하여 **哭泣甚哀**[6)]라하다 **公曰 豈不可哉**리오한대 **晏子曰 古者聖人非不能也**로되 **而不爲者**는 **知其無補於死者**요 **而深害生事**[7)]**故也**라하다

齊 景公을 뵙자, 경공이 이르기를 "先生은 평소 晏子(晏嬰)를 보지 않습니까?"라고 하니, 〈孔子가〉 대답하기를 "안자는 세 임금을 섬기면서 〈이로움을〉 따랐으니 이는 세 마음을 둔 것이기 때문에 보지 않았습니다."라고 하였다.

경공이 안자에게 이를 말해주자, 안자가 아뢰기를 "세 임금께서 모두 나라가 안정되기를 바라셨기 때문에 제〔嬰〕가 〈이로움을〉 따를 수 있었습니다. 제가 들으니 君子는 홀로 서 있으면서 자기 그림자에 부끄럽지 않다고 하는데 지금 공자는 나무를 베어 죽이려 한 위험과 바퀴 자국까지 삭제되는 수모를 당하였으되 스스로 치욕으로 여기지 않고, 陳나라와 蔡나라 국경에서 몸이 곤궁하였으되 스스로 낮추는 계기로 여기지 않았습니다. 처음에 저는 儒者를 바라보며 귀하게 여겼는데 지금은 그들을 의심합니다."라고 하였다.

경공이 路寢에서 제사를 지내다가 哭하는 소리를 듣고 梁丘據에게 물으니, 〈양구거가〉 대답하기를 "魯나라 공자의 門徒가 〈곡하는 소리입니다.〉 그 어미가 죽어

---

3) 伐樹削跡 : 伐樹는 孔子가 曹나라를 떠나 宋나라에 가서 제자들과 큰 나무 밑에서 禮를 익히고 있을 때, 宋나라 司馬 桓魋가 공자를 죽이려고 나무를 베어 들자 공자가 떠났던 일을 가리키고, 削跡은 공자가 衛나라에서 바퀴 자국마저 삭제당하면서 등용되지 못하고 떠나게 된 일을 말한다. ≪莊子≫ 〈天運〉에 "송나라에서는 〈환퇴가〉 나무를 베어 죽이려 한 위험을 당했고 위나라에서는 바퀴 자국까지 삭제되는 수모를 당하였다.〔伐樹於宋 削迹於衛〕"라고 하였다.

4) 身窮陳蔡 : 孔子가 周나라의 이상을 펼치고자 天下를 周遊하던 때 陳나라와 蔡나라 국경에서 갖은 고생을 한 일을 가리킨다. ≪莊子≫ 〈讓王〉에 "공자가 진나라와 채나라 국경에서 곤궁하였을 때 7일이나 밥을 지어 먹지 못하고 명아주 국에 쌀 한 톨도 섞어 넣지 못하여 안색이 몹시 초췌했는데도 방에 앉아 거문고를 타며 노래를 불렀다.〔孔子窮於陳蔡之間 七日不火食 藜羹不糝 顔色甚憊 而絃歌於室〕"라고 하였다.

5) 祭 : ≪晏子春秋≫ 권8 〈外篇 下〉에는 '上'으로 되어 있다.

6) 哀 : ≪晏子春秋≫ 권8 〈外篇 下〉에는 '疾'로 되어 있다.

7) 生事 : 살아 있는 사람의 일인 듯하다. 다만 '事'는 ≪晏子春秋≫ 권8 〈外篇 下〉에 '者'로 되어 있는데 '死者'와 對가 되어 뜻이 더 자연스럽다.

삼년상을 치르느라 哭泣하는 소리가 몹시 슬픕니다."라고 하였다. 경공이 이르기를 "어찌 안 되는 일이겠는가."라고 하자, 안자가 아뢰기를 "옛날 聖人께서 할 수 없는 일이 아닌데도 하지 않은 것은 죽은 이에게 보탬이 없고 生事를 몹시 해친다는 것을 알았기 때문입니다."라고 하였다.

見孔叢詰墨篇이라 **疑非儒上第三十八篇文**이라 **詒讓案 二條竝見晏子春秋外篇**[8)]하니 **或墨子亦有是文**이라

≪孔叢子≫ 〈詰墨〉에 보인다. 아마도 〈非儒 上〉 第38篇의 글인 듯하다.

詒讓案 : 두 조목은 모두 ≪晏子春秋≫ 〈外篇〉에 보이니, 어쩌면 ≪墨子≫에도 이 글이 있었던 듯하다.

宋人伐木

堂高三尺이요

堂의 높이가 3척이고

8) 二條竝見晏子春秋外篇 : 두 조목은 '孔子見景公……今則疑之'가 하나이고, '景公祭路寢……而深害生事故也'가 또 하나이다. 다만 ≪晏子春秋≫ 〈外篇〉에는 '孔子見景公……今則疑之'가 '孔子見景公……是以嬰得順也'와 '聞君子獨立不慚于影……今則疑之'의 두 조목으로 다시 나뉘어 있는데, ≪孔叢子≫ 〈詰墨〉에는 두 조목의 내용이 비슷하므로 墨子가 말한 내용을 축약하여 한 조목으로 만든 것으로 보인다.

索隱云 自此已下는 **韓子之文**이라 **故稱曰也**[9)]라하다 **詒讓案 後漢書趙典傳注**에 **首有堯舜二字**[10)]요 **韓非子十過篇亦有此文**[11)]하니 **卽索隱所據也**라

≪史記索隱≫에 "이 句부터 뒤로는 ≪韓非子≫의 글이므로 '曰'이라 일컬은 것이다."라고 하였다.

詒讓案 : ≪後漢書≫ 〈趙典傳〉 李賢의 注에는 〈'堂高三尺'〉 앞에 '堯舜' 2자가 있고, ≪韓非子≫ 〈十過〉에도 이 글이 있으니 바로 ≪사기색은≫이 근거한 것이다.

土階三等이요 **茅茨不翦**하고 **采椽不刮**하며

흙으로 만든 섬돌이 3층이고, 지붕으로 얹은 띠풀도 자르지 않고, 떡갈나무로 서까래를 만들되 다듬지 않았으며,

詒讓案 後漢書文選[12)]**魏都賦注作斲**(착)하고 **又文選東京賦注引作刊**이라

詒讓案 : 〈'刮'은〉 ≪後漢書≫와 ≪文選≫ 〈魏都賦〉의 注에 '斲'으로 되어 있고, 또 ≪文選≫ 〈東京賦〉의 注에 이 대목을 인용한 곳에는 '刊'으로 되어 있다.

食

土簋에 밥을 담아 먹고

---

9) 索隱云……故稱曰也 : ≪史記≫ 〈太史公自序〉에는 司馬談이 六家의 要指를 논한 말을 인용하였는데 그 가운데 '墨家'를 비평하는 말 序頭에 '墨者亦尙堯舜道 言其德行 曰堂高三尺(墨子 또한 堯舜의 도를 숭상하여 그 德行을 말하면서 '堂의 높이가 3척이다.'라 하였다.)'으로 되어 있다. ≪史記索隱≫에서는 '曰' 이하를 ≪韓非子≫ 〈十過〉에 나오는 글로 본 것이다.

10) 後漢書趙典傳注 首有堯舜二字 : ≪後漢書≫ 〈趙典傳〉 李賢의 注에는 '墨子曰 堯舜堂高三尺'으로 되어 있다.

11) 韓非子十過篇亦有此文 : ≪韓非子≫ 〈十過〉에는 "由余가 대답하기를 '신이 들으니 옛날 堯임금이 천하를 소유해 다스릴 때 土簋에 밥을 담아 먹고 土鉶에 물을 담아 마셨는데도 그의 영토는 남쪽으로 交趾에 이르고, 북쪽으로 幽都에 이르렀으며, 동쪽과 서쪽은 해와 달이 뜨고 지는 데까지 이르러 누구도 복종하지 않는 사람이 없었습니다.'라고 하였다.〔由余對曰 臣聞昔者堯有天下 飯於土簋 飮於土鉶 其地南至交趾 北至幽都 東西至日月之所出入者 莫不賓服〕"라고 하여 ≪史記≫와 字句의 出入이 있다.

12) 文選 : 梁나라 昭明太子 蕭統이 秦·漢 이래 齊·梁 代의 대표적인 詩文을 모아 엮은 책이다. 총 30권으로 ≪昭明文選≫이라고도 한다. 한편 唐 高宗 顯慶 연간에 李善이 ≪文選注≫를 지었는데, 총 60권으로 唐나라 이전 최고 수준의 古書 注釋으로 일컬어진다.

詒讓案 後漢書注作飯이라

詒讓案 : ≪後漢書注≫에는 〈'食'이〉 '飯'으로 되어 있다.

土簋(궤)하고 啜(철)土刑하며

土刑에 물을 담아 마시며,

詒讓案 後漢書注作歠(철)土鉶(형)이라

詒讓案 : ≪後漢書注≫에는 '歠土鉶'으로 되어 있다.

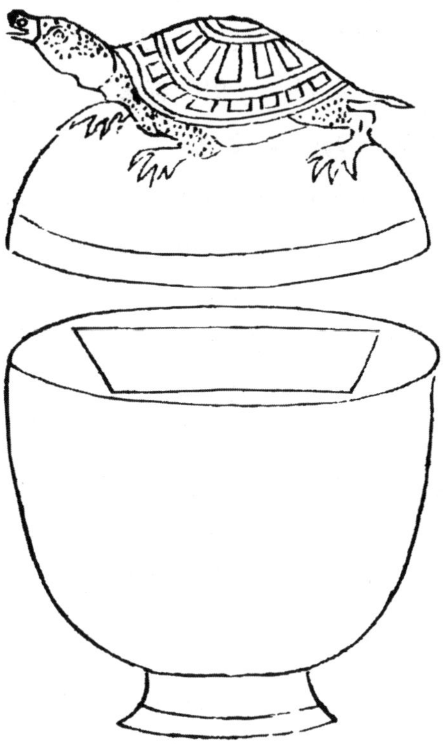

簋

鉶

糲粱之食하고

거친 좁쌀로 밥을 지어 먹고

詒讓案 後漢書注作飯이라

詒讓案 : ≪後漢書注≫에는 〈'食'이〉 '飯'으로 되어 있다.

藜藿(여곽)**之羹**(갱)하며 **夏日葛衣**요 **冬日鹿裘**라 **其送死**에 **桐棺三寸**이요 **擧音不盡其哀**라

머위와 콩잎으로 국을 끓여 먹었으며, 여름에는 베옷을 입고, 겨울에는 사슴 가죽옷을 입었다. 죽은 이를 장사 지낼 때 오동나무로 짠 棺이 세 치 두께이고 곡소리를 내면서도 그 슬픔을 다하지 않았다.

見史記太史公自序하고 又見文選注後漢書注어늘 文皆微異요 今韓非子雖有之나 然疑節用中下篇文이라 詒讓案 此司馬談[13]約引墨子語니 似未必卽節用中下篇佚文이라 群書治要及藝文類聚[14]十一太平御覽八十引帝王世紀[15]하여 云 墨子以爲堯堂高三尺이요 土階三等이요 茅茨不翦하고 採椽不斲하며 夏服葛衣하고 冬服鹿裘[16]라하고 論衡是應篇에 云 墨子稱堯舜堂高三尺이어늘 儒家以爲卑下라하다 以上諸書及後漢書注文選注는 疑竝據史記하여 展轉援引이요 非唐本墨子書實有此文也라

≪史記≫ 〈太史公自序〉에 보이고 또 ≪文選注≫와 ≪後漢書注≫에 보이는데 글이 모두 조금 다르고, 지금 ≪韓非子≫에 비록 이 대목이 있지만 아마도 〈節用 中〉, 〈節用 下〉의 글인 듯하다.

詒讓案 : 이 대목은 司馬談이 ≪墨子≫를 간략히 인용한 말이니 꼭 〈절용 중〉, 〈절용 하〉의 佚文은 아닌 듯하다. ≪群書治要≫ 및 ≪藝文類聚≫ 권11, ≪太平御覽≫ 권80에 ≪帝王世紀≫를 인용하여 "墨子는 堯의 堂의 높이가 3척이고 흙으로 만든 섬돌이 3층이고, 지붕으로 얹은 띠풀도 자르지 않고, 떡갈나무로 서까래를 만들되 다듬지 않았으며, 여름에는 베옷을 입고, 겨울에는 사슴 가죽옷을 입었다.〔墨子以爲堯堂高三尺 土階三等 茅茨不翦 採椽不斲 夏服葛衣 冬服鹿裘〕"라고 하고, ≪論衡≫ 〈是應〉에 "묵자는 堯舜의 堂의 높이가 3척이라 하였는데 儒家는 이를 낮다고 하였다.〔墨子稱堯舜堂高三尺 儒家以爲卑下〕"라

13) 司馬談 : B.C. 169?~B.C. 110. 司馬遷의 부친으로, 漢 武帝 때 太史令을 지냈고 〈論六家要旨〉를 지었다. 사마천의 ≪史記≫는 그가 정리해둔 史料에 바탕한 것이다.

14) 藝文類聚 : 唐代 歐陽詢 등이 勅命을 받들어 편찬한 類書이다. 天·歲時·地·州·郡·山·水·符命·帝王 등 48部로 분류하여, 사실을 기록한 후에 그에 대한 詩文을 수록한 것이다. 100권이다.

15) 帝王世紀 : 西晉의 皇甫謐(215~282)이 편찬한 것으로, 원서는 실전되었고 현재 전하는 것은 10권이다. 三皇에서 漢魏에 이르기까지 역대 제왕의 世系, 年譜 및 史迹을 기술한 역사저술이다.

16) 墨子以爲堯堂高三尺……冬服鹿裘 : ≪太平御覽≫ 권80 〈皇王部5〉에는 ≪帝王世紀≫에서 '墨子以爲堯堂高三尺 土階三等'을 인용하고, ≪韓非子≫에서 '冬日鹿裘 夏日葛衣 茅茨不剪 桷椽不斲'을 인용하고 있다. 또한 ≪藝文類聚≫ 권11에는 ≪淮南子≫를 인용한 말에 나온다.

고 하였다. 이상의 諸書 및 ≪후한서주≫, ≪문선주≫는 아마도 모두 ≪사기≫에 근거해 계속 돌아가며 引用한 것이지 唐本 ≪묵자≫에 실제 이 글이 있던 것은 아닌 듯하다.

年踰十五면 則聰明心

나이 열다섯이 넘으면 聰明한 心慮가

詒讓案 畢本作思어늘 今據史記五帝本紀集解[17]校正이라

詒讓案 : 畢沅本에는 〈'心'이〉 '思'로 되어 있는데, 지금 ≪史記≫ 〈五帝本紀〉의 集解에 의거하여 校正한다.

慮無不徇通矣라

민첩해지지 않음이 없다.

見裴駰[18]史記集解하니 索隱十五作五十하고 無不作不하여 云 作十五非是[19]라하다 詒讓案 索隱云 俗本作十五는 非是라 案謂年老踰五十不聰明하니 何得云十五리오하니 蓋小司馬所見墨子猶是足本[20]이라 故據以校正史注俗本之謬라

裴駰의 ≪史記集解≫에 보이니, ≪史記索隱≫에 '十五'는 '五十'으로 되어 있고 '無不'은 '不'로 되어 있으면서 "'十五'로 되어 있는 것은 옳지 않다."라고 하였다.

詒讓案 : ≪사기색은≫에 "俗本에 '十五'로 되어 있는 것은 옳지 않다. 살펴보건대, 年老하여 쉰을 넘기면 聰明하지 않다는 말이니 어찌 '十五'라고 할 수 있겠는가."라고 하였으니, 대체로 小司馬(司馬貞)가 본 ≪墨子≫는 그래도 足本이었으므로 그것에 의거하여 ≪史記≫ 注에 있는 속본의 오류를 校正한 듯하다.

---

17) 集解 : ≪史記≫에 대한 주석으로, 南朝 宋나라 때 裵駰이 지은 것이다. 모두 80권이다. 원래는 단행본이었는데, 北宋 때 司馬貞의 ≪史記索隱≫, 張守節의 ≪史記正義≫와 함께 ≪사기≫ 원문 아래에 주석으로 편입되었다.

18) 裵駰 : 南朝의 저명한 史學家로, 字는 龍駒이고 河東 聞喜(지금의 山西省 聞喜縣) 사람이다. 아버지 裴松之, 손자 裴子野와 아울러 '史學三裴'라 불렸다. 저서로 ≪史記集解≫가 있는데, 현존하는 책 중 가장 오래된 ≪史記≫에 대한 주석서이다.

19) 索隱十五作五十……作十五非是 : ≪史記索隱≫에는 '墨子亦云 年踰五十 則聰明心慮不徇通矣'로 되어 있다.

20) 足本 : 版本學 용어로, 缺佚이나 刪削이 없이 內容이 完整한 書籍을 가리킨다.

禽滑釐問於墨子曰 錦繡絺紵(치저)는 **將安用之**리잇고한대 **墨子曰 惡**(오)라 **是非吾用務也**니라 **古有無文者得之矣**니 **夏禹是也**라 **卑小宮室**하고 **損薄飮食**하며 **土階三等**이요 **衣裳細布**라 **當此之時**하여 **黼**(보)

禽滑釐가 墨子께 여쭙기를, "수놓은 비단과 고운 葛布는 어디에 쓰겠습니까?"라고 하자, 묵자께서 말씀하셨다.

"아, 이것은 내가 힘쓸 일이 아니다. 고대에 겉을 꾸미지 않은 사람이 있어 이 道理를 터득하였으니, 夏禹가 이분이다. 집을 낮고 작게 하고, 음식을 덜고 줄이며, 흙으로 만든 섬돌이 3층이고, 의복은 작은 베 조각을 이어 만들었다. 이러한 때에는 黼黻을

詒讓案 **舊本脫**이러니 **盧文弨**[21]**據御覽八百二十校補**하니 **今從之**라

詒讓案 : 舊本에는 〈'黼'가〉 빠져 있는데, 盧文弨가 ≪太平御覽≫ 권820에 의거하여 校勘해 보충하였으니, 지금 이를 따른다.

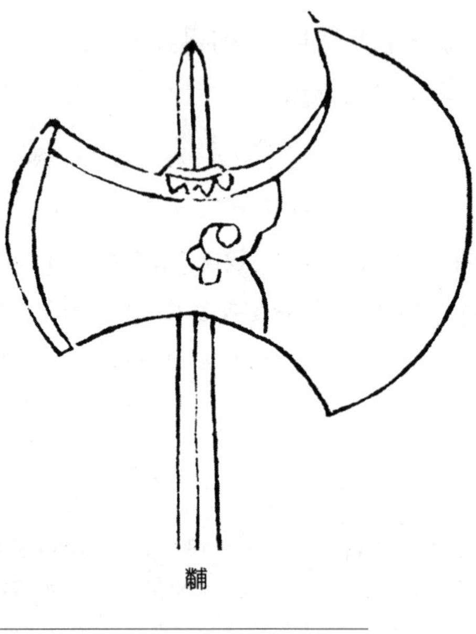

黼

黻

21) 盧文弨 : 1717~1795. 字는 召弓, 혹은 紹弓이고, 號는 磯漁·檠齋·抱經·弓父 등이다. 淸나라 仁和(지금의 浙江省 杭州) 사람으로, 校勘學者이다. 그는 평생 戴震, 段玉裁 등과 교유하며 한자학과 교감학 연구에 몰두하여 ≪逸周書≫, ≪孟子音義≫, ≪荀子≫, ≪呂氏春秋≫, ≪賈誼新書≫, ≪韓詩外傳≫, ≪春秋繁露≫, ≪方言≫, ≪白虎通≫ 등을 교감했다. 저서로 ≪抱經堂集≫, ≪禮儀注疏詳校≫, ≪鐘山禮記≫, ≪龍城禮記≫, ≪廣雅釋天以下注≫ 등이 있다.

黻(불)[22]無所用하여 而務在於完堅이라 殷之盤庚[23]은 大其先王之室하고 而改遷於殷하여 茅茨不翦하고 采椽不斲하여 以變天下之視라 當此之時하여 文采之帛을 將安所施리오 夫品庶非有心也요 以人主爲心하나니 苟上不爲면 下惡(오)用之리오 二王者는 以

쓸 곳이 없어서 완전하고 견고히 하는 데에만 힘을 썼다. 殷나라의 盤庚은 先王이 이룩한 王室을 확대하고 都邑을 바꿔 殷으로 옮겨서 지붕으로 얹은 띠풀도 자르지 않고, 떡갈나무로 서까래를 만들되 다듬지 아니하여 천하 사람들의 인식을 변화시켰다. 이런한 때에 문채 나는 비단을 장차 어디에 쓰겠는가. 무릇 백성〔品庶〕은 자기 마음이 있는 것이 아니고 임금의 〈嗜好로〉 마음을 삼나니 만일 윗사람이 하지 않으면 아랫사람이 어찌 그것을 쓰겠는가. 〈夏禹와 盤庚〉 두 帝王은

詒讓案 舊衍化字러니 今從盧校刪이라

詒讓案 : 舊本에는 〈'以' 뒤에〉 '化'자가 더 들어가 있는데, 지금 盧文弨의 校勘에 의거하여 산삭한다.

身先于天下라 故化隆於其時하고 成名於今世也니라 且夫錦繡絺紵는 亂君之所造也라 其本皆興於齊하니 景公喜奢而忘儉이어늘 幸有晏子以儉鐫(전)之나 然猶幾不能勝이라 夫奢安可窮哉리오 紂爲鹿臺糟邱[24]와 酒池肉林[25]하고 宮牆文畫하며 雕琢刻鏤하고 錦繡被堂하며 金玉珍瑋와 婦女優倡과 鐘鼓管絃을 流漫不禁하여 而天下愈竭이라 故卒身死國亡하여 爲天下戮하니 非惟錦繡絺紵之用邪(야)아 今當凶年하여

22) 黼黻(보불) : 옛날에 임금의 大禮服인 袞服에 수놓았던 화려한 紋樣을 말한다. 黼는 흰색과 검은색으로 자루 없는 도끼 모양을, 黻은 검은색과 푸른색으로 '亞'자 모양을 수놓은 것을 이른다.(≪書經≫ 〈虞書 益稷〉)

23) 盤庚 : 殷나라 제17대 왕으로, 湯王의 9대손이고, 祖丁의 아들인데, 형 陽甲의 뒤를 이어 즉위하였다. 귀족들의 사치 풍조를 혁신하였고, 수재를 피해 奄에서 殷으로 천도하여 나라를 중흥하였다.(≪書經≫ 〈商書 盤庚〉, ≪史記≫ 〈殷本紀〉)

24) 鹿臺糟邱 : 鹿臺는 殷나라 紂가 재물을 모아 저장했던 行宮 이름으로, 지금의 河南省 淇縣 서쪽에 있었다. 糟邱는 술지게미가 쌓여 언덕을 이루었다는 뜻으로, 술을 아주 많이 빚어 지나치게 술에 취해 지냈음을 극도로 말한 것이다.

25) 酒池肉林 : 술로 연못을 삼고, 고기를 매달아 숲으로 삼았다는 뜻으로, 지극히 호화롭고 사치한 생활을 이른다.

有欲予子隨侯之珠[26]**者**어늘 **不得賣也**요 **珍寶而以爲飾**하고 **又欲予子一鍾**[27]**粟者**어늘 **得珠者不得粟**하고 **得粟者不得珠**면 **子將何擇**고하다 **禽滑釐曰 吾取粟耳**니 **可以救窮**이라하니 **墨子曰 誠然**이면 **則惡**(오)**在事夫奢也**리오 **長無用**이니 **好末淫**은 **非聖人之所急也**라 **故食必常飽**라야 **然後求美**하고 **衣必常暖**이라야 **然後求麗**하며 **居必常安**이라야 **然後求樂**이라 **爲可長**[28]하고 **行可久**인댄 **先質而後文**이니 **此聖人之務**니라하니 **禽滑釐曰 善**이라하다

몸소 천하 사람들에게 率先하였다. 그래서 그 당시에 敎化가 크게 행해지고, 지금까지 훌륭한 명성을 이루어 내려온다. 게다가 수놓은 비단과 고운 葛布는 혼란한 君主가 만들어낸 것이다. 그 뿌리는 모두 齊나라에서 시작되었으니, 景公이 사치를 좋아하여 검소함을 잊었는데, 다행히 晏子가 있어 검소함을 들어 警戒하였지만 그래도 거의 감당할 수 없었다.

사치를 어찌 다할 수 있겠는가. 殷나라 紂王은 鹿臺·糟邱와 酒池·肉林을 만들고, 궁궐 담장에 그림을 그리며, 〈기둥과 들보를〉 아름답게 조각하고, 수놓은 비단이 堂을 덮으며, 金玉과 珍寶, 미녀와 광대, 鐘鼓와 管絃을 멋대로 늘어놓고 방탕하게 즐기며 금하지 않아 천하의 재력이 더욱 고갈되었다. 그래서 끝내 자신은 죽고 나라는 망하여 천하 사람들의 치욕을 받았으니, 오직 수놓은 비단과 고운 葛布를 써서 사치한 때문이 아니겠는가.

지금 凶年을 당하여 그대에게 隨侯의 구슬을 주려고 하는 이가 있는데 팔아서는 안 되고 珍寶로 여겨 장식으로 삼아야 하며, 또 그대에게 1鍾의 곡식을 주려고 하는 이가 있는데 구슬을 얻은 자는 곡식을 얻을 수 없고 곡식을 얻은 자는 구슬을 얻을 수 없다면, 그대는 무엇을 선택하겠는가?"

금골리가 말하기를, "저는 곡식을 취하겠으니, 困窮함을 구제할 수 있어서입니다."라고 하니, 묵자께서 말씀하셨다.

"참으로 그렇다면 어찌 사치를 일삼을 것이 있겠는가. 〈사치는〉 영원히 쓸데없

26) 隨侯之珠 : 隨侯가 창자가 끊겨 있는 뱀을 보고 불쌍히 여겨 약을 발라 치료해주고 그 보답으로 받았다는 전설상의 구슬이다. 隨는 周나라 때 漢水 동쪽의 제후국으로, 지금의 湖北省 隨州市에 있었다. 隋로도 쓴다.(≪淮南子≫ 〈覽冥訓〉)

27) 鍾 : 고대에 곡식을 재는 단위의 하나로, 춘추시대 齊나라에서는 6斛 4斗가 1鍾이었다.

28) 長 : ≪說苑≫ 권20 〈反質〉에는 '常'으로 되어 있다.

는 것이니 末梢의 지나친 享樂을 즐기는 것은 성인이 시급히 여기는 것이 아니다. 그러므로 음식은 반드시 평소 배가 부른 뒤에야 맛있는 것을 찾고, 의복은 반드시 평소 몸이 따뜻한 뒤에야 화려한 것을 찾으며, 거처는 반드시 평소 편안한 뒤에야 안락한 곳을 찾는 것이다. 영원히 할 수 있고 오래도록 행할 수 있으려면 질박함을 먼저 추구하고 문식을 뒤에 강구해야 하니, 이것이 성인이 힘쓰는 일이다."

금골리가 말하기를 "훌륭한 말씀입니다."라고 하였다.

見說苑하니 **疑節用下篇文**이라 **詒讓案 節用諸篇無與弟子問答之語**하니 **畢說未塙**이라

≪說苑≫ 〈反質〉에 보이니, 아마도 〈節用 下〉의 글인 듯하다.

詒讓案 : 〈節用〉 諸篇에는 弟子와 問答하는 말이 없으니, 畢沅의 說은 정확하지 않다.

吾見百國春秋라

나는 百國의 春秋를 보았다.

見隋李德林重答魏收書라 **詒讓案 見隋書本傳**이요 **亦見史通**[29]**六家篇**이라 **春秋下**에 **畢本有史字**어늘 **今據史通刪**이라 **攷德林書云 史者**는 **編年**[30]**也**라 **故(晉)〔魯〕**[31]**號紀年**이라 **墨子又云 吾見百國春秋**라하다 **史又**[32]**有無事而書年者**는 **是重年驗也**라하다 **審校文義**하면 **李書史字當屬下爲句**어늘 **畢氏失其句讀**(두)하여 **遂竝史字錄之**하니 **謬也**라

隋나라 李德林의 〈重答魏收書〉에 보인다.

詒讓案 : ≪隋書≫ 〈李德林의〉 本傳에 보이고 ≪史通≫ 권1 〈六家〉에도 보인다. '春秋' 뒤에 畢沅本에는 '史'자가 있는데, 지금 ≪사통≫에 의거하여 刪削한다. 상고하건대 이덕림의 편지에 "史라는 것은 編年이므로 魯나라는 ≪紀年≫으로 불렸다. 墨子가 또 이르기

---

29) 史通 : 唐나라 劉知幾(661~721)가 9년의 공력을 들여 710년에 완성한 史學 理論書이다. 당나라 이전 史學의 모든 문제를 총결한 것으로, 후대에 커다란 영향을 끼쳤다. 理論과 批評 양 방면을 모두 포괄하여 언급하였는바, 구체적으로는 史書의 體例와 編纂 방법 및 史籍의 源流와 得失, 考證과 正誤 등을 논술한 책이다.

30) 編年 : 중국 전통시대 대표적인 역사 서술 방법의 하나로, 年代 順序에 따라 史實을 서술하는 것을 가리킨다. ≪春秋≫와 ≪竹書紀年≫, ≪資治通鑑≫이 대표적인 編年體 史書이다.

31) (晉)〔魯〕: 저본에는 '晉'으로 되어 있으나, ≪隋書≫ 권42 〈列傳 李德林〉에 의거하여 '魯'로 바로잡았다.

32) 又 : 底本의 傍注에 "'又'자 뒤에 원래 '無'자가 있는데, ≪隋書≫ 〈李德林傳〉에 의거하여 刪削한다.〔又下原有無字 據隋書李德林傳刪〕"라고 하였다.

를, '나는 百國의 春秋를 보았다.'라고 하였다. 史에는 또 일이 없는데도 해〔年〕를 기록한 경우가 있으니 이는 해의 확인을 重視한 것이다."라고 하였다. 글 뜻을 살펴 교감하면 이 덕무의 편지의 '史'자는 아래로 붙여 句를 떼어야 하는데 畢沅이 句讀를 잘못 떼어 마침내 '史'자까지 기록한 것이니 오류이다.

禽子問天與地孰仁이니잇고한대 **墨子曰 翟以地爲仁**이니라 **太山之上**[33]**則封禪**[34]**焉**이어든 **培塿之側**

禽子가 하늘과 땅 가운데 무엇이 仁하냐고 여쭙자, 墨子께서 말씀하셨다.
"나는 땅이 仁하다고 생각한다. 泰山의 위에 封禪하나니, 그렇게 하면 培塿의 곁에는

太平御覽作沈이라

〈'側'은〉 ≪太平御覽≫에 '沈'으로 되어 있다.

則生松柏[35]하고 **下生黍苗莞蒲**하고 **水生黿鼉**(원타)**龜魚**하여 **民衣焉**하고 **食焉**[36]하고 **死焉**[37]하되 **地終不責德焉**이라 **故翟以地爲仁**이라하노라

松柏이 나고 아래에 기장싹, 왕골과 부들이 나고, 물에는 큰 자라와 악어, 거북과 물고기가 나서 백성들이 옷을 만들어 입고 음식을 만들어 먹고 죽어가되 땅은 끝내 베풀어준 德에 보답을 바라지 않는다. 그러므로 나는 땅이 仁하다고 생각한다."

見藝文類聚하고 **又見北堂書鈔太平御覽吳淑事類賦**[38]하여늘 **文微異**라

---

33) 上 : ≪藝文類聚≫ 권6 〈地部〉에는 '土'로 되어 있다.
34) 封禪 : 古代에 帝王이 天地에 올리던 제사이다. 泰山 위에 壇을 쌓아 하늘의 공에 보답하는 것을 封이라 하고, 태산 아래 梁父山에 마당을 만들어 땅의 덕에 보답하는 것을 禪이라 한다.(≪史記≫ 권28 〈封禪書〉)
35) 培塿之側則生松柏 : 培塿는 部婁와 같은 말로, 작은 언덕이다. ≪春秋左氏傳≫ 襄公 24년에 鄭나라 子大叔이 "작은 언덕에는 松柏이 자라지 않는다.〔部婁無松柏〕"라고 하였는데, 杜預의 注에 "部婁는 작은 언덕이고 松柏은 큰 나무이니, 小國은 大國과 다르다는 것을 譬喩한 말이다."라고 하였다.
36) 食焉 : ≪藝文類聚≫ 권6 〈地部〉에는 뒤에 '家焉' 2자가 더 있다.
37) 死焉 : ≪北堂書鈔≫ 권157 〈地理部1〉과 ≪事類賦≫ 권6 〈地部〉에는 뒤에 '冢焉' 2자가 더 있다.

≪藝文類聚≫에 보이고, 또 ≪北堂書鈔≫, ≪太平御覽≫, 吳淑의 ≪事類賦≫에 보이는데 글이 조금 다르다.

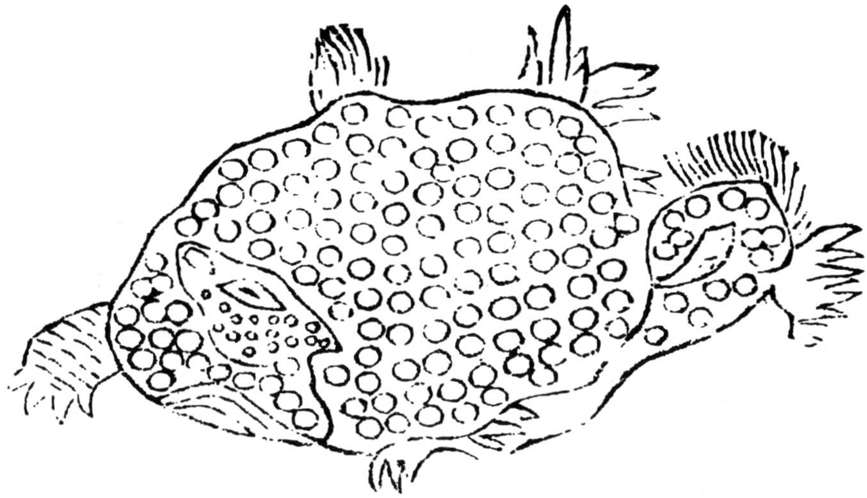

黿

申徒狄[39]**曰 周之靈珪**는 **出於土石**하고 **楚之明月**은 **出於蜯蜃**(방신)이라하다

申徒狄이 아뢰었다.

"周나라의 靈珪(신령한 珪玉)는 土石에서 나왔고, 楚나라의 明月珠(夜光珠)는 蜯蜃에서 나왔습니다."

見藝文類聚라 **詒讓案 此卽後申徒狄謂周公章之文**이니 **當竝爲一條**라

≪藝文類聚≫에 보인다.

詒讓案 : 이 대목은 바로 뒤의 '申徒狄謂周公' 章의 글이니, 마땅히 아울러 한 조목으로 만들어야 한다.

畫衣冠하고 **異章服**이로되 **而民不犯**이라

衣冠에 그림을 그리고 章服을 달리할 뿐이었는데도 백성들이 죄를 범하지 않았다.

---

38) 吳淑事類賦 : 吳淑(947~1002)은 宋나라 때 사람으로, 字가 正儀이고 丹陽人이다. 起居舍人과 職方員外郎을 지냈다. 그가 지은 ≪事類賦≫는 한 글자의 제목으로 賦를 지어 百首에 이르는 巨篇을 만들고 주석을 낸 것으로, 모두 30권이다.

39) 申徒狄 : 殷나라의 賢人으로 紂 임금에게 忠諫하였으나 받아들여지지 않자 돌을 안고 黃河에 몸을 던져 자결하였다 한다. 申屠狄이라고도 한다.(≪莊子≫ 〈盜跖〉)

見文選注[40)]라

≪文選注≫ 〈永明九年策秀才文〉에 보인다.

墨子獻書惠王하니 王受而讀之하고 曰 良書也라하다

墨子가 惠王에게 책을 바치니 혜왕이 받아 읽고 훌륭한 책이라 하였다.

見文選注라 詒讓案 本書貴義篇에 云 子墨子南游於楚하여 見楚獻惠王[41)]이라하니 疑卽獻書惠王之誤라 又余知古[42)]渚宮舊事二에 亦云 墨子至郢하여 獻書惠王하니 王受而讀之하고 曰 良書也라하니 與李所引正同이라 彼文甚詳하니 疑皆本墨子로되 但不箸所出書일새 今不據補錄이라 詳貴義篇이라

≪文選注≫ 〈和伏武昌登孫權故城〉에 보인다.

詒讓案 : 本書 〈貴義〉에 "子墨子南游於楚 見楚獻惠王(자묵자가 남쪽으로 楚나라에 유세하러 가서 惠王에게 책을 올리고자 하였다.)"이라 하였는데 〈'見楚獻惠王'은〉 아마도 바로 '獻書惠王'의 誤謬인 듯하다. 또 余知古의 ≪渚宮舊事≫ 권2에 또 "墨子至郢 獻書惠王 王受而讀之 曰 良書也(墨子가 郢(楚나라 都邑)에 이르러 혜왕에게 책을 바치니 혜왕이 받아 읽고 훌륭한 책이라 하였다.)"라고 하였는데, 李善이 〈≪文選注≫에서〉 인용한 글과 바로 같다. 저 글(≪渚宮舊事≫의 글)이 매우 상세하니 아마도 다 ≪묵자≫에 근본하였을 듯하지만 출처가 되는 책을 드러내지 않았기에 지금 이에 의거해 보충해 기록하지 않는다. 〈귀의〉에 자세히 설명하였다.

時不可及이요 日不可留라

지나간 때는 미칠 수가 없고, 가는 날은 머물게 할 수 없다.

見文選注라

≪文選注≫ 〈贈王粲〉에 보인다.

---

40) 見文選注 : ≪文選注≫에는 '畫衣冠 異章服 謂之戮 上世用戮 而民不犯(衣冠에 그림을 그리고 章服을 달리하는 것을 羞辱이라 하니 上古시대에는 羞辱을 줄 뿐인데도 백성들이 죄를 범하지 않았다.)'으로 되어 있다.

41) 本書貴義篇……見楚獻惠王 : 본서 5책 47-3-1에 보인다.

42) 余知古 : 唐 文宗(826~840 재위) 때 사람으로, 벼슬은 守太子校書에 이르렀다. 段成式, 溫庭筠 등과 함께 倡和한 詩를 모아 만든 ≪漢上題襟集≫과 ≪渚宮舊事≫가 있다.

備衝篇이라

備衝篇이다.

見詩正義[43)]라

≪毛詩正義≫에 보인다.

備衝[44)]**法**은 **絞善麻長八丈**하고 **內有大樹**하면 **則繫之**라가 **用斧長六尺**하여 **令有力者斬之**라

衝車를 守備하는 法은 품질 좋은 삼실을 길이 8丈이 되도록 꼬아두고 안에 큰 나무가 있으면 이를 묶어두었다가 길이 6척의 도끼를 써서 힘이 센 사람으로 하여금 자르게 한다.

見太平御覽이라 **疑備衝篇文**이라 **詒讓案 通典兵守拒法云 敵若推橦**(충)**車**어든 **我作麤**(추)**鐵鐶**하고 **竝屈桑木爲之**하여 **用索**(삭)**相連**하고 **橦頭適到**에 **速以鐶串橦頭**하여 **於其傍便處**에 **分令壯士牽之翻倒**하고 **弓弩而射**하면 **自然敗走**라하다 **案杜蓋卽本墨子遺法**이로되 **而以後世名制易之**라

≪太平御覽≫에 보인다. 아마도 ≪墨子≫ 〈備衝〉의 글인 듯하다.

詒讓案：≪通典≫ 〈兵5 守拒法〉에 "敵이 만약 衝車를 밀고 오면 我軍은 麤鐵鐶(무딘 쇠로 만든 고리)을 만들고 뽕나무를 아울러 구부려 만들고서 새끼를 사용해 서로 묶어두고 衝車 머리가 마침 닥쳐올 때 서둘러 고리로 衝車 머리를 꿰어 걸고서 그 곁의 편한 곳에 壯士들을 나누어 〈배치해〉 衝車를 끌어당겨 엎어지게 하고 쇠뇌를 당겨 쏘면 자연스럽게 敗走할 것이다."라고 하였다. 살펴보건대, 杜佑는 아마도 바로 墨子의 遺法에 근본하였으면서도 後世의 이름과 제도로 바꾼 듯하다.

申徒狄謂周公曰 賤人何可薄也리오 **周之靈珪**는 **出於土石**하고 **隋之明月**은 **出於蚌蜃**하고 **少豪大豪**는 **出於汚澤**하니 **天下諸侯皆以爲寶**라 **狄今請退也**라하다

---

43) 見詩正義：≪詩經≫ 〈大雅 皇矣〉의 孔穎達의 正義에 "≪墨子≫에 備衝篇이 있다.〔墨子有備衝之篇〕"라고 하였다.

44) 衝：橦의 假借字로 衝車를 말한다. 古代에 성을 공격할 때 성벽에 충돌하여 무너뜨리는 용도로 사용하는 兵車이다.

申徒狄이 周公에게 아뢰었다.

"賤人이 어찌 박하게 할 수 있겠습니까? 周나라의 靈珪는 土石에서 나왔고, 隋의 明月珠는 蚌蜃에서 나왔고, 少豪와 大豪는 汚澤에서 나왔으니 天下의 諸侯들 모두 보배로 여깁니다. 저는 지금 물러나기를 청합니다."

見太平御覽이라 又一引云 周公見申徒狄하고 日 賤人强氣則罰至라하니 申徒狄日 周之靈珪는 出於土(□)〔石〕[45)]하고 楚之明月은 出(□)〔於〕[46)]蚌(방)蜃하고 五象出於漢澤이라 和氏之璧과 夜光之珠와 三棘六異는 此諸侯之良寶也라하니 疑今耕柱篇脫文이라 詒讓案 此文當在佚篇中이니 今書耕柱篇雖亦有和璧隨珠三棘六異之文이나 然非申徒狄對周公語니 畢說非也라 通志氏族略引風俗通[47)]하여 云 申徒狄은 夏賢人也라하고 林寶元和姓纂[48)]說同이라 莊子外物篇에 云 湯與務光이어늘 務光怒하고 申徒狄因以踣河라하니 此卽應說所本이라 淮南子說山訓高注則云 申徒狄은 殷末人也라하고 史記鄒陽傳集解에 服虔云 申徒狄은 殷之末世人也라하고 索隱引韋昭[49)]하여 又云 六國[50)]時人이라하고 莊子大宗師釋文亦云 申徒狄은 殷時人이라하다 案依韋說하면 則此周公或爲東西周君이라 御覽八百二引有和氏之璧語라 又韓詩外傳一及新序(士節)〔節士〕[51)]篇竝云 申徒狄日

45) (□)〔石〕: 저본에는 '□'로 되어 있으나, 《太平御覽》 권802 〈珍寶部1〉에 의거하여 '石'으로 바로잡았다.

46) (□)〔於〕: 저본에는 '□'로 되어 있으나, 《太平御覽》 권802 〈珍寶部1〉에 의거하여 '於'로 바로잡았다.

47) 風俗通 : 後漢 때 학자 應劭(153~196)의 저술로, 《風俗通義》라고도 한다. 皇霸, 正失, 愆禮, 過譽, 十反, 聲音, 窮通, 祀典, 怪神, 山澤으로 조목을 나누어 기술하였다. 내용은 대개 세상 사람들이 잘못 알고 전하는 사실을 고증하여 바로잡은 것이다. 모두 10권, 부록 1권으로 구성되어 있다.

48) 林寶元和姓纂 : 林寶는 唐나라 때 학자로, 濟南 사람이다. 대략 唐 德宗부터 穆宗까지 네 황제를 섬겼는데 어려서부터 姓氏의 학문에 조예가 깊은 것으로 알려졌다. 저서로 《元和姓纂》이 있는데 이는 당나라 때 譜牒과 성씨를 다룬 저술로, 812년에 편찬하였다. 원래 10권이었는데 原書는 失傳되었고 淸나라 때 四庫全書를 纂修할 때 永樂大全에서 輯佚하고 宋나라 鄧名世의 《古今姓氏書辨證》 등에서 빠진 부분을 보충하여 다시 18권으로 엮어내었다.

49) 韋昭 : 204~273. 字는 弘嗣이고 吳郡 雲陽(지금의 江蘇省 丹陽) 사람이다. 三國시대 유명한 사학자로, 258년 孫休가 즉위하여 五經博士와 國學을 설립하자 博士祭酒(박사좨주)가 되어 서적 편찬 및 侍講을 담당하였다. 저서로 《吳書》, 《漢書音義》, 《國語注》, 《官職訓》, 《三吳郡國志》 등이 있다.

50) 六國 : 戰國시대 강대한 7개 제후국 중에서 秦나라를 제외한 나머지 6개국으로, 楚나라, 燕나라, 齊나라, 韓나라, 魏나라, 趙나라를 가리킨다.(《戰國策》 〈趙策 2〉)

吳殺子胥하고 **陳殺泄治而滅其國**이라하니 **則狄非夏殷末人可知**라 **疑韋說近是**라

≪太平御覽≫에 보인다. 또 다른 인용문에는 "周公이 申徒狄을 보고 말하기를, '賤人이 강짜를 부리면 형벌을 받을 것이다.'라고 하니, 신도적이 아뢰기를, '周나라의 靈珪는 土石에서 나왔고, 楚나라의 明月珠는 蚌蜃에서 나왔고, 五象은 漢澤에서 나왔습니다. 和氏璧, 夜光珠, 三棘과 六異는 이것이 諸侯들의 良寶입니다.'라고 하였다." 하였으니 아마도 지금 〈耕柱〉 가운데 빠진 글인 듯하다.

詒讓案 : 이 글은 逸失된 篇에 있었을 것이니, 현전하는 ≪墨子≫ 〈耕柱〉에 비록 또한 和璧와 隨珠, 三棘과 六異의 글은 있지만 신도적이 주공에게 하는 말은 아니니 畢沅의 說은 잘못 본 것이다. ≪通志≫ 〈氏族略〉에 ≪風俗通≫을 인용하여 "신도적은 夏나라의 賢人이다."라고 하였고, 林寶의 ≪元和姓纂≫의 說이 같다. ≪莊子≫ 〈外物〉에 "湯임금이 務光에게 〈천자 자리를〉 주려 하자 무광은 이 일을 듣고 노하였고, 신도적은 이를 구실로 황하에 몸을 던졌다."라고 하였으니, 이것이 바로 應劭의 說이 근거한 것이다. ≪淮南子≫ 〈說山訓〉 高誘의 注에 "신도적은 殷나라 말엽의 사람이다."라고 하고, ≪史記≫ 〈鄒陽傳〉의 集解에 "服虔이 이르기를, '신도적은 殷나라 末世의 사람이다.'라고 하였다."라고 하고 索隱에 韋昭를 인용하여 또 '六國시대 때 사람이다.'라고 하고, ≪莊子≫ 〈大宗師〉의 ≪經典釋文≫에도 "신도적은 殷나라 때 사람이다."라고 하였으니, 살펴보건대 위소의 說에 의거하면, 여기서 주공은 어쩌면 東周나 西周의 임금인 것이다. ≪太平御覽≫ 권802에서 이 대목을 인용한 곳에 '和氏之璧'이라는 말이 있다. 또 ≪韓詩外傳≫ 권1 및 ≪新序≫ 〈節士〉에 모두 "신도적이 말하기를, '吳나라는 子胥를 죽이고 陳나라는 泄治를 죽여서 그 나라를 멸망케 하였다.'라고 하였다."라고 하였으니, 신도적은 夏나라나 殷나라 말엽의 사람이 아님을 알 수 있다. 아마도 위소의 說이 옳은 듯하다.

桀女樂三萬人이 **晨譟聞於衢**[52)]하여늘 **服文綉衣裳**이라

桀은 女樂 3만 人이 새벽부터 떠들썩하여 大路까지 들렸는데 〈이들은〉 화려하

---

51) (士節)〔節士〕: 저본에는 '士節'로 되어 있으나, ≪新序≫ 권7 〈節士〉에 의거하여 '節士'로 바로잡았다.

52) 晨譟聞於衢 : ≪管子≫ 〈輕重甲〉에는 이 대목이 '端譟晨樂聞於三衢'로 되어 있어 문맥이 통하지 않는바, 孫星衍은 ≪太平御覽≫ 권493 〈人事部134〉에서 '晨譟於端門 樂聞於三衢(새벽부터 端門에서 떠들썩하여 三衢(四通八達의 大路)에까지 음악 소리가 들렸다.)'로 되어 있는 것에 의거하여 脫誤가 있다고 보았다.

게 꾸민 비단 衣裳을 입었다.

見太平御覽[53)]이라 **詒讓案 此管子輕重甲篇文**이라 **以後御覽所引諸條**는 **似多誤以它子書語爲墨子**하니 **不甚足據也**일새 **今亦未及詳校**라

≪太平御覽≫에 보인다.

詒讓案 : 이 대목은 ≪管子≫ 〈輕重甲〉의 글이다. 이 뒤로 ≪태평어람≫에서 인용한 여러 조목은 대부분 〈畢沅이〉 잘못하여 다른 子書의 말을 ≪墨子≫로 여긴 듯하니 그리 근거할 것이 못 되기에 지금 역시 자세히 교감하지는 않는다.

秦穆王遺戎王以女樂二八한대 **戎王沈於女樂**하여 **不顧國亡**하니 **政國之禍**[54)]라

秦 穆王이 戎王에게 女樂 16명을 주자 융왕이 여악에 빠져 〈정사를〉 돌아보지 않아 나라가 망하니 나라를 다스리는 재앙이었다.

見太平御覽이라

≪太平御覽≫에 보인다.

良劍期乎利[55)]요 **不期乎莫邪**(야)[56)]라

좋은 劍은 날카롭기를 바라지, 莫邪라는 이름을 바라지 않는다.

見太平御覽이라

≪太平御覽≫에 보인다.

禹造粉[57)]이라

禹 임금이 가루를 만들었다.

---

53) 見太平御覽 : 四庫全書本 ≪太平御覽≫ 권82 〈皇王部7〉에는 '墨子曰'로 되어 있는데, 四部叢刊本 ≪太平御覽≫ 〈皇王部7〉에는 '管子曰'로 되어 있다.

54) 沈於女樂……政國之禍 : ≪韓非子≫ 〈十過〉에는 '耽於女樂 不顧國政 亡國之禍也(여악에 탐닉하여 국정을 돌보지 않으면 이는 나라를 멸망시키는 禍亂이다.)'로 되어 있다.

55) 利 : ≪呂氏春秋≫ 〈愼大覽 察今〉에는 '斷'으로 되어 있다.

56) 莫邪(야) : 본래 春秋時代 吳나라의 칼 만드는 匠人 이름으로, 역시 장인 이름이기도 한 干將과 병칭하는 천하의 寶劍이다. 鏌鋣, 鏌邪, 莫耶, 莫射 등으로도 쓴다.

57) 禹造粉 : 畢沅은 이 句가 본서 3책 〈非儒 下〉 39-5-5에 있어야 한다고 하였다.

見太平御覽이라

≪太平御覽≫에 보인다.

子禽問曰

禽子가 여쭙기를,

詒讓案 **疑當作禽子**라

詒讓案 : 〈'子禽'은〉 아마도 '禽子'가 되어야 할 듯하다.

多言有益乎잇가한대 **墨子曰 蝦蟆**(하마)**蛙**(**蠅**)〔**黽**(맹)〕

"말을 많이 하는 것이 유익합니까?"라고 하자, 墨子께서 말씀하셨다. "개구리와 두꺼비가

詒讓案 **當作**黽이라

詒讓案 : 〈'蠅'은〉 '黽'이 되어야 한다.

日夜而鳴하여 **舌乾**(간)(檘)〔擗〕[58]**然而不聽**이라

밤낮으로 울어서 혀가 말라 찢어질 듯해도 듣지 않는다.

一引作口乾而人不聽之라

어떤 곳의 인용문에는 '口乾而人不聽之(입이 말라도 사람들이 듣지 않는다.)'로 되어 있다.

今鶴雞時夜[59]**而鳴**이면 **天下振動**이라 **多言何益**이리오 **唯其言之時也**라하다

그런데 지금 학과 닭이 밤 시각을 맞춰 울면 天下가 振動하니 말을 많이 하는 것이 무엇이 유익하겠는가. 오직 때에 맞게 말할 뿐이다."

---

58) (檘)〔擗〕 : 저본에는 '檘'으로 되어 있으나, ≪太平御覽≫ 권390 〈人事部31 言語〉에 의거하여 '擗'으로 바로잡았다.

59) 時夜 : 밤 시각을 맞춰 우는 것으로, 닭의 별칭으로 쓰이는데, ≪莊子≫ 〈齊物論〉에서 "달걀을 보고는 밤 시각을 맞춰 울어주기를 바라고, 탄환을 보고는 올빼미 구이를 생각한다.〔見卵而求時夜 見彈而求鴞炙〕"라고 한 데서 온 말이다.

見太平御覽[60)]이라

≪太平御覽≫에 보인다.

昔夏之衰也에 **有推侈大戲**하고 **殷之衰也**에 **有費仲惡來**한대 **足走千里**요 **手制**[61)]**兕虎**라

옛날 夏나라가 망할 때 推侈와 大戲가 있었고 殷나라가 망할 때 費仲과 惡來가 있었는데 발은 천리를 달리고 손으로 코뿔소와 범을 제압하였다.

見太平御覽이라 **詒讓案 此晏子春秋諫上篇文**[62)]이라

≪太平御覽≫에 보인다.

詒讓案 : 이 대목은 ≪晏子春秋≫ 〈內篇 諫上〉의 글이다.

神機陰(開)〔閉〕[63)]하여 **剞**(劂(계))〔劂(궐)〕**無跡**은 **人巧之妙也**로되 **而治世不以爲民業**이라

神妙한 機械가 감춰져 있어 깎고 다듬은 痕迹이 없음은 사람의 技巧가 高妙한 것이지만 治世의 〈임금은〉 이를 백성들의 직업으로 삼지 않는다.

詒讓案 此淮南子齊俗訓文이라 **劂**는 **彼作劂**하니 **此誤**라

詒讓案 : 이 대목은 ≪淮南子≫ 〈齊俗訓〉의 글이다. '劂'는 그곳에 '劂'로 되어 있으니 이곳은 誤字이다.

---

60) 見太平御覽 : ≪太平御覽≫ 권390 〈人事部31 言語〉를 가리키는데, 同書 권949 〈蟲豸部6 蝦蟆〉에는 '文子曰 禽子問曰 多言有益乎 墨子曰 蝦蟆蛙黽 日夜恒鳴 口乾舌擗 而人不聽 今觀晨雞 待旦而鳴 天下倶動 多言何益 惟言之時也(문자가 말하였다. "禽子가 여쭙기를, '말을 많이 하는 것이 유익합니까?'라고 하자, 墨子께서 말씀하셨다. '개구리와 두꺼비가 밤낮으로 늘 울어서 입이 마르고 혀가 찢어질 듯해도 사람들이 듣지 않는다. 그런데 지금 보건대 새벽닭이 밤 시각을 맞춰 울면 天下가 모두 振動하니 말을 많이 하는 것이 무엇이 유익하겠는가. 오직 때에 맞게 말할 뿐이다.'")'로 되어 있다.

61) 制 : ≪晏子春秋≫ 〈內篇 諫上〉에는 '裂'로 되어 있다.

62) 此晏子春秋諫上篇文 : 이 글과 비슷한 내용이 ≪墨子≫ 〈明鬼 下〉에도 보인다.

63) (開)〔閉〕: 저본과 ≪太平御覽≫ 권752 〈工藝部9 巧〉에는 '開'로 되어 있으나, ≪淮南子≫ 〈齊俗訓〉에 의거하여 '閉'로 바로잡았다.

工人下漆而上丹則可커니와 **下丹而上漆則不可**라 **萬事由此也**라

工匠이 〈木器에〉 먼저 黑漆을 바르고 나서 丹色을 바르면 단색이 나오지만, 먼저 단색을 바르고 나서 흑칠을 바르면 丹色이 나오지 않는다. 萬事가 이와 같다.

詒讓案 **此淮南子說山訓文**이라

詒讓案 : 이 대목은 ≪淮南子≫ 〈說山訓〉의 글이다.

神明鉤繩者는 **乃巧之具也**요 **而非所以爲巧**라

神明한 곱자와 먹줄은 바로 精巧하게 만드는 工具이지 技巧를 얻게 하는 것이 아니다.

詒讓案 **此淮南子齊俗訓文**어늘 **神明作規矩**라

詒讓案 : 이 대목은 ≪淮南子≫ 〈齊俗訓〉의 글인데, 〈그곳에〉 '神明'은 '規矩'로 되어 있다.

繩(먹줄)

神明之事不可以智巧爲也요 **不可以功**[64]**力致也**라 **天地所包**요 **陰陽所嘔**요 **雨露所濡**하여 **以生萬殊**[65]라 **翡翠瑇瑁**(대현)**碧玉珠**[66]는 **文采明朗**하고 **澤**[67]**若濡**하여 **摩而不玩**[68]하고 **久而不渝**하여 **奚仲**[69]**不能放**하고 **魯般**[70]**弗能造**하니 **此之**[71]**大巧**라

神明의 일은 智巧로 해낼 수 없고, 功力으로 불러올 수 없다. 天地가 포용하고 陰陽이 길러주고 雨露가 적셔주어 萬物을 産生한다. 翡翠, 玳瑁, 碧, 玉珠는 文采가 선명하고 潤澤이 미끈하여 문질러도 상하지 않고 오래되어도 변하지 않아 奚仲도 모방할 수 없고 魯般도 제조할 수 없으니 이것을 大巧라 한다.

---

64) 功 : ≪淮南子≫ 〈泰族訓〉에는 '筋'으로 되어 있다.
65) 以生萬殊 : ≪淮南子≫ 〈泰族訓〉에는 '化生萬物'로 되어 있다.
66) 翡翠瑇瑁碧玉珠 : ≪淮南子≫ 〈泰族訓〉에는 '瑤碧玉珠翡翠玳瑁'로 되어 있다.
67) 澤 : ≪淮南子≫ 〈泰族訓〉에는 앞에 '潤'이 더 있다.
68) 玩 : 馬宗霍은 ≪淮南舊注參證≫에서 '刓'으로 교감하였는데, 문맥이 통하지 않아 이를 따라 번역하였다.
69) 奚仲 : 黃帝의 후손으로, 任姓인데 夏나라의 車正이 되어 수레를 처음 만든 자이다.
70) 魯般 : 公輸子로, 魯 哀公 때 기술자이다.
71) 之 : ≪淮南子≫ 〈泰族訓〉에는 뒤에 '謂'가 더 있다.

詒讓案 此淮南子泰族訓文이라

詒讓案 : 이 대목은 ≪淮南子≫ 〈泰族訓〉의 글이다.

夫至巧不用劍[72]이라 大匠(大)不斲(착)이라

무릇 지극한 技巧가 있는 〈工匠은〉 칼을 쓰지 않는다. 뛰어난 匠人은 〈목재를〉 베지 않는다.

詒讓案 此淮南子說林訓文이니 下大字衍이라

詒讓案 : 이 대목은 ≪淮南子≫ 〈說林訓〉의 글이니, 뒤의 '大'자는 잘못 들어간 것이다.

夫物有以自然하니 而後人事有治也라 故大[73]匠不能斲金이요 巧治不能鑠(삭)木이니 金之勢不可斲이요 而木之性不可鑠也라 埏埴(선식)以爲器하고 刳[74]木而爲舟하고 爍(삭)鐵而爲刃하고 鑄金而爲鐘은 因其可也라

무릇 萬物은 스스로 그러한 固有의 성질이 있으니 〈이를 따른〉 뒤에야 사람이 加工할 수 있다. 그러므로 뛰어난 목수도 쇠를 찍어 벨 수 없고, 솜씨 좋은 대장장이도 나무를 녹일 수 없으니 쇠의 경향은 찍어 벨 수 없고 나무의 성질은 녹일 수 없는 법이다. 찰흙을 이겨서 그릇을 만들고 나무를 깎아서 배를 만들고 철광석을 녹여서 칼을 만들고 쇠를 주조해 종을 만드는 것은 저마다 맞는 특성을 따르는 것이다.

見太平御覽하여늘 而文不似墨子하니 或恐誤引他書라 詒讓案 末條淮南子泰族訓文이라

≪太平御覽≫에 보이는데 文體가 ≪墨子≫답지 않으니, 어쩌면 다른 책을 잘못 인용한 듯도 하다.

詒讓案 : 마지막 조문은 ≪淮南子≫ 〈泰族訓〉의 글이다.

---

72) 夫至巧不用劍 : ≪淮南子≫ 〈說山訓〉에 나오는 말로, 王念孫은 王引之를 인용하면서 '劍'을 '鉤繩'의 오류로 보고, 훌륭한 工匠의 기교는 곱자와 먹줄 같은 도구에 있는 것이 아니라 心手에 있다는 말이라고 하였다.

73) 大 : ≪太平御覽≫ 권752 〈工藝部9 巧〉에는 '良'으로 되어 있다.

74) 刳 : ≪淮南子≫ 〈泰族訓〉에는 '窬'로 되어 있다.

右二十一條는 **今本所脫**한대 **由沅採摭**(척)**書傳**하여 **附十五卷末**이라 **其意林所稱**은 **已見篇目考中**[75)]일새 **不更**(갱)**入也**라

이상 21條는 今本 ≪墨子≫에 빠져 있는데 내(畢沅)가 書傳에서 뽑아내는 작업을 거쳐 15권의 끝에 붙인다. ≪意林≫에서 거론한 것은 이미 〈墨子篇目考〉 속에 보여두었기에 다시 넣지 않는다.

金城湯池[76)]라

金城湯池이다.

水經[77)]**河水二酈道元**[78)]**注**라

≪水經≫ 권2 〈河水2〉 酈道元의 注이다.

釜丘[79)]라

釜丘이다.

---

75) 其意林所稱 已見篇目考中 : ≪意林≫에 있는 ≪墨子≫ 佚文은 畢沅의 〈墨子篇目考〉 '馬總意林' 條 아래 수록해두었다는 말이다.

76) 金城湯池 : 쇠처럼 튼튼한 성곽과 끓는 물로 채워진 垓子라는 말로, 견고한 요새지를 비유하는 말이다. ≪水經≫ 권2 〈河水〉에서 "또 동쪽으로 금성 윤오현의 북쪽을 지난다.〔又東過金城允吾縣北〕"라고 한 데 대한 注에 "應劭가 말하기를, '처음 城을 쌓을 때 金을 얻었으므로 金城이라 하였다.'라고 하였다. ≪漢書集註≫에서 薛瓚이 이르기를, '金은 그 堅固함을 취한 뜻이다. 그래서 ≪墨子≫에 金城湯池라는 말이 있다.'라고 하였다.〔應劭曰 初築城得金 故曰 金城也 漢書集註薛瓚云 金者取其堅固也 故墨子有金城湯池之言矣〕"라고 하였다.

77) 水經 : 중국의 주요 河流水道 137條의 정황에 대해 기술한 책으로, ≪欽定四庫全書總目≫의 提要에 따르면, 처음에 後漢의 桑欽이 편찬한 것으로 알려졌으나 맞지 않고 三國時代 사람이 편찬한 것으로 보이고, 晉나라 郭璞이 注를 낸 3권본이 唐나라 때까지 전해오다 사라졌고 北魏 말기에 酈道元이 엮은 ≪水經注≫ 40권만 전한다. ≪수경주≫는 ≪水經≫의 내용을 확충하여 편찬한 것으로, 여러 地圖와 地志를 참고하여 1,252條의 하천 수계를 기준으로 그 부근의 도시와 邑 및 역사 유적, 인물, 신화 등에 대해 수록한 종합적인 地理書이다.

78) 酈道元 : 466?~527. 北魏 范陽 涿縣 사람으로, 字는 善長이고, 范陽郡 涿縣(지금의 河北省 涿州市) 사람이다. 北魏 孝文帝 때 문신으로, 治書侍御史와 荊州刺史를 지냈다. 저서로 ≪水經注≫가 있다.

79) 釜丘 : 본서 1책 〈尙賢 中〉 9-6-9의 注에 이에 대한 내용이 보인다.

水經濟水注에 云 陶丘는 墨子以爲釜丘也라하다

≪水經≫ 권7 〈濟水〉의 注에 云 "陶丘는 ≪墨子≫에서 釜丘라 하였다."라고 하였다.

使造

造物로 하여금

下疑脫物字라

〈'造'〉 뒤에 아마도 '物'자가 빠진 듯하다.

三年而成一葉인댄 天下之葉少哉인저

3년이 지나 하나의 잎을 이루게 한다면 천하의 잎이 적을 것이다.

廣弘明集[80]朱世卿法性自然論[81]이라 案 韓非子外儲說左上宋人爲玉楮葉章有此文[82]하니 或本墨子語也라

≪廣弘明集≫에 朱世卿의 〈法性自然論〉의 글이다.

案 : ≪韓非子≫ 〈外儲說 左上〉의 '宋人爲玉楮葉' 章에 이 글이 있으니, 어쩌면 ≪墨子≫의 말에 근거한 듯하다.

---

80) 廣弘明集 : 唐나라 승려 道宣(596~667)이 編撰한 作品集이다. 梁나라 僧祐(445~518)의 ≪弘明集≫을 繼承, 擴大하여 만든 책으로 매우 높은 史料 가치를 지니고 있다. ≪舊唐書≫ 〈經籍志〉에는 ≪홍명집≫과 함께 丁部 總集에 소속시켰는데 ≪홍명집≫과 체제가 조금 다른 점이 있다. ≪홍명집≫의 경우 分卷만 하고 分篇하지는 않았는데 이 책은 분권함과 동시에 뽑은 文章의 성격에 따라 歸正, 辯惑, 佛德, 法義, 僧行, 慈惻, 戒功, 啓福, 悔罪, 統歸 등 10篇으로 나누고 매 편의 앞에 小序를 두었다. 현존하는 판본은 萬曆 14년(1586) 吳惟明의 吳刻本 30권과 嘉興方冊藏本 40권의 두 종이 있다.

81) 朱世卿法性自然論 : 朱世卿은 南朝 陳나라 사람으로, 생애는 알 수 없고 다만 그가 지은 〈法性自然論〉을 통해 無神論 사상가임을 알 수 있을 뿐이다. 이 글은 萬法과 萬性은 모두 自然의 이치일 뿐, 大道는 主宰가 없고 조작하는 자가 있지 않다는 관점을 피력하고 있다.

82) 韓非子外儲說左上宋人爲玉楮葉章有此文 : '宋人爲玉楮葉' 章은 〈外儲說 左上〉이 아니라 〈喻老〉에 있는데, '列子聞之曰 使天地三年而成一葉 則物之有葉者寡矣(열자가 이를 듣고 말하기를, "天地로 하여금 3년이 지나 하나의 잎을 이루게 한다면 식물 가운데 잎이 있는 것이 적을 것이다."라고 하였다.)'로 되어 있어 字句가 조금 다르다. 아마도 〈外儲說 左上〉에 '墨子爲木鳶 三年而成 蜚一日而敗(묵자가 나무 연을 만들되 3년이 지나 완성하고서 하루 동안 날려 보고는 망가졌다.)'이나 '客有爲周君畫莢者 三年而成(빈객 중에 周나라 군주를 위해 투명한 식물의 깍지에 그림을 그리는 자가 있었는데, 3년이 지나 완성하였다.)' 등의 구절들로 인해 孫詒讓이 착각한 듯하다.

舜葬於蒼梧之野하니 **象爲之耕**이라

舜을 蒼梧의 들에 장사 지내니 코끼리가 땅을 갈았다.

劉賡(갱)**稽瑞**[83)]라

劉賡의 ≪稽瑞≫의 글이다.

禹葬會稽하니 **鳥爲之耘**이라

禹를 會稽에 장사 지내니 새가 김을 매었다.

稽瑞라 **以上二條**[84)]**疑節葬上中二篇佚文**이나 **然說舜葬處與節葬下篇不合**[85)]하니 **未詳**이라

≪稽瑞≫의 글이다. 이상 두 조목은 아마도 〈節葬 上〉, 〈節葬 中〉 두 篇의 佚文인 듯하다. 그렇지만 舜을 장사 지낸 일을 설명한 곳은 〈節葬 下〉와 부합하지 않으니, 알 수 없다.

五星光明하여 **苣蘙**(거염)**如旗**라

五星이 光明하여 깃발처럼 빛나고 반짝였다.

稽瑞라

≪稽瑞≫의 글이다.

右六條는 **畢本無**러니 **今校增**이라

이상 6條는 畢沅本에 없는데, 지금 교감하여 덧붙인다.

---

83) 劉賡稽瑞 : 劉賡은 唐나라 사람으로, 생애는 알 수 없다. ≪稽瑞≫는 ≪史記≫, ≪山海經≫, ≪漢書≫, ≪瑞應圖≫ 등의 서적에 기록된 각종 祥瑞 현상을 모아놓은 책이다.

84) 以上二條 : 이 두 조목은 ≪論衡≫ 권4 〈書虛〉에도 '舜葬於蒼梧 象爲之耕 禹葬會稽 鳥爲之田'으로 나온다.

85) 說舜葬處與節葬下篇不合 : 본서 1책 〈節葬 下〉 25-9-8~9에는 舜임금이 서쪽으로 가 七戎을 교화시키다가 도중에 돌아가니 南己의 저자에 장사 지냈다고 하여, 이 대목과 내용이 다르다.

묵자구서 墨子舊敍

魯勝이 ≪墨辯注≫에 붙인 서문 魯勝墨辯注敍

晉書隱逸傳이라

≪晉書≫ 〈隱逸傳〉의 글이다.

名者所以別同異明是非니 **道義之門**이요 **政化之準繩也**라 **孔子曰 必也正名**이니 **名不正則事不成**[1)]이라한대 **墨子著書**하여 **作辯經以立名本**[2)]하고 **惠施公孫龍祖述其學**하여 **以正**(別)〔**刑**〕

名(이름)이란 同異를 구별하고 是非를 밝히는 방법이니 道義로 통하는 門이고 政化(政治敎化)를 펴는 준칙이다. 孔子께서 이르기를, "반드시 名(이름)을 바로잡겠으니, 名이 바르지 않으면 일이 이루어지지 않는다."라고 하셨는데, 墨子는 책을 著述하면서 ≪辯經≫을 지어 名本을 세웠고 惠施와 公孫龍은 묵자의 學說을 祖述하여 形名을 바로잡는 것으로

孫星衍校改刑이라

〈'別'은〉 孫星衍의 校勘에서 '刑'으로 고쳤다.

名顯於世라 **孟子非墨子**로되 **其辯言正辭則與墨同**이라 **荀卿莊周等皆非毁名家**로되

---

1) 孔子曰……名不正則事不成 : 衛나라에서 벼슬 살던 子路가 孔子에게 만약 위나라에서 정치를 행한다면 무엇부터 먼저 하겠느냐고 물었는데, 공자가 "반드시 이름을 바로잡겠다.〔必也正名乎〕"고 하자, 자로가 너무 오활하다고 하므로, 공자가 그를 꾸짖고서 "이름이 바르지 못하면 말이 〈이치에〉 순하지 못하고, 말이 〈이치에〉 순하지 못하면 일이 이루어지지 못한다.〔名不正則言不順 言不順則事不成〕"라고 한 데서 온 말이다.(≪論語≫ 〈子路〉)

2) 名本 : 이름과 근본, 즉 名實을 가리키거나 이름의 근본 즉 公理를 가리키는 듯하다.

而不能易其論也라 **〔名〕必有形**[3)]하니

세상에 드러났다. 孟子는 墨子를 비판하였으나 〈다른〉 말을 辯駁하고 〈잘못된〉 주장을 바로잡은 것은 묵자와 같다. 荀卿과 莊周 등이 모두 名家를 비판하였으나 그 의론을 바꾸지는 못하였다. 名에는 반드시 形이 있으니

當作名必有形이라

〈'必有形'은〉 '名必有形'이 되어야 한다.

察〔形〕

形을 살피는 데는

疑脫形字라

아마도 '形'자가 빠진 듯하다.

莫如別色이라 **故有堅白之辯**[4)]하고 **名必有分明**하니 **分明莫如有無**라 **故有無序之辯**이라 **是有不是**하고 **可有不可**하니 **是名兩可**라 **同而有異**하고 **異而有同**하니 **是之謂辯同異**라 **至同無不同**하고 **至異無不異**하니 **是謂辯同辯異**[5)]라 **同異生是非**하고 **是非生吉凶**하나니 **取辯於一物**하여 **而原極天下之汙隆**이 **名之至也**라 **自鄧析**[6)]**至秦時**히

---

3) 〔名〕必有形 : 이름이 있으면 반드시 그 실재가 있다는 말로, 사물의 槪念과 實體의 관계를 말한 것이다.

4) 堅白之辯 : 戰國시대 趙나라의 公孫龍이 주장한 堅白石의 논변으로, 그는 '돌은 하나인 것 같으나 눈으로 돌을 볼 적에는 그 빛깔이 흰 것〔白〕은 알지만 그 돌이 단단한 것〔堅〕은 모르고, 손으로 돌을 만질 적에는 그 돌이 단단한 것은 아나 빛깔이 흰 것은 모른다. 따라서 단단하고 흰 돌의 존재는 동시에 성립할 수 없다.'라고 주장하여, 돌〔石〕이라는 사물과 별개로 돌에 내재한 흼과 단단함에 대한 감각을 통해 흼과 단단함이라는 개념이 생성된다는 것을 지적하였는데, 莊子를 위시한 이들에게 진리에서 벗어난 궤변이라는 비판을 받았다.

5) 同而有異……是謂辯同辯異 : 戰國시대 宋나라의 惠施가 사물의 상대성을 주장한 同異의 논변으로, ≪莊子≫ 〈天下〉에 인용한 혜시의 말에 "크게는 같으면서 작게는 다른 것을 '조금 다르다〔小同異〕'고 하고, 만물이 物이라는 점에서는 다 같고, 개별로는 다 다른 것을 일러 '크게 다르다〔大同異〕'고 한다.〔大同而與小同異 此之謂小同異 萬物畢同畢異 此之謂大同異〕"라고 하였는바, '辯同異'는 '小同異', '辯同辯異'는 '大同異'를 가리키는 듯하다.

6) 鄧析 : 春秋時代 鄭나라 사상가로, 子産과 동시대 인물이다. ≪漢書≫ 〈藝文志〉에서는 尹文子·公孫龍과 함께 名家로 올려놓았는데, 四庫全書에는 鄧子를 法家類로 분류하였다. 정나

名家者世有篇籍하되 **率頗難知**라 **後學莫復**(부)**傳習**하여 **於今五百餘歲**에 **遂亡絶**이라 **墨辯有上下經**하고 **經各有說**하여 **凡四篇**이어늘 **與其書衆篇連第**라 **故獨存**이라 **今引說就經**하여 **各附其章**하되 **疑者闕之**라 **又采諸家雜集爲**(刑)〔形〕**名二篇**하고

色(색깔)을 구별함만 한 것이 없으므로 堅白의 논변이 있었고, 名은 반드시 分明함이 있으니 분명함은 有無만 한 것이 없으므로 유무를 차례 짓는 논변이 있었다. 옳음에도 옳지 않음이 있고 可함에도 不可함이 있으니 이는 둘다 可함이라 한다. 같으면서도 다름이 있고 다르면서도 같음이 있으니 이를 일러 辯同異라 한다. 지극한 같음은 같지 않음이 없고 지극한 다름은 다르지 않음이 없으니 이를 일러 辯同辯異라 한다. 同異는 是非를 낳고 시비는 吉凶을 낳나니 하나의 사물에서 취하여 변론해 天下의 盛衰를 끝까지 따지는 것이 名의 극치이다.

鄧析에서 秦나라 때까지 名家라는 자들이 대대로 篇籍을 지었으되 대체로 자못 이해하기 어려운지라 後學 가운데 다시 傳習하는 이가 없어 지금 5백여 년이 지나며 끝내 사라져 끊어졌다. 반면에 ≪墨辯≫은 上經과 下經이 있고 經에는 각각 說이 있어 모두 4篇인데 그 책의 여러 편들과 차례로 이어져 있으므로 〈명가 중에서〉 홀로 보존되었다. 지금 說을 끌어다 經에 나아가 각각 해당하는 章에 붙이되 의심스러운 것들은 놓아둔다. 또 여러 사람의 雜集에서 채택해 〈形名〉 2篇을 엮고

刑當作形이라

'刑'은 '形'이 되어야 한다.

略解指歸하여 **以俟君子**라 **其或興微繼絶者**면 **亦有樂乎此也**리라

대략 主旨를 해설하여 君子를 기다린다. 혹시 미미함을 일으키고 끊어짐을 잇는 자라면 또한 이 책에서 즐거움이 일어날 것이다.

라 사람들을 선동해 訟事를 일으키는 것을 일삼아 국정을 문란하게 하고 자주 자산을 비난해 처벌을 받았다는 기록이 ≪列子≫에 보이고, 能辯으로 법을 어지럽혔다는 내용이 ≪淮南子≫에 보인다.

畢沅이 ≪墨子注≫에 붙인 서문 畢沅墨子注敍

經訓堂[1)]本이라

經訓堂本이다

墨子七十一篇은 **見**(현)**漢藝文志**라 **隋以來爲十五卷目一卷**하니 **見隋經籍志**라 **宋亡九篇**하여 **爲六十一篇**이니 **見中興館閣書目**이라 **實六十三篇**이러니 **後又亡十篇**하여 **爲五十三篇**하니 **卽今本也**라 **本存道藏中**하여늘 **缺宋諱字**하니 **知卽宋本**이라 **又三卷一本**은 **卽親士至尙同十三篇**이니 **宋王應麟陳振孫等僅見此本**이라 **有樂臺注**하니 **見鄭樵通志藝文略**이어늘 **今亡**이라 **案通典言兵有守拒法**하되 **而不引墨子備城門諸篇**이라 **玉海云 後漢書注引墨子備突篇**하고 **詩正義引墨子備衝篇**이라한대 **似亦未見全書**하니 **疑其失墜久也**라 **今上開四庫館**하여 **求天下遺書**하여 **有兩江總督採進本**하니 **謹案亦與此本同**이라 **自此本以外**에 **有明刻本**이어늘 **其字少見**하고 **皆以意改**하며 **無經上下及備城門等篇**하니

≪墨子≫ 71篇이란 말은 ≪漢書≫ 〈藝文志〉에 보인다. 隋나라 이래로 15권, 目錄 1권이 되었으니, ≪隋書≫ 〈經籍志〉에 보인다. 宋나라 때 9篇을 잃어버려 61篇이 되었으니, 〈이 말은〉 ≪中興館閣書目≫에 보인다. 실제로는 63篇인데 뒤에 또 10篇을 잃어버려 53篇이 되니 바로 今本이다. 금본은 道藏 속에 보존되었는데 宋나라 皇帝의 諱字를 빼놓았으니 바로 宋本임을 알 수 있다. 또 3권으로 된 한 本은 바로 〈親士〉부터 〈尙同〉까지 13篇이니 宋나라 王應麟, 陳振孫 등은 겨우 이 本만을 보았다. 樂臺의 注가 있으니 鄭樵의 ≪通志≫ 〈藝文略〉에 보이는데 지금은 散佚되었다.

살펴보건대, ≪通典≫에 兵을 말하면서 〈守拒法〉을 두었는데 ≪墨子≫ 〈備城門〉

1) 經訓堂 : 畢沅의 호로, 乾隆 연간에 그가 進士에 狀元으로 급제한 뒤 母親과 皇帝의 가르침을 기념하는 의미로 자신의 서재를 이렇게 명명한 데서 비롯하였다.

諸篇을 인용하지 않았다. ≪玉海≫에 "≪後漢書注≫에 ≪墨子≫ 〈備突〉을 인용하고, ≪毛詩正義≫에 ≪墨子≫ 〈備衝〉을 인용하였다."라고 하였는데, 역시 ≪묵자≫ 전체를 보지는 못한 듯하니 아마도 사라져버린 지 오래된 듯하다.

지금 皇上께서 四庫館을 열어 天下의 遺書를 찾으시어 兩江總督採進本이 있으니, 삼가 살펴보건대 역시 이 本과 같다. 이 本 이외에는 明刻本이 있는데 '其'자가 드물게 보이고 모두 자기 뜻으로 고쳤으며 〈經 上〉, 〈經 下〉 및 〈備城門〉 등의 편이 없으니

詒讓案 此卽余有丁[2)]子彙本이라

詒讓案 : 이는 바로 余有丁의 子彙本이다.

蓋無足觀이라 **墨書傳述甚少**언마는 **得毋以孟子之言**으로 **轉多古言古字**아 **先是**에 **仁和盧學士文弨陽湖孫明經星衍[3)]互校此書**하여 **略有端緒**러니 **沅始集其成**이라 **因徧覽唐宋類書**와 **古今傳注所引**하여 **正其譌謬**하고 **又以知聞疏通其惑**이라 **自乾隆壬寅八月至癸卯十月**히 **踰一歲而書成**이라 **世之譏墨子以其節葬非儒說**이라 **墨者旣以節葬爲夏法**하고 **特非周制**어늘 **儒者弗用之**라 **非儒**는 **則由墨氏弟子尊其師之過**니 **其稱孔子諱及諸毁詞**는 **是非翟之言也**라

대체로 족히 볼 만한 것이 없다. ≪墨子≫는 傳述해온 자들이 몹시 적지마는 孟子의 말 때문에 古言과 古字가 도리어 많을 수 있었던 게 아니겠는가.

앞서 仁和 盧學士 文弨와 陽湖 孫明經 星衍이 이 책을 상호 교감하여 대략 端緒를 만들었는데, 내〔沅〕가 비로소 그들을 모아 大成하였다. 〈나는〉 唐宋의 類書와 古今의 傳注에 인용한 글들을 두루 열람하는 작업을 통해 그 誤謬를 바로잡고 또 지식과 견

2) 余有丁 : 1526~1584. 字는 丙仲, 號는 同麓, 시호는 文敏으로, 浙江 鄞縣 사람이다. 南宋의 名臣 余天錫의 후손으로 明나라 嘉靖 41년(1562)에 進士가 되어 戶部尙書 建極殿大學士에 이르렀다.

3) 陽湖孫明經星衍 : 孫星衍(1753~1818)을 말한다. 字는 淵如・伯淵, 號는 季逑・芳茂山人이다. 淸나라 陽湖(지금의 江蘇省 武進) 사람으로, 저명한 藏書家이자 經學者이다. 젊은 시절 楊芳燦, 洪亮吉, 黃景仁과 文學으로 뛰어난 재주를 보여 袁枚가 天下의 奇才라 일컬었다. 저서로 ≪尙書今古文注疏≫, ≪周易集解≫, ≪晏子春秋音義≫, ≪爾雅廣雅詁訓韻編)≫, ≪史記天官書考證≫ 등이 있다.

문으로 그 의혹을 疏通시켰다. 乾隆 壬寅年(1782) 8월에서 癸卯年(1783) 10월까지 1년을 넘기고서 책이 이루어졌다. 세상 사람들은 그 節葬(장례를 간소히 함)과 非儒(儒者를 비판함)의 설을 가지고 墨子를 비판한다. 그런데 墨家는 이미 節葬을 夏나라 法으로 여기고서 단지 周나라 제도를 비판한 것인데 儒者가 이를 쓰지 않은 것이다. 非儒는 墨氏의 弟子가 자기 스승을 지나치게 높인 데서 말미암은 것이니 그들이 孔子의 諱 및 폄훼하는 말들을 일컬은 것은 墨翟의 말이 아니다.

詒讓案 此論不塙하니 **詳非儒篇**[4)]이라

詒讓案 : 이 의론은 정확하지 않으니, 〈非儒〉에 자세히 설명하였다.

案他篇亦稱孔子하고 **亦稱仲尼**하고 **又以爲孔子言亦當而不可易**하니 **是翟未嘗非孔**이라 **孔子之言多見**(현)**論語家語**[5)]**及他緯書**[6)]**傳注**로되 **亦無斥墨詞**라

다른 篇들을 살펴보면 또한 '孔子'를 일컫기도 하고 또한 '仲尼'를 일컫기도 하며 또 공자의 말씀이 역시 합당하여 바꿀 수 없다고도 하였으니 이는 墨翟이 공자를 비판한 적이 없는 것이다. 공자의 말씀이 ≪論語≫, ≪孔子家語≫ 및 다른 緯書의 傳注에 많이 보이는데 역시 묵적을 배척하는 말이 없다.

詒讓案 墨子蓋生於哀悼閒(간)하여 **較之七十子尙略後**[7)]하니 **孔子安得斥之**리오 **此論甚謬**라

詒讓案 : 墨子는 대체로 〈魯나라〉 哀公(B.C. 494~B.C. 468 재위)과 悼公(B.C. 467~B.C. 431 재위) 사이에 태어나 七十子에게 비교해도 오히려 조금 뒤이니 공자가 어떻게 배척할 수 있었겠는가. 이 의론은 매우 잘못되었다.

---

4) 詳非儒篇 : 본서 3책 〈非儒 下〉 서두에 나오는 畢沅의 말에 대한 孫詒讓의 按說에 보인다.

5) 家語 : ≪孔子家語≫를 일컫는 것으로, 孔子의 사상과 생애를 기술한 책이다. 戰國 말기에서 漢나라 초기에 걸쳐 편찬되었고, 뒤에 王肅이 27권으로 정리했는데 현재 10권이 남아 있다.

6) 緯書 : 漢나라 때 方士化된 儒生들이 儒家의 經義에 附會하여 인간사의 吉凶이나 興亡을 예언한 책으로, 經書에 상대하여 나온 명칭이다. 대체로 유가의 六經과 ≪孝經≫에 의탁한 것이 있어 특히 七緯라 한다.

7) 墨子蓋生於哀悼閒(간) 較之七十子尙略後 : 孫詒讓은 墨子의 生沒年과 관련하여 'B.C. 468~B.C. 376' 설을 주장하였는바, 孔子(B.C. 551~B.C. 479)뿐만 아니라 七十子보다도 뒤에 태어났다고 여긴 것이다.

至孟子始云 能言距楊墨者는 聖人之徒라하고 又云 楊墨之道不息이면 孔子之道不著[8)]라하니 蓋必當時爲墨學者가 流於橫議하여 或類非儒篇所說일새 孟子始嫉之라 故韓非子顯學에 云 墨離爲三하여 取舍相反不同하여 而皆自謂眞孔墨[9)]이라하고 韓愈云 辯生于末學이 各務售其師之說이요 非二師之道本然이라하니 其知此也라 今惟親士脩身及經上經下는 疑翟自著요 餘篇稱子墨子하고 耕柱篇竝稱子禽子하니 則是門人小子記錄所聞일새 以是古書不可忽也라 且其魯問篇에 曰 凡入國하얀 必擇務而從事焉이라 國家昏亂인댄 則語之尙賢尙同하고 國家貧인댄 則語之節用節葬하고 國家憙音湛湎인댄 則語之非樂非命하고 國家淫僻無禮인댄 則語之尊天事鬼하고 國家務奪侵凌인댄 則語之兼愛[10)]라하여늘 是亦通達經權하니 不可訾(자)議라 又其備城門諸篇은 皆古兵家言이니 有寔(식)用焉이라 書稱中山諸國亡於燕代胡貊之間하여늘

孟子에 이르러 비로소 "楊朱와 墨翟의 도를 막을 것을 말할 수 있는 자는 성인의 무리이다."라고 하고, 또 "양주와 묵적의 도가 종식되지 않으면 공자의 도가 드러나지 못할 것이다."라고 하였으니, 아마도 필시 당시 墨學을 하던 자들이 멋대로 의론하는 데 빠져 더러 〈非儒〉에서 말한 것과 비슷하였기에 맹자가 처음 이를 미워한 듯하다. 그래서 ≪韓非子≫ 〈顯學〉에 "墨家는 나뉘어 셋이 되어 取舍한 것이 상반되어 같지 않으면서 모두 저마다 자신이 진정한 儒家이며 묵가라고 말한다."라고 하고, 韓愈가 이르기를, "〈儒家와 墨家의〉 論爭은 後學들이 각각 그 스승의 學說이 실현되도록 힘쓴 데서 생긴 것이지 두 스승의 道가 본래 그러했던 것이 아니다."라고 하였으니, 그들은 이를 안 것이다.

지금 오직 〈親士〉, 〈脩身〉 및 〈經 上〉, 〈經 下〉만 아마도 묵적이 직접 지은 듯하고 나머지 편들에서 '子墨子'를 일컫고 〈耕柱〉에서는 아울러 '子禽子'를 일컫고 있으니 이는 門人 小子들이 〈묵적에게〉 들은 바를 기록한 것이기에 이 때문에 古書를 소홀히 할 수 없다.

---

8) 至孟子始云……孔子之道不著 : 모두 ≪孟子≫ 〈滕文公 下〉에 나오는 말이다.

9) 墨離爲三……而皆自謂眞孔墨 : ≪韓非子≫ 〈顯學〉의 이 인용문 앞을 보면, 墨子 사후에 相里氏, 相夫氏, 鄧陵氏의 墨家가 있다고 하고 儒家는 여덟으로 나뉘었다고 하였다.

10) 凡入國……則語之兼愛 : 본서 5책 〈節葬 下〉 49-15-3~5에 보이는데, 그곳에는 '兼愛' 뒤에 '非攻'이 있다.

그리고 〈魯問〉에서 "무릇 한 나라에 들어가서는 반드시 緊要한 일을 택하여 해 나가야 한다. 나라가 혼란스러우면 尙賢과 尙同의 道理를 말하고, 나라가 가난하면 節用과 節葬의 도리를 말하고, 나라가 음악과 술에 빠져 있으면 非樂과 非命의 도리를 말하고, 나라가 음란하고 무례하면 尊天과 事鬼의 도리를 말하고, 나라가 약탈과 침략에 힘을 쓰면 兼愛의 도리를 말한다."라고 하였는데, 이 대목 또한 經道와 權道에 通達하였으니 헐뜯어 비판할 수 없다. 또 〈備城門〉 諸篇은 모두 古代 兵家의 말로, 실제 쓰임이 있었다. ≪묵자≫에서 中山 諸國이 燕나라・代나라・胡・貊의 사이에서 멸망당하였다고 하였는데,

詒讓案 此非攻中篇文이니 **舊本作且不著何**하여늘 **當爲柤**(자)**不屠何**라 **明人不解**하고 **妄改爲中山諸國**하고 **畢氏亦沿其謬**라 **詳本篇**[11]이라

詒讓案 : 이('中山諸國')는 〈非攻 中〉의 글이니 舊本에 '且不著何'로 되어 있는데 '柤不屠何(柤나라와 不屠何)'가 되어야 한다. 그런데 明나라 사람이 이해하지 못하고 '中山諸國'으로 함부로 고쳤고, 畢沅 역시 그 오류를 답습하였다. 本篇에 자세히 설명하였다.

攷中山之滅在趙惠文王四年이라 **當周赧**(난)**王二十年**이니 **則翟寔六國**[12]**時人**이니 **至周末猶存**이라 **故史記云 或曰竝孔子時**라하고 **或曰在其後**라하고 **班固亦云 在孔子後**라하다 **司馬貞按別錄云 墨子書有文子**하여늘 **文子**는 **子夏之弟子**니 **問於墨子**라 **如此則墨子者在七十子後**라하다 **李善引抱朴子**하여 **亦云 孔子時人**이어늘 **或云在其後**라 **今按其人在七十子後**라하다

상고하건대, 中山이 멸망한 때는 趙 惠文王 4년에 있었던 일이라 周 赧王 20년(B.C. 295)에 해당하니 墨翟은 실로 六國시대 사람으로, 周나라 말엽까지도 살아 있었다. 그래서 ≪史記≫ 〈孟子荀卿列傳〉에 "어떤 이는 孔子가 살던 때 함께하였다고도 하고 어떤 이는 공자 뒤에 살았다고도 한다."라고 하였다. 班固(≪漢書≫ 〈藝文志〉) 또한 "공자 뒤에 살았다."라고 하였다. 司馬貞(≪史記索隱≫)은 "살펴보건대, ≪別錄≫에 '≪墨子≫에 文子가 나오는데, 문자는 바로 子夏의 제자로, 묵자에

---

11) 詳本篇 : 본서 1책 18-4-13~14에 보인다.

12) 六國 : 戰國時代에 강대한 7개 제후국 중에서 秦나라를 제외한 나머지 6개국이었던 楚, 燕, 齊, 韓, 魏, 趙를 가리킨다.(≪戰國策≫ 〈趙策2〉)

게 물은 것이다. 이와 같다면 묵자라는 자는 〈시기적으로〉 칠십자의 뒤에 있다.' 라고 하였다."라고 하였다. 李善은 ≪抱朴子≫를 인용하면서 역시 "孔子가 살던 때 사람인데, 어떤 이는 공자 뒤에 살았다고도 한다. 지금 살펴보건대, 묵적은 칠십자 뒤에 살았다."라고 하였다.

詒讓案 文選長笛賦注라

詒讓案 : 〈李善의 말은〉 ≪文選≫ 〈長笛賦〉의 注이다.

若史記鄒陽傳에 **鄒陽曰 宋信子**罕(한)**之計而囚墨翟**이라하여늘 **司馬貞云 漢書作子冉**이어늘 **不知子冉是何人**이라 **文穎**[13]**曰 子冉**은 **子**罕**也**라 **荀卿傳云 墨翟**은 **孔子時人**이어늘 **或云在孔子後**라하다 **又襄公二十九年左傳**에 **宋饑**한대 **子**罕**請出粟**[14]이라하여늘 **時孔子適八歲**니 **則墨翟與子**罕**不得相輩**라 **或以子冉爲是**하여늘 **不知如何也**라하다 **又文選亦作子冉**이어늘 **注云 文子曰 子**罕**也**라하다 **冉音任**이라 **善曰 未詳**이라하여늘

이를테면 ≪史記≫ 〈鄒陽傳〉에서 鄒陽이 이르기를, "宋나라는 子罕의 계략을 믿고서 墨翟을 가두었다.〔宋信子罕之計而囚墨翟〕"라고 하였는데, 司馬貞이 "≪漢書≫에는 〈'子罕'이〉 '子冉'으로 되어 있는데, 子冉이 어떤 사람인지는 모르겠다. 文穎이 '子冉은 子罕이다.'라고 하였다. ≪史記≫ 〈荀卿傳〉에서 '묵적은 孔子가 살던 때 사람인데, 어떤 이는 공자 뒤에 살았다고도 한다.'라고 하였다. 또 ≪春秋左氏傳≫ 襄公 29년에 '宋나라에 기근이 들자, 자한이 糧穀을 내주기를 청하였다.〔宋饑 子罕請出粟〕'라고 하였는데, 이때 공자는 마침 8세였으니 묵적과 子罕이 서로 연배가 비슷할 수가 없다. 혹자는 子冉으로 보는 것이 옳다고 하는데 어떤지는 모르겠다."라고 하였다. 또 ≪文選≫ 〈獄中上書自明〉에도 '子冉'으로 되어 있는데, 그 注

---

13) 文穎 : 생몰년 미상. 자는 叔長이다. 後漢 말 南陽 사람으로, 建安 연간(196~219)에 甘陵府丞을 지냈다.

14) 襄公二十九年左傳……子罕請出粟 : ≪春秋左氏傳≫ 襄公 29년에는 "宋나라 司城子罕이 이 말을 듣고 말하기를 '善人을 가까이하는 것이 백성들의 바람이다.'라고 하였다. 宋나라에도 饑饉이 들자, 자한은 宋 平公에게 청하여 公室의 糧穀을 내어 백성들에게 貸與하게 하고, 大夫들에게도 모두 양곡을 대여하게 하였다.〔宋司城子罕聞之 曰 隣於善 民之望也 宋亦饑 請於平公 出公粟以貸 使大夫皆貸〕"라고 하여 字句의 出入이 있다.

에 "文子는 〈子冉을〉 子罕이라 하였다. '冉'은 聲音이 '任'이다. 나(李善)는 알 수 없다고 생각한다."라고 하였는데,

詒讓案 文選鄒陽獄中上書自明에 注誤以文穎爲文子라 冉音任亦有誤라

詒讓案：≪文選≫의 鄒陽의 〈獄中上書自明〉에서 注가 '文穎'을 '文子'로 잘못 보았다. '冉音任' 역시 誤謬가 있다.

沅亦不能定其時事라 **又司馬遷班固以爲翟宋大夫**하고 **葛洪以爲宋人者**는 **以公輸篇有爲宋守之事**일새라 **高誘注呂氏春秋以爲魯人**이어늘 **則是楚魯陽**이니 **漢南陽縣**이 **在魯山之陽**이라 **本書多有魯陽文君**[15]**問答**하고 **又亟**(기)**稱楚四竟**이라 **非魯衛之魯**[16]니 **不可不察也**라 **先秦之書**는 **字少假借**러니 **後乃偏旁相益**이라 **若本書**는 **源流之字作原**하고 **一又作源**하며 **金以溢爲名之字作益**하고 **一又作鎰**[17]하며 **四竟之字作竟**하고 **一又作境**하니 **皆傳寫者亂之**요 **非舊文**이라 **乃若賊敚**(살)**百姓之爲殺字古文**[18]과 **遂而不反**은 **合於遂亡之訓**[19]과 **關叔之卽管叔**은 **寔足以證聲音文字訓詁之學**이어늘 **好古者幸存其舊云**이라 **如其疏略**은 **以俟敏求君子**하노라

나(畢沅) 역시 그때 일을 확정할 수 없다. 또 司馬遷과 班固가 墨翟이 宋나라 大夫라 하고 葛洪이 〈그를〉 宋나라 사람으로 여긴 것은 〈公輸〉에 宋나라를 위해 守備한 일이 있기 때문이다. 高誘가 ≪呂氏春秋≫에 注를 내면서 魯人이라 하였는데, 이는 楚나라 魯陽이니 漢의 南陽縣이 魯山의 남쪽〔陽〕에 있다. 本書에 魯陽 文君의 問答이 많이 있고 또 楚나라 四方을 자주 일컬은지라 魯衛의 魯가 아니니 살

15) 魯陽文君：본서 5책 46-11-1, 49-1-1 등에 보인다. 魯陽 文子라고도 하는데 뒤의 汪中의 〈墨子序〉에도 보인다.

16) 魯衛之魯：魯나라는 周公의 封國이고 衛나라는 주공의 아우 康叔의 봉국으로, 孔子가 "노나라와 위나라의 정사는 형제간이로다.〔魯衛之政 兄弟也〕"라고 하였다.(≪論語≫ 〈子路〉)

17) 金以溢爲名之字作益 一又作鎰：본서 1책 1-5-3에 보이는데, 孫詒讓은 이에 대해 반박하였다.

18) 賊敚百姓之爲殺字古文：본서 5책 49-3-4에 보인다.

19) 遂而不反 合於遂亡之訓：본서 5책 47-18-5에는 '不遂而反焉'이 있는데, 이를 말하는 것이 아니라 같은 책 49-19-6의 '遂而不爲'를 말하는 것으로, 畢沅은 ≪說文解字≫에 있는 "'遂'는 도망한다〔亡〕는 뜻이다."라는 훈고를 들어 풀이하였는데, 孫詒讓은 이를 반박하여 '遂'를 '마침내'의 뜻으로 보고 뒤에 '死'자가 생략된 것으로 보았다.

피지 않아서는 안 된다.

先秦의 書冊은 글자가 적어 假借하였는데 후대에 비로소 偏旁을 덧붙였다. 이를테면 本書에서 源流라는 뜻의 글자는 '原'으로 되어 있고 한편으로 '源'으로도 되어 있으며, 黃金은 '溢'로써 단위의 명칭으로 삼는 글자는 '益'으로 되어 있고 한편으로 '鎰'로도 되어 있으며, 四竟(사방)이라는 뜻의 글자는 '竟'으로 되어 있고 한편으로 '境'으로도 되어 있으니 모두 옮겨 베낀 자들이 어지럽게 한 것이지 舊文이 아니다. 한편 이를테면 '賊敚百姓(백성을 죽이다)'에서 〈'敚'이〉 '殺'자의 古字가 되는 것과 '遂而不爲'에서 '遂'는 도망한다〔亡〕는 訓詁에 부합하는 것과 '關叔'이 바로 '管叔'이라는 것들은 참으로 족히 聲音, 文字, 訓詁의 학문을 증명할 만한데 옛것을 좋아하는 자들이 다행히 그 옛 모습을 보존하였다. 내 주석이 소략한 데 대해서는 부지런히 찾는 君子를 기다린다.

乾隆四十八年歲在昭陽單閼(선알)**涂月**에 **敍於西安節署之環香閣**이라

乾隆 48년 癸卯年(1783) 12월에 西安 官衙의 環香閣에서 서문을 쓴다.

孫星衍이 ≪墨子注≫에 붙인 後敍　孫星衍墨子注後敍

經訓堂本이라

經訓堂本이다.

乾隆四十八年癸卯十二月에 弇山先生旣刊所注墨子成하고 以星衍涉于諸子之學이라하여 命作後敍라 星衍以固陋辭로되 不獲命하여 敍曰

乾隆 48년(1783) 계묘년 12월에 弇山先生(畢沅)이 注를 낸 ≪墨子≫를 간행하고 나서 내〔星衍〕가 諸子의 학문을 하였다고 하여 後敍를 지어달라 하셨다. 나는 固陋한 식견을 핑계로 사양하였지만 받아들여지지 않아 다음과 같이 후서를 짓는다.

墨子與孔異者는 其學出于夏禮라 司馬遷稱其善守禦하고 爲節用하고 班固稱其貴儉兼愛上賢明鬼非命上同이라 此其所長이어늘 而皆不知墨學之所出이라 淮南王[1] 知之하여 其作要略訓에 云 墨子學儒者之業하고 受孔子之術하되 以爲其禮煩擾而不說(열)하고 厚葬靡財而貧民하고 服[2]傷生而害事라 故背周道而用夏政이라하니 其識過于遷固라 古人不虛作이니 諸子之敎或本夏어나 或本殷이라 故韓非著書亦載棄灰之法[3]이라 墨子有節用하니 節用은 禹之敎也라 孔子曰 禹菲飮食하고 惡衣服하고 卑宮室하니 吾無閒(간)然[4]이라하고 又曰 禮與其奢寧儉[5]이라하고 又曰 道千乘之國하되

---

1) 淮南王 : 劉安(B.C. 179~B.C. 122)으로, 漢 高祖의 손자이다. 아버지 劉長의 封號를 承襲하여 회남왕에 봉해졌다. 武帝의 신임을 받았으나 田蚡과 모반을 꾀하다 발각되어 자살하였다. 賓客과 方士 수천 명을 불러 지었다고 하는 ≪淮南子≫가 유명하다.(≪漢書≫ 권44 〈淮南厲王劉長傳〉)

2) 服 : 王念孫은 앞에 '久'자를 보충해야 한다고 하였는데, 이를 따라 번역하였다.

3) 韓非著書亦載棄灰之法 : ≪韓非子≫ 〈內儲說 上〉에 "殷나라 법에 길에 재를 버린 자에게 형벌을 내렸는데 子貢이 너무 지나치다 여겨 仲尼에게 여쭈니 중니가 대답하기를 '다스리는 道를 알았던 것이다.'라고 하였다.〔殷之法 刑棄灰於街者 子貢以爲重 問之仲尼 仲尼曰 知治之道也〕"라고 하였다. 그런 뒤에 공자는 이 법의 의의에 대해 문답을 통해 설명하였다.

節用[6]이라하니 **是孔子未嘗非之**라 **又有明鬼**하니 **是致孝鬼神之義**요 **兼愛**는 **是盡力溝洫之義**라 **孟子稱墨子摩頂放踵**하여 **利天下爲之**[7]하고 **而莊子稱禹親自操橐耜**(탁사)하여 **而雜天下之川**할새 **腓無胈**하며 **脛無毛**하며 **(沭)〔沐〕甚(風)〔雨〕**하며 **櫛**(즐)**(甚雨)〔疾風〕**[8]이라 **列子稱禹身體偏枯**하고 **手足胼胝**(변지)[9]라 **呂不韋稱禹憂其黔首**하여 **顏色黎墨**하고 **竅藏不通**하고 **步不相過**[10]라 **皆與書傳所云 予弗子**하고 **惟荒度**(탁)**土功**[11]과 **三過其門而不入**[12]과 **思天下有溺者猶己溺之**[13]**同**이라 **其節葬**은 **亦禹法也**라 **尸子稱禹之喪法死於陵者葬於陵**하고 **死於澤者葬於澤**하니 **桐棺三寸**이요 **制喪三(日)〔月〕**이라하여늘

墨子가 孔子와 다른 점은 그 학문이 夏나라 禮에서 나왔다는 것이다. 司馬遷은 그가 守備를 잘하고 節用을 행한 것을 일컬얻고, 班固는 그의 貴儉, 兼愛, 上賢, 明鬼, 非命, 上同을 일컬었다. 이것들은 그가 잘하는 점들인데 둘 모두 墨學의 출처를 몰랐다. 그런데 淮南王은 이를 알아서 그가 지은 〈要略訓〉에 "묵자는 儒者의 事業을 배우고 공자의 學術을 수업하였으되 그 禮는 번거로워서 즐겁지 않고 성대한 장례는 재물을 소모하여 백성을 가난하게 하고 〈오랜〉 服喪은 삶을 해치고 일상의 일에 지장을 준다 여겼으므로 周나라의 禮法을 버리고 夏나라의 制度를 썼다."라고 하였으니, 그의 식견은 사마천이나 반고를 뛰어넘는다. 古人은 근거 없이 만들어

---

4) 孔子曰……吾無閒(간)然 : 孔子가 이르기를, "禹임금은 내가 흠잡을 수 없도다. 먹는 음식은 간소하게 하면서 〈조상의〉 귀신에게 효성을 극진히 하며, 입는 의복은 검소하게 하면서 祭服에는 아름다움을 극진히 하며, 사는 집은 낮게 하면서 治水 사업에는 힘을 다하였으니, 나는 禹임금을 흠잡을 수 없다.〔禹吾無間然矣 菲飮食而致孝乎鬼神 惡衣服而致美乎黻冕 卑宮室而盡力乎溝洫 禹吾無間然矣〕"라고 한 데서 온 말이다.(≪論語≫ 〈泰伯〉)

5) 禮與其奢寧儉 : ≪論語≫ 〈八佾〉에 보인다.

6) 道千乘之國 節用 : ≪論語≫ 〈學而〉에 보인다.

7) 孟子稱墨子摩頂放踵 利天下爲之 : ≪孟子≫ 〈盡心 上〉에 보인다.

8) 莊子稱禹親自操橐耜……櫛(甚雨)〔疾風〕 : ≪莊子≫ 〈天地〉에서 墨子의 말로 나온다. 다만 '沭甚風 櫛甚雨'는 晉나라 郭象의 ≪莊子注≫에는 '沐甚風櫛疾雨'로 되어 있고, 宋나라 林希逸의 ≪莊子口義≫에는 '沐甚雨 櫛疾風'으로 되어 있는데, 후대의 주석서들이 ≪莊子口義≫를 따랐으므로 이에 의거하여 교감하였다.

9) 列子稱禹身體偏枯 手足胼胝(변지) : ≪列子≫ 〈楊朱〉에 보인다.

10) 呂不韋稱禹憂其黔首……步不相過 : ≪呂氏春秋≫ 〈求人〉에 보인다.

11) 予弗子 惟荒度(탁)土功 : ≪書經≫ 〈虞書 益稷〉에 보인다.

12) 三過其門而不入 : ≪孟子≫ 〈滕文公 上〉과 〈離婁 下〉에 보인다.

13) 思天下有溺者猶己溺之 : ≪孟子≫ 〈離婁 下〉에 보인다.

내지 않으니 諸子의 가르침은 혹은 夏나라에 근본하거나 혹은 殷나라에 근본하였으므로 韓非가 글을 지었을 때도 〈길에〉 재를 버린 자를 벌하는 法을 수록하였다.

≪묵자≫에는 〈節用〉이 있으니 절용은 禹의 가르침이다. 공자가 이르기를, “禹 임금은 먹는 음식은 간소하게 하고 입는 의복은 검소하게 하고 사는 집은 낮게 하였으니 나는 우 임금을 흠잡을 수 없다.”라고 하고, 또 “禮는 사치하기보다는 차라리 검소해야 한다.”라고 하고, 또 “千乘의 나라를 다스리되 비용을 절약해야 한다.”라고 하였으니, 이는 공자가 일찍이 그를 비판한 적이 없었던 것이다. 또 〈明鬼〉가 있으니 이는 ‘〈조상의〉 鬼神에게 孝誠을 극진히 한다.’는 뜻이고, 〈兼愛〉는 ‘治水 사업에 힘을 다한다.’는 뜻이다.

孟子는 묵자를 일컬어 ‘정수리를 갈아 발꿈치까지 이른다 하더라도 천하를 이롭게 하는 일이라면 한다.’고 하였고, 莊子는 ‘우임금이 삼태기와 보습을 직접 들고 천하의 내를 모을 때 장딴지에는 살이 빠지고 정강이에는 털이 없어졌으며, 장맛비에 얼굴 씻고 모진 바람에 빗질하였다.’고 하였다. 列子는 ‘우 임금이 〈치수하느라〉 신체 한쪽이 마비되고 손과 발이 부르텄다.’고 하였다. 呂不韋는 ‘우임금이 그 백성들을 걱정하여 안색이 시커매지고 몸의 구멍과 臟腑가 막혀 병이 들고 힘들게 발걸음을 뗄 정도였다.’고 하였다. 〈이는〉 모두 書傳(≪書經≫과 ≪孟子≫)에 이른바 ‘저는 자식을 사랑할 여유 없이 오직 土功을 크게 헤아렸습니다.’라고 한 말과 ‘자기 집 문 앞을 지나가면서도 들어가지 않았다’, ‘천하에 물에 빠진 자가 있으면 마치 자신이 그를 빠뜨린 것처럼 여기셨다.’고 한 말과 같다.

그 節葬 역시 禹 임금의 法이다. 尸子가 禹 임금의 喪禮의 法을 두고 ‘언덕에서 죽은 자는 언덕에 장사 지내고 못에서 죽은 자는 못에서 장사 지내니 오동나무로 짠 관이 세 치 두께이고 3개월 喪을 제정하였다.’고 일컬었는데,

當爲月이라

〈‘日’은〉 ‘月’이 되어야 한다.

見後漢書注[14)]라 **淮南子要略稱禹之時**에 **天下大水**하여 **死陵者葬陵**하고 **死澤者葬澤**이라 **故節財薄葬閑服生焉**이라 **又齊俗稱三月之服**은 **是絶哀而迫切之性也**한대

14) 見後漢書注 : ≪尸子≫의 내용은 ≪後漢書≫ 〈王符傳〉에 대한 李賢의 注에 보인다.

高誘注에 **云 三月之服**은 **是夏后氏之禮**라하다 **韓非子顯學稱墨者之葬也**에 **冬日冬服**하고 **夏日夏服**하며 **桐棺三寸**이요 **服喪三月**이라하다 **而此書公孟篇墨子謂公孟曰 子法周而未法夏也**하니 **子之古非古也**[15)]라하고 **又公孟謂子墨子曰 子以三年之喪爲非**하니 **子之三**(日)〔**月**〕

≪後漢書注≫에 보인다. ≪淮南子≫ 〈要略訓〉에 '禹임금 때 천하에 큰물이 져서 언덕에서 죽은 자는 언덕에 장사 지내고 못에서 죽은 자는 못에서 장사 지냈으므로 재물을 절약하고 간소하게 장사 지내고 喪期를 제한하는 습속이 생겨났다.'고 일컬었다. 또 〈齊俗訓〉에 '3개월의 喪期는 바로 슬픔을 끊고 性情을 야박하게 절단하는 것'이라고 일컬었는데, 高誘의 注에 "3개월의 상기는 夏后氏의 禮이다."라고 하였다. ≪韓非子≫ 〈顯學〉에 '墨者의 장례에는 겨울에는 겨울옷으로, 여름에는 여름옷으로 〈斂을 하였고,〉 오동나무로 짠 관이 세 치 두께이고 服喪은 3개월로 하였다.'고 일컬었다. 그런데 이 책 〈公孟〉에서 墨子가 공맹에게 이르기를, "그대는 周나라를 본받고 夏나라를 본받지 않으니 그대가 말하는 옛날은 옛날이 아니다."라고 하고, 또 공맹이 子墨子께 이르기를, "그대는 三年喪을 잘못으로 여기는데, 그대의 3개월

當爲月이라

〈'日'은〉 '月'이 되어야 한다.

之喪亦非也云云[16)]하니 **然則三月之喪**은 **夏有是制**어늘 **墨始法之矣**라

喪도 잘못입니다."라고 운운하였으니, 그렇다면 3개월 상은 夏나라에 이 제도가 있었는데 墨子가 처음 본받은 것이다.

詒讓案 孟子云 三年之喪에 **齊**(자)**疏之服**과 **飦**(전)**粥之食**은 **自天子達於庶人**하여 **三代共之**[17)]라하니 **則孟子謂夏禮亦三年喪**이라 **此說與孟子不合**이라

詒讓案 : 孟子가 이르기를, "三年喪에 齊疏의 상복을 입고 미음과 죽을 먹는 것은 천자

15) 子法周而未法夏也 子之古非古也 : 본서 5책 48-4-6~7에 보인다.
16) 子以三年之喪爲非……之喪亦非也云云 : 본서 5책 48-10-1에 보인다.
17) 孟子云……三代共之 : ≪孟子≫ 〈滕文公 上〉에 보인다.

부터 서인에 이르기까지 三代가 공통이었다."라고 하였으니, 맹자가 夏나라 禮를 말한 것 역시 삼년상인지라 이 대목의 說은 맹자와 부합하지 않는다.

孔子則曰 吾說夏禮나 **杞不足徵**이어니와 **吾學周禮**하니 **今用之**라 **吾從周**[18]라하고 **又曰 周監於二代**하니 **郁郁**(욱욱)**乎文哉**라 **吾從周**[19]호리라하다 **周之禮尙文**하고 **又貴賤有法**한대 **其事具周官儀禮春秋傳**하니 **則與墨書節用兼愛節葬之旨甚異**라 **孔子生於周**라 **故尊周禮而不用夏制**요 **孟子亦周人而宗孔**이라 **故于墨非之**하니 **勢則然焉**이라

孔子는 이르기를, "내가 夏나라의 禮를 말할 수 있으나 杞나라가 족히 증거해주지 못하거니와 내가 周나라의 예를 배웠는데 지금 이것을 쓰고 있는지라 나는 주나라 예를 따르겠다."라고 하고, 또 이르기를, "주나라는 하와 殷 2대를 귀감으로 삼았으니, 찬란하도다 그 문물이여, 나는 주나라를 따르겠다."라고 하였다. 주나라의 예는 文을 숭상하였고 또 貴賤에 법도가 있었는데 그 일이 ≪周官(周禮)≫, ≪儀禮≫, ≪春秋傳≫에 갖추어져 있으니, ≪墨子≫의 〈節用〉, 〈兼愛〉, 〈節葬〉의 뜻과 몹시 다르다. 공자는 주나라 때 태어났으므로 주나라의 예를 높이고 하나라의 제도를 쓰지 않았고, 孟子 역시 周나라 사람이면서 공자를 종주로 삼았으므로 묵자에 대해 비판하였으니 형세가 그러한 것이다.

若覽其文하면 **亦辨士也**라 **親士脩身經上經下及說凡六篇**은 **皆翟自著**라 **經上下略似爾雅釋詁文**이어늘 **而不解其意指**라 **又怪漢唐以來**로 **通人碩儒**가 **博貫諸子**하되 **獨此數篇**은 **莫能引其字句**하여 **以至于今**히 **傳寫譌**(와)**錯**하여 **更**(갱)**難鉤乙**[20]이라 **晉書魯勝傳**에 **云 勝注墨辨**하고 **存其敍曰 墨子著書**하여 **作辯經以立名本**하고 **惠施公孫龍祖其學**하여 **以正刑名顯於世**라 **孟子非墨子**로되 **其辯言正詞則與墨同**이라 **荀卿莊周等皆非毁名家**로되 **而不能易其論也**라하고 **又曰 墨辯有上下經**하고 **經各有說**하여 **凡四篇**이어늘 **與其書衆篇連第**라 **故獨存**이라 **今引說就經**하여 **各附其章**하되 **疑者闕**

---

18) 吾說夏禮……吾從周 : ≪中庸章句≫ 제28장에 보인다.

19) 周監於二代……吾從周 : ≪論語≫ 〈八佾〉에 보인다.

20) 鉤乙 : 訓詁學 術語로, '乙轉'과 같은 말이다. 古書를 읽으며 校勘할 때 앞뒤로 顚倒된 字句를 '乙'자 모양의 선을 그려 바로잡은 데서 나온 말이다.

之라 **又采諸衆雜集爲**(刑)〔形〕[21]**名二篇**하고 **略解指歸**하여 **以俟君子**라하니 **如所云**인댄 **則勝曾引說就經各附其篇**이어늘 **恨其注不傳**하여 **無可徵也**라

墨翟의 글을 본다면 또한 辨士이다. 〈親士〉, 〈脩身〉, 〈經 上〉, 〈經 下〉 및 〈經說 上〉, 〈經說 下〉 모두 6篇은 다 묵적이 직접 지었다. 〈經 上〉과 〈經 下〉는 ≪爾雅≫ 〈釋詁〉의 글과 대략 비슷한데 그 의미를 이해할 수 없다. 또 漢唐 이래로 博通한 學人과 훌륭한 儒者가 諸子를 널리 관통하였으되 유독 이 몇 篇의 경우에는 그 字句를 인용할 수 있던 이가 없어 지금에 이르도록 옮겨 베끼는 과정에서 잘못되어 더욱 校勘하기 어려워진 것이 괴이하다.

≪晉書≫ 〈魯勝傳〉에 "魯勝이 ≪墨辨≫에 注를 내고 그 서문을 두어 '墨子는 책을 著述하면서 〈辯經〉을 지어 名本(이름의 근본)을 세웠고 惠施와 公孫龍은 묵자의 학문을 祖述하여 形名을 바로잡는 것으로 세상에 드러났다. 孟子는 묵자를 비판하였으나 〈다른〉 말을 辯駁하고 〈잘못된〉 주장을 바로잡은 것은 묵자와 같다. 荀卿과 莊周 등이 모두 名家를 비판하였으나 그 의론을 바꾸지는 못하였다."라고 하고, 또 "≪묵변≫은 上經과 下經이 있고 經에는 각각 說이 있어 모두 4篇인데 그 책의 여러 편들과 차례로 이어져 있으므로 〈명가 중에서〉 홀로 보존되었다. 지금 說을 끌어다 經에 나아가 각각 해당하는 章에 붙이되 의심스러운 것들은 빼둔다. 또 여러 사람의 雜集에서 채택해 〈形名〉 2篇을 엮고 대략 主旨를 해설하여 君子를 기다린다."라고 하였으니, 노승이 말한 대로라면 노승이 일찍이 說을 끌어다 經에 나아가 각각 해당하는 篇에 붙인 것일 텐데, 그의 注가 전하지 않아 증명할 수 없음이 한스럽다.

備城門諸篇具古兵家言이로되 **惜其脫誤難讀**이러니 **而弇山先生于此書**에 **悉能引據傳注類書**하여 **匡正其失**이라 **又其古字古言**은 **通以聲音訓故之原**하여 **豁然解釋**하니 **是當與高誘注呂氏春秋**와 **司馬彪**[22]**注莊子**와 **許君**[23]**注淮南子**와 **張湛**[24]

21) (刑)〔形〕: 저본에는 '刑'으로 되어 있으나, 앞의 〈魯勝墨辯注敘〉의 孫詒讓의 校勘에 의거하여 '形'으로 바로잡았다.

22) 司馬彪 : 240?~306. 西晉의 史學家이자 文學家로, 字는 紹統이고 河內 溫 땅(지금의 河南省 溫縣) 사람이다. 晉 武帝 때 秘書郎・秘書丞・散騎侍郎 등의 벼슬을 했고, ≪續漢書≫, ≪莊子注≫, ≪兵記≫, 文集 4권을 지었으나 모두 없어졌고, 지금은 ≪文選≫ 중에 〈贈山濤〉, 〈雜詩〉 등만 수록되어 전한다. ≪속한서≫의 八志는 뒤에 範曄의 ≪後漢書≫ 안에 산입되었다.

23) 許君 : 許愼(58~147)으로, 字는 叔重이고 後漢 汝南 召陵(지금의 河南省 漯河市 召陵區)

注列子로 **竝傳於世**라 **其視楊倞盧辯空疏淺略**[25)]하면 **則倜然過之**라

〈備城門〉 諸篇은 古代 兵家의 말을 구비하였지만 그 〈편들의 字句가〉 빠지고 잘못되어 읽기 어려움이 아쉬웠는데 弇山先生(畢沅)이 이 책에 대해 傳注와 類書를 모두 引證하여 그 잘못들을 바로잡았다. 또 그 古字와 古言은 聲音과 訓詁의 原義로 소통시켜 환하게 解釋하였으니 이는 高誘가 ≪呂氏春秋≫에 注를 낸 것, 司馬彪가 ≪莊子≫에 注를 낸 것, 許君이 ≪淮南子≫에 注를 낸 것, 張湛이 ≪列子≫에 注를 낸 것과 함께 세상에 전해져야 할 것이다. 〈엄산선생을〉 空疏하고 간략한 楊倞이나 盧辯과 비교하자면 우뚝하게 뛰어나다.

時則有仁和盧學士抱經과 **大興翁洗馬覃谿**[26)]**及星衍三人者**하여 **不謀同時共爲其學**하여 **皆折衷于先生**이라 **或此書當顯**이어든 **幸其成帙**하여 **以惠來學**일새 **不覺僭而識**(지)**其末也**라

이때에는 仁和 盧學士 抱經(盧文弨)과 大興 翁洗馬 覃谿 및 나〔星衍〕 세 사람이 있어 서로 의논하지 않았는데도 동시에 함께 그 학문을 하면서 모두 先生에게서 〈옳은 뜻에 대해〉 판단을 받았다. 혹 이 책이 드러나게 되면 부디 卷帙을 이루어 後學들에게 은혜를 끼치기 바라기에 참람함을 깨닫지 못하고 그 끝에 跋文을 짓는다.

陽湖孫星衍撰하노라

陽湖 孫星衍은 撰한다.

사람이다. 漢代의 경학자로 중국 문자학의 개척자로 평가받는다. ≪說文解字≫를 지었고, 그 외에 ≪五經異義≫, ≪淮南鴻烈解詁≫ 등의 저작이 있다.

24) 張湛 : 張湛에 대해서는 ≪晉書≫에 전하는 내용이 없으며, 대략 320년 전후에 출생한 것으로 보고 있다. ≪世說新語≫ 注에 "字는 處度이다. 高平 사람이다."라고 하였으며, 〈張氏譜〉에 의하면 張湛은 벼슬이 中書郎에 이르렀다고 한다. 列禦寇의 저작이라 알려진 ≪列子≫에 注를 달았다.

25) 楊倞盧辯空疏淺略 : 楊倞이 ≪荀子≫에 注를 낸 것과 盧辯(?~557)이 ≪大戴禮記≫에 注를 낸 것이 학술적으로 보잘것없다는 말이다. 盧辯은 字가 景宣으로 北周의 名臣이다.

26) 大興翁洗馬覃谿 : 翁方綱(1733~1818)으로, 자는 正三, 호는 覃溪・蘇齋이다. 順天府 大興(지금의 北京) 사람이다. 淸代의 書藝家이자 考證學者이며 藏書家로도 유명하다. 1752년 進士가 되어 編修, 廣東・江西・山東 등의 學政을 지내고 內閣學士에 이르렀다.

孫星衍이 〈經說〉에 붙인 跋文　孫星衍經說篇跋

經訓堂本이라

經訓堂本이다.

乾隆癸卯三月에 星衍方自秦北征이러니 巡撫公將刻所注墨子하여 札訊星衍하여 云 經上下經說上下四篇은 有似堅白異同之辯[1)]이어늘 其文脫誤難曉하니 自魯勝所稱外에 書傳頗有引之否아하다 星衍過晉問盧學士하고 又抵都問翁洗馬하여늘 俱未獲報라 閱數月하여 重讀淮南齊俗訓한대 有云 夫蝦蟆(하마)爲鶉에 生非其類니 唯聖人知其化라하니 因悟與經說上化若鼃(와)爲鶉[2)]合이라 又讀列子湯問篇하니 云 均은 髮均縣이니 輕重而髮絶은 髮不均也라 均也면 其絶也에 莫絶이라하여늘 張湛注에 云 髮甚微脃(취)로되 而至不絶者는 至均故也라 今所以絶者는 猶輕重相傾하여 有不均處也라 若其均也면 寧有絶理리오 言不絶也라하다 又云 人以爲不然이나 自有知其然也라하여늘 湛注云 凡人不達理也나 會自有知此理爲然者라 墨子亦有此說이라하다 今按經說下有云 均은 髮均縣이라 輕而髮絶은 不均也니 均이면 其絶也에 莫絶[3)]이라하여늘 輕下脫重字하고 均其絶也句요 均下無也字라 又列子仲尼篇에 云 影不移者는 說在改也라하여늘 湛注에 云 影改而更(갱)生이면 非向之影이라 墨子曰 影不移는 說在改爲也라하다 今案經下云 過仵景不從은 說在改爲[4)]라하여늘

---

1) 堅白異同之辯 : 公孫龍이 주장한 堅白石의 논변과 惠施가 전개한 同異의 논변으로, 이들은 고대 중국의 논리학자라 할 수 있는 名家로 분류되는데, 晉나라 때 《墨辯注》를 지었던 魯勝은 이들이 墨子의 학설을 祖述하였다고 하였다. 본래 두 논변은 공손룡이 개념의 절대성을 강조하고 혜시가 사물의 상대성을 강조한 논변이라는 측면에서 차이가 있는데 《莊子》〈秋水〉에서는 두 논변 모두 공손룡의 주장으로 보기도 하였다. 또 한편으로 《莊子》〈天地〉에서는 묵자 사후에 相里勤의 弟子와 五侯의 무리, 南方의 墨者인 苦獲, 已齒, 鄧陵子 같은 무리가 모두 《墨經》을 외며 상호 지향을 달리해 상대를 別墨이라 비판하면서 堅白同異의 논변으로 서로 공격하였다고 하기도 하였다.

2) 經說上化若鼃爲鶉 : 본서 4책 42-45-1～2에 보인다.

3) 經說下有云……莫絶 : 본서 4책 43-53-1～4에 보인다.

乾隆 계묘년(1783) 3월에 내〔星衍〕가 막 秦 지방에서 북쪽으로 갔는데 巡撫公(畢沅)이 자기가 注를 낸 ≪墨子≫를 간행하려 하면서 나에게 書札로 문의하기를, "〈經 上〉, 〈經 下〉, 〈經說 上〉, 〈經說 下〉 4篇은 堅白과 異同의 論辯과 비슷한 점이 있는데, 그 문장이 빠지고 잘못되어 이해하기 어려우니 魯勝이 말한 것 이외에 書傳에 자못 인용되어 있는 것이 있습니까?"라고 하였다. 나는 晉 지방을 들러 盧學士에게 묻고 다시 都邑에 이르러 翁洗馬에게 물었는데 모두 답변을 받지 못했다.

몇 달이 지나 ≪淮南子≫ 〈齊俗訓〉을 다시 읽는데, "무릇 蝦蟆(개구리와 두꺼비)가 메추리가 될 때 태생은 자기 종류가 아니니 오직 聖人만 그 변화를 안다."라고 하였으니, 이를 통해 〈經說 上〉의 "化(변화)를 설명한다. 이를테면 개구리가 메추리가 되는 것과 같다."라는 句와 부합한다는 것을 깨달았다.

또 ≪列子≫ 〈湯問〉을 읽으니, "'均'은 머리털이 고르게 달려 있는 것이다. 어느 것은 가볍고 어느 것은 무거워서 머리털이 끊어지는 것은 머리털이 고르지 않기 때문이다. 고르다면 끊어도 끊어지지 않는다."라 하였는데, 張湛의 注에 "머리털은 매우 미약한데도 끊어지지 않는 데 이르는 것은 지극히 고르기 때문이다. 지금 끊어지는 까닭은 가벼운 것과 무거운 것의 형세가 어느 한쪽으로 기울어져 고르지 못한 곳이 있기 때문이다. 만약 고르다면 어찌 끊어질 리가 있겠는가. 끊어지지 않음을 말한 것이다."라고 하였다. 또 "어떤 사람은 그렇지 않다고 여기지만 자연히 그것이 맞다는 것을 아는 이가 있다."라고 하였는데, 張湛의 注에 "凡人은 이치를 통달하지 못하지만 자연히 이 이치가 맞다는 것을 아는 이가 있다. ≪墨子≫에도 이 說이 있다."라고 하였다. 지금 살펴보면 〈經說 下〉에 "'均'은 머리털이 고르게 달려 있는 것이다. 가벼워서 머리털이 끊어지는 것은 고르지 않기 때문이다. 고르다면 끊어도 끊어지지 않는다."라는 말이 있는데 '輕' 뒤에 '重'자가 빠졌고 '均其絶也'로 句를 떼었고 '均' 뒤에 '也'자가 없다.

또 ≪列子≫ 〈仲尼〉편에 "그림자가 이동하지 않는 것은 改(바뀜)로 설명할 수 있다."라고 하였는데, 張湛의 注에 "그림자가 바뀌어 다시 생겨나면 이전의 그림자가 아니다. ≪墨子≫에 '그림자는 이동하지 않으니, 改爲(바뀜)로 설명할 수 있다.'라고 하였다."라고 하였다. 지금 살펴보면 〈經 下〉에 "정오를 지날 때 그림자는 이동하지 않으니, 改爲(바뀜)로 설명할 수 있다."라고 하였는데,

---

4) 經下云……說在改爲 : 본서 4책 41-38-2, 41-39-1~2에 보인다.

詒讓案 過仵不當屬此讀이니 孫亦襲舊讀之誤라 詳經說下篇[5]이라

詒讓案 : '過仵'는 여기에 붙여 읽어서는 안 되니, 孫星衍 역시 옛 讀法의 오류를 인습하였다. 〈經說 下〉에 자세히 설명하였다.

其文微異而義亦同하니 是知子家多有若說하여 晉時尙能讀此書요 唐人則不及此也라 又楊朱篇에 禽子曰 以吾言問大禹墨翟이면 則吾言當矣라하여늘 湛注云 禹翟之教는 忘己而濟物也라하니 亦星衍往言墨子夏教之證이라 比復公하여 而是卷已刊成하여 無容注處라 公然其言하여 因據增重字하고 又命附其說于卷末하니 俟知十[6]君子焉하노라

그 글이 조금 다르지만 의미는 역시 같으니 諸子家에 이와 같은 說이 많이 있어 晉나라 때 아직 이 책을 읽을 수 있었던 반면 唐나라 사람은 여기에 미치지 못했음을 알 수 있다.

또 ≪列子≫ 〈楊朱〉에 禽子가 이르기를, "내 말을 가지고 大禹와 墨翟에게 묻는다면 내 말이 맞을 것이다."라고 하였는데, 張湛의 注에 "대우와 묵적의 가르침은 자신을 잊고 남을 구제하는 것이다.〔禹翟之教 忘己而濟物也〕"라고 하였으니 또한 내가 앞서 墨子는 夏나라의 가르침이라 말한 증거이다.

그런데 公(畢沅)에게 답할 때가 되어 이 책이 이미 간행되어 버려서 注를 낼 곳이 없었다. 그래도 公은 내 말을 옳게 여겨 인하여 내 주장에 의거해 '重'자를 보충하고 또 책 끝에 그 說을 붙이도록 하셨으니, 식견이 높은 君子를 기다린다.

甲辰上巳[7]孫星衍記라

甲辰年(1783) 上巳日에 孫星衍은 쓴다.

---

5) 詳經說下篇 : 본서 4책 43-59-4에 보인다. 다만 41-38-2에서 孫詒讓은 畢沅, 孫星衍, 王念孫, 楊葆彝 모두 '過仵'를 아래 '景不徙'에 붙여 읽어 〈經說〉과 부합하지 않는다고 하였다.

6) 知十 : 총명하고 뛰어난 자질을 타고난 것을 말한다. ≪論語≫ 〈公冶長〉에서 孔子가 子貢에게 顏回와 비교할 때 누가 더 낫다 생각하느냐고 묻자, 자공이 "제가 어찌 안회를 바라겠습니까? 회는 하나를 들으면 열을 알고, 저는 하나를 들으면 둘을 알 뿐입니다.〔賜也 何敢望回 回也 聞一以知十 賜也 聞一以知二〕"라고 하였는데, 이에 대해 朱子가 "문일지십은 상지의 자질이니 태어나면서부터 아는 이의 다음이다.〔聞一知十 上知之資 生知之亞也〕"라고 설명하였다.

7) 上巳日 : 음력 3월 첫째 巳日로, 예부터 이날에는 흐르는 물에 몸을 씻고 상서롭지 못한 것을 불제하는 修禊의 풍속이 있었다.

汪中의 〈墨子序〉　汪中[1]墨子序

述學[2]이라

≪述學≫의 글이다.

墨子七十一篇이어늘 **亡十八篇**하여 **今見五十三篇**이라 **明陸穩[3]所敍刻**은 **視它本爲完**이로되 **其書多誤字**하여 **文義昧晦不可讀**이라 **今以意粗爲是正**하되 **闕所不知**요 **又采古書之涉於墨子者**하여 **別爲表微一卷**하고 **而爲之敍曰**

≪墨子≫는 71篇인데 18篇을 잃어버려 지금은 53篇을 볼 수 있다. 明나라 陸穩이 서문을 쓴 刻本은 다른 本에 비해 完本이지만 그 책에 誤字가 많아 文義가 모호해 읽을 수가 없다. 지금 내 뜻으로 대강 바로잡되 모르는 것들은 놔두고 다시 古書 가운데 ≪묵자≫에 관계되는 것들을 뽑아 따로 ≪表微≫ 1권을 만들고 다음과 같이 서문을 짓는다.

周太史尹佚實爲文王所訪[4]하여

周나라 太史 尹佚은 실로 文王에게 물음을 받고 나서

---

1) 汪中 : 1744~1794. 字는 容甫이고, 淸나라 江蘇 江都 사람이다. 阮元・焦循과 함께 揚州學派의 대표적 인물이다. 顧炎武를 사숙하였으며, 王念孫・劉台拱 등과 교유했다. ≪儀禮≫, ≪大戴禮記≫, ≪爾雅≫를 교감하였다. 저서로 ≪尙書考≫, ≪春秋述義≫, ≪墨子表微≫, ≪述學≫ 등이 있다.

2) 述學 : 汪中의 저술로, 그의 아들 汪喜孫이 편찬하였다. 모두 6권으로, 內篇 3권, 外篇 1권, 補遺 1권, 別錄 1권에 〈春秋述義〉 1篇을 附錄하였다.

3) 陸穩 : 1517~1589. 자는 汝成, 호는 北川이고 湖州 사람이다. 明나라 嘉靖 23년(1544) 進士가 되어 刑部主事, 布政使, 南贛軍務, 兵部侍郎 등을 지냈다.

4) 周太史尹佚實爲文王所訪 : 晉 文公이 胥臣에게 陽處父를 아들 讙에게 스승으로 삼게 하는 게 어떻겠냐고 묻자 서신이 "문왕은……辛甲과 尹佚에게 물어보았습니다.〔文王……訪于辛尹〕"라고 하였다.(≪國語≫ 〈晉語4〉)

晉語라

≪國語≫ 〈晉語〉의 내용이다.

克商營洛에 **祝筴遷鼎**하니 **有勞於王室**이라

商나라를 이기고 洛邑을 경영할 때 策書를 祝으로 읽고 九鼎을 옮기니, 王室에 功勞가 있었다.

周書[5)]**克殷解**[6)]**書洛誥**라

≪逸周書≫ 〈克殷解〉와 ≪書經≫ 〈周書 洛誥〉의 내용이다.

成王聽朝에 **與周召太公同爲四輔**하여

成王이 朝廷에 臨御하자 周公, 召公, 太公과 함께 네 輔佐가 되어

賈誼新書保傅篇이라

賈誼의 ≪新書≫ 〈保傅〉의 내용이다.

數(삭)**有論諫**하여

자주 論諫하여

淮南子主術訓史記晉世家라

≪淮南子≫ 〈主術訓〉과 ≪史記≫ 〈晉世家〉의 내용이다.

---

5) 周書 : ≪逸周書≫이다. ≪일주서≫는 先秦의 역사책으로 원래 이름은 ≪周書≫이며, 隋唐 이후 汲冢이란 곳에서 竹簡 형태로 발굴된 책은 ≪汲冢周書≫라 하였다. ≪春秋左氏傳≫, ≪國語≫ 등에서 ≪주서≫를 여러 차례 인용하고 있는데, 그 내용이 지금의 ≪尙書≫ 안에 있고, ≪墨子≫와 ≪戰國策≫에서도 ≪주서≫를 여러 차례 인용하고 있는데, 이는 지금의 ≪일주서≫의 내용과 같다. 총 10권에 正文 70편으로, 周 文王・武王・周公・成王・康王・穆王・厲王・景王의 사적이 실려 있다.

6) 克殷解 : 前漢의 劉向이 지은 한 편의 散文으로, ≪逸周書≫ 제36편이다. 舊題는 〈克殷〉이었는데 晉나라 五經博士 孔晁가 ≪일주서≫에 注를 낼 때 〈克殷解〉라 하였다. 周 武王이 牧野에서 군대에 맹세하고 殷나라를 멸망시킨 과정과 周나라를 건립할 때의 儀式 및 統治 秩序를 공고히 하기 위해 채택한 각종 조치들을 기록하고 있다.

身沒而言立이라 **東遷以後**로 **魯季文子**

몸이 죽고 나서 諫言이 시행되었다. 〈周나라가〉 東遷한 이후로 魯나라 季文子,

春秋傳成四年이라

≪春秋左氏傳≫ 成公 4년에 나온다.

惠伯

惠伯,

文十五年이라

≪春秋左氏傳≫ 文公 15년에 나온다.

晉荀偃

晉나라 荀偃,

襄十四年이라

≪春秋左氏傳≫ 襄公 14년에 나온다.

叔向

叔向,

周語라

≪國語≫ 〈周語〉에 나온다.

秦子桑

秦子桑,

僖十五年이라

≪春秋左氏傳≫ 僖公 15년에 나온다.

后子

后子,

昭元年이라

≪春秋左氏傳≫ 昭公 元年에 나온다.

及左邱明이

및 左邱明이

宣十二年이라

≪春秋左氏傳≫ 宣公 12년에 나온다.

竝見引重이어늘 遺書二篇을

모두 推重을 받았는데 〈尹佚의〉 遺書 2篇을

詒讓案 **原作十二篇**이어늘 **今據漢書藝文志校刪十字**[7]라

詒讓案 : 원래 '十二篇'으로 되어 있는데, 지금 ≪漢書≫ 〈藝文志〉에 의거하여 '十'자를 校勘해 刪削하였다.

劉向校書하여 **列諸墨六家之首**[8]라 **說苑政理篇亦載其文**이라 **莊周述墨家之學而原其始**하여 **曰 不侈於後世**하며 **不靡於萬物**하며 **不暉於數度**하여 **以繩墨自矯而備世之急**하니 **古之道術有在於是者**라하니

劉向이 校書하면서 墨家 6인 가운데 맨앞에 나열하였다. ≪說苑≫ 〈政理〉에도 그의 글을 수록하였다.

莊周는 묵가의 학술을 서술하면서 그 시초를 궁구하여 말하기를, "후세 사람들에게 사치를 못 부리게 하며 만물을 낭비하지 아니하며 예법이나 제도를 화려하

---

7) 今據漢書藝文志校刪十字 : ≪漢書≫ 〈藝文志〉에 '尹佚二篇'이 著錄되어 있다.

8) 列諸墨六家之首 : ≪漢書≫ 〈藝文志〉에 尹佚, 田俅子, 我子, 隨巢子, 胡非子, 墨子 이상 6인의 책이 차례로 저록되어 있어 윤일이 맨 앞에 있다.

게 내걸지 아니하여 엄격한 계율로써 자신을 바로잡아 세상의 急務에 대비하니 옛날의 道術 가운데 이에 해당하는 학술이 있었다."라고 하였으니,

天下篇이라

≪莊子≫ 〈天下〉에 나온다.

可謂知言矣라 **古之史官**은 **實秉禮經以成國典**하니 **其學皆有所受**라 **魯惠公**[9]**請郊廟**[10]**之禮於天子**이어늘 **桓王使史角往**한대 **惠公止之**라 **其後在於魯**하여 **墨子學焉**하니

말을 안다〔知言〕고 할 만하다. 옛날의 史官은 실로 禮經을 잡고서 국가의 典章制度를 이루니 그 학문이 모두 傳受받은 바가 있었다. 魯 惠公이 天子에게 郊廟의 禮를 청하자 周 桓王이 史角으로 하여금 가게 하였는데 혜공이 그를 머물게 한지라 그 후손이 魯나라에 있게 되어 墨子가 그 후손에게 배웠으니

呂氏春秋當染篇이라

≪呂氏春秋≫ 〈當染〉에 나온다.

其淵源所漸을 **固可攷而知也**라 **劉向以爲出於淸廟之守**[11]라 **夫有事於廟者**는 **非巫則史**니 **史佚史角皆其人也**라 **史佚之書至漢具存**이로되 **而夏之禮在周已不足徵**하니 **則莊周禽滑釐傅之禹者**는

그 淵源이 흘러 내려온 것을 참으로 상고하여 알 수가 있다. 劉向은 淸廟를 지키는 직책에서 나왔다고 하였다. 무릇 宗廟에 일이 있는 자는 巫가 아니면 史이니, 史佚과 史角이 모두 그 일을 맡은 사람들이다. 史佚의 글은 漢나라 때까지 모두 보존되어 있었지만 夏나라의 禮는 周나라 때 이미 족히 증거할 것이 없었으니 莊周와 禽滑釐가 禹 임금에게 갖다 붙인 것은

---

9) 魯惠公 : 孝公의 아들이자 隱公의 부친으로 B.C. 768년부터 B.C. 723년까지 재위하였다.

10) 郊廟 : 古代에 天子가 天地와 先祖를 제사 지내는 일을 가리킨다.

11) 劉向以爲出於淸廟之守 : ≪漢書≫ 권30 〈藝文志〉에 "묵가의 무리는 대체로 청묘를 지키는 직책에서 나왔으니, 띠풀로 지붕을 얹고 떡갈나무로 서까래를 만들기 때문에 검소함을 귀하게 여긴다.〔墨家者流 蓋出於淸廟之守 茅屋采椽 是以貴儉〕"라고 하였다. 淸廟는 太廟로, 고대에 帝王의 宗廟를 가리킨다.

莊子天下篇列子楊朱篇이라

≪莊子≫ 〈天下〉와 ≪列子≫ 〈楊朱〉에 보인다.

非也라

잘못 본 것이다.

司馬遷云 墨翟은 **宋大夫**라 **或曰竝孔子時**라하고 **或曰在其後**라하다 **今按耕柱魯問二篇**하면 **墨子於魯陽文子**에 **多所陳說**이라 **楚語**에 **惠王以梁與魯陽文子**라하여늘 **韋昭注**에 **文子**는 **平王之孫**이요 **司馬子期之子**라하니 **其言實出世本**[12)]이라 **故貴義篇墨子南游於楚**하여 **見獻惠王**한대 **獻惠王以老辭**[13)]라 **獻惠王之爲惠王**은 **猶頃襄王之爲襄王**이라 **由是言之**컨대 **墨子實與楚惠王同時**니 **其仕宋當景公昭公之世**라

司馬遷이 이르기를, "墨翟은 宋나라 大夫이다. 어떤 이는 孔子가 살던 때 함께 하였다고도 하고 어떤 이는 공자 뒤에 살았다고도 한다."라고 하였다. 지금 〈耕柱〉, 〈魯問〉 두 篇을 살펴보면, 墨子가 魯陽 文子에게 주장을 올리는 말이 많다. ≪國語≫ 〈楚語〉에 "楚 惠王(B.C. 488~ B.C. 432 재위)이 梁 땅을 노양 문자에게 주었다."라고 하였는데, 韋昭의 注에 "문자는 楚 平王(B.C. 528~ B.C. 516 재위)의 손자이고 司馬子期의 아들이다."라고 하였는바, 그 말은 실제로 ≪世本≫에서 나왔다. 그래서 〈貴義〉에서 "묵자가 남쪽으로 楚나라에 유세하러 가서 獻惠王을 뵙자, 헌혜왕이 늙었다는 이유로 사양하였다."라고 하였다. 헌혜왕이 혜왕인 것은 頃襄王이 襄王인 것과 같다. 이를 통해 말한다면 묵자는 실제로 초 혜왕과 같은 시대를 살았으니 그가 宋나라에 벼슬한 것은 景公과 昭公의 재위 때에 해당한다.

---

12) 世本 : 世는 世系이고, 本은 기원이라는 뜻으로 上古의 帝王과 諸侯, 卿大夫의 세계를 적은 것이다. 先秦時代 史官이 편찬한 것으로 〈帝系〉, 〈王侯世〉, 〈卿大夫世〉, 〈氏族〉, 〈作篇〉, 〈居篇〉, 〈諡法〉 등 15편으로 구성되어 있다.

13) 貴義篇墨子南游於楚……獻惠王以老辭 : 본서 5책 47-3-1~2에 보인다. 다만 孫詒讓은 '見'을 衍文으로 보고 '獻' 뒤에 '書'자를 보충하여 '책을 올리다'란 의미로 보았다.

詒讓案 **墨子仕宋當在昭公世**요 **不得及景公**이니 **汪誤**라

詒讓案 : 墨子가 宋나라에 벼슬한 것은 응당 昭公의 재위(B.C. 450~B.C. 404) 때여야 하고 景公 때까지 소급할 수 없으니 汪中이 잘못 본 것이다.

其年於孔子差後하니 **或猶及見孔子矣**라

그가 살던 시기는 孔子보다 조금 뒤이니 어쩌면 그래도 공자를 보았을 듯도 하다.

詒讓案 **墨子必不及見孔子**[14)]니 **汪說誤**라

詒讓案 : 墨子는 필시 孔子를 미처 보지 못했을 것이니, 汪中의 說은 잘못이다.

蓺文志以爲在孔子後者가 **是也**라 **非攻中篇言知伯以好戰亡**[15)]하여늘 **事在春秋後二十七年**이요 **又言蔡亡**[16)]하여늘 **則爲楚惠王四十二年**이니 **墨子竝當時及見其事**라 **非攻下篇言今天下好戰之國**은 **齊晉楚越**[17)]하고 **又言唐叔呂尙**은 **邦齊晉**하여 **今與楚越四分天下**[18)]라 **節葬下篇言諸侯力征**하니 **南有楚越之王**하고 **北有齊晉之君**[19)]이라 **明在句踐**[20)]**稱伯**(패)**之後**와

≪漢書≫ 〈藝文志〉에 孔子 뒤에 살았다고 한 것이 이것이다. 〈非攻 中〉에서는 知伯이 전쟁을 좋아한 까닭으로 망한 일을 말하였는데 이 일은 春秋시대 27년 뒤(B.C. 450)에 있었고, 또 蔡나라의 멸망을 말하였는데 楚 惠王 42년(B.C. 447)이니, 墨子는 모두 당시에 그 일들을 볼 수 있었다. 〈非攻 下〉에서는 지금 천하에 攻戰을 좋아하는 나라는 齊나라 · 晉나라 · 楚나라 · 越나라라고 말하였고, 또 唐叔과

---

14) 墨子必不及見孔子 : 孫詒讓은 墨子의 生沒年과 관련하여 'B.C. 468~B.C. 376' 설을 주장하였는 바, 孔子(B.C. 551~B.C. 479)보다 늦게 태어났다고 보았다.
15) 非攻中篇言知伯以好戰亡 : 본서 2책 18-5-18~28에 보인다.
16) 又言蔡亡 : 본서 2책 18-4-12~13에 보인다.
17) 非攻下篇言今天下好戰之國은 齊晉楚越 : 본서 2책 19-3-15에 보인다.
18) 又言唐叔呂尙……今與楚越四分天下 : 본서 2책 19-5-5에 보인다.
19) 節葬下篇言諸侯力征……北有齊晉之君 : 본서 2책 25-6-1~2에 보인다.
20) 句踐 : ?~B.C. 464. 姓은 姒, 本名은 鳩淺이다. 越나라 임금으로, 吳王 夫差에게 패하여 會稽山에서 굴욕적인 和議를 체결한 뒤 복수를 위한 일념으로 20년 동안 臥薪嘗膽한 끝에 부차를 죽이고 오나라를 멸망시키고 '春秋5霸' 중 한 명이 되었다.

呂尙은 齊와 晉에 나라를 세워 지금 楚·越과 함께 天下를 넷으로 나누었다고 말하였다. 〈節葬 下〉에서는 諸侯는 무력으로 정벌하니 남쪽에는 楚나라와 越나라의 王이 있고, 북쪽에는 齊나라와 晉나라의 군주가 있다고 하였다. 〈그러하니 묵자는〉 분명히 句踐이 霸者〔伯〕를 自稱한 뒤와

魯問篇에 **越王請裂故吳地**하여 **方五百里**로 **以封墨子**[21]라하니 **亦一證**이라

〈魯問〉에 "越王이 옛 吳나라의 땅 오백 里를 떼어 묵자를 봉하겠다."라고 하였으니, 역시 한 증거이다.

秦獻公[22]**未得志之前**과 **全晉之時**에 **三家**[23]**未分**하고 **齊未爲陳氏也**[24]라 **檀弓下**에 **季康子之母死**에 **公輸般請以機封**이라하여늘 **此事不得其年**이나 **季康子之卒在哀公二十七年**이요 **楚惠王以哀公七年卽位**하니 **般固逮事惠王**이라 **公輸篇**에 **楚人與越人舟戰於江**이라 **公輸子自魯南游楚**라가 **作鉤强以備越**[25]이라하니 **亦吳亡後**에 **楚與越爲隣國事**라 **惠王在位五十七年**이어늘 **本書旣載其以老辭墨子**하니 **則墨子亦壽考人與**아

秦 獻公이 아직 뜻을 얻지 못한 이전과 三家가 아직 나뉘지 않고 晉나라가 온전히 있을 때와 齊나라가 아직 陳氏의 소유가 되지 않았을 때에 있었다. ≪禮記≫ 〈檀弓 下〉에 "季康子의 모친이 죽었을 때 公輸般이 기계를 이용하여 下棺하기를

---

21) 魯問篇……以封墨子 : 본서 5책 49-14-3~4에 보이는데, 越王이 公尙過에게 묵자를 모셔오도록 가 달라고 부탁하는 말에 나온다.

22) 秦獻公 : B.C. 424~B.C. 362?. 秦나라 24대 임금으로, 젊은 시절 달아나 외국에 있다가 出公 2년(B.C. 385)에 진나라에 돌아와 왕위를 이었다.

23) 三家 : 晉나라의 대부였던 趙氏, 魏氏, 韓氏로, 이들 가문은 魏 文侯 魏斯, 韓 景侯 韓虔, 趙 烈侯 趙籍에 이르러 세력이 강해지자 晉나라를 셋으로 나누어 제후가 되었는데, 이를 三晉이라 한다.

24) 齊未爲陳氏也 : 齊나라의 대부 陳恒의 선조인 陳 厲公의 아들 田完이 齊 桓公 때 제나라로 망명하여 처음으로 벼슬하게 되었는데, 진항 때에 이르러 齊 簡公을 시해하고 정권을 장악하였고 이후 그의 증손 田和 때에 이르러 천자의 승인을 받아 정식으로 제후가 된 것을 말한다. '陳'과 '田'은 옛날에 통용된 글자로 모두 성을 가리킨다.(≪春秋左氏傳≫ 莊公 22년)

25) 公輸篇……作鉤强以備越 : 본서 5책 49-21-1, 49-21-5~6, 49-21-8에 보이는데, 중간에 생략된 句들이 있고 마지막 '作鉤强以備越'은 '作爲鉤强之備'로 되어 있다. 참고로 孫詒讓은 '强'을 兵器의 일종인 '拒'로 보았다.

청하였다."라고 하였는데, 이 일은 일어난 해를 알 수 없지만 계강자가 卒한 때는 哀公 27년(B.C. 468)에 있었고 楚 惠王은 애공 7년(B.C. 488)에 즉위하였으니 공수반은 참으로 혜왕을 섬길 수 있었다. 〈公輸〉에 "楚나라 사람과 越나라 사람이 長江에서 水戰을 벌였다. 公輸子가 魯나라에서 남쪽으로 楚나라에 갔다가 鉤와 拒를 만들어 월나라를 대비하였다."라고 하였으니, 역시 吳나라가 멸망한 뒤 楚나라와 越나라가 인접 국가가 된 때의 일이다. 혜왕은 57년 동안 재위하였는데 本書 〈貴義〉에 이미 늙었다는 이유로 묵자에게 사양한 일이 기재되어 있으니, 묵자 역시 장수한 사람인가.

親士脩身二篇은 **其言淳實**하여 **與曾子立事**[26]**相表裏**하니 **爲七十子後學者所述**이라 **經上至小取六篇**은 **當時謂之墨經**하고 **莊周稱相里勤之弟子五侯之徒**와 **南方之墨者苦獲已齒鄧陵子之屬**이 **以堅白異同之辨相訾**(자)하고 **以觭偶不仵之辭相應者也**[27]라 **公孫龍爲平原君客**은 **當趙惠文孝成二王之世**요 **惠施相魏**는 **當惠襄二王之世**니 **二子實始爲是學**이라 **是時墨子之沒久矣**니 **其徒誦之**는 **竝非墨子本書**라 **所染篇亦見呂氏春秋**하니 **其言宋康染於唐鞅田不禮**하여늘 **宋康之滅在楚惠王卒後一百五十七年**이라 **墨子蓋嘗見染絲者而歎之**어늘 **爲墨之學者增成其說耳**라 **故本篇稱禽子**하고 **呂氏春秋竝稱墨子**라 **親士篇錯入道家言二條**어늘 **與前後不類**하니 **今出而附之篇末**이라 **又言吳起之裂**하여늘 **起之裂以楚悼王二十一年**일새 **亦非墨子之所知也**라

〈親士〉, 〈脩身〉 2篇은 그 말이 淳厚하고 朴實하여 ≪大戴禮記≫ 〈曾子立事〉와 서로 表裏를 이루니, 七十子의 後學에 의해 저술된 것이다. 〈經 上〉부터 〈小取〉까지 6篇은 당시에 ≪墨經≫이라 하였고, 莊周는 相里勤의 제자, 五侯의 무리와 南方의 墨家인 苦獲, 已齒, 鄧陵子의 부류들이 堅白과 異同의 論辯으로 서로 비난하고, 奇數와 偶數처럼 짝이 맞지 않고 어긋나는 말로 서로 응수한 자들이라 일컬었

26) 曾子立事 : ≪大戴禮記≫의 한 편명이다. ≪대대례기≫는 前漢시대 今文 禮學家였던 戴德이, 劉向이 수집한 禮에 관한 기록들(130편)을 묶어서 85편으로 재편한 것으로, ≪大戴記≫라고도 한다.
27) 莊周稱相里勤之弟子五侯之徒……以觭偶不仵之辭相應者也 : ≪莊子≫ 〈天地〉에 보인다.

다. 公孫龍이 平原君의 門客이 된 때는 趙나라 惠文王과 孝成王 두 왕의 재위 시기에 해당하고 惠施가 魏나라의 재상이 된 때는 惠王과 襄王 두 왕의 재위 시기에 해당하는데, 두 학자가 실제로 처음 이 학문(名家)을 하였다. 이때는 墨子가 세상을 떠난 지 오래되었으니 그 門徒들이 傳誦한 것은 모두 묵자의 本書가 아니다. 〈所染〉은 또한 ≪呂氏春秋≫ 〈當染〉에도 보이니, 그 글에서 宋 康王이 唐鞅과 田不禮에 물들었다고 말하였는데, 송 강왕이 멸망한 것은 楚 惠王이 죽고 157년 뒤의 일이다. 묵자가 아마도 실을 물들이는 자를 보고 탄식한 적이 있었던 듯한데, 墨學을 하는 자가 자기의 이야기를 보태어 글을 완성한 것일 뿐이다. 그래서 ≪묵자≫ 本篇에서는 '禽子'를 일컫고 ≪여씨춘추≫에서는 '묵자'를 아울러 일컬었다. 〈친사〉에 道家의 말 두 조목이 잘못 들어가 있는데, 앞뒤의 내용과 어울리지 않으니 지금 빼서 〈친사〉 편 끝에 붙인다. 또 吳起가 찢겨 죽임을 당한 일을 말하였는데, 오기가 찢겨 죽임을 당한 일은 楚 悼王 21년(B.C. 381)이기에 또한 묵자가 알 수 있는 일이 아니다.

詒讓案 **吳起之亂**은 **墨子似尙及見之**라 **詳親士篇**[28)]이라

詒讓案 : 吳起의 난리는 墨子가 그래도 볼 수 있었던 듯하다. 〈親士〉에 자세히 설명하였다.

今定其書爲內外二篇하고 **又以其徒之所附著爲雜篇**하되 **倣劉向校晏子春秋例**하여 **輒於篇末述所以進退之意**하니 **覽者詳之**니라

지금 墨子의 글을 內篇과 外篇 두 편으로 만들어 정하고 또 그의 門徒가 덧붙인 것을 雜篇으로 만들되, 劉向이 ≪晏子春秋≫를 校定한 例를 따라 篇 끝마다 해당 편을 배치한 뜻을 서술하였으니, 보는 이들은 자세히 살펴야 한다.

墨子之學은 **其自言者曰 國家昏亂**인댄 **則語之尙賢尙同**하고 **國家貧**인댄 **則語之節用節葬**하고 **國家憙音沈湎**인댄 **則語之非樂**(악)**非命**하고 **國家淫僻無禮**인댄 **則語之尊天事鬼**하고 **國家務奪侵陵**인댄 **則語之兼愛非攻**[29)]이라하니 **此其救世亦多術矣**라

28) 詳親士篇 : 본서 1책 1-4-10에 보인다.

備城門以下는 **臨敵應變纖**(섬)**悉周密**하니 **斯其所以爲才士與**인저 **傳曰 世之學老子者則絀儒學**하고 **儒學亦絀老子**[30]라하여늘 **惟儒墨則亦然**하니 **儒之絀墨子者**는 **孟氏荀氏**라

墨子의 學術은 그가 직접 말한 것을 보면, "나라가 혼란스러우면 尙賢과 尙同의 道理를 말하고, 나라가 가난하면 節用과 節葬의 도리를 말하고, 나라가 음악과 술에 빠져 있으면 非樂과 非命의 도리를 말하고, 나라가 음란하고 무례하면 尊天과 事鬼의 도리를 말하고, 나라가 약탈과 침략에 힘을 쓰면 兼愛와 非攻의 도리를 말한다."라고 하였으니, 이는 그가 세상을 구원하는 데 또한 방법이 많은 것이다. 〈備城門〉 이하의 편들은 적을 마주해 다양한 상황에 대응하는 설명이 자세하고 주밀하니, 이것이 그가 才士가 된 까닭일 것이다.

傳에 이르기를, "세상에서 老子의 학술을 배우는 자들은 儒家의 학술을 배척하고 유가에서도 노자의 학술을 배척한다."라고 하였는데, 유가와 묵가 역시 그러하다. 유가 중에 墨子를 배척한 자는 孟氏(孟子)와 荀氏(荀子)이다.

藝文志董無心一卷[31]이 **非墨子**어늘 **今亡**이라 **孔叢詰墨僞書**라 **不數之**라

≪漢書≫ 〈藝文志〉에 著錄된 〈董無心〉 1권이 墨子를 비판하였는데 지금 散佚되었다. ≪孔叢子≫ 〈詰墨〉은 僞書라서 꼽지 않은 것이다.

荀之禮論樂論은 **爲王者治定功成盛德之事**어니와 **而墨之節葬非樂**은 **所以救衰世之敝**니 **其意相反而相成也**라 **若夫兼愛**는 **特墨之一端**이나 **然其所謂兼者**는 **欲國家愼其封守**하고 **而無虐其隣之人民畜産也**라 **雖昔先王制爲聘問弔恤之禮**하여 **以睦諸侯之邦交者**라도 **豈有異哉**리오 **彼且以兼愛敎天下之爲人子者**하여 **使以孝其親**이언마는 **而謂之無父**하니 **斯已枉矣**로다 **後之君子日習孟子之說**하고 **而未覩墨子之本書**하니 **其以耳食**[32]은 **無足怪也**라 **世莫不以其誣孔子爲墨子辜**라 **雖然**이나

---

29) 其自言者曰……則語之兼愛非攻 : 본서 5책 49-15-3~5에서 墨子가 魏越에게 하는 말에 보인다.

30) 傳曰……儒學亦絀老子 : ≪史記≫ 권63 〈老子列傳〉에 보인다.

31) 藝文志董無心一卷 : ≪漢書≫ 〈藝文志〉에는 '董子一篇'으로 되어 있다. 董子는 이름이 '無心'이다.

自今日言之하면 **孔子之尊固生民以來所未有矣**로되 **自當日言之**하면 **則孔子魯之大夫也**요 **而墨子宋之大夫也**니 **其位相埒**(날)하고 **其年又相近**이어늘 **其操術不同而立言務以求勝**이라 **雖欲平情覈實**이라도 **其可得乎**아 **是故墨子之誣孔子**는 **猶孟子之誣墨子也**니 **歸於不相爲謀**[33]**而已矣**라 **吾讀其書**하니 **惟以三年之喪爲敗男女之交**가 **有悖於道**어니와 **至其述堯舜**하고 **陳仁義**하고 **禁攻暴**하고 **止淫用**하여 **感王者之不作**하고 **而哀生人之長勤**하야는 **百世之下如見其心焉**하니 **詩所謂凡民有喪**에 **匍匐救之之仁人也**로다 **其在九流之中**에 **惟儒足與之相抗**이요 **自餘諸子皆非其比**라 **歷觀周漢之書**하면 **凡百餘條**에 **竝孔墨儒墨對擧**라 **楊朱之書惟貴放逸**하여 **當時亦莫之宗**하니 **躋之於墨**은 **誠非其倫**이라

荀子의 〈禮論〉과 〈樂論〉은 왕노릇 하는 자의 다스림이 확립되고 공업이 이루어진 훌륭한 덕의 일인 반면 墨子의 〈節葬〉과 〈非樂〉은 쇠망해가는 세상의 폐단을 바로잡기 위한 것이니 그 뜻이 서로 반대되면서도 서로 이루어주는 것이다. 兼愛의 경우는 단지 묵자의 한 가지 주장일 뿐이지만 그가 이른바 兼이라 한 것은 국가가 자기 封疆을 조심히 지키면서 그 隣國의 백성과 가축에게 폭력을 행사하지 못하게 하려 한 것이다. 비록 옛날 先王이 聘問하고 弔恤하는 禮를 제정하여 제후 사이의 邦交를 화목하게 한 것이라 하더라도 어찌 다름이 있겠는가. 그가 또 겸애로 천하의 아들 된 자들을 가르쳐서 그것으로 그 어버이에게 효도하게 하였건만 그를 일러 아버지를 무시하는 자라 하니 이는 너무 그를 왜곡한 것이다. 후세의 君子들은 날마다 孟子의 說을 익히고 묵자의 本書를 보지 않았으니 그들이 耳食하는 것이 족히 이상할 것이 없다.

세상에서는 모두 孔子를 무함한 것을 묵자의 죄로 여긴다. 그렇지만 오늘날의 기준으로 말한다면 공자의 존귀함은 참으로 사람이 생겨난 이래로 없던 일이지만 그 당시의 기준으로 말한다면 공자는 魯나라의 大夫이고 묵자는 宋나라의 대부이니 그 지위가 서로 대등하고 그 나이도 서로 비슷한데 그 견지하는 주장이 같지

32) 耳食 : 자세히 따져보지도 않고 전하는 말을 듣고 그냥 받아들이는 것을 말한다.

33) 不相爲謀 : 孔子가 "도가 같지 않으면 함께 도모하지 않아야 한다.〔道不同 不相爲謀〕"라고 하였는데, 이에 대해 朱熹는 "같지 않은 것〔不同〕은 선과 악, 邪와 正과 같은 종류이다."라고 풀이하였다.(≪論語≫ 〈衛靈公〉)

않아 주장을 세울 때 이기려고 힘썼다. 그러하니 비록 마음을 공평하게 하여 사실을 따지려고 한들 할 수 있었겠는가. 이 때문에 묵자가 공자를 무함한 것은 맹자가 묵자를 무함한 것과 같으니 '함께 도모하지 않는' 데로 귀착할 뿐이다.

내가 그 책을 읽어보니, 오직 三年喪이 男女의 결합을 방해한다고 여긴 것이 道에 어긋남이 있을 뿐이지 그가 堯舜을 祖述하고 仁義를 펼치며 공격과 폭력을 금하고 지나친 使役을 그치도록 하여 참다운 왕이 나오지 않는 데 느꺼워하고 살아가는 사람들이 길이 고생함을 서글퍼한 일의 경우에는 百世가 흐른 지금에도 마치 그 속마음을 보는 듯하다. 그러하니 ≪詩經≫ 〈邶風 谷風〉에 이른바 '모든 사람이 喪事가 있을 때 포복하여 달려가 구원한다.〔凡民有喪 匍匐救之〕'라고 하는 경우의 仁한 사람이다.

묵자는 九流 가운데 오직 儒家만 족히 서로 견줄 수 있을 뿐이고, 여타의 諸子는 모두 그 상대가 아니다. 周나라와 漢나라의 책을 두루 살펴보면 모두 1백여 조목에서 모두 공자와 묵자, 유가와 묵가를 나란히 거론하고 있다. 楊朱의 책은 오직 放逸함을 귀하게 여겨 당시에 역시 으뜸으로 여기는 이들이 없었으니 〈孟子가〉 그를 묵자와 대등한 위치에 올려 나란히 한 것은 참으로 걸맞지 않는다.

自墨子沒로 **其學離而爲三**하여 **徒屬充滿天下**하니 **呂不韋再稱鉅子**[34)]하고

墨子가 세상을 떠난 뒤로 그 학문이 나뉘어 셋이 되어 그 무리들이 천하를 가득 채우니, 呂不韋는 거듭 鉅子를 일컬었고

去私篇과 **尙德篇**이라

〈'鉅子'는〉 ≪呂氏春秋≫ 〈去私〉, 〈尙德〉에 나온다.

韓非謂之顯學[35)]이러니 **至楚漢之際而微**로되

34) 鉅子 : 先秦시대 墨家에서 墨學의 大師를 일컫는 말로, ≪莊子≫ 〈天下〉의 注에서 向秀(상수)는 墨家에서 그 道理가 이루어진 자를 일컫는 칭호라고 하였다. 儒家의 大儒를 일컫는 長子, 碩儒와 같은 말로, '巨子'라고도 한다.

35) 韓非謂之顯學 : ≪韓非子≫ 〈顯學〉에 "세상의 저명한 학문은 儒家와 墨家이다.〔世之顯學 儒墨也〕"라고 하였다.

韓非는 그것을 顯學이라 하였다. 그러더니 楚와 漢이 다투던 때에 이르러 미약해졌지만

淮南子氾論訓이라

≪淮南子≫ 〈氾論訓〉에 나온다.

孝武之世猶有傳者하여 **見**(현)**於司馬談所述**[36)]하고 **於後遂無聞焉**하니 **惜夫**라 **以彼勤生薄死**하여 **而務急國家之事**하니 **後之從政者固宜假正議以惡**(오)**之哉**인저

漢 孝武帝(B.C. 141~B.C. 87 재위)가 재위하던 때에도 傳受받은 자가 있어 司馬談이 서술한 내용에 보이고 나서 그 뒤에 결국 더이상 알려짐이 없었으니 안타깝다. 그들이 삶을 애쓰고 죽음을 박하게 여기면서 국가의 일을 시급히 여겨 힘썼으니 훗날 위정자들이 바른 의론을 가탁해 그들을 미워한 것은 참으로 당연한 일이다.

乾隆上章困敦涂月에 **選拔貢生江都汪中述**하노라

乾隆 庚子年(1780) 12월에 選拔貢生 江都 汪中은 서술한다.

詒讓案 **汪氏所校墨子及表微一卷**은 **今竝未見**이라 **此敍揚州刻本爲後人竄改**어늘 **文多駁異**일새 **今從阮**[37)]**刻本校正**이라

詒讓案：汪氏가 校定한 ≪墨子≫ 및 ≪墨子表微≫ 1권은 지금 모두 보이지 않는다. 이 서문은 揚州 刻本을 後人의 改易을 거친 것인데 문장에 박잡하고 다른 부분이 많기에 지금 阮元의 각본의 校正을 따른다.

---

36) 見(현)於司馬談所述：司馬遷의 부친 司馬談이 六家의 要指를 논한 말을 가르킨다.(≪史記≫ 〈太史公自序〉)

37) 阮：阮元(1764~1849)으로, 자는 伯元, 호는 芸臺·積古齋이다. 揚州學派의 대표적 인물로, 經學·校勘·金石·音韻·天文·地理 등에 뛰어났다. 十三經注疏를 교감하였고, 문집에 ≪潛研堂集≫이 있다.

汪中의 〈墨子後序〉　汪中墨子後序

述學

≪述學≫의 글이다.

中旣治墨子러니 牽於人事하여 且作且止라 越六年에 友人陽湖孫季仇星衍以刊本示余하니 則巡撫畢侍郎盧學士咸有事焉이라 出入群籍하여 以是正文字한대 博而能精하니 中不勞日力하고 於是書盡通其癥(징)結이라 且舊文孤學[1)]에 得二三好古君子與我同志하니 於是有三喜焉이라 旣受而卒業하고 意有未盡하여 乃爲後敍하여 以復於季仇曰 季仇謂墨子之學出於禹하니 其論偉矣로다 非獨禽滑釐有是言也니 莊周之書則亦道之曰 不以自苦爲極者는 非禹之道[2)]라하니 是皆謂墨之道與禹同耳요 非謂其出於禹也라 昔在成周[3)]에 禮器大備하여 凡古之道術은 皆設官以掌之러니 官失其業에 九流以興하여 於是各執其一術以爲學하되 諱其所從出하고 而託於上古神聖하여 以爲名高하여 不曰神農이면 則曰黃帝라 墨子質實하여 未嘗援人以自重이라 其則(칙)古昔하고 稱先王[4)]에 言堯舜禹湯文武者六이요 言禹湯文武者四요 言文王者三이로되 而未嘗專及禹라 墨子固非儒而不非周也요 又不言其學之出於禹也라 公孟謂君子必古言服然後仁[5)]이라하여늘 墨子旣非之하고 而曰子法周而

---

1) 舊文孤學 : 舊文은 옛날 典籍에 수록된 원문이고 孤學은 失傳되어 가는 學問으로, 여기서는 ≪墨子≫를 가리킨다.

2) 莊周之書則亦道之曰……非禹之道 : ≪莊子≫ 〈天下〉에 "墨子는 말하기를, '……禹 임금은 위대한 聖人인데도 이처럼 천하를 위해 자기 몸을 혹사했다.'라고 하여 후세의 墨家로 하여금 거친 옷을 입고 나막신이나 짚신을 신고 밤낮으로 쉬지 않고 자기 몸을 고통스럽게 하는 것을 표준으로 삼게 하고서 말하기를, '이와 같이 할 수 없다면 우 임금의 도가 아니니 족히 묵가라 할 수 없다.'라고 하였다.〔墨子稱道曰……禹大聖也 而形勞天下也如此 使後世之墨者 多以裘褐爲衣 以跂蹻爲服 日夜不休 以自苦爲極曰 不能如此 非禹之道也 不足謂墨〕"라고 한 말을 가리킨다.

3) 成周 : 周公이 成王을 보필하여 제도를 완비하고 興盛한 시대를 말한다.

4) 則古昔 稱先王 : ≪禮記≫ 〈曲禮〉에 나오는 말이다.

未法夏하니 **則子之古非古也**[6)]라하다 **此因其所好而激之**요 **且屬之言服**하면 **甚明而易**(이)**曉**라 **然則謂墨子背周而從夏者**는 **非也**라 **惟夫墨離爲三**하여 **取舍相反**하고 **倍譎不同**하여 **自謂別墨**하니 **然後託於禹以尊其術**한대 **而淮南著之書爾**[7)]라 **雖然**이나 **謂墨子之學出於禹**라도 **未害也**라 **謂禹制三月之喪**은 **則尸子之誤也**니 **從而信之**는 **非也**라 **何以明其然也**오 **古者喪期無數**러니 **黃帝堯舜**이 **垂衣裳而天下治**[8)]에 **則五服**[9)]**精粗之制立矣**라 **放勳殂落**커시늘 **百姓如喪考妣**[10)]가 **其可見者也**라 **夏后氏三年之喪**에 **旣殯而致事**[11)]하니 **則夏之爲父三年矣**라 **禹崩**커시늘 **三年之喪畢**하고 **益避禹之子於箕山之陰**[12)]하니 **則夏之爲君三年矣**라 **從是觀之**컨대 **它服術**[13)]**可知也**라

---

5) 公孟謂君子必古言服然後仁 : 본서 5책 48-4-1~2에 公孟子의 말로 나오는데, 이어지는 부분에서 묵자가 이 말을 비판하였다. 또한 본서 3책 〈非儒 下〉 39-4-1에도 儒者의 말로 나오는데 역시 묵자가 이를 비판하는 말이 이어진다.

6) 子法周而未法夏 則子之古非古也 : 본서 5책 48-4-6~7에 보이는데 앞의 公孟子의 말에 대한 묵자의 비판의 끝부분이다.

7) 淮南著之書爾 : ≪淮南子≫ 〈要略訓〉에서 묵자를 우 임금에게 관련 지은 내용을 가리킨다.

8) 黃帝堯舜 垂衣裳而天下治 : ≪周易≫ 〈繫辭傳 下〉에 "황제와 요·순은 의상을 드리운 채 편히 있어도 천하가 잘 다스려졌다.〔黃帝堯舜 垂衣裳而天下治〕"라고 한 데서 온 말로, 聖君의 無爲之治를 말한다.

9) 五服 : 喪服을 입음에 있어서 다섯 가지로 차등을 두는 제도를 말한다. 이는 가족과 친척 사이에 親疏와 遠近이 있기 때문에 차등을 두는 것으로, 상을 당한 사람이 죽은 사람과 어떠한 관계인가에 따라 상복의 경중을 나타내고 喪期의 장단을 결정하는 것이다. 그 종류에는 斬衰(참최), 齊衰(자최), 大功, 小功, 緦麻(시마)가 있는데, 대공 이상은 親, 소공 이하는 疏가 된다. 친소에 따라 오복을 입는 기간이 각각 다르며, 상복의 재료도 다르다.

10) 放勳殂落 百姓如喪考妣 : ≪書經≫ 〈虞書 舜典〉에 "요 임금이 세상을 떠나자 백성이 마치 부모의 상을 당한 것처럼 삼년복을 입었고, 천하에 음악 소리가 끊어져 조용해졌다.〔帝乃殂落 百姓如喪考妣三載 四海遏密八音〕"라고 한 데서 온 말로, 放勳은 功이 크다는 뜻으로, 요 임금을 예찬한 말인데 여기서는 요 임금의 별칭으로 쓴 것이다.

11) 夏后氏三年之喪 旣殯而致事 : 孔子가 "하후씨는 삼년상에 殯을 하고 나면 치사하고, 은나라 사람은 장례하고 나서 치사하였다.〔夏后氏 三年之喪 旣殯而致事 殷人 旣葬而致事〕"라고 한 데서 온 말이다. 致事는 致仕와 같은 말로, 나이가 들어 임금에게 관장하는 일을 내놓고 조정을 떠나는 것을 말한다.(≪禮記≫ 〈曾子問〉)

12) 禹崩……益避禹之子於箕山之陰 : ≪孟子≫ 〈萬章 上〉에 보인다.

13) 服術 : 喪을 당해 服을 입는 방도로, 모두 여섯 가지가 있는바, 親族의 친함 정도에 따라서 입는 것〔親親〕, 尊卑의 차등에 따라서 입는 것〔尊尊〕, 어머니나 처의 친족일 경우 그 이름의 차이에 따라서 입는 것〔名〕, 여자로서 아직 집에 있느냐 이미 출가하였느냐의 차이에 따라서 입는 것〔出入〕, 장유의 차등에 따라서 입는 것〔長幼〕, 종복이기 때문에 정식 상복과 다른 것을 입는 것〔從服〕이다.(≪禮記≫ 〈大傳〉)

士喪禮에 自小斂奠으로 大斂奠과 朔月半薦과 遣奠과 大遣奠[14)]에 皆用夏祝하니 使夏后氏制喪三月이면 祝豈能習其禮하여 以贊周人三年之喪哉리오 若夫陵死葬陵하고 澤死葬澤[15)]은 此爲天下大水不能具禮者言之也라 荒政殺(쇄)哀[16)]면 周何嘗不因於夏禮以聚萬民哉리오 行有死人에 尙或殣(근)之[17)]하니 此節葬也요 斂首足形하여 還葬而無椁[18)]하니 此又節葬也나 豈可執是以言周禮哉리오 若然이면 夏不節喪이요 史佚固節喪與아 夫下殤墓遠에 棺斂於宮中을 召公爲言於周公하고 而後行之[19)]하니 若是其篤終也라 先王制禮를 其敢有不至者哉아 墨子者蓋學焉而自爲其道者也라 故其節(葬)〔用〕[20)]曰 聖王制爲節葬之法[21)]이라하고 又曰 墨子制爲節

---

14) 士喪禮……大遣奠 : 奠은 初喪부터 葬禮 이전까지 지내는 제사로, 장례 전에는 尸童이 없어 음식을 神 앞에 두기만 하기 때문에 '전'이라 하고 장례를 마치고 돌아와 虞祭를 지내면서부터 '祭'라 한다. 상례의 순서에 따라 始死奠, 襲奠, 小斂奠, 大斂奠, 朝夕奠, 朔望奠(朔月半薦), 啓殯奠, 祖奠, 遣奠, 大遣奠, 題主奠 등이 있다. 小斂과 大斂은 斂襲의 단계로 死者의 시신을 옷과 이불로 싸는 절차를 소렴이라 하고, 소렴이 끝난 뒤 시신을 묶어 入棺하는 절차를 대렴이라 한다. 朔月半薦은 초하루와 보름에 薦新하는 奠이다. 遣奠은 장지로 영구를 보낼 때 올리는 奠인데, 大遣奠은 견전을 마치고 犧牲을 수레에 싣고 영구를 따라가다가 도중에 멈추게 되는 경우 올리는 奠이다.

15) 陵死葬陵 澤死葬澤 : ≪淮南子≫ 〈要略訓〉에 보인다.

16) 荒政殺(쇄)哀 : 荒政은 흉년이 들었을 때 백성을 구제하는 정사로, 散利, 薄征, 緩刑, 弛力, 舍禁, 去幾, 眚禮, 殺哀, 蕃樂, 多昏, 索鬼神, 除盜賊 등 모두 12가지가 있다. 그중 쇄애는 喪禮를 간략히 치르게 하는 것을 말한다.(≪周禮≫ 〈地官 大司徒〉)

17) 行有死人 尙或殣(근)之 : ≪詩經≫ 〈小雅 小弁〉에 보인다.

18) 斂首足形 還葬而無椁 : 孔子의 제자 子路가 가난하여 부모 봉양을 제대로 할 수 없다고 탄식하자, 공자가 "콩을 먹고 물을 마실지라도 어버이의 마음을 즐겁게만 하면 이를 일러 효라 하고, 〈어버이 상에〉 머리와 발의 형체만 겨우 염습하여 返葬할 때에 외곽을 쓰지 못하더라도 자기 형편에 맞게 하면 이를 일러 예라 한다.〔啜菽飮水 盡其歡 斯之謂孝 斂首足形 還葬而無椁 稱其財 斯之謂禮〕"라고 한 데서 온 말이다.(≪禮記≫ 〈檀弓 下〉)

19) 下殤墓遠……而後行之 : 下殤은 11세부터 8세까지 나이에 죽은 이의 喪으로, 옛날 요절한 아이를 장사 지내게 되면 집 근처에 묻었으므로 관을 쓰지 않고 단지 옷으로 염습해 들것에 얹어 여러 사람들이 들고 가서 장사 지냈는데, 孔子가 "내가 老聃에게 들으니, '옛날 史佚에게 아들이 있었는데 죽으니, 下殤이었다. 묘지가 멀었는데 召公이 사일에게 「어찌 집안에서 관에 넣지 않느냐.」고 하니, 사일이 「제가 어찌 감히 할 수 있겠습니까.」라고 대답하였다. 소공이 주공에게 묻자 주공은 「어찌 불가하겠습니까.」 하니, 사일이 그것을 행하였다.'라고 하였는바, 하상에 木棺과 壽衣를 사용하여 거둔 것이 사일로부터 시작되었다.〔吾聞諸老聃曰 昔者史佚有子而死 下殤也 墓遠 召公謂之曰 何以不棺斂於宮中 史佚曰 吾敢乎哉 召公言於周公 周公曰 豈不可 史佚行之 下殤用棺衣棺 自史佚始也〕"라고 한 데서 온 말이다.(≪禮記≫ 〈曾子問〉)

20) (葬)〔用〕 : 저본에는 '葬'으로 되어 있으나, 본서 2책 21-6-1에 의거하여 '用'으로 바로잡

葬之法[22)]이라하니 **則謂墨子自制者是也**라 **故曰 墨之治喪**에 **以薄爲其道**라하고

나〔中〕는 이미 ≪墨子≫를 연구해왔는데 人事에 얽매이느라 진행하다 멈추곤 하였다. 6년이 지나 벗 陽湖 孫季仇 星衍이 刊本을 가지고 내게 보여주니 巡撫公 畢侍郎(畢沅), 盧學士(盧文弨)가 모두 여기에 참여하였다. 뭇 서적을 섭렵하여 文字를 바로잡았는데 넓으면서도 정밀하였으니 나는 시간을 애써 들이지 않고도 이 책에서 꽉 막혀 어려웠던 부분을 다 통달할 수 있었다. 게다가 舊文의 孤學을 놓고 옛것을 좋아하는 두어 君子가 나와 뜻을 함께할 수 있게 되었으니 이에 세 가지 기쁨이 있었다. 책을 받아 다 읽고 나서 내 뜻에 미진함이 있어 이에 後敍를 지어 季仇에게 다음과 같이 답장하였다.

"계구가 묵자의 학문이 禹 임금에게서 나왔다고 하니 그 주장이 뛰어납니다. 비단 禽滑釐만 이 말을 한 것이 아니라 莊周의 책에서도 말하기를, '자기 몸을 고통스럽게 하는 것을 표준으로 삼지 않는 자는 우 임금의 도가 아니다.'라고 하였으니, 이는 모두 墨家의 도가 우 임금과 같다고 한 것일 뿐이지 우 임금에게서 나왔다고 한 것이 아닙니다. 옛날 成周 때에 禮器가 크게 갖추어져 무릇 옛날의 道術들 모두 관직을 설치해 관장하게 하였는데, 관직이 그 관장한 일을 잃어버리자 九流가 발흥하여 이에 저마다 자기의 한 가지 術을 주장하여 학문으로 삼되 자기가 비롯한 근원을 숨기고 上古의 神聖에게 의탁해 명성을 높이려고 하여 神農을 말하지 않으면 黃帝를 말하였습니다. 〈그런데〉 묵자는 質實하여 남을 끌어와 자신의 가치를 높이려 한 적이 없었습니다. 그가 옛것을 본받고 선왕을 칭술할 때 '堯舜禹湯文武'를 말한 것이 여섯 번이고 '禹湯文武'를 말한 것이 네 번이고 '文王'을 말한 것이 세 번이었지만 '禹'만 단독으로 언급한 적은 없었습니다.

묵자는 본래 儒家를 비판하였지 周나라를 비판하지는 않았고 또 그 학문이 禹 임금에게서 나왔다고는 말하지 않았습니다. 〈公孟〉에 '君子는 반드시 옛날의 말을 하고 옛날의 옷을 입어야 하니 그런 뒤에야 仁하다.'라고 하였는데 묵자가 〈公孟子의〉 이 말을 비판하고 나서 '그대는 周나라를 본받고 夏나라를 본받지 않으니

았다.

21) 聖王制爲節葬之法 : 본서 2책 〈節用 中〉 21-6-1에 보인다.

22) 墨子制爲節葬之法 : ≪墨子≫에 보이지 않는데 다만 본서 2책 〈節葬 下〉 25-11-17에 '子墨子制爲葬埋之法'이라는 구절이 나온다.

그대가 말하는 옛날은 옛날이 아니다.'라고 하였습니다. 이 말은 그가 좋아하는 것에 기인하여 激發한 것이고 또 말과 옷에 의탁하면 매우 분명하면서 이해하기 쉽습니다. 그렇다면 묵자가 주나라를 저버리고 하나라를 따랐다고 하는 것은 잘못입니다. 오직 墨家가 나뉘어 셋이 되어 取舍한 것이 상반되고 대립하여 같지 않아 스스로 別墨이라 한 뒤에야 禹 임금에게 가탁하여 자기 학술을 높였는데 淮南王(劉安)이 이를 책에 드러낸 것일 뿐입니다.

그렇지만 묵자의 학문이 禹 임금에게서 나왔다고 하더라도 문제되지는 않습니다. 禹 임금이 3개월 喪을 제정하였다고 한 것은 尸子의 오류이니 이를 따라 믿는 것은 잘못입니다. 어떻게 그렇다는 것을 밝힐 수 있겠습니까. 옛날에 喪期에 정한 숫자가 없었는데, 黃帝와 堯舜이 衣裳을 드리운 채 편히 있어도 天下가 잘 다스려졌을 때 五服을 곱고 거칠게 입는 제도를 확립했습니다. '요 임금이 세상을 떠나자 백성이 마치 부모의 상을 당한 듯이 하였다.'는 것이 〈이 제도를〉 볼 수 있는 것입니다. 하후씨는 삼년상에 殯을 하고 나면 致事하였으니 夏나라 때 부친을 위해 삼년상을 한 것이고, 우 임금이 붕어하자 삼년상을 마치고 나서 益이 우 임금의 아들 啓를 피하여 기산의 북쪽으로 가 있었으니 하나라 때 임금을 위해 삼년상을 한 것입니다. 이를 통해 보면 다른 服術을 알 수 있습니다. ≪儀禮≫ 〈士喪禮〉에 小斂奠부터 大斂奠, 朔薦, 月半薦, 遣奠, 大遣奠까지 모두 夏나라 祝을 썼으니 만약 夏后氏가 3개월 상을 제정하였다면 祝이 어찌 하나라 예를 익혀 周나라 사람의 삼년상을 도울 수 있었겠습니까.

언덕에서 죽은 자는 언덕에 장사 지내고 못에서 죽은 자는 못에서 장사 지낸 것과 같은 경우는 천하에 큰물이 져서 예를 차릴 수 없는 자를 위해 말한 것입니다. 荒政으로 喪禮를 간략히 치르게 해야 하는 경우라면 주나라가 어찌 하나라 예를 이어받아 만민을 모으지 않은 적이 있었겠습니까. '길가에 죽은 사람이 있으면 오히려 묻어주기도 한다.' 하였는데 이것이 節葬이고 '〈어버이 상에〉 머리와 발의 형체만 겨우 염습하여 짧게 장사 지내며 外槨을 쓰지 못한다.' 하였는데 이것도 절장이지만, 어찌 이 사례들을 가지고 주나라 禮라 말할 수 있겠습니까. 그렇다면 하나라에서 喪期를 줄인 것이 아니고 史佚이 참으로 상기를 줄인 것입니까. 下殤인데 묘지가 멀 경우에 〈시신을〉 집안에서 염습하여 관에 넣는 문제를

召公이 周公에게 물은 뒤에야 행하였으니 이처럼 장례를 독실히 처리하였던 것입니다. 先王이 제정한 禮이니 어찌 감히 지극히 행하지 않는 경우가 있었겠습니까. 묵자라는 자는 아마도 이를 배우고서 스스로 자기 道를 행한 자인 듯합니다. 그래서 ≪墨子≫ 〈節用 中〉에 '聖王이 葬禮를 절제하는 법을 제정하였다.'라고 하고, 또 '묵자가 葬禮를 절제하는 법을 제정하였다.'라고 하였으니, 묵자가 스스로 제정하였다고 한 것이 이것입니다. 그러므로 '墨者가 상례를 치르는 것은 박하게 하는 것을 그 道로 삼는다.'라고 하고,

孟子滕文公篇이라

≪孟子≫ 〈滕文公 上〉에 나온다.

曰 墨子生不歌하고 **死不服**하고 **桐棺三寸而無椁**하여 **以爲法式**이라하고

'墨子는 살아서는 노래하지 아니하고 죽어서는 喪服을 입지 않고, 오동나무로 짠 관이 세 치 두께이고 外椁은 만들지 아니하고서 그것을 법식으로 삼았다.'라고 하고,

莊子天下篇이라

≪莊子≫ 〈天下〉에 나온다.

曰 墨者之葬也에 **冬日冬服**하고 **夏日夏服**하며 **桐棺三寸**이요 **服喪三月**이라하다

'墨者의 장례에는 겨울에는 겨울옷으로, 여름에는 여름옷으로 〈斂을 하였고,〉 오동나무로 짠 관이 세 치 두께이고 服喪은 3개월로 하였다.'라고 하였습니다.

韓非子顯學篇이라

≪韓非子≫ 〈顯學〉에 나온다.

使夏后氏有是制면 **三子者不以之蔽墨子矣**리라

만약 夏后氏에게 이러한 제도가 있었다면 諸子 세 사람(孟子, 莊子, 韓非子)이 이를 가지고 墨子를 개괄해 말하지는 않았을 것입니다."

王念孫의 〈墨子雜志〉에 대한 서문　王念孫墨子雜志敍

讀書雜志라

≪讀書雜志≫의 글이다.

墨子書舊無注釋하고 **亦無校本**이라 **故脫誤不可讀**이라 **至近時**하여 **盧氏抱經**과 **孫氏淵如始有校本**하여 **多所是正**이라 **乾隆癸卯**에 **畢氏弇山重加校訂**하여 **所正復多於前**이라 **然尙未該備**하고 **且多誤改誤釋者**일새 **予不揣**(췌)**寡昧**하고 **復合各本及群書治要諸書所引**하여 **詳爲校正**이라

≪墨子≫는 예부터 注釋이 없었고 校正한 本도 없었다. 그래서 빠지고 잘못되어 읽을 수가 없었다. 그런데 近來에 이르러 盧抱經(盧文弨), 孫淵如(孫星衍)가 처음 교정한 본이 있어 바로잡은 것이 많았다. 乾隆 癸卯年(1783)에 畢弇山(畢沅)이 거듭 校訂을 가하여 바로잡은 것이 전보다 더 많았지만 아직 完備되지는 않은 데다 잘못 고치고 잘못 풀이한 것이 많았기에 나는 寡聞하고 蒙昧함을 헤아리지 않고 다시 각 本 및 ≪群書治要≫에서 諸書를 인용한 것들을 합하여 자세히 校正하였다.

是書傳刻之本엔 **唯道藏本爲最優**하니 **其藏本未誤而佗本皆誤**와 **及盧畢孫三家已加訂正者**는 **皆不復羅列**이라 **唯舊校所未及**과 **及所校尙有未當者**를 **復加考正**이라 **是書錯簡甚多**어늘 **盧氏所已改者唯辭過篇一條**요 **其尙賢下篇尙同中篇兼愛中篇非樂上篇非命中篇及備城門備穴二篇**은 **皆有錯簡**하여 **自十餘字至三百四十餘字不等**이어니와 **其佗脫至數十字**와 **誤字衍字顚倒字及後人妄改者尙多**한대 **皆一一詳辨之**하여 **以復其舊**라 **此外脫誤不可讀者**가 **尙復不少**라 **蓋墨子非樂非儒**하여 **久爲學者所黜**이라 **故至今迄無校本**하고 **而脫誤一至於是**라

이 책을 옮겨 새긴 本 중에는 오직 道藏本이 가장 우수하니 도장본은 잘못되지 않았는데 다른 本들 모두 잘못된 것 및 盧文弨, 畢沅, 孫星衍 세 학자가 이미 訂正해놓은 것은 모두 다시 나열하지 않았다. 오직 옛 校正 작업에서 아직 언급하지 않은 것 및 교정한 것에 아직 온당하지 않은 것이 있는 경우에만 다시 상고해 바로잡았다. 이 책에는 錯簡이 몹시 많은데 노문초가 이미 고친 것은 다만 〈辭過〉의 한 조목일 뿐이고, 〈尙賢 下〉, 〈尙同 中〉, 〈兼愛 中〉, 〈非樂 上〉, 〈非命 中〉 및 〈備城門〉과 〈備穴〉 두 편에 모두 착간이 있어 10여 자부터 3백 4십여 자까지 같지 않거니와 기타 수십 자에 이르는 脫字와 誤字, 衍字, 顚倒된 字 및 후인이 함부로 고친 것이 아직도 많기에 모두 일일이 자세히 辨析하여 그 옛 모습을 회복하였다. 이밖에 빠지고 잘못되어 읽을 수 없는 것이 아직도 적지 않다. 대체로 墨子가 음악을 비판하고 儒家를 비판하여 오래도록 學者들에게 배척당하였으므로 지금까지도 아직 교정한 本이 없어 빠지고 잘못된 것이 그대로 이 지경에 이르렀다.

然是書以無校本而脫誤難讀이나 **亦以無校本而古字未改**일새 **可與說文相證**이라 **如說文亯字**는 **篆文作亯**하고 **隸作享**하며 **又省**(생)**作亨**하여 **以爲亨**(형)**通之亨**이요 **又轉爲普庚反**하여 **以爲亨**(팽)**煮之亨**이어늘 **今經典中亨煮字皆作亨**하니

그렇지만 이 책이 교정한 本이 없는 까닭으로 빠지고 잘못되어 읽기 어렵지만 또한 교정한 본이 없는 까닭으로 古字를 고치지 않아 ≪說文解字≫와 함께 상호 증명할 수가 있다. 이를테면 ≪설문해자≫의 '亯'자는 篆文에 '亯'으로 되어 있고 隸書에 '享'으로 되어 있으며 또 자획을 생략해 '亨'으로 써서 '亨通'의 '亨'이 되고, 또 轉變해 '普'와 '庚'의 反切로 發音하여 '亨煮'의 '亨'이 되는데 지금 經典 가운데 '亨煮'자는 모두 '亨'으로 되어 있으니

俗又作烹이라

〈'亨'을〉 俗子로는 또 '烹'으로 쓴다.

亨行而享廢矣라 **唯非儒篇子路享**(팽)

'亨'이 유행하자 '享'이 사라진 것이다. 다만 〈非儒 下〉의 '子路享

普庚反이라

〈'享'은〉 '普'와 '庚'의 反切이다.

豚[1]에 **其字尙作享**이라 **說文**에 **𢀛**(극)은

豚(자로가 돼지를 삶아주었다.)'에서 그 글자가 여전히 '享'으로 되어 있다. ≪說文解字≫에 "'𢀛'은

讀若亟(극)**其乘屋**[2]**之**亟이라

〈'𢀛'은〉 '亟其乘屋(급히 그 지붕을 올리다.)'의 '亟'과 같이 읽는다.

自急敕也라하여늘 **今經典皆以亟代𢀛**하니 **亟行而𢀛廢矣**라 **唯非儒篇曩與女爲𢀛生**하고 **今與女爲𢀛義**[3]에 **其字尙作𢀛**이라 **說文**에 **但**은 **裼**(석)**也**라하여늘 **今經典皆以袒代但**하니 **袒行而但廢矣**라 **唯耕柱篇羊牛犓豢**(추환)을 **雍**

스스로 급히 경계함이다."라고 하였는데, 지금 經典은 모두 '亟'으로 '𢀛'을 대신하니 '亟'이 유행하자 '𢀛'이 사라진 것이다. 다만 〈非儒 下〉의 '曩與女爲𢀛生 今與女爲𢀛義(그때는 자네와 함께 살아남는 데 다급하였고 지금은 자네와 함께 의리를 행하는 데 다급하다.)'에서 그 글자가 여전히 '𢀛'으로 되어 있다. ≪說文解字≫에 "'但'은 웃통을 벗는다〔裼〕는 뜻이다."라고 하였는데, 지금 經典은 모두 '袒'으로 '但'을 대신하니 '袒'이 유행하자 '但'이 사라진 것이다. 다만 〈耕柱〉의 '羊牛犓豢 雍

與饔同이라 **今本雍譌作維**라

〈'雍'은〉 '饔'과 같다. 今本에 '雍'은 '維'로 잘못되어 있다.

人但割而和之[4]에 **其字尙作但**이라

---

1) 非儒篇子路享豚 : 본서 3책 39-11-3에 보인다.
2) 亟(극)其乘屋 : ≪詩經≫ 〈豳風 七月〉에 보인다.
3) 非儒篇曩與女爲𢀛生 今與女爲𢀛義 : 본서 3책 39-11-12~13에 보인다.
4) 耕柱篇羊牛犓豢 雍人但割而和之 : 본서 5책 46-19-1~2에 보인다.

人但割而和之(양과 소 같은 가축을 주방장이 웃통을 벗고 도살하고 조리해주다.)'에서 그 글자가 여전히 '但'으로 되어 있다.

又有傳寫之譌에 **可以考見古字者**라 **城郭之郭**은 **說文本作𩫏**이러니 **今經典皆以郭代𩫏**하니 **郭行而𩫏廢矣**라 **唯所染篇云 晉文染於舅犯高偃**[5]이라하여늘 **案國語晉有郭偃無高偃**하니 **郭卽𩫏之借字**라 **知高爲𩫏之**譌**也**라 **說文**에 **𢿡**은 **古文殺字**라하여늘 **今經典中有殺無𢿡**하니 **殺行而𢿡廢矣**라 **唯尙賢中篇云 率天下之民**하여 **以詬天侮鬼**하고 **賤傲萬民**[6]이라하여늘 **案賤傲二字語意不倫**하니 **賤乃賊字之**譌요 **殺字古文作𢿡**하여 **與敖相似**라 **知𢿡**譌**作敖**하고 **又**譌**作傲也**라

또 옮겨 베끼는 과정에서의 잘못으로 古字를 살펴볼 수 있는 경우가 있다. 城郭의 '郭'은 ≪說文解字≫에 본래 '𩫏'으로 되어 있었는데, 지금 經典은 모두 '郭'으로 '𩫏'을 대신하니 '郭'이 유행하자 '𩫏'이 사라진 것이다. 다만 〈所染〉에 "晉 文公은 舅犯과 高偃에 물들었다."라고 하였는데, 살펴보건대 ≪國語≫에 晉나라에는 郭偃이 있고 高偃은 없으니 '郭'은 바로 '𩫏'의 假借字로, '高'가 '𩫏'의 誤字임을 알 수 있다. ≪설문해자≫에 "'𢿡'은 古文의 '殺'자이다."라고 하였는데, 지금 경전 가운데는 '殺'이 있고 '𢿡'이 없으니 '殺'이 유행하자 '𢿡'이 사라진 것이다. 다만 〈尙賢 中〉에 "또 천하의 인민들을 이끌어 하늘을 헐뜯고 조상을 모욕하며 만민을 해치고 죽였기 때문이다.〔率天下之民 以詬天侮鬼 賤傲萬民〕"라고 하였는데, 살펴보건대 '賤傲' 2자는 語意가 어울리지 않으니 '賤'은 바로 '賊'자의 誤字이고 '殺'자는 古文에 '𢿡'로 되어 있어 '敖'와 서로 비슷한지라 '𢿡'이 '敖'로 잘못되고 다시 '傲'로 잘못되었음을 알 수 있다.

說詳本篇이라

本篇(〈尙賢 中〉)에 자세히 설명하였다.

---

5) 所染篇云 晉文染於舅犯高偃 : 본서 1책 3-2-17에 보인다.

6) 尙賢中篇云……賤傲萬民 : 본서 1책 〈尙賢 中〉 9-8-2에 보인다. 다만 '𢿡'자는 본서 5책 〈節葬 下〉 49-3-4에도 보인다.

說文에 **佚**(잉)은

≪說文解字≫에 "'佚'은

以證反이라

〈'佚'은〉 '以'와 '證'의 反切이다.

送也라 **呂不韋曰 有侁氏以伊尹佚女**라하여늘 **今經典皆以媵代佚**하니 **媵行而佚廢矣**라 **唯尚賢下篇云 昔伊尹爲莘氏女師僕**[7]이라하여늘 **案有莘氏以伊尹佚女**요 **非以爲僕也**라 **佚僕字形相似**하니 **知僕爲佚之譌也**라 **說文**에 **衝突字本作衝**이러니 **今經典皆以衝代衝**하니 **衝行而衝廢矣**라 **唯備城門篇云 以射衝及櫳樅**[8]이라하여늘 **衜衝形相似**하니 **知衜爲衝之譌也**라

보낸다〔送〕는 뜻이다. 呂不韋는 '有侁氏가 伊尹에게 딸을 데리고 가게 하였다.〔有侁氏以伊尹佚女〕'라고 하였다."라고 하였는데, 지금 經典은 모두 '媵'으로 '佚'을 대신하니 '媵'이 유행하자 '佚'이 사라진 것이다. 다만 〈尚賢 下〉에 "옛날에 이윤은 有莘氏의 딸을 수행하던 신하가 되었다.〔昔伊尹爲莘氏女師僕〕"라고 하였는데, 살펴보건대 유신씨가 이윤에게 딸을 데리고 가게 한 것이지 종〔僕〕으로 삼았던 것이 아니다. '佚', '僕'은 字形이 서로 비슷하니 '僕'이 '佚'의 誤字임을 알 수 있다. ≪설문해자≫에 '衝突'자는 본래 '衝'으로 되어 있었는데, 지금 경전은 모두 '衝'으로 '衝'을 대신하니 '衝'이 유행하자 '衝'이 사라진 것이다. 다만 〈備城門〉에 "〈적의〉 衝車와 櫳樅에 발사한다.〔以射衝及櫳樅〕"라고 하였는데, '衜', '衝'은 자형이 서로 비슷하니 '衜'이 '衝'의 誤字임을 알 수 있다.

衝謂衝車라

'衝'은 衝車를 말한다.

是書最古라 **故假借之字亦最多**하니 **如胡作故**하고

---

7) 尚賢下篇云 昔伊尹爲莘氏女師僕 : 본서 1책 10-3-3에 보인다.
8) 備城門篇云 以射衝及櫳樅 : 본서 5책 52-17-5~6에 보인다.

이 책은 가장 오래되었으므로 假借한 글자 역시 가장 많으니 이를테면 '胡'는 '故'로 쓰고

尙賢中篇故不察尙賢爲政之本也[9]에 **故與胡同**이라

〈尙賢 中〉의 '故不察尙賢爲政之本也(어찌 어진 사람을 높이는 것이 정치의 근본이 됨을 살피지 않겠는가.)'에서 '故'는 '胡'와 같다.

降作隆하며

'降'은 '隆'으로 쓰며,

尙賢中篇稷隆播種[10]과 **非攻下篇天命融隆火于夏之城**[11]에 **隆竝與降同**이라

〈尙賢 中〉의 '稷隆播種(稷은 씨를 뿌렸다.)'과 〈非攻 下〉의 '天命融隆火于夏之城(하늘이 祝融에게 명령을 내려 夏의 성에 불벼락을 내리게 하였다.)'에서 '隆'은 모두 '降'과 같다.

誠作情하고 **又作請**하며

'誠'은 '情'으로 쓰고 또 '請'으로도 쓰며,

尙同下篇今天下王公大人士君子가 **中情將欲爲仁義**하여 **求爲上士**[12]와 **節葬下篇今天下之士君子**가 **中請將欲爲仁義**하여 **求爲上士**[13]에 **情請竝與誠同**이라

〈尙同 下〉의 '今天下王公大人士君子 中情將欲爲仁義 求爲上士(지금 천하의 王公大人・士君子가 진실로 장차 仁義를 행하여 上士가 되고자 한다.'와 〈節葬 下〉의 '今天下之士君子 中請將欲爲仁義 求爲上士(지금 천하의 사군자가 진실로 장차 인의를 행하여 상사가 되고자 한다.)'에서 '情'과 '請'은 모두 '誠'과 같다.

拂作費(불)하고

'拂'은 '費'로 쓰고

9) 尙賢中篇故不察尙賢爲政之本也 : 본서 1책 9-6-1에 보인다.
10) 尙賢中篇稷隆播種 : 본서 1책 9-10-12에 보인다.
11) 非攻下篇天命融隆火于夏之城 : 본서 2책 19-4-30~31에 보인다.
12) 尙同下篇今天下王公大人士君子……求爲上士 : 본서 2책 13-9-4~5에 보인다.
13) 節葬下篇今天下之士君子……求爲上士 : 본서 2책 25-12-1~2에 보인다.

兼愛下篇卽此言行費也는 **下文費作拂**[14)]이라

〈兼愛 下〉의 '卽此言行費也(바로 이것은 언행이 어긋나는 일이다.)'는 아래 글에 '費'이 '拂'로 되어 있다.

知作智하고

'知'는 '智'로 쓰고

節葬下篇智不智[15)]에 **下智字與知同**이라

〈節葬 下〉의 '智不智(지혜로는 더 알지 못하다)'에서 뒤의 '智'자는 '知'와 같다.

志作之하고

'志'는 '之'로 쓰고

天志中篇子墨子之有天之[16)]에 **下之字與志同**하니 **天之卽天志**니 **本篇之名也**라

〈天志 中〉의 '子墨子之有天之(자묵자께서 하늘의 뜻을 지녔다.)'에서 뒤의 '之'자는 '志'와 같으니 '天之'는 바로 '天志'로, 本篇의 편명이다.

宇作野하고

'宇'는 '野'로 쓰고

非樂上篇高臺厚榭邃野之居[17)]에 **野與宇同**이라

〈非樂 上〉의 '高臺厚榭 邃野之居(높은 누대, 큰 정자, 깊은 집과 같은 거처)'에서 '野'는 '宇'와 같다.

佗作也하고

---

14) 兼愛下篇卽此言行費也 下文費作拂 : 본서 2책 16-4-16에 '卽此言行費也'로 되어 있고 뒤의 16-5-16에 '此言行拂也'로 되어 있는 것을 말한다.
15) 節葬下篇智不智 : 본서 2책 25-1-2, 25-1-6에 보인다.
16) 天志中篇子墨子之有天之 : 본서 2책 27-9-1에 보인다.
17) 非樂上篇高臺厚榭邃野之居 : 본서 3책 32-1-6에 보인다.

'佗'는 '也'로 쓰고

小取篇辟(비)**也者**는 **擧也物而以明之也**[18]에 **也物卽**佗**物**이니 **佗俗作他**라

〈小取〉의 '辟也者 擧也物而以明之也(辟(譬喩)는 다른 사물을 들어 그것을 밝히는 것이다.)'에서 '也物'은 바로 '佗物'이니 '佗'는 俗子로 '他'로 쓴다.

睎作欣하고

'睎'는 '欣'으로 쓰고

耕柱篇譬若築牆然하니 **能築者築**하고 **能實壤者實壤**하고 **能欣者欣**[19]에 **欣與**睎**同**이라

〈耕柱〉의 '譬若築牆然 能築者築 能實壤者實壤 能欣者欣(비유하자면 담장을 쌓는 것과 같으니, 다지는 일을 잘하는 사람은 다지고 흙을 채워 옮기기를 잘하는 사람은 흙을 채워 옮기고 측량을 잘하는 사람은 측량한다.)'에서 '欣'은 '睎'와 같다.

管作關하고

'管'은 '關'으로 쓰고

耕柱篇古者周公旦非關叔[20]과 **公孟篇關叔爲天下之暴人**[21]에 **關竝與管同**이라

〈耕柱〉의 '古者周公旦非關叔(옛날 周公 旦이 關叔을 비판하다.)'과 〈公孟〉의 '關叔爲天下之暴人(관숙은 天下의 暴人이었다.)'에서 '關'은 모두 '管'과 같다.

悖作費하고

'悖'는 '費'로 쓰고

魯問篇豈不費哉에 **上文費作悖**[22]라

---

18) 小取篇辟(비)也者 擧也物而以明之也 : 본서 5책 45-2-4~5에 보인다.
19) 耕柱篇譬若築牆然……能欣者欣 : 본서 5책 46-3-2~3에 보인다.
20) 耕柱篇古者周公旦非關叔 : 본서 5책 46-13-6에 보인다.
21) 公孟篇關叔爲天下之暴人 : 본서 5책 48-4-5에 보인다.
22) 魯問篇豈不費哉 上文費作悖 : 본서 5책 49-11-3에 '豈不費哉'로 되어 있고, 앞의 49-4-7에 '豈不悖哉'로 되어 있는 것을 말한다.

〈魯問〉의 '豈不費哉(어찌 〈이치에〉 어긋난 일이 아니겠습니까)'에서 위 글의 '費'가 '悖'로 되어 있다.

從作松하여늘

'從'은 '松'으로 쓰는데,

號令篇松上不隨下[23]에 **松與從同**이라

〈號令〉의 '松上不隨下(〈아랫사람이〉 윗사람을 따르지 〈윗사람이〉 아랫사람을 따르지 않는다.)'에서 '松'은 '從'과 같다.

皆足以見古字之借古音之通하니 **佗書所未有也**라 **其脫誤不可知者**는 **則概從闕疑**[24]하여 **以俟來哲**이라

모두 족히 古字의 假借와 古音의 通用을 볼 수 있으니, 다른 책에 없는 것이다. 그중 빠지고 잘못되어 알 수 없는 것들은 대략 闕疑의 뜻을 좇아 후세의 哲人을 기다리겠다.

道光十一年九月十三日에 **高郵**(우)**王念孫敍**하니 **旹**(시)**年八十有八**이라

道光 11년(1831) 9월 13일에 高郵 王念孫이 서문을 쓰니 이때 나이 88세이다.

---

23) 號令篇松上不隨下 : 본서 6책 70-10-4에 보인다.

24) 闕疑 : 의심나는 곳은 잠시 보류해두고 자기 뜻대로 억측하지 않는 신중한 자세를 말한다. 孔子가 "많이 듣고 나서 의심나는 것은 빼고 그 나머지를 신중히 말하면 허물이 적어질 것이다.〔多聞闕疑 愼言其餘 則寡尤〕"라고 한 데서 온 말이다.(≪論語≫ 〈爲政〉)

武億이 ≪墨子≫에 붙인 발문 　武億[1]跋墨子

授堂文鈔라

≪授堂文鈔≫의 글이다.

漢書藝文志墨子七十一篇이라하여늘 **注云 墨翟爲宋大夫**요 **在孔子後**라하고 **而不著其地**라 **惟呂氏春秋愼大覽高誘注**에 **墨子名翟**이니 **魯人也**라하여늘 **魯卽魯陽**이니 **春秋時屬楚**라 **古人于地名**에 **兩字或單擧一字**하니 **是其例也**라

≪漢書≫ 〈藝文志〉에 "≪墨子≫ 71篇이다."라고 하였는데, 그 注에 "墨翟은 宋나라 大夫가 되었고 孔子 이후에 살았다."라고 하고 그 출신지는 드러내지 않았다. 오직 ≪呂氏春秋≫ 〈愼大覽〉의 高誘의 注에 "묵자는 이름이 翟이니 魯人이다."라고 하였는데, 魯는 바로 魯陽이니 春秋시대에 楚나라에 속하였다. 古人은 地名에 대해 두 글자인데 더러 한 글자만 들기도 하니 이것이 그 사례이다.

路史[2]**國名紀**에 **魯**는 **汝之魯山縣**이니 **非兗地**라하다 **詒讓案 此說誤與畢同**하니 **詳前**이라

≪路史≫ 〈國名紀〉에 "魯는 汝州의 魯山縣이니 兗州 땅이 아니다."라고 하였다.

詒讓案 : 이 說의 오류는 畢沅과 같으니 앞(畢沅墨子注敍)에서 자세히 설명하였다.

翟見(현)**諸傳記**하되 **多稱爲宋大夫**하니 **以予考之**컨대 **亦未盡擧其實**이라 **蓋墨子居于魯陽**일새 **疑嘗爲文子**[3]**之臣**이라 **觀魯問一篇**하면 **首言吾願主君之上者尊天事**

---

1) 武億 : 1745～1799. 자는 虛谷, 호는 半石山人으로, 河南府 偃師縣 사람이다. 淸나라 乾嘉 연간에 주로 활동하여 經學, 考據學, 金石學 등에 조예가 깊었다. 저서로 ≪授堂文鈔≫, ≪偃師金石記≫, ≪安陽縣金石錄≫ 등이 있다.

2) 路史 : 南宋의 羅泌이 편찬한 것으로, 前記 9권, 後記 13권, 余論 10권, 發揮 6권, 國姓衍慶紀原 1권, 大衍說 1권, 國名記 7권으로 구성되어 모두 47권이다. '路史'는 '大史'라는 뜻으로, 上古 이래 역사, 지리, 풍속, 씨족 등과 관련 있는 전설과 史事를 모아놓은 책이다.

3) 文子 : 魯陽 文子로, ≪墨子≫에서 魯陽 文君이라 한 사람이다.

鬼하고 **下者愛利百姓**하여 **厚爲皮幣**하고 **卑辭令**하여 (**函**)〔**亟**〕[4)]**遍禮四隣諸侯**하고 **歐國而以事齊**[5)]라하고 **又言吾願主君之合其志功而觀焉**[6)]이라하다

墨翟은 傳記들에 나오는데 宋나라 大夫가 되었다고 일컬은 경우가 많으니, 내가 상고하건대 역시 그 실체를 다 거론하지는 못하였다. 대체로 墨子는 魯陽에 살았기에 아마도 文子의 신하가 되었던 듯하다. 〈魯問〉 한 篇을 보면 서두에서 "저는 主君께서 위로 上帝를 높이고 鬼神을 섬기며 아래로 백성을 사랑하고 이롭게 하는 한편, 禮物을 넉넉하게 하고 言辭를 겸손하게 하여 사방의 제후들과 속히 두루 교유하고 나라 백성들을 고취하여 齊나라에 맞서기를 원합니다."라고 하고, 또 "제가 바라건대 主君께서는 그들의 뜻과 공로를 아울러서 살펴보소서."라고 하였다.

詒**讓案 魯問篇魯君自是魯國君**이요 **非魯陽文君也**라 **詳本篇**[7)]이라

詒讓案 : 〈魯問〉의 '魯君'은 본래 魯나라 國君이지 魯陽 文君이 아니다. 本篇에서 자세히 설명하였다.

案春秋左氏傳에 **昭二十九年春**에 **公至自乾侯**하여 **處于鄆**(운)하니 **齊侯使高張來唁公**하되 **稱主君**이라하여늘 **注**에 **比公于大夫**라하다 **周禮太宰**에 **九兩**[8)]은 **六曰主**니 **以利得民**이라하여늘 **注**에 **鄭司農謂公卿大夫**라하고 **調人**에 **主友之讐**라하여늘 **注**에 **主**는 **大夫君**[9)]**也**라하다 **呂氏春秋愛士篇**에 **陽城胥渠處**한대 **廣門之官夜款門而謁曰 主君之臣胥渠有疾**이라하여늘 **注**에 **趙簡子**는 **晉大夫也**니 **大夫稱主者也**라하다 **然則翟之尊文子爲主君**은 **意其屬于文子也**라 **禮記禮運**에 **仕於家爲僕**[10)]이라하여늘 **方氏**[11)]**曰 僕**

4) (函)〔亟〕 : 저본에는 '函'으로 되어 있으나, 본서 5책 49-1-4의 孫詒讓의 校勘에 의거하여 '亟'으로 바로잡았다.

5) 吾願主君之上者尊天事鬼……歐國而以事齊 : 본서 5책 49-1-4~5에 보인다.

6) 吾願主君之合其志功而觀焉 : 본서 5책 49-10-5에 보인다.

7) 詳本篇 : 본서 5책 49-1-1에 보인다. 俞樾은 〈魯問〉에서 魯君과 魯陽 文君을 구별하여 쓰고 있다고 하였는데 孫詒讓은 이것이 맞다고 하였다.

8) 九兩 : 나라의 백성을 연합시키는 아홉가지 짝으로, 그 조목은 牧, 長, 師, 儒, 宗, 主, 吏, 友, 藪이다.(≪周禮≫ 〈天官 太宰〉)

9) 大夫君 : 家臣을 둔 대부에게 家臣이 主君이라 일컫는 것을 가리켜 말한 것이다.

10) 禮記禮運 仕於家爲僕 : ≪禮記≫ 〈禮運〉에는 '仕於公曰臣 仕於家曰僕(公에게 벼슬하는 자를 臣이라 하고, 대부의 家에서 벼슬하는 자를 僕이라 한다.)'로 되어 있어, 字句가 조금 다르다.

11) 方氏 : 송나라 학자 方慤(?~?)으로, 자는 性夫이다. 宣和 연간에 進士가 되어 禮部侍郎에

者對主之稱이라 **故仕于家曰僕**이니 **而大夫稱主**(是也)〔**以此**〕[12)]라

살펴보건대 ≪春秋左氏傳≫에 "昭公 29년 봄에 소공이 乾侯에서 돌아와서 鄆에 거처하니 齊侯가 高張을 보내와서 소공을 慰問하면서 소공을 '主君'으로 칭하였다."라고 하였는데, 杜預의 注에 "소공을 大夫와 같이 여긴 것이다."라고 하였다. ≪周禮≫ 〈天官 太宰〉에 "九兩 가운데 여섯 번째는 主이니 이로움으로써 민심을 얻는다."라고 하였는데, 鄭玄의 注에 "鄭司農(鄭衆)은 〈主를〉 공·경·대부로 여겼다.〔鄭司農謂公卿大夫〕"라고 하고, 〈地官 調人〉에 "主나 벗의 원수〔主友之讐〕"라고 하였는데, 정현의 注에 "主는 大夫君이다."라고 하였다. ≪呂氏春秋≫ 〈愛士〉에 "陽城胥渠가 병이 나자 廣門의 아전이 밤에 대문을 두드려 〈趙簡子를〉 뵙고 아뢰기를, '主君의 신하 胥渠가 질병이 있습니다.'라고 하였다."라고 하였는데, 高誘의 注에 "조간자는 晉나라 대부이니 대부를 主라고 칭한 것이다."라고 하였다. 그렇다면 墨翟이 文子를 主君으로 높인 것은 아마도 그가 문자에게 속해서일 것이다. ≪禮記≫ 〈禮運〉에 "대부의 家에서 벼슬하는 자가 僕이다."라고 하였는데, 方氏가 말하기를, "僕이라는 것은 主에 상대한 호칭이므로 대부의 家에 벼슬하는 자를 僕이라 하니 대부를 主라고 칭하는 것은 이 때문이다."라고 하였다.

詒讓案 **此說亦誤**니 **辯詳魯問篇**[13)]이라

詒讓案 : 이 說 역시 잘못 본 것이니, 〈魯問〉에서 자세히 논변하였다.

翟在魯에 **睠然知鄉邦之重**하여 **始勸文子屈禮事齊**하고

墨翟이 魯에 있을 때 그리운 마음으로 고향이 중요함을 깨닫고 비로소 文子에게 몸을 굽히고 예를 낮추어 齊나라를 섬기도록 권유하고

詒讓案 **文子楚臣**[14)]이니 **何必歐國事齊**리오 **此於事勢亦不合**이라

이르렀다. 저서로 ≪禮記解義≫가 있는데, ≪禮記解≫ 또는 ≪禮記集解≫라고도 한다. 陳澔의 ≪禮記集說≫에 나오는 嚴陵方氏이다.

12) (是也)〔以此〕: 저본에는 '是也'로 되어 있으나, ≪禮記集說≫ 〈禮運〉의 嚴陵方氏의 말에 의거하여 '以此'로 바로잡았다.

13) 辯詳魯問篇 : 大夫를 主라 일컫는 문제는 본서 5책 〈貴義〉 47-3-10에 보이고, 〈魯問〉에는 보이지 않는바, 孫詒讓의 착각으로 보인다.

14) 文子楚臣 : 魯陽 文君은 楚나라의 縣公이다.

詒讓案：文子는 楚나라의 신하이니 어찌 굳이 백성들을 고취하여 齊나라를 섬기겠는가. 이 대목은 事勢에도 부합하지 않는다.

繼止文子攻鄭하되 **皆反覆言子**하여 **冀以誡人**이라 **其後文子卒能受聽**이라 **故于時魯陽之民身不致重困于兵役**하여 **以保恤其家室**하니 **皆翟之賜也**라

이어 文子에게 鄭나라를 치는 일을 그치도록 하되 모두 문자에게 곡진하게 반복해 말해 주어 사람들을 경계시키기를 바랐다. 그 뒤에 문자가 결국 그 의견을 받아들였으므로 이때 魯陽의 백성들이 兵役으로 몸이 심하게 힘들어지는 지경에 처하지 않아 그 집안을 지키고 돌볼 수 있었으니 이는 모두 墨翟의 은혜이다.

史記荀卿列傳에 **云 翟**은 **或曰竝孔子時**라하고 **或曰在其後**라하여늘 **索隱**에 **按別錄云 墨子書有文子**한대 **文子**는 **子夏之弟子**니 **問於墨子**라 **如此則墨子者在七十子後也**라하다 **案外傳**[15]**楚語**에 **惠王以梁與魯陽文子**라하여늘 **注**에 **文子**는 **平王之孫**이요 **司馬子期子**니 **魯陽公也**라하다 **惠王十年爲魯哀公十六年**이니 **孔子方卒**이라 **又翟本書貴義篇**에 **子墨子南遊于楚**하여 **見楚獻惠王**[16]이라하여늘 **楚世家無此名**하니 **是獻惠卽惠王**이니 **誤衍一獻字**라 **審是**면 **則翟實當楚惠王時**하여 **上接孔子未卒**이라

≪史記≫ 〈荀卿列傳〉에 "墨翟에 대해 어떤 이는 孔子가 살던 때 함께하였다고도 하고 어떤 이는 공자 뒤에 살았다고도 한다."라고 하였는데, 索隱에 "살펴보건대, ≪別錄≫에 '≪墨子≫에 文子가 나오는데, 문자는 子夏의 제자니, 묵자에게 물은 것이다. 이와 같다면 墨子라는 자는 〈시기적으로〉 七十子의 뒤에 있다.'라고 하였다."라고 하였다. 살펴보건대, ≪春秋外傳(國語)≫ 〈楚語〉에 "楚 惠王이 梁 땅을 魯陽 文子에게 주었다."라고 하였는데, 韋昭의 注에 "문자는 楚 平王의 손자이고 司馬子期의 아들이니 魯陽公이다."라고 하였다. 혜왕 10년은 魯 哀公 16년(B.C. 479)이니, 공자가 이해에 막 卒하였다. 또 묵적의 本書 〈貴義〉에 "子墨子가 남쪽으로 楚

---

15) 外傳：≪春秋外傳≫으로, ≪國語≫의 이칭이다. ≪春秋左氏傳≫을 內傳이라 하는 것에 상대하여 일컫는 말이다.

16) 子墨子南遊于楚 見楚獻惠王：이 부분의 교감과 설명은 본서 5책 47-3-1과 앞의 1-2-20에 보인다.

나라에 유세하러 가서 초나라 獻惠王을 뵈었다."라고 하였는데, ≪史記≫ 〈楚世家〉에는 이 이름이 없으니 이 '獻惠'는 바로 惠王으로, '獻' 한 글자를 잘못 덧붙인 것이다. 이것이 분명하다면 묵적은 실제로 초 혜왕 때에 살아 있어서 위로 공자가 아직 卒하기 전과 접한다.

詒讓案 墨子之生必在孔子卒後니 此說亦誤라

詒讓案：墨子의 탄생은 필시 孔子가 卒한 뒤에 있었을 것이니, 이 說 역시 잘못 본 것이다.

故太史公一云竝孔子時說非無據라 **自班志專謂在孔子後**로 **後人益爲推衍**이라 **至如畢氏據本書稱中山諸國亡于燕代胡貊之國**하여 **以中山之滅在趙惠文王四年**이라 **當周赧**(난)**王二十年**이니 **則翟實六國時人**이니 **至周末猶存**[17]이라 **愚竊以翟旣與楚惠王接時**하니 **後必不能歷一百九十餘年尙未卽化**일새 **此固不然也**라 **中山諸國之亡**은 **蓋墨子之徒續記而竄入其師之說**하여 **以貽**(이)**此謬**니 **何可依也**리오 **予故爲摭**(척)**其時地始末如是**하여 **以附于篇**하니 **庶覽者得以詳焉**이라

그래서 〈墨翟을 두고〉 孔子가 살던 때 함께하였다고도 한다고 한 太史公의 一說이 근거가 없는 것은 아니다. 〈그런데〉 班固의 ≪漢書≫ 〈藝文志〉에서 오로지 공자 뒤에 살았다고만 한 뒤로 後人들이 더욱 이를 추론해 부연하였다. 畢沅의 경우에는 本書에서 "中山 諸國이 燕나라·代나라·胡·貊의 사이에서 멸망당하였다."라고 일컬은 데 의거하여 "중산이 멸망한 때는 趙 惠文王 4년에 있었던 일이라 周 赧王 20년(B.C. 295)에 해당하니 묵적은 실로 六國시대 사람으로, 周나라 말엽까지도 살아 있었다."라고 하였다. 내 생각에는 묵적이 이미 楚 惠王과 시대가 접하였으니, 〈그렇다면〉 뒤에 필시 190여 년을 지나도록 여전히 죽지 않고 있을 수 없기에 〈필원의〉 이 주장은 참으로 맞지 않다. 중산 제국의 멸망은 아마도 墨子의 門徒가 이어 기록하면서 그 스승의 說을 뒤섞어 넣어 이러한 오류를 빚은 것일 듯하니 어찌 의거할 수 있겠는가. 나는 그래서 그 시기와 장소에 대한 顚末을 이처럼 收拾하여 篇에 붙이니 이 책을 보는 이가 자세히 살필 수 있기를 바란다.

---

17) 至如畢氏據本書稱中山諸國亡于燕代胡貊之國……至周末猶存：앞의 1-4-4~5에 보인다.

張惠言이 ≪墨子經說解≫의 뒤에 쓴 글
張惠言[1)]書墨子經說解後

亦見茗柯文編[2)]

≪茗柯文編≫에도 보인다.

右墨子經上下及說은 凡四篇이라 晉書魯勝傳에 云 勝注墨辯에 引說就經하여 各附其章이라하니 卽此也라 墨子書多奧言錯字로되 而此四篇爲甚이어늘 勝注旣不傳世하여 莫得其讀이라 今正其句投(두)하고 通其旨要하여 合爲二篇하니 略可指說이요 疑者闕之라

이상 ≪墨子≫ 〈經 上〉, 〈經 下〉 및 〈經說 上〉, 〈經說 下〉는 모두 4篇이다. ≪晉書≫ 〈魯勝傳〉에 "魯勝이 ≪墨辯≫에 注를 낼 때 經說을 끌어다 經에 나아가 각각 해당하는 章에 붙였다."라고 한 것이 바로 이것이다. ≪묵자≫에는 난해하고 잘못된 글자들이 많지만 이 4편은 더 심한데 노승의 注가 이미 세상에 전해오지 않아 그 讀法을 알 수가 없다. 그래서 지금 그 句讀(구두)를 바로잡고 그 要旨를 소통시키고서 합하여 2편으로 만드니 대략이나마 해설할 만하였고 의심스러운 것들은 놓아두었다.

古者楊墨塞路어늘 孟子辭而闢之[3)]러니 自孟子之後로 至今千七百餘年하여 而楊氏遂亡이어니와 墨氏書雖存이나 讀者蓋鮮이니 大哉聖賢之功若此盛矣로다 墨氏之

---

1) 張惠言 : 1761~1802. 자는 皐文 혹은 皐聞이고, 호는 茗柯로, 武進(지금의 江蘇省 常州) 사람이다. 1799년 進士가 되어 編修를 지냈다. 惠棟, 焦循과 함께 후세에 乾嘉 연간 易學의 三大家로 불렸다. 또 ≪詞選≫을 편집하여 常州 詞派의 開山이 되었다. 저서로 ≪茗柯文編≫이 있다.

2) 亦見茗柯文編 : ≪茗柯文編≫ 권1에 〈書墨子經後〉라는 제목으로 수록되어 있다.

3) 古者楊墨塞路 孟子辭而闢之 : ≪法言≫ 〈吾子〉에 나오는 말이다.

言脩身親士에 **多善言**하고 **其義託之堯禹**라 **自韓愈氏以爲與聖賢同指**라 **孔墨必相爲用**[4]하니 **向無孟子**런들 **則後之儒者習其說而好之者**가 **豈少哉**리오 **老氏之言**은 **其始也微**하여 **不得孟子之辨**하고 **而佛氏之出又絶在孟子後**라 **是以蔓蔓延延**하여 **日熾月息**이어니와 **而楊墨泯焉遂微**라 **吾以悲老佛之不遭孟子也**라 **當孟子時**하여 **百家之說衆矣**로되 **而孟子獨距**

옛날에 楊朱와 墨翟이 正道를 막자, 孟子가 변론하여 물리쳤는데, 맹자 이후로 지금 1,700여 년을 지나는 동안에 楊氏는 결국 사라졌거니와 墨氏는 저서가 비록 남아 있지만 읽는 이가 대체로 드물었으니 위대하도다, 聖賢의 공로가 이처럼 성대하다. 묵씨가 脩身과 親士에 대해 말한 것에 좋은 말이 많고 자신의 의리를 堯와 禹에게 의탁하였다. 韓愈氏부터 〈묵자가〉 聖賢과 뜻이 같은지라 공자와 묵자는 반드시 상호 쓰여질 것이라고 하였으니, 지난날 맹자가 없었다면 훗날의 儒者 가운데 그의 說을 익혀 그것을 좋아하는 자들이 어찌 적었겠는가. 老氏(老子)의 말은 처음에는 미약해서 맹자의 辨駁을 받지 못하였고 佛氏가 출현한 것은 또 맹자 사후에 멀리 떨어져 있었다. 이 때문에 여기저기 뻗어나가 날로 창궐하고 달로 번성한 반면 양주와 묵적은 사라져가다가 끝내 미약해졌다. 나는 이런 까닭으로 老佛이 맹자를 만나지 못한 일을 서글퍼한다. 맹자 때에 百家의 說이 많았는데도 맹자는 유독

文編作拒라

〈'距'는〉 ≪茗柯文編≫에 '拒'로 되어 있다.

楊墨이라 **今觀墨子之書**하면 **經說大小取**는 **盡同異堅白之術**이니 **蓋縱橫名法家惠施公孫龍申韓之屬皆出焉**이라 **然則當時諸子之說**에 **楊墨爲統宗**일새 **孟子以爲楊墨息**에 **而百家之學將銷歇而不足售也**라 **獨有告子者**하여 **與墨爲難**이어늘 **而自謂勝爲仁**[5]이라 **故孟子之書亦辯斥之**[6]라 **嗚呼**라 **豈知其後復有烈于是者哉**리오

---

4) 韓愈氏以爲與聖賢同指 孔墨必相爲用 : 韓愈의 〈讀墨子〉에 "孔子는 반드시 墨子를 쓸 것이고 묵자는 반드시 공자를 쓸 것이니 서로 쓰지 않는다면 족히 공자, 묵자가 될 수 없다.〔孔子必用墨子 墨子必用孔子 不相用 不足爲孔墨〕"라고 한 내용을 가리킨다.

5) 獨有告子者……而自謂勝爲仁 : 본서 5책 〈公孟〉 48-21-1~6에는 告子가 墨子를 비판한 말

楊朱와 墨翟을 물리쳤다. 지금 ≪墨子≫ 책을 보면 〈經說〉, 〈大取〉, 〈小取〉는 모두 同異堅白의 術이니 대체로 縱橫家, 名家, 法家의 惠施, 公孫龍, 申不害, 韓非의 무리가 모두 여기서 나왔다. 그렇다면 당시 諸子의 說 가운데 양주와 묵적이 統宗이 되기에 맹자가 양주와 묵적이 사라졌을 때 百家의 학문이 장차 사라지고 잦아들어 족히 유행할 수 없으리라 여긴 것이다. 다만 告子라는 자가 있어 묵적과 논난하였는데 스스로 仁을 행할 만하다고 하였다. 그래서 ≪孟子≫ 책에서도 그를 辯斥하였다. 아, 어찌 그 뒤에 다시 이보다 심한 자가 있을 줄 알았겠는가.

墨子之言誖(패)**于理而逆于人心者**는 **莫如非命非樂**(악)**節葬**이라 **此三言者**는 **偶識之士可以立折**이로되 **而孟子不及者**는 **非墨之本也**일새라 **墨之本在兼愛**한대 **而兼愛者**는 **墨之所以自固而不可破**라 **兼愛之言曰 愛人者人亦愛之**하고 **利人者人亦利之**[7]요 **仁君使天下聰明耳目相爲視聽**하고 **股肱畢强相爲動宰**[8]라하니 **此其與聖人所以治天下者**로 **復何以異**리오 **故凡墨氏之所以自託于堯禹者**는 **兼愛也**라 **尊天明鬼尙同節用者**는 **其支流也**요 **非命非樂節葬**은 **激而不得不然者也**라 **天下之人唯惑其兼愛之說**이라 **故雖**

墨子의 말 중에 이치에 어긋나고 人心에 거스르는 것은 非命, 非樂, 節葬만 한 것이 없다. 이 세 명제는 얼핏 아는 선비도 바로 꺾어버릴 수 있는데도 孟子가 이것들을 언급하지 않은 것은 묵자의 본령이 아니기 때문이다. 묵자의 본령은 兼愛에 있는데 겸애라는 것은 묵자가 자기 입장을 굳게 지켜 깨뜨릴 수 없는 수단이

이 나온다. 한편 '勝爲仁'은 48-22-1에 "제자 몇 명이 子墨子께 아뢰기를, '고자는 仁을 행할 만합니다.'라고 하였다.〔二三子復於子墨子曰 告子勝爲仁〕"라고 하여, 고자의 말이 아니라 묵자의 제자들이 고자에 대해 묻는 말로 나온다.

6) 孟子之書亦辯斥之 : 孟子는 告子의 不動心, 仁內義外, 性無善不善, 生之謂性 등의 주장에 대해 비판하였다.

7) 愛人者人亦愛之 利人者人亦利之 : 본서 2책 〈兼愛 中〉 15-5-2에 보이는데 '亦'자 뒤에 '從而' 2자가 각각 더 있다.

8) 仁君使天下聰明耳目相爲視聽 股肱畢强相爲動宰 : 본서 2책 〈兼愛 下〉 16-3-2~4에서 "이로 인해 밝은 귀와 눈이 함께 보고 듣고, 이로 인해 민첩하고 굳센 팔과 다리가 함께 움직인다.〔是以聰耳明目 相爲視聽乎 是以股肱畢强 相爲動(宰)〔擧〕乎〕"라고 한 부분으로, 字句의 出入이 있다.

다. 겸애를 주장한 말에 "다른 사람을 사랑하는 자는 다른 사람 역시 그를 사랑하고 다른 사람을 이롭게 하는 자는 다른 사람 역시 그를 이롭게 한다.", "仁한 임금이 천하의 밝은 귀와 눈으로 하여금 함께 보고 듣고, 천하의 민첩하고 굳센 팔과 다리로 하여금 함께 움직이게 한다."라고 하였으니, 이 말들이 聖人이 천하를 다스리는 방법과 다시 무엇이 다르겠는가. 그러므로 무릇 墨氏가 堯와 禹에게 자신을 의탁한 까닭은 겸애 때문이다. 尊天, 明鬼, 尙同, 節用이라는 것은 그 支流이고, 非命, 非樂, 節葬은 과격해져서 그렇게 하지 않을 수 없게 된 것이다. 천하 사람들이 오직 그의 겸애의 說에 미혹되었기 때문에 비록

文編有他說之三字라

〈'雖' 뒤에〉 ≪茗柯文編≫에는 '他說之' 3자가 있다.

誖于理하고 不安于心이라도

이치에 어긋나고 마음에 편안하지 않더라도

文編有者字라

〈'心' 뒤에〉 ≪茗柯文編≫에는 '者'자가 있다.

皆從而和

모두 그를 따라 附和하면서

文編作則이라

〈'和'는〉 ≪茗柯文編≫에 '則'자로 되어 있다.

之하여 不以爲疑라 孟子不攻其流而攻其本하고 不誅其說而誅其心하여 斷然

의심스럽게 여기지 않았다. 孟子는 그 지류를 공격하지 않고 그 본령을 공격하며 그 說을 비판하지 않고 그 마음을 비판하여 결연히

文編無此二字이라

≪茗柯文編≫에는 이 두 자(斷然)가 없다.

被之以無父之罪에 **而其說始無以自立**이라 **嗟夫**라 **藉使墨子之書盡亡**이런들 **至于今**하여 **何以見孟子之辯嚴而審簡而有要如是哉**리오 **孟子曰 我知言**[9)]이라하여늘 **嗚呼**라 **此其驗矣**로다 **後之讀此書者**가 **覽其義**하면 **則于孟子之道猶引弦以知矩**[10)]**乎**인저

아버지를 무시했다는 죄를 입게 하고서야 그 說이 비로소 스스로 설 길이 없게 되었다. 아, 만약 ≪墨子≫ 책이 다 사라졌던들 지금에 이르러 어떻게 孟子의 辨斥이 이처럼 엄중하면서도 분명하고 간이하면서도 요점이 있음을 알 수 있겠는가. 맹자가 "나는 말을 안다."라고 하였는데, 아, 이것이 그 증험이다. 훗날에 이 책을 읽는 자가 그 뜻을 본다면 맹자의 道에 대해 弦(빗변)을 끌어 矩(직각)를 아는 것과 같을 것이다.

乾隆五十七年十二月一日에 **張惠言書**하노라

乾隆 57년(1792) 12월 1일에 張惠言은 쓴다.

案 孫志祖[11)]**讀書脞錄**[12)]에 **云 墨子經說四篇**은 **丁小疋**[13)]**與許周生**[14)]**互相闡**

---

9) 孟子曰 我知言 : ≪孟子≫ 〈公孫丑 上〉의 浩然之氣章에 보인다.

10) 引弦以知矩 : 사물의 한 측면을 아는 것을 통해 다른 측면을 유추해 아는 것을 비유한 말이다. '弦'은 직각삼각형의 빗변을 말하고, '矩'는 직각을 가리킨다. 직각삼각형의 밑변을 '句'라 하고 수직선을 '股'라 하는데 이들이 이루는 직각이 '矩'이다.

11) 孫志祖 : 1737~1801. 자는 貽穀 혹은 頤穀이고 호는 約齋로, 浙江 仁和 사람이다. 1766년 進士가 되어 雲南司 郎中, 江南道 監察禦史 등을 역임하고 물러나 撰述에 종사하였고 만년에 紫陽書院에서 가르쳤다. 저서로 ≪家語疏證≫, ≪文選考異≫, ≪文選注補正≫, ≪讀書脞錄≫, ≪風俗通佚文≫ 등이 있다.

12) 讀書脞錄 : 孫志祖의 저술로, 經史와 雜家를 두루 논하며 고증한 책인데, 經史를 연구할 때 古書의 體例를 깊이 알아야 眞僞와 誤謬를 밝힐 수 있다는 주장을 폈다. 모두 7권이다.

13) 丁小疋 : 丁杰(1738~1807)로, 小疋은 그의 호이다. 原名은 錦鴻, 자는 升衢, 다른 호는 小雅로, 浙江省 歸安 사람이다. 寧波府學敎授를 지내고 四庫館에 들어가 校書하면서 朱筠, 戴震, 盧文弨 등과 함께 講習하였다. 經史에 博通하고 校勘에 정밀하였으며 文字, 音韻, 算術에도 조예가 있었다. 저서로 ≪大戴禮記繹≫, ≪周易鄭注後定≫, ≪小西山房文集≫ 등이 있다.

14) 許周生 : 許宗彦(1768~1818)으로, 周生은 그의 호이다. 原名은 慶宗, 자는 積卿으로, 德淸(지금의 浙江省 德淸縣 城關鎭 明星村) 사람이다. 1799년 進士가 되어 兵部車駕司主事를 지냈으나 얼마 있다 어버이가 늙었다고 물러나 돌아갔다. 藏書를 좋아하여 36상자가 있

繹하여 **大有端緒**라하니 **是此四篇**은 **又有丁許二家校本**이어늘 **今未見**하니 **竝志之**하여 **以竢**(사)**訪錄**이라

案 : 孫志祖의 ≪讀書脞錄≫에 "≪墨子≫의 〈經〉과 〈經說〉 4篇은 丁小疋과 許周生이 상호 뜻을 밝히고 연역하여 크게 실마리를 두었다."라고 하였으니 이는 이 4편의 경우 또 丁小疋과 許周生 두 학자가 교정한 本이 있었던 것인데 지금 보이지 않으니 아울러 이를 기록하여 찾아서 수록하기를 기다린다.

小疋名杰이요 **周生名宗彦**이니 **竝德清人**이라

丁小疋은 이름이 杰이고, 許周生은 이름이 宗彦이니 모두 德淸 사람이다.

었는데 善本이 많았다고 한다. 天文, 曆算에 조예가 깊어 渾金球를 직접 제작하기도 하고 天王星을 관측하기도 하였다. 저서로 ≪鑒止水齋集≫이 있다.

墨子後語 上

묵자전략 제1 墨子傳略 第一

墨氏之學은 亡於秦季라 故墨子遺事는 在西漢時에 已莫得其詳이라 太史公述其父談[1)]하여 論六家之恉하여 尊儒而宗道하니 墨蓋非其所憙라 故史記攈采極博하여 於先秦諸子에 自儒家外에 老莊韓呂蘇張孫吳之倫을 皆論列言行爲傳하되 唯於墨子에는 則僅於孟荀傳末에 附綴姓名하되 尚不能質定其時代하니 遑論行事리오 然則非徒世代綿邈에 舊聞散佚이요 而墨子七十一篇이 其時具存이나 史公實未嘗詳事校覈하니 亦其疏也라 今去史公又幾二千年이라 周秦故書雅記가 百無一存이요 而七十一篇亦復(부)書闕有閒(간)하니 徵討之難이不翅倍蓰라 然就今存墨子書五十三篇鉤攷之면 尚可得其較略하니 蓋生於魯而仕宋하여 其平生足跡所及이 則嘗北之齊하며 西使衛하고 又屢游楚하여 前至郢하고 後客魯陽하고 復欲適越而未果하니 文子書偁墨子無煖席[2)]이라하고

墨氏의 학문은 秦나라 말엽에 亡失되었다. 그러므로 墨子의 遺事는 西漢시대에 이미 그 상세한 내용을 알 수 없었다. 太史公(司馬遷)은 자기 아버지 司馬談을 이어받아 六家의 취지를 논술하여 儒家를 尊崇하고 道를 宗仰하였으니, 묵

1) 談 : 司馬遷의 부친인 司馬談(?~B.C. 110)이다. 그는 陝西省 韓城 사람으로, 선조 때부터 周나라 왕실의 太史를 세습하여 그도 太史令이 되었으며, 儒家·墨家·法家 등 諸家에 통달하여 〈論六家要旨〉를 저술하였다. B.C. 110년 漢 武帝가 泰山에 封禪할 때 사마담은 병으로 참여하지 못하였다. 그는 이 일로 울울한 마음을 품은 채 죽으면서 아들 사마천에게 태사를 이어받아 자신이 못다 한 ≪史記≫를 저술하는 일을 완수해 줄 것을 당부하였다. (≪史記≫ 권130 〈太史公自序〉)

2) 文子書偁墨子無煖席 : 이 대목은 ≪文子≫ 下卷 〈自然〉에 보인다. 묵자는 집에 머물러 있지 않았으므로 앉은 자리가 덥혀질 겨를이 없었다는 말이다. ≪문자≫는 老子의 사상을 계승한 저술로, ≪通玄眞經≫으로도 불린다. 이 책의 저자 文子는 通玄眞人이라 일컬어지는 道家의 인물로, 일설에 이름은 辛鈃 또는 辛研이며, 자는 子文, 호는 計然이고, 노자의 제자로 孔子보다 어리다고 한다. 현전하는 ≪문자≫는 모두 12편인데, 그 내용의 8할이 ≪淮南子≫와 중복되므로 후대에 만들어진 僞書라는 주장이 있다

자는 대개 태사공이 좋아하는 바가 아니었던 것이다. 그러므로 ≪史記≫에서 채록한 것이 지극히 넓어 先秦의 諸子에 있어서 유가 이외에 老子・莊子・韓非子・呂不韋・蘇秦・張儀・孫子・吳子 같은 이들에 대해 모두 그 언행을 논술해 열거하여 傳을 지었지만, 오직 묵자에 대해서는 겨우 〈孟子荀卿列傳〉 말미에 그 성명만 덧붙여놓았지만 그나마 그 생존한 시대조차 확정해 두지 않았으니, 그 행적을 논술할 겨를이나 있었겠는가. 그렇고 보면 시대가 아득히 멀어 舊聞이 흩어져 없어졌을 뿐 아니라, ≪묵자≫ 71편이 그 당시에 다 남아 있었으나 태사공이 실로 상세히 대조하여 확인한 적이 없었으니, 또한 疎漏하도다.

지금은 또 태사공과 거의 2,000년 떨어진 후대라 周나라・秦나라의 옛 전적과 기록들이 100에 하나도 남아 있지 않고, ≪묵자≫ 71편조차도 중간에 빠지고 없는 글들이 있으니, 고증하고 검토하기가 몇 곱절 더 어려운 실정이다. 그러나 현존하는 ≪묵자≫ 53편에서 고찰해보면, 그래도 오히려 그 概略을 알 수 있다. 대개 묵자는 魯나라에서 태어나 宋나라에서 벼슬하여 그 평생의 족적이 미친 바가 일찍이 북쪽으로는 齊나라에 갔으며 서쪽으로는 衛나라에 사신으로 갔다. 또 누차 楚나라 지역을 다녀서 앞서는 郢(초나라 수도)에 이르렀고 뒤에는 魯陽에 客居하였으며, 그리고 越나라로 가고자 하였으나 실행하지 못하고 말았다. 그래서 ≪文子≫에 "묵자는 앉은 자리가 덥혀질 겨를도 없었다."라고 하였다.

自然篇은 **又見**(현)**淮南子脩務訓**이라

〈自然〉은 ≪淮南子≫ 〈脩務訓〉에도 보인다.

班固亦云 墨突不黔[3]이라하니

班固도 "묵자의 굴뚝은 검어질 겨를이 없다."라고 하였으니,

文選答賓戲[4]**又趙岐孟子章指**[5]에 **云 墨突不及汙**라하다

---

3) 班固亦云 墨突不黔 : 묵자는 집에 머물러 밥을 지어 먹지 않았기 때문에 굴뚝이 검어지지 않았다는 말이다. 중국 後漢시대 班固(32~92)가 편찬한 ≪前漢書≫ 100권 上 〈敍傳〉 70권 上에 보인다.

4) 答賓戲 : 班固의 작품으로, ≪文選≫ 45권에 보인다.

5) 趙岐孟子章指 : 趙岐(108?~201)는 後漢 때 학자로 자는 邠卿이고 京兆 長陵 사람이다. ≪孟子章指≫는 ≪孟子≫에 注를 달고, 每章의 끝에 그 章의 大旨를 요약한 것으로, 통상 ≪孟子章句≫라고 한다. ≪맹자≫는 본래 〈梁惠王〉, 〈公孫丑〉, 〈滕文公〉, 〈離婁〉, 〈萬章〉, 〈告子〉,

≪文選≫〈答賓戲〉와 趙岐의 ≪孟子章指≫에 "묵자의 굴뚝은 그을려 더럽혀지는 데 이르지 않는다."라고 하였다.

斯其諭矣라 **至其止魯陽文君之攻鄭**[6]하며 **絀公輸般以存宋**[7]하고 **而辭楚越書社之封**[8]하여는 **蓋其犖犖大者**가 **勞身苦志以振世之急**하여 **權略足以持危應變**이나 **而脫屣利祿不以累其心**이요 **所學尤該綜道藝**하여 **洞究象數之微**라 **其於戰國諸子**에 **有吳起**[9]**商君**[10]**之才而濟以仁厚**하며 **節操似魯連**[11]**而質實亦過之**하니 **彼韓呂**[12]**蘇張**[13]**輩**는 **復**(부)**安足算哉**아 **謹甄討群書**하여 **次弟其先後**하고 **略攷始末**하여

〈盡心〉 7편으로 이루어져 있었는데, 조기가 ≪맹자장구≫에서 매 편마다 각각 상·하로 나누어 도합 14편을 만들었다.

6) 止魯陽文君之攻鄭 : 楚나라 魯陽 文君이 정나라를 공격하려고 하자 묵자가 대국이 소국을 공격하는 것은 옳지 않다고 설득한 것이다. 〈耕柱〉에 보인다.

7) 絀公輸般以存宋 : 魯나라 사람 公輸般이 雲梯라는 성을 공격하는 기구를 제작하여 楚나라 왕을 도와 宋나라를 공격하려고 할 때, 墨子가 자신의 守城 방법으로 공수반의 공격을 아홉 차례 막아서 공수반을 굴복시켜 楚王의 침략 계획을 무산시켰다. 〈公輸〉에 보인다.

8) 辭楚越書社之封 : 묵자가 楚 惠王을 찾아갔다가 자신의 학설이 채택되지 않자 떠나려 하니, 혜왕이 穆賀를 보내어 書社의 땅 500리로써 묵자에게 봉해주고자 하였으나 묵자가 사양하고 떠났다.(≪渚宮舊事≫ 권2) 書社는 고대에 백성을 편제하는 단위로, 25家가 1社인데, 1사마다 인명을 등록하는 장부인 書를 작성하였으므로 書社라고 하였다.

9) 吳起 : B.C. 440~B.C. 381. 전국시대 魏나라 사람으로 魯나라에 가서 曾子에게 수학하였다. 그는 用兵에 탁월하여 노나라에서는 齊나라의 침공을 물리쳤고, 魏나라로 망명해서도 여러 차례 戰功을 세웠다. 자신을 신임하던 魏 文侯가 죽자 그는 다시 楚나라로 망명하여 楚 悼王의 신임을 받고 재상이 되어 富國強兵을 이루었다. 그러나 너무 각박하다는 평가를 받았고, 도왕이 죽자 宗室과 대신들에게 살해당하였다.(≪史記≫ 권65 〈孫子吳起列傳〉)

10) 商君 : 전국시대 刑名家 商鞅(?~B.C. 338)을 일컫는 말이다. 그는 본래 衛나라 사람 公孫鞅인데, 商邑에 봉해졌으므로 상앙 또는 商君이라 불리고, 위나라 사람이므로 衛鞅이라 불리기도 한다. 秦 孝公의 신임을 받아 20여 년 동안 재상으로 있으면서 부국강병을 이루어 秦나라가 천하를 통일할 수 있는 기반을 구축하였다는 평가를 받는다. 그러나 천성이 각박하여 법을 시행하는 것이 너무 가혹했고, 효공이 죽은 뒤 車裂刑을 당하였다.(≪史記≫ 권68 〈商君列傳〉)

11) 魯連 : 전국시대 齊나라 高士 魯仲連을 말한다. 그가 趙나라에 가 있을 때 秦나라 군대가 조나라 수도 邯鄲을 포위하였다. 魏나라가 장군 新垣衍을 조나라로 보내 진나라 임금을 천자로 섬기면 포위를 풀 것이라고 하자 노중련이 "진나라가 방자하게 천자를 僭稱한다면 나는 동해를 밟고 빠져 죽겠다."라고 하니, 진나라 장군이 이 말을 듣고 군사를 후퇴시켰다 한다.(≪史記≫ 권83 〈魯仲連列傳〉)

12) 韓呂 : 전국시대 韓非(B.C. 280~B.C. 23)와 呂不韋(?~B.C. 235)의 병칭이다. 한비는 전국시대 韓나라 公子로 法家의 대표적인 인물이다. 韓非子로 일컬어지며, 저서로 ≪한비자≫가 있다. 여불위는 秦나라 莊襄王과 始皇帝 때의 재상이다. 저서로 ≪呂氏春秋≫가 있다.

以裨史遷之闕하여 **俾學者知墨家持論**은 **雖閒**(간)**涉偏駁**이나 **而墨子立身應世**는 **具有本末**하니 **自非孟荀大儒**면 **不宜輕相排笮**이라 **彼竊耳食之論以爲詬病者**는 **其亦可以少息乎**인저

이것이 그 證驗이다. 魯陽 文君이 鄭나라를 공격하는 것을 저지하고 公輸般을 굴복시켜 宋나라를 보존하고 楚·越의 書社로 봉해주는 것을 사양한 데 이르러서는, 그 드높은 大節로 말하자면 몸과 心志를 수고롭고 고달프게 함으로써 위급한 세상을 구제하여 權謀는 위태한 상황을 지키고 변화에 족히 대응할 수 있었지만 영리와 俸祿을 헌신짝처럼 버림으로써 마음이 속박을 받지 않았다. 공부하는 바는 특히 학문과 기예에 두루 통달하여 象數의 깊은 이치를 환히 궁구하였다. 전국시대 諸子들 중에서 吳起와 商君의 재주를 가졌되 仁厚한 인품으로 보완하였으며, 節操는 魯仲連과 같되 質實한 성품은 또한 그보다 뛰어났으니, 저 韓非子·呂不韋, 蘇秦·張儀 따위야 또 어찌 같은 수준에 놓고 헤아릴 것이 있겠는가.

삼가 뭇 서적들을 검토하여 생애의 선후를 차례로 서술하여 생애의 시말을 대략 고찰하여 司馬遷의 ≪史記≫에서 빠진 부분을 보충함으로써 학자들로 하여금 墨家의 持論은 비록 간혹 편벽하고 雜駁한 점이 있으나 묵자가 처신하고 세상에 나가 활동한 것은 모두 본말이 있다는 사실을 알게 한다. 孟子·荀子 같은 大儒가 아니면 경솔히 배척해서는 안 될 것이니, 저 귀로 주워들은 얘기를 훔쳐 가지고서 묵자를 비방하는 자들은 또한 조금 그칠 수 있을 것이다.

墨子는 **名翟**이요

墨子는 이름은 翟이고

漢書藝文志와 **呂氏春秋當染·愼大篇**과 **淮南子脩務訓**의 **高注**라

≪漢書≫〈藝文志〉와 ≪呂氏春秋≫〈當染〉·〈愼大〉와 〈淮南子〉〈脩務訓〉의 高誘의 注에 나온다.

---

13) 蘇張 : 蘇秦(?~B.C. 317)과 張儀(?~B.C. 310)의 병칭이다. 두 사람은 전국시대의 대표적인 변론가로, 鬼谷子의 제자이다. 소진은 山東의 六國이 힘을 합하여 秦나라를 막자는 合縱策을 주장하였고, 장의는 육국을 설득하여 함께 진나라를 섬기자는 連橫策을 주장하였다.

姓墨氏이니

姓은 墨氏이니,

廣韻[14]**二十五德**과 **通志氏族略引元和姓纂**[15]에 **墨氏**는 **孤竹君之後**니 **本墨台氏**요 **後改爲墨氏**라 **戰國時宋人墨翟**이 **著書號墨子**라하다

《廣韻》 入聲 제25 '德'과 《通志》〈氏族略〉에서 《元和姓纂》을 인용한 대목에 "墨氏는 孤竹君의 후손이니, 본래는 墨台氏였고 후에 고쳐서 墨氏가 되었다. 전국시대 宋나라 사람인 墨翟이 책을 저술하여 《墨子》라 불렸다."라 하였다.

魯人이요

魯나라 사람이고

呂覽當染愼大篇注라

《呂覽(여씨춘추)》〈當染〉·〈愼大〉의 注에 보인다.

或曰 宋人이니

혹은 宋나라 사람이라고 한다.

葛洪神仙傳과 **文選長笛賦李注**에 **引抱朴子**와 **荀子脩身篇楊注**와 **元和姓纂**하다

葛洪의 《神仙傳》과 《文選》〈長笛賦〉의 李善의 注에 《抱朴子》와 《荀子》〈脩身〉의 楊倞의 注와 《元和姓纂》을 인용한 곳에 나온다.

案 此蓋因墨子爲宋大夫하여 **遂以爲宋人**이니 **以本書攷之**컨대 **似當以魯人爲是**라

案：이는 대개 墨子가 宋나라 대부였기 때문에 마침내 송나라 사람이라 한 것이다. 本書로 고찰하건대 魯나라 사람으로 보는 것이 옳을 듯하다.

---

14) 廣韻：원래 이름은 《大宋重修廣韻》이며, 北宋時代의 韻書로, 1008년 陳彭年·丘雍이 前代의 《切韻》·《唐韻》 등의 韻書를 수정·보완하여 編修한 것이다.

15) 元和姓纂：譜牒과 姓氏에 관한 저술로 唐나라 때 학자 林寶가 찬술한 것이다. 원래 10권이었는데 原書는 失傳되었고 淸나라 때 四庫全書를 纂修할 때 명나라 때 간행된 《永樂大全》과 宋나라 鄧名世의 《古今姓氏書辨證》 등에서 빠진 부분을 보충하여 다시 18권으로 편찬하였다.

貴義篇에 **云 墨子**가 **自魯卽齊**라하고 **又魯問篇**에 **云 越王**이 **爲公尙過束車五十乘**하여 **以迎子墨子於魯**라하고 **呂氏春秋愛類篇**에 **公輸般爲雲梯**하여 **欲以攻宋**이어늘 **墨子聞之**하고 **自魯往**하여 **見荊王曰 臣**은 **北方之鄙人也**라하고 **淮南子脩務訓**에 **亦云 自魯趨而往**하여 **十日十夜**에 **至於郢**이라하니 **竝墨子爲魯人之塙證**이라

〈貴義〉에 "묵자가 魯나라로부터 齊나라로 갔다."라 하였고, 또 〈魯問〉에 "越王이 公尙過를 위해 수레 오십 대를 주어 魯나라에서 묵자를 맞이하도록 하였다."라 하였으며, ≪呂氏春秋≫ 〈愛類〉에 "公輸般이 雲梯를 만들어 宋나라를 공격하려 하거늘 묵자가 이 사실을 듣고 魯나라에서 〈楚나라로〉 가서 楚王을 만나서 말하기를 '신은 북방의 비루한 사람입니다.'라 하였다."라 하였고, ≪淮南子≫ 〈脩務訓〉에도 "노나라로부터 서둘러 가서 10일 밤낮이 걸려 郢(초나라 수도)에 이르렀다."라 하였으니, 모두 묵자가 노나라 사람이라는 명확한 증거이다.

畢沅武億[16]은 **以魯爲魯陽**하니

畢沅과 武億은 '魯'를 '魯陽'이라 하였으니,

畢說은 **見墨子注序**하고 **武說**은 **見授堂文鈔墨子跋**하다

필원의 설은 ≪墨子注≫ 서문에 보이고, 무억의 설은 ≪授堂文鈔≫ 〈墨子跋〉에 보인다.

則是楚邑이라 **攷古書**에 **無言墨子爲楚人者**요 **渚宮舊事**[17]에 **載魯陽文君**이 **說**(세) **楚惠王曰 墨子**는 **北方賢聖人**이라하니 **則非楚人**이 **明矣**라 **畢武說**은 **殊謬**로다

그렇다면 이는 楚나라 읍이다. 고대의 서적을 고찰해보면 묵자가 초나라 사람이라고 말한 것은 없고, ≪渚宮舊事≫에 "魯陽 文君이 楚 惠王을 설득하면서 '묵자는 북방의 聖賢이다.'라 했다."는 대목이 실려 있으니, 초나라 사람이 아닌 것이 분명하다. 필원과 무원의 설은 전혀 사실이 아니다.

蓋生於周定王時라

대개 周 定王 때 태어났다.

---

16) 武億 : 1745~1799. 자는 虛谷, 호는 半石山人이다. 淸나라 때 학자로 經學, 考據學, 金石學 등에 조예가 깊었다. 저서로 ≪授堂文鈔≫, ≪偃師金石記≫, ≪安陽縣金石錄≫ 등이 있다.

17) 渚宮舊事 : 唐 文宗(826~840 재위) 때 余知古가 편찬한 책이다.

漢書藝文志에 **云 墨子在孔子後**라하다 **案 詳年表**라

≪漢書≫ 〈藝文志〉에 "墨子는 孔子보다 후대에 있었다."라 하였다.

案 : 〈年表〉에 상세히 보인다.

魯惠公使宰讓하여 **請郊廟之禮於天子**한대 **桓王使史角往**이어늘 **惠公止之**라 **其後在於魯**에 **墨子學焉**하다

魯 惠公이 宰讓을 사신으로 보내 天子에게 郊廟의 禮를 쓰게 해주길 청하였는데 桓王이 史官 角으로 하여금 가게 하였다. 이에 혜공이 그를 노나라에 머물게 하였으므로 그 후손이 노나라에 있어 묵자가 그 후손에게 배웠다.

呂氏春秋當染篇의 **高注**에 **云 其後**는 **史角之後也**라하다

≪呂氏春秋≫ 〈當染〉의 高誘의 注에 "그 후손은 사관 角의 후손이다."라 하였다.

案 漢書藝文志에 **墨家**는 **以尹佚二篇列首**[18]하니 **是墨子之學**이 **出於史佚**이라 **史角**은 **疑卽尹佚之後也**라

案 : ≪漢書≫ 〈藝文志〉에 墨家를 서술하면서 '尹佚 2편'을 맨 첫머리에 열거하였으니, 이는 묵자의 학문에 사관 佚에게서 나왔다는 것이다. 사관 角은 아마도 尹佚의 후손일 듯하다.

墨子는 **學於史角之後**하니 **亦足爲是魯人之證**이라

묵자는 사관 각의 후손에게 배웠으니, 또 묵자가 노나라 사람이라는 증거가 될 만하다.

其學이 **務不侈於後世**하며 **不靡於萬物**하며 **不暉於數度**하고 **以繩墨自矯而備世之急**하여 **作爲非樂**하고 **命之曰節用**하여 **生不歌**하고 **死無服**하며 **氾愛兼利而非鬪**하고 **好學而博不異**라

그의 학문은 후세 사람들에게 奢侈를 부리지 못하게 하며, 萬物을 낭비하지

---

18) 漢書藝文志……以尹佚二篇列首 : ≪漢書≫ 〈藝文志〉에 "尹佚二篇·田俅子三篇·我子一篇·隨巢子六篇·胡非子三篇·墨子七十一篇"으로 서술하고 "이상은 墨六家 86편이다.〔右墨六家八十六篇〕"라고 기술하였다. 이 여섯 사람의 저술을 모두 墨家의 범주 안에 넣은 것이다.

아니하며, 예법이나 제도를 화려하게 내걸지 아니하고, 법도로써 자신을 바로 잡으며 세상의 급한 일에 대비하는 데 힘썼다. 그리하여 〈非樂〉을 짓고 〈節用〉이라 명명하고서 살아서는 노래하지 않고 죽어서는 상복을 입는 일이 없었으며, 사람들을 두루 사랑하고 모든 사람에게 이익을 주며 싸움을 그르다고 여겼으며, 학문을 좋아하여 널리 배우는 것은 〈先王의 道와〉 다르지 않았다.

莊子天下篇이라

≪莊子≫ 〈天下〉에 나온다.

又曰 兼愛尙賢右鬼非命이라하고

또 〈兼愛〉·〈尙賢〉·〈右鬼〉·〈非命〉이라 하였고,

淮南子氾論訓이라

≪淮南子≫ 〈氾論訓〉에 나온다.

以爲儒者禮煩擾而不悅하며 **厚葬靡財而貧民**하며 **久服傷生而害事**라 **故背周道而用夏政**이라

儒者는 그 禮는 번거로워서 즐겁지 않고 성대한 장례는 재물을 소모하여 백성을 가난하게 하고 오랜 服喪은 삶을 해치고 일상의 일에 지장을 준다 여겼으므로 周나라의 禮法을 버리고 夏나라의 制度를 썼다.

淮南子要略이라

≪淮南子≫ 〈要略訓〉에 나온다.

其稱道曰 昔者에 **禹之湮洪水**에 **決江河而通四夷九州也**라 **名川三百**이요 **支川三千**이요 **小者無數**라 **禹親自操橐耜而九雜天下之川**할새 **腓無胈**하며 **脛無毛**하고 **沐甚雨**하며 **櫛疾風**하여 **置萬國**하니 **禹**는 **大聖也**로되 **而形勞天下如此**라하다 **故使學者以裘褐爲衣**하며 **以跂蹻爲服**하고 **日夜不休**하여 **以自苦爲極**하고 **曰 不能如此**면 **非禹之道也**요 **不足謂墨**이라하고

그는 말하기를 "옛날 禹임금이 홍수를 막으면서 長江과 黃河의 물길을 틔워서 사방의 夷狄과 九州를 소통하게 하였다. 당시 이름 있는 큰 하천이 300개요 지류가 3,000개였으며, 그 밖에 작은 시내는 무수히 많았다. 우임금은 친히 삼태기와 보습을 손에 잡고 천하의 시내를 糾合해 治水할 때 우임금의 장딴지에는 살이 빠졌고 정강이에는 털이 없어졌고 폭우로 머리를 감고 세찬 바람으로 빗질을 하여 萬國을 설치하였다. 우임금은 大聖人인데도 천하를 위해 자신을 혹사해 일한 것이 이와 같았다."라 하였다.

仿唐人大禹治水圖

그리하여 배우는 사람들로 하여금 거친 천으로 옷을 지어 입고 나막신이나 짚신을 신고 밤낮으로 쉬지 않고 일하여 자신을 수고롭게 것을 지극한 법칙으로 삼게 하고서 말하기를, "이와 같이 하지 못하면 우임금의 道가 아니니, 묵가라 하기에 부족하다."라고 하였으며,

莊子天下篇이라

≪莊子≫ 〈天下〉에 나온다.

亦道堯舜하고

또한 堯·舜을 일컬어 말하였다.

韓非子顯學篇이라

《韓非子》〈顯學〉에 나온다.

又善守禦하여

게다가 守禦를 잘하여

史記孟荀傳이라

《史記》〈孟子荀卿列傳〉에 나온다.

爲世顯學하고

세상에 크게 드러난 학자가 되었고,

韓非子顯學篇이라

《韓非子》〈顯學〉에 나온다.

徒屬弟子充滿天下러라

문하의 제자들이 천하에 가득하였다.

呂氏春秋尊師篇이라

《呂氏春秋》〈尊師〉에 나온다.

案 淮南王書에 謂孔墨皆脩先聖之術하여 通六藝之論이라하다

案 : 《淮南子》에 "孔丘와 墨翟은 모두 先聖의 학술을 공부하여 六藝의 의론에 통달하였다."라고 하였다.

主術訓이라

《淮南子》〈主術訓〉에 나온다.

今攷六藝는 爲儒家之學이니 非墨氏所治也라 墨子之學은 蓋長於詩書春秋라 故本書에 引詩三百篇이 與孔子所刪同이요 引尙書如甘誓仲虺之誥說(열)命大(태)

誓洪範呂刑이 **亦與百篇之書同**이라 **又曰 吾嘗見百國春秋**라하다

지금 고찰해보건대 六藝는 儒家의 학문이니 墨氏가 공부하는 것이 아니다. 墨子의 학문은 대개 ≪詩經≫·≪尙書≫·≪春秋≫에 뛰어났다. 그러므로 本書에 ≪시경≫ 三百篇을 인용한 것이 공자가 刪定한 것과 같고 ≪상서≫의 〈甘誓〉·〈仲虺之誥〉·〈說命〉·〈大誓(泰誓)〉·〈洪範〉·〈呂刑〉 같은 편들을 인용한 것이 또한 百篇으로 된 ≪상서≫와 같다. 묵자는 또 말하기를 "나는 일찍이 百國의 ≪春秋≫를 보았다."라 하였다.

隋書李德林傳이라 **此與孔子所修春秋異**라 **本書明鬼篇**에 **亦引周燕宋齊諸國春秋**하다

≪隋書≫ 〈李德林傳〉에 나온다. 이는 공자가 쓴 ≪春秋≫와 다르다. 본서 〈明鬼〉에도 周나라·燕나라·宋나라·齊나라의 ≪춘추≫를 인용하였다.

而於禮則法夏絀周하고 **樂則又非之**하여 **與儒家六藝之學不合**하니 **淮南所言**은 **非其事實也**라

禮에 있어서는 夏나라를 본받고 周나라를 내쳤으며, 게다가 樂(악)은 또 옳지 않다고 하여 儒家의 六藝의 학문과 합치하지 않으니, ≪淮南子≫에서 말한 바는 사실이 아니다.

淮南子要略에 **又云 墨子**는 **學儒者之業**하고 **受孔子之術**이라하니 **尤非**라

≪회남자≫ 〈要略訓〉에 또 "묵자는 儒者의 공부를 배우고 공자의 학술을 받았다."라 하였으니, 더욱 맞지 않다.

其居魯也에 **魯君謂之曰 吾恐齊之攻我也**하노니 **可救乎**아한대 **墨子曰 可**라 **昔者**에 **三代之聖王禹湯文武**는 **百里之諸侯也**로되 **說**(열)**忠行義**하여 **取天下**하며 **三代之暴王桀紂幽厲**는 **讐怨行暴**하여 **失天下**하니 **吾願主君之上者**는 **尊天事鬼**하고 **下者**는 **愛利百姓**하나니 **厚爲皮幣**하고 **卑辭令**하여 **亟徧禮四隣諸侯**하고 **歐國而以事齊**면 **患可救也**요 **非此**면 **顧無可爲者**라하다

묵자가 魯나라에 살 때 노나라 임금이 묵자에게 말하기를, "나는 齊나라가 우리 나라를 공격해올까 두려워하고 있는데 해결할 수 있겠습니까?"라고 하자, 묵자가

말하기를 "해결할 수 있습니다. 옛날 三代의 聖王인 禹王·湯王·文王·武王은 백리 땅의 제후였으나 충신을 좋아하고 의로운 일을 행하여 天下를 얻었습니다. 삼대의 暴君인 桀王·紂王·幽王·厲王은 충신을 원수로 삼고 포악한 짓을 행하여 천하를 잃었습니다. 저는 바라건대 군주께서 위로 上帝를 높이고 鬼神을 섬기며 아래로 백성을 사랑하고 이롭게 하는 한편, 禮物을 넉넉하게 하고 言辭를 겸손하게 하여 사방의 제후들과 속히 두루 교유하고 나라 백성들을 고무하여 齊나라를 섬긴다면 우환을 해결할 수 있습니다. 이것이 아니면 도리어 할 수 있는 일이 없습니다."라고 하였다.

本書魯問篇이라 案 魯君은 頗疑其卽穆公이니 則當在楚惠王後라 然無塙證하고 以墨子本魯人일새 故繫於前이라

본서 〈魯問〉에 나온다.

案 : 노나라 임금은 穆公일 가능성이 매우 높으니, 그렇다면 그 시기는 응당 楚 惠王보다 뒤가 될 것이다. 그러나 명확한 증거가 없고 묵자는 본래 노나라 사람이기 때문에 이 대목을 앞 부분에 달아두었다.

魯君謂墨子曰 我有二子하니 一人者好學하고 一人者好分人財하니 孰以爲太子而可잇고한대 墨子曰 未可知也니 或所爲賞譽爲是也라 釣者之恭은 非爲魚賜也며 餌鼠以(蟲)〔蠱〕는

노나라 임금이 묵자에게 이르기를, "나에게 두 아들이 있는데, 한 녀석은 학문을 좋아하고 한 녀석은 남에게 재물을 나누어주기를 좋아합니다. 누구를 太子로 삼는 것이 좋겠습니까?"라고 하자, 묵자가 말하기를 "모르겠습니다. 어쩌면 칭찬을 받기 위해 이렇게 할 수 있습니다. 낚시꾼이 공손한 것은 물고기에게 먹이를 주기 위해서가 아니고 독이 든 미끼로 쥐를 꾀는 것은

疑當作蠱라

〈'蟲'은〉 蠱가 되어야 할 듯하다.

非愛之也라 吾願主君之合其志功而觀焉하노이다

쥐를 사랑해서가 아닙니다. 저는 원컨대 임금께서는 그들의 뜻과 功效를 아울러서 살펴보소서."라고 하였다.

同上이라

위와 같이 〈魯問〉에 나온다.

楚人常與越人舟戰於江이러니 **楚惠王時**에

楚나라 사람이 늘 越나라 사람과 長江에서 水戰을 벌였는데, 楚 惠王 때

渚宮舊事二라

≪渚宮舊事≫ 2권에 나온다.

公輸般이 **自魯南游楚焉**하여 **始爲舟戰之器**하고 **作爲鉤拒之備**라 **楚人因此若勢**하여 **亟**(기)**敗越人**이라 **公輸子善其巧**하여 **以語墨子曰 我舟戰有鉤拒**하니 **不知子之義亦有鉤拒乎**아한대 **墨子曰 我義之鉤拒**는 **賢於子舟戰之鉤拒**로다 **我鉤拒**는 **我鉤之以愛**하며 (揣)〔**拒**〕**之以恭**하노니 **弗鉤以愛則不親**이요 **弗**(揣)〔**拒**〕**以恭則速狎**하니 **狎而不親則速離**라 **故交相愛**하며 **交相恭**이 **猶若相利也**라 **今子鉤而止人**이어든 **人亦鉤而止子**하고 **子拒而距人**이어든 **人亦拒而距子**리니 **交相鉤**하며 **交相拒**가 **猶若相害也**라 **故我義之鉤拒**는 **賢子舟戰之鉤拒**로다

公輸般이 魯나라로부터 남쪽으로 초나라로 가서 처음으로 水戰의 무기를 만들어 鉤와 拒 같은 장비를 제작하였다. 이에 초나라 사람이 이와 같은 형세를 인하여 월나라 사람을 누차 물리쳤다. 公輸子가 자신의 기술을 뽐내면서 묵자에게 말하기를, "나는 水戰에 쓰이는 鉤와 拒가 있는데, 선생의 義에도 鉤와 拒가 있습니까?"라고 하자, 묵자가 말하기를 "내가 표방하는 義의 鉤와 拒는 그대가 만든 水戰에 쓰이는 鉤와 拒보다 낫습니다. 나의 鉤와 拒로 말하자면, 나는 사랑으로 끌어당기고〔鉤〕 공경으로 밀쳐냅니다.〔拒〕 사랑으로 끌어당기지 않으면 친근하지 않고 공경으로 밀쳐내지 않으면 금방 무례하게 되니, 무례하면서 친근하지 않으면 금방 흩어지게 됩니다. 그러므로 서로 사랑하고 서로 공경하는 것은 서로 이롭게 하

는 것과 같습니다. 지금 그대가 鉤를 써서 남을 제지하면 남도 鉤를 써서 그대를 제지할 것이고, 그대가 拒를 써서 남을 물리치면 남도 拒를 써서 그대를 물리칠 것이니, 서로 鉤를 쓰고 서로 拒를 쓰는 것은 서로 해치는 것과 같습니다. 그러므로 내가 표방하는 義의 鉤와 拒가 그대가 만든 水戰할 때의 鉤와 拒보다 낫습니다."라고 하였다.

本書魯問篇이라 渚宮舊事在止攻宋前이라 今故次於此하노라

본서 〈魯問〉에 보인다. ≪渚宮舊事≫에는 楚나라가 宋나라를 공격하려는 것을 묵자가 저지하는 대목 앞에 있다. 그러므로 이제 이 단락을 이곳에 배치하였다.

公輸般爲楚造雲梯之械하여 成이라 將以攻宋이어늘 墨子聞之하고 起於魯하여

公輸般이 楚나라를 위하여 雲梯라는 기계를 만들어 완성되자 장차 宋나라를 공격하려 하였다. 묵자가 이를 듣고 魯나라에서 출발하여

本書作齊러니 今據呂氏春秋淮南子改하노라

본서에는 〈'魯'가〉 '齊'로 되어 있는데, 이제 ≪呂氏春秋≫·≪淮南子≫에 의거하여 고쳤다.

行十日十夜而至於郢하여 見公輸般한대 公輸般曰 夫子何命焉爲잇고한대 墨子曰 北方有侮臣하니 願藉子殺之하노라하다 公輸般不說(열)이어늘 墨子曰 請獻十金하노라한대 公輸般曰 吾義固不殺人이라하여늘 墨子起하여 再拜하고 曰 請說之호리라 吾從北方聞子爲梯하여 將以攻宋하니 宋何罪之有잇고 荊國有餘於地하고 而不足於民하니 殺所不足而爭所有餘는 不可謂智요 宋無罪而攻之는 不可謂仁이요 知而不爭은 不可謂忠이요 爭而不得은 不可謂强이요 義不殺少而殺衆은 不可謂知類라한대 公輸般服하다 墨子曰 然인댄 胡不已乎아한대 公輸般曰 不可하다 吾旣已言之王矣라한대 墨子曰 胡不見(현)我於王잇고하여늘 公輸般曰 諾타하다 墨子見王하여 曰 今有人於此하니 舍其文軒하고 隣有敝轝而欲竊之하며 舍其錦繡하고 隣有短褐而欲竊之하며 舍其粱肉하고 隣有糟糠而欲竊之면 此爲何若人고한대 王曰 必爲竊疾矣라하여늘 墨子曰 荊

之地는 方五千里요 宋之地는 方五百里니 此猶文軒之與敝轝也며 荊有雲夢하니 犀兕麋鹿滿之하고 江漢之魚鱉黿鼉가 爲天下富어늘 宋은 所爲[19]無雉兔鮒魚者也니 此猶粱肉之與糟糠也며 荊有長松文梓楩柟豫章이어늘 宋無長木하니 此猶錦繡之與短褐也라 臣以王吏之攻宋也로 爲與此同類하노이다한대 王曰 善哉라 雖然이나 公輸般爲我爲雲梯하니 必取宋호리라하다 於是에 見公輸般하고 墨子解帶爲城하며 以褋爲械한대 公輸般九設攻城之機變이어늘 墨子九距之하니 公輸般之攻械盡이어늘 墨子之守圉有餘라 公輸般詘하여 而曰 吾知所以距子矣로되 吾不言호리라한대 墨子亦曰 吾知子之所以距我로되 吾不言호리라하다 楚王問其故한대 墨子曰 公輸子之意는 不過欲殺臣하니 殺臣이면 宋莫能守일새 乃可攻也라 然臣之弟子禽滑釐等三百人이 已持臣守圉之器在宋城上하여 而待楚寇矣니 雖殺臣이나 不能絶也라하니 楚王曰 善哉라 吾請無攻宋矣호리라하다

열흘 낮밤을 가서 郢(초나라 수도)에 이르러 공수반을 만났다. 공수반이 말하기를 "선생은 저에게 무엇을 가르쳐주시겠습니까?"라고 하자, 묵자가 말하기를 "北方에 저를 모욕하는 자가 있으니, 원컨대 그대의 힘을 빌려 죽이고자 합니다."라고 하였다. 공수반이 좋아하지 않자 묵자가 말하기를 "10金을 드리겠습니다."라고 하였다. 공수반이 말하기를, "나는 義를 행하는지라 본디 사람을 죽이지 않습니다."라고 하거늘, 묵자가 일어나 두 번 절하고 말하기를 "청컨대 말씀을 드리겠습니다. 저는 북방에 있으면서 그대가 雲梯를 만들어 장차 송나라를 공격하고자 한다고 들었습니다. 송나라가 무슨 죄가 있습니까. 초나라는 땅이 남아돌고 백성이 부족한데 부족한 것을 희생하면서 남아도는 것을 쟁탈하는 것은 지혜롭다고 할 수 없고, 송나라가 죄가 없는데도 공격하는 것은 仁이라고 할 수 없으며, 이를 알면서도 諫爭하지 않는 것은 忠이라고 할 수 없고, 간쟁하되 목적을 이루지 못하는 것은 강하다고 할 수 없으며, 義를 행하여 적은 사람은 죽이지 않으면서 많은 사람을 죽이는 것은 類推하는 이치를 안다고 할 수 없습니다."라고 하니, 공수반이 굴복하였다.

묵자가 말하기를 "그렇다면 어찌하여 그만두지 않습니까?"라고 하니, 공수반이

---

19) 爲 : ≪戰國策≫ 〈宋策〉에는 '謂'로 되어 있다. 謂와 通用字이다.

말하기를 "안 됩니다. 나는 이미 이 일을 왕에게 말하였습니다."라고 하였다. 묵자가 말하기를 "어찌하여 나로 하여금 왕을 뵙게 해주지 않습니까?"라고 하자, 공수반이 말하기를, "좋습니다."라고 하였다.

묵자가 楚王을 만나 말하기를 "지금 여기에 어떤 사람이 있는데, 문채가 있는 좋은 수레를 버려둔 채 이웃집의 낡은 수레를 훔치려 하고, 자신의 수놓은 비단옷을 버려둔 채 이웃집의 허름한 短褐을 훔치려 하고, 자신의 기름진 곡식과 고기를 버려둔 채 이웃집의 겨와 지게미를 훔치려 한다면, 이는 어떠한 사람이겠습니까?"라고 하자, 왕이 말하기를, "필시 盜癖이 있는 자일 것입니다."라고 하자, 묵자가 말하기를 "초나라 땅은 사방 오천 리요 송나라 땅은 사방 오백 리이니, 이는 문채 나는 수레와 낡은 수레를 대비하는 것과 같습니다. 초나라에는 雲夢이 있는데 물소와 외뿔소, 고라니와 사슴이 가득하고 長江과 漢水의 물고기와 자라, 큰 자라와 악어가 있어 천하의 부유한 나라이지만 송나라는 이른바 꿩과 토끼, 붕어도 없는 나라이니, 이는 기름진 곡식・고기와 겨・지게미를 대비하는 것과 같습니다. 초나라에는 큰 소나무, 上品의 가래나무, 楩柟(녹나무류)과 豫章(枕木과 樟木) 등 좋은 목재들이 있는데 송나라에는 긴 목재가 없으니, 이는 수놓은 비단옷과 허름한 단갈을 대비하는 것과 같습니다. 신은 왕의 大臣들이 송나라를 공격하려는 것을 이와 같은 유형이라고 생각합니다."라고 하였다.

왕이 말하기를, "좋은 말입니다. 그렇지만 공수반이 과인을 위해 운제를 만들었으니, 반드시 송나라를 손에 넣을 것입니다."라고 하였다.

이에 다시 공수반을 만나 묵자가 혁대를 풀어 성을 만들고 나뭇조각으로 器械를 만들었는데, 공수반이 아홉 차례 攻城 방식을 바꾸며 공격하였지만 묵자가 아홉 차례 막아내니, 공수반의 攻城 기구들이 다 사용되었지만 묵자의 守禦는 여유가 있었다. 공수반이 굴복하고 말하기를, "나는 그대를 물리칠 방법을 알지만 말하지 않겠습니다."라고 하자, 묵자도 말하기를 "그대가 나를 물리칠 방법을 내가 알고 있지만 말하지 않겠습니다."라고 하였다.

초왕이 그 까닭을 묻자, 묵자가 말하기를 "公輸子의 의도는 다만 臣을 죽이려는 데 불과합니다. 신을 죽이면 송나라는 지킬 수 없으니 공격할 수 있을 것입니다. 그렇지만 신의 제자 禽滑釐 등 300명이 이미 신의 守禦 기계를 가지고서 송나라

성 위에서 초나라의 침공을 기다리고 있습니다. 비록 신를 죽인다 하더라도 이들을 없앨 수 없을 것입니다."라고 하자, 초왕이 말하기를 "좋습니다. 과인은 송나라를 공격하지 않겠습니다."라고 하였다.

本書公輸篇이라

본서 〈公輸〉에 나온다.

公輸子謂墨子曰 吾未得見之時에 **我欲得宋**이러니 **自我得見之後**로 **予我宋而不義**어든 **我不爲**라한대 **墨子曰 翟之未得見之時也**에 **子欲得宋**이러니 **自翟得見子之後**로 **予子宋而不義**어든 **子弗爲**하니 **是我予子宋也**라 **子務爲義**어든 **翟又將予子天下**호리라하다

公輸子가 묵자에게 말하기를 "내가 그대를 만나지 못했을 때 나는 송나라를 얻으려 하였는데, 내가 그대를 만난 뒤로는 나에게 송나라를 주더라도 의롭지 않다면 나는 받지 않을 것입니다."라고 하였다. 묵자가 말하기를 "내가 그대를 만나지 못했을 때 그대는 송나라를 얻으려 하였는데, 내가 그대를 만난 뒤로는 그대에게 송나라를 주더라도 의롭지 않다면 그대는 받지 않으려 하였으니, 이는 내가 그대에게 송나라를 준 것과 마찬가지입니다. 그대가 의를 행하는 데 힘쓴다면 나도 장차 그대에게 천하를 줄 것입니다."라고 하였다.

本書魯問篇이라

본서 〈魯問〉에 나온다.

案 墨子止楚攻宋은 **本書不云在何時**라 **鮑彪戰國策注**에 **謂當宋景公時**라하니 **至爲疏謬**라

案 : 楚나라가 宋나라를 공격하려는 것을 묵자가 저지한 일은 본서에는 어느 때에 있었다고 말하지 않았다. ≪戰國策≫의 鮑彪 注에 "宋 景公 때일 것이다."라고 하였는데, 매우 엉터리이다.

詳年表하다

〈年表〉에 상세히 보인다.

惟渚宮舊事는 載於惠王時墨子獻書之前하니 最爲近之라 蓋公輸子는 當生於魯昭定之間하니 至惠王四十年以後五十年以前하여는 約六十歲左右요 而是時에 墨子未及三十하니 正當壯歲라 故百舍重繭而不以爲勞요 惠王亦未甚老라 故尙能見墨子하니 以情事揆之에 無不符合이라 蘇時學謂卽聲王五年圍宋時事라하니

≪渚宮舊事≫에는 이 단락이 楚 惠王 때 묵자가 자신의 책을 바치기 전의 시점에 실려 있으니, 가장 사실에 가깝다. 대개 공수자는 魯 昭公과 定公 연간에 태어났으니, 초 혜왕 40년 이후 50년 이전에 이르러서는 약 60세 가량 되었을 것이고, 이때 묵자는 30세가 채 못 되었으니 젊을 때였다. 그러므로 먼 길을 발이 부르트면서 가도 피로하다고 여기지 않았고 초 혜왕도 그다지 늙은 나이가 아니었기 때문에 오히려 묵자를 만나볼 수 있었던 것이니, 이렇게 실정으로 헤아려 보면 符合하지 않음이 없다.

그런데 蘇時學은 곧 楚 聲王 5년 초나라가 송나라를 포위했을 때의 일이라 하였으니,

墨子刊誤라

≪墨子刊誤≫에 나온다.

非徒與王曰請無攻宋之言不合이요 而公輸子至聲王時하여 殆逾百歲니 其必不可通이 明矣라

초왕이 "송나라를 공격하지 않겠습니다."라고 한 말과 부합하지 않을 뿐 아니라 공수자는 聲王 때에 이르러서는 거의 100세가 넘었을 터이니, 매우 사리에 맞지 않음이 분명하다.

詳公輸篇하다

〈公輸〉에 상세히 보인다.

楚惠王五十年에 墨子至郢하여 獻書惠王한대 王受而讀之하고 曰 良書也로다 寡人雖不得天下나 而樂養賢人이라한대 墨子辭曰 翟聞賢人進에 道不行이어든 不受其

賞이요 **義不聽**이어든 **不處其朝**라 **今書未用**하니 **請遂行矣**라하고 **將辭王而歸**한대 **王使穆賀以老辭**하다

楚 惠王 50년에 묵자가 郢(楚나라 수도)에 이르러 惠王에게 책을 바치니 혜왕이 받아 읽고 말하기를 "좋은 책이로다. 과인이 비록 천하를 얻지는 못했으나 賢人을 우대하기를 좋아합니다."라 하였는데, 묵자가 사양하기를 "제가 들으니 賢人이 조정에 나아가 자신의 道가 행해지지 않으면 그 賞을 받지 않고 자신의 義가 받아들여지지 않으면 그 조정에 있지 않는다고 합니다. 지금 제 책이 채택되지 않으니 청컨대 떠나고자 합니다."라 하였다. 그리고 묵자가 혜왕에게 인사하고 돌아가려 했는데, 혜왕이 穆賀를 보내 자신이 늙었다는 이유로 〈묵자를 접견하는 것을〉 사양하였다.

渚宮舊事二라

≪渚宮舊事≫ 2권에 나온다.

穆賀見墨子라 **墨子說**(세)**穆賀**한대 **穆賀大說**(열)하여 **謂墨子曰 子之言則誠善矣**로되 **而君王**은 **天下之大王也**니 **毋乃曰賤人之所爲而不用乎**아한대 **墨子曰 唯其可行**이라 **譬若藥然**하니 **一草之本**을 **天子食之以順其疾**하면 **豈曰一草之本而不食哉**아 **今農夫入其稅於大人**하고 **大人爲酒醴粢盛以祭上帝鬼神**하니 **豈曰賤人之所爲而不享哉**아 **故雖賤人也**나 **上比之農**하며 **下比之藥**이면 **曾不若一草之本乎**아

穆賀가 묵자를 만났다. 묵자가 목하를 설득하자 목하가 크게 기뻐하면서 묵자에게 말하기를 "그대의 말은 참으로 좋습니다만, 우리 군왕은 천하의 大王이시니, 천한 사람이 하는 일이라 하여 쓰지 않지 않겠습니까?"라고 하였는데, 묵자가 말하기를 "오직 효과를 볼 수 있는지가 문제일 뿐입니다. 비유하자면 藥과 같으니, 일개 풀뿌리라도 천자가 먹고 그 질병을 치료할 수 있다면 어찌 일개 풀뿌리라고 하여 안 먹겠습니까? 지금 농부는 大人에게 세금을 내고 大人은 술과 단술과 粢盛을 마련하여 上帝와 鬼神에게 제사를 드리니, 어찌 천한 사람이 한 것이라 하여 흠향하지 않겠습니까. 그러므로 비록 천한 사람일지라도 위로 농부에 비교하고 아래로 약에 비교해본다면 일개 풀뿌리만도 못하겠습니까."라 하였다.

本書貴義篇이라

본서 〈貴義〉에 나온다.

魯陽文君言於王曰 墨子는 北方賢聖人이어늘 君王不見하고 又不爲禮하니 毋乃失士잇가하여늘 乃使文君追墨子하여 以書社五〔百〕里로

魯陽 文君이 왕에게 말하기를 "묵자는 북방의 성현인데 군왕께서 만나지 않고 게다가 禮를 갖추지 않으시니, 선비를 잃는 것이 아니겠습니까?"라고 하자, 노양 문군을 시켜서 묵자를 뒤쫓아 가서 書社의 땅 500리로써

疑當作五百里라

〈'五百'은〉 五百里가 되어야 할 듯하다.

封之한대 不受而去하다

봉해주게 하였는데, 묵자는 받지 않고 떠났다.

渚宮舊事二라

≪渚宮舊事≫ 2권에 나온다.

案 楚惠王在位五十七年이요 墨子獻書가 在五十年하니 年齒已高라 故以老辭하니 余知古之說이 蓋可信也라

案 : 楚 惠王은 在位한 것이 57년이고 묵자가 글을 올린 것은 초 혜왕 50년에 있었으니, 초 혜왕은 이미 고령이었다. 그렇기 때문에 자신이 늙었다는 이유로 사양한 것이니, 余知古의 설(≪渚宮舊事≫)이 대개 신빙할 만하다는 것을 안다.

舊事에 一亦云 惠王之末에 墨翟重繭趍郢한대 班子折謀라하다

≪저궁구사≫의 한 곳에서도 "초 혜왕 말년에 墨翟이 먼 길을 걸어 郢에 왔는데, 班子가 그 계책을 꺾었다."라고 하였다.'

以墨子生於定王初年計之컨대 年蓋甫及三十이니 所學已成이라 故流北方賢聖之譽矣라

묵자가 定王 초년에 태어났다는 것으로 계산해보면 묵자의 나이는 겨우 30세 쯤 되었을 터이니, 학문이 이미 성숙했을 것이다. 그러므로 북방의 성현이란 명성이 퍼졌던 것이리라.

嘗游弟子公尙過於越이러니 **公尙過說**(세)**越王**한대 **越王大悅**하여 **謂公尙過曰 先生苟能使墨子至於越而教寡人**인댄 **請裂故吳之地方五百里以封墨子**호리라하여늘 **公尙過許諾**이라 **遂爲公尙過束車五十乘**하여 **以迎墨子於魯**어늘 **曰 吾以夫子之道**로 **說越王**한대 **越王大說**(열)하여 **謂過曰 苟能使墨子至於越而教寡人**인댄 **請裂故吳之地方五百里以封子**라하더이다

일찍이 묵자가 제자 公尙過를 越나라로 보내 벼슬하게 하였다. 공상과가 越王에게 유세하니 월왕은 크게 기뻐하면서 공상과에게 말하기를 “선생이 진실로 묵자로 하여금 월나라로 와서 과인을 가르치도록 한다면 청컨대 옛 吳나라 땅 500리를 떼어 묵자를 봉하겠습니다.”라고 하자, 공상과가 수락하였다. 〈월나라 왕은〉 마침내 공상과를 위해 수레 50대를 준비해주어 가서 魯나라에서 묵자를 맞이하도록 하였는데, 〈공상과가 묵자에게〉 말하기를, “제가 선생님의 道로 월나라 왕에게 유세하였는데 월나라 왕이 크게 기뻐하면서 저에게 이르기를, ‘진실로 묵자로 하여금 월나라로 와서 과인을 가르치도록 한다면 청컨대 옛 吳나라 땅 500리를 떼어 묵자를 봉하겠습니다.’라고 하였습니다.”라고 하였다.

本書魯問篇이라

본서 〈魯問〉에 나온다.

墨子曰 子之觀越王也에 **能聽吾言**하며 **用吾道乎**아하니 **公尙過曰 殆未能也**라한대 **墨子曰 不唯越王不知翟之意**라 **雖子亦不知翟之意**로다

묵자가 말하기를 “그대가 월나라 왕을 보기에 나의 말을 들어주고 나의 道를 써줄 수 있겠던가?”라고 하니, 공상과가 말하기를, “아마도 그렇게 하지 못할 듯합니다.”라고 하였다. 묵자가 말하기를, “월나라 왕이 나의 뜻을 모를 뿐만 아니라 그대도 나의 뜻을 모른다.

呂氏春秋高義篇이라

≪呂氏春秋≫ 〈高義〉에 나온다.

意越王將聽吾言하며 用吾道인댄 則翟將往하여 量腹而食하며 度(탁)身而衣하여 自比於群臣이니 奚能以封爲哉아 抑越不聽吾言하며 不用吾道어늘 而吾往焉이면 則是我以義糶也니 鈞之糶면 亦於中國耳이니 何必於越哉아하다

생각건대, 월나라 왕이 나의 말을 들어주고 나의 도를 써준다면 나는 가서 배를 채울 정도로만 헤아려 음식을 먹고 몸을 두를 정도로만 치수를 재어 옷을 입고서 스스로 다른 신하들 사이에 끼어 있을 것이니, 어찌 땅을 봉해줄 것이 있겠는가. 만일 월나라 왕이 내 말을 들어주지 않고 나의 도를 써주지 않을 터인데 내가 간다면 이는 내가 義를 파는 것이다. 똑같이 파는 것이라면 또한 中國에서 하면 될 뿐이지 어찌 굳이 월나라에서 할 것이 있겠는가?"라고 하였다.

本書魯問篇이라 案 疑王翁中晩年事라

본서 〈魯問〉에 나온다.

案 : 아마도 월나라 왕 翁의 중년이나 만년의 일일 것이다.

後又游楚하여 謂魯陽文君曰 大國之攻小國은 譬猶童子之爲馬也라 童子之爲馬는 足用而勞아 今大國之攻小國也에 攻者는 農夫不得耕하며 婦人不得織하여 以守爲事하고 攻人者도 亦農夫不得耕하며 婦人不得織하여 以攻爲事라 故大國之攻小國也는 譬猶童子之爲馬也라하고 又謂魯陽文君曰 今有一人於此하니 羊牛芻豢을 雍人(但)〔袒〕而和之에 食之不可勝食也어늘 見人之作餅하면 則還然竊之하여 曰 舍余食이라하면 不知(明)〔耳目〕安不足乎아 其有竊疾乎아한대 魯陽文君曰 有竊疾也라하여늘 墨子曰 楚四竟之田은 曠蕪而不可勝辟이요 呼虛數千은 不可勝入이어늘 見宋鄭之閒邑하면 則還然竊之하니 此與彼異乎아한대 魯陽文君曰 是猶彼也니 實有竊疾也라하다

묵자는 후일에 또 楚나라로 가서 魯陽 文君에 말하기를 "大國이 小國을 공격하

는 것은 비유하자면 아이들이 말 타는 놀이를 하는 것과 같습니다. 아이들이 말타는 놀이를 하는 것은 발을 써서 수고롭습니다. 지금 대국이 소국을 공격할 때 공격받은 쪽은 농부는 농사짓지 못하고 아낙네는 길쌈하지 못한 채 수비를 일삼아야 하고 공격하는 쪽도 농부는 농사짓지 못하고 아낙네는 길쌈하지 못한 채 공격을 일삼아야 합니다. 그러므로 대국이 소국을 공격하는 것은 비유하자면 아이들이 말타는 놀이를 하는 것과 같습니다."라고 하였다.

또 노양 문군에 말하기를 "지금 여기에 어떤 사람이 있는데, 양과 소 같은 가축을 주방장이 웃통을 벗고 도살하고 조리해주어 아무리 먹어도 이루 다 먹을 수 없거늘 남이 떡 만드는 것을 보면 눈이 휘둥그레져 그것을 빼앗으면서 '내게 음식을 주시오.'라고 말한다면, 모르겠습니다만 듣고 보기에 음식이 부족해서이겠습니까? 아니면 盜癖이 있어서이겠습니까?"라고 하니, 노양 문군이 말하기를, "도벽이 있는 것이겠지요."라고 하였다. 묵자가 말하기를 "초나라 사방의 田地는 비고 황폐하여 이루 다 개척할 수 없을 정도이고, 비어 있는 땅 수천 畝는 이루 다 들어갈 수 없을 정도입니다. 그런데 宋나라나 鄭나라의 빈 고을을 보면 눈이 휘둥그레져 그것을 빼앗으려 한다면, 이는 앞의 경우와 뭐가 다르겠습니까?"라고 하니, 노양 문군이 말하기를, "이는 앞의 경우와 같으니, 틀림없이 도벽이 있는 것이겠군요."라고 하였다.

本書耕柱篇이라

본서 〈耕柱〉에 나온다.

魯陽文君將攻鄭이어늘 墨子聞而止之하여 謂文君曰 今使魯四竟之內에 大都攻其小都하며 大家伐其小家하여 殺其人民하고 取其牛馬狗豕布帛米粟貨財어든 則何若고한대 文君曰 魯四竟之內는 皆寡人之臣也라 今大都攻其小都하며 大家伐其小家하여 奪之貨財어든 則寡人必將厚罰之라하다 墨子曰 夫天之兼有天下也는 亦猶君之有四竟之內也라 今擧兵將以攻鄭하면 天誅其不至乎아한대 文君曰 先生何止我攻鄭也오 我攻鄭은 順於天之志라 鄭人三世殺其(父)〔君〕라 天加誅焉하여 使三年不全이라 我將助天誅也로다한대 墨子曰 鄭人三世殺其父而天加誅焉하여 使三年不全하니 天誅足矣어늘 今又擧兵將以攻鄭하여 曰 吾攻鄭也는 順於天之志라하니

譬有人於此하니 **其子强梁不材**라 **故其父笞之**어늘 **其隣家之父**가 **擧木而擊之**하여 **曰 吾擊之也**는 **順於其父之志**라하면 **則豈不悖哉**아하다

魯陽 文君이 鄭나라를 공격하려 하였는데, 묵자가 이를 듣고 제지하면서 노양 문군에게 말하기를 "지금 가사 魯나라 사방 국경 안에서 大都가 小都를 공격하고, 大家가 小家를 공격하여 그 人民을 죽이고 그 소, 말, 개, 돼지와 베, 비단, 쌀, 조, 재화를 빼앗는다면 어떠하겠습니까?"라고 하니, 노양 문군이 말하기를, "노양의 사방 경계 안의 사람들은 모두 寡人의 臣民입니다. 지금 대도가 소도를 공격하고, 대가가 소가를 공격하여 재화를 빼앗는다면 과인은 반드시 중벌을 내릴 것입니다."라고 하였다.

묵자가 말하기를 "무릇 上帝가 천하를 두루 소유한 것은 또한 主君께서 사방 경계 안을 소유한 것과 같습니다. 지금 군대를 일으켜 장차 정나라를 공격한다면 하늘의 벌이 이르지 않겠습니까?"라고 하니, 문군이 말하기를 "先生은 어찌하여 내가 정나라를 공격하는 것을 제지하는 것입니까? 내가 정나라를 공격하는 것은 상제의 뜻을 따르는 것입니다. 정나라 사람이 3대에 걸쳐 그들의 임금을 시해한지라 하늘이 그들에게 벌을 내려 3년 동안 농사가 순조롭지 않게 하였습니다. 나는 하늘의 벌을 도우려는 것입니다."라고 하자, 묵자가 말하기를 "정나라 사람들이 3대에 걸쳐 그들의 임금을 시해한지라 상제가 그들에게 벌을 내려 3년 동안 농사가 순조롭지 않게 하였다면 하늘의 벌이 충분한 것입니다. 그런데도 지금 또 군대를 일으켜 정나라를 공격하면서 '내가 정나라를 공격하는 것은 하늘의 뜻을 따르는 것이다.'라고 한다면, 이는 비유하건대 여기에 어떤 사람이 있는데 자기 아들이 억세고 재주가 없기 때문에 그 아버지가 매질을 하거늘 그 이웃집의 아버지가 몽둥이를 들고 와 때리면서 '내가 때리는 것은 그 부모의 뜻을 따르는 것이다.'라고 말하는 것과 같습니다. 이 어찌 이치에 어긋난 것이 아니겠습니까?"라고 하였다.

本書魯問篇이라

본서 〈魯問〉에 나온다.

案 三世殺其父는 **當作二世殺其君**이라 **此指鄭人弑哀公及韓武子殺幽公而言**이니 **蓋當在楚簡王九年以後鄭繻公初年事也**라 **或謂三世兼駟子陽弑繻公而言**이라하니

案 : '三世殺其父'는 응당 '二世殺其君'이 되어야 할 것이다. 이는 鄭나라 사람이

哀公을 시해한 것과 韓武子가 幽公을 죽인 것을 가리켜 말한 것이니, 아마도 楚簡王 9년 이후, 鄭 繻公 초년 때의 일일 것이다. 혹자는 "3대'는 駟子陽이 수공을 시해한 것을 아울러 말한 것이다."라 하였다.

蘇時學墨子刊誤黃式三[20]周季編略說이라

蘇時學의 ≪墨子刊誤≫와 黃式三의 ≪周季編略≫의 설이다.

則當在楚悼王六年以後니 與魯陽文君年代不相及하니 不足據라

그렇다면 응당 楚 悼王 6년 이후에 있었던 일일 것이다. 따라서 魯陽 文君과는 연대가 맞지 않으니, 근거로 삼기에 부족하다.

魯陽文君은 卽司馬子期之子公孫寬也라 魯哀公十六年已嗣父爲司馬하니 事見左傳하다 逮鄭繻公被弑之歲하여는 積八十四年하니 卽令其爲司馬時年才及冠이라도 亦已百餘歲니 其不相及이 審矣라

노양 문군은 곧 司馬 子期의 아들 公孫寬이다. 魯 哀公 16년에 이미 부친을 이어서 司馬가 되었으니, 그 사실이 ≪春秋左氏傳≫에 보인다. 鄭 繻公이 시해당한 해에 이르러서는 84년이 지났으니, 설령 그가 사마가 되었을 때 나이가 겨우 弱冠에 미쳤다 할지라도 이미 100여 세는 되었을 것이다. 따라서 연대가 맞지 않음이 분명하다.

宋昭公時에 嘗爲大夫하여

宋 昭公 때 일찍이 대부가 되어서

史記孟荀列傳과 漢書藝文志에 竝不云何時라 今攷定컨대 當在昭公時라

≪史記≫ 〈孟子荀卿列傳〉과 ≪漢書≫ 〈藝文志〉에는 모두 어느 때인지 말하지 않았다. 지금 考定하건대 응당 昭公 때에 있었던 일일 것이다.

案 墨子仕宋은 鮑彪謂當景公昭公時라하니

---

20) 黃式三 : 1789~1862. 字는 薇香, 號는 儆居이고 浙江 定海 사람이다. 淸代의 저명한 學者로 黃以周의 부친이다. 30세 이후에 ≪論語≫를 정밀하게 연구하였고, 40세 이후에는 歷代의 典章制度를 考究하였고, 50세 이후에는 ≪尙書≫와 ≪春秋≫를 전공하였고, 60세 이후에는 ≪易經≫을 즐겨 읽었다. 梁啓超는 그를 청대의 經學의 거장으로 평가하였다. 저서로 ≪論語後案≫, ≪周季編略≫ 등이 있다.

案 : 묵자가 송나라에서 벼슬한 것은, 鮑彪는 "응당 景公·昭公 때일 것이다." 라 하였는데,

戰國策宋策注라

≪戰國策≫ 〈宋策〉 注에 나온다.

非也라 **以墨子前後時事校之**컨대 **其爲宋大夫**는 **當正在昭公時**라 **景公卒於魯哀公二十六年**하니

맞지 않다. 묵자의 전후 시기의 일로 비교해보면, 묵자가 송나라 대부가 된 것은 바로 昭公 때일 것이다. 景公은 魯 哀公 26년에 卒하였으니

見左傳한대 而史記宋世家及六國表謂景公卒於魯悼公十七年하니 殊謬로다

≪春秋左氏傳≫에 보인다. 그런데 ≪史記≫ 〈宋世家〉와 〈六國年表〉에는 景公이 魯 悼公 17년에 卒했다고 하니, 전혀 맞지 않다.

下距齊太公田和元年이 **凡八十三年**이라 **墨子晩年及見田和之爲諸侯**하니 **則必不能仕於景公時**가 **審矣**라

아래로 齊 太公 田和 원년과 거리가 무릇 83년이다. 묵자가 만년에 전화가 제후가 되는 것을 보았으니, 필시 경공 때 벼슬할 수 없음이 분명하다.

嘗南遊使於衛하여 **謂公良桓子曰 衛**는 **小國也**라 **處於齊晉之閒**(간)하니 **猶貧家之處於富家之閒也**라 **貧家而學富家之衣食多用**하면 **則速亡必矣**라 **今簡子之家**컨대 **飾車數百乘**이요 **馬食菽粟者數百匹**이요 **婦人衣文繡者數百人**이라 (吾)〔若〕**取飾車食馬之費與繡衣之財以畜士**면 **必千人有餘**라 **若有患難**하면 **則使數百人處於前**하고 **數百人處於後**와 **與婦人數百人處前後**가 **孰安**고 **吾以爲不若畜士之安也**라하다

일찍이 남쪽으로 衛나라에 사신으로 가서 公良桓子에게 말하기를 "衛나라는 작은 나라로, 齊나라와 晉나라 사이에 있으니 가난한 집이 부유한 집 사이에 있는 것과 같습니다. 가난한 집인데도 衣食을 많이 쓰는 부유한 집처럼 한다면 반드시 일찍 망할 것입니다. 지금 그대의 가문을 보건대, 장식한 수레가 수백 대이고 콩

과 조를 먹는 말이 수백 필이고 화려한 무늬를 수놓은 옷을 입은 부인들이 수백 명입니다. 만약 수레를 장식하고 말을 먹이는 비용과 화려한 무늬를 수놓은 재물을 가져다 병사를 양성한다면 반드시 천여 명이 될 것입니다. 만약 환란이 발생한다면 수백 명을 앞에 두고 수백 명을 뒤에 두도록 하는 것과 婦人 수백 명을 앞뒤에 두도록 하는 것 중에서 어느 쪽이 안전하겠습니까. 저는 병사를 양성하는 편이 더 안전할 것이라고 생각합니다."라 하였다.

本書貴義篇이라 案 此不詳何年이라 據云使於衛컨대 或仕宋時에 奉宋君之命而使衛也라

본서 〈貴義〉에 나온다.

案 : 이는 어느 해에 있었던 일인지 알 수 없다. 衛나라에 사신으로 갔다고 한 것을 근거해보면, 혹 宋나라에서 벼슬할 때 송나라 임금의 명을 받들고 위나라에 사신으로 갔을 듯하다.

昭公末年에 司城皇喜가 專政劫君하고

昭公 말년에 司城皇喜가 정권을 전횡하고 임금을 겁박하였으며,

韓非子內儲說下篇에 云 戴驩爲宋大(태)宰하고 皇喜重於君할새 二人爭事而相害也라 皇喜遂殺宋君而奪其政하다하고 又外儲說右下篇에 云 司城子罕殺宋君而奪政이라하니

≪韓非子≫ 〈內儲說 下〉에 "戴驩이 宋나라 太宰가 되고 皇喜가 임금에게 신임을 받으면서 두 사람이 권력을 다투어 서로 모해하였다. 황희가 마침내 송나라 임금을 죽이고 그 정권을 빼앗았다."라고 하였고, 또 〈外儲說 右下〉에 "司城子罕이 송나라 임금을 죽이고 정권을 빼앗았다."라고 하였으니

說疑篇에 云 司城子罕取宋이라하고 又二柄篇에 云 子罕劫宋君이라한대 韓詩外傳七과 史記李斯傳上二世書와 淮南子道應訓이 說竝同이요 說苑君道篇에 亦云 司城子罕相宋하여 逐其君而專其政이라하다

≪韓非子≫ 〈說疑〉에 "司城子罕이 宋나라를 취하였다."라 하였고, 또 〈二柄〉에 "子罕이 송나라 임금을 겁박하였다."라 하였는데, ≪韓詩外傳≫ 7권과 ≪史記≫ 〈李斯列傳〉의 '上二世書'와 ≪淮南子≫ 〈道應訓〉에도 설이 다 같으며, ≪說苑≫ 〈君道〉에도 "司城子罕

이 宋나라에 재상이 되어서 자기 임금을 축출하고 정권을 전횡하였다."라고 하였다.

司城子罕은 **當卽皇喜**라

司城子罕은 바로 皇喜일 것이다.

本梁履繩[21]左通說이라 春秋時名喜者多以罕爲字하니 見王引之春秋名字解詁라 王應麟謂卽左傳之樂(악)喜라하니 則非也라 樂喜는 宋賢臣이니 無劫君之事하고 且與墨子時不相直하니 史記索隱已辯之矣라 呂氏春秋召類篇에 說前子罕相宋平元景三公하니 亦不逮昭公이라 梁玉繩[22]史記志疑에 謂後子罕은 蓋子罕之後以字爲氏라하니 非是라

梁履繩의 ≪左通補釋≫의 설에 근거한 것이다. 춘추시대에 이름이 喜인 사람은 흔히 罕을 자로 쓰는 경우가 많으니, 王引之의 ≪春秋名字解詁≫에 보인다. 王應麟은 "바로 ≪春秋左氏傳≫에 나오는 '樂喜'이다."라고 하였으니, 맞지 않다. 악희는 송나라의 어진 신하로서 임금을 겁박한 일이 없고, 게다가 묵자와는 생존한 시기가 맞지 않으니, ≪史記索隱≫에 이미 밝혀놓았다. ≪呂氏春秋≫ 〈召類〉에서 앞 子罕은 宋 平公・元公・景公 세 임금의 재상을 지냈다고 하였으니 역시 그 시기가 昭公에 미치지 못한다. 梁玉繩의 ≪史記志疑≫에서 뒤 자한은 아마도 子罕의 후손으로서 자를 氏로 삼았을 것이라 하였는데 맞지 않다.

其事는 **史記宋世家不載**하고 **史記鄒陽傳稱子罕囚墨子**하니 **以墨子年代校之**컨대 **前不逮景公**하고 **後不逮辟公**하니 **所相直者**는 **惟昭公悼公休公三君**이라 **呂氏春秋召類篇高注**에 **云 春秋子罕殺昭公**이라하니 **攷宋有兩昭公**이라 **一在魯文公時**하니 **與墨子相去遠甚**하고 **一在春秋後魯悼公時**하니 **與墨子時代正相當**이라 **子罕所殺**은 **宜爲後之昭公**이어늘 **惟高云 春秋時**라하니 **則誤竝兩昭公爲一耳**라 **宋世家雖不云昭公被弒**나 **然秦漢古籍所紀匪一**하니 **高說不爲無徵**이라 **賈子新書**[23]**先醒篇**과

21) 梁履繩 : 1748~1793. 浙江省 錢塘 사람이다. 聲韻學과 ≪春秋左氏傳≫에 정통하여 諸家를 종합하고 諸書를 취하여 ≪左通補釋≫ 30권을 지어 杜預의 미비한 점을 보충하였다. ≪說文解字≫에도 밝았으며 시풍은 淸新하였다.

22) 梁玉繩 : 1744~1819. 淸나라 때 학자로 字는 曜北, 號는 諫菴 또는 淸白士이다. 저서로 ≪史記志疑≫, ≪漢書古今人表考≫, ≪呂子校補≫ 등이 있다.

23) 賈子新書 : 漢나라 賈誼(B.C. 200~B.C. 168)가 찬술한 책인 ≪新書≫를 가리키는 말로, 모두 10권이다. 前 5권은 條奏文이며, 後 5권은 先賢의 禮樂政術 등을 인용・서술하였다. 원본은 58편이라고 하는데, 이 중 3편이 전하지 않는다.

韓詩外傳六에 **竝云 昭公出亡而復國**이라하고 **而說苑云 子罕逐君專政**이라하니 **或昭公實爲子罕所逐而失國**이어늘 **因誤傳爲被殺**을

그 사적은 ≪史記≫ 〈宋世家〉에 실려 있지 않고 ≪사기≫ 〈鄒陽列傳〉에 "子罕이 묵자를 감옥에 가두었다."고 하였으니, 묵자가 생존한 연대로 고증해보면 앞의 자한은 景公 때보다 늦고 뒤의 자한은 辟公 때에 미치지 못하니, 생존 시기가 서로 맞는 것은 오직 昭公·悼公·休公 세 임금뿐이다.

≪呂氏春秋≫ 〈召類〉의 高誘의 注에 "춘추시대에 子罕이 昭公을 죽였다."라고 하였는데, 고찰해보면 宋나라에 두 사람의 소공이 있다. 한 사람은 魯 文公 때에 있었으니 묵자와 생존한 시기가 서로 매우 멀리 떨어졌고, 한 사람은 춘추시대 후 魯 悼公 때 있었으니 묵자와 생존한 시기가 꼭 맞다. 자한이 죽인 사람은 의당 후의 소공일 터이거늘 고유는 "춘추시대"라 하였으니, 두 사람의 소공을 잘못 아울러 한 사람으로 본 것이다. ≪사기≫ 〈송세가〉에 "소공이 시해당했다." 라고 하지는 않았으나 秦漢의 古籍에 기록된 바가 한둘이 아니니, 고유의 설은 증거가 없지는 않다.

≪賈子新書≫ 〈先醒〉과 ≪韓詩外傳≫ 6권에는 모두 "소공이 국외로 망명했다고 본국으로 돌아왔다."라 하였고, ≪說苑≫에는 "子罕이 임금을 축출하고 정권을 전횡했다."라고 하였으니, 혹 소공이 실제로 자한에게 축출되어 나라를 잃었는데, 와전된 설로 인하여 피살되었다고 한 것인지

李斯韓嬰淮南王書에 **竝云劫君**이라하니 **劫亦卽謂逐也**라

≪史記≫ 〈李斯列傳〉과 ≪韓詩外傳≫과 ≪淮南子≫에 모두 '劫君(임금을 겁박하다)'이라 하였으니, '劫'은 곧 '逐(축출하다)'을 말한다.

亦未可知라 **宋世家**는 **於春秋後事**에 **頗多疏略**하니 **如宋辟公被弑**를

또한 알 수 없다. ≪史記≫ 〈宋世家〉는 춘추시대 후의 일에 대해서는 퍽 많이 소략하니, 예컨대 宋 辟公이 시해당한 사실을

見索隱引紀年이라

≪史記索隱≫에서 ≪竹書紀年≫을 인용한 데에 보인다.

而史亦不載하니 是其例矣라

역사서에 이 또한 기재하지 않았으니, 이것이 그 일례이다.

而囚墨子하다

묵자를 감옥에 가두었다.

史記鄒陽傳에 云 宋信子罕之計而囚墨翟이라한대 索隱에 云 漢書에 作子冉하니 不知子冉是何人이라 文穎[24]云 子冉은 子罕也라하다 文選鄒陽獄中上書自明에 亦作子冉한대 注에 引文穎說同하고 又云 冉은 音任이라 善云未詳이라하다

≪史記≫ 〈鄒陽列傳〉에 "宋나라가 子罕의 계책을 믿고서 墨翟을 감옥에 가두었다."라고 했는데, ≪史記索隱≫에 "≪漢書≫는 '子冉'으로 되어 있으니, 자염이 누구인지 알 수 없다. 文穎은 '子冉은 子罕이다.'라고 하였다."라고 하였다. ≪文選≫에 나오는 鄒陽의 〈獄中上書自明〉에도 '子冉'으로 되어 있는데, 注에 文穎의 설을 똑같이 인용하였고, 또 "'冉'은 독음이 任이다. 나〔善〕는 미상이라고 생각한다."라고 하였다.

冉은 不得有任音이라 疑史記信字가 漢書文選竝作任하니 此或校異文云 信作任이어늘 誤作冉音任也라

'冉'은 '任'이란 독음이 있을 수 없다. 아마도 ≪사기≫의 '信'자가 ≪한서≫와 ≪문선≫에는 모두 '任'으로 되어 있으니, 이는 혹 글자가 다른 것을 교감하여 "信은 任이 되어야 한다."라고 하였는데 잘못 "'冉'은 독음이 任이다."라고 한 것일 수 있다.

新序三에 亦作子冉하니 蓋皆子罕之誤라

≪新序≫ 3권에도 '子冉'으로 되어 있으니, 모두 '子罕'의 오자일 것이다.

老而至齊하여 見太王田和하여 曰 今有刀於此하니 試之人頭하여 倅然斷之면 可謂

---

24) 文穎 : ?~? 자는 叔長이다. 後漢 말 南陽 사람으로, 建安 연간(196~219)에 甘陵府丞을 지냈다. ≪漢書≫에 주석을 달았다.

利乎아한대 **太王曰 利**라하다 **墨子曰 多試之人頭**하여 **倅然斷之**면 **可謂利乎**아한대 **太王曰 利**라하다 **墨子曰 刀則利矣**나 **孰將受其不祥**고한대 **太王曰 刀受其利**요 **試者受其不祥**이라하다 **墨子曰 竝國覆軍**하고 **賊殺百姓**하면 **孰將受其不祥**고한대 **太王俯仰而思之曰 我受其不祥**이라하다

묵자가 연로한 나이로 齊나라에 가서 太王 田和를 만나서 말하기를 "지금 여기에 칼이 있는데 시험삼아 사람의 머리를 베어서 단박에 자른다면 예리하다 할 수 있겠습니까?" 하니 태왕이 말하기를, "예리합니다."라고 하였다. 묵자가 말하기를 "사람의 머리에 많이 시험하여 단박에 자른다면 예리하다 할 수 있겠습니까?" 하니 태왕이 말하기를, "예리합니다."라고 하였다. 묵자가 말하기를 "칼은 예리합니다만 누가 장차 그 재앙을 받겠습니까?" 하니 태왕이 말하기를, "칼은 예리하다고 인정받을 것이고 시험한 자가 그 재앙을 받을 것입니다."라고 하였다. 묵자가 말하기를 "나라를 겸병하고 군대를 전복하고 백성을 죽인다면 누가 장차 그 재앙을 받겠습니까?" 하니 태왕이 머리를 숙였다 치켜들면서 생각하다가 말하기를, "내가 그 재앙을 받을 것입니다."라고 하였다.

本書魯問篇이라 北堂書鈔[25]八十三引新序에 有齊王問墨子語하니 蓋亦太公田和也라 此皆追稱爲王이니 當在命爲諸侯以後事라

본서 〈魯問〉에 나온다. ≪北堂書鈔≫ 83권의 ≪新序≫를 인용한 대목에 齊나라 왕이 묵자에게 물은 말이 있는데, 이 또한 太公 田和일 것이다. 이는 모두 追崇하여 왕이라 칭한 것이니, 응당 책명을 받아 제후가 된 이후의 일일 것이다.

齊將伐魯한대 **墨子謂齊將項子牛曰 伐魯**는 **齊之大過也**라 **昔者**에 **吳王東伐越**하여 **棲諸**(저)**會稽**하고 **西伐楚**하여 **葆昭王於隨**하고 **北伐齊**하여 **取國子以歸於吳**한대 **諸侯報其讐**어늘 **百姓苦其勞而弗爲用**이라 **是以**로 **國爲虛戾**하고 **身爲刑戮也**라 **昔者**에 **智伯伐范氏與中行氏**하여 **兼三晉之地**한대 **諸侯報其讐**어늘 **百姓苦其勞而弗爲用**이라 **是以**로 **國爲虛戾**하고 **身爲刑戮**이라 **用是也**라 **故大國之攻小國也**은

25) 北堂書鈔 : 唐나라 虞世南이 편저한 중국 최초의 類書이다. 여러 책의 文句를 摘錄하여 19部 801類로 類別하였다. 총 160권이다.

是交相賊也니 **過必反於國**이라하노라

齊나라가 魯나라를 치려 하였는데 묵자가 제나라 장수 項子牛에게 말하기를 "노나라를 치는 것은 제나라의 큰 잘못입니다. 옛날 吳王은 동쪽으로 越나라를 쳐서 〈월왕 勾踐을〉 會稽山에 숨어 지내게 하고, 서쪽으로 楚나라를 쳐서 昭王을 쫓아내 隨나라에서 지키게 하였고 북쪽으로 齊나라를 쳐서 〈제나라 장수〉 國書를 사로잡아 오나라로 돌아왔습니다. 제후들이 그 원수를 갚자 〈오나라〉 백성들이 그 노역을 괴로워하여 명을 따르지 않았습니다. 이 때문에 나라는 비게 되고 자신은 죽임을 당하였습니다. 옛날 智伯은 范氏와 中行氏를 쳐서 三晉의 땅을 兼倂하였는데, 제후들이 그 원수를 갚자 백성들이 그 노역을 괴로워하여 명을 따르지 않았습니다. 이 때문에 나라는 비게 되고 자신은 죽임을 당하였습니다. 그러므로 大國이 小國을 공격하는 것은 서로 해치는 일이니 잘못이 반드시 자신의 나라에 되돌아옵니다."라고 하였다.

同上이라

출전이 위(〈魯問〉)와 같다.

卒蓋在周安王末年이니 **當八九十歲**라

묵자가 卒한 것은 周 安王 말년일 것이니, 8, 90세가 되었을 것이다.

案 墨子卒年은 **無攷**라 **以本書校之**컨대 **親士篇說吳起車裂事**가 **在安王二十一年**하며 **非樂篇說齊康公興樂**한대 **康公卒於安王二十三年**하니 **自是以後**는 **更**(갱) **無所見**이라

案 : 묵자의 卒年은 고증할 수 없다. 본서로 고찰해보건대 〈親士〉에 吳起가 車裂刑을 당한 일을 말했는데 이 일은 周 安王 21년에 있었고, 〈非樂〉에 齊 康公이 음악을 흥기시킨 일을 말했는데 강공은 安王 23년에 졸하였다. 이 이후로는 더 이상 볼 수 있는 사적이 없다.

親士篇有孟賁하며 **所染篇有宋康王**하니 **皆後人增益**이요 **非墨子所逮聞也**라

〈親士〉에는 '孟賁'이 있고 〈所染〉에는 '宋 康王'이 있으니, 이는 모두 후세 사람이 덧보

텐 것이지 〈전 시대 인물인〉 묵자가 들을 수 있는 바가 아니다.

則墨子或卽卒於安王末年이라

그렇다면 묵자는 혹 安王 말년에 졸하였을 것이다.

安王은 二十六年崩하니 距齊康公之卒이 僅三年이라

安王은 재위 26년에 붕어하였으니, 齊 康公의 卒年보다 겨우 3년 빠르다.

葛洪神仙傳에 **載墨子年八十有二**에 **入周狄山學道**하니 **其說虛誕不足論**이라 **然墨子年壽必逾八十**하니 **則近之耳**라

葛洪의 ≪神仙傳≫에 묵자는 82세의 나이로 周狄山에 들어가 도를 배웠다고 기재하였으니, 그 설이 허황하여 논할 것이 못 된다. 그러나 묵자의 연령은 필시 80세를 넘었을 터이니, 이 점만은 사실에 가깝다.

互詳年表라

〈연표〉에도 상세히 보인다.

所箸書는 **漢劉向校錄之**가 **爲七十一篇**이라

저술한 책은 漢나라 劉向이 고찰하여 기록한 것이 71편이다.

漢書藝文志라

≪한서≫ 〈예문지〉에 나온다.

案：墨子書는 **今存五十三篇**하니 **蓋多門弟子所述**이요 **不必其自箸也**라 **神仙傳**에 **作十篇**하고 **荀子楊注**에 **作三十五篇**하니 **竝非**라

案：≪묵자≫ 책은 지금 53편이 남아 있는데, 대개 문하의 제자들이 기술한 것이고 반드시 묵자 본인이 지은 것은 아니다. ≪神仙傳≫에는 10편으로 되어 있고 ≪荀子≫ 楊倞의 注에는 35편으로 되어 있는데 모두 맞지 않다.

묵자연표 제2 墨子年表 第二

史遷云 墨翟은 **或曰竝孔子時**하고 **或曰在其後**라하고

司馬遷은 "墨翟은 혹자는 '孔子와 동시대에 살았다.'라 하고 혹자는 '공자의 후대에 살았다.'라 한다."라 하고,

史記孟荀傳이라

≪사기≫ 〈孟子荀卿列傳〉에 나온다.

劉向云 在七十子之後라하고

劉向은 "공자의 70제자의 후대에 살았다."라 하고,

史記索隱引別錄이라

≪史記索隱≫에 인용한 ≪別錄≫에 나온다.

班固云 在孔子後라하고

班固는 "공자의 후대에 생존했다."라고 하였다.

漢書藝文志라 **蓋本劉歆七略**[1)]이라

≪漢書≫ 〈藝文志〉에 나온다. 劉歆의 ≪七略≫에 근거했을 것이다.

張衡云 當子思時라하니

張衡은 "子思 때에 해당한다."라 하였으니,

---

1) 劉歆七略 : 유흠(B.C. 50?~23)은 자가 子駿이고 劉秀로 改名했다. 西漢 말년의 저명한 학자로 부친 劉向과 함께 궁중 소장 도서의 목록을 작성하여 ≪七略≫과 ≪別錄≫을 남겼다. 〈藝文志〉는 班固의 ≪漢書≫에 처음 나오는데, ≪칠략≫을 바탕으로 삼아서 찬술한 것이라고 한다.

後漢書本傳注에 **引衡集論圖緯虛妄疏云**[2] **公輸班與墨翟竝當子思時**하니 **出仲尼後**라하다

≪後漢書≫〉〈張衡傳〉 注에 장형의 문집에 있는 〈論圖緯虛妄疏〉를 인용하여 "公輸班과 묵적은 모두 子思 때 생존했으니, 仲尼보다 후대의 인물이다."라 하였다.

衆說舛牾하여 **無可質定**이라 **近代治墨子書者**는 **畢沅以爲六國時人**이니 **至周末猶存**이라하니 **旣失之太後**하고 **汪中**[3]**沿宋鮑彪**[4]**之說**하여

여러 설들이 서로 어긋나 質定할 수 없다. 근대에 ≪묵자≫를 연구한 학자로, 畢沅은 "六國 때 사람으로 周나라 말엽까지도 생존했다."라고 하였으니 이미 생존한 시기를 너무 멀리 잡은 잘못이 있고, 汪中은 宋나라 鮑彪의 설을 그대로 이어받아서

鮑說은 **見戰國策宋策注**라

鮑彪의 설은 ≪戰國策≫〈宋策〉注에 보인다.

謂仕宋하니 **得當景公世**라하니 **又失之太前**이라

"宋나라에서 벼슬하였으니 景公 때에 해당할 수 있다."라 하였으니 또 생존 시기를 너무 앞으로 잡은 잘못이 있다.

宋景公은 **卒於魯哀公二十六年**하니 **見左傳**이라 **史記六國年表書**에 **景公卒於貞王十八年**하니 **卽魯悼公十七年**이라 **遂減昭公之年**하여 **以益景公**하니 **與左氏不合**하니 **不可從也**라 **據本書及新序**컨대 **墨子嘗見田齊太公和**하여 **有問答語**하니 **田和元年**은 **上距宋景公卒年**이 **凡八十三年**이니 **卽令墨子之仕**가 **適當景公卒年**하고 **年才弱冠**이니 **亦必逾百歲前後**라야 **方能相及**이니 **其可信乎**아

---

2) 後漢書本傳注 引衡集論圖緯虛妄疏云 : 저본의 傍注에 "살펴보건대 孫詒讓의 글은 글자의 순서가 뒤바뀌었으니, 응당 '後漢書本傳論圖緯虛妄疏注引衡集'이 되어야 한다.〔按 孫文顚倒 應作後漢書本傳論圖緯虛妄疏注引衡集云〕"라고 하였다.

3) 汪中 : 1744~1794. 淸나라 江蘇 江都 사람으로 字는 容甫이다. 阮元, 焦循과 함께 揚州學派의 대표적 인물이다. 顧炎武를 사숙하였으며, 王念孫과 劉台拱 등과 교유했다. ≪儀禮≫와 ≪大戴禮記≫와 ≪爾雅≫를 교감하였다. 저서로 ≪尙書考≫, ≪春秋述義≫, ≪墨子表徵≫, ≪墨子序≫, ≪述學≫ 등이 있다.

4) 鮑彪 : 南宋의 정치가이자 학자로, 字는 文虎이고 浙江 龍泉 사람이다. 1128년에 進士에 급제하고 太學博士, 司封員外郎 등을 지냈다. ≪戰國策≫에 注를 달았다.

宋 景公은 魯 哀公 26년에 졸하였으니, ≪春秋左氏傳≫에 보인다. ≪史記≫ 〈六國年表〉에는 景公이 貞王 18년에 졸한 것으로 되어 있으니 바로 魯 悼公 17년이라 마침내 昭公의 나이를 줄여서 景公에게 보태었다. 이는 ≪춘추좌씨전≫과 부합하지 않으니, 따를 수 없다. 본서와 ≪新序≫에 의거하건대 묵자는 일찍이 齊나라 太公 田和를 만나서 문답한 말이 있으니, 전화 원년은 위로 宋 景公의 卒年과 거리가 무릇 83년이다. 가령 묵자가 벼슬한 것이 마침 경공의 졸년에 해당하고 묵자의 나이가 겨우 약관이었다 할지라도 반드시 경공의 나이가 100세 전후라야 생존 시기가 서로 맞닿을 수 있을 것이니, 이를 믿을 수 있겠는가.

殆皆不攷之過라 **竊以今五十三篇之書推校之**컨대 **墨子前及與公輸般魯陽文子相問答**하고

아마도 모두 제대로 고찰하지 않은 잘못일 듯하다. 나는 생각건대 지금 53편으로 된 ≪묵자≫를 가지고 미루어 고찰해보건대 묵자는 앞으로는 公輸般・魯陽 文子와 문답하였고

見貴義魯問公輸諸篇하다

〈貴義〉・〈魯問〉・〈公輸〉 등 편들에 보인다.

而後及見齊太公和와

뒤로는 齊나라 太公 전화와

見魯問篇하다 **田和爲諸侯**는 **在安王十六年**이라

〈魯問〉에 보인다. 전화가 제후가 된 것은 安王 16년에 있었다.

與齊康公興樂과

齊 康公이 음악을 흥기한 것과

見非樂上篇하다 **康公卒於安王二十三年**이라

〈非樂 上〉에 보인다. 康公은 安王 23년에 졸하였다.

楚吳起之死하니

楚나라 吳起의 죽음을 보았으니,

見親士篇하다 **在安王二十一年**이라

〈親士〉에 보인다. 이 일은 安王 21년에 있었다.

上距孔子之卒이

위로 孔子의 졸년과 거리가

敬王四十一年이라

敬王 41이다.

幾及百年하니 **則墨子之後孔子**는 **蓋信**이라 **審覈前後**하여 **約略計之**컨대 **墨子當與子思竝時**로되 **而生年尙在其後**하니

거의 100년에 미치니, 묵자가 공자보다 후대에 살았다는 것은 믿을 만하다. 전후를 자세히 검토하여 대략 계산해보면 묵자는 子思와 같은 시기에 살았지만 태어난 해는 오히려 자사보다 뒤일 터이니,

子思生於魯哀公二年하니 **周敬王二十七年也**라 **下及事魯穆公**하여는 **年已八十餘**니 **不能至安王也**라 **史記孔子世家**에 **謂子思年止六十二**라하니 **則不得及穆公**이라 **近代譜諜書**에 **或謂子思年百餘歲者**는 **竝不足據**라

子思는 魯 哀公 2년에 태어났으니, 周 敬王 27년이다. 따라서 아래로 魯 穆公을 섬기는 데 이르러서는 나이가 이미 80여 세이니, 安王을 섬기는 데까지 생존할 수 없을 것이다. ≪史記≫ 〈孔子世家〉에 자사는 나이 62세에 그쳤다고 했으니, 목공 때까지 생존할 수 없었을 것이다. 근대의 譜諜에서 혹 자사의 나이가 100세라 한 것들은 모두 근거할 게 못 된다.

當生於周定王之初年하여 **而卒於安王之季**라 **蓋八九十歲**니 **亦壽考矣**라 **其仕宋**은 **蓋當昭公之世**니 **鄒陽書云 宋信子罕之計而囚墨翟**이라하다

응당 周 定王 초년에 태어나 安王 말년에 졸했을 것이다. 아마도 8, 90세는 되었을 것이니, 또한 장수한 것이다. 송나라에서 벼슬한 것은 아마도 昭公 시대에

해당할 것이니, 鄒陽이 옥중에서 올린 글에 "송나라가 子罕의 계책을 믿고서 묵적을 감옥에 가두었다."라고 하였다.

史記本傳이라

≪史記≫ 〈魯仲連鄒陽列傳〉에 보인다.

其事는 **他書不經見**이요 **秦漢諸子多言子罕逐君**이로되 **高誘則云子罕殺昭公**이라하고

그 사적은 다른 책에는 보인 적이 없고, 秦漢 때 학자들은 많이들 子罕이 임금을 축출했다고 했는데 高誘는 "子罕이 昭公을 죽였다."라 하였고,

呂氏春秋召類篇注라

≪呂氏春秋≫ 〈召類〉 注에 보인다.

又韓子說皇喜殺宋君이라하니

또 韓非子는 皇喜가 송나라 임금을 죽였다고 하였으니,

內儲說上이라

≪韓非子≫ 〈內儲說 上〉에 나온다.

子罕與喜는 **當卽一人**이라 **竊疑昭公實被放殺**이어늘 **而史失載**라 **墨子之囚**는 **殆卽昭之末年事與**인저 **先秦遺聞**이 **百不存一**이요 **儒家惟孔子生卒年月**이 **明箸於春秋經傳**이나 **然尙不無差異**라 **七十子之年**은 **孔壁古文弟子籍**[5]**所傳者**가 **亦不能備**하고 **外此則孟荀諸賢**을 **皆不能質言其年壽**하니

자한과 황희는 한 사람일 것이다. 나는 생각건대 昭公은 실은 쫓겨나 살해되었는데 역사에 이 사실이 기록되지 못한 것이 아닐까 한다. 묵자가 감옥에 갇힌 것은 아마도 소공 말년의 일일 것이다. 先秦시대의 遺聞들이 백에 하나도 남아 있

---

5) 孔壁古文弟子籍 : '孔壁'은 공자가 살던 고택의 벽을 말한다. 漢 武帝 말년에 魯共王이 궁실을 넓히느라 공자의 고택을 허물었는데 그 벽 속에서 많은 古文으로 된 경전이 나왔다고 한다.(≪漢書≫ 권30 〈藝文志〉 10) ≪史記≫ 67권 〈仲尼弟子列傳〉에 "≪제자적≫은 공씨의 고문에서 나왔는데, 사실에 가깝다.〔弟子籍出孔氏古文 近是〕"라 하였다.

지 않고, 儒家는 오직 孔子의 生卒 연월만이 ≪春秋≫의 經과 傳에 분명히 드러나 있으나 이마저도 차이가 없지 않다. 공자의 70제자의 나이는 孔壁에서 나온 古文 ≪弟子籍≫에 전하는 것도 상세히 갖추어 기록되지 못하였고, 이 밖에는 孟子·荀卿 같은 현인들도 모두 그 향년을 확정하여 말할 수 없으니,

元人所傳孟子生卒年月는 **臆撰**이니 **不足據**라

元나라 사람이 전한 맹자의 生卒 연월은 억측한 것이니, 근거할 게 못 된다.

豈徒墨子然哉아 **今取定王元年迄安王二十六年**하니 **凡九十有三年**이라 **表其年數**하고 **而以五十三篇書關涉諸國及古書說墨子佚事附箸之**하노니

어찌 묵자만 그러하겠는가. 이제 定王 원년으로부터 安王 27년까지 생존했다는 설을 취하니, 묵자의 향년은 무릇 93세이다. 그 年數를 도표로 만들고 ≪묵자≫ 53권 중에 당시 여러 나라들과 관계된 일 및 옛 전적에서 묵자의 逸事를 말한 것들을 덧붙여 드러내니,

史記六國年表에 **魯哀悼宋景昭年**은 **與左傳不合**하니 **今從左傳**하노라 **本書貴義篇**에 **墨子嘗使衛**하되 **年代無攷**하고 **他無與衛事相涉者**라 **又墨子當春秋後**어늘 **非攻下篇**과 **節葬下篇**에 **竝以齊晉楚越爲四大國**하니 **時燕秦**은 **尙未大興**이요 **墨子亦未至彼國**하니 **今竝不列於表**하노라

≪史記≫ 〈六國年表〉에 기록된 魯 哀公·悼公과 宋 景公·昭公의 나이는 ≪春秋左氏傳≫과 맞지 않으니, ≪춘추좌씨전≫을 따른다. 본서 〈貴義〉에서 묵자가 衛나라에 사신으로 갔다고 했으나 연대를 고증할 수 없고, 달리 衛나라 일과 관계되는 것은 없다. 또 묵자는 춘추시대 후기에 생존했거늘 〈非攻 下〉와 〈節葬 下〉에는 모두 齊·晉·楚·越을 네 대국이라 하였다. 당시 燕·秦은 아직 크게 흥성하지 못했고 묵자도 그 나라들에 간 적이 없으니, 지금 연표에 열거하지 않는다.

雖不能詳塙이나 **猶瘉於馮虛臆測**하여 **舛繆不驗者爾**로다

비록 상세하고 명확하지는 못하지만 그래도 허황하게 억측하여 사실과 틀리게 말한 것보다는 나을 것이다.

周	魯	晉 (魏·韓·趙)	齊	宋	鄭	楚	越	墨子時事
定王 원년	哀公 27년	出公7년 魏 桓子 韓 康子 趙 襄子	平公 13년 田成子	昭公 원년	聲公 33년	惠王 20년	王句踐 28년	親士篇에 越王句踐이 遇吳王之醜하되 而尙攝中國之賢君이라하니 亦見所染兼愛非攻公孟諸篇하다 〈親士〉에 "越王 句踐이 吳王에게 치욕을 당했으나 오히려 중국의 어진 임금을 위협하였다."라고 하였다. 〈所染〉·〈兼愛〉·〈非攻〉·〈公孟〉 등 편에도 보인다.
2년	悼公 원년	8년	14년	2년	34년	22년	29년	
3년	2년	9년	15년	3년	35년	23년	30년	
4년	3년	10년	16년	4년	36년	24년	31년	
5년	4년	11년	17년	5년	37년	25년	王鹿郢 원년	
6년	5년	12년	18년	6년	38년	26년	2년	
7년	6년	13년	19년	7년	원년	27년	3년	
8년	7년	14년	20년	8년	2년	28년	4년	
9년	8년	15년	21년	9년	3년	29년	5년	
10년	9년	16년	22년	10년	4년	30년	6년	
11년	10년	17년	22년	11년	5년	31년	王不壽 원년	
12년	11년	哀公 원년	24년	12년	6년	32년	2년	
13년	12년	2년	25년	13년	7년	33년	3년	
14년	13년	3년	宣公 원년	14년	8년 鄭人弑哀公하다 정나라 사람이 애공을 시해하였다.	34년	4년	魯問篇에 鄭人三世殺其君이라하니 哀公卽其一也라 〈魯問〉에 "정나라 사람들이 3대에 걸쳐 자기 임금을 시해했다."라고 하였으니, 애공이 곧 그중 한 임금이다.
15년	14년	4년 魏韓趙與智伯이 分范中行地하다 魏나라·韓나라·趙나라와 智伯이 范氏와 中行의 땅을 나누어 차지하였다.	2년 田襄子	15년	共公 원년	35년	5년	非攻中篇에 智伯攻中行氏范氏하여 竝三家하여 以爲一家라하다 〈非攻 中〉에 "智伯이 范氏와 中行氏를 쳐서 三家의 땅을 겸병하여 一家를 만들었다."라 하였다.
16년	15년	5년 智伯與魏韓圍趙襄子於晉陽이러니 魏韓趙反殺智伯하다	3년	16년	2년	36년	6년	非攻中篇에 智伯圍趙襄子於晉陽이러니 韓魏趙氏擊智伯하여 大敗之라하다 亦見魯問篇이라 〈非攻 中〉에 "智伯이 晉陽에서 趙襄子를 포위하였는데, 한나라· 위나라·趙氏가 智

周	魯	晉 (魏·韓·趙)	齊	宋	鄭	楚	越	墨子時事
		智伯과 魏나라·韓나라가 晉陽에서 趙襄子를 포위했는데, 위나라·한나라·조나라가 도리어 지백을 살해하였다.						伯을 공격하여 크게 패배시켰다."라고 하였다. 〈魯問〉에도 보인다.
17년	16년	6년	4년	17년	3년	37년	7년	
18년	17년	7년	5년	18년	4년	38년	8년	
19년	18년	8년	6년	19년	5년	39년	9년	
20년	19년	9년	7년	20년	6년	40년	10년	
21년	20년	10년	8년	21년	7년	41년	王翁 원년	魯問篇에 公尙過說越王한대 越王使公尙過迎墨子於魯라하니 疑爲王翁中晩年事라 〈魯問〉에 "공상과가 越王에게 유세하니 월왕이 기뻐하여 魯나라에서 묵자를 맞이하게 하였다."라 하였으니, 아마도 越王 翁의 중년이나 만년의 일일 것이다.
22년	21년	11년	9년	22년	8년	42년 滅蔡하다 蔡나라를 멸하였다.	2년	非攻中篇에 蔡亡於吳越之閒이라하다 〈非攻 中〉에 "蔡나라가 吳나라와 越나라 사이에서 멸망하였다."라고 하였다.
23년	22년	12년	10년	23년	9년	43년	3년	
24년	23년	13년	11년	24년	10년	44년	4년	
25년	24년	14년	12년	25년	11년	45년	5년	
26년	25년	15년	13년	26년	12년	46년	6년	
27년	26년	16년	14년	27년	13년	47년	7년	
28년	27년	17년	15년	28년	14년	48년	8년	
考王 원년	28년	18년	16년	29년	15년	49년	9년	魯問篇에 公輸般至楚하여 爲舟戰器하여 亟敗越人한대 墨子與論鉤拒라하고 公輸篇에 般爲雲梯하여 將攻宋한대 墨子至郢하여 見楚王하니 乃不攻宋이라하니 渚宮舊事에 竝在惠王五十年前이라 附記於此하노라 〈魯問〉에 "公輸般이 楚나라에 이르러 水戰의 무기를 만들어서 越나라 사람을 패배시키고자 하였는데, 묵자가 공수반과 더불어 鉤·拒와

周	魯	晉 (魏·韓·趙)	齊	宋	鄭	楚	越	墨子時事
								같은 무기에 대해 토론하였다."라 하였고, 〈公輸〉에 "공수반이 雲梯를 만들어 장차 宋나라를 공격하고자 했는데, 묵자가 郢에 이르러 楚王를 설득하니, 이에 송나라를 공격하지 않았다."라 하였다. ≪渚宮舊事≫에는 이 두 사실이 모두 惠王 5년 이전에 실려 있다. 그래서 여기에 덧붙여 기록해 둔다.
2년	29년	19년	17년	30년	16년	50년	10년	貴義篇에 墨子游楚하여 見惠王한대 王以老辭라하다 諸宮舊事에 惠王以書社封墨子한대 不受而歸라하다 〈貴義〉에 "묵자가 楚나라에 가서 惠王을 만나고자 했는데, 혜왕이 자신이 연로하다는 이유로 만나는 것을 사양했다."라고 하였다. ≪諸宮舊事≫에 "惠王이 書社의 땅으로 墨子를 봉해주고자 했는데, 묵자가 받지 않고 돌아갔다."라고 하였다.
3년	30년	幽王 원년	18년	31년	17년	51년	11년	
4년	31년	2년	19년	32년	18년	52년	12년	
5년	32년	3년	20년	33년	19년	53년	13년	
6년	33년	4년	21년	34년	20년	54년	14년	
7년	34년	5년	22년	35년	21년	55년	15년	
8년	35년	6년	23년	36년	22년	56년	16년	
9년	36년	7년	24년	37년	23년	57년	17년	
10년	37년	8년	25년	38년	24년	簡王 원년 滅莒하다 莒나라를 멸하다.	18년	非攻中篇에 莒亡於齊越之閒이라하다 〈非攻 中〉에 "莒나라가 齊나라와 越나라 사이에서 멸망하였다."라고 하였다.
11년	元公 원년	9년	26년	39년	25년	2년	19년	
12년	2년	10년	27년	40년	26년	3년	20년	
13년	3년	11년	28년	41년	27년	4년	21년	
14년	4년	12년	29년	42년	28년	5년	22년	
15년	5년	13년	30년	43년	29년	6년	23년	
威烈王 원년	6년	14년	31년	44년	30년	7년	24년	

周	鲁	晉 (魏·韓·趙)	齊	宋	鄭	楚	越	墨子時事
2년	7년	15년 魏 文侯 韓 武子 趙 桓子	32년	45년	31년	8년	25년	
3년	8년	16년 趙 獻侯	33년	46년	幽公 원년 韓武子伐鄭하여 殺幽公하다 한 무자가 정나라를 정벌하여 유공을 죽였다.	9년	26년	魯問篇에 魯陽文君將攻鄭하여 曰 鄭人三世殺其父라하니 疑當作二世殺其君이니 卽哀公幽公被殺也라 詳本篇이라 〈魯問〉에 "魯陽 文君이 장차 정나라를 정벌하고자 하면서 말하기를 '정나라 사람이 3대에 걸쳐 자기 임금을 죽였다.'라고 하였다."라 하였다. 아마도 이 대목은 응당 "2대에 걸쳐 자기 임금을 죽였으니"가 되어야 할 듯하니, 곧 哀公·幽公이 살해된 것을 가리킨다. 〈魯問〉에 상세히 보인다.
4년	9년	17년	34년	47년	繻公 원년	10년	27년	
5년	10년	18년	35년	48년	2년	11년	28년	
6년	11년	19년	36년	49년	3년	12년	29년	
7년	12년	烈公 원년	37년	50년	4년	13년	30년	
8년	13년	2년	38년	51년	5년	14년	31년	
9년	14년	3년	39년	52년	6년	15년	32년	
10년	15년	4년	40년	53년	7년	16년	33년	
11년	16년	5년	41년	54년	8년	17년	34년	
12년	17년	6년	42년	55년	9년	18년	35년	
13년	18년	7년	43년	56년	10년	19년	36년	
14년	19년	8년	44년 田莊子伐魯하여 攻葛及安陵하다 田莊子가 魯를 정벌하여 葛과 安陵을 공격하였다.	57년	11년	20년	37년	魯問篇에 齊項子牛三侵魯地라하니 此攻葛及安陵은 或卽三侵之一이라 〈魯問〉에 "齊나라 項子牛가 세 차례 魯나라 땅을 침공했다."고 하였으니, 여기서葛과 安陵을 공격한 것은 혹 세 차례 침공한 것 중의 하나일 것이다.
15년	20년	9년	45년 伐魯取都하다 (田和)[6] 노나라를 정벌하여 郕을 취하였다.	58년	12년	21년	王 翳 원년	齊伐魯取田和伐魯取郕하니 或亦三侵之一이라 제나라가 노나라를 정벌하여 도성을 취했으니, 이 또한 세 차례 침공한 것 중의 하나일 것이다.

周	魯	晉 (魏·韓·趙)	齊	宋	鄭	楚	越	墨子時事
16년	16년	10년	46년	59년	13년	22년	2년	
17년	穆公 원년	11년	47년	60년	14년	33년	3년	魯問篇에 魯君謂墨子曰 恐齊攻我라하니 疑卽穆公이라 〈魯問〉에 "魯나라 임금이 묵자에게 이르기를 '제나라가 우리나라를 공격할까 두렵다.'라 하였다." 하였으니, 아마도 〈제나라 임금은〉 곧 穆公일 듯하다.
18년	2년	12년 韓 景侯 趙 烈侯	48년 田和伐魯取郕하다 전화가 魯나라를 정벌하여 郕을 취하였다.	61년	15년	24년	4년	齊伐魯取郕하니 或亦三侵之一이라 제나라가 노나라를 정벌하여 郕을 취하였으니, 혹 세 차례 침공한 것 중 하나일 것이다.
19년	3년	13년	49년	62년	16년	聲王 원년	5년	
20년	4년	14년 魏滅中山하다 위나라가 중산을 멸하였다.	50년	63년	17년	2년	6년	所染篇에 中山尙은 染於魏義偃長이라하다 案 中山尙은 疑卽中山桓公이니 爲魏文侯所滅하다 〈所染〉에 "中山 尙은 魏義와 偃長에게 물들었다."라고 하였다. 案 : 중산상은 아마도 中山 桓公일 것이니, 魏 文侯에게 멸망당하였다.
21년	5년	15년	51년	64년	18년	3년	7년	
22년	6년	16년	康公 원년	65년 昭公薨하다 案 疑爲皇喜所弑라 昭公이 薨逝하였다. 案 : 아마도 皇喜에게 시해당한 듯하다.	19년	4년	8년	呂氏春秋召類篇注에 子罕殺昭公이라하고 史記에 宋信子罕之計而囚墨翟이라하니 疑昭公實被弑요 囚墨子는 卽其季年事라 ≪呂氏春秋≫ 〈召類〉 注에 "子罕이 昭公을 죽였다."라 하였고, ≪史記≫에 "宋나라가 子罕의 계책을 믿고서 묵적을 감옥에 가두었다."라 하였으니, 아마도 소공은 실은 시해당한 것이고 묵자를 감옥에 가둔 것은 곧 말년의 일일 듯하다.
23년	7년	17년 魏文侯二二年이요 韓景侯六年이요 趙烈侯六年이라 始命爲諸侯하다	2년	悼公 원년	20년	5년 圍宋十月하다 송나라를 10개월 동안 포위하였다.	9년	公輸篇에 公輸般爲楚造雲梯하여 將攻宋이어늘 墨子至郢하여 說止之라하니 當在惠王時라 蘇時學은 謂卽此年聲王圍宋時事라하니 非是라 〈公輸〉에 "공수반이 楚나라를 위하여 雲梯를 만들어 장

周	魯	晉 (魏·韓·趙)	齊	宋	鄭	楚	越	墨子時事
		위 문후 22년이요 한 경후 6년이요 조 열후 6년이다. 이때 처음으로 이들을 제후로 임명하였다.						차 宋나라를 공격하려 하거늘 묵자가 郢에 이르러 설득하여 그만두게 하였다."라 하였으니, 이는 惠王 때 일일 것이다. 蘇時學은 "이 해에 聲王이 宋나라를 포위했을 때 일이다."라 하였으니, 맞지 않다.
24년	8년	18년 魏나라 23년 韓나라 7년 趙나라 7년	3년	2년	21년	6년	10년	
安王 원년	9년	19년 魏나라 24년 韓나라 8년 趙나라 8년	4년	3년	22년	悼公 원년	11년	
2년	10년	20년 魏나라 25년 韓나라 9년 趙나라 9년	5년	4년	23년	2년	12년	
3년	11년	21년 魏나라 26년 韓 烈侯 원년 趙 武侯 원년	6년	5년	24년	3년	13년	
4년	12년	22년 魏나라 27년 韓나라 2년 趙나라 2년	7년	6년	25년	4년	14년	
5년	13년	23년 魏나라 28년 韓나라 3년 趙나라 3년	8년	7년	26년	5년	15년	
6년	14년	24년 魏나라 29년 韓나라 4년 趙나라 4년	9년	8년	27년 鄭人殺繻公하다 鄭나라 사람이 繻公을 죽였다.	6년	16년	魯問篇에 魯陽文君曰 鄭人三世殺君이라한대 或謂指哀幽繻三君라 然與文君年不合이라 〈魯問〉에 "魯陽 文君이 '鄭나라 사람이 3대에 걸쳐 자기 임금을 죽였다.'라 하였다."라 하였는데, 혹자는 哀公·幽公·繻公 세 임금이라 했다. 그러나 文君과 연대가 맞지 않다.

周	魯	晉 (魏·韓·趙)	齊	宋	鄭	楚	越	墨子時事
7년	15년	25년 魏나라 30년 韓나라 5년 趙나라 5년	10년	休公 원년	康公 원년	7년	17년	
8년	16년	26년 魏나라 31년 韓나라 6년 趙나라 6년	11년 田和伐魯取最하다 田和가 魯나라를 정벌하여 最를 취하였다.	2년	2년	8년	18년	黃式三은 謂魯陽文君이 將攻鄭이 在此年이라하니 未塙이라 齊伐魯는 或卽魯問篇三侵魯地事라 黃式三은 "魯陽 文君이 정차 鄭나라를 공격하려 한 것이 이 해에 있었다."라 하였는데 확실하지 않다. 齊나라가 魯나라를 정벌한 것은 혹 〈魯問〉에 나오는 세 차례 魯나라 땅을 침범한 일인 듯하다.
9년	17년	27년 魏나라 32년 韓나라 7년 趙나라 7년	12년	3년	3년	9년	19년	
10년	18년	孝公 원년 魏나라 33년 韓나라 8년 趙나라 8년	13년	4년	4년	10년	20년	
11년	19년	2년 魏나라 34년 韓나라 9년 趙나라 9년	14년	5년	5년	11년	21년	
12년	20년	3년 魏나라 35년 韓나라 10년 趙나라 10년	15년	6년	6년	12년	22년	
13년	21년	4년 魏나라 36년 韓나라 11년 趙나라 11년	16년	7년	7년	13년	23년	
14년	22년	5년 魏나라 37년 韓나라 12년 趙나라 12년	17년	8년	8년	14년	24년	
15년	23년	6년 魏나라 38년 韓나라 13년 趙나라 13년	18년	9년	9년	15년	25년	

周	魯	晉 (魏·韓·趙)	齊	宋	鄭	楚	越	墨子時事
16년	24년	7년 魏 武侯 원년 韓 文侯 원년 趙 敬侯 원년	19년 田齊太公和元年이라 始命爲諸侯 齊나라 太公 田和 원년이다. 처음으로 제후로 임명되었다.	10년	10년	16년	26년	魯問篇에墨子見齊太王하니 卽太公和라 新序亦載齊王與墨子問答하니 卽田和也라 〈魯問〉에 "묵자가 齊나라 太王을 만났다"라고 했으니, 태왕은 곧 太公 田和이다. ≪新序≫에도 "齊나라 왕이 묵자와 문답한 것이 실려 있으니, 곧 田和이다."라 하였다.
17년	25년	8년 魏나라 2년 韓나라 2년 趙나라 2년	20년 田齊二라 伐魯破之하다 田齊 2년이다. 魯나라를 정벌하여 격파하였다.	11년	11년	17년	27년	齊伐魯하니 或卽魯問篇三侵魯地事라 齊나라가 魯나라를 정벌하였으니, 혹 〈魯問〉에 나오는 세 차례 노나라 땅을 침공한 일일 듯하다.
18년	26년	9년 魏나라 3년 韓나라 3년 趙나라 3년	21년 田齊 桓公 원년	12년	12년	18년	28년	
19년	27년	10년 魏나라 4년 韓나라 4년 趙나라 4년	22년 田齊 2년	13년	13년	19년	29년	
20년	28년	11년 魏나라 5년 韓나라 5년 趙나라 5년	23년 田齊 3년	14년	14년	20년	30년	
21년	29년	12년 魏나라 6년 韓나라 6년 趙나라 6년	24년 田齊 4년	15년	15년	21년 悼王薨하다 群臣殺吳起하다 悼王이 薨逝하였다. 신하들이 吳起를 죽였다.	31년	親士篇吳起之裂이 其事也라 〈親士〉에 나오는 吳起가 車裂刑을 당한 것이 바로 이 사건이다.
22년	30년	13년 魏나라 7년 韓나라 7년 趙나라 7년	25년 田齊 5년	16년	16년	肅王 원년	32년	

周	魯	晉 (魏·韓·趙)	齊	宋	鄭	楚	越	墨子時事
23년	31년	14년 魏나라 8년 韓나라 8년 趙나라 8년	26년 公薨하고 齊亡하다 田齊六이라 公이 홍서하고 제나라가 망하였다. 田齊 6년이다.	17년	17년	2년	33년	非樂上篇에 齊康公興樂萬이라 하다 〈非樂 上〉에 "齊 康公이 일어나 음악에 맞춰 萬無를 추게 하였다."라고 하였다.
24년	32년	15년 魏나라 9년 韓나라 9년 趙나라 9년	田齊 威王 원년	18년	18년	3년	34년	以後時事는 本書無所見하니 疑墨子之卒이 卽在安王末年이라 이후의 時事는 본서에 보이는 바가 없으니, 아마도 묵자가 죽은 것이 곧 安王 말년 때일 듯하다.
25년	33년	靜公 원년 魏나라 10년 韓나라 哀侯 원년 趙나라 10년	2년	19년	19년	4년	35년	
26년	共公 원년	2년 魏나라 11년 韓나라 2년 趙나라 11년	3년	20년	20년	5년	36년	

6) 伐魯取都(田和) : 저본에는 '田和'가 있으나, 저본의 傍注에 의거하여 衍文으로 처리하였다. 저본의 傍注에 "살펴보건대 齊 宣公 45년에 魯나라를 정벌하여 노나라의 한 성을 취했으니(≪史記≫ 〈田敬仲完世家〉에 보인다.) 곧 이곳의 '노나라를 정벌하여 도성을 취한' 일이다. 그 당시 선공의 재상이 된 사람은 田莊子이고 田和는 아직 세워지지 않았다. 이 글에서 '伐魯' 위에 응당 '田莊子' 3자가 있어야 하며, 구 끝의 '田和' 2자는 잘못된 연문이다.〔按 齊宣公四十五年 伐魯 取魯之一城(見史記田敬仲完世家) 卽此伐魯取都事 其時相宣公者爲田莊子 田和尙未立 此文伐魯上當有田莊子三字 句末田和二字當誤衍〕" 하였다.

묵학전수고 제3 墨學傳授攷 第三

呂不韋曰 孔墨徒屬彌衆하며 **弟子彌豐**하여 **充滿天下**라하고

呂不韋는 "孔子와 墨子는 따르는 무리가 더욱 많아 제자들이 더욱 많아져서 천하에 가득하였다."라 하였고,

尊師篇이라

≪呂氏春秋≫ 〈尊師〉에 나온다.

又曰 孔墨之後學이 **顯榮於天下者衆矣**라 **不可勝數**라하니

또 "공자와 묵자의 후학으로서 천하에 顯達한 이들이 많아서 이루 헤아릴 수 없었다."라고 하였다.

當染篇이라

≪呂氏春秋≫ 〈當染〉에 나온다.

蓋墨學之昌幾埒洙泗하니 **斯亦盛矣**라 **公輸篇**에 **墨子之說楚王曰 臣之弟子禽滑釐等三百人**이라하고 **淮南王書**에 **亦謂墨子服役者百八十人**이

대개 묵자의 학문이 번창하기가 거의 공자의 학단에 비길 만하였으니, 이 또한 성대하도다! 〈公輸〉에 의하면 묵자가 楚王에게 말하기를 "신의 제자 禽滑釐 등 300명"이라 하였고, ≪淮南子≫에도 "묵자의 服役하는 자 180인이

服役은 **卽徒屬**이라 **韓非子五蠹篇**에 **云 仲尼爲服役者七十人**이라하니 **卽指七十子而言**이라

服役은 곧 따르는 무리이다. ≪韓非子≫ 〈五蠹〉에 "仲尼는 그를 위해 복역하는 자가 70인이다."라 하였으니 곧 70제자를 가리켜 말한 것이다.

皆可使赴火蹈刃하여 **死不旋踵**이라하고

모두 다 불 속에 뛰어들고 칼날을 밟고서 죽어도 발꿈치를 돌리지 않게 할 수

있다."라 하였으며,

新語[1]思務篇에 云 墨子之門에 多勇士라하다

≪新語≫ 〈思務〉에 "묵자의 문하에는 용사가 많다."라고 하였다.

而荊吳起之亂에 墨者鉅子[2]孟勝[3]이 以死로 爲陽城君守하고 弟子死者가 百八十五人이니 則不韋所述이 信不誣也라 獷秦隱儒에 墨學亦微라가 至西漢하여 儒復興而墨竟絶이라 墨子旣蒙世大詬에 而徒屬名籍도 亦莫能紀述하니 惟本書及先秦諸子略紀其一二라 今勼集之하여 凡得墨子弟子十五人과

초나라 吳起의 亂에 墨家의 鉅子 孟勝이 죽음으로써 陽城君을 위하여 지켰고 제자들 중에서 죽은 자가 185인이었으니, 여불위가 기술한 바가 진실로 터무니없는 것이 아니다. 흉포한 秦나라가 儒家를 은폐하자 묵자의 학문도 미약해졌다. 그러다가 西漢 때에 이르러 유가는 다시 흥기하였으나 묵가는 끝내 명맥이 끊어지고 말았다. 묵자가 이미 세상의 큰 질시를 받음에 따라 그 문도들의 名籍도 기술할 수 없었으니, 오직 본서 및 先秦 諸子書들에 그 한두 가지만 대략 기록되어 있을 뿐이다. 이제 이러한 기록들을 수집하여 묵자의 제자 15인과

附存三人이라

3인을 附記해둔다.

再傳弟子三人과 三傳弟子一人과 治墨術而不詳其傳授系次者十三人과 雜家四人하니 大都不逾三十餘人이라 傳記所載는 盡於此矣요 彼勤生薄死하여 以赴天下之急이로되 而姓名澌滅하여 與艸木同盡者는 殆不知凡幾하니 嗚呼悕已라

再傳弟子 3인과 三傳弟子 1인과 墨家의 학문을 공부하였으나 그 傳受 계통을

1) 新語 : 前漢 때 陸賈(B.C. 240~B.C. 170)의 저술로, 道基·術事·輔政·無爲·辨惑·愼微·資執·至德·懷慮·本行·明誡·思務 등 12편으로 구성되어 있다. 내용은 정치에서 王道를 존숭하고 霸道를 배격하였으며, 정치의 근본으로 修身을 중시하였다.

2) 鋸子 : 墨家라는 결사체의 최고지도자를 지칭하는 말이다. 墨翟의 뒤를 이은 거자로 孟勝과 禽滑釐, 田襄子 등이 있다.

3) 孟勝 : 楚 悼王(B.C. 402~B.C. 381 재위) 때 墨家의 鉅子이다. 楚나라 陽成君이 패주하자, '信義를 지킨다'는 墨家의 원칙을 지키기 위해 목숨을 버렸으며, 이때 맹승을 따라 자결한 제자들이 180여 명에 이른다고 전한다.(≪呂氏春秋≫ 〈孟春紀〉)

알 수 없는 자 13인과 雜家 4인을 찾아내었으니, 모두 30여 인을 넘지 않는다. 전해온 기록에 실려 있는 사람은 이 정도가 전부이고, 저 살아서는 부지런히 일하고 죽음을 가볍게 여겨서 천하의 急難에 달려갔지만 성명이 泯滅하여 초목과 같이 스러져간 이들은 거의 얼마나 되는지 알지 못하니, 아아, 슬프도다!

묵자의 제자 墨子弟子

禽子는 **名滑釐**이니

禽子는 이름이 滑釐이니,

本書公輸篇이라 **案 司馬貞史記索隱**과 **成玄英莊子疏**에 **竝以滑釐爲字**하니 **非是**라 **滑釐**는 **呂氏春秋當染篇**에 **作滑鬣**하고 **尊師篇**에 **作滑黎**하고 **列子楊朱篇**에 **作骨釐**하고 **漢書古今人表及列子釋文**에 **竝作屈釐**하고 **漢書儒林傳**에 **作滑氂**하니 **疑正字當作屈氂**라 **詳公輸篇**이라

본서 〈公輸〉에 나온다.

案 : 司馬貞의 ≪史記索隱≫과 成玄英의 ≪莊子疏≫에는 모두 '滑釐'를 字라고 하였으니, 옳지 않다. 滑釐는 ≪呂氏春秋≫ 〈當染〉에는 '滑鬣'로 되어 있고 〈尊師〉에는 '滑黎'로 되어 있으며, ≪列子≫ 〈楊朱〉에는 '骨釐'로 되어 있고, ≪漢書≫ 〈古今人表〉 및 ≪列子釋文≫에는 모두 '屈釐'로 되어 있고, ≪漢書≫ 〈儒林傳〉에는 '滑氂'로 되어 있다. 아마도 正字는 '屈氂'가 되어야 할 듯하다. 〈公輸〉에 상세히 보인다.

與田子方段干木吳起로 **受業於子夏**하고

田子方·段干木·吳起와 함께 子夏에게 수학하였고

史記儒林傳이라

≪史記≫ 〈儒林傳〉에 나온다.

後學於墨子하여

후에 묵자에게 배워서

呂氏春秋當染篇이라

≪呂氏春秋≫ 〈當染〉에 나온다.

盡傳其學하여 **與墨子齊侔**하다

그 학문을 다 전수받아서 묵자와 이름이 나란히 일컬어졌다.

莊子天下篇에 以墨翟禽滑釐竝傳하다

≪莊子≫ 〈天下〉에 墨翟과 禽滑釐의 이름을 나란히 전하였다.

禽子事墨子三年에 **手足胼胝**하고 **面目黎黑**하여 **役身給使**하여 **不敢問欲**이어늘 **墨子甚哀之**하여 **乃具酒脯**하여 **寄於太山**하여 **搣茅坐之**하여 **以醮禽子**한대 **禽子再拜而嘆**이라 **墨子曰 亦何欲乎**아한대 **禽子再拜**하다 **再拜曰 敢問守道**하노이다하고

禽子가 묵자를 섬긴 지 3년 만에 손발에 굳은살이 생기고 얼굴이 시꺼멓게 되도록 몸을 노역하여 시중을 들 뿐 감히 자기가 묻고 싶은 말을 하지 못하거늘 묵자가 몹시 불쌍히 여기서 이에 술과 脯를 갖추고서 太山으로 가서 띠풀을 베어내고 앉아서 금자에게 술을 권하였는데, 금자가 재배하고 탄식하였다. 묵자가 말하기를 "또한 무엇을 묻고 싶으냐?"라고 하자 금자가 재배하였다. 재배하고 말하기를 "감히 수비하는 방도를 묻습니다."라고 하였다.

本書備梯篇이라

본서 〈備梯〉에 나온다.

又曰 由聖人之道鳳鳥之不出로 **諸侯畔殷周之國**하여 **甲兵方起於天下**하여 **大攻小**하며 **强執弱**이라 **吾欲守小國**하니 **爲之柰何**오한대 **墨子曰 何攻之守**오한대 **禽子對曰 今之世常所以攻者**는 **臨鉤衝梯堙水穴突空洞蛾傅轒轀軒車**니 **敢問守此十二者柰何**잇고

또 말하기를 "성인이 말하기를 '鳳鳥가 나오지 않는다'고 하고부터, 제후가 殷·周의 나라를 배반하여 甲兵이 바야흐로 천하에서 일어나 큰 나라가 작은 나라를 공격하고 강자가 약자를 붙잡아 간다. 나는 작은 나라를 지키고자 하니, 어떻게 해야 합니까?"라 하니, 묵자가 말하기를 "무슨 공격에 대해 수비하는 것인가?"라 하자, 금자가 대답하기를 "지금 세상에서 늘 쓰는 공격 방법은 臨車와 鉤(사다리)와 衝車와 梯(사다리)와 堙(土山)과 물과 穴(땅굴)과 突(城에 뚫는 굴)과 空洞과 蟻傅와 轒轀과 軒車입니다. 감히 묻건대 이 열두 가지에 대해 지키려면 어떻게 해야 합니까?"라 하였다.

本書備城門篇이라

본서 〈備城門〉에 나온다.

墨子遂語以守城之具六十六事하다

묵자가 마침내 성을 수비할 때 갖추어야 할 것 66가지를 말해주었다.

李筌太白陰經守城具篇六十六事는 **一作五十六事**라 **今本書備城門以下十餘篇**이 **皆其語也**라

李筌의 ≪太白陰經≫〈守城具〉에 나오는 '六十六事'가 한 본에는 '五十六事'로 되어 있다. 今本 ≪묵자≫〈備城門〉 이하 10여 편이 모두 이를 말한 것이다.

楚惠王時에 **公輸般爲楚造雲梯之械**하여 **成**이라 **將以攻宋**이어늘 **墨子自魯至郢**하여 **止之**할새 **使禽子諸弟子三百人**으로 **持守圉之器**하여 **在宋城上而待楚寇**하니 **楚卒不攻宋**하다

楚 惠王 때에 公輸般이 楚나라를 위하여 雲梯라는 기계를 만들어 완성되자 장차 宋나라를 공격하려 하였다. 묵자가 魯나라에서 郢에 가서 그만두라고 만류하면서 禽子 등 제자 300인으로 하여금 守禦하는 기구를 가지고 송나라 성 위에 있으면서 초나라의 침공에 대비하게 하니, 초나라 군사가 송나라를 공격하지 않았다.

本書公輸篇이라

본서 〈公輸〉에 나온다.

禽子問於墨子曰 錦繡絺紵를 將安用之오한대 墨子曰 惡(오)라 是非吾用務也니라 古有無文者得之矣니 夏禹是也라 卑小宮室하고 損薄飮食하며 土階三等이요 衣裳細布라 當此之時하여 黼黻[4]無所用하여 而務在於完堅이라 殷之盤庚은 大其先王之室하고 而改遷於殷하여 茅茨不翦하고 采椽不斲하여 以變天下之視라 當此之時하여 文采之帛을 將安所施리오 夫品庶非有心也요 以人主爲心하나니 苟上不爲면 下惡用之리오 二王者는 以身先於天下라 故化隆於其時하고 成名於今世也니라 且夫錦繡絺紵는 亂君之所造也라 其本皆興於齊하니 景公喜奢而忘儉이어늘 幸有晏子以儉鐫之나 然猶幾不能勝이라 夫奢安可窮哉리오 紂爲鹿臺糟邱[5]와 酒池肉林[6]하고 宮牆文畫하며 雕琢刻鏤하고 錦繡被堂하며 金玉珍瑋와 婦女優倡과 鍾鼓管絃을 流漫不禁하여 而天下愈竭이라 故卒身死國亡하여 爲天下戮하니 非惟錦繡絺紵之用邪(야)아 今當凶年하여 有欲予子隨侯之珠[7]者한대 不得賣也요 珍寶而以爲飾하고 又欲予子一鍾[8]粟者한대 得珠者不得粟하고 得粟者不得珠면 子將何擇고한대 禽子曰 吾取粟耳니 可以救窮이라한대 墨子曰 誠然이면 則惡在事夫奢也리오 長無用이니 好末淫은 非聖人之所急也라 故食必常飽라야 然後求美하며 衣必常暖이라야 然後求麗하며 居必常安이라야 然後求樂이라 爲可長하고 行可久인댄 先質而後文이니 此聖人之務니라한대 禽子曰 善타하다

---

4) 黼黻 : 옛날에 임금의 大禮服인 袞服에 수놓았던 화려한 紋樣을 말한다. 黼는 흰색과 검은색으로 자루 없는 도끼 모양을, 黻은 검은색과 푸른색으로 '亞'자 모양을 수놓은 것을 이른다.(≪書經≫〈虞書 益稷〉)

5) 鹿臺糟邱 : 鹿臺는 殷나라 紂가 재물을 모아 저장했던 行宮 이름으로, 지금의 河南省 淇縣 서쪽에 있었다. 糟邱는 술지게미가 쌓여 언덕을 이루었다는 뜻으로, 술을 아주 많이 빚어 지나치게 술에 취해 지냈음을 극도로 말한 것이다.

6) 酒池肉林 : 술로 연못을 삼고, 고기를 매달아 숲으로 삼았다는 뜻으로, 지극히 호화롭고 사치한 생활을 이른다.

7) 隨侯之珠 : 隨侯가 창자가 끊겨 있는 뱀을 보고 불쌍히 여겨 약을 발라 치료해주고 그 보답으로 받았다는 전설상의 구슬이다. 隨는 周나라 때 漢水 동쪽의 제후국으로, 지금의 湖北省 隨州市에 있었다. 隋로도 쓴다.(≪淮南子≫〈覽冥訓〉)

8) 鍾 : 고대에 곡식을 계량하는 단위로, 춘추시대 齊나라에서는 6斛 4斗가 1鍾이었다.

금자가 묵자에게 묻기를 "수놓은 비단과 고운 葛布는 어디에 쓰겠습니까?"라고 하자, 묵자가 말하였다.

"아, 이것은 내가 힘쓸 일이 아니다. 고대에 겉을 꾸미지 않은 사람이 있어 이 道理를 터득하였으니, 夏禹가 이분이다. 집을 낮고 작게 하고, 음식을 덜고 줄이며, 흙으로 만든 섬돌이 3층이고, 의복은 작은 베 조각을 이어 만들었다. 이러한 때에는 黼黻을 쓸 곳이 없어서 완전하고 견고히 하는 데에만 힘썼다.

殷나라의 盤庚은 先王이 이룩한 王室을 확대하고 都邑을 바꿔 殷으로 옮겨서 지붕으로 얹은 띠풀도 자르지 않고, 떡갈나무로 서까래를 만들되 다듬지 아니하여 천하 사람들의 인식을 변화시켰다. 이런한 때에 문채 나는 비단을 장차 어디에 쓰겠는가.

무릇 백성은 자기 마음이 있는 것이 아니고 임금의 〈嗜好로〉 마음을 삼나니 만일 윗사람이 하지 않으면 아랫사람이 어찌 그것을 쓰겠는가. 〈夏禹와 盤庚〉 두 帝王은 몸소 천하 사람들에게 率先하였다. 그래서 그 당시에 敎化가 크게 행해지고, 지금까지 훌륭한 명성을 이루어 내려온다.

게다가 수놓은 비단과 고운 葛布는 昏暗한 君主가 만들어낸 것이다. 그 뿌리는 모두 齊나라에서 시작되었으니, 景公이 사치를 좋아하여 검소함을 잊었는데, 다행히 晏子가 있어 검소함을 들어서 警戒하였지만 그래도 거의 이길 수 없었다. 사치를 어찌 다할 수 있겠는가. 殷紂는 鹿臺와 槽邱, 酒池와 肉林을 만들고, 궁궐 담장에 그림을 그리며, 〈기둥과 들보를〉 아름답게 조각하고, 수놓은 비단이 堂을 덮으며, 金玉과 珍瑋, 미녀와 광대, 鐘鼓와 管絃을 멋대로 늘어놓고 방탕하게 즐기며 금하지 않아 천하의 재력이 더욱 고갈되었다. 그래서 끝내 몸은 죽고 나라는 망하여 천하 사람들로부터 치욕을 받았으니, 오직 수놓은 비단과 고운 葛布를 써서 사치한 때문이 아니겠는가.

지금 凶年을 당하여 그대에게 隨侯의 구슬을 주려고 하는 이가 있는데 팔아서는 안 되고 진귀한 보배로 여겨 장식으로 삼아야 하고, 또 그대에게 1鍾의 곡식을 주려고 하는 이가 있는데 구슬을 얻은 자는 곡식을 얻을 수 없고 곡식을 얻은 자는 구슬을 얻을 수 없다면, 그대는 무엇을 선택하겠는가?"

금자가 말하기를 "저는 곡식을 취하겠으니, 困窮함을 구제할 수 있어서입니다."라고 하였다. 묵자가 말하기를 "참으로 그렇다면 어찌 사치를 일삼을 것이 있겠는

가. 〈사치는〉 영원히 쓸데없는 것이니 말단의 지나친 향락은 성인이 시급히 여기는 것이 아니다. 그러므로 음식은 반드시 평소 배가 부른 뒤에야 맛있는 것을 찾고, 의복은 반드시 평소 몸이 따뜻한 뒤에야 화려한 것을 찾으며, 거처는 반드시 평소 편안한 뒤에야 안락한 곳을 찾는 것이다. 영원히 할 수 있고 오래도록 행할 수 있으려면 질박함을 먼저 추구하고 문식을 뒤에 강구해야 하니, 이것이 성인이 힘쓰는 일이다."라고 하자, 금자가 말하기를 "좋은 말씀입니다."라고 하였다.

說苑反質篇이라

≪說苑≫ 〈反質〉에 나온다.

禽子問 天與地孰仁고한대 **墨子曰 翟以地爲仁**하노니 **太山之上則封禪**[9]**焉**하며 **培塿之側則生松柏**하고 **下生黍苗莞蒲**하며 **水生黿鼉龜魚**라 **民衣焉**하며 **食焉**하며 **死焉**이어늘 **地終不責德焉**이라 **故翟以地爲仁**하노라

금자가 묻기를 "하늘과 땅은 어느 것이 어집니까?"라 하였는데 묵자가 말하기를 "나는 땅을 어질다고 여긴다. 太山 위에는 封禪을 하고 언덕 곁에는 소나무・잣나무가 자라며, 낮은 땅에는 기장・벼・왕골・부들이 자라고 물에는 자라・거북・물고기가 자라므로 백성들이 여기에서 옷을 지어 입고 여기에서 음식을 먹고 여기에서 죽지만 땅은 끝내 고맙게 여겨달라고 요구하지 않는다. 그러므로 나는 땅을 어질다고 여긴다.

藝文類聚地部引本書라

≪藝文類聚≫ 地部에 ≪묵자≫를 인용한 데에 나온다.

禽子問曰 多言有益乎아한대 **墨子曰 蝦蟆蛙黽**은 **日夜而鳴**하여 **舌乾**(간)(檘)〔擗〕[10]이나 **然而人不聽之**어늘 **今**(鶴)〔觀〕[11]**雞時夜而鳴**에 **天下振動**하니 **多言何益**이리오 **唯其言**

---

9) 封禪 : 옛날에 제왕이 천지에 제사하는 큰 祭禮로, 泰山 위에 흙을 쌓고 제단을 만들어 제사하여 하늘에 보답하는 것을 '封'이라 하고 태산 아래 梁父山(양보산) 위에 터를 닦아서 땅에 제사하여 땅에 보답하는 것을 '禪'이라고 한다.(≪史記≫ 권28 〈封禪書〉 注)

10) (檘)〔擗〕 : 저본에는 '檘'으로 되어 있으나, ≪太平御覽≫ 권390 〈人事部 31 言語〉에 의거하여 '擗'으로 바로잡았다.

之時也라하다

"말을 많이 하는 것이 유익합니까?"라고 하였는데, 묵자가 말하기를 "개구리와 두꺼비가 밤낮으로 울어서 혀가 말라 갈라져도 사람들은 그 소리를 듣지 않는다. 찢어질 듯해도 듣지 않는다. 그런데 지금 보면 닭은 밤 시각을 맞춰 울면 天下가 진동하니 말을 많이 하는 것이 무엇이 유익하겠는가. 오직 때에 맞게 말해야 할 뿐이다."라 하였다.

太平御覽言語部引本書라

≪太平御覽≫ 〈言語部〉에 ≪묵자≫를 인용한 데에 나온다.

楊朱後於墨子한대 **其說在愛己**라 **不拔一毛以利天下**하니 **與墨子相反**이라

楊朱는 묵자보다 후대 사람인데 그의 학설은 자기를 사랑하는 데 있다. 그리하여 자기 몸의 터럭 하나를 뽑아서 천하를 이롭게 하는 일도 하지 않았으니, 묵자와 상반된다.

荀子王霸篇楊注와 殷敬順列子釋文12)이라

≪荀子≫ 〈王霸〉의 楊倞의 注와 殷敬順의 ≪列子釋文≫에 나온다.

墨子兼愛上同右鬼非命이어늘 **而楊朱非之**라

묵자는 兼愛・上同・右鬼・非命을 주장했는데, 楊朱가 이를 옳지 않다고 하였다.

淮南子氾論訓이라

≪淮南子≫ 〈氾論訓〉에 나온다.

禽子與之辯論하다

금자가 그(楊朱)와 논변하였다.

---

11) (鶴)〔觀〕 : 저본에는 '鶴'으로 되어 있으나, ≪太平御覽≫에 의거하여 '觀'으로 바로잡았다.
12) 殷敬順列子釋文 : 唐나라 학자 殷敬順의 저술로, ≪正統道藏≫ 〈洞神部 玉訣類〉에는 ≪沖虛至德眞經釋文≫이란 이름으로 실려 있다.

荀子注列子釋文라

≪荀子≫ 注와 ≪列子釋文≫에 나온다.

禽子問楊朱曰 去子體之一毛하여 **以濟一世**면 **汝爲之乎**아한대 **楊子曰 世固非一毛之所濟**라하다 **禽子曰 假濟**면 **爲之乎**아한대 **楊子弗應**하다 **禽子出**하여 **語孟孫陽**이러니 **孟孫陽曰 子不達夫子之心**이라 **吾請言之**호리라 **侵若肌膚獲萬金者**인댄 **若爲之乎**아한대 **曰 爲之**라하다 **孟孫陽曰 有斷若一節得一國**이면 **子爲之乎**아한대 **禽子默然**하다 **有閒**(간)에 **孟孫陽曰 一毛**는 **微於肌膚**하고 **肌膚**는 **微於一節**은 **省矣**라 **然則積一毛以成肌膚**하고 **積肌膚以成一節**하니 **一毛固一體萬分中之一物**이니 **柰何輕之乎**아한대 **禽子曰 吾不能所以答子**라 **然以子之言**으로 **問老聃關尹**[13)]하면 **則子言當矣**요 **以吾言問大禹墨翟**하면 **則吾言當矣**라하다

금자가 楊朱에게 묻기를 “그대 몸의 털 하나를 뽑아서 온 세상을 구제한다면, 그대는 하겠는가?”라 하였는데, 楊子가 말하기를 “세상은 진실로 털 하나로 구제할 수 있는 것이 아니다.”라고 하였다. 금자가 말하기를 “가령 구제할 수 있다면 하겠는가?”라 하자 양자는 응답하지 않았다.

금자가 나가서 孟孫陽에게 얘기하니, 맹손양이 말하기를 “그대는 선생님의 마음을 알지 못한다. 내가 말해보겠다. 그대의 피부를 침범하여 만금을 얻는다면 그대는 하겠는가?”라 하니, 금자가 말하기를 “하겠다.”라 하였다. 맹손양이 말하기를 “그대의 사지 한마디를 끊어서 나라를 얻는다면 하겠는가?”라고 하니, 금자가 묵묵히 있었다.

한참 있다가 맹손양이 말하기를 “털 하나는 피부보다 하찮고 피부는 사지 한마디보다 하찮다는 것은 알 것이다. 그렇다면 털 하나를 쌓아서 피부를 이루고 피부를 쌓아서 사지의 한마디를 이루니, 털 하나는 진실로 한 몸의 萬分 중의 한 물건인 것이니, 어찌 가볍게 볼 수 있겠는가?”라 하자, 금자가 말하기를 “나는 그대의

---

13) 老聃關尹 : 老聃은 老子이다. 성은 李氏, 이름은 耳이고, 자가 聃이라고 한다. 關尹은 函谷關尹을 지낸 秦나라 尹喜를 일컫는 말이다. 노자가 函谷關을 지나다가 그에게 ≪道德經≫을 주었다고 한다.(≪史記≫ 권63 〈老子傳〉)

말에 답할 수가 없다. 그러나 그대의 말을 가지고서 老聃과 關尹에게 묻는다면 그대의 말이 맞을 것이고, 나의 말을 가지고서 禹임금과 墨翟에게 물는다면 나의 말이 맞을 것이다."라고 하였다.

列子楊朱篇에 列子又云 衛端木叔者는 子貢之世也라 藉其先貲하여 家累萬金이로되 不治世故하여 及其死也하여 無瘞埋之資라 一國之人受其施者가 相與賦而藏之라한대 禽骨釐聞之하고 曰 端木叔은 狂人也니 辱其祖矣라하니 此與墨學無與나 附箸於此하노라

≪列子≫ 〈楊朱〉에 열자가 또 말하기를 "衛나라 端木叔이란 자는 子貢의 후손이다. 그 선조의 재물을 물려받아 가산이 수만 金이나 되었으나 세상 물정을 알지 못한 탓에 그가 죽었을 때에는 장사를 지낼 비용조차 없었다. 그래서 나라 안의 사람들 중에서 그의 은혜를 받은 사람들이 서로 재물을 내어서 매장해주었다."라고 하였는데, 禽骨釐가 듣고서 말하기를 "단목숙은 狂人이니, 자기 선조를 욕되게 하였다."라고 하였다. 이 기록은 묵자의 학문과 상관없으나 여기에 첨부해둔다.

高石子는 墨子弟子라 墨子使管黔(滶)〔敖〕로 游高石子於衛한대 衛君致祿甚厚하고 設之於卿이라 高石子三朝必盡言하되 而言無行者어늘 去而之齊하여 見墨子曰 衛君以夫子之故로 致祿甚厚하여 設我於卿이라 石三朝必盡言호되 而言無行이라 是以去之也로라 衛君無乃以石爲狂乎아한대 墨子曰 去之苟道인댄 受狂何傷고 古者에 周公旦非關叔하고

高石子는 묵자의 제자이다. 묵자가 管黔敖를 시켜서 고석자를 衛나라로 가게 했는데, 衛나라 군주가 아주 후한 녹봉을 주고 그를 卿의 자리에 앉혔다. 고석자가 세 차례 조회에 나가 그때마다 성심으로 의견을 올렸으나 그의 의견이 전부 실행되지 않자 위나라를 떠나 齊나라로 가서 묵자를 뵙고 말하기를, "衛나라 군주가 선생님 때문에 아주 후한 녹봉을 주고 저에게 경 벼슬을 내렸습니다. 제가 세 차례 조회에 나가 그때마다 성심으로 의견을 올렸으나 저의 의견이 전부 실행되지 않았습니다. 이 때문에 위나라를 떠났습니다. 위나라 군주가 저를 미쳤다고 생각하지 않겠습니까?"라고 하였다.

이에 묵자가 말하기를 "떠난 것이 진실로 도리에 맞는다면 미치광이 소리를 듣

는다 한들 무슨 문제가 되겠는가. 옛날 周公 旦은 關叔(管叔)을 토벌하고 나서

關은 管之借字라

'關'은 管의 가차자이다.

辭三公하고 **東處於商(蓋)〔奄〕**하니 **人皆謂之狂**이로되 **後世稱其德**하고 **揚其名**하여 **至今不息**이라 **且翟聞之**호니 **爲義非避毁就譽**라하니 **去之苟道**인댄 **受狂何傷**고한대 **高石子曰 石去之**에 **焉敢不道也**리잇고 **昔者**에 **夫子有言曰 天下無道**에 **仁士不處厚焉**이라하시니 **今衛君無道**어늘 **而貪其爵祿**이면 **則是我爲苟陷人食也**라한대 **墨子說**(열)하여 **而召禽子曰 姑聽之乎**인저 **夫倍義而鄉祿者**는 **我常聞之矣**어니와 **倍祿而鄉義者**는 **於高石子焉見之也**로다하다

三公의 직위를 사양하고 동쪽 商奄에 가 있으니 사람들이 모두 그를 미쳤다고 말했지만 후세에는 그의 덕을 칭송하고 그의 이름을 선양하여 지금까지도 그치지 않는다. 또 내가 듣건대, 義를 행하는 것은 비난을 피하고 명예를 추구하는 것이 아니라고 하였으니, 떠나는 것이 진실로 도리에 맞는다면 미치광이 소리를 듣는다 한들 무슨 문제가 되겠는가."라고 하니, 고석자가 말하기를 "제가 위나라를 떠났더라도 어찌 감히 도리를 따르지 않을 수 있겠습니까. 예전에 선생님은 '천하에 도가 없을 때 어진 선비는 후한 녹봉을 받는 자리에 나아가지 않는다.'라고 말씀하셨으니, 지금 위나라 군주가 무도한데도 그의 爵祿을 탐낸다면 저는 구차하게 남의 음식을 먹는 격이 됩니다."라고 하자, 묵자가 기뻐하여 금자를 불러 말하기를 "우선 고석자의 말을 들어보라. 義를 배반하고 祿을 좇는 사람에 대해서는 내가 늘상 들었는데 祿을 거절하고 義를 좇는 사람은 고석자에게서 보았다."라고 하였다.

本書耕柱篇이라

본서 〈耕柱〉에 나온다.

高何는 **齊人**이니 **學於墨子**라

高何는 齊나라 사람으로 묵자에게 배웠다.

呂氏春秋尊師篇이라

≪呂氏春秋≫ 〈尊師〉에 나온다.

縣子碩은

縣子碩은

呂覽에 碩作石하니 字通이라

≪呂氏春秋≫에 '碩'이 '石'으로 되어 있으니 글자가 통용된다.

與高何皆齊國之暴者也라 **指於鄕曲**이러니 **學於墨子**하여 **爲天下名士顯人**하다

高何와 더불어 두 사람 다 齊나라의 포악한 자라 鄕里에서 손가락질을 받았는데, 묵자에게 배워서 천하에 알려진 명사가 되었다.

呂氏春秋尊師篇이라

≪呂氏春秋≫ 〈尊師〉에 나온다.

治徒娛縣子碩이 **問於墨子曰 爲義孰爲大務**잇고한대 **墨子曰 譬若築牆然**하니 **能築者築**하고 **能實壤者實壤**하고 **能欣者欣**하나니

治徒娛와 縣子碩이 묵자에게 묻기를 "義를 행하는 데 무엇이 제일 큰 일입니까?"라고 하니, 묵자가 말하기를 "비유하자면 담장을 쌓는 것과 같다. 쌓아 다지는 일을 잘하는 사람은 쌓아 다지고, 흙을 채워 옮기기를 잘하는 사람은 흙을 채워 옮기고, 측량을 잘하는 사람은 측량하니,

欣은 讀爲睎라

'欣'은 독음이 睎이다.

然後牆成也라 **爲義猶是也**니 **能談辯者談辯**하고 **能說書者說書**하고 **能從事者從事**하나니 **然後義事成也**니라하다

그런 뒤에야 담장이 이루어진다. 의를 행하는 것도 이와 같다. 변론을 잘하는 사람은 변론하고, 책을 잘 해설하는 사람은 책을 해설하고, 일을 잘하는 사람은 일을 하니, 그런 뒤에야 의로운 일이 이루어진다."라고 하였다.

本書耕柱篇이라

본서 〈耕柱〉에 나온다.

公尙過는

공상과는

呂氏春秋高義篇에 尙作上이라

≪여씨춘추≫ 〈高義〉에는 '尙'이 '上'으로 되어 있다.

墨子弟子라

묵자의 제자이다.

呂覽高義篇이라

≪여씨춘추≫ 〈高義〉에 나온다.

墨子南遊使於衛할새 **關中載書甚多**러니 **弦唐子見而怪之**하여 **曰 吾夫子教公尙過曰 揣曲直而已**라하더니 **今夫子載書甚多**하니 **何有也**오한대 **墨子曰 昔者**에 **周公旦朝讀書百篇**하고 **夕見七十士**라 **故周公旦佐相天子**하여 **其脩至於今**이라 **翟上無君上之事**하고 **下無耕農之難**하니 **吾安敢廢此**리오 **翟聞之**호니 **同歸之物**도 **信有誤者**라호라 **然而民聽不鈞**이라 **是以書多也**라 **今若過之心者**는 **數逆於精微**하여 **同歸之物**을 **旣已知其要矣**라 **是以**로 **不教以書也**어늘 **而子何怪焉**고하다

묵자가 南行하여 衛나라에 사신으로 갈 때 수레에 아주 많은 책을 실었는데 弦唐子가 이를 보고 이상하게 여겨 말하기를, "선생님은 公尙過를 가르치면서 '〈책은〉 是非曲直을 헤아리는 데 쓸 뿐이다.'라고 하셨습니다. 그런데 지금 선생님이 수레에 실은 책이 아주 많으니, 무슨 쓰임이 있는 것입니까?"라고 하였다.

묵자가 말하기를 "옛날 周公 旦은 매일 아침 100편의 책을 읽고 저녁에는 70명의 선비들을 만났다. 그래서 周公 旦은 天子를 재상으로 보좌하여 그의 治績이 오늘날까지 전해지고 있다. 나는 위로 임금이 맡긴 일도 없고 아래로 농사 짓는 어려움도 없으니 내 어찌 감히 이 책 보는 일을 그만두겠는가. 나는 들으니 같은 데로 귀결되는 사물들이라도 〈전해지는 과정에서〉 진실로 착오가 생긴다고 하였다. 그렇지만 백성이 전해들은 내용이 일치하지 않는지라 이 때문에 책이 많아진 것이다. 지금 公尙過의 마음을 가진 사람 같은 경우는 이치를 정미한 데까지 탐구하여 같은 데로 귀결되는 사물에 대해 그 요체를 이미 알고 있기 때문에 책으로 가르치지 않은 것인데 그대는 어찌하여 이상하게 여기는 것인가."라고 하였다.

本書貴義篇이라

본서 〈貴義〉에 나온다.

墨子游公尙過於越이어늘 公尙過語墨子之義한대 越王說(열)之하여 謂公尙過曰 子之師가 苟肯至越而敎寡人인댄 請以故吳之地陰江之浦書社三百으로 以封夫子호리라한대

묵자가 공상과를 越나라로 보내 벼슬하게 하였다. 공상과가 越王에게 묵자의 義를 말해주니 월왕은 기뻐하여 공상과에게 말하기를 "그대의 선생이 진실로 월나라에 와서 과인을 가르치고자 한다면 청컨대 옛 吳나라의 땅인 陰江의 포구에 있는 書社의 땅 300리로 선생을 봉하겠다."라고 하였다.

本書魯問篇에 作請裂故吳之地方五百里以封子墨子라

본서 〈魯問〉에 "請裂故吳之地方五百里以封子墨子(청컨대 옛 吳나라 땅 500리를 떼어 묵자를 봉하겠다.)"로 되어 있다.

公尙過許諾이라 遂爲公尙過束車五十乘하여 以迎墨子於魯라 曰 吾以夫子之道說(세)越王한대 越王大說(열)하여 謂過曰 苟能使墨子至於越而敎寡人인댄 請裂故吳之地以封子라하다

공상과가 수락하였다. 〈월나라 왕은〉 마침내 공상과를 위해 수레 오십 대를 준비

해주어 魯나라에서 묵자를 맞이하도록 하였다. 이에 〈공상과가 묵자에게〉 말하기를 "제가 선생님의 道로 월나라 왕에게 유세하니 월나라 왕은 크게 기뻐하면서 저에게 이르기를, '만일 묵자를 월나라로 오게 해서 과인을 가르치게 한다면 청컨대 옛 吳나라의 땅 오백 里를 떼어 선생을 봉하겠습니다.'라고 하였습니다."라고 하였다.

據本書魯問篇補하노라 呂氏春秋에 作公上過往復於子墨子라

본서 〈魯問〉에 의거하여 보충하였다. ≪呂氏春秋≫에는 "公上過往復於子墨子(공상과가 자묵자에게 가서 보고하였다.)"로 되어 있다.

墨子曰 子之觀越王也에 **能聽吾言**하며 **用吾道乎**아한대 **公尙過曰 殆未能也**라하다 **墨子曰 不唯越王不知翟之意**요 **雖子亦不知翟之意**라 **若越王聽吾言**하며 **用吾道**면 **翟度**(탁)**身而衣**하며 **量腹而食**하여 **比於賓萌**이요 **未敢求仕**어니와 **越不聽吾言**하며 **不用吾道**어늘 **而受其國**이면 **是以義糶也**라 **義糶**인댄 **何必越**이리오 **雖於中國亦可**라하다

묵자가 말하기를 "그대가 볼 때 월나라 왕을 보기에 나의 말을 들어주고 나의 도를 써줄 수 있겠던가?"라 하니, 공상과가 말하기를 "아마도 그렇게 하지 못할 것입니다."라고 하였다. 묵자가 말하기를 "월나라 왕만 나의 뜻을 알지 못할 뿐 아니라 그대도 나의 뜻을 알지 못한다. 만약 월나라 왕이 나의 말을 들어주고 나의 도를 써준다면 나는 몸을 두를 정도로만 재어 옷을 입고 배를 채울 정도로만 헤아려 먹고서 유세하는 선비에 자신을 비길 것이니 어찌 벼슬하기를 구하겠는가. 월나라 왕이 나의 말을 들어주지 않고 나의 도를 써주지 않는데 봉해주는 나라를 받는다면 이는 義를 파는 것이다. 의를 팔기로 한다면 어찌 굳이 월나라에서 할 것이 있겠는가. 중국에서도 할 수 있을 것이다."라고 하였다.

呂氏春秋高義篇이라 本書魯問篇略同이라

≪呂氏春秋≫ 〈高義〉에 나온다. 본서 〈魯問〉에도 내용이 대략 같다.

耕柱子는 **墨子弟子**라 **墨子怒耕柱子**어늘 **耕柱子曰 我毋愈於人乎**잇가한대 **墨子曰 我將上大行**(태항)에 **駕驥與羊**인댄 **子將誰毆**오하다 **耕柱子曰 將毆驥也**니이다한대 **墨子曰 何故毆驥也**오한대 **耕柱子曰 驥足以責**이니이다하여늘 **墨子曰 我亦以子爲足**

以責하노라하다 墨子游耕柱子於楚한대 二三子過之어늘 食之三升하고 客之不厚라 二三子復於墨子하여 曰 耕柱子處楚無益矣라 二三子過之어늘 食之三升하고 客之不厚라한대 墨子曰 未可知也로다한대 毋幾何오 而遺十金於墨子하여 曰 後生不敢死라 有十金於此하니 願夫子之用也라한대 墨子曰 果未可知也로다하다

耕柱子는 묵자의 제자이다. 묵자가 경주자에게 노하자 경주자가 말하기를, "제가 남보다 낫지 않습니까?"라고 하였다. 묵자가 "내가 장차 太行山을 올라가려 할 때 준마와 양에 멍에를 씌운다면 그대는 장차 무엇을 채찍질하겠는가?"라고 하니, 경주자가 말하기를, "준마를 채찍질하겠습니다."라고 하였다. 묵자가 말하기를 "무슨 까닭으로 준마를 채찍질하는가?"라고 하자, 경주자가 말하기를, "준마가 責勵할 만하기 때문입니다."라고 하였다. 그러자 묵자가 말하기를 나 또한 그대가 책려할 만하기 때문이다."라고 하였다.

묵자가 경주자를 楚나라에 가서 벼슬하게 하였는데, 제자 몇 명이 그에게 들렀을 때 그들에게 3升의 밥을 먹이고 손님 대접이 후하지 않았다. 그 제자 몇 명이 묵자에게 돌아와 말하기를 "경주자가 楚에 있는 것은 무익합니다. 저희들이 방문했을 때 3升의 밥을 먹이고 손님 대접이 후하지 않았습니다."라고 하자, 묵자가 말하기를 "아직 알 수 없다."라 하였다. 얼마 지나지 않아 〈경주자가〉 묵자에게 10金을 보내면서 말하기를, "後生은 〈죄송해〉 감히 죽지 못하고 있습니다. 10金이 여기 있으니 선생께서 쓰시기를 원합니다."라고 하자, 묵자가 말하기를 "과연 아직 알 수 없는 일이었다."라고 하였다.

本書耕柱篇이라

본서 〈耕柱〉에 나온다.

魏越은 墨子弟子라 墨子使之游한대 越曰 旣得見四方之君子면 則將孰先語잇고한대 墨子曰 凡入國에 必擇務而從事焉이니 國家昏亂이면 則語之尙賢尙同하며 國家貧이면 則語之節用節葬하며 國家憙音湛湎이면 則語之非樂非命하며 國家淫僻無禮면 則語之尊天事鬼하며 國家務奪侵淩이면 則語之兼愛非攻이라 故曰擇務而從事焉이니라하다

魏越은 묵자의 제자이다. 묵자가 그로 하여금 遊說하러 다니게 했는데, 위월이 말하기를 "四方의 군주를 만나면 선생님은 무엇을 먼저 말씀하시겠습니까?"라고 하자, 묵자가 말하기를 "무릇 한 나라에 들어가서는 반드시 긴요한 일을 택하여 해야 하니, 나라가 혼란스러우면 尙賢과 尙同의 道理를 말하고, 나라가 가난하면 節用과 節葬의 도리를 말하며, 나라가 음악과 술에 빠져 있으면 非樂과 非命의 도리를 말하고, 나라가 음란하고 무례하면 尊天과 事鬼의 도리를 말하며, 나라가 약탈과 침략에 힘을 쓰면 兼愛와 非攻의 도리를 말해야 한다. 그러므로 긴요한 일을 택하여 해야 한다고 말한 것이다."라고 하였다.

本書魯問篇이라

본서 〈魯問〉에 나온다.

隨巢子는 **墨子弟子**라

隨巢子는 묵자의 제자이다.

漢書藝文志라 梁玉繩云 隨巢當是氏라 或謂氏隋名巢라하니 無據라하다 詒讓案 隋經籍志隨巢子의 注에 云 巢似墨翟弟子라하니 則以巢爲名이라

≪漢書≫ 〈藝文志〉에 나온다. 梁玉繩은 "隨巢는 응당 氏일 것이다. 혹자는 隋가 씨이고 巢가 이름이라 하였는데 근거가 없다."라 하였다.

詒讓案 : ≪隋書≫ 〈經籍志〉의 '隨巢子'에 대한 注에 "巢는 묵적의 제자일 듯하다."라 하였으니, 巢를 이름으로 본 것이다.

墨子之術尙儉한대 **隨巢子傳其術**하고

묵자의 학술은 검소함을 숭상했는데 수소자가 그의 학술을 전수받았고

史記自序正義引韋昭說이라

〈太史公自序〉에 대한 ≪史記正義≫에서 韋昭의 설을 인용한 것이다.

箸書六篇이라

저서가 6권이다.

漢書藝文志라

≪漢書≫ 〈藝文志〉에 나온다.

胡非子는

胡非子는

廣韻十一模에 云 胡非는 複姓이니 齊胡公之後에 有公子非라 因以胡非爲氏라하다 梁玉繩云 則胡非子는 齊人也라하다 詒讓案 隋經籍志胡非子의 注에 云 非似墨翟弟子라하니 則亦以非爲名이라

≪廣韻≫ 上平聲 제11 '模'에 "胡非는 複姓이니, 齊 胡公의 후손 중에 公子 非가 있었던지라 인하여 胡非로 氏를 삼았다."라 하였다. 梁玉繩은 "그렇다면 胡非子는 齊나라 사람이다."라 하였다.

詒讓案 : ≪隋書≫ 〈經籍志〉의 '胡非子'에 대한 注에 "非는 묵적의 제자인 듯하다."라 하였으니, 이 또한 '非'를 이름으로 본 것이다.

墨子弟子니 箸書三篇이라

묵자의 제자이니, 저서가 3권이다.

漢書藝文志라

≪漢書≫ 〈藝文志〉에 나온다.

管黔敖는 墨子弟子라

管黔敖는 묵자의 제자이다.

本書耕柱篇이라 見前이라

≪本書≫ 〈耕柱〉에 나온다. 앞에 보인다.

高孫子는 墨子弟子라

高孫子는 묵자의 제자이다.

本書魯問篇이라 **見後**라

본서 〈魯問〉에 나온다. 뒤에 보인다.

治徒娛는 **墨子弟子**라

治徒娛는 묵자의 제자이다.

本書耕柱篇이라 **見前**이라

본서 〈耕柱〉에 나온다 앞에 보인다.

跌鼻는 **墨子弟子**라 **墨子有疾**이어늘 **跌鼻進而問曰 先生以鬼神爲明**하여 **能爲禍福**하여 **爲善者賞之**요 **爲不善者罰之**라하더니 **今先生聖人也**어늘 **何故有疾**고 **意者先生之言有不善乎**아 **鬼神不明知乎**아한대 **墨子曰 雖使我有病**이나 **鬼神何遽不明**이리오 **人之所得於病者多方**하니 **有得之寒暑**하며 **有得之勞苦**라 **百門而閉一門焉**하면 **則盜何遽無從入**이리오하다

跌鼻는 묵자의 제자이다. 묵자가 병이 들었는데, 질비가 나아와 묻기를 "선생님은 귀신이 밝게 알아서 禍福을 내릴 수 있어서 善을 행한 이에게는 상을 주고 不善을 행한 이에게는 벌을 준다고 하셨습니다. 지금 선생님은 聖人이신데 무슨 까닭에 병이 든 것입니까? 생각건대 어쩌면 선생님의 말씀에 불선한 점이 있는 것입니까, 귀신이 밝게 알지 못하는 것입니까?"라고 하니, 묵자가 말하기를 "비록 나로 하여금 병들게 했으나 귀신이 어찌 갑자기 밝게 알지 못하리오. 사람이 병드는 것은 여러 가지 원인이 있으니, 추위나 더위 때문일 수도 있고, 지나친 노고 때문일 수도 있다. 백 개의 문이 있는데 그중 하나만 닫는다고 하여 도둑이 어찌 갑자기 들어올 문이 없겠는가?"라고 하였다.

本書公孟篇이라

본서 〈公孟〉에 나온다.

曹公子는 墨子弟子라 墨子仕曹公子於宋이러니 三年而反하여 睹墨子曰 始吾游於子之門에 短褐之衣와 藜藿之羹을 朝得之則夕弗得하여 弗得祭祀鬼神이러니 今而以夫子之故로 家厚於始也라 有家享하여 謹祭祀鬼神이나 然而人徒多死하고 六畜不蕃하고 身湛於病하니 吾未知夫子之道之可用也라한대 子墨子曰 不然하다 夫鬼神之所欲於人者多하니 欲人之處高爵祿而以讓賢也요 多財而以分貧也라 夫鬼神이 豈唯(擢)〔擭〕(季)〔黍〕拑肺之爲欲哉아 今子處高爵祿而不以讓賢하니 一不祥也요 多財而不以分貧하니 二不祥也라 今子事鬼神은 唯祭而已矣어늘 而曰 病何自至哉오하니 是猶百門而閉一門焉하고 曰 盜何從入이로다 若是而求福於百怪之鬼면 豈可哉아하다

曹公子는 묵자의 제자이다. 묵자가 曹公子를 宋나라에서 벼슬하게 하였는데 3년만에 돌아와 묵자를 뵙고 말하기를 "당초 제가 선생님 문하에서 공부할 때에는 짧은 베옷과 명아주나 콩잎으로 끓인 국을 아침에 얻으면 저녁에는 얻지 못할 정도여서 귀신에게 제사 지낼 수도 없었습니다. 지금은 선생님의 가르침 덕분에 집안이 처음보다 넉넉해졌습니다. 또 집에서 享祀를 올려 귀신에게 공손히 제사 지내게 되었습니다. 그렇지만 가족들이 많이 죽고 가축들이 번성하지 않고 제 몸은 병에 들고 말았으니, 저는 선생님의 道가 쓸 만한 것인지 모르겠습니다."라고 하자, 묵자가 말하기를 "그렇지 않다. 무릇 귀신이 사람들에게 바라는 바가 많은지라 사람이 높은 지위에 올라 녹봉을 받으면 그것을 어진 사람에게 양보해주기를 바라고 재물이 많으면 그것을 가난한 사람에게 나누어주기를 바란다. 무릇 귀신이 어찌 단지 黍稷과 희생의 고기와 같은 제수를 받아 먹기만 바라겠는가. 지금 그대는 높은 지위에 올라 녹봉을 받으면서 그것을 어진 사람에게 양보하지 않았으니 첫 번째 상서롭지 못한 일이고, 재물이 많으면서 그것을 가난한 사람에게 나누어주지 않았으니 두 번째 상서롭지 못한 일이다. 지금 그대가 귀신을 섬기면서 제사만 지낼 뿐이면서도 '병이 어디서 온 것인가?'라고 말하고 있으니 이것은 마치 백 개의 문이 있는 곳에서 문 하나를 닫고 말하기를, '도둑이 어디서 들어왔는가?'라고 말하는 것과 같다. 이와 같이 하고도 귀신에게 온갖 복을 구한다면 가능하겠는가?"라고 하였다.

本書魯問篇이라

본서 〈魯問〉에 보인다.

勝綽은 墨子弟子라 墨子使勝綽事齊項子牛러니 項子牛三侵魯地어늘 而勝綽三從이라 墨子聞之하고 使高孫子請而退之하여 曰 我使綽也는 將以濟驕而正嬖也러니 今綽也祿厚而譎夫子로다 夫子三侵魯而綽三從하니 是鼓鞭於馬靳也라 翟聞之호니 言義而弗行은 是犯明也라하니 綽非弗之知也요 祿勝義也라하다

勝綽은 묵자의 제자이다. 묵자가 승작으로 하여금 項子牛를 섬기게 하였는데, 항자우가 魯나라 땅을 세 차례 침략하거늘 승작은 세 차례 모두 따라갔다. 묵자가 이를 듣고 高孫子를 보내어 항자우에게 승작을 물러나게 하라고 청하면서 말하기를 “내가 승작을 보낸 것은 당신의 교만함을 제지하고 邪辟함을 바로잡으려는 것이었는데, 지금 승작은 녹봉을 후하게 받으면서 당신을 속이고 있습니다. 당신이 노나라를 세 차례 침략하였는데 승작이 세 차례 모두 따라갔으니, 이는 달리는 말의 가슴에 채찍질하는 격입니다. 내가 듣건대 義를 말하면서 실행하지 않는 것은 법을 잘 알면서 죄를 짓는 것이라 하였습니다. 승작은 이를 모르는 것이 아니라 녹봉이 義를 이긴 것입니다.”라 하였다.

本書魯問篇이라

본서 〈魯問〉에 나온다.

案 曹公子及勝綽二人은 皆游墨子之門이나 而以違道見責하니 蓋未能傳其術者라 今以附於諸弟子之末하노라

案：曹公子와 勝綽 두 사람은 모두 묵자의 문하에서 공부하였으나 道를 어겼다고 책망을 받았으니, 아마 묵자의 학술을 전수받지 못했을 것이다. 이제 이 두 사람을 제자들의 끝에 附記한다.

彭輕生子問墨子曰 往者可知나 來者不可知라한대 墨子曰 藉設而親在百里之外면 則遇難焉이어늘 期以一日也라 及之則生하고 不及則死라 今有固車良馬於

此하고 **又有駑馬四隅之輪於此**하여 **使子擇焉**이면 **子將何乘**고한대 **對曰 乘良馬固車**면 **可以速至**라한대 **墨子曰 焉在不知來**리오하다

彭輕生子가 묵자에게 묻기를 "지나간 일은 알 수 있지만 다가올 일은 알 수 없습니다."라고 하자, 묵자가 말하기를 "가정하여 그대의 부모가 백 리 밖에 계시면서 환란을 당했는데 하루의 기한이 주어져 제때 도착하면 살 수 있고, 제때 도착하지 못하면 죽는다고 하자. 지금 여기에 튼튼한 수레와 좋은 말이 있고 또 여기에 노둔한 말과 사각 바퀴가 달린 수레가 있어서 그대에게 둘 중에 선택하게 한다면 그대는 어떤 것을 타겠는가?"라고 하였다. 팽경생자가 대답하기를 "좋은 말과 튼튼한 수레를 타면 속히 가서 당도할 수 있을 것입니다."라고 하니, 묵자가 말하기를 "그렇다면 어찌 다가올 일을 모른다고 할 수 있겠는가."라고 하였다.

本書魯問篇이라

본서 〈魯問〉에 나온다.

孟山이 **譽王子閭曰 昔白公之禍**에 **執王子閭**하여 **斧鉞鉤要**하고 **直兵當心**하여 **謂之曰 爲王則生**이요 **不爲王則死**라한대 **王子閭曰 何其侮我也**오 **殺我親而喜我以楚國**이로다 **我得天下而不義**를 **不爲也**어든 **又況於楚國乎**아하고 **遂死而不爲**하니 **王子閭豈不仁哉**아한대 **墨子曰 難則難矣**나 **然而未仁也**로다 **若以王爲無道**면 **則何故不受而治也**며 **若以白公爲不義**면 **何故不受王**하여 **誅白公然而反王**고 **故曰 難則難矣**나 **然而未仁**이라하노라

孟山이 王子閭를 칭찬하여 말하기를 "옛날 〈楚나라〉 白公의 반란 때 왕자려를 붙잡아 도끼를 허리에 대고 창끝을 가슴에 대고서 그에게 이르기를, '왕이 되면 살고 왕이 되지 않으면 죽을 것입니다.'라고 하자, 왕자려가 말하기를, '어찌 이리도 나를 모욕하는 것인가. 내 친족을 죽이고서 楚나라를 미끼로 나를 희롱하는구나. 나는 천하를 얻더라도 의롭지 않은 일은 하지 않을 것인데 또 하물며 초나라야 말할 나위 있겠는가.'라고 하면서 끝내 죽고 왕이 되지 않았으니, 왕자려가 어찌 仁者가 아니겠습니까?"라고 하자, 묵자가 말하기를 "어렵기는 어려운 일이지만 仁者가 되지는 못한다. 만약 楚王이 無道하다고 생각했다면 무엇 때문에 왕위를

받아 나라를 다스리지 않았으며, 만약 白公이 의롭지 않다고 생각했다면 무엇 때문에 왕위를 받아 백공을 주벌하고서 惠王에게 왕위를 돌려주지 않았단 말인가. 그러므로 어렵기는 어려운 일이지만 아직 仁者는 아니라고 한 것이다."라 하였다.

同上이라

위와 같다.

弦唐子라

弦唐子이다.

本書貴義篇이라 **見前**이라

本書 〈貴義〉에 나온다. 앞에 보인다.

案 以上三人은 **竝見本書**나 **是否墨子弟子**는 **無可質證**이라 **謹附綴於此**하여 **以備攷**하노라

案 : 이상 세 사람은 모두 본서에 보인다. 그러나 묵자의 제자인지 여부는 확증할 수 없으므로 삼가 여기에 附記하여 考覽에 대비해둔다.

묵자의 再傳 제자와 禽子의 제자 墨子再傳 禽子弟子

許犯은 **學於禽滑釐**하다

許犯은 禽滑釐에게 배웠다.

呂氏春秋當染篇이라

≪呂氏春秋≫ 〈當染〉에 나온다.

索盧參은 **東方之鉅狡也**러니 **學於禽滑釐**하여 **爲天下名士顯人**하다

索盧參은 동방의 크게 교활한 자였는데 금활리에게 배워 천하의 알려진 명사에

되었다.

呂氏春秋尊師篇이라

≪呂氏春秋≫〈尊師〉에 나온다.

묵자의 再傳 제자와 胡非子의 제자 墨子再傳 胡非子弟子

屈將子는

屈將子는

案 屈爲楚公族箸姓이니 屈將子疑亦楚人이라

案 : 屈은 楚나라 公族의 大姓이니, 屈將子도 아마 초나라 사람일 듯하다.

好勇할새 聞墨者非鬥하고 帶劍危冠하여 往見胡非子하여 劫而問之曰 將聞先生非鬥나 而將好勇하노니 有說則可커니와 無說則死라한대 胡非子爲言五勇하니 屈將說(열)하여 稱善하여 乃解長劍하고 釋危冠하여 而請爲弟子焉하다

용맹을 좋아하였는데, 墨者는 싸우는 것을 옳지 않다고 주장한다는 말을 듣고 검을 차고 冠을 높이 쓰고 가서 胡非子를 만나서 위협하면서 묻기를 "내가 선생이 싸우는 것을 옳지 않다고 주장한다는 말을 들었는데 나는 용맹을 좋아한다. 할 말이 있으면 괜찮겠지만 할 말이 없으면 죽을 것이다."라고 하였다. 호비자가 그에게 다섯 가지 용맹을 말해주자 굴장자가 기뻐하여 좋다고 칭찬하고는 장검을 풀고 높은 관을 벗어놓고 제자가 되겠다고 청하였다.

太平御覽四百九十二四百三十七에 引胡非子五勇之論甚詳하니 見後胡非子佚文이라 此不備錄하노라

≪太平御覽≫ 492권, 437권에 胡非子의 다섯 가지 용기를 논한 것이 매우 상세하니, 뒤의 〈胡非子佚文〉에 보인다. 여기서는 다 갖추어 기록하지 않는다.

묵자의 三傳 제자와 許子의 제자 墨子三傳 許子弟子

田繫는 **學於許犯**하여 **顯榮於天下**하다

田繫는 許犯에게서 배워서 천하에 현달하였다.

呂氏春秋當染篇이라

《呂氏春秋》〈當染〉에 나온다.

묵씨명가 墨氏名家

傳授不可攷者라 附鉅子하노라

전수는 고찰할 수 없기에 鉅子에 附記한다.

田俅子는

田俅子는

漢書藝文志이라

《漢書》〈藝文志〉에 나온다.

俅는 **一作鳩**이라

俅는 일본에 '鳩'로 되어 있다.

鳩는 俅音近이라 馬驌梁玉繩은 竝以爲一人하니 是也라

鳩는 독음이 俅에 가깝다. 馬驌과 梁玉繩은 모두 한 사람이라 하였으니, 옳다.

齊人이니 **學墨子之術**이라

齊나라 사람으로 묵자의 학술을 배웠다.

呂氏春秋首時篇과 淮南子道應訓高注라

≪呂氏春秋≫ 〈首時〉와 ≪淮南子≫ 〈道應訓〉 高誘의 注에 나온다.

田鳩欲見秦惠王하여 留秦三年而弗得見이어늘 客有言之於楚王者일새 往見楚王한대 楚王說(열)之하여 與將軍之節[14)]이라 以如秦하여 至에 因見惠王하고 告人曰 之秦之道가 乃之楚乎인저하다

田鳩가 秦 惠王을 만나고자 하여 秦나라에 3년 동안 머물렀으나 만나지 못하였다. 어떤 사람이 楚王에게 말해주었기에 가서 초왕을 만났더니 초왕이 기뻐하여 장군의 節을 주었다. 이것을 가지고 진나라로 가서 진나라에 이르러서 이것을 통해서 혜왕을 만나고는 남에게 말하기를 "진나라로 가는 방도가 곧 초나라로 가는 것이었구나."라고 하였다.

呂氏春秋首時篇이라 淮南子道應訓에 云 出舍喟然而嘆하고 告從者曰 吾留秦三年에 不得見하니 不識道之可以從楚也라하다

≪呂氏春秋≫ 〈首時〉에 나온다. ≪淮南子≫ 〈道應訓〉에는 "관사를 나와서 한숨을 쉬고 탄식하고는 從者에게 말하기를 '내가 진나라에 3년 동안 머물면서 만나지 못하였으니, 이는 초나라를 통해서 만날 수 있다는 사실을 몰랐던 것이다.'라 하였다."라고 하였다.

徐渠問田鳩曰 臣聞智士不襲下而遇君하며 聖人不見(현)功而接上이라 今陽城胥渠는

徐渠가 전구에게 묻기를 "저는 듣건대, '지혜로운 선비는 낮은 지위를 거치지 않고도 군주에게 知遇를 받으며 성인은 공적을 드러내지 않도고 군주에게 접견을 받는다.'라고 하였습니다. 지금 陽城과 胥渠는

今은 韓子에 譌令이어늘 今據盧文弨顧廣圻校正하노라

'今'은 ≪韓非子≫에는 '令'으로 잘못 되어 있는데, 지금 盧文弨와 顧廣圻의 설에 의거하여 교정한다.

14) 節 : 장수의 병권을 상징하는 手旗이다.

明將也로되 **而措於屯伯**하며

明將인데도 하급 무관 자리에 머물러 있으며,

屯은 **韓子**에 **譌毛**어늘 **今據顧校正**하노라 **下同**이라

'屯'은 ≪韓非子≫에는 '毛'로 잘못 되어 있는데 지금 顧廣圻의 교감에 의거하여 바로잡는다. 아래도 같다.

公孫亶回는 **聖相也**로되 **而關於州部**는 **何哉**오한대 **田鳩曰 此無他故異物**이니 **主有度上有術之故也**라 **且足下獨不聞楚將宋觚而失其政**하고 **魏相馮離而亡其國**고 **二君者**는 **驅於聲詞**하며 **眩乎辯說**하여 **不試於屯伯**하며 **不關乎州部**라 **故有失政亡國之患**하니라 **由是觀之**컨대 **夫無屯伯之試**와 **州部之關**이면 **豈明主之備哉**아하다

公孫亶回는 명철하고 유능한 재상인데도 州部의 관직에 머물러둔 것은 어째서입니까?"라고 하니, 전구가 말하기를 "이는 다른 까닭이나 다른 일이 없으니, 군자에게 법도가 있고 술책이 있기 때문이다. 또 족하는 楚나라가 宋觚를 장수로 삼았다가 정사를 그르쳤고 魏나라가 馮離를 재상으로 삼았다가 나라를 잃었다는 것을 유독 듣지 못했는가. 이 두 군주는 듣기 좋은 말에 마음이 끌리고 변설에 마음이 현혹되어서 낮은 관직에 두어 시험해보지 않고 州部의 관직에 머물러두지 않았기 때문이다. 그래서 정사를 그르치고 나라를 잃는 환난이 있었던 것이다. 이로써 보건대 낮은 관직에서 재능을 시험하고 州部의 관직에 머물러두는 것이 없다면 어찌 밝은 군주의 대비책이겠는가."라고 하였다.

韓非子問田篇이라

≪韓非子≫ 〈問田〉에 나온다.

楚王謂田鳩曰 墨子者는 **顯學也**라 **其身體則可**커니와 **其言多而不辯**은 **何也**오 **曰 昔**에 **秦伯嫁其女於晉公子**할새 **令晉爲之飾裝**하고

초왕이 田鳩에게 말하기를 "墨子는 세상에 크게 드러난 학자이다. 자신이 몸소 실천하는 것은 옳지만 말은 많되 유창하지 않은 것은 어째서인가?"라고 하니, 아

되기를 "옛날 秦伯이 딸을 晉나라 公子에게 시집보낼 때 晉나라로 하여금 딸을 치장해주도록 하고

晉은 疑魯之譌라

'晉'은 아마도 魯의 오자일 듯하다.

從文衣之媵七十人이러니 **至晉**에 **晉人愛其妾而賤公女**하니 **此可謂善嫁妾**이언정 **而未可謂善嫁女也**라 **楚人有賣其珠於鄭者**어늘 **爲木蘭之櫃**하여 **薰(以)桂椒〔之櫝〕**하고[15] **綴以珠玉**하며 **飾以玫瑰**하고 **輯以羽翠**라 **鄭人買其櫝而還其珠**하니 **此可謂善賣櫝矣**언정 **未可謂善鬻珠也**라 **今世之談也**는 **皆道辯說文辭之言**이어늘 **人主覽其文而忘其用**이라

화려한 옷을 입은 媵妾 70명을 딸려 보냈는데, 晉나라에 이르자 晉나라 사람이 잉첩만 좋아하고 公女는 천시하였으니, 이는 잉첩을 잘 시집보냈다고 할 수 있을지언정 딸을 잘 시집보냈다고 할 수는 없습니다.

楚나라 사람으로서 鄭나라에 가서 진주를 판 이가 있었는데, 木蘭으로 상자를 만들어서 계수와 산초 향기를 쏘이고 珠玉을 매달았으며 좋은 옥돌로 장식하고 비취새 깃털을 묶어 달았습니다. 정나라 사람이 그 상자만 사고 그 진주는 돌려주었으니, 이는 상자를 잘 팔았다고 할 수 있을지언정 진주를 잘 팔았다고 할 수는 없습니다. 오늘날 세상의 談說들은 모두 꾸며대는 變說과 文辭를 말하는 것인데도 군주는 그 꾸며대는 말만 보고 실제 쓸모가 있는지는 잊습니다.

其는 韓子에 作有어늘 今以意改하노라

'其'는 ≪韓非子≫에는 '有'로 되어 있는데, 지금 글 뜻으로 판단하여 고쳤다.

墨子之說은 **傳先王之道**하고 **論聖人之言**하여 **以宣告人**하니 **若辯其辭**면 **則恐人懷其文忘其用**하노니

15) 薰〔以〕桂椒(之櫝) : ≪藝文類聚≫ 권84, ≪太平御覽≫ 권713·권803·권828, ≪初學記≫ 권27에 인용된 이 대목에 '薰以桂椒'로 되어 있는 것이 문리에 맞기에 이에 의거하여 교정하였다.

墨子의 말은 先王의 도를 전하고 성인의 말씀을 논하여 사람들에게 일러주어 알게 하는 것입니다. 따라서 만약 말재주를 잘 부린다면 사람들이 그 꾸민 것만 생각하고 실제 쓸모는 잊어버릴까 염려되니,

此字는 **韓子無**어늘 **據顧校增**하노라

'此'자는 ≪韓非子≫에는 없는데 顧廣圻의 교감에 의거하여 增補한다.

直以文害用也라 **此與楚人鬻珠**와 **秦伯嫁女**로 **同類**라 **故其言多不辯**이라하다

단지 꾸밈을 가지고 실제 쓸모를 해치는 것입니다. 이는 초나라 사람이 진주를 팔고 秦伯이 딸을 시집 보낸 것과 같은 부류입니다. 그러므로 그 말은 많이 하되 유창하지 않았던 것입니다."라고 하였다.

韓非子外儲說左上篇이라

≪韓非子≫ 〈外儲說 左上〉에 나온다.

箸書三篇이라

저서는 3권이다.

漢書藝文志墨家田俅子三篇의 **本注云 先韓子**라하니 **蓋班固亦謂卽田鳩也**라

≪漢書≫ 〈藝文志〉 墨家에 "≪田俅子≫ 3권"이라 했는데, 本注에 "韓非子보다 앞 시대 사람이다."라 하였으니, 대개 반고도 〈전구자가〉 곧 田鳩라고 본 것이다.

相里子는

相里子는

韓非子顯學篇과 **元和姓纂**이라

≪韓非子≫ 〈顯學〉과 ≪元和姓纂≫에 나온다.

名勤이니

이름은 勤이니

莊子天下篇釋文에 引司馬彪云 墨師也니 姓相里名勤이라하고 姓纂에 云 晉大夫里克이 爲惠公所滅일새 克妻司成氏攜少子李連하여 逃居相城하여 因爲相里氏러라 李連玄孫 相里勤이 見莊子라하다 案 此疑唐時譜諜家之妄說이니 恐不足據라

《莊子》 〈天下〉에 대한 《經典釋文》에 司馬彪가 "墨家 스승이니, 姓은 相里이고 이름은 勤이다."라고 한 설을 인용하였고, 《元和姓纂》에는 "晉나라 大夫 里克이 惠公에 의해 멸망되자 이극의 아내 司成氏가 어린 아들 李連을 데리고 相城으로 도망가서 살게 됨으로써 相里氏가 되었다. 이련의 현손 相里勤이 《莊子》에 보인다."라고 하였다.

案 : 이는 아마 唐나라 때 譜諜家의 妄說인 듯하니, 근거할 게 못 된다.

南方之墨師也라

남방의 묵가 스승이다.

成玄英莊子疏라

成玄英의 《莊子疏》에 나온다.

爲三墨[16]之一이요

三墨의 한 사람이고,

韓非子顯學篇이라

《韓非子》 〈顯學〉에 나온다.

箸書七篇이라

저서는 7권이다.

姓纂에 引韓子云 相里子는 古賢也니 箸書七篇이라하다 案 韓子에 無此文하고 漢書藝文志墨家亦無相里子書라 姑存以備攷하노라

《元和姓纂》에 《韓非子》를 인용한 대목에 "相里子는 옛날의 현인으로, 저술이 7권

16) 三墨 : 墨子 사후에 나누어진 墨家의 三派로 宋鈃과 尹文, 相里勤과 五侯子, 苦獲已齒와 鄧陵子가 각각 한 파를 이루었다.

이다."라 하였다.

案 : ≪한비자≫에는 이 대목이 없고, ≪漢書≫ 〈藝文志〉 墨家에도 相里子의 저서는 없다. 우선 이대로 기록해두어 考覽에 대비한다.

相夫氏는

相夫氏는

韓非子顯學篇이라 元和姓纂二十陌에 有伯夫氏한대 引韓子云 伯夫氏는 墨家流也라하니 則唐本에 相은 或作伯하고 或當作柏이라하니 與相形近이라

≪韓非子≫ 〈顯學〉에 나온다. ≪元和姓纂≫ 〈二十陌〉에 '伯夫氏'가 있는데, ≪한비자≫를 인용하여 "伯夫氏는 墨家流이다."라 하였는데, 唐本에 '相'이 어떤 곳에는 伯으로 되어 있고, 어떤 곳에는 "柏이 되어야 한다."라고 하였으니, '相'과 글자 모양이 비슷하기 때문이다.

亦三墨之一이라

또한 삼묵 중 한 사람이다.

鄧陵子는 南方之墨者라 誦墨經하니

鄧陵子는 남방의 墨者로 ≪墨經≫을 독송하였으니,

莊子天下篇이라 案 姓纂云 楚公子食邑鄧陵일새 因氏焉이라하니 據此면 則鄧陵子는 蓋楚人이라

≪莊子≫ 〈天下〉에 나온다.

案 : ≪元和姓纂≫에 "楚나라 公子의 식읍이 鄧陵인지라 인하여 氏를 삼았다."라 하였으니, 이에 의거하면 鄧陵子는 아마 초나라 사람일 것이다.

亦三墨之一이라

또한 三墨 중 한 사람이다.

韓非子顯學篇이라

≪韓非子≫ 〈顯學〉에 나온다.

有箸書라

저서가 있다.

姓纂에 **云 鄧陵子箸書**는 **見韓子**라하다 **案 韓子**에 **亦無此文**이라

≪元和姓纂≫에 "鄧陵子의 저서는 ≪한비자≫에 보인다."라 하였다.

案 : ≪한비자≫에 역시 이 대목은 없다.

韓非子顯學篇에 **云 自墨子之死也**로 **有相里氏之墨**하며 **有相夫氏之墨**하며 **有鄧陵氏之墨**하여 **墨離爲三**이라하다

≪韓非子≫ 〈顯學〉에 "묵자의 사후에 相里氏의 墨家가 있고 相夫氏의 묵가가 있고 鄧陵氏의 묵가가 있어 묵가가 나뉘어 세 학파가 되었다."라 하였다.

苦獲은 **南方墨者**라

苦獲은 남방의 墨者이다.

莊子天下篇이라

≪莊子≫ 〈天下〉에 나온다.

己齒는 **南方墨者**라

己齒는 남방의 墨者이다.

莊子天下篇釋文에 **引李頤云 苦獲己齒**는 **二人姓字也**라하다 **案 姓字**는 **當作姓名**이니 **疑竝楚人**이라

≪莊子≫ 〈天下〉에 대한 ≪經典釋文≫에 李頤의 "苦獲과 己齒는 두 사람의 姓字이다."라 한 설을 인용하였다.

案 : '姓字'는 응당 姓名이 되어야 하니, 아마도 모두 楚나라 사람일 듯하다.

相里氏의 제자 相里氏弟子

五侯子는

五侯子는

莊子天下篇과 **陶潛集聖賢群輔錄**이라 **案 五侯**는 **蓋姓五**니 **五與伍同**이라 **古書伍子胥**에 **姓多作五**하니 **非五人也**라

≪莊子≫ 〈天下〉와 ≪陶潛集≫ 〈聖賢群輔錄〉에 나온다.

案 : 五侯는 아마도 성이 五일 것이니, 五는 伍와 같다. 古書에 伍子胥의 성이 五로 되어 있는 곳이 많으니, 伍는 五人이 아니다.

相里勤弟子이니 **與南方之墨者苦獲已齒鄧陵子之屬**으로 **俱誦墨經**하되 **而倍譎不同**하여 **相謂別墨**하다

相里勤의 제자로 남방의 墨者인 苦獲·已齒·鄧陵子 같은 이들과 함께 ≪墨經≫을 독송하였으나 견해가 어긋나고 맞지 않아서 서로 상대편을 別墨(墨家의 別派)이라 하였다.

莊子天下篇이라

≪莊子≫ 〈天下〉에 나온다.

案 墨經은 **卽墨辯**이니 **今書經說四篇及大取小取二篇**이니 **蓋卽相里子鄧陵子之倫所傳誦而論說者也**라

案 : ≪墨經≫은 바로 ≪墨辯≫으로, 〈經〉과 〈經說〉 4편 및 〈大取〉, 〈小取〉 2편이니, 대개 相里子, 鄧陵子의 무리들이 傳誦하면서 論說한 것들이다.

又案 陶潛集聖賢群輔錄末에 **附載三墨**하여 **云 不累於俗**하며 **不飾於物**하며 **不尊於名**하며

又案 : ≪陶潛集≫ 〈聖賢群輔錄≫ 말미에 三墨을 부록으로 싣고 이르기를 "세상의 일에 얽매이지 않고 사물 때문을 자신을 꾸미지 않고 자신의 이름을 높이

지 않고

莊子天下篇에 作不苟於人이라

≪莊子≫ 〈天下〉에는 '不苟於人(남에게 구차히 행동하지 않고)'으로 되어 있다.

不忮於衆은 此宋銒尹文之墨이요

남들을 해치지 않는 것은 宋銒·尹文의 墨家요,

銒은 當從莊子作鈃이니 卽孟子之宋牼也라

'銒'은 응당 ≪莊子≫를 따라 '鈃'이 되어야 하니, 곧 ≪孟子≫에 나오는 宋牼이다.

裘褐爲衣하며 跂蹻爲服하고 日夜不休하여 以自苦爲極者는 相里勤五侯子之墨이요 俱誦墨經而背譎不同하여 相爲別墨하여 以堅白[17]은

거친 천으로 옷을 지어 입고 나막신이나 짚신을 신고 밤낮으로 쉬지 않고 일하여 자신을 수고롭게 하는 것을 지극한 법칙으로 삼는 것은 相里勤·五侯子의 묵가요, 다 같이 ≪묵경≫을 독송하지만 견해가 맞지 않고 어긋나 서로 상대편을 別墨이라 하여 궤변으로 논쟁하는 것은

此亦本莊子나 而文義未全하니 豈僞託者失其句讀(두)어나 抑傳寫有脫誤邪(야)아

이 대목도 본래 ≪莊子≫에서 인용한 것인데 글뜻이 미비하니, 어쩌면 거짓으로 가탁한 자가 句讀를 잘못 보았거나 아니면 傳寫 과정에 오탈이 있는 것이 아닐까.

此苦獲己齒鄧陵子之墨이라하니 此別據莊子天下篇爲三墨이니 與韓非書로 殊異라

이는 苦獲·己齒·鄧陵子의 묵가이다."라 하였다. 이는 따로 ≪莊子≫ 〈天下〉에 의거하여 三墨을 삼았으니, ≪韓非子≫와는 매우 다르다.

北齊陽休之所編陶集에 卽有此條라 宋本陶集宋庠後記에 云 八儒三墨[18]二條는 此

17) 堅白 : 전국시대 趙나라 公孫龍이 주장한 堅白同異의 준말로 궤변을 뜻한다. 공손룡이 "돌은 하나인 것 같지만 돌의 단단한 성질과 돌의 흰 빛깔은 각각 다른 돌이다."라고 주장한 데서 왔다.(≪孔叢子≫ 卷中 〈公孫龍〉 第12)

似後人妄加니 非陶公本意라하다

北齊 陽休之가 편찬한 ≪陶潛集≫에 곧 이 조목이 있다. 宋本 ≪도잠집≫의 宋庠의 〈後記〉에 "八儒·三墨 두 조목은 아마도 후인이 망령되게 추가한 것이지 陶淵明의 본의가 아닐 것이다."라 하였다.

攷莊子컨대 本以宋銒尹文으로 別爲一家하고 不云亦爲墨氏之學이요 以所擧二人學術大略攷之컨대 其崇儉非鬥는 雖與墨氏相近이나

≪莊子≫를 고찰해보건대 본래 宋銒과 尹文을 따로 一家로 삼았고 이 또한 墨氏의 학문을 하였다고 하지 않았으며, ≪장자≫에서 들어서 말한 이 두 사람의 학술의 대략을 가지고 고찰해보면 그 검소함을 숭상하고 다툼을 옳지 않다고 주장한 것은 비록 墨氏와 서로 비슷하나

荀子非十二子篇以墨翟宋銒竝偁하다

≪荀子≫ 〈非十二子〉에 墨翟과 宋銒을 병칭하였다.

而師承實迥異어늘 乃强以充三墨之數하고 而韓非所云相夫氏之墨者를 反置不取하니 不知果何據也라 宋銒書는 漢書藝文志에 在小說家하고 云黃老意라하고 尹文書는 在名家라 今具存하니 其大道上篇에 云 大道治者는 則名法儒墨自廢라하고 又云 是道治者를 謂之善人이요 藉名法儒墨者를 謂之不善人이라하니 則二人皆不治墨氏之術이 有明證矣라

師承이 실로 현저히 다르다. 그런데도 억지로 三墨의 숫자 안에 채워넣고 ≪韓非子≫에 말한 相夫氏의 묵가는 도리어 제쳐두고 취하지 않았으니, 과연 어디에 근거했는지 모르겠다. 宋銒의 저서는 ≪漢書≫ 〈藝文志〉에 小說家에 들어있고 "黃老(黃帝와 老子)의 意思가 있다."라고 하였으며, 尹文의 저서는 名家에 들어있다. 지금 이 저서들이 다 남아 있다. 그중 ≪尹文子〉 〈大道 上〉에 "大道로 다스리는 경우는 名家·法家·儒家·墨家가 절로 폐기된다."라 하였고, 또 "이 道로 다

---

18) 八儒三墨 : ≪陶潛集≫ 〈聖賢群輔錄〉에 나오는 말로, 儒家의 여덟 학자와 墨家의 세 학파를 말한다. 팔유는 子思氏·子張氏·顔氏·孟氏·漆雕氏·仲梁氏·樂正氏·公孫氏를 말하며, 삼묵의 대표적인 학자는 각각 宋鈃과 尹文, 相里勤과 五侯子, 苦獲·已齒와 鄧陵子이다.

스리는 이를 善한 사람이라 하고 명가·법가·유가·묵가를 빙자하는 이를 不善한 사람이라 한다."라 하였으니, 이 두 사람이 다 墨氏의 학술을 전공하지 않았다는 것은 분명한 증거가 있다.

近兪正燮[19)]癸巳類稿墨學論에 **亦以宋牼爲墨徒**하니 **誤與群輔錄同**이라

근래 兪正燮의 《癸巳類稿》〈墨學論〉에도 宋牼을 묵가에 속하는 사람이라고 하였으니, 잘못이 〈성현군보록〉과 같다.

群輔錄本依託하니 **不出淵明**이요 **而此條尤疏謬**라 **今不據補錄**하노라

〈성현군보록〉은 본래 가탁한 僞作이니 도연명의 글이 아니고, 이 조목은 특히 엉터리이다. 따라서 이를 근거하여 보충해 수록하지 않는다.

我子는 **六國時人**이니

我子는 六國시대 사람이니,

元和姓纂引風俗通[20)]이라

《元和姓纂》에서 《風俗通》을 인용한 곳에 나온다.

爲墨子之學하고 **箸書二篇**이라

墨子의 학술을 전공하였고, 저서가 2권이다.

漢藝文志顔注引劉向別錄이라

《漢書》〈藝文志〉顔師古의 注에서 劉向의 《別錄》을 인용한 곳에 나온다.

纏子는

纏子는

---

19) 兪正燮 : 1775~1840. 淸代의 학자로, 자는 理初이고 安徽省 黃山 黟縣 사람이다. 저서로 《癸巳類稿》, 《癸巳存稿》, 《說文部緯校補》, 《海國紀聞》 등이 있다.

20) 風俗通 : 後漢 때 학자 應劭(153~196)의 저술로, 《風俗通義》라고도 한다. 皇霸, 正失, 愆禮, 過譽, 十反, 聲音, 窮通, 祀典, 怪神, 山澤으로 조목을 나누어 기술하였다. 내용은 대개 세상 사람들이 잘못 알고 전하는 사실을 고증하여 바로잡은 것이다.

廣韻二仙에 云 纆은 又姓이니 漢書藝文志有纆子著書라하다 案 漢志無纆子하니 此誤라

≪廣韻≫ 제2 '仙'에 "纆은 또 姓이기도 하다. ≪漢書≫ 〈藝文志〉에 纆子의 저서가 있다."라고 하였다.

案 : ≪한서≫ 〈예문지〉에는 纆子가 없으니, 이는 착오이다.

修墨子之業하여 以敎於世라 儒有董無心者하니 其言修而謬하고 其行篤而庸이라 欲事纏子한대 纏子曰 文言華世하여 不中利民하고 傾危繳繞之辭는 竝不爲墨子所修요 勸善兼愛는 則墨子重之라하다

묵자의 학술을 공부하여 세상에 가르쳤다. 儒者 중에 董無心이란 이가 있었는데 그 말은 세련되었으나 오류가 많고 그 행실은 독실하나 용렬하였다. 그가 纏子를 스승으로 섬기고자 했는데, 전자가 말하기를 "말을 꾸며서 세상을 그럴 듯하게 빛내기만 할 뿐 백성을 이롭게 하는 데에 맞지 않고 간특하고 음험하며 복잡하고 불분명한 언사는 모두 묵자가 행하신 바가 아니고, 善을 권면하고 兼愛하는 것은 묵자가 중시하셨다."라고 하였다.

意林[21]引纏子라

≪意林≫에서 ≪纏子≫를 인용한 곳에 나온다.

纏子與董無心으로 相見講道할새 纏子稱墨家佑鬼神하여 引秦穆公有明德이어늘 上帝賜之十九年한대 董子難以堯舜不賜年하고 桀紂不夭死하다

전자가 동무심과 만나서 학술을 토론했는데 전자가 墨家를 일컬으면서 귀신이 있다는 설을 옹호하여 秦 穆公은 明德이 있었기에 상제가 수명 19년을 더 내려주었다는 대목을 인용하자 董子(동무심)가 堯舜에게는 나이를 더 내려주지 않았으며 桀紂는 일찍 죽지 않았다는 것으로 반박하였다.

論衡[22]福虛篇이라

21) 意林 : 唐 穆宗 때 학자 馬總의 저술이다.
22) 論衡 : 後漢 王充의 저술로 30권 85편이다. 합리적 실증주의와 유물적 자연관에 입각한 저술로 평가되며, 고대 孔子・孟子・荀子・墨子・道家・陰陽家 등 先秦 사상 및 漢代의 道

≪論衡≫ 〈福虛〉에 나온다.

箸書一卷이라

저서는 1권이다.

意林이라

≪의림≫에 나온다.

묵자의 鉅子 墨家鉅子

莊子天下篇說墨하여 云 以巨子爲聖人하여 皆願爲之尸하여 冀得爲其後世라한대 郭象注에 云 巨子는 最能辯其所是하여 以成其行이라한대 釋文에 巨는 向(상)秀崔譔本에 作鉅라 向云 墨家號其道理成者爲鉅子하니 若儒家之碩儒라하다 呂氏春秋上德篇에 云 墨者以爲不聽鉅子不察이라하고 又有墨者鉅子孟勝田襄子腹䵍三人이어늘 高誘以鉅子爲人姓名하니 非也라 以莊呂二子所言推之컨대 墨家鉅子는 蓋若後世儒家大師가 開門授徒하여 遠有端緖하니 非學行純卓者면 固不足以當之矣라

≪莊子≫ 〈天下〉에 墨家에 대해 말하기를 "巨子를 聖人이라 하여 다들 그를 모시는 주인이 되기를 원하여 그의 후계자가 되기를 바란다."라고 하였는데, 郭象의 注에 "巨子는 자기가 옳다고 여기는 바를 가장 유창하게 잘 말하여 자기가 행하는 바를 이룬다."라고 했는데, ≪經典釋文≫에 "巨는 向秀와 崔譔의 本에는 '鉅'로 되어 있다. 상수는 '묵가에서 도리가 이루어진 이를 鉅子라 부르니, 儒家의 碩儒과 같다.'라고 하였다."라고 하였다. ≪呂氏春秋≫ 〈上德〉에 "墨者들은 鉅子의 명령을 듣지 않으면 불찰이라고 여긴다."라 하였고, 또 〈상덕〉에 墨者의 거자 孟勝·田襄子·腹䵍 3인이 있는데 高誘는 '鉅子'를 사람의 성명이라 하였으니, 맞지 않다. 莊子와 呂氏(여불위) 두 사람이 말한 바로 미루어보면 묵가의 거자는 대개 후세 儒家

敎·讖緯 등을 비판하였다.

의 大師로서 講席을 열어 문도를 가르쳐 그 단서가 멀리 있는 것과 같으니, 學行이 純厚하고 탁월한 이가 아니면 해당될 수 없다.

孟勝은 爲墨者鉅子니 善荊之陽城君이라

孟勝은 묵자의 거자인데 荊(楚)나라의 陽城君과 친하였다.

高注云 鉅子孟勝二人은 學墨道者也라하니 非是라

高誘의 注에 "鉅子와 孟勝 두 사람은 묵자의 도를 배운 자들이다."라 하였으니, 맞지 않다.

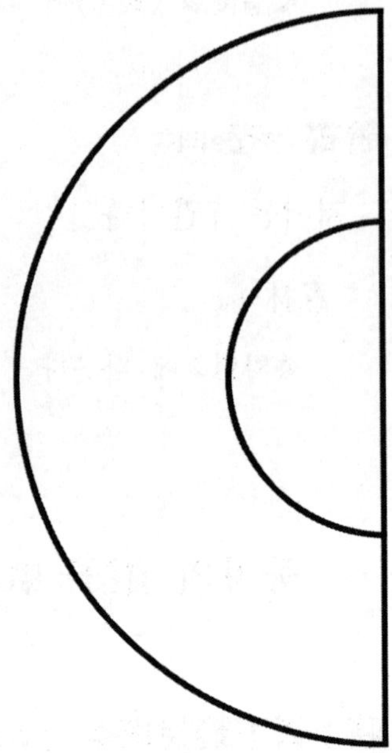
璜

陽城君이 令守於國할새 毁璜以爲符하여 約曰 符合이면 聽之니라하더니 荊王薨에

陽城君이 그로 하여금 나라를 지키게 하면서 璜[23]을 훼손하여 符節을 만들어서 약속하기를 "부절이 합치하면 그 말을 들으라."라고 하였다.

荊王(楚王)이 薨逝하자

案卽悼王이라

案 : 바로 悼王이다.

群臣이 攻吳起兵於喪所할새 陽城君與焉이라 荊罪之한대 陽城君走어늘 荊收其國이라 孟勝曰 受人之國에 與之有符어늘 今不見符하고 而力不能禁하니 不能死면 不可라하다 其弟子徐弱이 諫孟勝曰 死而有益陽城君이면 死之可矣어니와 無益也요 而絶墨者於世하니 不可라한대 孟勝曰 不然하다 吾於陽城君也에 非師則友也요 非友則臣也니 不死면 自今以來로 求嚴師를 必不於墨者矣요 求賢友를 必不於墨者矣요 求良臣을 必

23) 璜 : 옥으로 만든 기물로 모양은 반원형이다. 고대에 朝聘·祭祀·喪葬에 사용하던 禮器이다. 패옥의 아래쪽에 매달아 장식으로 사용하기도 하였다.(≪周禮≫ 〈春官 大宗伯〉) 佩玉의 위쪽에 가로로 된 흰 玉을 珩이라고 하고 아래에 달려 있는 玉을 璜이라고 한다.

不於墨者矣라 死之는 所以行墨者之義하고 而繼其業者也라 我將屬鉅子於宋之田襄子하리니 田襄子는 賢者也라 何患墨者之絶世也리오하여늘 徐弱曰 若夫子之言인댄 弱請先死以除路호리이다하고 還歿頭前於孟勝이라 因使二人으로 傳鉅子於田襄子하다

群臣이 喪所에서 吳起의 군사를 공격할 적에 陽城君은 오기의 군사에 참여하였다. 荊나라에서 罪를 주자 陽城君이 도주하거늘 형나라가 그의 나라를 거두었다. 맹승이 말하기를 "남의 나라를 받을 때 나에게 부절을 주었거늘 지금 부절을 보지 못하였고 힘도 적을 막지 못하니, 죽지 않해서는 안 된다."라고 하였다.

그의 제자 徐弱이 맹승에게 諫하기를 "죽어서 양성군에게 이익이 있으면 죽는 것이 좋지만 이익은 없고 세상에서 墨者의 명맥을 끊을 것이니, 안 됩니다."라 했는데, 맹승이 말하기를 "그렇지 않다. 나는 양성군에 있어서 스승이 아니면 벗이요 벗이 아니면 신하이니, 죽지 않으면 지금 이후로 사람들은 존경하는 스승을 구할 때 반드시 墨者에서 찾지 않을 것이요 현명한 벗을 구할 때 반드시 묵자에서 찾을 않을 것이요 좋은 신하를 구할 때 반드시 묵자에서 찾지 않을 것이다. 죽는 것은 묵자의 의리를 행하고 그 일을 계승하는 바이다. 나는 장차 거자의 지위를 宋나라의 田襄子에게게 맡기겠다. 전양자는 어진 이이니, 묵자의 代가 끊어질까 걱정할 게 있겠느냐."라고 하자, 서약이 말하기를 "선생의 말과 같다면, 제가 먼저 죽음으로써 앞길을 치워드리겠습니다."라고 하고 다시 맹승의 앞에서 머리를 잘라 자결하였다. 맹승이 이에 두 사람을 시켜서 거자의 지위를 전양자에게 전하였다.

高注에 云 二人은 孟勝之弟子也라하다

高誘의 注에 "두 사람은 맹승의 제자들이다."라 하였다.

孟勝死에 弟子死之者八十三人이라 二人이

맹승이 죽자 그를 위해 죽은 제자가 83인이었다. 두 사람이

舊本無此二字러니 畢校補라

舊本에는 '二人' 두 글자가 없었는데, 畢沅이 교감하여 보충하였다.

以致令於田襄子하고 **欲反死孟勝於荊**한대 **田襄子止之曰 孟子已傳鉅子於我矣**라하되 **不聽**하고

전양자에게 맹승의 명령을 전하고 荊으로 돌아가 맹승을 위해 죽고자 했는데, 전양자가 그만두게 하면서 말하기를 "孟子(맹승)가 이미 나에게 鉅子의 지위를 전하였다."라고 하였으나 두 사람은 듣지 않았다.

不은 舊本에 譌當이러니 畢校正이라

'不'은 舊本에는 '當'으로 잘못 되어 있다. 필원이 교감하여 바로잡았다.

遂反死之하다

마침내 돌아가 전양자를 위해 죽었다.

呂氏春秋上德篇이라

≪呂氏春秋≫ 〈上德〉에 나온다.

案 吳起之死는 **在周安王二十一年**이라 **時**에 **墨子當尙在**니

案 : 吳起가 죽은 것은 周 安王 21년에 있었다. 이때에는 墨子가 아직 생존해 있었을 것이니,

詳親士篇이라

〈親士〉에 상세히 보인다.

則孟勝田襄子가 **或親受業於墨子**를 **亦未可知**라 **其爲鉅子**는 **豈卽墨子所命**하여 **爲南方墨者之大師者邪**(야)아 **孟勝之死也**에 **必屬鉅子於田襄子**하여 **明以傳學爲重**하니 **亦若儒家之有師承宗派**와 **佛氏之有傳授衣鉢矣**라

그렇다면 孟勝·田襄子가 혹 墨子에게 직접 배웠는지도 알 수 없다. 그들이 鉅子가 된 것은 어쩌면 묵자가 명하여 남방 墨者의 大師가 되게 한 것은 아닐까. 맹승이 죽었을 때 반드시 鉅子 지위를 전양자에게 맡겨 분명하게 학문을 전승하는 것을 중시하였으니, 이는 또한 儒家에 師承의 宗派가 있는 것, 佛家에서 衣鉢을 전수하는 것과 같다.

田襄子는 宋之賢者라 孟勝死荊陽城君之難할새 使弟子二人하여 屬鉅子於田襄子하다

田襄子는 宋나라의 賢者이다. 孟勝이 荊나라 陽城君의 難에 죽을 때 제자 두 사람을 보내 전양자에게 거자의 지위를 맡겼다.

呂氏春秋上德篇이라 案 田襄子는 言行無攷라 說苑尊賢篇에 有衛君問田讓語하니 疑卽田襄子라 附識(지)以備攷하노라

≪呂氏春秋≫ 〈上德〉에 나온다.

案 : 田襄子는 언행을 고찰할 길이 없다. ≪說苑≫ 〈尊賢〉에 衛君이 田讓에게 물은 말이 있으니, 아마도 전양이 바로 전양자일 듯하다. 첨부해 기록해두어 考覽에 대비한다.

腹䵍은 爲墨者鉅子라 居秦할새 其子殺人이러니 秦惠王曰 先生之年長矣요 非有它子也하니 寡人已令吏弗誅矣라 先生之以此聽寡人也라한대 腹䵍對曰 墨者之法은 殺人者死요 傷人者刑이니 此所以禁殺傷人也라 夫禁殺傷人者는 天下之大義也라 王雖爲之賜而令吏弗誅나 腹䵍不可不行墨子之法이라하고 不許惠王而遂殺之하다 呂不韋曰 子는 人之所私也어늘 忍所私以行大義하니 鉅子는 可謂公矣로다하다

腹䵍은 墨者의 鉅子이다. 秦나라에 살 때 그의 아들이 사람을 죽였다. 秦 惠王이 말하기를 "선생은 연세가 많고 다른 아들이 없으니, 과인이 이미 관리로 하여금 誅罰하지 않도록 하였소. 선생은 이런 이유로 과인의 말을 들으시오."라 하였는데, 복돈이 대답하기를 "墨者의 법은 사람을 죽인 자는 죽이고 사람을 상해한 자는 형벌을 주게 되어 있으니, 이는 사람을 죽이거나 상해하는 것을 금지하기 위한 것입니다. 대저 사람을 죽이거나 상해하는 것을 금지하는 것은 천하의 大義입니다. 왕께서 비록 은덕을 내려 관리로 하여금 주벌하지 않게 할지라도 저 복돈은 묵자의 법을 시행하지 않을 수 없습니다."라 하고는 혜왕의 말을 듣지 않고 마침내 아들을 죽였다.

呂不韋는 말하기를 "아들은 사람들이 사사로이 사랑하는 바이거늘 사사로이 사랑하는 바를 참고서 대의를 행하였으니, 鉅子는 공정하다 할 만하도다."라 하였다.

呂氏春秋去私篇高注에 云 鉅는 姓이요 子는 通稱이요 腹䵍은 字也라하다 畢沅云 鉅子는 猶鉅儒鉅公之稱이요 腹은 乃其姓耳라하다 案 畢說이 是也라

≪呂氏春秋≫〈去私〉高誘의 注에 "鉅는 姓이고, 子는 通稱이고, 腹䵍은 자이다."라 하였다.

畢沅 : '鉅子'는 鉅儒・鉅公과 같은 호칭이고, '腹'은 곧 그의 姓이다.

案 : 필원의 설이 맞다.

孟勝의 제자 孟勝弟子

徐弱은 孟勝弟子니 與孟勝으로 同死楚陽城君之難하다

徐弱은 맹승의 제자인데, 맹승과 함께 楚나라 陽城君의 難에 죽었다.

見前이라

앞에 보인다.

墨氏 雜家 墨氏雜家

凡治墨術이나 而無從攷其學業優劣及傳授端緖者라

무릇 墨家의 학술을 공부하였으나 그 학업의 우열 및 傳受의 단서를 고찰할 수 없는 경우이다.

夷之는 治墨家之道者라

夷之는 墨家의 道를 공부한 사람이다.

孟子滕文公上篇趙注라

≪孟子≫〈滕文公 上〉趙岐의 注에 나온다.

因徐辟而求見孟子한대 孟子曰 吾固願見이러니 今吾尙病이라 病愈어든 我且往見호리니 夷子는 不來니라하다 他日에 又求見孟子한대 孟子曰 吾今則可以見矣어니와 不直則道不見(현)하나니 我且直之호리라 吾聞夷子는 墨者라하니 墨之治喪也는 以薄爲其道也라 夷子는 思以易天下하나니 豈以爲非是而不貴也리오 然而夷子葬其親厚하니 則是以所賤事親也로다하여늘 徐子以告夷子한대 夷子曰 儒者之道에 古之人이 若保赤子라하니 此言은 何謂也오 之則以爲愛無差等이요 施由親始라하다 徐子以告孟子한대 孟子曰 夫夷子는 信以爲人之親其兄之子가 爲若親其隣之赤子乎아 彼有取爾也니 赤子匍匐將入井이 非赤子之罪也라 且天之生物也는 使之一本이어늘 而夷子는 二本故也로다 蓋上世에 嘗有不葬其親者러니 其親死則擧而委之於壑하고 他日過之할새 狐狸食之하며 蠅蚋姑嘬之어늘 其顙有泚하여 睨而不視하니 夫泚也는 非爲人泚라 中心이 達於面目이니 蓋歸하여 反虆梩而掩之하니 掩之誠是也면 則孝子仁人之掩其親이 亦必有道矣리라하여늘 徐子以告夷子한대 夷子憮然하여 爲閒(간)하고 曰 命之矣샷다하다

〈墨者인 夷之가〉 徐辟을 통하여 맹자를 만나기를 요구하였는데, 맹자가 말하기를 "내가 진실로 만나기를 원하였지만 지금은 아직 내가 병중에 있으니, 병이 낫거든 내 장차 가서 만나볼 것이다. 이자는 올 것이 없다."라고 하였다. 뒷날에 또 다시 맹자를 만나기를 요구하자 맹자가 말하기를 "내 지금에는 만나볼 수 있지만 서로 할 말을 다하지 못하면 道가 드러나지 못하는 법이니, 내 우선 할 말을 다하겠다. 내 듣건대 이자는 墨者라 하는데, 묵자가 喪을 치르는 것은 검소하게 치르는 것을 正道로 삼는다. 이자는 이 도로써 온 천하의 풍속을 바꾸고자 생각하니, 어찌 그 도가 옳지 않다고 여겨서 귀하게 여기지 않겠는가. 그런데도 이자는 자기 어버이를 장사 지내기를 후하게 하였으니, 이는 천하게 여기는 것으로써 어버이를 섬긴 것이다."라고 하였다.

서자가 이 말을 이자에게 전하였는데, 이자가 말하기를 "儒者의 道에 '옛사람이 간난아기를 보호하듯이 한다.'라고 하였으니, 이 말은 무슨 말인가. 나는 사랑에는 차등이 없고, 베풂은 어버이로부터 시작한다고 생각한다."라고 하였다.

서자가 이 말을 맹자에게 전하자 맹자가 말하였다.

"이자는 진실로 사람들이 그 형의 아들을 친애하는 것이 그 이웃집의 갓난아기

를 친애하는 것과 같다고 생각하는가. 저 말은 달리 뜻을 취한 바가 있는 것이니, 갓난아기가 엉금엉금 기어서 장차 우물로 빠져들어 가는 것이 갓난아기의 죄가 아닌 것이다. 또 하늘이 만물을 낼 때 그로 하여금 근본이 하나이게 하였거늘, 이자는 근본이 둘이로다.

대개 상고시대에 일찍이 자기 어버이를 장사 지내지 않은 자가 있었는데, 그 어버이가 죽자, 들어다가 골짜기에 버렸었다. 뒷날 그곳을 지날 때 여우와 삵쾡이가 시신을 파먹으며 파리와 등에가 모여서 시신을 빨아먹거늘, 그의 이마에 땀이 흥건히 젖어서 눈을 흘겨서 보고 차마 똑바로 보지 못하였으니, 땀이 이마에 흥건히 젖은 것은 남들이 보기 때문에 땀에 젖은 것이 아니라, 마음속의 감정이 얼굴에 도달한 것이다. 그는 집으로 돌아와서 삼태기와 들것에 흙을 담아 뒤집어 쏟아서 시신을 엄폐하였으니, 시신을 엄폐하는 것이 진실로 옳다면, 효자와 仁人이 자기 어버이를 엄폐하는 데에도 반드시 도리가 있을 것이다."

서자가 이 말을 이자에게 전하자 이자가 망연자실한 채 있다가 한참 만에 말하기를 "나를 가르쳐주셨다."라고 하였다.

孟子滕文公上篇이라

≪孟子≫ 〈滕文公 上〉에 나온다.

謝子는

謝子는

呂氏春秋去宥篇과 淮南子脩務訓이라 高注에 云 謝는 姓也요 子는 通稱이라하다

≪呂氏春秋≫ 〈去宥〉와 ≪淮南子≫ 〈脩務訓〉에 나온다. 高誘의 注에 "謝는 姓이고, 子는 通稱이다."라고 하였다.

關東人也니 **學墨子之道**하다

關東 사람으로 墨子의 도를 배웠다.

呂覽高注와 說苑雜言篇에 作祁射子라 梁玉繩呂子校補에 云 祁는 乃地名이라 祁屬太原하니 正是關東이라하니 恐未塙이라

≪呂氏春秋≫ 高誘의 注와 ≪說苑≫ 〈雜言〉에는 〈'謝子'가〉 '祁射子'로 되어 있다. 梁玉繩의 ≪呂子校補≫에 "祁는 지명이다. 祁는 太原에 속하니 바로 關東이다."라고 하였는데, 확실하지 않다.

唐姑果는

唐姑果는

淮南子脩務訓에 **作唐姑梁**한대 **高注**에 **云 唐**은 **姓**이요 **名**은 **姑梁**이라하고 **說苑雜言篇**에 **作唐姑**라

≪淮南子≫ 〈脩務訓〉에는 '唐姑梁'으로 되어 있는데 高誘의 注에 "唐은 姓이고 이름은 姑梁이다."라 하였고, ≪說苑≫ 〈雜言〉에는 '唐姑'로 되어 있다.

秦之墨者라

秦나라의 墨者이다.

淮南子高注에 **云 秦大夫**라하니 **疑誤**라

≪淮南子≫ 高誘의 注에 "秦나라 大夫이다."라 하였는데, 착오일 듯하다.

東方墨者謝子가 **將西見秦惠王**이라

동방의 墨者 謝子가 장차 서쪽으로 가서 秦 惠王을 만나보고자 하였다.

淮南子說苑에 **竝云 惠王說**(열)**之**라하다

≪淮南子≫와 ≪說苑≫에 모두 "惠王이 기뻐하였다."라고 하였다.

惠王이 **問唐姑果**한대 **唐姑果**가 **恐王之親謝子賢於已也**라 **對曰 謝子**는 **東方之辯士也**니

惠王이 사자에 대해 唐姑果에게 물었는데, 당고과는 왕이 자기보다 사자를 더 가까이할까 염려하였다. 그래서 대답하기를 "사자는 동방의 辨說을 하는 선비인데

淮南子에 **作山東辯士**라

≪淮南子≫에는 〈'東方之辯士'가〉 '山東辯士(산동의 변설을 하는 선비)'로 되어 있다.

其爲人甚險하여 將奮於說以取少主也라하여늘

그 사람됨이 몹시 음험하여 장차 변설을 잘함으로써 젊은 군주에게 환심을 사려 하는 것입니다."라고 하였다.

淮南子에 作固權說以取少主라

≪淮南子≫에는 '固權說以取少主(진실로 기회를 노려 변설로 젊은 군주의 환심을 사려는 것입니다.)'로 되어 있다.

王因藏怒以待之라 謝子至하여 說(세)王한대 王弗聽이라

왕이 이 말로 인하여 노여움을 감추고서 기다렸다. 사자가 이르러 왕에게 유세했는데 왕이 들어주지 않는지라

淮南子에 云 後日復(부)見한대 逆而弗聽이라하다

≪淮南子≫에는 "뒷날 다시 왕을 만나보았는데 말이 마음에 거슬려 듣지 않았다."라고 하였다.

謝子不說(열)하여 遂辭而行하다

사자가 불쾌하여 마침내 작별하고 떠나갔다.

呂氏春秋去宥篇이라

≪여씨춘추≫ 〈去宥〉에 나온다.

某翟은 鄭人이라 兄緩이 呻吟裘氏之地하여

某翟은 鄭나라 사람이다. 그의 형 緩이 裘氏란 지방에서 글을 읽어

釋文에 云 裘氏는 地名이라하다

≪經典釋文≫에 "裘氏는 지명이다."라고 하였다.

祇三年에 **而緩爲儒**라 **使其弟墨**하여 **儒墨相與辯**이러니 **其父助翟**이어늘 **十年而緩自殺**하다

단지 3년 만에 緩은 儒者가 되었다. 그는 자기 아우로 하여금 墨者가 되도록 하여 유자와 묵자가 서로 論辯하였는데, 그들의 아버지는 翟의 편을 들어주었다. 그래서 10년 만에 완은 자살하였다.

莊子列禦寇篇郭注에 **云 翟**은 **緩弟名**이라하다 **案 未詳其姓氏**라

≪莊子≫〈列禦寇〉의 郭象의 注에 "翟은 緩의 아우의 이름이다."라고 하였다.
案 : 그의 姓氏는 미상이다.

案 唐姑果는 **媢賢自營**하여 **違墨氏尙賢尙同之**恉하고 **鄭人翟**은 **爭論儒墨而殺其兄**하니 **則亦非悌弟也**라 **故附於墨學雜家之末**하노라 **又孟子告子篇趙注**에 **謂告子兼治儒墨之學**이로되 **其人無可攷**라하고 **本書公孟篇**에 **有告子**하니 **亦恐非一人**이라 **淮南子人閒訓**에 **云 代君爲墨而殘**이라한대 **許注**에 **云 代君**은 **趙之別國**이니 **不詳其名及時代**라하니 **則疑是趙武靈王子代君章**이라

案 : 唐姑果는 賢人을 질투하여 자신의 이익을 도모하여 墨氏의 尙賢·尙同의 뜻을 어겼고, 鄭나라 사람 翟은 儒家와 墨家에 대해 쟁론하다가 자기 형을 죽게 만들었으니 또한 우애로운 아우가 아니다. 그러므로 墨學 雜家의 말미에 附記해 둔다.

또 ≪孟子≫〈告子〉趙岐의 注에 "告子는 유가와 묵가의 학문을 아울러 공부하였는데 어떤 사람인지 고찰할 수 없다."라고 하였으며, 본서〈公孟〉에 '告子'가 있으니, 아마도 한 사람이 아닌 듯하다. ≪淮南子≫〈人閒訓〉에 "代君은 墨家의 학술을 하다가 殘弊해졌다."라고 하였는데, 許愼의 注에 "代君은 趙나라의 別國(한 나라인데 나뉘어 된 나라)인데 그 이름과 시대는 미상이다."라고 하였으니, 아마도 趙나라 武靈王의 아들 代君章일 듯하다.

見趙世家라

≪史記≫〈趙世家〉에 보인다.

此竝無可質證일새 **謹附識**(지)**於此**하여 **以備攷**하노라

이 기록들은 모두 확증할 수 없기에 삼가 여기에 附記해두어 考覽에 대비한다.

묵자서문 제4 墨子緒聞 第四

墨氏之學은 **微矣**라 **七國時**에 **學者以孔墨竝偁**이러니 **孔子言滿天下**어늘 **而墨子則遺文佚事**가 **自七十一篇外**에 **所見殊尟**하니 **非徒以其爲儒者所擯絀也**라 **其爲道瘠薄而寡澤**하고 **言之垂於世者**가 **質而不華**하여 **務申其意**하고 **而不馳騁其辭**라 **故莊周謂其道大觳**[1]하여 **使人憂**하며 **使人悲**하고 **其行難爲**라하고 **而楚王之問田鳩**에 **亦病其言多而不辯**이어늘 **田鳩答以墨子之說**은 **傳先王之道**하며 **論聖人之言**하니 **若辯其辭**면 **則恐人懷其文忘其用**하다

墨氏의 학술은 미약해졌다. 七國시대에 학자들은 孔・墨을 병칭하였는데 孔子는 그 말이 천하에 가득하거늘 묵자는 遺文과 逸事가 ≪묵자≫ 71편 외에는 보이는 바가 매우 드물다. 이는 儒者에게 배척당했기 때문만이 아니라 그 道의 성격이 瘠薄하여 윤택한 점이 적어서 세상에 전해진 말이 질박하고 화려하지 않아 뜻을 펴는 데만 힘쓸 뿐 화려한 언사를 구사하지 않았기 때문이다. 그러므로 莊周는 그 도가 너무 儉薄하여 사람으로 하여금 근심하게 하고 사람으로 하여금 슬퍼하게 하고 그 행실은 실천하기 어렵다고 하였고, 楚王이 田鳩에게 물을 때에도 묵자의 말은 많되 유창하지 않은 것을 단점으로 지적했는데 전구가 '묵자의 말은 先王의 도를 전하고 성인의 말씀을 논하니, 만약 말재주를 잘 부린다면 사람들이 그 꾸민 것만 생각하고 실제 쓸모는 잊어버릴까 염려된다.'고 대답하였다.

韓非子外儲說(上左)〔左上〕[2]이라

≪韓非子≫ 〈外儲說 左上〉에 나온다.

---

1) 其道大觳 : ≪莊子≫ 〈天下〉에 보인다.
2) (上左)〔左上〕: 저본에는 '上左'로 되어 있으나, ≪韓非子≫에 의거하여 '左上'으로 바로잡았다.

蓋孟荀之議未興에 世之好文者가 固已弗心慊矣라 秦漢諸子 若呂不韋淮南王書所采摭至博이나 至其援舉墨子之言하여는 亦多本書所已見(현)하고 絶無異聞이라 然孔氏遺書는 自六藝外에 緯候[3]之誣와 家語孔叢之僞는 集語之雜에 眞贋糅莒하여 不易(이)別擇이나 而墨氏之言行은 以誦述者少하여 轉無叚託傅益之弊하니 則其僅存者雖不多나 或尙碻然可信與인저 今采本書之外에 秦漢舊籍所紀墨子言論行事하여 無論與本書異同하고 咸爲甄緝하되 或一事而數書竝見을 亦悉附載之하여 以資讐勘하고 而七十一篇佚文은 則畢氏所述略備할새 固不勞綴錄也라

대개 孟子와 荀子의 의론이 아직 일어나기 전에는 세상의 문장을 좋아하는 이들이 진실로 이미 마음에 흡족하지 못하였다. 秦漢시대의 諸子들로 ≪呂氏春秋≫·≪淮南子≫ 같은 책들에 採錄된 것이 매우 방대하지만 묵자의 말을 끌어와 거론하는 데 이르러서는 역시 본서에 이미 나온 것이 많고 전혀 특별한 기록이랄 게 없다.

그러나 孔氏의 遺書는 六藝 외에 날조된 緯候와 위조된 ≪孔子家語≫·≪孔叢子≫는 잡다한 말들을 모아놓아 진위가 뒤섞여 변별하기 쉽지 않다. 그렇지만 墨氏의 언행은 외워 기술한 자가 적기 때문에 가탁하여 억지로 덧붙인 병폐가 더욱 없으니, 지금 겨우 남아 있는 것은 비록 많지 않으나 오히려 확실하여 신빙할 수 있을 것이다.

지금 본서 외에 秦漢시대 옛 전적들에 기록된 묵자의 언론과 行事들을 채록하여 본서와 내용의 차이가 있건 없건 막론하고 다 모아 편집하되 혹 한 가지 일인데 몇 종의 책에 아울러 나타나는 것들도 다 첨부해 기록하여 교감에 도움이 되도록 한다. 그리고 현행 ≪묵자≫ 71권에 없는 逸文은 畢氏(畢沅)가 기술한 바에 대략 갖추어졌기에 굳이 수고롭게 여기에 덧붙여 수록하지 않는다.

齊王問墨子曰 古之學者爲己러니 今之學者爲人[4]하니 何如하니잇고한대 對曰 古之

---

3) 緯候 : 緯書와 ≪尙書中候≫의 合稱이며, 위서의 通稱으로도 쓰인다.

4) 古之學者爲己 今之學者爲人 : ≪論語≫ 〈憲問〉에 나오는 공자의 말로, 자신의 덕성을 완성

學者는 得一善言에 以附其身이러니 今之學者는 得一善言에 務以悅人이로다

齊王이 묵자에게 묻기를 "옛날의 학자들은 자기를 위해 학문을 하였는데 오늘날의 학자들은 남을 위해 학문을 하고 있으니, 어떻게 생각합니까?"라고 하였는데, 대답하기를 "옛날의 학자들은 하나의 善한 말을 얻으면 이를 자신에 부착했는데 오늘날의 학자들은 하나의 선한 말을 얻으면 힘써 남에게 잘 보이려고 한다."라고 하였다.

北堂書鈔八十三과 太平御覽六百七引新序라 案 齊王은 當卽齊太王이라 此與意林引本書佚文略同이로되 而文較詳이라 故錄之하노라 說苑反質篇에 又有禽滑釐問墨子語한대 畢氏已采入佚文일새 今不錄하노라

≪北堂書鈔≫ 83권과 ≪太平御覽≫ 607권에 ≪新序≫를 인용한 곳에 나온다.

案 : 齊王은 응당 齊나라 太王일 것이다. 이 대목은 ≪意林≫에 본서를 인용한 곳의 글과 대략 같지만 글이 비교적 상세하기에 수록하였다. ≪說苑≫ 〈反質〉에는 또 禽滑釐가 墨子에게 물은 말이 있는데 畢氏가 이미 채록하여 佚文에 넣었기 때문이 지금 수록하지 않는다.

景公은 外傲諸侯하고 內輕百姓하며 好勇力하고 崇樂以從嗜欲이라 諸侯不說(열)하고 百姓不親이어늘 公患之하여 問於晏子曰 古之聖王은 其行이 若何오한대 晏子對曰 其行이 公正而無邪라 故讒人不得入하며 不阿黨하고 不私色이라 故群徒之卒不得容하며 薄身厚民이라 故聚斂之人不得行하며 不侵大國之地하고 不耗小國之民이라 故諸侯皆欲其尊하며 不劫人以兵甲하고 不威人以衆彊이라 故天下皆欲其彊하며 德行敎訓이 加於諸侯하고 慈愛利澤이 加於百姓이라 故海內歸之若流水러니 今衰世君人者는 辟邪阿黨이라 故讒諂群徒之卒繁하며 厚身養하고 薄視民이라 故聚斂之人行하며 侵大國之地하고 耗小國之民이라 故諸侯不欲其尊하며 劫人以甲兵하고 威人以衆彊이라 故天下不欲其彊하며 災害加於諸侯하고 勞苦施於百姓이라 故讐敵進伐에 天下不救하며 貴戚離散하고 百姓不與라하다

하기 위해 공부하는 爲己之學과 남이 알아주기를 바라서 공부하는 爲人之學을 말한다.

景公은 밖으로는 제후들에게 오만하게 굴고 안으로는 백성들을 가볍게 여기며 용력을 좋아하고 음악을 숭상하여 자신의 嗜慾을 따라 행동하였다. 그리하여 제후들이 좋아하지 않고 백성들이 친애하지 않거늘 경공이 이를 걱정하여 晏子에게 묻기를 "옛날의 聖王은 그 행실이 어떠한가?"라고 하니 안자가 대답하였다.

"그 행실이 공정하여 사특함이 없었기 때문에 아첨하는 사람이 들어갈 수 없었으며, 阿黨하지 않고 사사로이 偏愛하지 않았기 때문에 무리를 지은 졸개가 용납되지 못하였으며, 자신은 儉薄하게 생활하고 백성은 후하게 베풀었기 때문에 세금을 마구 거두는 사람이 횡행하지 못하였으며, 대국의 땅을 침범하지 않고 소국의 백성에게 손해를 끼치지 않았기 때문에 제후들이 다들 그가 존귀해지기를 바랐으며, 무력으로 남을 겁박하지 않고 인구가 많고 힘이 강하다고 하여 남을 위협하지 않았기 때문에 천하 사람들이 모두 그가 강하기를 바랐으며, 덕행과 교훈이 제후에게 가해지고 자애와 利澤이 백성에게 가해졌기 때문에 海內의 모든 사람들이 흐르는 물처럼 그에게로 쏠렸습니다.

그런데 오늘날 衰世의 군주들은 편벽하고 사특하며 아당하기 때문에 참소하고 무리를 지은 졸개들이 많으며, 자신의 생활은 후하게 하고 백성들은 하찮게 보기 때문에 세금을 마구 거두는 사람들이 횡행하며, 대국의 땅을 침범하고 소국의 백성들에게 손해를 끼치기 때문에 제후들이 그가 존귀해지기를 바라지 않으며, 무력으로 남을 겁박하고 인구가 많고 힘이 강함으로써 남을 위협하기 때문에 천하 사람들이 모두 그가 강해지기를 바라지 않으며, 災害가 제후에게 가해지고 노고가 백성에게 베풀어지기 때문에 그를 원수로 여기는 적이 쳐들어옴에 천하에 아무도 구원해주지 않으며, 貴戚들은 흩어지고 백성들은 그와 함께하지 않는 것입니다."

元槧本에 譌興이러니 據盧文弨校正하노라

元槧本에는 〈'與'가〉 '興'으로 잘못 되어 있는데, 盧文弨의 교감에 의거하여 바로잡았다.

公曰 然則何若고한대 欸曰 請卑辭重幣하여 以說(열)於諸侯하며 輕罪省(생)功하여 以謝於百姓이 其可乎잇가한대 公曰 諾타하다 於是에 卑辭重幣而諸侯附하며 輕罪省功而百姓親이라 故小國入朝하고 燕魯共貢이라 墨子聞之하고 曰 晏子는 知道로다 道在

爲人이요 **而失在爲己**하나니

경공이 말하기를 "그렇다면 어떻게 해야 하는가?"라고 하자, 대답하기를 "청컨대 言辭를 겸손하게 하고 폐백을 후하게 보내어 제후들을 기쁘게 하며, 죄를 가볍게 해주고 노고를 줄여주어 백성들의 바람에 답하셔야 하니, 그렇게 하실 수 있겠습니까?"라고 하니, 경공이 말하기를 "좋다."라고 하였다. 이에 언사를 겸손하게 하고 폐백을 후하게 보내자 제후들이 그에게 歸附하였고 죄를 가볍게 하고 노고를 줄여주자 백성들이 그를 친애하였다. 그러므로 소국은 들어와 朝見(조현)하고 燕나라·魯나라가 함께 조공하였다.

묵자가 이 사실을 듣고 말하기를 "晏子는 道를 아는구나. 도는 남을 위해 주는 데 있고 도를 잃는 것은 자기만 위하는 데 있는 법이니,

元本에 **脫在字**러니 **據孫星衍校增**하노라

元本에는 '在'자가 빠졌는데, 孫星衍의 교감에 의거하여 增補하였다.

爲人者重하고 **自爲者輕**이라 **景公自爲而小國不爲與**하고 **爲人而諸侯爲役**하니 **則道在爲人**이요 **而(行)〔得〕在反己矣**라

남을 위하는 이는 중해지고 자기만을 위하는 이는 가벼워진다. 경공이 자기만을 위하자 소국들이 그와 함께하지 않았고 남을 위하자 제후들이 그를 위해 일하였으니, 도는 남을 위하는 데 있고 도를 얻는 것은 자기를 돌이켜 보는 데 있다.

黃以周云 行은 **蓋得之剝文**이라하다

黃以周는 "'行'은 得의 剝文(異體字)이다."라 하였다.

故晏子知道矣로다하다

따라서 안자는 도를 아는구나!"라고 하였다.

晏子春秋內篇問上이라

≪晏子春秋≫ 〈內篇 問上〉에 나온다.

景公與晏子立于曲潢之上이러니 **晏子稱曰 衣莫若新**하며 **人莫若故**라한대 **公曰 衣之新也**는 **信善矣**어니와 **人之故**는 **相知情**이라하다

景公이 晏子와 曲潢 가에 서 있었다. 안자가 일컫기를 "옷은 새것만 한 것이 없고 사람은 오랜 친구만 한 이가 없습니다."라고 하자, 경공이 말하기를 "옷은 새로 지은 것이 참으로 좋지만, 사람은 오래 사귀면 서로의 實情을 안다."라고 하였다.

有脫誤라

오탈이 있다.

晏子歸하여 **負載**하고 **使人辭于公曰 嬰**은 **故老耄無能也**라 **請毋服壯者之事**하노라하다 **公自治國**할새 **身弱于高國**하여 **百姓大亂**이라 **公恐**하여 **復**(부)**召晏子**하니 **諸侯忌其威**하고 **而高國服其政**하고 **田疇墾辟**하여 **蠶桑豢牧之處不足**이라

안자가 집에 돌아가서 짐을 꾸려놓고 사람을 시켜 경공에게 사직하는 말을 전하기를 "저는 늙고 무능하니 청컨대 젊은 사람의 일을 하지 않고자 합니다."라고 하였다.

경공이 혼자서 나라를 다스리는데 자신의 힘이 高氏·國氏보다 약하고 백성들이 크게 혼란해졌다. 경공이 두려워 다시 안자를 불러오니, 제후들이 그 위세를 두려워하고 고씨와 국씨는 그 정사에 복종하였으며, 田野는 개간되어 養蠶과 牧畜을 할 곳이 부족하여

元本에 牧이 譌收러니 據盧文弨校正하노라

元本에는 '牧'이 '收'로 잘못 되어 있는데, 盧文弨의 교감에 의거하여 바로잡았다.

絲蠶於燕하고 **牧馬于魯**하여 **共貢入朝**라 **墨子聞之曰 晏子知道**요 **景公知窮矣**로다하다

燕나라에서 누에를 기르고 魯나라에서 말을 길러서 함께 공물을 바쳐 入朝하였다. 묵자가 이 사실을 듣고 말하기를 "안자는 도를 알았고 경공은 궁한 줄 알았도다!"라고 하였다.

晏子春秋內篇雜上이라 右는 墨子遺說이라

≪晏子春秋≫ 〈內篇 雜上〉에 나온다.
이상은 墨子 遺說이다.

公輸般이 **爲蒙天之階**하여 **階成**에 **將以攻宋**이어늘 **墨子聞之**하고 **赴於楚**할새 **行十日十夜而至於郢**하여 **見般曰 聞子爲階**하여 **將以攻宋**이라하니 **宋何罪之有**오 **無罪而攻之**는 **不可謂仁**이니 **胡不已也**리오한대 **公輸般曰 不可**하다 **吾旣以言之王矣**라한대 **墨子曰 胡不見**(현)**我於王**고한대 **公輸般曰 諾**타하다 **墨子見楚王曰 今有人於此**하니 **舍其文軒**하고 **隣有敝輿而欲竊之**하며 **舍其錦繡**하고 **隣有短褐而欲竊之**하며 **舍其粱肉**하고 **隣有糟糠而欲竊之**면 **此爲何若人**고한대 **王曰 此爲竊疾耳**라하다

公輸般이 蒙天이라는 사닥다리를 만들어 사닥다리가 완성되자 장차 이것을 사용하여 宋나라를 공격하려 하였다. 묵자가 이를 듣고 楚나라로 갈 때 열흘 낮밤을 가서 郢(초나라 수도)에 이르러 공수반을 만나 말하기를 “듣건대 그대가 사닥다리를 만들어 장차 송나라를 공격하고자 한다고 하니, 송나라가 무슨 죄가 있습니까. 죄가 없는데 공격하는 것은 仁이라 할 수 없으니, 어찌 그만두지 않으리오.”라 하였다. 공수반이 “안 됩니다. 나는 이미 이 사실을 왕에게 말했습니다.”라고 하자, 묵자가 말하기를 “어찌 나로 하여금 왕을 뵙게 해주지 않습니까?”라고 하자, 공수반이 말하기를 “좋습니다.”라고 하였다.

묵자가 楚王을 만나 말하기를 “지금 여기에 어떤 사람이 있는데, 문채가 있는 좋은 수레를 버려둔 채 이웃집의 낡은 수레를 훔치려 하고 자신의 수놓은 비단옷을 버려둔 채 이웃집의 허름한 短褐을 훔치려 하고 자신의 기름진 곡식과 고기를 버려둔 채 이웃집의 겨와 지게미를 훔치려 한다면, 이는 어떠한 사람이겠습니까?”라고 하자, 왕이 말하기를 “필시 도벽이 있는 자일 것입니다.”라고 하였다.

汪繼培云 一作必竊疾矣라하다

汪繼培는 “한 본에는 〈‘爲竊疾耳’가〉 ‘必竊疾矣’로 되어 있다.”라고 하였다.

墨子曰 荊之地는 **方五千里**요 **宋之地**는 **方五百里**니 **此猶文軒之與敝輿也**며 **荊有雲夢**하니 **犀兕麋鹿盈溢**하고 **江漢之魚鱉黿鼉**가 **爲天下饒**어늘 **宋**은 **所謂無雉兔鮒**

魚者也니 **猶粱肉之與糟糠也**며 **荊有長松文梓楩枏豫章**이어늘 **宋無長木**하니 **此猶錦繡之與短褐也**라 **臣以王之攻宋也**로 **爲與此同類**하노이다한대 **王曰 善哉**라 **請無攻宋**호리라하다

묵자가 말하기를 "초나라 땅은 사방 5,000리요 송나라 땅은 사방 500리이니, 이는 문채 나는 수레와 낡은 수레를 대비하는 것과 같습니다. 초나라에는 雲夢이 있는데 물소와 외뿔소, 고라니와 사슴이 가득하고 長江과 漢水의 물고기와 자라, 큰 자라와 악어가 있어 천하의 부유한 나라이지만 송나라는 이른바 꿩과 토끼, 붕어도 없는 나라이니, 이는 기름진 곡식·고기와 겨·지게미를 대비하는 것과 같습니다. 초나라에는 큰 소나무, 上品의 가래나무, 楩枏(녹나무류)과 豫章(枕木과 樟木) 등 좋은 목재들이 있는데 송나라에는 긴 목재가 없으니, 이는 수놓은 비단옷과 허름한 短褐을 대비하는 것과 같습니다. 신은 왕께서 송나라를 공격하려는 것을 이와 같은 유형이라고 생각합니다."라고 하자, 왕이 말하기를 "좋습니다. 송나라를 공격하지 않겠습니다."라고 하였다.

藝文類聚八十八引尸子라 又太平御覽三百三十六引尸子云 般爲蒙天之階하여 階成에 將以攻宋이어늘 墨子請獻十金한대 般曰 吾義固不殺人이라한대 墨子再拜라하다 本書公輸篇文略同이라

≪藝文類聚≫ 88권에 ≪尸子≫를 인용한 곳에 나온다. 또 ≪太平御覽≫ 336권에 ≪시자≫를 인용한 곳에는 "공수반이 蒙天이란 사닥다리를 만들어 사닥다리가 완성되자 장차 이것을 사용하여 송나라를 공격하려 하였다. 묵자가 '10金을 드리겠습니다.'라고 하였다. 공수반이 말하기를 '나는 義를 행하므로 본디 사람을 죽이지 않습니다.'라고 하거늘 묵자가 일어나 두 번 절하였다."라고 하였다. 본서 〈公輸〉의 글도 대략 같다.

公輸般이 **爲楚設機**하여 **將以攻宋**이어늘 **墨子聞之**하고 **百舍重繭**하여 **往見公輸般**하여 **謂之曰 吾自宋聞子**호니 **吾欲藉子殺人**하노라한대

공수반이 초나라를 위하여 기계를 만들어 장차 이를 사용하여 송나라를 공격하려 하거늘 묵자가 이를 듣고 먼 길을 발이 부르트도록 걸어 가서 공수반을 만나 말하기를 "나는 송나라로부터 그대에 대한 소문을 들었습니다. 나는 그대의 힘을 빌려 사람을 죽이고자 합니다."라 하였다.

宋本에 作王이라 吳師道[5)]云 一本에 作玊하니 唐武后人字라하다 黃丕烈[6)]云 公輸篇文略同이라하다

宋本에는 〈'人'이〉 '王'으로 되어 있다. 吳師道는 "한 본에는 '玊'으로 되어 있으니, 唐나라 則天武后 때의 '人'자이다."라 하였다. 黃丕烈은 "〈公輸〉의 글도 대략 같다."라 하였다.

公輸般曰 吾義固不殺人이라한대 **墨子曰 聞公爲雲梯**하여 **將以攻宋**이라하니 **宋何罪之有**오 **義不殺王**[7)]이어늘 **而攻國**하니 **是不殺少而殺衆**이라 **敢問攻宋**은 **何義也**오한대 **公輸般服焉**하여 **請見之王**하다 **墨子見楚王**하여 **曰 今有人於此**하니 **舍其文軒**하고 **隣有弊輿而欲竊之**하며 **舍其錦繡**하고 **隣有短褐**

공수반이 말하기를 "나는 義를 행하는지라 본디 사람을 죽이지 않습니다."라고 하거늘, 묵자가 말하기를 "그대가 雲梯를 만들어 장차 송나라를 공격하고자 한다고 들었습니다. 송나라가 무슨 죄가 있습니까. 義를 행하여 왕은 죽이지 않으면서 나라를 공격하니, 이는 적은 사람을 죽이지 않고 많은 사람을 죽이는 것입니다. 감히 묻습니다. 송나라를 공격하는 것은 무슨 義입니까?"라고 하자, 공수반이 굴복하고 왕을 만나게 해주겠다고 하였다.

묵자가 楚王을 만나 말하기를 "지금 여기에 어떤 사람이 있는데, 문채가 있는 좋은 수레를 버려둔 채 이웃집의 낡은 수레를 훔치려 하고 자신의 수놓은 비단옷을 버려둔 채 이웃집에 있는 허름한 短褐을

鮑彪本에 短이 作裋라

鮑彪本에는 '短'이 '裋'로 되어 있다.

而欲竊之하며 **舍其粱肉**하고 **隣有糟糠而欲竊之**면 **此爲何若人也**잇고한대 **王曰 必**

---

5) 吳師道 : 1283~1344. 元나라 때 婺州 蘭溪 사람으로, 字는 正傳이고 주자학자이다. 저서로 ≪易詩書雜說≫, ≪春秋胡傳附辨≫, ≪戰國策校注≫, ≪敬鄕錄≫과 文集 20권이 있다.

6) 黃丕烈 : 1763~1825. 淸나라 江蘇 吳縣 사람으로, 字는 紹武, 號는 蕘圃이다. 宋本 고서를 많이 소장하였다. 校勘學에 조예가 깊었고, ≪周禮鄭氏注≫ · ≪夏小正≫ · ≪國語≫ 등을 復刻하여 수록한 ≪士禮居叢書≫를 편찬하였다.

7) 王 : 저본의 傍注에 "살펴보건대, 위 글에 의거하면 '王'자는 응당 '人'자가 되어야 할 듯하다. 吳師道는 '한 본에는 세 곳의 「殺王」이 모두 「殺玊」으로 되어 있다.'라고 하였다.〔按據上文 王字 似應作人 吳師道曰 一本 三殺王 竝作殺玊〕" 하였다.

爲有竊疾矣라하여늘 **墨子曰 荊之地**는 **方五千里**요 **宋**은 **方五百里**니 **此猶文軒之與弊輿也**며 **荊有雲夢**하니 **犀兕麋鹿盈之**하고 **江漢魚鱉黿鼉**가 **爲天下饒**어늘 **宋**은 **所謂無雉兔鮒魚者也**니 **此猶粱肉之與糟糠也**며 **荊有長松文梓楩柟豫樟**이어늘

훔치려 하고 자신의 기름진 곡식과 고기를 버려둔 채 이웃집의 겨와 지게미를 훔치려 한다면, 이는 어떠한 사람이겠습니까?"라고 하자, 왕이 말하기를 "필시 도벽이 있는 자일 것입니다."라고 하였다.

묵자가 말하기를 "초나라 땅은 사방 5,000리요 송나라 땅은 사방 500리이니, 이는 문채 나는 수레와 낡은 수레를 대비하는 것과 같습니다. 초나라에는 雲夢이 있는데 물소와 외뿔소, 고라니와 사슴이 가득하고 長江과 漢水의 물고기와 자라, 큰 자라와 악어가 있어 천하의 부유한 나라이지만 송나라는 이른바 꿩과 토끼, 붕어도 없는 나라이니, 이는 기름진 곡식·고기와 겨· 지게미를 대비하는 것과 같습니다. 초나라에는 큰 소나무, 上品의 가래나무·楩柟·豫樟과 같은 좋은 목재들이 있는데

鮑本에 作章이라

鮑本에는 〈'樟'이〉 '章'으로 되어 있다.

宋無長木하니 **此猶錦繡之與短褐也**라 **臣以王吏之攻宋**으로

송나라에는 긴 목재가 없으니, 이는 수놓은 비단옷과 허름한 短褐을 대비하는 것과 같습니다. 신은 왕의 관리가 송나라를 공격하려는 것을

臣은 宋本에 作惡이라 黃云 卽思字라하다 案 思은 武后臣字라

'臣'은 宋本에는 '惡'으로 되어 있다. 黃丕烈은 "곧 '思'자이다."라 하였다.

案 : 思은 측천무후 때의 '臣'자이다.

爲與此同類也하노이다한대 **王曰 善哉**라 **請無攻宋**호리라하다

이와 같은 유형이라고 생각합니다."라고 하자, 왕이 말하기를 "좋습니다. 송나라를 공격하지 않겠습니다."라고 하였다.

戰國策宋策이라

≪戰國策≫〈宋策〉에 나온다.

公輸般이 **爲高雲梯**하여 **欲以攻宋**이어늘 **墨子聞之**하고 **自魯往**하여 **裂裳裹足**하여 **日夜不休**하여 **十日十夜而至於郢**하여 **見荊王**하고 **曰 臣**은 **北方之鄙人也**라 **聞大王將攻宋**이라하니 **信有之乎**잇가한대 **王曰 然**하다 **墨子曰 必得宋**일새 **乃攻之乎**잇가 **亡**(무)**其不得宋**하고 **且不義**라도 **猶攻之乎**잇가한대 **王曰 必不得宋**이요 **且有不義**면 **則曷爲攻之**리오하다 **墨子曰 甚善**하다 **臣以宋必不可得**이라한대 **王曰 公輸般**은 **天下之巧工也**니 **已爲攻宋之械矣**라하여늘 **墨子曰 請令公輸般試攻之**하소서 **臣請試守之**호리이다하니 **於是**에 **公輸般設攻宋之械**하고 **墨子設守宋之備**하여 **公輸般九攻之**어늘

공수반이 高雲梯를 만들어 이를 사용하여 宋나라를 공격하고자 하거늘 묵자가 이 사실을 듣고 魯나라로부터 아래 옷자락을 찢어서 발을 싸매고서 밤낮을 쉬지 않고 열흘 밤낮을 가서 郢(초나라 수도)에 이르러 楚王을 만나서 말하기를 “신은 북방의 비루한 사람입니다. 듣건대 대왕께서 장차 송나라를 공격하려 한다고 하니, 사실입니까?”라고 하자, 초왕이 말하기를 “그렇습니다.”라고 하였다. 묵자가 말하기를 “반드시 송나라를 얻을 수 있기에 공격하는 것입니까? 송나라를 얻지 못하고 또 義롭지 못한데도 오히려 공격하는 것은 아니겠습니까?”라고 하니, 초왕이 말하기를 “반드시 송나라를 얻지 못하고 또 의롭지 못한 점이 있다면 어찌 공격하겠습니까?”라고 하였다.

묵자가 말하기를 “매우 좋습니다. 신은 송나라를 반드시 얻지 못할 것이라 생각합니다.”라고 하였는데, 초왕이 말하기를 “공수반은 천하의 솜씨 좋은 工人인데 그가 이미 송나라를 공격할 기계를 만들었습니다.”라고 하였다. 묵자가 말하기를 “청컨대 공수반으로 하여금 공격하게 하소서. 신이 수비해보겠습니다.”라고 하였다. 이에 공수반은 송나라를 공격할 기계를 설치하고 묵자는 송나라를 수비할 장비를 설치하여 공수반이 아홉 차례 공격했는데

舊本에 **脫公輸般三字**러니 **畢沅**이 **據御覽三百二十校補**하다

舊本에는 ‘公輸般’ 세 글자가 빠져 있었는데, 畢沅이 ≪太平御覽≫ 320권에 의거하여 교정하여 보충하였다.

墨子九卻之하여 **不能入**이라 **故荊輟不攻宋**하니 **墨子能以術禦荊免宋之難者**는 **此之謂也**라

묵자가 아홉 차례 물리쳐 성에 쳐들어갈 수 없었다. 이런 까닭에 초나라가 그만두고 송나라를 공격하지 않았으니, 묵자가 기술을 써서 송나라의 難을 면하게 할 수 있었다고 한 것이 이를 두고 한 말이다.

呂氏春秋愛類篇이라 案 呂氏春秋愼大覽의 高注에 云 墨子曰 使公輸般攻宋之城하소서 臣請爲宋守之備호리이다한대 公輸般九攻之어늘 墨子九卻之하고 又令公輸般守備어늘 墨子九下之라하다 諸書에 竝止言輸攻墨守로되 惟此注更有輸守墨攻事하니 不知何據라 謹附識(지)於此하노라

≪여씨춘추≫ 〈愛類〉에 나온다.

案 : ≪여씨춘추≫ 〈愼大覽〉의 高誘의 注에 "墨子가 말하기를 '공수반으로 하여금 송나라의 성을 공격하게 하십시오. 신은 송나라를 위해 수비하겠습니다.'라고 하였다. 공수반이 아홉 차례 공격하였으나 묵자가 아홉 차례 물리쳤다. 또 공수반으로 하여금 수비하게 하였는데 묵자가 아홉 차례 성을 함락하였다."라고 하였다. 다른 책들에는 모두 공수반은 공격하고 묵자는 수비한 것만 말하였는데, 이 注에만 공수반이 공격하고 묵자가 수비한 일이 더 기록되어 있으니, 어디에 근거했는지 모르겠다. 삼가 여기에 附記해둔다.

昔者에 **楚欲攻宋**이어늘 **墨子聞而悼之**하여 **自魯趨而往**하여

옛날에 초나라가 송나라를 공격하려 했는데 묵자가 이 사실을 듣고 슬퍼하여 魯나라로부터 가서

舊本에 脫이러니 王念孫據北堂書鈔補하다

舊本에는 이 대목이 빠져 있었는데, 王念孫이 ≪北堂書鈔≫에 의거하여 보충하였다.

十日十夜에 **足重繭而不休息**하고 **裂裳裹足**하여

열흘 밤낮 동안 걸어 발이 부르텄는데도 쉬지 않고 아래 옷자락을 찢어서 발을 싸매고서

裂下에 舊本에 衍衣字러니 王據書鈔刪하다

'裂' 아래에 舊本에는 '衣'자가 더 들어가 있었는데, 王念孫이 ≪北堂書鈔≫에 의거하여 刪削하였다.

至於郢하여 見楚王하여 曰 臣聞大王擧兵將宋攻이라하니 計必得宋而後攻之乎잇가 亡(무)其苦衆勞民하고

郢에 이르러 楚王을 만나서 말하기를 "신은 듣건대 대왕께서 군사를 일으켜 장차 송나라를 공격하려 한다고 하니, 생각하시기에 반드시 송나라를 얻을 수 있기에 공격하는 것입니까? 도리어 많은 사람들을 고생하게 하고 백성을 피로하게 만하고

亡는 宋本에 作忘이라

'亡'는 宋本에 作忘이라

頓兵剉銳하여

병기만 무디게 하고 銳氣만 꺾어

剉는 舊本에 作挫러니 今從宋本正하노라

'剉'는 舊本에는 '挫'로 되어 있었는데, 이제 宋本에 따라 바로잡았다.

負天下以不義之名하고 而不得咫尺之地라도 猶且攻之乎잇가한대 王曰 必不得宋이요 又且爲不義면 曷爲攻之리오하여늘 墨子曰 臣見大王之必傷義而不得宋이라한대 王曰 公輸는 天下之巧士니 作爲雲梯之械라

천하에 의롭지 못하다는 평판만 받을 뿐 작은 땅도 얻지 못할 것입니다. 그런데도 공격하시겠습니까?"라고 하자, 초왕이 말하기를 "반드시 송나라를 얻을 수 없고 게다가 의롭지 못하다면 어찌 공격하리오."라고 하였다. 묵자가 말하기를 "신이 보건대 대왕께서는 필시 義를 해칠 뿐 송나라는 얻지 못할 것입니다."라고 하자, 초왕이 말하기를 "公輸는 천하의 솜씨 좋은 工人인데 그가 雲梯라는 사닥다리를 만들었습니다.

爲字는 舊本에 脫이러니 據宋本補하노라

'爲'는 舊本에는 빠져 있었는데, 宋本에 의거하여 보충하였다.

設以攻宋이면 曷爲弗取리오하여늘 墨子曰 令公輸設攻하소서 臣請守之호리라하다 於是에 公輸般은 設攻宋之械하고 墨子設守宋之備하여 九攻而墨子九卻之하여 弗能入이라 於是에 乃偃兵하여 輟不攻宋이러라

이 사닥다리를 설치하여 송나라를 공격하면 어찌 취하지 못하리오."라고 하자, 묵자가 말하기를 "공수로 하여금 사닥다리를 설치하여 공격하게 하소서. 신이 수비해보겠습니다."라고 하였다.

이에 공수반은 송나라를 공격할 기계를 설치하고 묵자는 송나라를 수비할 장비를 설치하여, 아홉 차례 공격하였으나 묵자가 아홉 차례 물리쳐 성에 쳐들어갈 수 없었다. 이에 군사를 쉬게 하고 출동하지 않도록 하여 송나라를 공격하지 않았다.

淮南子脩務訓이라

≪淮南子≫〈脩務訓〉에 나온다.

公輸般이 爲雲梯之械하여 將攻宋이어늘 墨翟行自齊하여 行十日夜至郢하여 獻千金於般하고 曰 北方有侮臣者하니 願子殺之라한대 般不悅하여 曰 吾義固不殺人이라하여늘 墨子再拜하고 曰 吾聞子之梯以攻宋이라하니 楚有餘於地하고 不足於民이라 殺所不足하여 爭所有餘는 不可謂智요 宋無罪而攻은 不可謂仁이요 子義不殺少而殺衆하니 不可謂知類로다한대 般子服하다 翟曰 何不已乎아한대 曰 旣言之王矣라하여늘 曰 何不見(현)吾於王고하여 遂見之라 墨解帶爲城하고 以楪爲械어늘 般設九攻而墨九卻之하니 般詘하고 而曰 吾知所以距子矣라하여늘 問其故한대 墨曰 般意不過欲殺臣이니 殺臣則宋莫能守라 然臣弟子禽滑釐等三百人이 持臣守器하여 在宋城上하여 以待楚矣라하니 王曰 請無攻宋이라하다

공수반이 雲梯라는 기계를 만들어 장차 송나라를 공격하려 하거늘 墨翟이 齊나라로부터 출발하여 열흘 밤낮을 가서 郢에 이르러 千金을 공수반에게 바치면

서 말하기를 "북방에 저를 모멸한 자가 있으니, 그대가 죽여주시기 바랍니다." 라고 하자, 공수반이 불쾌해하면서 말하기를 "나는 義를 행하는지라 본디 사람을 죽이지 않습니다."라고 하였다. 묵자가 두 번 절하고 말하기를 "나는 듣건대 그대의 사닥다리로 송나라를 공격한다고 하니, 초나라는 땅에는 넉넉함이 있고 백성에는 부족함이 있습니다. 부족한 바를 죽여서 넉넉한 바를 다투는 것은 지혜롭다 할 수 없으며, 송나라는 죄가 없거늘 공격하니 仁하다고 할 수 없으며, 그대가 義를 행하느라 적은 사람은 죽이지 않고 많은 사람은 죽이니 유추하는 이치를 안다고 할 수 없습니다."라고 하자 공수반이 굴복하였다. 묵적이 말하기를 "어찌 그만두지 않으십니까?"라고 하자, 말하기를 "이미 왕께 말해놓았습니다."라고 하였다. 묵적이 말하기를 "어찌 나로 하여금 왕을 뵙도록 하지 않으십니까?"라고 하여 마침내 초왕을 만났다.

묵자가 혁대를 풀어 성을 만들고 나뭇조각으로 器械를 만들었는데, 공수반이 아홉 차례 운제를 설치하여 성을 공격하였지만 묵자가 아홉 차례 물리치니, 공수반이 굴복하고 말하기를 "나는 그대를 물리칠 방법을 알고 있습니다."라고 하였다. 〈초왕이〉 그 까닭을 묻자 묵자가 말하기를 "공수반의 의도는 다만 신을 죽이려는 데 불과합니다. 신을 죽이면 송나라는 지킬 수 없을 것입니다. 그렇지만 신의 제자 禽滑釐 등 300명이 이미 신의 守禦 기계를 가지고서 송나라 성 위에서 초나라의 침공을 기다리고 있습니다."라고 하자, 초왕이 말하기를 "송나라를 공격하지 않겠습니다."라고 하였다.

渚宮舊事二라

≪渚宮舊事≫ 2권에 나온다.

子墨子游公上過於越이러니 公上過語墨子之義한대 越王說(열)之하여 謂公上過曰 子之師가 苟肯至越인댄 請以故吳之地陰江之浦書社三百으로 以封夫子호리라하다 公上過往復於子墨子한대 子墨子曰 子之觀越王也에 能聽吾言하며 用吾道乎아한대 公上過曰 殆未能也라하여늘 墨子曰 不唯越王不知翟之意라 雖子도 亦不知翟之意로다 若越王聽吾言하고 用吾道면 翟度(탁)身而衣하고 量

子墨子가 공상과를 越나라로 보내 벼슬하게 하였다. 공상과가 越王에게 묵자의 義를 말해주니 월왕은 기뻐하여 공상과에게 말하기를 "그대의 선생이 진실로 월나라에 오려 한다면 청컨대 옛 吳나라의 땅인 陰江의 포구에 있는 書社의 땅 300리로 선생을 봉하겠다."라고 하였다. 공상과가 자묵자에게 가서 보고하였는데, 자묵자가 말하기를 "그대가 월나라 왕을 보기에 나의 말을 들어주고 나의 道를 써줄 수 있겠던가?"라고 하니, 공상과가 말하기를 "아마도 그렇게 하지 못할 듯합니다."라고 하였다. 묵자가 말하기를 "월나라 왕이 나의 뜻을 모를 뿐만 아니라 그대도 나의 뜻을 모른다. 월나라 왕이 나의 말을 들어주고 나의 도를 써준다면 나는 몸을 두를 정도로만 치수를 재어 옷을 입고

舊校云에 一作裹라하다

예전의 교감에는 "한 본에는 〈'量'이〉 '裹'로 되어 있다."라고 하였다.

腹而食하여 **比於賓萌**하여 **未敢求仕**어니와

배를 채울 정도로만 헤아려 음식을 먹고 유세하는 선비에 자신을 비길 것이니 어찌 벼슬하기를 구하겠는가.

高注云 賓은 客也이요 萌은 民也라하다

高誘의 注에 "賓은 客이고 萌은 백성이다."라고 하였다.

越王不聽吾言하며 **不用吾道**면 **雖全越以與我**라도 **吾無所用之**요 **越王不聽吾言**하여 **不用吾道**어늘 **而受**

월나라 왕이 나의 말을 들어주지 않고 나의 도를 써주지 않는다면 월나라 전체를 나에게 주더라도 나에게 소용이 없고 월나라 왕이 나의 말을 들어주지 않고 나의 도를 써주지 않는데도

舊校에 云 一作愛라하다

예전의 교감에는 "한 본에는 〈'受'가〉 '愛'로 되어 있다."라고 하였다.

其國이면 **是**는

봉해주는 나라를 받는다면 이는

舊校에 **云 一作退**라하다

예전의 교감에는 "한 본에는 〈'是'가〉 '退'로 되어 있다."라고 하였다.

以義(翟)〔糴〕也라 **義(翟)〔糴〕**인댄 **何必越**이리오

義를 파는 것이다. 의를 팔기로 한다면 어찌 굳이 월나라에서 할 것이 있겠는가.

畢云 兩翟字는 **當是糴字之誤**라하다

畢沅 : 두 '翟'자는 응당 '糴'의 오자일 것이다.

雖於中國亦可라하다

중국에서도 할 수 있을 것이다."라고 하였다.

呂氏春秋高義篇이라 **本書魯問篇文略同**하다

≪呂氏春秋≫ 〈高義〉에 나온다. 본서 〈魯問〉의 글도 대략 같다.

墨子至郢하여 **獻書惠王**한대 **王受而讀之**하고 **曰 良書也**로다 **是寡人雖不得天下**나 **而樂養賢人**이라 **請過**면

묵자가 郢(楚나라 수도)에 이르러 惠王에게 책을 바치니 혜왕이 받아 읽고 "좋은 책이로다. 과인이 비록 천하를 얻지는 못했으나 賢人 양성을 즐깁니다. 청컨대 와 주신다면,

此上下有脫文이라

이 대목 위아래에 빠진 글자가 있다.

進(曰)〔粟〕百(種)〔鍾〕하여

곡식 100鍾을 드려서

疑當作進粟百鍾이라

'進粟百鍾'이 되어야 할 듯하다.

以待官舍人호리니 不足須天下之賢君이라한대 墨〔子〕

관사의 사람을 待遇할 터이니, 천하의 어진 임금을 굳이 더 찾을 필요가 없을 것입니다."라고 하였는데, 묵자가

下脫子字라

〈'墨'〉 아래에 '子'자가 빠졌다.

辭曰 翟聞賢人進하여 道不行이면 不受其賞하며 義不聽이면 不處其朝하나니 今書未用하니 請遂行矣라하고 將辭王而歸어늘 王使穆賀以老辭하다

묵자가 사양하기를 "제가 들으니 賢人이 조정에 나아가 자신의 道가 행해지지 않으면 그 賞을 받지 않고 자신의 義가 받아들여지지 않으면 그 조정에 있지 않는다고 합니다. 지금 제 책이 채택되지 않으니 청컨대 떠나고자 합니다."라 하였다. 그리고 묵자가 혜왕에게 인사하고 돌아가려 했는데, 혜왕이 穆賀를 보내 자신이 늙었다는 이유로 〈묵자를 접견하는 것을〉 사양하였다.

余注에 云 時惠王在位已五十年矣라하다

余知古[8]의 注에 "이때는 惠王이 在位한 지 이미 50년이었다."라 하였다.

魯陽文君言於王曰 墨子는 北方賢聖人이어늘 君王不見하고 又不爲禮하니 毋乃失士잇가하여늘 乃使文君追墨子하여 以書社五〔百〕里로

魯陽 文君이 惠王에게 말하기를 "묵자는 북방의 성현인데 군왕께서 만나지 않고 게다가 禮를 갖추지 않으시니, 선비를 잃는 것이 아니겠습니까?"라고 하자, 노양 문군을 시켜서 묵자를 뒤쫓아가서 書社의 땅 500리로써

---

8) 余知古 : 唐 文宗(826~840 재위) 때 사람으로, 벼슬은 守太子校書에 이르렀다. 段成式, 溫庭筠 등과 함께 倡和한 詩를 모아 만든 ≪漢上題襟集≫과 ≪渚宮舊事≫가 있다.

疑當作五百里라

'五百里'가 되어야 할 듯하다.

封之한대 不受而去하다

봉해주었는데, 묵자는 받지 않고 떠났다.

渚宮舊事二라 案 首數語與貴義篇及文選注所引本書佚文略同하니 見附錄이라 右는 墨子遺事라

≪渚宮舊事≫ 2권에 나온다.

案 : 첫머리 몇 마디 말은 〈貴義〉 및 ≪文選≫ 注에 인용된 본서의 佚文과 대략 같으니, 부록에 보인다.

이상은 묵자 遺事이다.

墨子爲木鳶하여 三年而成이어늘 蜚一日而敗라 弟子曰 先生之巧는 至能使木鳶飛라한대 墨子曰 不如爲車輗者巧也하니 用咫尺之木하여 不費一朝之事로되 而引三十石之任하여 致遠力多하여 久於歲數라 今我爲鳶三年而成이어늘 蜚一日而敗라하다 惠子聞之하고 曰 墨子大巧하니 巧爲輗하고 拙爲鳶[9]이라하다

墨子가 나무 연을 만들어 3년 만에 완성하였는데 하루를 날고는 부서져버렸다. 제자가 말하기를 "선생님의 솜씨는 나무 연을 날게 하기에 이르렀습니다."라고 하자, 묵자가 말하기를 "수레의 끌채 마구리를 만드는 자의 기교만 못하니, 〈그는〉 아주 짧은 나무를 써서 반나절을 일하지 않고도 30石이나 되는 짐을 끌고서 멀리까지 갈 만큼 힘이 세고 오랜 세월을 견디건만, 지금 나는 나무 연을 만들어 3년 만에 완성하였는데, 하루를 날고는 부서져버렸다."라고 하였다. 惠子가 이를 듣고 말하기를 "墨子는 큰 솜씨이다. 작은 솜씨를 가진 사람은 수레의 끌채 마구리를 만들고 큰 솜씨를 가져 서툴게 보이는 사람은 나무 연을 만든다."라고 하였다.

韓非子外儲說左上이라 淮南子齊俗訓에 云 魯般墨子以木爲鳶하여 而飛之三日不集이나

9) 墨子大巧……拙爲鳶 : ≪老子≫ 45장에 "크게 솜씨가 좋은 것은 서툰 것처럼 보인다.〔大巧若拙〕"라고 한 것과 의미가 상통한다.

而不可使爲工也라하고 論衡儒增篇에 云 儒書에 稱魯般墨子之巧는 刻木爲鳶하여 飛之三日而不集이라하다 案 本書魯問篇說公輸子削竹木以爲誰이라하니 與此略同이라 疑傳聞之異라

≪韓非子≫ 〈外儲說 左上〉에 나온다. ≪淮南子≫ 〈齊俗訓〉에 "魯般(公輸般)과 묵자가 나무로 연을 만들어 사흘 동안 날아도 내려 앉지 않았으나 이들로 하여금 工人이 되게 할 수는 없었다."라고 하였고, ≪論衡≫ 〈儒增〉에 "유가의 서적에서 '魯般과 묵자의 좋은 솜씨로 나무를 깎아 연을 만들어 사흘 동안 날고도 내려앉지 않았다.'라고 한다."라고 하였다.

案 : 본서 〈魯問〉에 "公輸子가 대나무를 깎아서 까치를 만들었다."라고 하였으니, 이 대목과 대략 같다. 아마도 전해 들은 얘기가 달랐을 것이다.

夫班輸之雲梯와 墨翟之飛鳶은

대저 班輸(公輸般)가 雲梯를 만든 것과 墨翟이 나는 나무 연을 만든 것은

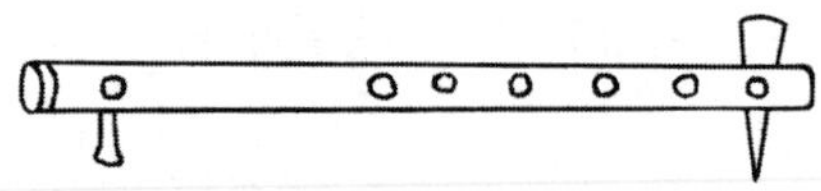

規(그림쇠)

張注[10]에 云 墨子作木鳶하여 飛三日不集이라하다

張湛의 注에 "묵자가 나무 연을 만들어 사흘 동안 날고도 내려 앉지 않았다."라고 하였다.

自謂能之極也러니 弟子東門賈禽滑釐聞偃師[11]之巧하고 以告二子한대 二子終身不敢語藝하고 而時執規矩하다

矩(곱자)

그들 스스로 지극히 좋은 솜씨라고 하였다. 그런데 제자 東門賈와 禽滑釐가 偃師의 뛰어난

10) 張注 : 張湛(?~?)의 ≪列子注≫이다. 장담은 東晉시대 사람으로, 字는 處度이다. 養生術에 정통하였으며, 저서로 ≪養生要集≫ · ≪延生秘錄≫이 있으나 지금은 전하지 않고 ≪열자주≫만 남아 있다.

11) 偃師 : 周 穆王 때의 匠人이다. 그가 가죽, 나무, 아교 등을 가지고 사람의 형상을 만들어 목왕에게 바쳤는데, 그 형상과 동작이 산 사람과 똑같아서 천자를 시종하던 여자에게 눈을 깜빡이기까지 하였다고 한다.(≪列子≫ 〈湯問〉)

솜씨를 듣고서 이 두 사람에게 말하자 두 사람이 종신토록 감히 솜씨 자랑을 하지 않고 때로 그림쇠와 곱자 같은 공구를 잡을 뿐이었다.

列子湯問篇이라 案 東門賈는 蓋班輸弟子라 故云以告二子라 或謂亦墨子弟子라하니 非是라

≪列子≫ 〈湯問〉에 나온다.

案 : 東門賈는 아마도 班輸의 제자일 듯하다. 그래서 "두 사람에게 말했다."라고 한 것이다. 혹자는 "또한 묵자의 제자이다."라고 하였는데 맞지 않다.

墨子服役百八十人이 皆可使赴火蹈刃하여 死不旋踵하니 化之所致也라

묵자의 服役하는 자 180인이 모두 다 불 속에 뛰어들고 칼날을 밟고서 죽어도 발꿈치를 돌리지 않게 할 수 있을 정도였으니, 이는 감화의 소치이다.

淮南子泰族訓이라 案 主術訓에 又云 孔丘墨翟은 脩先聖之術하며 通六藝之論하여 口道其言하며 身行其志어늘 慕義從風而爲之服役者가 不過數十人이라하니 與此小異라

≪淮南子≫ 〈泰族訓〉에 나온다.

案 : ≪회남자≫ 〈主術訓〉에 또 "孔丘와 墨翟은 모두 先聖의 학술을 공부하며 六藝의 의론에 통달하여 입으로 그 말을 하고 몸으로 그 뜻을 실행하였는데, 그들의 의리를 사모하고 그들의 풍도를 추종하여 服役한 자가 불과 수십 인이었다."라고 하였으니, 이 대목과 조금 다르다.

墨子見歧道而哭之하다

묵자가 갈림길을 보고 곡하였다.

呂氏春秋疑似篇이라 高注에 云 爲其可以南可以北이니 言乖別也라하다 賈子新書審微篇에 云 故墨子見衢路而哭之하니 悲一跬而繆千里也라하다 案 荀子王霸篇에 又云 楊朱哭衢涂라하니 蓋傳聞之異라

≪呂氏春秋≫ 〈疑似〉에 나온다. 高誘의 注에 "남쪽으로도 갈 수 있고 북쪽으로도 갈 수 있기 때문이니, 서로 어긋나 이별함을 말한다."라고 하였다. ≪賈子新書≫ 〈審微〉에 "그러므로 묵자는 갈림길을 보고 곡하였으니, 반걸음 만에 천리나 멀리 어긋나게 됨을 슬퍼

한 것이다."라고 하였다.

案 : ≪荀子≫ 〈王霸〉에는 또 "楊朱는 갈림길에서 곡하였다."라고 하였으니, 대개 전해 들은 얘기가 달랐을 것이다.

墨子非樂하여 不入朝歌之邑하다

묵자는 음악을 옳지 않다고 여겨 朝歌라는 읍에 들어가지 않았다.

淮南子說山訓이라 史記鄒陽傳에 云 邑號朝歌어늘 而墨子迴車라하고 又說山訓高注에 云 墨子尙儉하고 不好樂하여 縣名朝歌어늘 墨子不入이라하다

≪淮南子≫ 〈說山訓〉에 나온다. ≪史記≫ 〈鄒陽列傳〉에 "읍의 이름이 朝歌이거늘 묵자가 수레를 돌렸다."라고 하였다. 또 ≪회남자≫ 〈설산훈〉 高誘의 注에 "묵자는 검소함을 숭상하고 음악을 좋아하지 않았다. 그래서 고을의 이름이 조가이거늘 묵자가 들어가지 않았다."라고 하였다.

墨子見荊王하여 錦衣吹笙하니 因也라

묵자가 楚王을 만나 비단옷을 입고 생황을 불었으니, 〈이는 초왕의 바라는 바를〉 따른 것이다.

呂氏春秋貴因篇이라 高注에 云 墨子好儉非樂하니 錦與笙은 非其所服也어늘 而爲之는 因荊王之所欲也라하다 藝文類聚四十四引尸子에 云 墨子吹笙하니 墨子非樂이나 而於樂有是也라하다

≪呂氏春秋≫ 〈貴因〉에 나온다. 高誘의 注에 "묵자는 검소함을 숭상하고 음악을 옳지 않다고 여겼으니, 비단옷과 생황은 그가 입고 연주할 바가 아니다. 그런데도 이렇게 한 것은 초왕의 바라는 바를 따른 것이다."라고 하였다. ≪藝文類聚≫ 44권에 인용된 ≪尸子≫에 "묵자가 생황을 불었으니, 묵자는 음악을 옳지 않다고 주장했으나 음악에 있어 이런 면이 있었다."라고 하였다.

笙

蓋聞孔丘墨翟은 **晝日諷誦習業**하고 **夜親見文王周公旦而問焉**이러라

대개 孔丘와 墨翟은 낮에는 글을 읽고 학업을 익혔으며 밤에는 文王과 周公 旦을 꿈속에서 만나보았다.

呂氏春秋博志篇이라

≪呂氏春秋≫ 〈博志〉에 나온다.

繞梁[12]**之鳴**에 **許史鼓之**는 **非不樂也**로되 **墨子以爲傷義**라 **故不聽也**라

繞梁이 울림에 許史가 북을 두드리는 것은 즐겁지 않음이 없지만, 묵자는 義를 해친다고 여겼기 때문에 듣지 않았다.

文選七命李注引尸子라 右는 墨子瑣事라

≪文選≫ 〈七命〉 李善 注에 ≪尸子≫를 인용한 곳에 나온다.
이상은 墨子 瑣事(작은 사적들)이다.

墨子者는 **名翟**이니 **宋人也**라 **仕宋爲大夫**하여 **外治經典**하며 **內修道術**하고 **著書十篇**은 **號爲墨子**라 **世多學者**하여 **與儒家分途**하여 **務尙儉約**하고 **頗毁孔子**하다 **有公輸般者**가 **爲楚造雲梯之械**하여 **以攻宋**이어늘 **墨子聞之**하고 **往詣楚**할새 **脚壞**하여 **裂裳裹足**하여 **七日七夜到**하여 **見公輸般而說**(세)**之**하여 **曰 子爲雲梯以攻宋**하니 **宋何罪之有**오 **有餘於地**하고 **而不足於民**하니 **殺所不足而爭所有餘**는 **不可謂智**요 **宋無罪而攻之**는 **不可謂仁**이요 **知而不爭**은 **不可謂忠**이요 **爭而不得**은 **不可謂彊**이라한대 **公輸般曰 吾不可以已**니 **言於王矣**라하여늘 **墨子見王**하여 **曰 於今有人**하니 **捨其文軒**하고 **隣有一弊輿而欲竊之**하며 **舍其錦繡**하고 **隣有短褐而欲竊之**하며 **舍其粱肉**하고 **隣有糟糠而欲竊之**면 **此爲何若人也**잇고한대 **王曰 若然者**인댄 **必有狂疾**이라하여늘 **翟曰 楚有雲夢之麋鹿**과 **江漢之魚龜**하여 **爲天下富**어늘 **宋無雉兔鮒魚**하니 **猶粱肉**

12) 繞梁 : 楚 莊王이 가지고 있었던 名琴을 말한다. ≪淮南子≫ 권19 〈脩務訓〉에 이르기를 "여기에 琴이 있는데, 그 재료가 비뚤어지고 망가져서 소리가 새더라도 초 장왕의 琴이라고 한다면 측실들이 앞다투어 뜯는다."라고 하였다.

與糟糠也며 **楚有杞梓豫章**이어늘 **宋無數丈之木**하니 **此猶錦繡之與短褐也**라 **臣聞大王更議攻宋**이라하니 **有與此同**이라한대 **王曰 善哉**라 **然公輸般已爲雲梯**하여 **謂必取宋**이라하다 **於是**에 **見公輸般**하여 **墨子解帶爲城**하고 **以韘爲械**한대 **公輸般乃設攻城之機**하여 **九變而墨子九拒之**하니 **公輸之攻城械盡**이어늘 **而墨子之守有餘也**라 **公輸般曰 吾知所以攻子矣**로되 **吾不言**호리라한대 **墨子曰 吾知子所以攻我**로되 **我亦不言**호리라하다 **王問其故**한대 **墨子曰 公輸之意**는 **不過殺臣**이면 **謂宋莫能守耳**라 **然臣弟子禽滑釐等三百人**이 **早已操臣守禦之器**하여 **在宋城上而待楚寇矣**니 **雖殺臣**이나 **不能絶也**라하여늘 **楚乃止**하여 **不復攻宋**하다

묵자란 이는 이름이 翟이니, 宋나라 사람이다. 송나라에 벼슬하여 大夫가 되어서 밖으로는 經典을 공부하고 안으로는 道術을 수행하였고, 저서 10편은 ≪墨子≫로 불리었다. 세상에 묵자에게 배운 학자가 많은데 이들이 儒家와 길을 나누어 儉約을 힘써 숭상하고 孔子를 퍽 비방하였다.

公輸般이란 이가 楚나라를 위하여 雲梯라는 기계를 만들어 송나라를 공격하려 하였다. 묵자가 이를 듣고 楚나라로 갈 때 다리가 부르터서 아래 옷을 찢어서 발을 싸매고 7일 밤낮을 걸어서 초나라에 도착하여 공수반을 만나 설득하기를 "그대가 雲梯를 만들어 송나라를 공격하려 한다고 하니, 송나라가 무슨 죄가 있습니까. 땅이 남아돌고 백성이 부족한데 부족한 것을 희생하면서 남아도는 것을 쟁탈하는 것은 지혜롭다고 할 수 없고, 송나라가 죄가 없는데도 공격하는 것은 仁이라고 할 수 없으며, 이를 알면서도 諫爭하지 않는 것은 忠이라고 할 수 없고, 간쟁하되 목적을 이루지 못하는 것은 강하다고 할 수 없습니다."라고 하였다. 공수반이 말하기를 "나로서는 그만둘 수 없으니, 왕께 말하리라."라고 하였다.

묵자가 楚王을 만나 말하기를 "지금 여기에 어떤 사람이 있는데, 문채가 있는 좋은 수레를 버려둔 채 이웃집의 낡은 수레를 훔치려 하고 자신의 수놓은 비단옷을 버려둔 채 이웃집에 있는 허름한 短褐을 훔치려 하고 자신의 기름진 곡식과 고기를 버려둔 채 이웃집의 겨와 지게미를 훔치려 한다면, 이는 어떠한 사람이겠습니까?"라고 하자, 왕이 말하기를 "이와 같다면 필시 狂疾이 있을 것입니다."라고 하였다. 이에 墨翟이 말하기를 "초나라는 雲夢의 고라니와 사슴, 長江과 漢水의 물

고기와 자라가 있어 천하의 부유한 나라이지만 송나라는 꿩과 토끼, 붕어도 없으니, 이는 기름진 곡식·고기와 겨·지게미를 대비하는 것과 같습니다. 초나라는 먹구슬나무·가래나무·枕木·樟木과 같은 좋은 목재들이 있는데 송나라는 몇 길이 되는 긴 목재도 없으니, 이는 수놓은 비단옷과 허름한 단갈을 대비하는 것과 같습니다. 신은 듣건대 송나라를 공격하려는 것을 다시 논의한다고 하니, 이와 같은 점이 있습니다."라고 하자, 왕이 말하기를 "좋은 말입니다. 그런데 공수반이 이미 운제를 만들어 반드시 송나라를 취할 수 있다고 합니다."라고 하였다.

이에 묵자가 공수반을 만났다. 묵자가 혁대를 풀어 성을 만들고 두건으로 器械를 만들었는데, 공수반이 이에 성을 공격하는 기계를 설치하여 아홉 차례 攻城 방식을 바꾸며 공격하였지만 묵자가 아홉 차례 막아내니, 공수반의 攻城 기구들이 다 사용되었지만 묵자의 守禦는 여유가 있었다. 공수반이 말하기를 "나는 그대를 공격할 방법을 알지만 나는 말하지 않겠습니다."라고 하자, 묵자가 말하기를 "그대가 나를 공격할 방법을 내가 알고 있지만 나도 말하지 않겠습니다."라고 하였다.

초왕이 그 까닭을 묻자, 묵자가 말하기를 "공수자의 의도는 다만 신을 죽이려는 데 불과합니다. 그렇게 되면 송나라는 지킬 수 없다고 여기는 것입니다. 그렇지만 신의 제자 禽滑釐 등 300명이 일찌감치 신의 守禦 기계를 가지고서 송나라 성 위에서 초나라의 침공을 기다리고 있습니다. 비록 신를 죽인다 하더라도 이들을 없앨 수 없을 것입니다."라고 하였다. 이에 초나라가 그만두고 더이상 송나라를 공격하지 않았다.

墨子年八十有二라 乃歎曰 世事已可知요 榮位非常保니 將委流俗하여 以從赤松子游耳라하고 乃入周狄山하여 精思道法하고 想像神仙이라 於是에 數(삭)聞左右山間(간)有誦書聲者라 墨子臥後에 又有人來하여 以衣覆(부)足이어늘 墨子乃伺之하니 忽見一人일새 乃起問之曰 君豈非山岳之靈氣乎아 將度世之神仙乎아 願且少留하여 誨以道要하라한대 神人曰 知子有志好道라 故來相候하니 子欲何求아하여늘 墨子曰 願得長生하여 與天地相畢耳라하다 於是에 神人授以素書朱英丸方道靈敎戒五行變化凡二十五篇하고 告墨子曰 子有仙骨하고 又聰明하니 得此便成하여 不復須師라하다 墨子拜

受合作하여 **遂得其驗**이라 **乃撰集其要**하여 **以爲五行記**하고 **乃得地仙**하여 **隱居以避戰國**이러니 **至漢武帝時**하여 **遣使者楊違**하여 **束帛加璧**하여 **以聘墨子**어늘 **墨子不出**이라 **視其顔色**이면 **常如五十許人**하고 **周游五嶽**하여 **不止一處**러라

묵자의 나이 82세라 이에 탄식하기를 "세상일은 이미 알 만하고 爵位는 늘 지킬 수 있는 게 아니니, 장차 이 세상을 내버려두고 赤松子를 따라 노닐어야겠다."라고 하고는 周狄山에 들어가 道法을 정밀히 사색하고 신선을 상상하였다. 이때 좌우 산속에서 글을 읽는 소리가 자주 들렸다. 묵자가 누운 뒤편에 또 어떤 사람이 와서 옷으로 발을 덮어주곤 하였다. 묵자가 가만히 엿보았더니, 홀연 한 사람이 보이기에 일어나 묻기를 "그대는 산악의 靈氣가 아닌가? 혹 속세를 벗어난 신선인가? 원컨대 잠시 머물러 나에게 도법의 要訣을 가르쳐주십시오."라고 하였다. 신선이 말하기를 "그대가 뜻을 두고 도를 좋아하는 줄 알기 때문에 와서 그대를 살펴본 것이다. 그대는 무엇을 구하고 싶은가?"라고 하였는데, 묵자가 말하기를 "원컨대 오래 살아서 천지와 더불어 수명을 마치고자 합니다."라고 하였다.

이에 신선이 ≪素書≫·≪朱英丸方≫·≪道靈教戒≫·≪五行變化≫ 등 25편의 책을 주고 묵자에게 말하기를 "그대는 신선이 될 骨相이 있고 게다가 총명하니, 이 책들을 얻으면 곧 道를 이루어 더이상 스승이 필요치 않을 것이다."라고 하였다.

묵자가 절하고 받아서 그 책들을 합하여 제작하여 마침내 그 효험을 얻었다. 이에 그 요결들을 모아서 ≪五行記≫를 만들고 地仙이 되어 은거하여 전국시대의 혼란한 세상을 피하였다. 漢 武帝 때에 이르러 使者 楊違를 보내 束帛에 璧을 더하는 예물을 갖추어 묵자를 초빙하였는데 묵자는 세상에 나가지 않았다. 묵자의 안색을 보면 늘 50세쯤 된 사람과 같았고 五嶽를 두루 다니면서 한곳에 머물지 않았다.

葛洪神仙傳右附라

葛洪의 ≪神仙傳≫을 위에 첨부한다.

案 墨子는 **法夏宗禹**하여 **與黃老不同術**이어늘 **晉宋以後**에 **神仙家妄撰墨子爲地仙之說**이라 **於是**에 **墨與道乃合爲一**이라 **阮孝緖**[13] **七錄**에 **有墨子枕中五行要記**

13) 阮孝緖 : 479~536. 南朝 梁나라 때 학자로 자는 士宗이고 阮孝緖로도 불리며, 제자들이 文貞處士라 私諡하였다. 梁 武帝 普通 4년(523)에 ≪七錄≫을 편찬하였다. 이 책은 방대

一卷五行變化墨子五卷하다

案 : 묵자는 夏나라를 본받고 禹임금을 宗主로 삼았으므로 黃老와는 학술이 같지 않은데, 晉·宋 이후로 神仙家들이 망령되게 묵자가 地仙이 되었다는 설을 만들어냈다. 이에 墨家와 道家가 합하여 하나가 되었다. 阮孝緖의 ≪七錄≫에 ≪墨子枕中五行要記≫ 1권, ≪五行變化墨子≫ 5권이 있다.

隋志에 竝云 梁有今亡이라하다 案 抱朴子內篇遐覽에 云 變化之術大者는 唯有墨子五行記하니 本有五卷이라 昔劉君安未仙去時에 鈔取其要하여 以爲一卷이라하다 葛氏所說甚詳하니 蓋五行變化는 卽五卷之全書요 要記는 卽劉安所鈔一卷也라 隋書經籍志醫方類에 有墨子枕內五行記要一卷하고 宋史藝文志神仙類에 有太上墨子枕中記二卷하니 皆卽是書라 抱朴子神仙金汋經에 又載墨子丹法하니 蓋皆道家僞託之書라 五代史唐家人傳에 云 魏州民自言有墨子術하여 能役鬼神하고 化丹砂水銀이라하니 卽此術也라

≪隋書≫ 〈經籍志〉에 아울러 이르기를 "梁나라 때는 있었는데 지금은 없다."라고 하였다.

案 : ≪抱朴子≫ 〈內篇 遐覽〉에 "變化의 술법이 큰 것으로는 오직 ≪墨子五行記≫가 있으니, 본래 5권이 있었다. 옛날 劉君 安이 신선이 되어 가기 전에 그 요결을 抄錄하여 1권을 만들었다."라고 하였다. 葛氏(葛洪)이 말한 바가 매우 상세하니, 대개 ≪오행변화묵자≫는 5권으로 된 全書이고, ≪묵자침중오행요기≫는 곧 劉安이 초록한 1권일 것이다. ≪隋書≫ 〈經籍志〉 醫方類에 ≪墨子枕內五行記要≫ 1권이 있고, ≪宋史≫ 〈藝文志〉 神仙類에 ≪太上墨子枕中記≫ 2권이 있으니, 모두 이 책들이다. ≪포박자≫·≪神仙金汋經≫에 또 묵자의 鍊丹法이 실려 있으니, 모두 道家에서 만든 僞書들이다. ≪新五代史≫ 〈唐家人傳〉에 "魏州의 백성이 스스로 말하기를 '묵자의 술법이 있어 능히 귀신을 부리고 丹砂와 수은을 만들어낼 수 있다'고 한다."라고 하였으니, 바로 이 술법일 것이다.

蓋卽葛傳所謂五行記者는 明鬼之論이 忽變爲服食練形하고 而七十一篇之外에 又增金丹變化之書하니 斯皆展轉依託하여 不可究詰이라 魏晉之閒(간)에 俗尙浮靡하여 嫁名僞冊하여 榛薉編錄하니 此亦其一矣라

한 目錄學 저술이다.

아마도 갈홍이 전한 이른바 ≪묵자침중오행기≫란 것은 ≪묵자≫ 〈明鬼〉의 이론이 홀연 服食과 練形으로 바뀌었고, ≪묵자≫ 71편 외에 또 金丹을 이루어 신선으로 변화하는 방법을 쓴 책을 더 보탠 것이니, 이러한 僞作들은 다 이리저리 가탁한 것으로 끝까지 다 따져 알 수 없다. 魏晉시대에는 세상 풍속들이 浮靡한 것을 숭상하여 이름을 가탁하여 僞書를 만들어 잡다하고 허황한 얘기들을 엮어 기록하였으니, 이 또한 그중 하나일 것이다.

開元占經[14]引墨子占도 疑亦假託이라

≪開元占經≫에 인용된 '墨子占'도 아마 가탁한 위작일 것이다.

稚川之傳은 惟與公輸般論攻守事가 見本書요 餘皆肊造라 不足論이로되 以其晉人舊帙로 姑錄附於末하여 以識道家不經之談所由肇耑하노라 至於年代彌遠에 詭說日孳하여 生有夢烏之徵하고

稚川(葛洪의 자)이 전한 것은 오직 묵자가 公輸般과 攻守를 논한 일이 본서에 보일 뿐이고, 나머지는 모두 날조된 것이라 논할 가치도 없다. 그러나 晉나라 사람이 남긴 古書이므로 우선 말미에 첨부해둠으로써 道家의 虛誕한 얘기가 생겨나게 된 단초를 기록한다. 연대가 더 후대로 내려와 황당한 얘기들이 날로 불어나 묵자가 태어날 때 까마귀를 꿈에 보는 조짐이 있었고

伊世珍瑯嬛記[15]引賈子說林에 謂墨子姓翟名烏니 其母夢日中赤烏入室하고 驚覺生烏일새 遂名之라하니 其說謬妄하여 不足辯이라 說林은 古亦無是書하니 蓋即世珍所肊撰也라

伊世珍의 ≪瑯嬛記≫에 인용된 ≪賈子說林≫에 "묵자는 姓은 翟이고 이름은 烏이니, 그의 어머니가 해 안에 있는 붉은 까마귀가 방에 들어오는 꿈을 꾸고 놀라 깨어서 오를

14) 開元占經 : 唐 玄宗 때 太史監을 역임했고 ≪周易≫에 조예가 깊은 인도 사람 瞿曇悉達의 저서라고 한다. 완칭은 ≪大唐開元占經≫이고, 모두 110권이다.(≪中國歷代人名大辭典≫ 〈瞿曇悉達〉)

15) 伊世珍瑯嬛記 : 伊世珍은 元나라 사람이다. ≪瑯嬛記≫는 이세진이 찬집한 志怪小說集이다. 그의 설명에 의하면, 張華가 建安의 從事가 되어 하루는 仙人을 만나 石室 안에서 여러 종의 奇書를 보았는데, 이 석실의 편액이 '琅嬛福地'였다고 한다. 그래서 그는 이 책이 석실의 기서가 되었으면 하는 바람에서 '琅嬛'이라 명명하였다고 한다. 今本은 3권으로, 宋元시대 志怪에 관한 小說이나 짧은 글을 모은 筆記 100여 종을 輯錄한 것이다.

낳았기에 마침내 오라고 이름하였다."라고 하였으니, 그 설이 황당하여 변론할 가치도 없다. ≪說林≫은 옛날에 이 책이 없었으니, 아마 이세진이 날조한 것일 터이다.

終以服丹而化하여는

마침내 丹藥을 복용하고 신선이 되었다고 하는 것으로 말하자면,

陶弘景眞誥[16)]**稽神樞篇**에 **云 墨狄子服金丹而告終**이라하다

陶弘景의 ≪眞誥≫ 〈稽神樞〉에 "墨狄子는 金丹을 복용하고서 生을 마쳤다."라고 하였다.

若玆之類는 **誣誕尤甚**하니 **今無取焉**이라

이와 같은 얘기들은 虛誕하기가 더욱 심하니. 지금 취하지 않는다.

---

16) 陶弘景眞誥 : 도홍경(456~536)은 중국 南朝의 梁나라 때의 저명한 隱士요 학자이다. ≪眞誥≫는 道敎 上淸派의 역사, 전기, 방술 등을 소개한 서적이다. 이 밖에 주요 저서로 ≪登眞隱訣≫, ≪本草經集注≫ 등이 있다.

묵학통론 제5 墨學通論 第五

春秋之後에 **道術紛歧**하여 **倡異說以名家者十餘**라 **然惟儒墨爲最盛**하고 **其相非亦最甚**이라 **墨書旣非儒**하고 **儒家亦闢楊墨**이러니 **楊氏晩出**하여 **復擯儒墨而兼非之**라 **然信從其學者少**하여 **固不能與墨抗行也**라 **莊周曰 兩怒**에 **必多溢惡之言**이라하다

춘추시대 후대에 학술이 분열되면서 異說을 主唱하여 一家로 이름난 것이 10여 학파가 된다. 그러나 儒家와 墨家가 가장 성대하였고, 상호 비난한 것도 가장 심하였다. 목자의 저서에 이미 유가를 비판하였고 유가에서도 楊朱·묵적을 論斥하였다. 그런데 楊氏(楊朱)는 뒤늦게 나와서 유가와 묵가를 배척하여 둘을 아울러 비판하였다. 그러나 그 학문을 믿고 따르는 자가 적어서 진실로 묵가와 대등하게 겨룰 수는 없었다.

莊周는 말하기를 "양쪽이 서로 노하면 반드시 과도하게 미워하는 말이 많게 마련이다."라고 하였다.

人間世篇이라

≪莊子≫ 〈人間世〉에 나온다.

況夫樹一義以爲櫱楬하여 **而欲以易擧世之論**하고 **沿襲增益**하여 **務以相勝**이면 **則不得其平**은 **豈非勢之所必至乎**아 **今觀墨之非儒**는 **固多誣妄**하니 **其於孔子**에 **亦何傷於日月**[1]이리오 **而墨氏兼愛**하여 **固諄諄以孝慈爲本**이라 **其書具在**하니 **可以勘驗**이어늘

---

1) 其於孔子 亦何傷於日月 : 叔孫武叔이 공자를 헐뜯자, 子貢이 "그러지 말라. 중니는 헐뜯을 수 없다. 다른 사람의 어짊은 구릉이라 넘을 수가 있지만 중니는 해와 달이라 넘을 수가 없으니〔仲尼日月也 無得而踰焉〕 사람들이 비록 스스로 그분과 관계를 끊고자 한들 해와 달에 무슨 해가 되겠는가. 자신의 분수를 알지 못한다는 것을 보이기에 알맞을 따름이다."라고 하였다.(≪論語≫ 〈子張〉)

더구나 하나의 義를 세워서 표방을 삼아서 온 세상의 의론을 바꾸고자 하고 이를 이어받고 덧보태어 서로 상대방을 이기려고 힘쓰면, 평정하지 못하게 되는 것은 어찌 형세상 반드시 그렇게 될 수 밖에 없는 것이 아니겠는가.

지금 보건대 묵가가 유가를 비난한 것은 진실로 황당한 것이 많으니, 孔子에 있어서는 또한 해와 달 같은 그 위상에 무슨 손상이 되리오. 그러나 묵씨는 兼愛를 주장하여 진실로 자상하게 효성과 자애로써 근본을 삼았다. 그 저서가 다 남아 있으니, 보면 알 수 있다.

班固論墨家에 亦云 以孝視天下라 是以尙同이라하다

班固도 墨家를 논하면서 역시 "孝로써 천하 사람들을 다 같이 보았다. 이런 까닭에 尙同을 주장하였다."라고 하였다.

而孟子斥之하여 至同之無父之科[2)]하니 則亦少過矣라 自漢以後로 治敎嫥一할새 學者咸宗孔孟하고 而墨氏大絀이라 然講學家는 剽竊孟荀之論하여 以自矜飾標識(지)하며 綴文之士는 習聞儒言하여 而莫之究察하여 其於墨也에 多望而非之하여 以迄於今하여 學者童丱治擧業하여 至於皓首히 習斥楊墨爲異端하고 而未有讀其書하여 深究其本者하니 是暖姝之說也라 安足與論道術流別哉아 今集七國以逕於漢諸子之言涉墨氏者하고 而殿以唐昌黎韓子讀墨子之篇[3)]하여 條別其說하고 不加平議하노니 雖復申駁雜陳에 然否錯出이나 然視夫望而非之者컨대 固較(각)然其不同也라 至後世文士衆講學家之論하여는 則不復甄錄하노니 世之君子有秉心敬恕하여 精究古今學業純駁之故者는 讀墨氏之遺書하고 而以此篇證其離合이면 必有以持其是非之平矣라

그런데 孟子가 배척하여 심지어 아비가 없는 것으로 여기는 죄와 같다고 여겼으니, 또한 조금 지나치다. 漢나라 이후로 治敎가 專一해지면서 학자들이 모두

---

2) 孟子斥之 至同之無父之科 : ≪孟子≫ 〈滕文公 下〉에 "양씨는 자신만을 위하니 이는 임금이 없는 것이요, 묵적은 사람들을 똑같이 사랑하니 이는 아비가 없는 것이다.〔墨氏兼愛 是無父也〕 아비를 무시하고 임금을 무시하면 이는 금수이다."라고 하였다.

3) 唐昌黎韓子讀墨子之篇 : 昌黎 韓子는 唐나라 때 문호로 당송팔대가의 한 사람인 韓愈(768~824)를 높여 말한 것이다. 자는 退之이고 昌黎 사람이므로 창려 선생이라고 불렀다.

孔孟을 종주로 삼고 墨氏는 크게 배척을 당하였다. 그러나 講學하는 학자들은 맹자와 荀子의 의론을 표절하여 스스로 과장하고 표방하였으며 문장을 짓는 문사들은 유가의 말을 익히 듣기만 하고 그 내용을 궁구해 고찰해보지 않은 채 묵씨에 대해서는 흔히 멀리서 바라보기만 하고서 비판하곤 하였다. 그리하여 지금에 이르러서 학자들은 아동 때부터 과거 공부를 하여 백발의 노인이 될 때에 이르도록 습관적으로 양씨와 묵씨를 배척하여 異端이라 할 뿐 그 저서를 읽어 그 근본을 깊이 연구한 이가 없으니, 이는 애매모호한 주장이다. 이러고서야 어찌 더불어 학술의 流派를 논할 수 있겠는가.

이제 七國(전국시대) 이후 漢나라 諸子들의 말 중에서 묵씨와 관계 있는 것들을 모으고, 唐나라 昌黎 韓子의 〈讀墨子〉를 뒤에 첨부하여 그 설들을 조목조목 변별하기만 하고 논평을 더하지는 않는다. 비록 잡박한 글들을 되풀이하여 늘어놓으면서 맞는 것과 그렇지 못한 것들이 뒤섞여 나오지만 저 멀리서 바라보기만 하고서 비판하는 것과 비교해보면, 진실로 분명 같지 않을 것이다.

후세의 글을 짓는 문사들과 강학하는 학자들의 의론에 이르러서는 더이상 선별해 수록하지 않노니, 새상의 군자로서 경건하고 너그러운 마음가짐으로 고금의 학술이 어느 것이 순수하고 어느 것이 雜駁한지 그 연고를 정밀히 연구하는 이는 묵씨가 남긴 저서를 읽고 이 편을 가지고서 그 離合의 과정을 증명한다면 필시 是非를 공정히 보는 안목을 가지게 될 것이다.

秦漢諸子及史傳이 **涉儒墨者甚夥**나 **華文氾論**에 **無所發明**이요 **及荀韓諸子難節葬兼愛之論**하여도 **而未明斥墨子者**는 **今竝不錄**하노라

秦漢시대 諸子書 및 史傳 중에 儒墨에 관계되는 것이 매우 많으나 글은 부화하고 논의는 범범하여 진실을 밝혀낸 바가 없으며, 荀子·韓子의 節葬과 兼愛를 힐난한 논의에 미쳐서도 묵자를 분명히 배척하지 않은 것은 지금 모두 수록하지 않는다.

墨子之言은 **昭昭然爲天下憂不足**하니 **夫不足**은 **非天下之公患也**니 **特墨子之私憂過計也**라 **今是土之生五穀也**에 **人善治之**면 **則畝數盆**[4)]에 **一歲而再獲之**하나니

---

4) 盆 : 고대의 계량하는 容器로, 그 용량은 고대의 제도에 12斗 8升쯤 되었다. ≪周禮≫ 〈考工記 陶人〉에 "盆에는 2釜가 들어간다.〔盆實二釜〕"라고 했는데, 鄭玄의 注에 "용량이 6斗 4

묵자의 말은 자질구레하게 천하를 위해 물자가 부족할까 걱정하였는데, 부족하다는 것은 온 천하 공동의 걱정거리가 아니라, 단지 묵자가 개인으로 걱정하여 지나치게 염려한 것일 뿐이다. 지금 저 땅에서 五穀이 나오고 있는데, 사람들이 이것을 잘 관리하면 땅 1畝에서 두세 盆을 수확할 수 있고 한 해에 두 번도 수확할 수 있다.

楊注에 **云 獲**은 **讀爲穫**이라하다

楊倞의 注에 "'獲'은 穫으로 읽어야 한다."라고 하였다.

然後에 **瓜桃棗李**를 **一本數以盆鼓**[5]하고 **然後**에 **葷菜百疏以澤量**하고 **然後**에 **六畜禽獸**가 **一而剸車**하고

그런 뒤에 오이·복숭아·대추·오얏 등 과일도 한 그루마다 盆과 鼓로 그 수확을 헤아릴 수 있다. 그런 뒤에 葷菜와 각종 채소는 물이 가득한 호수로 그 수량을 헤아릴 정도로 많다. 그런 뒤에 각종 가축과 사냥해 얻은 짐승은 〈몸집이 큰 것은〉 한 마리가 수레 한 대를 차지할 정도로 크다.

楊云 剸은 **與專同**하니 **言一獸滿一車**라하다

楊倞은 "'剸'은 專과 같으니, 한 마리의 짐승이 한 대의 수레에 가득 찰 정도로 크다는 말이다."라고 하였다.

黿鼉魚鱉鰌鱣以時別하여 **一而成群**하고 **然後飛鳥鳧鴈若煙海**하고 **然後昆蟲萬物生其閒**(간)하여 **可以相食養者**가 **不可勝數也**라 **夫天地之生物也**가 **固有餘**하여 **足以食人矣**요 **麻葛繭絲鳥獸之羽毛齒革也**가 **固有餘**하여 **足以衣人矣**니 **夫有餘不足**은 **非天下之公患也**니 **特墨子之私憂過計也**라 **天下之公患**은 **亂傷之也**니 **胡不嘗試相與求亂之者誰也**오 **我以墨子之非樂也**는 **則使天下亂**이요 **墨子之節用也**는 **則使天下貧**이니 **非將墮之也**요 **說不免焉**이라 **墨子大有天下**하고 **小有一國**이면 **將**

升인 것을 釜라 한다."라고 하였다.

5) 鼓 : 고대의 계량 또는 저울하는 기구로 그 용량 또는 무게 단위는 분명히 알 수 없다. ≪禮記≫ 〈曲禮 上〉에 "쌀을 바치는 사람은 계량하는 鼓를 지참한다.〔獻米者操量鼓〕"라고 하였다.

蹙然衣麤食惡하고 **憂戚而非樂**하니 **若是則瘠**이요 **瘠則不足欲**이요 **不足欲則賞不行**이라 **墨子大有天下**하고 **小有一國**이면 **將少人徒**하여 **省**(생)**官職**하고 **上功勞苦**하여 **與百姓**으로 **均事業**하며 **齊功勞**리니 **若是則不威**요 **不威則賞罰不行**이요 **賞不行**이면 **則賢者不可得而進也**며 **罰不行**이면 **則不肖者不可得而退也**라 **賢者不可得而進也**며 **不肖者不可得而退也**면 **則能不能**을 **不可得而官也**니 **若是則萬物失宜**하고 **事變失應**하여 **上失天時**하고 **下失地利**하고 **中失人和**에 **天下敖然**하여 **若燒若焦**리라

큰 자라・악어・잡어・자라・미꾸라지・드렁허리 같은 어류들은 제때 산란하여 각 종류마다 무리를 이룬다. 그런 뒤에 나는 새, 들오리, 기러기 등이 안개가 바다를 덮는 것처럼 많다. 그런 뒤에 곤충 등 만물이 그 가운데서 생겨난다. 이렇게 하여 사람들이 먹고 살 수 있는 것들이 헤아릴 수 없이 많다.

천지가 만물을 내는 것은 본디 여유가 있게 하여 사람들을 먹이기에 충분하며, 삼・칡・명주와 鳥獸의 깃과 털, 이빨과 가죽 등은 본디 여유가 있어 사람들을 입히기에 충분하다. 따라서 부족하다는 것은 온 천하 사람 공동의 걱정이 아니라, 단지 묵자가 개인적으로 걱정하여 지나치게 염려한 것일 뿐이다. 천하 사람 공동의 걱정은 人心을 어지럽히고 사회를 해롭게 하는 것이다. 어찌 그러한 혼란을 일으키는 자가 누구인지 탐구해보지 않으리오.

나는 묵자가 '非樂'을 주장한 것이 곧 천하를 혼란하게 만들고, 묵자가 '節用'을 주장한 것이 곧 천하를 가난하게 만든다고 생각한다. 내가 묵자를 헐뜯으려는 게 아니라, 묵자의 학설이 결국 이런 결과를 면할 수 없는 것이다. 묵자가 크게는 천하를 소유하고 작게는 한 나라를 소유한다면 아마도 마음이 불안하여 거친 옷을 입고 거친 음식을 먹으면서 근심하고 슬퍼하며 음악을 비판할 것이다. 이렇게 되면 백성들의 삶은 척박해질 것이고, 백성들의 삶이 척박해지면 그들의 욕구가 충족되지 못하며, 욕구가 충족되지 못하면 賞이 행해지지 못할 것이다. 묵자가 크게는 천하를 소유하고 작게는 한 나라를 소유한다면 侍從하는 사람을 줄이고 관직을 줄이며 노동을 중시하여 백성들과 고르게 일하고 공로를 똑같게 할 것이다. 이렇게 되면 권위가 서지 않고 권위가 서지 않으면 賞罰이 행해지지 못할 것이다. 상이 행해지지 못하면 賢者가 등용될 수 없고, 벌이 행해지지 못하면 不肖한 자를 퇴출할 수 없을 것이다. 현자가 등용될 수 없고 무능한 자를 퇴출할 수 없으면,

유능한 자와 무능한 자를 각자에 맞는 관직에 임용할 수 없을 것이다. 이렇게 되면 만물이 저마다 適宜하지 못하고 일의 변화에 적절히 응수하지 못하여 위로는 天時를 잃고 아래로는 地利를 잃고 중간으로는 人和를 잃어 천하 사람들이 모두 마음을 들볶여 가슴이 타는 것처럼 걱정하게 될 것이다.

楊云 敖는 讀爲熬라하다

楊倞은 "'敖'는 熬로 읽어야 한다."라 하였다.

墨子雖爲之衣褐帶索(삭)하며 **嚽菽飮水**인들 **惡**(오)**能足之乎**아

묵자가 비록 사람들을 위하여 거친 옷을 입고 새끼를 허리띠로 두르며 콩죽을 먹고 맹물을 마신다 할지라도 어떻게 그들을 충족하게 해줄 수 있겠는가.

楊云 嚽與啜同이라하다

楊倞은 "'嚽'은 啜과 같다."라 하였다.

旣以伐其本하며 **竭其原**하여 **而焦天下矣**라 **故先王聖人爲之不然**하여 **知夫爲人主上者**는 **不美不飾之不足以一民也**요 **不富不厚之不足以管下**요 **不威不强之不足以禁暴勝悍也**라 **故必將撞大鐘**하고 **擊鳴鼓**하고 **吹笙竽**하고 **彈琴瑟**하여 **以塞其耳**하며 **必將錭琢刻鏤**하고 **黼黻文章**하여 **以塞其目**하며

이미 그 뿌리를 베고 그 근원을 고갈시켰으므로 온 천하 사람들의 가슴을 타들어가듯 걱정하게 하는 것이다. 그러므로 先王과 聖人은 그렇지 않고서 백성의 군주가 된 이는 자신의 외양을 보기 좋게 꾸미지 않고서는 백성들을 통일할 수 없고, 자기의 재물을 넉넉하게 소유하지 않고서는 아랫사람을 관리할 수 없고, 권위가 없고 힘이 강하지 않고서는 포악한 자를 막고 흉악한 자를 이겨낼 수가 없다는 것을 알고 있었다. 이 때문에 반드시 큰 종을 두드리고 북을 치고 생황을 불고 거문고와 비파를 타게 하여 자기 귀의 욕구를 충족시키며, 반드시 기물에 문양을 조각하고 예복에 채색을 수놓아서 자기 눈의 욕구를 충족시켰으며,

楊云 錭는 與彫同이라하다

楊倞은 "'錭'는 彫와 같다."라고 하였다.

必將芻豢稻粱과 五味芬芳하여 以塞其口하나니 然後衆人徒하고 備官職하며 漸慶賞하고 嚴刑罰하여 以戒其心하여 使天下生民之屬으로 皆知己之所願欲之擧在是于也라 故其賞行하며

반드시 쇠고기·돼지고지·쌀·좁쌀과 五味를 갖춘 향기로운 음식으로 자기 입의 욕구를 충족시켰다. 그런 뒤에 시종하는 사람을 많게 하고 관직을 넉넉하게 갖추며 포상을 점차 늘리고 형벌을 엄격하게 하여 사람들을 警戒하도록 하였다. 그리하여 천하의 백성들로 하여금 다들 자기가 바라는 바가 모두 다 여기에 있다는 것을 알게 한지라 이런 까닭에 그 상이 행해졌으며,

楊云 是于는 猶言于是니 言生民所願欲皆在于是也라 說苑에 亦作是于也라하다

楊倞은 "'是于'는 '于是'란 말과 같으니, 백성들이 바라는 바가 모두 다 여기에 있다는 말이다. ≪說苑≫에도 '是于'로 되어 있다.

皆知己之所畏恐之擧在是于也라 故其罰威하니 賞行罰威면 則賢者可得而進也며 不肖者可得而退也며 能不能이 可得而官也라 若是則萬物得宜하며 事變得應하여 上得天時하며 下得地利하며 中得人和리니 則財貨渾渾如泉源하며 汸汸如河海하며

다들 자기가 두려워하는 바가 모두 다 여기에 있다는 것을 알게 한지라 이런 까닭에 그 벌에 위엄이 있었다. 상이 행해지고 벌에 위엄이 있으면 현자가 임용될 수 있고 불초한 자를 퇴출할 수 있게 되며, 유능한 자와 무능한 자를 각자에 맞는 관직에 임용할 수 있게 될 것이다.

이렇게 되면 만물이 저마다 適宜하고 일의 변화에 적절히 응수하여 위로는 天時를 얻고 아래로는 地利를 얻고 중간으로는 人和를 얻게 될 것이니, 이렇게 되면 財貨가 샘솟듯이 생겨나고 강과 바다처럼 많아지며,

楊云 汸은 讀爲滂이니 水多貌也라하다

楊倞은 "'汸'은 滂으로 읽어야 하니, 물이 많은 모습이다."라고 하였다.

暴暴如山丘하여 不時焚燒라도 無所臧之리니 夫天下何患乎不足也리오 故儒術誠行이면 則天下大而富하며 使有功하여

마구 불어나 산더미처럼 높이 쌓여서 불시에 소실될지라도 이루 다 저장할 곳이 없을 정도가 될 것이다. 이렇게 되면 천하 사람들이 어찌 재물이 부족할까 걱정하리오. 이런 까닭에 儒家의 학설이 진실로 행해지면 천하가 넉넉하고 부유해지며 백성들이 부려져서 공로를 세워서

楊云 大는 讀爲泰니 優泰也라하다

楊倞은 "'大'는 泰로 읽으니, 넉넉함이다."라고 하였다.

撞鐘擊鼓而和라 **詩曰 鐘鼓喤喤**하고 **管磬瑲瑲**하니 **降福穰穰**이로다 **降福簡簡**이어늘 **威儀反反**하니 **旣醉旣飽**하여 **福祿來反**[6]이로다하니 **此之謂也**라

종을 치고 북을 두드려 화합하게 될 것이다. ≪詩經≫에 "종과 북 소리가 화락하게 울리고 피리와 경쇠 소리가 맑게 울리니 하늘이 복을 많이 내려주도다. 내리는 복 크고 많거늘 제사 威儀가 신중하고 신중하니 이미 술에 취하고 이미 배가 불러 福祿이 반복해 오도다."라고 하였으니, 이를 두고 말한 것이다.

謝墉[7]云 管磬瑲瑲은 元刻에 作磬筦將將이라하다

謝墉은 "'管磬瑲瑲'은 元나라 판본에는 '磬筦將將'으로 되어 있다."라고 하였다.

故墨術誠行이면 **則天下尙儉而彌貧**하고 **非鬥而日爭**하며

이런 까닭에 묵자의 학설이 진실로 행해진다면 천하 사람들이 검약을 숭상할수록 더욱 가난해지고 다툼을 비판할수록 날마다 더 다투게 되며,

楊云 墨子有非攻篇하니 非攻卽非鬥也라하다

楊倞은 "≪墨子≫에 〈非攻〉 편이 있으니, '非攻(다툼을 비판함)'이 곧 다툼을 비판하는 것이다.

---

6) 詩曰……福祿來反 : ≪詩經≫ 〈周頌 執競〉에 보인다.

7) 謝墉 : 1719~1795. 청나라 때 浙江省 嘉善 사람으로 자는 昆城, 호는 金圃·豐甫·東墅이다. 벼슬은 內閣中書, 內閣學士, 工部右侍郞, 禮部左侍郞, 內閣學士, 吏部左侍郞을 역임했다. 저서로 ≪安雅堂詩文集≫이 있다. 淸 乾隆 51년(1786)에 盧文弨와 함께 ≪荀子≫를 교감하여 간행하였다. 이 책을 '嘉善 謝氏 安雅堂刻本'이라 한다.

勞苦頓萃而愈無功하고 **愀然憂戚**하여 **非樂而日不和**리라

고되게 노동하여 지치고 초췌할지라도 더욱 공로는 없고 시름겨운 모습으로 근심하고 슬퍼하여 음악을 비판할지라도 날로 더욱 화합하지 못할 것이다.

楊云 萃는 **與顇同**이라하다

楊倞은 "'萃'는 顇와 같다."라고 하였다.

詩曰 天方薦瘥라 **喪亂弘多**며 **民言無嘉**어늘 **憯莫懲嗟**[8]하니라하니 **此之謂也**라

≪詩經≫에 "하늘이 병을 거듭 내린지라 喪亂이 크고 또 많으며, 백성들 말은 좋은 말이 없건만 일찍이 경계하여 서글퍼하지 않는구나."라고 하였으니, 이를 두고 말한 것이다.

荀子富國篇이라 **右**는 **難節用**이라

≪순자≫ 〈富國〉에 나온다.

이상은 '節用'을 반박한 것이다.

夫樂者는 **樂也**니 **人情之所必不免也**라 **故人不能無樂**하니 **樂則必發於聲音**하며 **形於動靜**하나니 **而人之道**는 **聲音動靜性術之變**이 **盡是矣**라 **故人不能不樂**하고 **樂則不能無形**하나니 **形而不爲道**면 **則不能無亂**이라 **先王惡**(오)**其亂也**라 **故制雅頌之聲以道之**하여 **使其聲足以樂而不流**하며 **使其文足以辨而不諰**하며

대저 음악이란 즐거워하는 것이니, 사람의 감정에서 반드시 있을 수밖에 없는 것이다. 따라서 사람은 즐거워함이 없을 수 없고 즐거우면 그 감정이 반드시 소리로 표출되고 행동으로 표현되는 법이니, 사람의 道는 소리와 행동 같은 마음의 변화가 다 이러한 것이다. 따라서 사람은 즐거운 감정이 없을 수 없고 즐거우면 밖으로 표현함이 없을 수 없다. 그런데 밖으로 표현하는 것을 바르게 인도하지 않으면 혼란이 없을 수 없다. 先王은 그 혼란함을 싫어하였기 때문에 雅·頌과 같은 음악을 제정하여 바르게 인도하여 그 소리는 즐거우면서 방탕한 쪽으로 흐르지 않도록 하고 그 악장은 조리가 있으면서 모호하지 않도록 하였으며,

---

8) 詩曰……憯莫懲嗟 : ≪詩經≫ 〈小雅 節南山〉에 보인다.

謝墉云 禮記樂記에 作論而不息하고 史記樂書에 作綸而不息하니 此作諰는 乃諰之訛라 莊子人間世篇氣息茀然이 向(상)本作諰하고 崔本亦同이라하다

謝墉은 "〈'辨而不諰'는〉 ≪禮記≫ 〈樂記〉에는 '論而不息'으로 되어 있고 ≪史記≫ 〈樂書〉에는 '綸而不息'으로 되어 있으니, 여기에 '諰'로 되어 있는 것은 곧 '諰'의 訛字이다. ≪莊子≫ 〈人間世〉의 '氣息茀然'이 向秀 本에는 '諰'으로 되어 있고 崔譔 本도 그와 같이 되어 있다."라고 하였다.

使其曲直繁省(생)하며 廉肉節奏하여 足以感動人之善心하여

그 곡조는 굴곡을 이루기도 하고 곧바로 흐르기도 하며, 번잡하기도 하고 단조롭기도 하며, 강하기도 하고 부드럽기도 하며, 짧기도 하고 길기도 하여 사람의 선한 마음을 감촉하여 발동할 수 있게 하여서,

謝云 繁省은 史記에 同하고 禮記에 作繁瘠이라하다

謝墉은 "'繁省'은 ≪史記≫에는 이와 같이 되어 있고, ≪禮記≫에는 '繁瘠'으로 되어 있다."라고 하였다.

使夫邪汙之氣로 無由得接焉하니 是先王立樂之方也어늘 而墨子非之는 柰何오 故樂在宗廟之中에 君臣上下同聽之면 則莫不和敬하며 閨門之內에 父子兄弟同聽之면 則莫不和親하며 鄉里族長之中에 長少同聽之면 則莫不和順이라 故樂者는 審一以定和者也요 比物以飾節者也요 合奏以成文者也라

삿되고 더러운 기운이 사람의 마음에 접촉할 수 없도록 하였다. 이것이 先王이 음악을 제정한 방도이거늘 묵자가 음악을 비판한 것은 무슨 까닭인가?

그러므로 음악을 宗廟 안에서 연주하여 君臣 상하가 다 같이 들으면 다들 화락하고 공경하지 않음이 없을 것이며, 집안에서 연주하여 父子 형제가 다 같이 들으면 화락하고 친애하지 않음이 없을 것이며, 향리와 친족 중에서 연주하여 노소가 다 같이 들으면 화락하고 恭順하지 않음이 없게 될 것이다.

그러므로 음악이란 〈五音 중에서〉 하나의 음조를 審定하여 다른 음조와 조화를 이루는 것이요, 여러 악기들을 화합하여 장단을 조정하는 것이요, 여러 악기들을

합주하여 樂章을 이루는 것이다.

謝云 禮記에 **作節奏合以成文**하고 **史記同**이라

謝墉은 "〈'合奏以成文'은〉 ≪禮記≫에는 '節奏合以成文'으로 되어 있고, ≪史記≫에도 그와 같이 되어 있다."라고 하였다.

足以率一道하며 **足以治萬變**하니 **是先王立樂之術也**어늘 **而墨子非之**는 **柰何**오 **故聽其雅頌之聲**에 **而志意得廣焉**하며 **執其干戚**하여 **習其俯仰屈伸**에 **而容貌得莊焉**하며 **行其綴兆**하고 **要其節奏**에 **而行列得正焉**하고 **進退得齊焉**이라 **故樂者**는 **出所以征誅也**요 **入所以揖讓也**니 **征誅揖讓**은 **其義一也**라 **出所以征誅**면 **則莫不聽從**하며 **入所以揖讓**이면 **則莫不從服**이라 **故樂者**는 **天下之大齊也**요 **中和之紀也**요 **人情之所必不免也**니 **是先王立樂之術也**어늘 **而墨子非之**는 **柰何**오 **且樂者**는 **先王之所以飾喜也**요 **軍旅鈇鉞者**는 **先王之所以飾怒也**니 **先王喜怒**가 **皆得其齊焉**이라

그래서 음악은 하나의 道로 인솔할 수 있고 온갖 변화를 다스릴 수 있으니, 이것이 선왕이 음악을 제정한 방도이거늘, 묵자가 음악을 비판한 것은 무슨 까닭인가?

그러므로 雅·頌의 음악 소리를 들으면 志意가 넓어질 수 있으며, 干戚(방패와 도끼)을 잡고서 춤출 때 俯仰하고 굴신하는 동작을 익히면 용모가 씩씩해질 수 있으며, 춤추는 위치에 따라 움직이고 음악의 節奏에 맞으면 대열이 바르게 되고 진퇴가 질서 정연하게 된다. 그러므로 음악이란 것은 밖으로 나가서는 정벌하

干(방패)

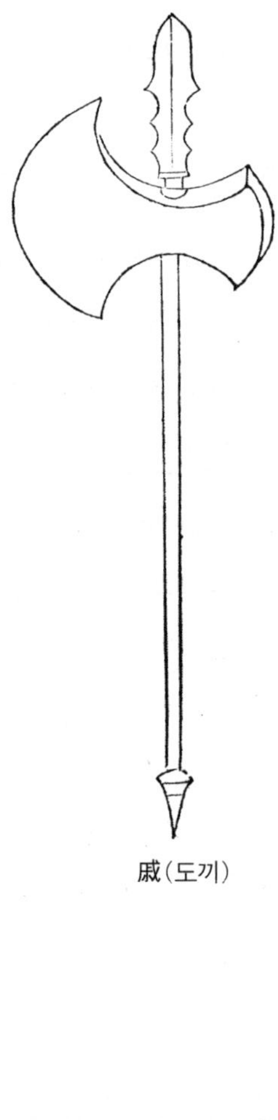

戚(도끼)

는 데 쓰이고, 조정에 들어와서는 揖讓하는 데 쓰일 수 있는 것이니, 정벌과 읍양은 그 이치가 하나이다. 밖으로 나가서 정벌하는 데 음악을 쓰면 명령을 따르지 않는 자가 없을 것이요 조정에 들어와서 읍양하는 데 음악을 쓰면 복종하지 않는 자가 없을 것이다.

그러므로 음악이란 천하를 크게 질서정연하도록 하는 것이요 性情을 조화롭게 다스리는 것이라, 사람의 감정에 반드시 없어서는 안 되는 것이다. 이것이 선왕이 음악을 제정한 방도이거늘 묵자가 음악을 비판한 것은 무슨 까닭인가?

게다가 음악은 선왕이 기쁨을 표현하는 방도이고, 군대의 鈇鉞은 선왕이 노여움을 표현하는 방도이니, 이를 통하여 선왕의 기쁨과 노여움이 다 균형을 이루게 되는 것이다.

謝云 禮記에 齊는 作儕라하다

謝墉은 "≪禮記≫에는 '齊'가 '儕'로 되어 있다."라고 하였다.

是故로 喜而天下和之하며 怒而暴亂畏之하니 先王之道는 禮樂이 正其盛者也어늘 而墨子非之라 故曰 墨子之於道也에 猶瞽之於白黑也며 猶聾之於淸濁也며 猶之楚而北求之也라하노라 夫聲樂之入人也深하며 其化人也速이라 故先王謹爲之文하니 樂中平이면 則民和而不流하며 樂莊肅이면 則民齊而不亂하나니 民和齊면 則兵勁城固하여 敵國不敢嬰也라 如是면 則百姓莫不安其處하고 樂其鄕하여 以至足其上矣라 然後에 名聲於是白하며 光輝於是大하여 四海之民이 莫不願得以爲師하니 是王者之始也라 樂姚冶以險하면 則民流僈鄙賤矣니 流僈則亂하고 鄙賤則爭하나니 亂爭則兵弱城犯하여 敵國危之라 如是면 則百姓不安其處하고 不樂其鄕하여 不足其上矣라 故禮樂廢而邪音起者는 危削侮辱之本也라 故先王貴禮樂而賤邪音하나니 其在序官也에 曰 修憲命하며 審誅賞하며 禁淫聲하여 以時順修하여 使夷俗邪音不敢亂雅가 太師之事也라하니라 墨子曰 樂者는 聖王之所非也어늘 而儒者爲之하니 過也라하니 君子以爲不然이라 樂者는 聖人之所樂也니 而可以善民心하여 其感人深하고 其移風易俗이라 故先王導之以禮樂에 而民和睦이라 夫民有好惡(오)之情이어늘 而

無喜怒之應則亂하나니 **先王惡其亂也**라 **故修其行**하고 **正其樂**에 **而天下順焉**이라 **故齊衰**(자최)**之服**과 **哭泣之聲**은 **使人之心悲**하며 **帶甲嬰軸**와 **歌於行伍**는 **使人之心傷**하며 **姚冶之容**과 **鄭衛之音**[9]은 **使人之心淫**하며 **紳端章甫**[10]와 **舞韶歌武**[11]는 **使人之心莊**이라 **故君子耳不聽淫聲**하며 **目不視女色**하며 **口不出惡言**하니 **此三者君子愼之**라 **凡姦聲感人**에 **而逆氣應之**하고 **逆氣成象**에 **而亂生焉**이요 **正聲感人**에 **而順氣應之**하고 **順氣成象**에 **而治生焉**하나니 **唱和有應**에 **善惡相象**이라 **故君子愼其所去就也**라 **君子以鐘鼓道志**하며 **以琴瑟樂心**하고 **動以干戚**하며 **飾以羽旄**하고 **從以磬管**이라

이런 까닭에 선왕이 기뻐하면 천하 사람들이 화락하고 선왕이 노하면 난폭한 자들이 두려워하였으니, 선왕의 道는 禮樂이 바로 그중에서 성대한 것이다. 그런데 묵자는 음악을 비판하였다.

그러므로 "묵자는 道에 있어 장님이 흑백을 분간하지 못하는 것과 같으며, 귀머거리가 소리의 淸濁을 구별하지 못하는 것과 같으며, 남쪽 楚나라로 가면서 북쪽으로 가서 찾는 것과 같다."라고 하는 것이다.

음악은 사람에게 감응해 들어가는 것이 깊고 사람을 감화시키는 것이 빠르다. 그러므로 선왕이 악장을 신중히 만든 것이니, 음악이 中正하고 화평하면 백성들은 화합하여 방탕한 쪽으로 흐르지 않고, 음악이 莊敬하고 엄숙하면 백성들은 질서정연하여 혼란하지 않게 된다.

백성들이 화합하고 질서정연하게 되면 군대는 강해지고 성곽은 견고해져서 적국이 감히 덤비지 못한다. 이와 같게 되면 백성들은 모두 자기의 처지를 편안히 여기고 자기 고을에 즐겁게 살면서 그 윗사람을 만족스럽게 여길 것이다. 이렇게 된 뒤에 명성이 이에 빛나고 광휘가 이에 커져서 四海의 백성들이 그를 君長으로 삼을 수 있기를 원할 것이니, 이것이 王者의 시초이다.

음악이 요염하고 험악하면 곧 백성들이 타락하고 비천해지니, 타락하면 혼란해

9) 鄭衛之音 : 춘추시대 鄭나라와 衛나라의 음악으로, 음란하여 난세의 음악이라 한다. ≪禮記≫ 〈樂記〉에 "정나라와 위나라의 음악은 난세의 음악이다.〔鄭衛之音 亂世之音也〕"라고 하였다.

10) 紳端章甫 : 중요한 자리에 입는 禮服 차림으로, 紳은 예복에 띠는 큰 띠이고, 端은 玄端服으로 周代에 조회할 때 입는 검은 예복이고, 章甫는 殷代의 禮冠이다.

11) 舞韶歌武 : 韶는 舜임금의 음악이고, 武는 周 武王의 음악이다.

지고 비천하면 다투게 마련이다. 혼란하고 다투면 군대는 약해지고 성곽은 침공을 받게 되어 적국이 위태롭게 할 것이다.

이렇게 되면 백성들은 모두 자기의 처지를 편안히 여기지 못하고 자기 고을에서 편안히 살지 못하여 그 윗사람을 만족스럽게 여기지 않을 것이다.

따라서 禮樂이 폐기되고 사악한 음악이 일어나는 것은 국가가 위태로워지고 모욕을 당하게 되는 근본이다. 이런 까닭에 선왕은 예악을 중시하고 사악한 음악을 천시하였다. 그리하여 관직을 배정할 때 "법령을 정비하고 賞罰에 신중하며, 음란한 음악을 금지하여 時宜에 맞게 정돈함으로써 오랑캐 풍속의 간사한 음악이 감히 바른 음악을 어지럽히지 못하게 하는 것이 太師의 직무이다."라고 하였던 것이다.

묵자는 "음악은 聖王이 비판했던 것인데 儒者는 이를 하고 있으니, 잘못된 것이다."라고 했는데, 君子는 그렇지 않다고 생각한다.

음악은 성왕이 좋아했던 것이니, 음악으로써 백성의 마음을 선하게 할 수 있다. 따라서 음악은 사람에게 감응해 들어가는 것이 깊고 풍속을 변화시킬 수 있다. 이런 까닭에 선왕이 예악으로 인도하자 백성이 화목해졌던 것이다.

대저 백성들은 好惡의 감정이 있는데 이에 상응하여 喜怒를 적절히 표출하지 못하면 性情이 혼란해진다. 선왕이 성정이 혼란해지는 것을 싫어하였기 때문에 행실을 닦고 음악을 바르게 함에 천하 사람들이 순종하였던 것이다.

이런 까닭에 齊衰의 상복과 哭泣하는 소리는 사람의 마음을 슬프게 하며, 갑옷을 입고 투구를 쓴 모습과 군대의 行伍에서 부르는 노래는 사람의 마음을 비장하게 하며, 요염한 용모와 鄭衛의 음악은 사람의 마음을 음탕하게 하고 큰 띠에 禮服과 禮帽 차림으로 韶에 맞추어 춤추고 武에 따라 노래하는 것은 사람의 마음을 莊敬하게 한다. 이런 까닭에 군자는 귀로는 음란한 음악을 듣지 않고 눈으로는 여인의 美色을 보지 않고 입으로는 사특한 말을 하지 않으니, 이 세 가지를 君子가 신중히 한다.

무릇 간사한 음악이 사람을 감동시키면 거역하는 기운이 이에 호응하고 거역하는 기운이 형상을 이루면 혼란이 생겨나며, 바른 음악이 사람을 감동시키면 和順한 기운이 에에 호응하고 화순한 기운이 형상을 이루면 善治가 생겨난다. 선창과 화답이 호응하면 善·惡이 상호 형상을 이룬다. 그러므로 군자는 음악을 취사하는 것을 신중히 한다. 군자는 종과 북으로 사람들의 心志를 인도하고, 거문고와 비파로 사람들의 마음을 즐겁게 하고, 방패와 도끼를 들고 武舞를 추고, 꿩 깃털과 들소 꼬리를 들고 文舞를 장식하고, 石磬과 피리를 불어 伴奏한다.

謝云 元刻에 作簫管하니 與禮記同이라하다

謝墉은 "'磬管'은 元나라 판본에는 '簫管'으로 되어 있으니, ≪禮記≫와 같다."라고 하였다.

故其清明象天하며 其廣大象地하고 其俯仰周旋이 有似於四時라

이런 까닭에 그 음악의 소리가 맑고 밝기는 하늘을 본받고 넓고 크기는 땅을 본받으며, 춤출 때 몸을 굴신하고 선회하는 것은 四時와 닮은 점이 있는 것이다.

謝云 元刻에 周旋이 作隨還이라하다

謝墉은 "元나라 판본에는 '周旋'이 '隨還'으로 되어 있다."라고 하였다.

故樂行而志清하며 禮修而行成하여 耳目聰明하며 血氣和平하여 移風易俗에 天下皆寧은 莫善於樂이라

이런 까닭에 음악이 행해지면 사람들의 心志가 맑아지고 禮가 정비되면 사람들의 행실이 이루어져서 耳目이 총명해지고 血氣가 和平해진다. 그리하여 풍속이 바뀜에 천하가 다 평안해지는 것으로는 음악보다 좋은 것이 없다.

謝云 宋本에 作美善相樂이라하다

謝墉은 "〈'莫善於樂'〉은 宋나라 本에는 '美善相樂(인심이 아름답고 선해져 서로 즐거워하게 된다.)'으로 되어 있다."라고 하였다.

故曰 樂者는 樂也하노니 君子樂得其道하며 小人樂得其欲하나니 以道制欲하면 則樂而不亂하며 以欲忘道則惑而不樂이라 故樂者는 所以道樂也니 金石絲竹은 所以道德也라 樂行而民鄉方矣라 故樂者는 治人之盛者也어늘 而墨子非之라 且樂也者는 和之不可變者也요 禮也者는 理之不可易者也라 樂合同하며 禮別異하니 禮樂之統은 管乎人心矣라 窮本極變은 樂之情也요 著誠去僞는 禮之經也어늘 墨子非之하니 幾

遇刑也로되 明王已沒에 莫之正也일새 愚者學之하여 危其身也라 君子明樂은 乃其德也어늘 亂世惡(오)善하여 不此聽也라 於(오)乎哀哉라 不得成也라 弟子勉學하여 無所營也어다

이런 까닭에 "음악이란 즐거워하는 것이다."라 하니, 군자는 道를 얻는 것을 즐거워하고 소인은 욕구를 이루는 것을 즐거워한다. 도로써 욕구를 제어하면 즐거워하되 음란하지 않고 욕구 때문에 도를 잊으면 미혹하여 즐겁지 않게 된다.

따라서 음악이란 즐거움으로 인도하는 것이고 金石絲竹으로 된 각종 악기들은 德으로 인도하는 것이다. 음악이 행해지면 백성들의 마음이 바른 방향으로 가게 된다. 그러므로 음악이란 사람들을 다스리는 데 큰 역할을 하는 것이거늘 묵자는 음악을 비판하였다.

게다가 음악이란 사람들을 화합하는 데 변할 수 없는 확고한 방도요 禮란 세상을 다스리는 데 바꿀 수 없는 확고한 방도이다. 음악은 다 같은 마음을 화합하고 禮는 서로 다른 등급을 구별하니, 예와 음악의 통솔은 사람의 마음을 총괄한다. 근본을 궁구하여 지극히 변화하게 하는 것은 음악의 情이고, 진실한 마음을 드러내고 거짓된 마음을 없애는 것은 禮의 常經이다. 그런데 묵자는 禮樂을 비판하였으니 거의 형벌을 받을 뻔하였거늘 명철한 제왕이 세상을 떠나고 없는 터라 그의 죄를 아무도 바로잡을 수 없었다. 그래서 어리석은 자들은 묵자의 학문을 배워 그 자신을 위태롭게 만든다. 군자가 음악을 밝히는 것은 바로 그의 德인데 亂世에서 善을 싫어하여 이를 듣지 않으니, 아아, 슬프도다! 음악이 이루어지지 못하도다. 제자들아! 힘써 음악을 배워 현혹되는 일이 없도록 하라.

謝云 勉은 元刻에 作免하니 古通用이라하다 荀子樂論篇이라 右는 難非樂이라

謝墉은 "'勉'은 元나라 판본에는 '免'으로 되어 있으니, 古字에 통용되었다."라고 하였다.
≪荀子≫ 〈樂論〉에 나온다.
이상은 '非樂'을 반박한 것이다.

墨子稱景公問晏子以孔子而不對하고 又問에 三皆不對어늘 公曰 以孔子語寡人者衆矣라 俱以爲賢人이어늘 今問子而不對는 何也오한대 晏子曰 嬰聞孔子之荊하여

知白公謀어늘 **而奉之以石乞**하니 **勸下亂上**하고 **教臣弑君**은 **非聖賢之行也**라하다

묵자가 말하기를 "景公이 晏子에게 공자에 대해 물었는데 대답하지 않았고, 또 물었는데 세 번 다 대답하지 않았다. 경공이 말하기를, '공자에 대해 과인에게 말하는 사람이 많은데 다들 그를 현인이라고 하거늘 지금 그대에게 물었는데 대답하지 않는 것은 어째서인가?'라고 하였는데, 안자가 말하기를, '저는 듣건대 공자는 楚나라에 가서 白公의 逆謀를 알면서도 石乞으로 하여금 백공을 받들게 하였으니, 백성에게 권하여 임금을 배반하게 하고 신하로 하여금 임금을 시해하게 하는 것은 성현의 행위가 아닙니다.'라고 하였다."라고 하였다.

見非儒下篇이라

〈非儒 下〉에 보인다.

詰之曰 楚昭王之世에 **夫子應聘如荊**하여 **不用而反**하여 **周旋乎陳宋齊衛**러니 **楚昭王卒**하고 **惠王立**하여 **十年**에 **令尹子西乃召王孫勝以爲白公**[12)]하다

이에 반박한다.

楚 昭王의 시대에 공자가 초빙을 받아 초나라로 갔다가 등용되지 못하고 돌아오는 길에 陳나라·宋나라·齊나라·衛나라 지역을 두루 돌아다닌 적이 있었다. 초 소왕이 죽고 惠王이 즉위한 지 10년이 되어서 令尹 子西가 王孫 勝을 불러 白公을 삼았다.

宋咸注에 **云 史云二年**하고 **此云十年**이라하다

宋咸의 注에 "史書에서는 2년이라 하고 여기서는 10년이라 하였다."라 하였다.

---

12) 令尹子西乃召王孫勝以爲白公 : 白公은 춘추시대 楚나라 사람으로 平王의 손자이고 太子 建의 아들로 이름은 勝인데, 어릴 때 伍子胥를 따라 망명하여 吳나라로 갔다. 楚 平王이 죽고 昭王이 즉위한 뒤 吳나라 군대가 초나라를 정벌하였고 令尹 子西가 勝을 초나라로 데려와 白公을 삼았다. 초나라로 돌아온 백공은 자기 아버지의 원수를 갚고자 鄭나라를 공격하고자 하였다. 군대가 출발하기 전에 晉나라가 정나라를 침공하니, 정나라가 초나라에 구원을 요청하였다. 초나라가 오자서를 보내 정나라를 구원하게 하였는데, 오자서가 정나라와 동맹을 맺고 돌아왔다. 이에 백공이 오자서를 원망하여 결국 兵難을 일으켜 오자서를 살해하였지만, 결국 실패해서 스스로 목을 매어 자결하였다.(≪史記≫ 권66 〈伍子胥列傳〉)

是時는 **魯哀公十五年也**니 **夫子自衛反魯居五年矣**라 **白公立一年然後**에 **乃謀作亂**하니 **亂作**은 **在哀公十六年秋也**니 **夫子已卒十旬矣**라 **墨子雖欲謗毁聖人**하여 **虛造妄言**이나 **柰此年世不相値何**오

이때는 魯 哀公 15년이니, 공자가 衛나라에서 魯나라로 돌아온 지 5년이 되었다. 白公은 책봉된 지 1년 뒤에야 비로소 모의하여 반란을 일으켰으니, 난리가 일어난 것은 애공 16년 가을에 있었다. 공자가 이미 세상을 떠난 지 100일이 지난 뒤이다. 묵자가 비록 성인을 비방하고 싶어서 망언을 날조하였으나 연대가 서로 맞지 않음을 어이하리오!

墨子曰 孔子至齊하여 **見景公**한대 **公悅之**하여 **封之於尼谿**어늘 **晏子曰 不可**하다 **夫儒**는 **浩居而自順**하며

묵자는 말하기를, "공자가 齊나라에 이르러 景公을 만났는데, 경공이 기뻐하여 공자를 尼溪에 봉해주고자 했는데, 안자가 말하기를, '안 됩니다. 대저 儒者는 오만하여 자기 마음대로 행동하는 자들이니,

浩는 **宋本**에 **作法**이라 **明刻本**에 **作浩**하니 **與非儒篇同**이라 **今從之**하노라

'浩'는 宋나라 本에는 '法'으로 되어 있다. 明나라 판본에는 '浩'로 되어 있으니, 〈非儒〉와 같기에 지금 이를 따른다.

立命而怠事하며 **崇喪遂哀**하여 **盛用繁禮**하니 **其道不可以治國**이요 **其學不可以導**(家)〔**衆**〕이라한대

天命을 만들어내어 일을 게을리하며 喪을 중시하여 끝없이 애도하여 번다한 禮을 많이 쓰니, 그 道로는 국가를 다스릴 수 없고 그 학술로는 大衆을 인도할 수 없습니다.'라고 하자,

非儒篇에 **作衆**하니 **此疑誤**라

'家'는 〈非儒〉에는 '衆'으로 되어 있으니, 이 '家'는 오자일 듯하다.

公曰 善타하다

경공이 '좋다.'라고 하였다."라고 하였다.

見非儒下篇이라

〈非儒 下〉에 보인다.

詰之曰 卽如此言인댄 晏子爲非儒惡(오)禮하여 不欲崇喪遂哀也어늘 察傳記컨댄 晏子之所行이 未有以異於儒焉이요 又景公問所以爲政에 晏子答以禮云이라 景公[13] 曰 禮其可以治乎아한대 晏子曰 禮於政에 與天地竝이라하니 此則未有以惡於禮也라 晏桓子卒에 晏嬰斬衰(최)枕草하고 苴絰帶杖하고 菅菲食粥하여 居於倚廬하여 遂哀三年[14]하니 此又未有以異於儒也라 若能以口非之하고 而躬行之는 晏子所弗爲라하노라

이에 반박한다.

만약 이 말대로라면 晏子는 儒家를 비판하고 禮를 싫어하여 喪을 중시하고 끝없이 애도하는 것을 바라지 않았을 것이다. 그런데 전해오는 기록을 고찰해보면 안자가 행하는 바는 유가와 다를 바가 없고, 게다가 景公이 정치를 하는 방법에 대해 묻자 안자는 禮로써 해야 한다고 답하였다. 경공이 말하기를 "禮로 나라를 다스릴 수 있는가?"라고 물었는데, 안자는 말하기를 "예는 정치에 있어 天地와 나란합니다."라고 하였으니, 이는 안자가 예에 대해 싫어한 바가 없다는 증거이다.

齊나라 晏桓子가 죽자 晏嬰(晏子)이 거친 삼베로 지은 斬縗服을 입고 짚으로 만든 베개를 베고 삼을 꼬아 만든 首絰을 쓰고 腰帶를 띠고 喪杖을 짚고 짚신을 신고 죽을 먹으면서 倚廬에 거처하여 3년을 애도하였으니, 이는 또 유가와 다른 바가 없는 것이다. 만약 입으로만 비판하고 정작 자신은 실행했다면 이는 안자가 하지 않는 바이다.

墨子曰 孔子怒景公之不封己하여 乃樹鴟夷子皮於田常之門[15]이라하다

---

13) 景公 : 저본의 傍注에 "'景公'이 원본에는 '晏公'으로 잘못되어 있는데, ≪孔叢子≫ 〈詰墨〉에 의거하여 고쳤다.〔原作晏公 據孔叢子詰墨篇改〕"라고 하였다.

14) 晏桓子卒……遂哀三年 : ≪春秋左氏傳≫ 哀公 17년 條에 보인다.

15) 門 : 저본의 傍注에 "'門'이 원본에는 '問'으로 잘못되어 있는데, 〈非儒 下〉에 의거하여 고쳤

묵자는 말하기를 "공자는 景公이 자기를 봉해주지 않은 데 대해 노하여 이에 鴟夷子皮를 田常의 문하에 소개하였다."라고 하였다.

見非儒下篇이라

〈非儒 下〉에 보인다.

詰之曰 夫樹人은 **爲信己也**라 **記曰 孔子適齊**하여 **惡**(오)**陳常而終不見**이어늘 **常病之**하여 **亦惡孔子**라하니 **交相惡而又任事**는 **其然矣**어니와 **記又曰 陳常弑其君**이어늘 **孔子齋戒沐浴而朝**하여 **請討之**[16]라하니 **觀其終**컨대 **不樹子皮審矣**라하노라

이에 반박한다.

대저 사람을 소개하는 것은 자기를 믿어주기 때문이다. 기록에 "공자가 齊나라로 가서는 陳常을 미워하여 끝내 그를 만나지 않거늘 진상도 이를 치욕으로 여겨 또한 공자를 미워하였다."라고 하였다. 서로 미워하면서도 일을 맡기는 것은 그렇다손 치더라도, 기록에 또 "진상이 자기 임금을 시해하였는데 공자가 목욕재계하고 朝見하여 討罪할 것을 청하였다."라고 하였으니, 공자의 후일의 일을 살펴보건대 치이자피를 소개하지 않았을 것임이 분명하다.

墨子曰 孔子爲魯司寇하여 **舍公家而奉季孫**이라하다

묵자는 말하기를 "공자는 魯나라 司寇가 되어 公家를 버리고 季孫을 받들었다."라고 하였다.

見非儒下篇이라

〈非儒 下〉에 보인다.

詰之曰 若以季孫爲相이면 **司寇統焉**하니 **奉之自法也**이어니와 **若附意季孫**인댄 **季孫旣受女樂**하니 **則孔子去之**하고 **季孫欲殺囚**하니 **則孔子赦之**하니 **非苟順之謂也**라하노라

이에 반박한다.

다.〔原作問據非儒下篇改〕"라고 하였다.

16) 陳常弑其君……請討之 : ≪論語≫ 〈憲問〉에 보이는데, '陳常'이 '陳恒'으로 되어 있다.

만약 季孫을 재상으로 삼았다면 司寇는 그에게 통솔되게 마련이니, 그를 받드는 것은 본래 법이다. 만약 공자가 계손에게 빌붙었다면 계손이 이미 女樂을 받자 공자가 떠났고 계손이 죄수를 죽이려고 하자 공자가 사면하였으니, 이는 구차하게 순종하였음을 말하는 것이 아니다.

墨子曰 孔子厄於陳蔡之閒(간)할새 **子路烹豚**이어늘 **孔子不問肉之所由來而食之**하고 **剝人之衣以沽酒**어늘 **孔子不問酒之所由來而飮之**라하다

묵자는 말하기를 "공자가 陳나라와 蔡나라 국경에서 困厄을 당하고 있을 때 子路가 돼지를 삶아주었는데 공자는 그 고기가 어디서 왔는지 묻지 않고 먹었으며, 자로가 남의 옷을 벗겨서 술을 사왔는데 공자는 그 술이 어디서 왔는지 묻지 않고 마셨다."라고 하였다.

見非儒下篇이라

〈非儒 下〉에 보인다.

詁之曰 所謂厄者는 **沽酒無處**하고 **藜羹不粒**[17]하여 **乏食七日**이니 **若烹豚飮酒**면 **則何言乎厄**이리오 **斯不然矣**라 **且子路爲人**이 **勇於見義**하니 **縱有豚酒**라도 **不以義不取之可知也**라 **又何問焉**이리오

이에 반박한다.

여기서 말하는 곤액이란 것은 술을 살 곳이 없고 쌀알이 들어가지 않은 명아주국을 먹으면서 7일 동안 양식이 부족했던 일이니, 만약 돼지를 삶아 먹고 술을 마셨다면 어찌 곤액이라 말하리오. 이는 사실이 아닐 것이다. 게다가 子路의 사람됨은 義로운 일을 보면 용감하였으니, 비록 돼지와 술이 있더라도 의롭게 얻어진 것이 아니면 취하지 않았을 것임을 알 수 있다. 그런데 또 어찌 공자가 묻겠는가.

---

17) 藜羹不粒 : ≪莊子≫ 〈讓王〉에 "공자가 陳과 蔡 사이에서 곤액을 당하여 7일 동안 밥을 지어 먹지 못하고 쌀알이 들어가지 않은 멀건 명아주 국을 먹었다.〔孔子窮於陳蔡之間 七日不火食 藜羹不糝〕"라고 하였다.

墨子曰 孔子諸弟子에 **子貢季路**는 **輔孔悝以亂衛**하고 **陽虎亂魯**하고 **佛肹以中牟叛**하고 **漆雕開形殘**이라하다

묵자는 말하기를 "공자의 제자들 중에 子貢과 季路는 孔悝를 도와서 衛나라에서 난을 일으켰고, 陽貨는 魯나라에서 난을 일으켰고, 佛肹(필힐)은 中牟邑을 가지고서 모반하였고, 漆雕開는 처형당하여 죽었다."라고 하였다.

見非儒下篇이라

〈非儒 下〉에 나온다.

詰之曰 如此言인댄 **衛之亂**은 **子貢季路爲之耶**아 **斯不待言而了矣**라 **陽虎欲見孔子**어늘 **孔子不見**하니 **何弟子之有**리오 **佛肹以中牟叛**하고 **召孔子**는 **則有之矣**어니와 **爲孔子弟子**는 **未之聞也**라 **且漆雕開形殘**은 **非行己之致**니 **何傷於德哉**아

이에 반박한다.

이 말대로라면 衛나라의 난은 자공과 계로가 일이킨 것이란 말인가. 이는 굳이 말하지 않아도 알 수 있을 것이다. 양호가 공자를 만나고자 하거늘 공자가 만나주지 않았으니, 무슨 제자라 할 것이 있으리오. 필힐이 중모읍을 가지고 반란을 일으키고서 공자를 부른 사실은 있지만 공자의 제자가 되었다는 것은 들어보지 못했다. 그리고 칠조개가 처형을 당한 것은 자기 잘못 때문이 아니니, 그의 덕행에 무슨 손상될 게 있겠는가.

墨子曰 孔子相魯어늘 **齊景公患之**하여 **謂晏子曰 隣有聖人**은 **國之憂也**라 **今孔子相魯**하니 **爲之若何**오한대 **晏子對曰 君其勿憂**하소서 **彼魯君**은 **弱主也**요 **孔子**는 **聖相也**니 **不如陰重孔子**하여 **欲以相齊**면 **則必强諫魯君**하리니 **魯君不聽**하면 **將適齊**라 **君勿受**하면 **則孔子困矣**라하다

묵자는 말하기를 "공자가 魯나라 재상이 되자 齊 景公이 걱정하여 晏子에게 말하기를 '이웃나라에 성인이 있는 것은 나라의 근심거리이다. 지금 공자가 노나라에 재상이 되었으니, 어떻게 하면 좋겠는가?'라고 하자, 안자가 대답하기를 '主君

께서는 근심하지 마십시오. 저 노나라 임금은 약한 군주이고 공자는 성인인 재상이니, 이렇게 하는 게 좋겠습니다. 공자를 몰래 존중해주어 제나라에 재상이 되고 싶도록 만듭니다. 그렇게 하면 공자는 평소에 필시 노나라 임금에게 강경하게 諫言할 터이니, 노나라 임금이 들어주지 않으면 장차 우리 제나라로 오게 될 것입니다. 주군께서 받아주지 않으면 공자는 곤란하게 될 것입니다.'라고 했다."라고 하였다.

今本書無라 畢沅云 疑非儒上篇佚文이라하다

今本 ≪墨子≫에는 없다.

畢沅 : 아마도 〈非儒 上〉의 佚文일 것이다.

詰之曰 按如此辭인댄 則景公晏子畏孔子之聖也어늘 上乃云

이에 반박한다.

살펴보건대 이 말대로라면 경공과 안자는 공자가 성인인 것을 두려워하였거늘, 위에서는 말하기를,

乃는 宋本 作而라

'乃'는 宋나라 本에는 '而'로 되어 있다.

非聖賢之行이라하니 上下相反이라 若晏子悖인댄 可也어니와 否인댄

"성현의 행위가 아닙니다."라고 하였으니, 위의 말과 아래의 말이 상반된다. 만약 안자가 悖惡한 사람이라면 그럴 수 있겠지만, 그렇지 않다면

宋本에 作不然이라

〈'否'는〉 宋나라 本에는 '不然'으로 되어 있다.

則不然矣라

그렇게 하지 않았을 것이다.

墨子曰 孔子見景公한대 公曰 先生素不見晏子乎아하여늘 對曰 晏子事三君而得順焉하니 是有三心이라 所以不見也로라하다 公告晏子한대 晏子曰 三君皆欲其國安일새 是以로 嬰得順也러라 聞君子獨立에 不慚於影이라하니 今孔子伐樹削跡[18)]이어늘 不自以爲辱하고 身窮陳蔡어늘 不自以爲約이라 始吾望儒貴之러니 今則疑之라하다

묵자는 말하기를 "공자가 景公을 만났는데, 경공이 말하기를 '선생은 평소 晏子를 만나보지 않았습니까?'라고 하자, 대답하기를 "안자는 세 임금을 섬겨서 다 순종할 수 있었으니, 이는 세 마음을 가진 것입니다. 이런 까닭에 만나지 않았습니다."라고 하였다.

경공이 이 말을 안자에게 해주었는데, 안자가 말하기를 "세 임금이 다 자기 나라가 편안하기를 바랐습니다. 이런 까닭에 제가 순종할 수 있었습니다. 저는 듣건대 군자는 홀로 서 있음에 자기 그림자에 부끄럽지 않아야 한다고 합니다. 지금 공자는 나무를 베어 자신을 해치려 하고 자신이 타고 가는 수레바퀴 자국을 지우는 수모를 당했음에도 스스로 치욕으로 여기지 않았으며, 자신이 陳나라·蔡나라 사이에서 窮厄을 당했는데도 스스로 곤궁하다고 여기지 않았습니다. 처음에는 제가 儒者를 바라보고 존중하였는데, 지금 의심합니다."라고 하였다.

畢云 疑非儒上篇佚文이라하다

畢沅 : 아마도 〈非儒 上〉의 佚文일 것이다.

詰之曰 若是乎孔子晏子交相毁也인댄 小人有之어니와 君子則否라 孔子曰 靈公汙어늘 而晏子事之以潔하며 莊公怯이어늘 而晏子事之以勇하며 景公侈어늘 而晏子事之以儉하니 晏子는 君子也라하다 梁丘據問曰 晏子事三君而不同心하되 而俱順焉하니 仁人固多心乎아한대 晏子曰 一心은 可以事百君이요 百心은 不可以事一君이라 故三君之心은 非一也나 而嬰之心은 非三也라하여늘 孔子聞之하고 曰 小子아 記之하라 晏子는 以一心事三君하니 君子也로다하니 如此면 則孔子譽晏子하니

---

18) 伐樹削跡 : 공자가 衛나라에 있을 때 공자가 타고 지나간 수레바퀴의 자국을 삭제함으로써 다시 등용하지 않겠다는 의지를 보였다. 宋나라에 가서는 큰 나무 밑에서 제자들과 禮를 강습하고 있었는데 그 나무를 쓰러뜨려서 죽이려고 하였다.(≪莊子≫ 〈天運〉, ≪史記≫ 권47 〈孔子世家〉)

非所謂毁而不見也라 **景公問晏子曰 若人之衆**이면 **則有孔子乎**아한대 **對曰 孔子者**는 **君子行有節者也**라하다 **晏子又曰 盈成匡**은

이에 반박한다.

이와 같이 공자와 안자가 서로 헐뜯었다면, 그런 일은 소인에게는 있겠지만 군자는 그렇지 않을 것이다.

공자는 말하기를 "靈公은 汚濁했는데 안자는 결백함으로써 섬겼고 莊公은 겁이 많았는데 안자는 용감함으로써 섬겼고 景公은 사치했는데 안자는 검소함으로써 섬겼으니, 안자는 군자이다."라고 하였다. 그리고 梁丘據가 묻기를 "안자는 세 임금을 섬기면서 마음이 같지 않지만 다 순종하였으니, 仁人도 진실로 마음이 많습니까?"라고 하였는데, 안자가 말하기를 "하나의 마음은 백 명의 임금을 섬길 수 있고 백 가지 마음은 한 명의 임금도 섬길 수 없다. 그러므로 세 임금의 마음은 하나가 아니었으나 나의 마음은 세 가지가 아니었다."라고 하였다. 공자가 이 말을 듣고 말하기를 "제자들아 기억하라. 안자는 하나의 마음으로 세 임금을 섬겼으니, 군자로다."라고 하였다.

이와 같고 보면, 공자는 안자를 칭찬하였던 것이니, 이른바 헐뜯고 만나지 않은 것이 아니다.

경공이 안자에게 묻기를 "만약 사람이 많다면 공자 같은 이가 있겠는가?"라고 하자, 대답하기를 "공자는 군자로서 행실에 절개가 있는 분입니다."라고 하였습니다.

안자는 또 말하기를 "盈成匡은

晏子春秋外篇에 **作盆成适**하니 **此疑誤**라

〈'盈成匡'이〉 ≪晏子春秋≫ 〈外篇〉에는 '盆成适'로 되어 있으니, 이 '盈成匡'이 아마도 착오일 듯하다.

父之孝子요 **兄之弟弟也**라 **其父尙爲孔子門人**하니

아버지의 효성스러운 아들이요 형의 우애로운 아우이다. 그의 아버지가 일찍이 공자의 문인이 되었으니,

尙은 晏子春秋에 作嘗하니 古通이라

'尙'은 ≪晏子春秋≫에는 '嘗'으로 되어 있으니, 古字에 통용되었다.

門人도 **且以爲貴**하니 **則其師亦不賤矣**라하니 **是則晏子亦譽孔子**를 **可知也**라 **夫德之不修**는 **己之罪也**요 **不幸而屈於人**은 **己之命也**라 **伐樹削跡**과 **絶糧七日**은 **何約乎哉**아

문인도 사람들이 존귀하게 여기고 보면, 그 스승 또한 천박하지 않을 것이다." 라고 하였으니, 이 말에서 안자 또한 공자를 칭찬했음을 알 수 있다.

무릇 德이 닦여지지 않은 것은 자기의 죄요 불행히 남에게 굴욕을 당하는 것은 자기의 운명이다. 자신이 머물던 곳의 나무가 베어지고 자신이 타고 가는 수레바퀴 자국이 지워지는 수모를 당하고 7일 동안 양식이 떨어진 것은 얼마나 곤궁했던 것인가!

明刻本에 作故어늘 據宋本正하노라

〈'哉'는〉 明나라 판본에는 '故'로 되어 있는데, 宋나라 本에 의거하여 바로잡았다.

若晏子以此而疑儒면 **則晏子亦不足賢矣**라하노라

만약 안자가 이러한 일로 儒者를 의심했다면 안자 또한 어질다고 할 수 없다.

墨子曰 景公祭路寢[19]할새 **聞哭聲**이어늘 **問梁丘據**한대 **對曰 魯孔子之徒也**라 **其母死**어늘 **服喪三年**에

묵자는 말하기를 "景公이 路寢에서 제사 지낼 때 哭하는 소리가 들리거늘 梁丘據에게 물으니, 대답하기를 '魯나라 孔子의 門徒입니다. 자기 어머니가 죽어서 三年喪의 服을 입고 있는 중이라

喪은 宋本에 作哀라

'喪'은 宋나라 本에는 '哀'로 되어 있다.

19) 路寢 : '路'는 大와 같은 뜻이고 '寢'은 室의 뜻이다. 천자나 제후가 정사를 보는 正殿을 말한다.

哭泣甚哀라한대 **公曰 豈不可哉**아하여늘 **晏子曰 古者**에 **聖人非不能也**나 **而不爲者**는 **知其無補於死者**요 **而深害生事故也**라하다

몹시 슬프게 곡하며 울고 있는 것입니다.'라고 하였다. 경공이 말하기를 '〈이렇게 하는 것이〉 어찌 불가하겠는가.'라고 하자, 안자가 말하기를 '옛날에 성인은 이렇게 할 수 없었던 것이 아니었지만 이렇게 하지 않았던 것은 죽은 이에게 아무런 보탬이 되지는 않고 산 사람의 일에 몹시 방해된다는 것을 알았기 때문입니다.'라고 하였다."라고 하였다.

畢云 疑非儒上篇佚文이라하다

畢沅 : 아마도 〈非儒 上〉의 佚文일 것이다.

詰之曰 墨子欲以親死不服하고 **三日哭而已**니 **於意安者**인댄 **卒自行之**어늘 **空用晏子爲引**하여 **而同乎己**하니 **適證其非耳**라 **且晏子服父禮**면 **則無緣非行禮者也**라 **曹明問子魚曰 觀子詰墨者之辭**컨댄 **事義相反**하니 **墨者妄矣**어니와 **假使墨者復**(부)**起**면 **對之乎**아한대 **答曰 苟得其理**인댄 **雖百墨**이라도 **吾益明白焉**이어니와 **失其正**인댄 **雖一人**이라도 **猶不能當前也**라 **墨子之所引者**는 **矯晏子**니 **晏子之善吾先君**과 **先君之善晏子**는 **其事庸盡乎**아한대 **曹明曰 可得聞諸**(저)잇가하여늘 **子魚曰 昔齊景公問晏子曰 吾欲善治**하노니 **可以伯**(패)**諸侯乎**아한대

이에 반박한다.

묵자는 부모가 죽어도 상복을 입지 않고 3일 곡하고 말고 싶어 하였으니, 그렇게 하는 것이 마음에 편안하다면 마침내 스스로 행하면 되거늘 공연히 안자를 끌어들여 자기와 같다고 주장하였으니, 단지 자기 잘못을 증명하기에 알맞을 따름이다. 게다가 안자는 부친상의 복을 禮에 맞게 입었고 보면, 禮를 행하는 것을 비판할 수 없는 것이다.

曹明이 공자의 아들 伯魚에게 묻기를 "그대가 墨者를 반박하는 말을 보건대 실제 일과 이치가 상반되니, 墨者는 망령된다손 치더라도 가사 묵자가 다시 세상에 살아나온다면 상대하겠는가?"라고 하니, 대답하기를 "진실로 그 이치에 맞다면 비록 100명의 묵자가 오더라도 나는 더욱 명백하게 대응할 수 있겠지만 진실로 바

른 도리를 잃었다면 비록 한 사람일지라도 오히려 당적하지 못할 것이다. 묵자가 인용한 바는 안자를 바로잡는 것이니, 안자가 나의 선친과 친하고 선친이 안자와 친한 것은 그 일을 어찌 다 말할 수 있겠는가."라고 하였다.

조명이 말하기를 "들을 수 있겠습니까?"라고 하자, 백어가 말하기를 "옛날에 齊景公이 안자에게 묻기를 '나는 잘 다스리고 싶은데, 제후의 霸者가 될 수 있겠는가?'라고 하였는데,

伯(패)는 明刻에 作霸로되 今從宋本하노라

'伯'는 明나라 판본에는 '霸'로 되어 있는데 이제 宋나라 本을 따른다.

對曰 官未具也라 **臣亟**(기)**以聞**이나 **而君未肯然也**라 **臣聞孔子**는 **聖人**이나 **然猶居處倦惰**하며 **廉隅不修**면 **則原憲季羔侍**하고 **氣鬱而疾**하며

대답하기를 '벼슬아치가 제대로 갖추어지지 못했습니다. 신이 누차 이런 말을 들려드렸지만 주군께서는 수긍하시지 않았습니다. 신은 듣건대 공자는 성인이지만 그래도 거처할 때 권태롭거나 품행이 반듯하지 못할 경우에는 原憲과 季羔가 곁에서 모셨으며, 기운이 막혀서 질병에 걸리고

宋本作一食血氣不休어늘 今從明刻本하니 與晏子春秋內篇問上合이라

〈'氣鬱而疾'은〉 宋나라 本에는 '一食血氣不休(한 번 식사를 하다가 기운이 좋지 못하면)'로 되어 있는데, 이제 明나라 판본을 따르니, 이는 ≪晏子春秋≫ 〈內篇 問上〉과 합치한다.

志意不通하면 **則仲由卜商侍**하고 **德不盛**하며 **行不勤**이면 **則顏閔冉雍侍**라 **今君之朝臣萬人**이 **立車千乘**이로되 **不善之政**을 **加於下民者衆矣**어늘 **未能以聞者**라 **臣故曰 官未備也**라하니 **此又晏子之善孔子者也**며 **子曰 晏平仲**은 **善與人交**로다 **久而敬之**[20]온여하니 **此又孔子之貴晏子者也**라 **曹明曰 吾始謂墨子可疑**러니 **今則決妄不疑矣**라하다

志意가 통하지 못하면 仲由와 卜商이 곁에서 모셨으며, 德이 성대하지 못하고

20) 子曰……久而敬之 : ≪論語≫ 〈公冶長〉에 보인다. 平仲은 晏嬰의 자이다.

행실이 근면하지 못하면 顏淵・閔子騫・冉有・冉雍(仲弓)이 곁에서 모셨습니다. 지금 주군의 조정 신하는 만 명이요 立車(서서 타는 수레)는 천 대이지만 좋지 못한 정사를 백성에게 가하는 자는 많거늘 그 사실을 주군께 들려주는 이가 없습니다. 이런 까닭에 신이 벼슬아치가 제대로 갖추어지지 못했다고 한 것입니다.'라고 하였으니, 이는 또 안자가 공자와 사이가 좋았다는 증거입니다. 공자는 '晏平仲은 남과 사귀기를 잘하도다. 오래되어도 상대방을 공경하는구나.'라고 하였으니, 이는 또 공자가 안자를 존중한 것입니다."라고 하자, 조명이 말하기를 "내가 애초에 묵자의 말이 의심스럽다고 여겼는데, 지금에 보니 망령된 말임이 분명합니다."라고 하였다.

孔叢子詰墨篇이라 右는 難非儒라

≪孔叢子≫〈詰墨〉에 나온다.

이상은 '非儒'를 반박한 것이다.

三年之喪은 是强人所不及하여 而以僞輔情也요 三月之服은 是絶哀而迫切之性也니 夫儒墨不原人情之終始하고 而務以行相反之制라

3년 동안 입는 상복은 사람들의 힘이 미칠 수 없는 바를 강요하여 허위를 가지고 實情을 도운 것이요, 3개월 동안만 입는 상복은 슬퍼하여 절박한 본성을 끊는 것이니, 대저 유가와 묵가가 人情의 시종을 궁구하지도 않고서 상반되는 제도를 힘써 행하였다.

淮南子齊俗訓이라 高注云 三月之服은 夏后氏之禮라하다 右는 難節葬이라

≪淮南子≫〈齊俗訓〉에 나온다. 高誘의 注에 "3개월 동안 입는 상복은 夏后氏의 禮이다."라고 하였다.

이상은 '節葬'을 반박한 것이다.

聖賢之業은 皆以薄葬省(생)用爲務나 然而世尙厚葬하여 有奢泰之失者는 儒家論不明하고 墨家議之非故也라 墨家之議는 右鬼하여 以爲人死면 輒爲神鬼而有知하여 能形而害人이라 故引杜伯之類하여 以爲效驗이어늘 儒家不從하여 以爲死人無知하여

不能爲鬼라 然而賻祭備物者는 示不負死以觀生也라 陸賈는 依儒家而說이라 故其立語不肯明處하고 劉子政擧薄葬之奏하여 務欲省用하되 不能極論이라 是以로 世俗內持狐疑之議하며 外聞杜伯之類하고 又見病且終者는 墓中死人이 來與相見일새 故遂信是하여 謂死如生하여 閔死獨葬에 魂孤無副하고 丘墓閉藏에 穀物乏匱라 故作偶人하여 以侍尸柩하고 多藏食物하여 以歆精魂할새 積浸流至하여 或破家盡業하여 以充死棺하고 殺人以殉葬하여 以快生意하니 非知其內無益하고 而奢侈之心이 外相慕也일새 以爲死人有知하여 與生人無以異어늘 孔子非之하되 而亦無以定實이라 然而陸賈之論은 兩無所處하고 劉子政奏도 亦不能明儒家無知之驗과 墨家有知之故라 事莫明於有效하며 論莫定於有證하니 空言虛語는 雖得道心이나 人猶不信이라 是以로 世俗輕愚信禍福者는 畏死不懼義하고 重死不顧生하여 竭財以事神하고 空家以送終이라 辯士文人有效驗이 若墨家之以杜伯爲據면 則死無知之實을 可明이요 薄葬省財之敎를 可立也어늘 今墨家非儒하며 儒家非墨하여 各有所持라 故乖不合하고 業難齊同이라 故二家爭論이라 世無祭祀復生之人이라 故死生之義가 未有所定實者라 死人闇昧하여 與人殊途하니 其實荒忽하여 難得深知일새 有知無知之情不可定이요 爲鬼之實不可是라 通人知士가 雖博覽古今하고 窺涉百家나 條入葉貫하여 不能審知요 唯聖心賢意가 方比物類하여 爲能實之라 夫論不留精澄意하고 苟以外效로 立事是非하여 信聞見於外하고 不詮訂於內면 是用耳目論이요 不以心意議也라 夫以耳目論이면 則以虛象爲言이니 虛象效면 則以實事爲非라 是故로 是非者는 不徒耳目이요 必開心意어늘 墨議不以心而原物하고 苟信聞見하니 則雖效驗章明이나 猶爲失實이니 失實之議는 難以敎라 雖得愚民之欲이나 不合知者之心이라 喪物索用하여 無益於世하니 此蓋墨術所以不傳也라 墨家之議는 自違其術하니 其薄葬而又右鬼하고 右鬼引效에 以杜伯爲驗하니 杜伯死人이라 如謂杜伯爲鬼면 則夫死者審有知니 如有知而薄葬之면 是怒死人也라 情欲厚而惡(오)薄하나니 以薄受死者之責이면 雖右鬼나 其何益哉아 如以鬼非死人이면 則其信杜伯이 非也요 如以鬼是死人이면 則其薄葬이 非也라 術用乖錯하여 首尾相違라 故以爲非하니 非與

是不明이면 **皆不可行**이라

성현이 하는 일은 모두 장례를 儉薄하게 치러 비용을 줄이는 것을 힘쓴다. 그런데도 세상 사람들이 장례를 후하게 치르는 것을 숭상하여 사치한 잘못이 있는 것은 儒家는 이론이 분명하지 못하고 墨家는 주장이 옳지 않기 때문이다.

묵가의 주장은 귀신을 숭상하여 사람이 죽으면 곧 귀신이 되어서 知覺을 가지고서 모습을 나타내어 사람을 해칠 수 있다고 한다. 그러므로 杜伯의 일과 같은 것을 끌어와서 그 효험으로 삼았는데, 유가는 이를 따르지 않고서 죽은 사람은 지각이 없어 귀신이 될 수 없다고 여긴다. 그런데도 祭物을 갖추어 제사하는 것은 죽은 사람을 저버리지 않는 것으로써 산 사람에서 보여주는 것이다.

陸賈는 儒家에 의거하여 말하였기 때문에 그 입론이 분명한 입장을 보이지 않았으며, 劉子政은 장례를 검소하게 치러야 한다고 上奏하여 되도록 비용을 줄이고자 하였지만 자신의 의론을 끝까지 다 펴지는 못하였다.

이런 까닭에 세상 사람들은 안으로는 이럴까 저럴까 의심하는 의론을 갖고 밖으로는 두백의 일과 같은 것을 들으며, 게다가 병들어 임종에 가까운 사람들은 무덤 속의 죽은 사람이 자신을 찾아와서 만나기 때문에 마침내 이를 믿고서 죽은 사람도 산 사람과 같다고 여겨 죽어서 홀로 땅 속에 묻히면 넋이 외로워 함께 지낼 사람이 없고 무덤 속에 들어가 있으면 먹을 곡식이 없을까 걱정하였다. 그래서 偶人을 만들어 시신이 들어 있는 널을 모시게 하고 음식물을 많이 무덤 속에 넣어주어 精魂이 먹을 수 있게 하였다. 이러한 풍습이 점점 심해져서 혹 家産을 다 털어서 죽은 사람의 관에 넣어줄 것에 충당하고 사람을 죽여서 殉葬함으로써 산 사람의 마음을 흡족하게 하였으니, 안으로 무익한 줄 알지 못하고 사치하는 마음이 밖으로 그렇게 하기를 좋아하기 때문에 죽은 사람도 지각이 있어 산 사람과 다름 없다고 생각한다.

공자는 이를 옳지 못하다고 비판하였으나 또한 진실을 확정해줄 수 없었다. 그러나 육가의 의론은 유가와 묵가 어느 쪽에도 서지 않았고 劉子政의 奏議도 유가의 죽은 사람은 지각이 없다고 하는 주장의 證驗과 묵가의 죽은 사람도 지각이 있다고 하는 주장의 까닭을 밝혀내지 못하였다. 일은 증험이 있는 것보다 분명히 드러나는 게 없으며 의론은 증거가 있는 것보다 확정할 수 있는 게 없으니, 허황한 빈 말은 비록 자기 마음속 얘기를 하지만 사람들은 오히려 믿어주지 않는다.

이런 까닭에 세상 사람들 중 경솔하고 어리석어 귀신이 禍福을 준다는 설을 믿는 자들은 죽음을 두려워하고 義를 두려워하지 않으며 죽음을 중시하고 삶을 돌아보지 않은 나머지 재물을 다 털어서 귀신을 섬기고 家産을 다 내어서 장례를 치른다. 변론을 잘하는 선비들과 문장을 짓는 선비들이 주장하는 말에 증험이 있는 것이 묵가가 두백의 일을 가지고 증거를 대는 것과 같다면 죽은 사람은 지각이 없다는 사실을 밝힐 수 있고 장례를 검소하게 치러 장례의 비용을 줄여야 한다는 가르침을 세울 수 있을 것이다.

그런데 묵가는 유가를 비판하고 유가는 묵가를 비판하여 각기 주장하는 持論이 있기 때문에 서로 견해가 어긋나 합치하지 못하며 하는 일이 서로 같기 어렵기 때문에 이 양쪽이 서로 쟁론하는 것이다.

세상에 제사하여 다시 살아난 사람이 없기 때문에 죽음과 삶의 이치는 그 진실을 확정할 수가 없다. 죽은 사람은 지각이 없어 暗昧하여 산 사람과는 길이 다르니, 기실 아득하고 모호하여 그 내용을 깊이 알기 어렵다. 따라서 죽은 사람은 지각이 있는지 지각이 없는지 그 실정을 확정할 수 없고, 사람이 죽어 귀신이 된다는 실상을 수긍할 수 없다. 식견과 지식을 갖춘 선비들은 비록 고금의 전적들을 널리 열람하고 百家의 학설들을 샅샅이 섭렵할지라도 지엽적인 부분만 파고 들어 그 이치를 자세히 알 수 없다. 오직 성현의 마음만이 만물의 이치를 비교하여 실증할 수 있다.

대저 의론은 정력을 쏟으며 마음을 밝히지 않고서 구차히 밖으로 드러난 증험만 가지고서 일의 옳고 그름을 단정하여 밖에서 보고 들은 것만 믿고 안으로 판단하여 考訂하지 않는다면 이는 耳目을 가지고 논의한 것이요 心意를 가지고 의론한 것이 아니다. 대저 이목을 가지고 논의하면 虛象을 가지고 말하는 것이니, 허상으로 증험하면 實事를 옳지 않다고 하게 된다.

이런 까닭에 옳고 그름이란 것은 한갖 이목뿐만이 아니라 반드시 심의를 열어야 한다. 그런데 묵가의 의론은 마음을 가지고 사물을 궁구하지 않고 듣고 본 사실만을 구차히 믿으니, 비록 그 증험은 분명할지라도 오히려 진실을 잃을 수 있다. 진실을 잃은 의론으로는 사람들을 가르치기 어려운지라 비록 어리석은 백성들의 욕망에는 맞을지언정 지혜로운 사람의 마음에는 합치하지 않나니, 財用만 써서 고갈되게 할 뿐 세상에는 아무 도움이 안 된다. 이것이 묵가의 학술이 후대에 전해지지 못하게 된 까닭이다.

묵가의 주장은 스스로 자기 학술에 위배되니, 장례를 儉薄하게 치르면서 또 귀신을 숭상하였으며, 귀신을 숭상하면서 그 증험을 끌어와 두백의 일로써 증험하였다. 두백은 죽은 사람이다. 만약 두백을 귀신이라 한다면 대저 죽은 사람은 분명히 지각이 있는 것이니, 만약 죽은 사람은 지각이 있는데도 검박하게 장례를 치른다면 이는 죽은 사람을 노하게 하는 것이다. 사람의 마음은 후한 것을 바라고 박한 것을 싫어하는 법이니, 검박하게 장례를 치름으로써 죽은 사람의 질책을 받는다면 비록 귀신을 숭상할지라도 무슨 이익이 있겠는가. 만약 그 귀신이 죽은 사람이 아니라면 그를 두백으로 믿은 것은 잘못이요 만약 그 귀신이 죽은 사람이라면 검박하게 장례를 치른 것이 잘못이다. 학술이 어긋나 首尾가 서로 맞지 않으니, 이런 까닭에 그르다고 하는 것이다. 그름과 옳음이 밝혀지지 못하면 양쪽의 주장 다 행해질 수 없다.

王充論衡薄葬篇이라 右는 難明鬼節葬이라

王充의 ≪論衡≫ 〈薄葬〉에 나온다.
이상은 〈明鬼〉·〈節葬〉을 반박한 것이다.

儒家之宗은 孔子也요 墨家之祖는 墨翟也라 且案儒道傳而墨法廢者는 儒之道義는 可爲요 而墨之法議는 難從也일새라 何以驗之오 墨家薄葬右鬼하니 道乖相反하여 違其實하니 宜以難從也라 乖違如何오 使鬼非死人之精也면 右之未可知어니와 今墨家謂鬼는 審人之精也라하고 厚其精而薄其屍하니 此於其神厚而於其體薄也라 薄厚不相勝하며 華實不相副하면 則怒而降禍니 雖有其鬼라도 終以死恨이라 人情欲厚惡(오)薄하니 神心猶然이라 用墨子之法하여 事鬼求福인댄 福罕至而禍常來也라 以一況百에 而墨家爲法이 皆若此類也라 廢而不傳은 蓋有以也라

유가의 宗師는 공자이고, 묵가의 비조는 묵적이다. 또 살펴보건대, 유가의 道는 후대에 전해지고 묵가의 법은 폐기된 것은 유가의 도의 이치는 할 수가 있고 묵가의 법의 의론은 따르기 어렵기 때문이다. 어떻게 알 수 있는가. 묵가는 장례는 검박하게 지내고 귀신은 숭상하니, 이 두 가지는 그 道가 어긋나 상반되어 실상에

위배된다. 따라서 따르기 어려운 게 당연하다. 어긋나 상반되면 어떻게 되는가. 가사 귀신이 죽은 사람의 精魂이 아니라면 이를 숭상하는 것은 알지 못하겠지만, 지금 묵가는 귀신은 분명 사람의 정혼이라고 하고서 그 정혼은 후하게 대하고 그 시신은 박하게 대하니, 이는 그 귀신에는 후하고 그 신체에는 박한 것이다. 박하게 하는 것과 후하게 하는 것이 서로 걸맞지 않고 화려한 것과 실질적인 것이 서로 들어맞지 않으면 노하여 災禍를 내릴 것이니, 비록 그 귀신이 있다 할지라도 마침내 자기의 죽음을 한스럽게 여길 것이다. 사람의 마음은 후한 것을 바라고 박한 것을 싫어하는 법이니, 귀신의 마음도 마찬가지일 것이다.

묵자의 법을 써서 귀신을 섬겨 복을 구한다면 복은 거의 오지 않고 禍만 늘 오게 될 것이다. 이 한 가지로써 백 가지를 비유해봄에 묵가의 법이란 것은 모두 이와 유사한 것이다. 〈따라서 묵가의 법이〉 폐기되고 후세에 전해지지 못한 것은 대개 까닭이 있었던 것이다.

論衡案書篇이라 **右**는 **難明鬼**라

≪論衡≫ 〈案書〉에 나온다

이상은 '明鬼'를 반박한 것이다.

墨子貴兼하고 **孔子貴公**하고 **皇子貴衷**하고 **田子貴均**하고 **列子貴虛**하고 **料子貴別**하여 **囿其學之相非也**가 **數世矣而〔不〕已**하니

묵자는 '兼'을 중시하고, 공자는 '公'을 중시하고, 皇子는 '衷'을 중시하고, 田子는 '均'을 중시하고, 列子는 '虛'를 중시하고, 料子는 '別'을 중시하여 그 학파들이 모여서 서로 비방한 지 몇 세대가 지났으나 그치지 않으니,

何焯[21]**校云 而下**에 **疑脫不字**라하다

何焯의 교감에 "'而' 다음에 아마도 '不'자가 빠졌을 것이다."라고 하였다.

---

21) 何焯 : 1661~1722. 淸나라 초엽의 학자요 서예가요 관리이다. 자는 潤千·屺瞻이고, 호는 茶仙·義門先生이다. 順治 4년(1647)에 進士가 되었고 벼슬은 庶吉士, 直南書房, 武英殿編修, 侍讀 등을 역임했다. 笪重光, 薑宸英, 汪士鋐과 더불어 帖學四大家로 일컬어진다. 저서로 ≪詩古文集≫, ≪語古齋識小錄≫, ≪道古錄≫, ≪義門讀書記≫, ≪義門先生文集≫, ≪義門題跋≫ 등이 있다.

皆弇於私也라

모두 사심에 엄폐된 것이다.

爾雅釋詁邢昺疏引尸子廣澤篇이라 **呂氏春秋不二篇**에 **云 老耽貴柔**하고 **孔子貴仁**하고 **墨翟貴廉**하고 **關尹貴淸**하고 **子列子貴虛**하고 **陳駢貴齊**하고 **陽生貴己**하고 **孫臏貴勢**하고 **王廖貴先**하고 **兒良貴後**라하다 **案 呂覽**에 **云 墨子貴廉**이라하니 **廉**은 **疑卽兼之借字**라

≪爾雅≫〈釋詁〉邢昺의 疏에 인용된 ≪尸子≫〈廣澤〉에 나온다. ≪呂氏春秋≫〈不二〉에 "老耽(老聃)은 '柔(부드러움)'를 중시하고, 공자는 '仁(어짊)'을 중시하고, 묵적은 '廉(兼愛의 겸과 같음)'을 중시하고, 關尹은 '淸(청렴함)'을 중시하고, 子列子는 '虛(허무함)'를 중시하고, 陳駢은 '齊(가지런함)'를 중시하고, 陽生은 '己(자기 자신)'를 중시하고, 孫臏은 '勢(세력)'를 중시하고, 王廖는 '先(앞서는 것)'을 중시하고, 兒良은 '後(뒤서는 것)'를 중시하였다."라고 하였다.

案 : ≪여씨춘추≫에 "묵자는 '廉'을 중시하였다."라고 하였으니, '廉'은 곧 '兼'의 가차자일 듯하다.

孟子曰 楊氏爲我하니 **是無君也**요 **墨氏兼愛**하니 **是無父也**라 **無父無君**은 **是禽獸也**니라하다

孟子는 "楊氏는 자신만을 위하니 이는 군주가 없는 것이요, 墨氏는 똑같이 사랑하니 이는 아버지가 없는 것이니, 아버지가 없고 군주가 없으면 이는 禽獸이다."라고 하였다.

孟子滕文公上篇이라

≪孟子≫〈滕文公 上〉에 나온다.

孟子曰 墨子兼愛하니 **摩頂放踵**하여 **利天下**라도 **爲之**하니라하다

맹자는 "묵자는 兼愛하였으니, 자기 이마를 갈아 발꿈치에 이르더라도 천하에 이로우면 하였다."라고 하였다.

告子下篇이라

≪孟子≫〈告子 下〉에 나온다.

不侈於後世하며 **不靡於萬物**하며 **不暉於數度**하고

후세 사람들에게 奢侈를 부리지 못하게 하며, 萬物을 낭비하지 아니하며, 예법이나 제도를 화려하게 내걸지 아니하고,

釋文에 云 暉는 崔本에 作渾이라하다

《經典釋文》에 "'暉'는 崔譔 本에는 '渾'으로 되어 있다."라고 하였다.

以繩墨自矯而備世之急하니 **古之道術有在於是者**어늘 **墨翟禽滑釐**가 **聞其風而說(열)之**하여

법도로써 자신을 바로잡으며 세상의 급한 일에 대비하였으니, 고대의 학술 중에 이러한 것이 있거늘, 묵적과 금활리가 그 風聲을 듣고 좋아하여

說은 成玄英本에 作悅이라

'說'은 成玄英 本에는 '悅'로 되어 있다.

爲之大(태)過하고

이를 실천하는 것이 너무 지나쳤고

大는 成本에 作太라

'大'는 성현영 本에는 '太'로 되어 있다.

已之大(태)順이라

절제하기를 너무 순종해서 하였다.

釋文에 云 順은 或作循이라하다 案 成本에 作循한대 疏에 云 循은 順也라하다

《경전석문》에는 "'順'은 어떤 곳에는 '循'으로 되어 있다."라고 하였다.

案 : 成玄英 本에는 '循'으로 되어 있는데, 疏에 "循은 '順'자의 뜻이다."라고 하였다.

作爲非樂하고 **命之曰節用**하여 **生不歌**하고 **死無服**이라 **墨子氾愛兼利而非鬥**하니 **其道不怒**요 **又好學而博不異**나 **不與先王同**하여 **毁古之禮樂**이라 **黃帝有咸池**하고 **堯有**

大章하고 **舜有大韶**하고 **禹有大夏**하고 **湯有大濩**하고 **文王有辟雍之樂**하고 **武王周公作武**하며 **古之喪禮**는 **貴賤有儀**하고 **上下有等**하여 **天子棺槨七重**이요 **諸侯五重**이요 **大夫三重**이요 **士再重**이어늘 **今墨子獨生不歌**하고 **死不服**하고 **桐棺三寸而無槨**하여 **以爲法式**하니 **以此教人**하면 **恐不愛人**이요 **以此自行**하면 **固不愛己**라 **未敗墨子道**나

〈非樂〉을 짓고 〈節用〉이라 명명하고서 살아서는 노래하지 않고 죽어서는 喪服을 입는 일이 없었다. 묵자는 사람들을 두루 사랑하고 모든 사람에게 이익을 주며 싸움을 그르다고 여겼으니 그 道는 노하지 않는 것이었다. 그리고 학문을 좋아하여 널리 널리 배우는 것은 〈先王의 道와〉 다르지 않았으나 선왕과 같지 않아서 옛날의 禮樂을 비판하였다.

黃帝는 咸池가 있었고, 堯임금에는 大章이 있었고, 舜임금은 大韶가 있었고, 禹임금은 大夏가 있었고, 湯임금은 大濩가 있었고, 周 文王은 辟雍의 음악이 있었고, 武王과 周公은 武라는 음악을 만들었다.

옛날의 喪禮는 신분의 귀천에 따른 儀禮가 있고 상하의 관계에 따른 차등이 있었다. 그리하여 천자는 棺・槨이 일곱 겹이고 제후는 다섯 겹이고 대부는 세 겹이고 士는 두 겹이었다. 그런데 유독 묵자는 살아서는 노래하지 아니하고 죽어서는 상복을 입지 않고, 3치 두께 오동나무 棺에 槨은 쓰지 않음으로써 법식을 삼았으니, 이를 가지고서 남을 가르치면 아마도 남을 사랑하지 않게 될 것이요, 이것을 가지고서 자신이 실행하면 진실로 자기를 사랑하지 않게 될 것이다. 묵자의 학술을 헐뜯는 게 아니지만,

釋文에 **云 敗**는 **或作爲毁**라 **墨子是一家之正**이라 **故不可以爲敗也**라 **崔云 未壞其道**라하다

≪經典釋文≫에 "'敗'는 어떤 곳에는 '毁'로 되어 있다. 묵자는 한 학파의 師長이므로 헐뜯을 수 없는 것이다. 崔譔은 '그 道를 허물어뜨리지 않는 것이다.'라고 하였다."라고 하였다.

雖然이나 **歌而非歌**하며 **哭而非哭**하며 **樂而非樂**이 **是果類乎**아 **其生也勤**하며 **其死也薄**하고 **其道大觳**하여

비록 그렇지만 노래해야 하는데 노래를 비판하고 곡해야 하는데 곡을 비판하고

음악을 즐겨야 하는데 음악을 비판하는 것이 과연 이치에 가까운가.

살아서는 고생하고 죽어서는 박한 대우를 받으며, 그 道가 너무 너무 儉薄하여

郭注云 觳은 無潤也라하다

郭象의 注에 "'觳'은 윤기가 없는 것이다."라고 하였다.

使人憂하며 **使人悲**하며 **其行難爲也**라 **恐其不可以爲聖人之道**라 **反天下之心**할새 **天下不堪**하니 **墨子雖獨能任**이나 **柰天下何**리오 **離於天下**하여 **其去王也遠矣**라 **墨子稱道曰 昔者**에

사람으로 하여금 근심하게 하고 사람으로 하여금 슬퍼하게 하고 그 행실은 실천하기 어려우니, 아마도 성인의 도라 할 수 없을 듯하다. 천하 사람들의 마음에 위반되는 것이라 천하 사람들이 이를 감당하지 못할 것이니, 묵자가 비록 혼자서는 그렇게 할 수 있다손치더라도 천하 사람들을 어찌하리오! 천하 사람들에게서 떨어져 나가 王道와 거리가 멀다.

묵자는 일컬어 말하기를 "옛날에

成本에 無者字라

成玄英 本에는 '者'자가 없다.

禹之湮洪水에 **決江河而通四夷九州也**라 **名川三百**이요 **支川三千**이요

禹임금이 홍수를 막으면서 장강과 황하의 물길을 틔워서 사방의 夷狄과 九州를 소통하게 하였다. 당시 이름 있는 큰 하천이 300개요 지류가 3,000개였으며,

釋文에 云 支川은 本或作支流라하다

≪經典釋文≫에 "支川은 본래 어떤 本에는 '支流'로 되어 있다."라고 하였다.

小者無數라 **禹親自操橐耜而九雜天下之川**할새 **腓無胈**하며 **脛無毛**하고 **沐甚雨**하며 **櫛疾風**하여 **置萬國**하니 **禹**는 **大聖也**로되 **而形勞天下也如此**라하여

그 밖에 작은 시내는 무수히 많았다. 우임금은 친히 삼태기와 보습을 손에 잡고

천하의 시내를 糾合해 治水할 때 우임금의 장딴지에는 살이 빠졌고 정강이에는 털이 없어졌고 폭우로 머리를 감고 세찬 바람으로 빗질을 하여 萬國을 설치하였다. 우임금은 大聖人인데도 천하를 위해 자신을 혹사해 일한 것이 이와 같았다."라고 하여

釋文에 槖은 作槀하고 云 槁는 舊古考反이라 音託이요 字則應作槖이라 崔云 囊也라하고 司馬云 盛土器也라하다 九는 音鳩니 本亦作鳩니 聚也라 雜은 本或作㐮하니 音同이라 崔云 所治非一일새 故曰雜也라하다 崔本에 甚은 作湛하니 音淫이라 詒讓案 此當從槖爲是니 釋文本非라 成本亦作槖하고 疏同이라 司馬義又云 舟檝往來에 九州雜易이라하고 又解 凡經九度니 言九雜也라하다 又本作鳩者는 言鳩雜川谷하여 以導江河也라 案 九雜은 猶言九帀也니 成引一解하여 云 經九度者가 是也요 諸說竝未得其恉라

≪경전석문≫에 '槖'은 '槀'로 되어 있고, "槀는 舊本에 古와 考의 반절로 되어 있다. 崔譔과 郭象은 "독음은 託이고, 글자는 응당 槖이 되어야 한다."라고 하였다. 최선은 '囊(주머니)이다.'라고 하였고, 司馬彪는 '흙을 담는 기구이다.'라고 하였다. '九'는 독음이 鳩이다. 본래의 글자도 '鳩'로 되어 있었으니, 모인다는 뜻이다. '雜'은 본래 어떤 本에는 '㐮'으로 되어 있는데 독음은 같다. 최선은 '다스리는 바가 한둘이 아니기 때문에 雜이라 한 것이다.'라고 하였다. 최선 本에는 '甚'은 '湛'으로 되어 있는데 독음은 淫이다."라고 하였다.

詒讓案 : 이 글자는 응당 '槖'을 따르는 것이 옳으니, ≪경전석문≫ 本은 맞지 않다. 成玄英 本에도 '槖'으로 되어 있고, 疏에도 같다. 司馬義는 또 "배들이 왕래함에 九州가 잡다히 바뀌었다."라 하고, 또 풀이하기를 "무릇 아홉 차례를 지나는 것이니, '九雜(아홉 차례 뒤섞인다.)'이란 말이다. 또 본래 '鳩'로 되어 있는 것은 하천과 계곡을 모으고 섞어서 江水와 河水로 인도한다는 말이다."라고 하였다.

案 : '九雜'은 '九帀(아홉 차례 두른다.)'이란 말과 같으니, 成玄英이 한 가지 풀이를 인용하여 "아홉 차례를 지나는 것이다."라고 한 것이 맞고, 다른 설들은 다 本旨에 맞지 않다.

使後世之墨者로 多以裘褐爲衣하며 以跂蹻(갹극)爲服하고 日夜不休하여 以自苦爲極하고

후세의 墨者들로 하여금 대다수 거친 천으로 옷을 지어 입고 나막신이나 짚신을 신고 밤낮으로 쉬지 않고 일하여 자신을 수고롭게 것을 지극한 법칙으로 삼게 하고서,

釋文에 云 李云 麻曰屩(갹)이요 木曰屐이라하니 屐은 與跂同하고 屩은 與蹻同이라하다

≪經典釋文≫에 "李頤는 '삼으로 만든 신발을 屩이라 하고 나무로 만든 신발을 屐이라 한다.'라고 하였으니, 屐은 跂과 같고 屩은 蹻과 같다."라고 하였다.

曰 不能如此면 **非禹之道也**요 **不足謂墨**이라하다 **相里勤之弟子五侯之徒**와 **南方之墨者苦獲已齒鄧陵子之屬**이 **俱誦墨經**하되 **而倍譎不同**하여 **相謂別墨**하고 **以堅白同異之辯相訾**하며 **以觭偶不仵之辭相應**하고 **以巨子爲聖人**하여

말하기를 "이와 같이 하지 못하면 우임금의 道가 아니니, 묵가라 하기에 부족하다."라고 하였다.

相里勤의 제자 五侯와 같은 이들과 남방의 墨者인 苦獲·已齒·鄧陵子 같은 이들이 함께 ≪墨經≫을 독송하였으나 견해가 어긋나고 맞지 않아서 서로 상대편을 別墨(墨家의 別派)이라 하고 堅白同異와 같은 궤변으로 서로 비난하고 奇數와 偶數처럼, 짝이 맞지 않고 어긋나는 말로 서로 응수하였으며, 巨子를 聖人이라 하여

釋文에 云 巨子는 向(상)崔本에 作鉅라하다

≪經典釋文≫에 "'巨子'의 '巨'는 向秀와 崔譔의 本에는 '鉅'로 되어 있다."라고 하였다.

皆願爲之尸하여 **冀得爲其後世**하여 **至今不決**하니 **墨翟禽滑釐之意則是**나 **其行則非也**라 **將使後世之墨者**로 **必自苦**하여 **以腓無胈**하며 **脛無毛**하여 **相進而已矣**니 **亂之上也**요 **治之下也**라 **雖然**이나 **墨子**는 **眞天下之好也**니 **將求之不得也**라 **雖枯槁**라도 **不舍也**하니 **才士也夫**인저

다들 자기가 그를 모시는 주인이 되기를 원하여 자기가 묵자의 후계자가 되기를 바라면서 지금까지 결론을 내리지 못하고 있으니, 묵적과 금활리의 뜻은 옳았으나 실천 방법은 잘못되었다.

후세의 묵가로 하여금 반드시 스스로 애써서 장딴지에 살이 빠지고 정강이에 털이 닳아 없어지도록 고생하면서 서로 그치지 않고 나아가도록 할 뿐이니, 천하를 어지럽히는 데에 上策이요 천하를 편안히 다스리는 데에 下策이다.

비록 그러하나 묵자 자신은 참으로 천하를 좋아하였다. 그는 구하던 것을 얻지 못하면 비록 자기 몸이 말라 여위어도 그만두지 않았으니, 才士로다.

莊子天下篇이라

《莊子》〈天下〉에 나온다.

駢於辯者는 **纍瓦**하며 **結繩**하며 **竄句**하여 **遊心於堅白同異之閒**(간)하여 **而敝跬譽無用之言**하나니 **非乎**인저 **而楊墨是已**라

辯論을 쓸데없이 많이 구사하는 자는 기왓장을 포개고 노끈을 묶고 문구를 고치고 꾸미듯이 불필요한 짓을 하여 堅白同異의 궤변에 마음이 노닐면서 하찮은 명예와 쓸모없는 말에 정신이 지치나니, 이를 그르다고 여길 것이다. 그러나 楊朱와 墨翟 같은 이는 옳다고 여긴다.

莊子駢拇篇이라

《莊子》〈駢拇〉에 나온다.

不知壹天下하여 **建國家之權稱**하고 **上功用**하고 **大儉約而僈差等**하여 **曾不足以容辨異**하고 **縣君臣**이라 **然而其持之有故**하며 **其言之成理**하여 **足以欺惑愚衆**하나니 **是墨翟宋鈃也**라

천하를 통일하여 국가의 법도를 세울 줄은 알지 못하며, 功用을 숭상하고 검약을 중시하여 신분의 차등을 무시한다. 그리하여 사람 사이를 변별하고 君臣 사이에 등급을 매길 수 없다. 그러나 그 持論에 근거가 있고 그 말이 논리를 이루어서 어리석은 민중을 속이고 현혹할 수 있으니, 곧 墨翟과 宋鈃이다.

荀子非十二子篇이라

《荀子》〈非十二子〉에 나온다.

今以一人兼聽天下하되 **日有餘而治不足者**는 **使人爲之也**라 **大有天下**하고 **小有一國**하여 **必自爲之然後可**인댄 **則勞苦耗顇**가 **莫甚焉**이니 **如是**면 **則雖臧獲**이라도 **不肯**

與天子易執業하리라 **以是**로 **縣天下**하며 **一四海**를 **何故必自爲之**리오 **爲之者**는 **役夫之道也**며 **墨子之說也**요 **論德使能而官施之者**는 **聖王之道也**며 **儒之所謹守也**라

현재 군주 한 사람의 역량으로 천하의 일을 모두 처리하는데도 시간은 여유가 있고 다스릴 일은 많지 않은 것은 사람들을 시켜서 일을 하게 하기 때문이다. 크게는 천하를 소유하고 작게는 하나의 제후국을 소유하고 있으면서 반드시 그 일들을 자기가 다 해야만 한다면, 노고로 초췌해지는 것이 더없이 심할 것이다. 이와 같다면 비록 노비라 할지라도 천자와 자기의 직업을 바꾸려 하지 않을 것이다. 따라서 천하를 다스리고 四海를 통일하는 일을 어찌 반드시 천자 자신이 다 하리오. 일을 자신이 다 하는 것은 노역하는 자의 道이며 墨子의 학설이요, 德을 논하고 유능한 사람을 부려서 관직을 주는 것은 聖王의 도이며 儒家가 삼가 지키는 바이다.

荀子王霸篇이라

≪荀子≫ 〈王霸〉에 나온다.

墨子有見於齊하고 **無見於畸**하니

묵자는 사람은 다 같다는 측면에 대해서는 見處가 있고 사람은 다 같지는 않다는 측면에서는 견처가 없으니,

楊注에 **云 畸**는 **謂不齊也**라 **墨子著書有上同兼愛**하니 **是見齊而不見畸也**라하다

楊倞의 注에 "'畸'는 다 같지 않음을 말한다. 묵자의 저서에 〈上同〉과 〈兼愛〉가 있으니, 이는 다 같다는 측면만 보고 다 같지는 않다는 측면은 보지 못한 것이다."라고 하였다.

有齊而無畸면 **則政令不施**라

사람이 다 같음만 있고 같지 않음이 없다면 政令이 시행되지 못한다.

楊注에 **云 夫施政令**은 **所以治不齊者**니 **若上同**이면 **則政令何施也**리오하다 **荀子天論篇**이라

楊倞의 注에 "대저 政令을 시행하는 ㄱㅅ은 같지 않음을 다스리는 것이니, 만약 같음만 숭상한다면 정령을 어찌 시행할 수 있으리오."라고 하였다.

≪荀子≫ 〈天論〉에 나온다.

墨子蔽於用而不知文하고

묵자는 실용에만 마음이 가려져서 문물제도를 알지 못하였고,

楊注에 **云 欲使上下勤力**하여 **股無胈**하고 **脛無毛**요 **而不知貴賤等級之文飾也**라하다

楊倞의 注에 "윗사람과 아랫사람 모두 부지런히 노동을 하여 장딴지에는 살이 빠지고 정강이에는 털이 없어지도록 하고자 할 뿐 귀천의 등급과 같은 문물제도를 알지 못하였다."라고 하였다.

宋子[22]**蔽於欲而不知得**하고 **愼子**[23]**蔽於法而不知賢**하고 **申子**[24]**蔽於埶而不知知**하고

宋子(宋銒)는 사람의 욕망이 〈적다는 생각에〉 마음이 가려져서 욕망을 얻는 방법을 알지 못하였고, 愼子는 法治에만 마음이 가려져서 어진 이를 몰랐고, 申子는 권세에 대해서만 마음이 가려져 지혜에 대해서는 몰랐고,

楊云 下知는 **音智**라하다

楊倞은 "아래 '知'는 독음이 智이다."라고 하였다.

惠子蔽於辭而不知實하고 **莊子蔽於天而不知人**이라 **故由用**을 **謂之道**면 **盡利矣**요

惠子는 헛된 말에 마음이 가려져 실제 이치를 알지 못하였고, 莊子는 하늘(無爲自然)에만 마음이 가려져 人爲를 알지 못하였다. 그러므로 실용을 따르는 것을 도라 하면 사람들은 다들 이익만 추구할 것이요,

楊云 由는 **從也**라 **若由於用**이면 **則天下之道**가 **無復仁義**요 **皆盡於求利也**라하다

楊倞은 "'由'는 따른다는 뜻이다. 만약 실용만을 따르면 천하의 도에 더이상 仁義는 없어지고 모두 다 이익을 구할 것이다."라고 하였다.

---

22) 宋子 : 전국시대 宋나라 학자 宋銒를 가리킨다. 宋榮·宋榮子로도 불린다. 그는 모욕을 당해도 치욕이라 여기지 않았고 남의 나라를 빼앗는 전쟁을 해서는 안 된다고 주장하였다.

23) 愼子 : 전국시대 趙나라 학자 愼到를 가리킨다. 본래 黃老學을 공부했으나 刑名學으로 전향하였다. 齊 宣王, 湣王 때 鄒衍·淳于髡·接予·環淵 등과 함께 上大夫가 되어 제나라 稷下의 學宮에서 講學하였다.

24) 申子 : 申不害를 가리킨다. 전국시대 韓非子와 함께 法家를 대표하는 인물이다. 黃老學에 사상의 기반을 두고 刑名學을 중시하였다. 저서로 ≪申子≫가 있다.

由(俗)〔欲〕을 謂之道면 盡嗛矣요

욕구를 따라주는 것을 도라 하면 사람들은 다들 快足을 추구할 것이요,

楊云 俗은 當爲欲이라 嗛은 與慊同하니 快也라

楊倞은 "'俗'은 응당 欲이 되어야 한다. '嗛'은 '慊'과 같으니, 快足이다."라고 하였다.

由法을 謂之道면 盡數矣요 由埶를 謂之道면 盡便矣요 由辭를 謂之道면 盡論矣요 由天을 謂之道면 盡因矣니 此數具者는 皆道之一隅也라 夫道者는 體常而盡變하니 一隅不足以擧之라 曲知之人은 觀於道之一隅而未之能識也라 故以爲足而飾之하여 內以自亂하며 外以惑人하고 上以蔽下하며 下以蔽上하니 此蔽塞之禍也라

法令을 따르는 것을 도라 하면 사람들은 다들 법률·제도만 따질 것이요, 세력을 따르는 것을 도라 하면 사람들은 다들 편의만을 추구할 것이요, 말 잘하는 것만 따르는 것을 도라 하면 사람들은 다들 논변만을 추구할 것이요, 하늘만 따르는 것을 도라 하면 사람들은 다들 자연을 따르기만 할 것이다.

이 몇 가지는 모두 도의 한 부분들이다. 무릇 도란 것은 본체는 변치 않으면서 끝없이 변화하니, 한 부분만으로는 다 들어서 말할 수 없다. 작은 일부만 아는 사람은 도의 한 부분만 볼 뿐 잘 알지는 못한다. 그러므로 이를 만족스럽게 여기고 文飾하여 안으로는 자신을 혼란시키고 밖으로는 남을 미혹시키고 윗사람으로서는 아래 백성들의 마음을 가려지게 만들고 아랫사람으로서는 윗사람의 마음을 가려지게 만드니, 이는 마음이 가려지고 막혀서 오는 禍亂이다.

荀子解蔽篇이라

≪荀子≫ 〈解蔽〉에 나온다.

世之顯學은 儒墨也니 儒之所至는 孔丘也요 墨之所至는 墨翟也라 自孔子之死也로 有子張之儒하고 有子思之儒하고 有顔氏之儒하고 有孟氏之儒하고 有漆雕氏之儒하고 有仲良氏之儒하고

세상의 크게 드러난 학문은 유가와 묵가이니, 유가의 지극한 인물은 孔丘이고

묵가의 지극한 인물은 墨翟이다.

공자의 사후에 子張의 儒가 있고, 子思의 유가 있고, 顔氏의 유가 있고, 孟氏의 유가 있고, 漆雕氏의 유가 있고, 中良氏의 유가 있고,

道藏本에 良은 作梁하니 聖賢群輔錄同이라 今從宋本하노라 良은 梁字通이라

道藏本에는 '良'이 '梁'으로 되어 있고, 〈聖賢群輔錄〉에도 같다. 지금 宋나라 本을 따른다. '良'은 '梁'자와 통한다.

有孫氏之儒하고

孫氏의 儒가 있고,

顧廣圻云 卽荀卿이라하다 案 顧說是也라 群輔錄에 作公孫氏하니 疑不足據라

顧廣圻는 "바로 荀卿이다."라고 하였다.

案 : 고광기의 설이 옳다. 〈성현군보록〉에는 '公孫氏'로 되어 있는데, 근거로 삼기에 부족할 듯하다.

有樂正氏之儒하며 自墨子之死也로 有相里氏之墨하고 有相夫氏之墨하고 有鄧陵氏之墨이라 故孔墨之後에 儒分爲八하고 墨離爲三하여 取舍相反不同하되 而皆自謂眞孔墨이라 孔墨不可復(부)生하니 將誰使定世之學乎아 孔子墨子俱道堯舜이나 而取舍不同하되 皆自謂眞堯舜이라 堯舜不復生하니 將誰使定儒墨之誠乎아 殷周七百餘歲요 虞夏二千餘歲로되 而不能定儒墨之眞이어늘 今乃欲審堯舜之道於三千歲之前하니 意者其不可必乎인저 無參驗而必之者는 愚也요 弗能必而據之者는 誣也라 故明據先王하여 必定堯舜者는 非愚則誣也라 愚誣之學과 雜反之行은 明主弗受也라 墨者之葬也에 冬日冬服하며 夏日夏服하고 桐棺三寸이요 服喪三月이어늘 世主以爲儉而禮之라

樂正氏의 유가 있었으며, 묵자의 사후에 相里氏의 墨이 있고, 相夫氏의 묵이 있고, 鄧陵氏의 묵이 있었다. 이런 까닭에 공자와 묵자의 사후에 유가는 나뉘어 여덟 개가 되고 묵가는 나뉘어 세 개가 되어 取舍가 상반되어 같지 않았다. 그럼에도 다들 자신이 참된 공자와 묵자의 학문을 이었다고 한다. 공자와 묵자는 다시

살아나올 수 없으니, 누가 세상의 학문이 바로 확정되도록 하겠는가?

공자와 묵자는 모두 堯舜을 말했으나 취사가 같지 않았다. 그럼에도 모두 자신이 참된 요순의 道를 이었다고 한다. 요순은 다시 살아나올 수 없으니, 누가 유가와 묵가의 진실이 바로 확정되도록 하겠는가.

殷周의 시대는 700여 년이요 虞夏의 시대는 2,000여 년이었는데도 유가와 묵가의 진실을 바로 확정할 수 없었거늘 지금 3,000년이나 지난 뒤에 요순의 도를 審定하고자 하니, 생각건대 期必할 수 없을 것이다. 參驗하지도 않고서 기필하는 것은 어리석은 짓이요, 기필할 수 없는데도 근거로 삼는 것은 터무니없는 짓이다. 그러므로 분명하게 선왕에 근거하고 반드시 요순을 확정하는 것은 어리석지 않으면 터무니없을 것이다. 그러므로 현명한 왕은 이런 것을 받아들이지 않는다.

墨者의 장례에 겨울에는 겨울옷을 입고 여름에는 여름옷을 입으며 3치 두께 오동나무 관을 쓰고 석 달 동안 상복을 입거늘 세상의 군주들은 이를 검소하다고 여겨 예우한다.

主字는 舊本脫이러니 今據盧文弨顧廣圻校補하노라

〈'世主'의〉 '主'자는 舊本에는 빠져 있었는데, 이제 盧文弨와 顧廣圻의 교감에 의거하여 보충하였다.

儒者는 **破家而葬**하고 **服喪三年**하여 **大毁扶杖**이어늘 **世主以爲孝而禮之**라 **夫是墨子之儉**이면 **將非孔子之侈也**요 **是孔子之孝**면 **將非墨子之戾也**라 **今孝戾侈儉**이 **俱在儒墨**이어늘 **而上兼禮之**로다

儒者는 家産을 다 털어서 장례를 치르고 3년 동안 상복을 입으면서 크게 哀毁하여 喪杖을 짚거늘 세상의 군주는 이를 효성스럽다고 여겨 예우한다.

대저 묵자의 검소함이 옳다면 공자의 사치함은 그를 것이요, 공자의 효성스러움이 옳다면 묵자의 悖戾함은 그를 것이다. 지금 효성스러움과 패려함, 사치함과 검소함이 모두 유가와 묵가에 있거늘 군주는 이 兩者를 아울러 예우한다.

韓非子顯學篇이라

≪韓非子≫ 〈顯學〉에 나온다.

夫弦歌鼓舞以爲樂하며 **盤旋揖讓以脩禮**하며 **厚葬久喪以送死**는 **孔子之所立也**어늘 **而墨子非之**하며 **兼愛尙**

대저 현악기를 뜯으면서 노래 부르고 북을 치면서 춤을 춤으로써 음악을 즐기며, 질서정연하게 거동하고 서로 揖讓함으로써 禮을 갖추며, 장례를 후하게 치르고 상복을 오래 입음으로써 죽은 사람을 보내는 것은 공자가 수립한 바인데 묵자는 이를 비판하였으며, 모든 사람들을 아울러 사랑하고

宋本에 作上이라

宋나라 本에는 〈'尙'이〉 '上'으로 되어 있다.

賢하고 **右鬼非命**은 **墨子之所立也**어늘 **而楊子非之**라

어진 이를 높이며, 귀신을 숭상하고 운명론을 비판하는 것은 묵자가 수립한 바인데 楊子는 이를 비판하였다.

淮南子氾論訓이라

≪淮南子≫ 〈氾論訓〉에 나온다.

墨子는 **學儒者之業**하고 **受孔子之術**하되 **以爲其禮煩擾而不悅**하며

묵자는 儒者의 공부를 배우고 공자의 학술을 받았지만 유가의 禮가 번잡하여 簡易하지 않으며,

許注에 云 悅은 易(이)也라하다 王念孫云 當爲倪라하다

許愼의 注에 "'悅'는 쉬움이다."라 하였다.
王念孫은 "'悅'은 응당 '倪'가 되어야 한다."라고 하였다.

厚葬靡財而貧民하며 **服傷生而害事**라

장례를 후하게 치르느라 재물을 허비하여 백성을 가난하게 하며, 상복을 오래 입어 건강을 해치고 일을 하는 데 방해된다고 여겼다.

王云 當云久服이니 此脫久字라하다

왕염손은 "'服'은 응당 '久服'이라 해야 하니, 이곳에 '久'자가 빠졌다."라고 하였다.

故背周道而用夏政이라 **禹之時**에 **天下大水**어늘 **禹身執虆臿**하여

그래서 周나라 道를 등지고 夏나라 정사를 썼다.
禹임금의 시대에 천하에 홍수가 났는데, 우임금은 몸소 삼태기와 삽을 잡고서

今本에 譌垂러니 據宋本正하노라

今本에는 '臿'이 '垂'로 잘못되어 있는데, 宋나라 本에 의거하여 바로잡았다.

以爲民先하여 **剔河而道九岐**하고 **鑿江而通九路**하고 **辟五湖而定東海**하니 **當此之時**하여 **燒不暇撌**하고 **濡不給扢**하며 **死陵者葬陵**하고 **死澤者葬澤**이라 **故節財薄葬閑**

백성들의 앞장을 서서 황하를 깎아내어 아홉 갈래의 물길을 내고 大江을 파내어 아홉 가닥의 물길을 뚫었으며 五湖를 다스리고 동해를 안정시켰다. 이때에 옷에 불똥이 튀어도 털어낼 겨를이 없었고 옷이 물에 젖어도 닦아낼 여유가 없었으며, 구릉에서 죽은 사람은 구릉에 묻고 늪지에서 죽은 사람은 늪지에 묻었다. 이런 까닭에 재물을 절약하고 간소하게 장례를 치르며

宋本에 作爲閒이라

宋나라 本에는 〈'閑'이〉 '閒'으로 되어 있다.

服生焉이라

喪期를 제한하는 풍속이 생겼다.

淮南子要略이라

≪淮南子≫ 〈要略〉에 나온다.

蓋墨翟은 **宋之大夫**니 **善守禦**하고 **爲節用**이러라 **或曰 竝孔子時**라하고 **或曰在其後**라하다

대개 묵적은 宋나라의 大夫로서 守禦를 잘하고 財用을 절약하였다. 혹자는 "공자와 동시대에 살았다."라 하고, 혹자는 "공자의 후대에 살았다."라 한다.

史記孟子荀卿傳이라

≪史記≫ ≪孟子荀卿列傳≫에 나온다.

墨者는 **儉而難遵**이라 **是以**로 **其事不可(偏)〔徧〕**[25]**循**이라 **然其彊本節用**하니 **不可廢也**라 **墨者亦尙堯舜**하여 **道言其德行曰 堂高三尺**이며 **土階三等**이요 **茅茨不翦**하고 **采椽不刮**하며 **食土簋**하고

墨者는 儉薄하여 사람들이 遵行하기 어렵다. 이런 까닭에 그 일을 그대로 따르기 어렵지만, 근본인 농업을 강조하고 財用을 절약하자는 주장은 무시할 수 없다. 墨者 또한 堯舜을 숭상하여 요순의 덕행을 일컬어 말하기를 "〈政事를 보는〉 堂의 높이가 3척이고, 흙으로 만든 섬돌이 세 층이고, 지붕으로 얹은 띠풀도 자르지 않고, 서까래를 자르되 다듬지 않았으며, 질그릇에 밥을 먹고,

集解에 徐廣曰 一作塯라하다

≪史記集解≫에 "徐廣은 '〈簋는〉 한 本에는 塯로 되어 있다.'라 한다."라고 하였다.

啜土刑하며 **糲粱之食**하고 **藜藿之羹**하며 **夏日葛衣**요 **冬日鹿裘**라하고 **其送死**에 **桐棺三寸**이요 **擧音不盡其哀**하여 **敎喪禮**에 **必以此爲萬民之率**하니 **使天下法若此**면 **則尊卑無別也**라 **夫世異時移**에 **事業不必同**이라 **故曰 儉而難遵**이나 **要曰 彊本節用**은 **則人給家足之道也**라 **此墨子之所長**이니 **雖百家弗能廢也**라

옹기 사발에 물을 마시며, 거친 좁쌀로 밥을 지어 먹고 머위와 콩잎으로 국을 끓여 먹었으며, 여름에는 베옷을 입고, 겨울에는 사슴 가죽옷을 입었다."라고 하였다.

묵자는 죽은 사람을 보내는 장례에 3치 두께 오동나무 관을 쓰고 곡을 하되 슬픔을 다 표출하지 않아, 喪禮를 가르침에 반드시 이로써 만민의 표준으로 삼고자 하였으니, 가사 천하의 법이 이와 같이 된다면, 신분의 尊卑의 구별이 없게 될 것이다.

---

25) (偏)〔徧〕: 저본에는 '偏'으로 되어 있으나, ≪史記≫에 의거하여 '徧'으로 바로잡았다.

대저 세상은 달라지고 시대는 바뀌어감에 따라 하는 일도 꼭 같을 필요는 없다. 그러므로 "검박하여 사람들이 준행하기 어렵다."고 한 것이지만, 요컨대 "근본인 농업을 강조하고 財用을 절약하자."는 것은 사람과 가정이 풍족해지는 방도이니, 이는 묵자의 장점이라 비록 다른 百家라 할지라도 무시할 수 없다.

史記自序司馬談論六家要指라

≪史記≫ 〈太史公自序〉의 司馬談이 六家의 要指를 담론한 데에 나온다.

儒譏墨以上同兼愛上賢明鬼나 而孔子畏大人하고 居是邦하여 不非其大夫하며 春秋譏專臣은 不上同哉아 孔子泛愛親仁하고 以博施濟衆爲聖은 不兼愛哉아 孔子賢賢하고 以四科進褒弟子하고 疾沒世而名不稱은 不上賢哉아 孔子祭如在하고 譏祭如不祭者하여 曰 我祭則受福은 不明鬼哉아 儒墨同是堯舜하며 同非桀紂하고 同修身正心하여 以治天下國家어늘 奚不相悅이 如是哉아 余以爲辯生於末學하여 各務售其師之說이니 非二師之道本然也라 孔子必用墨子하며 墨子必用孔子니 不相用이면 不足爲孔墨이라

儒家는 '上同'·'兼愛'·'上賢'·'明鬼'를 가지고서 墨家를 비판한다. 그러나 공자는 大人을 敬畏하였고 그 나라에 살면서 그 나라의 大夫를 비난하지 않았으며, ≪春秋≫에서는 專橫하는 신하를 譏貶하였으니, 이는 '上同'이 아닌가?

공자는 널리 사람을 사랑하되 仁者를 친애하였고, 널리 은혜를 베풀고 많은 사람들을 구제하는 것을 聖人이라 하였으니, 이는 '兼愛'가 아닌가?

공자는 賢者를 존중하여 현자로 대우하고, 四科로써 제자들을 장려하고 향상하게 하였고, 종신토록 이름이 일컬어지지 않는 것을 수치라 하였으니, 이는 '上賢'이 아닌가?

공자는 제사 지내실 때는 귀신이 와서 그 자리에 계시는 것처럼 하고, 제사에 직접 참여하지 않으면 제사 지내지 않은 것과 같다고 기폄하였으며, "내가 제사를 지내면 복을 받는다."라고 하였으니, 이는 '明鬼'가 아닌가?

儒家와 墨家는 다 같이 堯·舜을 옳게 여기고 다 같이 桀·紂를 그르게 여기며 다 같이 修身하고 正心하여 천하와 국가를 다스리거늘, 어찌하여 이토록 서로 좋아하지 않는가?

나는 생각건대 辨說은 末學에서 생겨나 저마다 자기 스승의 학설을 내세우는 것이지 공자와 묵자 두 스승의 道가 본래 그러했던 것은 아닐 것이다. 공자는 반드시 묵자를 受用했을 것이며 묵자는 반드시 공자를 수용했을 것이니, 서로 수용하지 않는다면 공자와 묵자가 될 수 없다.

韓愈昌黎集讀墨子라 **右**는 **通論**이라

韓愈의 ≪昌黎集≫ 〈讀墨子〉에 나온다.

이상은 通論이다.

묵가제자구침 제6 墨家諸子鉤沈 第六

劉歆七略諸子十家에 **墨爲第六**이라 **漢志箸錄六家**에 **自墨子書外**에 **史佚遠在周初**하여 **爲墨學所從出**이요

劉歆 ≪七略≫의 諸子十家 중에서 묵가는 여섯 번째이고, ≪漢書≫〈藝文志〉에 著錄된 六家 중에 ≪묵자≫ 외에 史佚이 멀리 周나라 초엽에 있어 묵가 학술이 나온 始原이 되며,

史佚書는 **漢以後不傳**이라 **近馬國翰輯本**[1]**一卷**에 **僅錄左傳周書所載史佚語及遺事數條**로되 **無由定其爲二篇之佚文**일새 **今不錄**하노라

史佚의 저서는 漢나라 이후로 전해지지 않는다. 근세 馬國翰의 輯本 한 卷에 ≪春秋左氏傳≫·≪周書≫ 실려 있는 사일의 말과 遺事 몇 조목을 겨우 기록해놓았지만 ≪史佚≫ 2권의 逸文인지 단정할 수 없기에 지금 수록하지 않는다.

胡非隋巢二子는 **皆墨子弟子**요 **田俅**는 **與秦惠王同時**니 **似亦逮見墨子者**요 **我子則六國時爲墨學者**니

胡非子와 隋巢子 두 사람은 모두 묵자의 제자이다. 田俅는 秦 惠王과 같은 시대에 생존했으니 아마도 생전에 묵자를 만나보았을 터이지만, 我子는 六國시대 묵가의 학문을 한 사람이니

我子書는 **漢以後不傳**하고 **古書亦絶無援引**이라

我子의 저서는 漢나라 이후로 전해지지 않고 고대의 전적에도 전혀 끌어올 증거가 없다.

時代或稍後與인저 **田俅書**는 **惟阮孝緒七錄尙箸錄**이로되 **唐初已亡**이라

생존한 시대가 혹 묵자보다 조금 뒤일 것이다. 田俅의 저서는 오직 阮孝緖의 ≪七錄≫에 여전히 수록되어 있지만 唐나라 초엽에 이미 亡失되었다.

---

1) 馬國翰輯本 : 淸나라 經學家 馬國翰의 ≪玉函山房輯佚書≫를 말한다. 이 책은 宋나라 이전의 逸書 600여 종을 수집 정리해 56명의 漢唐시대 주석을 총 79권으로 집약한 것이다.

見隋志라

≪隋書≫ 〈經籍志〉에 보인다.

隋經籍志와 唐經籍藝文志及梁庾仲容子鈔와

≪隋書≫ 〈經籍志〉와 ≪舊唐書≫ 〈經籍志〉·≪新唐書≫ 〈藝文志〉 및 梁나라 庾仲容의 ≪子鈔≫와

見意林及高似孫[2]子略이라

≪意林≫과 高似孫의 ≪子略≫에 보인다.

馬總意林[3]에 僅錄胡非隋巢二家하고 餘竝不存이요 而別增纏子一家하니 則卽漢志儒家董無心之書也로되 至宋崇文總目而盡亡하니

馬總의 ≪意林≫에 胡非子와 隋巢子 두 학자의 저술만 겨우 수록하고 나머지는 모두 기록해두지 않았으며, 따로 纏子 1家의 저술을 增補하였으니, ≪漢書≫ 〈藝文志〉에 나오는 董無心의 저서인데 宋나라 ≪崇文總目≫에 이르러서는 죄다 망실되었다.

惟纏子爲董子라 宋時尙存하니 崇文目及宋史藝文志에 竝入儒家라

오직 纏子는 董子로, 宋나라 때까지도 그 저술이 남아 있었으니, ≪숭문총목≫ 및 ≪宋史≫ 〈藝文志〉에 모두 儒家에 들어 있다.

使非墨子本書具存이면 則九流幾絶其一이니 甚足悕也라 田俅以下四家之書는 近世有馬國翰校輯本이나

따라서 가사 ≪墨子≫ 본서가 남아 있지 않다면 九流 중에서 墨家 1流의 명맥이 거의 끊어질 뻔하였으니, 매우 개탄할 만하다. 田俅 이하 4家의 저서는 근세

---

2) 高似孫 : 1158~1231. 자는 續古, 호는 疏寮이며, 南宋 때 會稽縣主簿, 校書郎, 徽州知事, 著作佐郎 등을 역임했고, 만년에 越 땅에 은거하였다. 저서로 ≪疏寮小集≫, ≪剡錄≫, ≪子略≫, ≪蟹略≫, ≪騷略≫, ≪緯略≫ 등이 있다.

3) 梁庾仲容子鈔 馬總意林 : 南朝 梁나라 때 庾仲容이 周·秦 이후 107家의 학자들의 저술을 採錄하여 30권으로 편집한 것이 ≪子鈔≫이고, 唐나라 때 馬總이 ≪자초≫를 수정 보완한 것이 ≪意林≫이다.(≪欽定四庫全書總目≫ 권85 〈史部41 目錄類1〉)

에 馬國翰의 校輯本이 있으나

田俅隨巢書는 別有仁和勞格[4])輯本이로되 不及馬本之詳이라

전구자와 수소자의 저서는 따로 仁和 사람 勞格의 輯本이 있으나 마국한의 교집본만큼 상세하지 못하다.

檢覈群書에 **不無遺闕**이라 **今略爲校補**하여 **都爲一篇**호되 **孤文碎語**가 **不足以攷其閎恉**라 **然田俅盛陳符瑞**[5])하니 **非墨氏徵實之學**이요 **與其自對楚王以文害用之論**으로 **亦復乖牾**하니 **或出依託**이라 **隨巢胡非則多主於明鬼非鬥**하여 **與七十一篇之恉**로 **若合符契**요 **而隨巢之說兼愛曰 有疏而無絶**하며 **有後而無遺**라하니 **則尤純篤無疵**하니 **是知愛無差等之論**이라 **蓋墨家傳述之末失**을 **後人抵巇蹈瑕**하여 **遂爲射者之的**하니 **其本意固不如是也**라 **捊而錄之**하여 **以見**(현)**先秦墨家沿流之論**하노니 **或亦網羅放失者所不廢乎**인저

뭇 서적들을 조사하고 검토함에 빠뜨린 곳이 없지 않다. 그래서 지금 대략 교감하고 보충하여 도합 1편을 만들었지만 단편적이고 자질구레한 글로 그 광대한 뜻을 고찰하기에 부족하다.

그러나 田俅는 符瑞를 많이 늘어놓았으니 이는 실증을 추구하는 묵자의 학문이 아니고, 스스로 楚王에게 대답한 '꾸밈을 가지고 실제 쓸모를 해친다'는 주장과도 어긋하니 혹 가탁한 위작일 수도 있다.

수소자와 호비자의 경우는 귀신의 실재를 증명하고 싸움을 그르다고 비판하는 쪽에 많이 주력하여 71편으로 된 현존 ≪묵자≫의 뜻과 符節을 합치듯이 딱 들어맞으며, 수소자는 兼愛를 말하면서 "소원해져도 관계를 끊지 않고 후대로 멀어져도 잊지 않는다."라고 하였으니, 더욱이 순수하고 독실하여 하자가 없다. 이는 사랑에는 차등이 없다는 의론을 아는 것이다.

대개 묵가의 학문의 傳述이 말단에 와서 잘못된 점을 가지고서 후인들이 그

---

4) 勞格 : 1819~1864. 淸나라 때 학자요 藏書家로 자는 季言이고 仁和(지금의 杭州 餘杭區) 塘棲鎭 사람이다. 저서로 ≪唐尙書省郎官石柱題名考≫ 24권, ≪唐禦史臺精舍題名考≫ 3권, ≪唐折沖府考≫, ≪讀書雜識≫ 12권이 있다.

5) 符瑞 : 상서로운 조짐으로 대대로 제왕의 天命을 받을 조짐을 뜻한다.(≪管子≫ 〈水地〉)

빈틈과 흠을 노려서 마침내 공격의 표적을 삼았던 것이지 묵자의 本意는 진실로 이와 같지 않다.

이러한 자료들을 모아서 先秦 묵가의 흐름을 드러내는 논의로 삼노니, 혹 이 또한 逸失한 글들을 망라해 집록하는 이들이 버리지 않는 바가 될 것이다.

묵가 제자의 저록 墨家諸子箸錄

≪漢書≫〈藝文志〉諸子 書藝文志諸子

尹佚二篇

≪尹佚≫ 2편

周臣이니 在成康時也라

周나라 신하로 成王·康王 때에 생존했다.

田俅子三篇

≪田俅子≫ 3편

先韓子라

韓非子보다 생존 시대가 앞선다.

我子一篇

≪我子≫ 1편

顔注引劉向云 爲墨子之學이라하다

顔師古의 注에 劉向의 글을 인용하여 "墨子의 학문을 하였다."라고 하였다.

隨巢子六篇

≪隨巢子≫ 6편

墨翟弟子라

묵적의 제자이다.

胡非子三篇

≪胡非子≫ 3편

墨翟弟子

묵적의 제자이다.

墨子七十一篇

≪墨子≫ 71편

名翟이니 **爲宋大夫**요 **在孔子後**라

이름은 翟이니, 宋나라 大夫로 孔子보다 후대에 생존했다.

右는 **墨六家八十六篇**이라

이상은 墨六家 86편이다.

墨家者流는 **蓋出於淸廟之守**하니 **茅屋采椽**이라 **是以貴儉**하며 **養三老五更**[1)]이라 **是以兼愛**하며 **選士大射**라 **是以上賢**하며 **宗祀嚴父**라 **是以右鬼**하며

墨家者流는 淸廟를 지키는 관리에게서 나왔으니, 띠풀로 지붕을 하고 떡갈나무로 서까래를 만드는지라 이런 까닭에 검소함을 중시하며, 三老·五更을 봉양하는지라 이런 까닭에 兼愛를 주장하며, 선비를 선발하기 위해 大射禮를 행하는지라 이런 까닭에 上賢(어진 이를 높임)을 주장하며, 제사를 지내 부친을 존경하는지라 이런 까닭에 귀신을 숭상하며,

---

1) 三老五更 : 周나라 시대에 천자가 부형의 禮로 대우한 연로하고 덕망이 있는 원로이다. ≪禮記≫ 〈樂記〉에 천자가 辟雍에서 養老의 잔치를 여는 것에 대해, "太學에서 三老와 五更을 모시고 잔치를 베풀되, 천자가 왼쪽 어깨를 벗는 左袒의 禮를 갖추고서 직접 희생의 고기를 자르고 醬을 잡고서 먹이고 술잔을 잡고서 마시게 했다."라고 하였다.

如淳[2]曰 右鬼는 謂信鬼神이니 如杜伯射宣王이니 是親鬼而右之라하고 師古曰 右는 猶尊尙也라하다 詒讓案 右鬼는 卽本書明鬼三篇이라

如淳은 "'右鬼'는 귀신을 믿음을 말하니, 예컨대 杜伯이 화살로 宣王을 쏜 것 같은 경우로, 이는 귀신을 친애하여 귀신이 실재한다고 믿는 것이다."라고 하였고, 顔師古는 "'右'는 尊尙과 같다."라고 하였다.

詒讓案 : '右鬼'는 곧 본서의 〈明鬼〉 3편이다.

順四時而行이라 是以非命하며

사시에 순응하여 행하는지라 이런 까닭에 非命을 주장하며,

蘇林[3]曰 非有命者는 言儒者執有命하되 而反勸人修德積善하여 政教與行相反이라 故譏之也라하고 如淳曰 言無吉凶之命이요 但有賢不肖善惡이라하다

蘇林은 "운명이 있음을 비판한다는 것은 儒者는 운명이 있다는 주장을 하면서도 도리어 사람들로 하여금 德을 닦고 善을 쌓을 것을 권하여 政教와 실제 행위가 상반되기 때문에 譏貶한다는 말이다."라고 하였고, 如淳은 "길흉의 운명은 없고 賢能과 不肖, 善과 惡만 있을 뿐이라는 말이다."라고 하였다.

以孝視天下라 是以上同하니

孝를 천하에 모범으로 보이는지라 이런 까닭에 上同을 주장하였으니,

如淳曰 言皆同하여 可以治也라하고 師古曰 墨子有節用兼愛上賢明鬼神非命上同等諸篇이라 故志歷序其本意也라하다

如淳은 "사람은 다 같기 때문에 다스릴 수 있다는 말이다."라고 하였으며, 顔師古는 "묵자에 〈節用〉·〈兼愛〉·〈上賢〉·〈明鬼神〉·〈非命〉·〈上同〉 등 편들이 있기 때문에 이 〈藝文志〉에서 그 本意를 열거하여 서술한 것이다."라고 하였다.'

---

2) 如淳 : ?~? 삼국시대 魏나라 사람으로 陳郡丞을 역임하였으며, ≪漢書≫를 주석하였다.
3) 蘇林 : ?~? 漢나라 말엽, 魏나라 초엽에 생존한 학자로 字는 孝友이다. 여러 전적을 訓釋하였다고 전한다. 唐나라 顔師古가 ≪漢書≫에 注를 달면서 字音에 대해 蘇林의 설을 많이 인용하였다.

此其所長也어니와 **及蔽者爲之**하여는 **見儉之利**할새 **因以非禮**하며 **推兼愛之意**하여 **而不知別親疏**라

이는 그 장점이다. 그렇지만 식견이 막힌 사람이 이 학문을 하면 검소함의 이익을 봄으로 인하여 禮를 그르다고 비판하며 兼愛의 뜻을 미루어 나간 나머지 親疏관계를 구별할 줄 모르게 된다.

≪阮孝緖≫〈七錄〉子錄 阮孝緖七錄子錄

墨部四種四帙一十九卷

墨部 4種, 4帙 19卷：

廣弘明集[4]**三**이라

≪廣弘明集≫ 3권에 나온다.

案 阮錄久佚하고 **其細目**은 **弘明集未載**라 **以隋志攷之**컨대 **蓋墨子十五卷**이요 **目一卷**이요 **隨巢子一卷**이요 **胡非子一卷**이요 **田俅子一卷**이니

案：阮孝緖의 ≪七錄≫은 逸失된 지 오래이고 그 細目은 ≪弘明集≫에 실려 있지 않다. ≪隋書≫〈經籍志〉로 고찰하건대 대개 ≪墨子≫ 15권이요 편목 1권이요 ≪隨巢子≫ 1권이요 ≪胡非子≫ 1권이요 ≪田俅子≫ 1권이니,

隋志云 梁有라하니 **卽據阮錄言之**라

≪隋書≫〈經籍志〉에 "梁나라 때 있었다."라고 하였는데 이는 곧 阮孝緖의 ≪七錄≫을 근거하여 말한 것이다.

通爲四帙一十九卷이니 **與部數正合**이라

도합 4帙 19권이니, 墨部의 수와 꼭 합치한다.

---

4) 廣弘明集：唐나라 때 승려 道宣(596~667)이 644년에 撰述한 佛書로 梁나라 僧祐의 ≪弘明集≫을 증보 수정한 저술이다. ≪홍명집≫은 東晉에서 宋·齊·梁에 이르는 南北朝시대 護法論을 집대성한 책인데, 도선은 더 많은 자료를 수집 망라하여 도합 296편 30권으로 증보하였다.

≪隋書≫〈經籍志〉子 隋書經籍志子

墨子十五卷目一卷

≪墨子≫ 15권, 편목 1권

宋大夫墨翟撰이라

宋나라 大夫 묵적이 찬술하였다.

隨巢子一卷

≪隨巢子≫ 1권

巢似墨翟弟子라

수소자는 묵적의 제자일 듯하다.

胡非子一卷

≪胡非子≫ 1권

非似墨翟弟子라 梁有田俅子一卷이러니 亡이라

호비자는 묵적의 제자가 아닐 듯하다. 梁나라에 ≪田俅子≫ 1권이 있었는데, 亡失되었다.

右는 三部合一十七卷이라

이상은 3部 도합 17권이다.

墨者는 强本節用之術也니 上述堯舜之道와 夏禹之行하여 茅茨不翦하며 糲粱之食하고 桐棺三寸이요 貴儉兼愛하고 嚴父上德하여 以孝示天下하고 右鬼神而非命이라 漢書以爲本出淸廟之守라하니 然則周官宗伯은 掌建邦之天神地祇人鬼하고 肆師는 掌立國祀及兆中廟中之禁令[5)]하니 是其職也라 愚者爲之면 則守於節儉하고 不達時變하여

5) 肆師 掌立國祀及兆中廟中之禁令 : 肆師는 宗伯을 보좌하여 祭祀의 禮를 진열하는 일을 맡는

推心兼愛라가 **而混於親疏也**라

墨者는 근본인 농업을 강조하고 財用을 절약하는 학술이니, 위로 堯舜의 道와 夏禹의 행실을 이어받아 지붕으로 얹은 띠풀도 자르지 않고 거친 좁쌀로 밥을 지어 먹고 3치 두께 오동나무 관을 쓰며, 검소함을 중시하고 사람들을 다 같이 사랑하며 부친을 존경하고 德 있는 이를 높이며 孝를 천하에 모범으로 보였고 귀신을 숭상하고 운명론을 비판하였다. ≪漢書≫에서는 묵가는 본래 淸廟를 지키는 관리에게서 나왔다고 하였으니, 그렇다면 周나라 官制에서 宗伯은 국가가 天神·地祇·人鬼에 제사 지내는 禮를 세우는 일을 관장하고, 肆師는 국가의 제사 및 兆中과 廟中의 禁令을 세우는 일을 관장하니, 이것이 그 직책이다.

어리석은 사람이 이 학문을 하면 節儉만 지키고 時變을 알지 못하여 자기 마음을 미루어 兼愛하다가 관계의 親疏를 혼동하게 된다.

≪舊唐書≫〈經籍志〉丙部 子錄 舊唐書經籍志丙部子錄

墨子十五卷

≪묵자≫ 15권,

墨翟撰이라

묵적이 찬술하였다.

胡非子一卷 右는 **墨家二部凡一十六卷**이라

≪胡非子≫ 1권.

이상은 墨家 2部 도합 16권이다.

관원이다. '兆'는 사방 교외의 神位이고, '廟'는 七廟이다. 그 禁令을 관장한다는 것은 침범하지 못하게 하는 것이다.(≪周禮句解≫ 권5 〈春官 宗伯 上〉)

≪唐書≫〈藝文志〉丙部 子錄 唐書藝文志丙部子錄

墨子十五卷

≪묵자≫ 15권

墨翟이라

묵적의 저술이다.

隨巢子一卷 胡非子一卷 右는 **墨家類三家三部一十七卷**이라

≪隨巢子≫ 1권, ≪胡非子≫ 1권.
이상은 墨家類 3家 3部 17권이다.

馬總의 ≪意林≫ 馬總意林

高似孫子略載梁庾仲容子鈔目同이라

高似孫의 ≪子略≫에 실려 있는 梁나라 庾仲容의 ≪子鈔≫와 편목이 같다.

胡非子一卷 墨子十六卷 纏子一卷 隨巢子一卷

≪胡非子≫ 1권, ≪묵자≫ 16권, ≪纏子≫ 1권, ≪隨巢子≫ 1권.

案 宋史藝文志에 **墨家唯存墨子一種**하고 **餘均不箸錄**이요 **崇文總目以後諸家書錄**이 **竝同**이라

案 : ≪宋史≫〈藝文志〉에 墨家는 오직 ≪묵자≫ 1종만 실려 있고 나머지는 모두 수록되어 있지 않으며, ≪崇文總目≫ 이후 諸家의 書錄에도 모두 같다.

竝詳畢氏篇目考라

모두 畢沅의 ≪墨子篇目考≫에 상세히 보인다.

鄭樵通志藝文略에 **全錄漢隋唐諸志**로되 **徒存虛目**하여 **無關攷證**일새 **今竝不**

錄하노라

鄭樵의 ≪通志≫〈藝文略〉에 ≪漢書≫, ≪隋書≫, ≪唐書≫의 〈藝文志〉, 〈經籍志〉들을 전부 수록해놓았지만 한갓 빈 書目만 기록해두어 고증과는 무관하므로 지금 모두 수록하지 않는다.

晁公武[6]郡齋讀書志는 本列子楊朱篇張湛注及唐柳宗元說하여 以晏子春秋入墨家하여 與各史志竝異하니 亦不足據라

晁公武의 ≪郡齋讀書志≫ ≪列子≫〈楊朱〉의 張湛 注 및 唐나라 柳宗元의 설에 근거하여 ≪晏子春秋≫를 墨家에 넣어 각 史書의 志들과 모두 다르니, 또한 근거할 게 못 된다.

≪隨巢子≫ 佚文 隨巢子佚文

執無鬼者曰越蘭이 問隨巢子曰 鬼神之智는 何如聖人고한대 曰 〔賢於〕聖也니라

귀신이 없다는 주장을 하는 사람 越蘭이란 이가 隨巢子에게 묻기를 "귀신의 지혜는 聖人과 비교하여 어떠합니까?"라고 하자, "성인보다 낫습니다."라고 하였다.

疑當作賢於聖也

〈'聖也'는〉 아마도 '賢於聖也'가 되어야 할 듯하다.

越蘭曰 治亂由人이어늘 何謂鬼神邪(야)오한대 隨巢子曰 聖人生於天下하여 未有所資하고 鬼神爲四時八節[7]하여 以紀育人하나니 乘雲雨潤澤하여 以繁長之가 皆鬼神所能也니 豈不謂賢於聖人고하다

월란이 말하기를 "세상의 治亂은 사람에게 달려 있는데, 어찌하여 귀신이라 합니까?"라고 하자, 수소자가 말하기를 "성인은 하늘 아래에서 태어났으므로 사람이

---

6) 晁公武 : 1105~1180. 자는 子止로, 濟州 鉅野 사람이다. 南宋 때 저명한 목록학자이자 장서가로, 晁冲之의 아들이다. 사람들은 그를 昭德 선생이라 불렀다. 저서에 ≪郡齋讀書志≫가 있다.

7) 八節 : 立春, 立夏, 立秋, 立冬, 春分, 夏至, 秋分, 冬至의 여덟 節日을 말한다.

이에 資賴할 바가 없고, 귀신은 四時와 八節이 되어서 절기의 질서를 잡아서 사람을 양육해줍니다. 구름과 비를 타고 만물을 적셔주어 번성하게 하는 것이 모두 귀신의 능력이니, 어찌 성인보다 낫다고 하지 않으리오."라고 하였다.

意林一이라

≪意林≫ 1권에 나온다.

有疏而無絶하며 **有後而無遺**라 **大聖之行**은 **兼愛萬民**하여 **疏而不絶**하여 **賢者欣之**하고 **不肖者則憐之**하니 **賢而不欣**은 **是賤德也**요 **不肖不憐**은 **是忍人也**라

소원해도 관계를 끊지 않으며 후대로 멀어져도 잊지 않는다. 大聖人의 행위는 만민을 아울러 사랑하여 소원해도 관계를 끊지 않아 賢者를 좋아하고 不肖한 자는 불쌍히 여긴다. 현자인데도 그 사람을 좋아하지 않으면 이는 덕을 천하게 여기는 것이요 불초한 자를 불쌍히 여기지 않으면 이는 사람에게 잔인한 것이다.

同上이라 太平御覽四百一引大聖之行五句에 民은 作物하고 末二句는 作賢則欣之不肖則矜之라

출전은 위와 같다.

≪太平御覽≫ 401권에 '大聖之行' 5구절을 인용한 곳에는 '民'은 '物'로 되어 있고, 끝의 2구는 '賢則欣之 不肖則矜之'로 되어 있다.

有陰而遠者하며 **有憚明而**(功)〔**切**〕**者**하니 **杜伯射宣王於畝田**은 **是憚明而**(功)〔**切**〕**者**라

귀신이 은밀히 숨어서 멀리 있는 경우가 있고 환히 드러나 가까이 있는 경우도 있으니, 杜伯이 畝田에서 周 宣王을 쏘아죽인 것은 곧 환히 드러나 가까이 있는 경우이다.

荀子王霸篇楊注라 案 功은 疑竝當爲切이라 畝田卽圃田이니 見本書明鬼篇이라

≪荀子≫ 〈王霸〉의 楊倞 注에 나온다.

案 : '功'은 아마도 둘 다 '切'이 되어야 할 듯하다. '畝田'은 곧 '圃田'이니, 본서 〈明鬼〉에 보인다.

明君之德은 **察情爲上**이요 **察事次之**라

明君의 德은 마음을 살피는 것이 으뜸이고 일을 살피는 것이 다음이다.

晉書石崇傳自理表라

≪晉書≫ 〈石崇傳〉의 '自理表'에 나온다.

史皇[8]**産而能書**라

史皇은 태어나면서부터 글씨를 쓸 줄 알았다.

北堂書鈔七이라

≪北堂書鈔≫ 7권에 나온다.

禹産於碮**石**하고 **啓生於石**이라

禹임금은 碮石에서 태어났고 啓는 돌에서 태어났다.

藝文類聚六太平御覽五十一書鈔一引啓生崑石이라 **案 淮南子脩務訓**에 **云 禹生於石**하고 **史皇産而能書**라하니 **疑竝用隨巢子文**이라 **史記六國表集解**에 **引皇甫謐云 禹生石紐**라하니 碮**石**은 **疑卽石紐也**라

≪藝文類聚≫ 6권, ≪太平御覽≫ 51권, ≪北堂書鈔≫ 1권에 '啓生碮石'을 인용한 곳에 나온다.

案 : ≪淮南子≫ 〈脩務訓〉에 "禹임금은 돌에서 태어났고, 史皇은 태어나면서부터 글씨를 쓸 줄 알았다."라고 하였으니, 아마도 모두 ≪隨巢子≫의 글을 인용한 듯하다. ≪史記≫ 〈六國年表〉에 대한 集解에 皇甫謐이 말한 "禹임금은 石紐에서 태어났다."라는 대목을 인용하였으니, '碮石'은 아마도 石紐일 듯하다.

禹娶塗山이러니 **治鴻水**하여 **通轘轅山**할새 **化爲熊**이어늘 **塗山氏見之**하고 **慚而去**라가 **至嵩高山下**하여 **化爲石**이라 **禹曰 歸我子**하라하니 **石破北方而生啓**하다

---

8) 史皇 : 倉頡의 별칭인 倉帝史皇氏를 말한다. 창힐은 고대 전설상의 제왕인 黃帝의 史官으로, 새와 짐승의 발자국을 보고 문자를 창안하였다고 한다(≪說文解字序≫)

禹임금은 塗山氏에게 장가를 들었는데, 鴻水(洪水)를 다스리면서 轘轅山에 물길을 낼 때 곰으로 변하였다. 도산씨가 보고 부끄러워하여 떠나가다가 嵩高山 아래에 이르러 돌이 되었다. 우임금이 말하기를 "내 아들을 돌아다오."라고 하자 돌의 북쪽 부분이 깨지고 啓가 태어났다.

馬驌繹史十二라

馬驌의 ≪繹史≫ 12권에 나온다.

昔三苗大亂할새 **龍生于廟**하고 **犬哭于市**하다

옛날에 三苗가 큰 난리를 일으킬 때 용이 廟堂에 나타나고 개가 저자에서 곡하였다.

御覽九百五라 案 此與本書非攻下篇文同이라

≪太平御覽≫ 905권에 나온다.

案 : 이 대목은 본서 〈非攻 下〉의 글과 같다.

三苗將亡할새 **天雨血**하고 **夏有冰**하고 **地坼及泉**하고 **青龍生於廟**하고 **日夜出晝日不出**하다

三苗가 망하려 할 때 하늘에서 피비가 내리고, 여름에 얼음이 얼고, 땅이 갈라져 지하의 泉脈에까지 미치고, 청룡이 묘당에 나타나고, 해가 밤에 나오고 낮에는 해가 나오지 않았다.

劉恕通鑑外紀帝舜紀引隨巢子汲冢紀年이라 疑兼用二書文이라

劉恕의 ≪通鑑外紀≫ 〈帝舜紀〉에 ≪隨巢子≫와 ≪汲冢紀年≫을 인용한 곳에 나온다. 아마도 ≪수소자≫와 ≪급총기년≫의 글을 아울러 인용한 듯하다.

昔三苗大亂이어늘 **天命殛之**하다 **夏后受於玄宮**할새

옛날에 三苗가 큰 난리를 일으키거늘 하늘이 명하여 誅伐하게 하였다.

夏后氏가 玄宮에서 명을 받을 때

類聚無殛之及后字하고 受作屬하며 御覽八百八十二에 無於玄宮三字하며 海錄碎事에 引作天命夏禹於玄宮하다

≪藝文類聚≫에는 '殛之'와 '后'자가 없고, '受'는 '屬(촉)'으로 되어 있으며, ≪太平御覽≫ 882권에는 '於玄宮' 3자가 없고, ≪海錄碎事≫에 이 대목을 인용한 곳에는 '天命夏禹於玄宮(하늘이 현궁에서 우에게 명하였다.)'으로 되어 있다.

有大神이 人面鳥身으로 降而福

큰 神이 사람의 얼굴이요 새의 몸으로 내려와서 복을

御覽八十二에 作輔하고 八百八十二에 作富라

〈'福'은〉 ≪태평어람≫ 82권에는 '輔'로 되어 있고, 882권에는 '富'로 되어 있다.

之하다

주었다.

案 此與非攻下篇文略同이라

案 : 이 대목은 〈非攻 下〉의 글과 대략 같다.

司祿益食而民不飢하고 司金益富而國家實하고

司祿이 양식을 더해주어 백성들은 굶주리지 않고, 司金이 재물을 더해주어 국가가 충실해지고,

御覽作寶라

〈'實'은〉 ≪태평어람≫에는 '寶'로 되어 있다.

司命益年而民不夭어늘

司命이 수명을 더해주어 백성들이 夭折하지 않거늘

類聚碎事에 竝無益食而民不飢司金八字하고 御覽八十二에 無司錄益食二句라

≪예문유취≫와 ≪해록쇄사≫에는 모두 '益食而民不飢司金' 8자가 없고, ≪태평어람≫ 82권에는 '司錄益食' 이하 2구절이 없다.

四方歸之라 **禹乃克三苗**하니 **而神民不違**라

사방의 민심이 그에게로 쏠렸다. 우임금이 이에 삼묘를 정벌하여 승리하자 神과 백성의 마음이 그를 떠나지 않는지라

御覽無此句라

≪태평어람≫에는 이 구절이 없다.

闢土以王하다

땅을 개척하여 왕이 되었다.

類聚十에 **引至神民不違**하고 **御覽八十二又八百八十二**에 **引至四方歸之**하고 **海錄碎事十**에 **節引五句**라

≪예문유취≫ 10권에는 '神民不違'까지 인용하였고, ≪태평어람≫ 82권과 882권에는 '四方歸之'까지 인용하였으며, ≪海錄碎事≫ 10권에는 5구절만 節錄하여 인용하였다.

三苗大亂이어늘 **天命殛之**라 **夏后受之**할새 **無方之澤**에 **出神馬**어늘 **四方歸之**하다

三苗가 큰 난리를 일으키거늘 하늘이 명하여 誅伐하게 하였다. 이에 夏后氏가 천명을 받을 제 無方의 못에서 神馬가 나오자 사방의 민심이 그에게 쏠렸다.

稽瑞[9)]라

≪稽瑞≫에 나온다.

夏桀德衰할새 **岱淵沸**하고

夏나라 桀의 德이 쇠하자 岱淵이 끓어올랐고

---

9) 稽瑞 : 劉賡이 찬술한 책이다. 劉賡은 唐나라 사람으로, 생애는 알 수 없다. ≪稽瑞≫는 ≪史記≫, ≪山海經≫, ≪漢書≫, ≪瑞應圖≫ 등에 기록된 각종 祥瑞들을 모아놓은 책이다.

御覽七十이라

≪太平御覽≫ 70권에 나온다.

夷羊在牧하고

夷羊의 오랑캐가 牧野에 와 있고,

史記周本紀集解라

≪史記≫ 〈周本紀〉의 集解에 나온다.

飛拾滿野어늘

나는 메뚜기들이 들판에 가득하였다,

史記周本紀索隱

≪史記≫ 〈周本紀〉 索隱에 나온다.

天鬼不顧나 **亦不賓滅**하다

하늘의 귀신이 돌보지 않았으나 또한 배척해 멸망시키지도 않았다.

同上이라 案 史記周本紀에 武王曰 維天不饗殷하여 自發未生으로 至於今六十年에 麋鹿在牧하며 蜚鴻滿野어늘 天不[10]享殷일새 乃今有成이라 維建殷에 其登名民三百有六十夫나 不顯亦不賓滅이라한대 集解에 徐廣曰 此事는 出周書及隨巢子라하고 索隱亦云亦見周書及隨巢子로되 頗復脫錯이라하니 是隨巢子는 蓋全用彼文而多錯異로되 今無可攷라

출전은 위와 같다.

案 : ≪史記≫ 〈周本紀〉에 "武王이 말하기를 '하늘이 殷나라가 올리는 제사를 歆饗하지 않아 나 發이 태어나기 전부터 지금에 이르기까지 60년 동안 고라니와 사슴이 교외에 있고 나는 기러기는 들판에 가득하였다. 하늘이 은나라가 올리는 제사를 흠향하지 않았

---

10) 不 : 저본의 傍注에 "'不'자는 원본에는 빠져 있는데, ≪사기≫에 의거하여 보충하였다.〔不字原脫 據史記補〕"라고 하였다.

기에 지금 우리가 성공할 수 있게 되었다. 하늘이 은나라를 세울 때 이름난 어진 백성 360인이 등용되었으나 높은 자리에 기용하지도 않고 배척하지도 않았다.'라고 하였다." 라고 했는데, 集解에 徐廣은 "이 일은 ≪逸周書≫와 ≪隨巢子≫에 나온다."라 하였고, 索隱에도 "≪일주서≫와 ≪수소자≫에 나오는데, 오탈과 착오가 퍽 많다."라고 하였다. 여기의 ≪수소자≫는 그 글의 전문을 인용한 것인 듯하나 착오가 많지만, 지금 고증할 수 없다.

姬氏之興에 **河出綠圖**러니

姬氏(周나라 宗室의 姓)가 일어날 때 河水에서 綠圖가 나왔는데

書鈔一百五十八이라 案 此與本書非攻篇文略同이라

≪北堂書鈔≫ 158권에 나온다.

案 : 이 대목은 본서 〈非攻〉의 글과 대략 같다.

殷滅에 **周人受之**하니 **河出圓圖也**라

殷나라가 멸망하자 周나라 사람이 그것을 받았으니, 하수에서 圓圖가 나온 것이다.

書鈔九十六이라

≪북당서초≫ 96권에 나온다.

天賜武王黃鳥之旗하여 **以伐殷**하다

하늘이 武王에게 黃鳥의 깃발을 내려주어 殷나라를 정벌하게 하였다.

書鈔一百二十과 御覽三百四十이라 案 此與本書非攻篇文同이라

≪북당서초≫ 120권과 ≪태평어람≫ 340권에 나온다.

案 : 이 대목은 본서 〈非攻〉의 글과 같다.

幽厲之時에 **天旱地坼**하다

幽王・厲王 때 하늘은 가뭄이 들고 땅은 갈라졌다.

御覽八百七十九라

≪태평어람≫ 879권에 나온다.

幽厲之時에 **奚祿山壞**어늘 **天賜玉玦於羿**[11)]러니 **遂以殘其身**하니 **以此爲福而禍**라

유왕·여왕 때 奚祿山이 무너지거늘 하늘이 羿에게 玉玦을 내려주었는데 마침내 예 자신을 죽게 하였으니, 이를 복이라 여겼는데 화가 된 것이다.

御覽八百五라

≪태평어람≫ 805권에 나온다.

召人以環하고 **絶人以玦**[12)]이라

사람을 부를 때는 環을 사용하고 사람과 관계를 끊을 때는 玦을 사용하는 법이다.

書鈔一百二十八과 **御覽六百九十二**라

≪북당서초≫ 128권과 ≪태평어람≫ 692권에 나온다.

≪胡非子≫ 佚文 胡非子佚文

胡非子脩墨以敎러니 **有屈將子好勇**할새 **聞墨者非鬥**하고 **帶劍危冠**하여 **往見胡非子**하여 **劫而問之曰 將聞先生非鬥**나 **而將好勇**하노니 **有說則可**커니와 **無說則死**라한대

胡非子는 묵자의 학문을 공부하여 사람들을 가르치고 있었다. 屈將子란 사람이 용맹을 좋아하였기에 墨者는 싸우는 것을 옳지 않다고 주장한다는 말을 듣고 검

---

11) 天賜玉玦於羿 : '玦'은 '決'과 음이 통하여 일을 결행하라는 의미로 담고 있다. 즉 하늘이 羿에게 옥결을 내려주어 幽王과 厲王을 정벌하게 하였다는 뜻이다.

12) 召人以環 絶人以玦 : '環'은 둥근 고리이고 '玦'은 둥근 고리에 한가운데가 갈라져 있는 패옥이다. 고대에 죄를 지은 신하를 3년 동안 변방에 방축해두었다가 다시 조정으로 소환할 경우에는 환을 보내주고, 그대로 외지에 둘 경우에는 絶緣의 뜻으로 결을 보냈다 한다.(≪荀子≫ 〈大略〉)

을 차고 관을 높이 쓰고 가서 호비자를 만나서 위협하면서 묻기를 "나는 선생이 싸우는 것을 옳지 않다고 주장한다는 말을 들었는데 나는 용맹을 좋아한다. 할 말이 있으면 괜찮겠지만 할 말이 없으면 죽을 것이다."라고 하였다.

太平御覽四百九十六下에 云 胡非子爲言五勇한대 屈將子悅服이라하니 蓋約引이라 意林引에 無此段하며 御覽四百三十七引에 無首句하고 作屈將子好勇할새 見胡非하여 刻而問曰 聞先生非鬥士而好勇하고 下二句同이라 刻은 卽劫之譌라 御覽에 而下에 無將字어늘 馬本依繹史引補하다

≪太平御覽≫ 496권 下에 "胡非子가 다섯 가지 용맹을 말해주자 屈將子가 기뻐하며 복종하였다."라 하였으니, 대개 축약하여 인용한 것이다. ≪意林≫에 인용한 곳에는 이 단락이 없고, ≪태평어람≫ 437권에 인용한 곳에는 첫머리 구절이 없고 "屈將子好勇 見胡非 刻而問曰 聞先生非鬥士而好勇(굴장자는 용맹을 좋아했기에 호비자를 만나서 위협하며 묻기를 '선생이 싸우는 무사를 좋아하지 않는다는 말을 들었는데, 나는 용맹을 좋아한다.'라고 하였다.)"으로 되어 있으며, 그 아래 두 구절은 같다. '刻'은 곧 '劫'의 譌字이다. ≪태평어람≫에는 '而' 아래 '將'자가 없는데, 馬總의 ≪의림≫에서 ≪繹史≫에 의거하여 보충하였다.

胡非子曰 吾聞勇有五等하니 夫

호비자가 말하기를 "나는 듣건대 용맹에는 다섯 등급이 있으니, 대저

意林無此七字라

≪의림≫에는 이 7글자가 없다.

負長劍하여 赴榛薄하여 析

장검을 등에 지고 숲속에 들어가서

御覽作折하고 文選注同이라

〈'析'은〉 ≪태평어람≫에는 '折'로 되어 있고, ≪文選≫ 注에도 같다.

兕豹하고 搏熊羆는 此

외뿔소와 표범을 베고 곰과 큰 곰을 때려잡는 것은 이는

御覽無此字하고 **下竝同**이라

≪태평어람≫에는 '此'자가 없고 아래는 모두 같다.

獵徒之勇也요 **負長劍**하여 **赴深泉**하여

사냥꾼의 용맹이요, 장검을 등에 지고 깊은 물 속에 들어가서

文選注에 **引作淵**하니 **此唐人避諱改**[13)]라

≪文選≫ 注에 이 대목을 인용한 곳에는 〈'泉'이〉 '淵'자로 되어 있으니, 이는 唐나라 사람이 避諱하여 고친 것이다.

斬

御覽에 **作折**하고 **文選注同**이라

≪태평어람≫에는 '折'로 되어 있고, ≪문선≫ 注에도 같다.

蛟龍하고 **搏黿鼉**는 **此漁人之勇也**요 **登高陟危**하여

교룡을 베고 큰 자라와 악어를 때려잡는 것은 이는 어부의 용맹이요, 높고 가파른 곳에 올라가서

御覽作登高危之上이라

〈'登高陟危'는〉 ≪태평어람≫에는 '登高危之上(높고 가파른 곳 위에 올라가서)'으로 되어 있다.

鵠

고니처럼

御覽作鶴이라

≪태평어람≫에는 〈'鵠'이〉 '鶴'으로 되어 있다.

---

13) 此唐人避諱改 : 唐 高祖 李淵의 이름을 피휘한 것이다.

立四望하되 **顔色不變**은 **此陶缶**[14)]**之勇也**요

우뚝 서서 사방을 돌아보되 안색이 변하지 않는 것은 이는 陶缶의 용맹이요.

缶는 **御覽**에 **作匠**이라 **案 說苑善說篇**에 **林既對齊景公云 夫登高臨危**하되 **而目不眴**하고 **而足不陵者**는 **此工匠之勇悍也**라하니 **以彼校此**컨댄 **則御覽是也**라

'缶'는 ≪태평어람≫에는 '匠'으로 되어 있다.

案 : ≪說苑≫ 〈善說〉에 "林既가 齊 景公에게 대답하기를 '대저 높은 곳에 올라 가파른 곳에서 굽어보면서도 눈동자가 움직이지 않고 발이 떨리지 않는 것은 이는 工匠의 용맹이다.'라고 하였다."라고 하였으니, 저 ≪설원≫을 가지고 이 ≪태평어람≫과 비교해보건대 ≪태평어람≫이 맞다.

剽必刺하며 **視必殺**은

겁박하면 반드시 칼로 찌르며, 쳐다보면 반드시 죽이는 것은

御覽에 **作若迕視必殺**이라

〈'視必殺'은〉 ≪태평어람≫에는 '若迕視必殺(만약 얼굴에 다가와 무례하게 쳐다보면)'로 되어 있다.

此五刑之勇也라 **昔齊桓公以魯爲南境**이어늘 **魯公憂之**하니 **三日不食**한대

이는 五刑의 용맹이다.

옛날에 齊 桓公이 魯나라를 자기 나라 남쪽 변경으로 삼고자 하니, 魯나라 임금이 걱정하여 사흘 동안 음식을 먹지 못하였는데

御覽에 **作昔齊桓公伐魯**하고 **無魯公二句**라

---

14) 陶缶 : 질장구이다. 전국시대 趙나라 藺相如의 고사에서 온 말로 눈 앞의 위험을 두려워하지 않음을 뜻한다. 전국시대 때 秦 昭王이 趙나라 惠文王에게 사신을 보내 澠池란 곳에서 회동하자고 제의했다. 혜문왕은 두려워 회동하지 않으려고 했는데 인상여가 강권하여 가게 되었다. 민지에서 회동했을 때 소왕이 혜문왕에게 "왕은 음악을 좋아하신다고 하니 비파를 한번 연주해주십시오."라고 하였다. 혜문왕이 비파를 연주하고 나자 인상여가 소왕에게 "대왕께서는 진나라의 악기인 질장구를 치십시오."라고 위협하였다. 소왕의 좌우 신하들이 칼로 인상여를 치려 하자, 인상여가 눈을 부릅뜨고 꾸짖으니, 사람들이 놀라 몸을 움츠렸다. 소왕이 질장구를 한번 치고 연회를 마쳤다.(≪史記≫ 권81 〈廉頗藺相如列傳〉)

≪태평어람〉.에는 '昔齊桓公伐魯(옛날에 齊 桓公이 魯나라를 侵伐하자)'로 되어 있고, '魯公' 이하 두 구절은 없다.

曹劌聞之하고 **觸齊軍**하여 **見桓公曰 臣聞君辱臣死**라하니 **君退師則可**커니와 **不退則臣請擊頸以血濺君矣**라한대

曹劌가 이 사실을 듣고 齊나라 군대에 과감히 들어가서 桓公을 만나 말하기를 '신은 듣건대 자기 임금이 욕을 당하면 신하는 죽는 법이라고 하였습니다. 군주께서 군사를 퇴각하신다면 괜찮겠지만 퇴각하지 않는다면 신은 제 목을 칼로 쳐서 그 피를 군주께 뿌리겠습니다.'라고 하였는데,

意林에 作曹沫請擊頸以血濺桓公하고 無聞之以下二十四字라 御覽引有之나 而無請擊頸三字하니 馬互參校補라

≪意林≫에는 '曹沫請擊頸以血濺桓公(조말이 자기 목을 쳐서 피를 환공에게 뿌리겠다고 하였다.)'으로 되어 있고, '聞之' 이하 24글자가 없다. ≪태평어람≫에서 인용한 곳에는 이 24글자는 있고 '請擊頸' 3글자는 없으니, 馬總이 두 책을 서로 교감하여 보충한 것이다.

桓

意林無桓字라

≪意林≫에는 '桓'자가 없다.

公懼하여 **不知所措**어늘

환공이 두려워 어찌할 줄을 모르거늘

御覽無此句라

≪태평어람≫에는 이 구절이 없다.

管仲乃勸하여

管仲이 이에 권하여

御覽에 作曰許라

〈'乃勸'은〉 ≪태평어람≫에는 '曰許'로 되어 있다.

與之盟而退하니

더불어 맹약하고 군대를 퇴각하였으니,

意林無而退二字라

≪의림≫에는 '而退' 두 글자가 없다.

夫曹劌는 匹夫徒步之士요 布衣(柔)〔枲〕履之人也로되

대저 조귀는 〈말을 타지 않고〉 도보로 다니는 필부의 선비이고 짚신을 신고 다니는 布衣의 사람인데도

柔는 疑當爲枲니 形近而訛라

'柔'는 아마도 '枲'가 되어야 할 듯하니, 글자 형태가 비슷하여 잘못된 것이다.

唯無怒언정 一怒而劫萬乘之師하여 存千乘之國하니 此謂君子之勇이니 勇之貴者也라

오직 노함이 없을지언정 한번 노했다 하면 萬乘의 大軍을 겁박하여 千乘의 나라를 보존하였다. 이를 일러 군자의 용맹이라 하니, 용맹 중에서 귀한 것이다.

太平御覽別引云 夫曹劌疋夫로되 一怒而卻齊侯之師하니 此君子之勇이라한대 意林引作夫曹沫은 匹夫之士요 布衣柔履之人이로되 一怒卻萬乘之師하고 〔存〕[15]千乘之國하니 此君子之勇也라

≪태평어람≫에 달리 인용한 곳에는 "夫曹劌疋夫 一怒而卻齊侯之師 此君子之勇(저 조귀는 필부로되 한번 노하여 齊侯의 군대를 퇴각시켰으니, 이는 군자의 용맹이다.)"라고 했는데, ≪의림≫에는 이 대목이 '夫曹沫 匹夫之士 布衣柔履之人 一怒卻萬乘之師 千乘之國 此君子之勇也(저 조말은 필부의 선비이고 짚신을 신고 다니는 포의의 사람인데도 한번 노하여 만승의 대군을 퇴각시키고 천승의 나라를 보존하였으니, 이는 군자의 용맹이다.)'로 인용되어 있다.

15) 〔存〕: 저본에는 '存'이 없으나, ≪意林≫에 의거하여 보충하였다.

晏嬰은 **匹夫**로되 **一怒而沮崔子之亂**하니 **亦君子之勇也**라 **五勇不同**하니 **公子將何處**오한대 **屈將悅**하여 **稱善**하고 **乃解長劍**하며 **釋危冠**하고 **而請爲弟子焉**하다

晏嬰은 필부로되 한번 노하여 崔子의 반란을 저지했으니, 이 또한 군자의 용맹이다. 이 다섯 등급의 용맹이 같지 않은데, 공자는 장차 어느 곳을 선택하겠소?" 라고 하자, 굴장자가 기뻐하며 칭찬하고는 장검을 풀어놓고 높은 관을 벗어놓고서 제자가 되겠다고 청하였다.

太平御覽四百三十七이라 意林一引에 無晏嬰以下四十五字라 文選王子淵聖主得賢臣頌李注에 引負長劍하여 赴榛薄하여 折兕豹하고 赴深淵하여 斷蛟龍五句하다

≪태평어람≫ 437권에 나온다. ≪의림≫ 1권에 인용된 곳에는 '晏嬰' 이하 45자가 없다. ≪文選≫의 王子淵(王褒)의 〈聖主得賢臣頌〉에 대한 李善의 注에 '負長劍 赴榛薄 折兕豹 赴深淵 斷蛟龍(장검을 지고 숲에 가서 외뿔소와 표범을 베고, 깊은 물 속에 들어가서 교룡을 벤다.)' 5句가 인용되어 있다.

善爲吏者는 **樹其德**이라

관리 노릇을 잘하는 자는 그 德을 수립한다.

北堂書鈔七十七이라

≪北堂書鈔≫ 77권에 나온다.

目見百步之外나 **而不能見其眥**라

눈은 100걸음 밖을 보지만 자기 눈초리는 보지 못한다.

藝文類聚十七이라

≪예문유취≫ 17권에 나온다.

一人曰 吾弓良하여 **無所用矢**라하고 **一人曰 吾矢善**하여 **無所用弓**이라하여늘 **羿聞之曰 非弓**이면 **何以往矢**며 **非矢**면 **何以中的**고하고 **令合弓矢而敎之射**하다

한 사람은 말하기를 "나의 활은 좋은 활이라 화살을 사용할 필요가 없다."라고

하고, 한 사람은 말하기를 "나의 화살은 좋은 화살이라 활을 사용할 필요가 없다." 라고 하였다. 羿가 듣고서 말하기를 "활이 아니면 어떻게 화살을 쏘아보내며, 화살이 아니면 어떻게 과녁에 맞힐 수 있겠는가."라고 하고 활과 화살을 합하게 하여 활쏘기를 가르쳤다.

御覽三百四十七이라

≪태평어람≫ 347권에 나온다.

≪田俅子≫ 逸文 田俅子佚文

黃帝時에

黃帝 때

稽瑞에 有常字라

≪稽瑞≫에는 〈'時' 뒤에〉 '常'자가 있다.

有草生於帝

어떤 풀이 황제의

稽瑞無此字라

≪계서≫에는 이 '帝'자가 없다.

庭階하여 若佞臣入朝면 則草

뜰 섬돌에서 자라 간사한 신하가 들어와 朝見(조현)하면 풀이

稽瑞에 有屈而二字라

≪계서〉에는 〈'草' 뒤에〉 '屈而' 2자가 있다.

指之하니 **名曰屈軼**이라

그를 가리키니, 이 풀을 이름하여 '屈軼'이라 하였다.

稽瑞에 下有草字라

≪계서≫에는 이 아래 '草'자가 있다.

是以로 **佞人不敢進也**러라

이런 까닭에 간사한 사람이 감히 나아오지 못하였다.

文選王元長三月三日曲水詩序李注稽瑞라

≪文選≫의 王元長(王融)의 〈三月三日曲水詩序〉에 대한 李善의 注와 ≪稽瑞≫에 나온다.

少皞生於稚華之渚하니 **渚一旦化爲山澤**하여 **鬱鬱葱葱焉**하다

少皞氏가 稚華의 물가에서 태어나니, 물가가 하루아침에 山澤으로 변하여 초목이 울창해졌다.

太平御覽八百七十二이라

≪태평어람≫ 872권에 나온다.

少昊氏都于曲阜하니 **鞬鞮毛人**이 **獻其羽裘**하다

少昊氏가 曲阜에 도읍을 세우니, 전통을 차고 가죽신을 신고 몸에 털이 난 사람이 깃털로 만든 갖옷을 바쳤다.

御覽六百九十이라

≪태평어람≫ 690권에 나온다.

少昊之時에 **赤燕一雙**이

少昊氏 때에 붉은 제비 한 쌍이

御覽에 作白鳶一銜羽라

≪태평어람≫에는 〈'赤燕一雙'이〉 '白鷰一銜羽(흰 제비 한 마리가 깃털을 물고)'로 되어 있다.

而飛集少昊氏之戶하여 **遺其丹書**하다

날아와서 소호씨의 방문 앞에 내려 앉아 丹書를 주었다.

藝文類聚九十九와 **御覽九百二十二**라

≪예문유취≫ 99권과 ≪태평어람≫ 922권에 나온다.

堯爲天子할새 **蓂莢生于庭**하여 **爲帝成歷也**하다

堯가 천자가 되었을 때 蓂莢이란 풀이 뜰에 자라서 천자를 위해 日曆이 되었다.

文選張平子東京賦注와 **又張景陽七命注**와 **又王元長三月三日曲水詩序注**와 **又陸佐公新刻漏銘注**라

≪文選≫의 張平子(張衡)의 〈東京賦〉 注, 張景陽(張協)의 〈七命〉 注, 王元長의 〈三月三日曲水詩序〉 注, 陸佐公(陸倕)의 〈新刻漏銘〉 注에 나온다.

昔帝堯之爲天下平也에 **出庖廚**하여 **爲帝去惡**하다

옛날 帝堯가 천하를 다스림이 태평할 때 요리사를 내보내어 황제를 위해 악을 제거하였다.

稽瑞萐蒲注引이라 **平也二字有誤**라

≪계서≫ '萐蒲'에 대한 注에 인용되어 있다. '平也' 2자는 착오가 있다.

堯時有獬廌하여 **緝其毛爲帝帳**하다

堯임금 때 獬廌란 짐승이 있어서 그 털을 짜서 황제의 휘장을 만들었다.

白孔六帖[16]**九十八**이라 **御覽八百九十引有作獲**하고 **毛作尾**하고 **爲上**에 **有以字**라 **稽瑞**

16) 白孔六帖 : 唐나라 白居易의 ≪六帖≫ 30권과 北宋 때 孔傳이 이를 모방하여 만든 ≪續六帖≫ 30권을 합하여 100권으로 만든 것이다. 이 책을 만든 사람이 누구인지는 미상이다.

貙豸注에 **引云 堯時獲之**하여 **緝其皮以爲帳**이라하다

≪白孔六帖≫ 98권에 나온다.

≪태평어람≫ 890권에 이 대목을 인용한 곳에는 '有'는 '獲'으로 되어 있고, '毛'는 '尾'로 되어 있고, '爲'자 위에 '以'자가 있다. ≪계서≫ '貙豸'에 대한 注에 이 대목을 인용하여 "堯임금 때 포획하여 그 가죽으로 휘장을 만들었다."라고 하였다.

渠搜之人이 **服夏禹德**하여 **獻其珍裘**하니 **毛出五彩**에 **光曜五色**하다

渠搜國 사람이 夏禹의 德에 감복하여 진귀한 갖옷을 바쳤다. 그 갖옷의 털에 五彩가 나오는데, 그 빛이 오색으로 빛났다.

御覽六百九十四라

≪태평어람≫ 694권에 나온다.

商湯爲天子하여 **都于亳**에 **有神手牽白狼**에 **口銜金鉤**하여 **而入湯庭**하다

商湯이 천자가 되어 亳에 도읍을 세웠을 때 한 神이 손으로 입에 금 갈고리를 문 흰 여우를 끌고서 湯의 뜰에 들어왔다.

類聚九十九라

≪예문유취≫ 99권에 나온다.

殷湯爲天子에 **白狐九尾**러라

殷湯이 천자가 되었을 때 꼬리가 아홉 개인 흰 여우가 나타났다.

稽瑞라

≪계서≫에 나온다.

周武王時에 **倉庭國獻文**(章騶)〔**犀駭雞**〕하다

周 武王 때 倉庭國이 文犀駭雞(문채가 나는 물소뿔)를 바쳤다.

稽瑞文犀駭雞注引이라 **章騶**는 **疑當作犀駭**요 **末又脫雞字**라

≪계서≫ '文犀駭雞'에 대한 注에 인용되었다. '章駋'는 '犀駭'가 되어야 할 듯하고, 끝에 또 '雞'자가 빠졌다.

≪纏子≫ 佚文 纏子佚文

纏子脩墨氏之業하여 **以教于世**할새 **儒有董無心者**하니 **其言修而謬**하며 **其行篤而庸**하니 **言謬則難通**이요 **行庸則無主**라 **欲事纏子**어늘 **纏子曰 文言華世**하여 **不中利民**하고 **傾危繳繞之辭者**는 **竝不爲墨子所修**요 **勸善兼愛**는 **則墨子重之**라하다

纏子는 묵자의 학술을 공부하여 세상에 가르쳤다. 儒者 중에 董無心이란 이가 있었는데 그 말은 세련되었으나 오류가 많고 그 행실은 독실하나 용렬하였다. 말에 오류가 있은즉 뜻이 통하기 어렵고 행실이 용렬한즉 그를 거두는 주인이 없었다. 그가 纏子를 스승으로 섬기고자 했는데, 전자가 말하기를 "말을 꾸며서 세상을 그럴 듯하게 빛내기만 할 뿐 백성을 이롭게 하는 데에 맞지 않고 간특하고 음험하며 복잡하고 불분명한 언사는 모두 묵자가 행하신 바가 아니고, 善을 권면하고 兼愛하는 것은 묵자가 중시하셨다."라고 하였다.

意林一이라

≪意林≫ 1권에 나온다.

纏子曰 墨家佑鬼神하니 **秦穆有明德**이어늘 **上帝賜之(九)十〔九〕年**이라하다

전자가 말하기를 "墨家는 귀신을 숭상하니, 秦 穆公은 밝은 덕이 있거늘 상제가 19세의 나이를 하사하였다."라고 하였다.

論衡福虛篇이라 **案 秦穆公事**는 **見本書明鬼篇**이라 **秦**은 **今本譌鄭**하니 **當據此校正**이요 **九十**은 **當作十九**니 **本書不誤**라

≪論衡≫ 〈福虛〉에 나온다.

案 : 秦 穆公의 고사는 본서 〈明鬼〉에 보인다. '秦'은 今本에는 '鄭'으로 잘못 되어 있으

니, 의당 이에 의거하여 교정해야 하고, '九十'은 응당 '十九'가 되어야 하니, 본서가 틀리지 않았다.

桀爲天下할새 **酒濁而殺廚人**하고 **紂王天下**에 **熊蹯不熟而殺庖人**이라

桀은 천하를 다스릴 때 술이 탁하다고 하여 주방 사람을 죽였고, 紂는 천하에 왕노릇을 할 때 곰발바닥 요리가 잘 익지 않았다고 하여 푸줏간 사람을 죽였다.

太平御覽九百八이라

≪태평어람≫ 908권에 나온다.

董子曰 子信鬼神하니 **何異以踵解結**이리오 **終無益也**니라하여늘 **纏子不能應**하다

董子(董無心)가 말하기를 "그대는 귀신을 믿으니, 발꿈치로 묶인 매듭을 푸는 것과 어찌 다르리오. 끝내 이익이 없다."라고 하자, 전자가 응답하지 못하였다.

意林이라

≪의림≫에 나온다.

董無心曰 無心은 **鄙人也**라 **罕得事君子**하여 **不識世情**이라하다

董無心이 말하기를 "無心은 비루한 사람이라 군자를 섬길 기회를 거의 얻지 못하여 世情을 알지 못한다."라고 하였다.

文選陶淵明雜詩李注와 **又陸士衡文賦注**와 **又陶淵明辛丑歲七月赴假還江陵夜行塗口詩注引**에 **竝無無心鄙人也句**라

≪문선≫ 陶淵明 〈雜詩〉의 李善 注, 陸士衡(陸機) 〈文賦〉의 注, 도연명 〈辛丑歲七月赴假還江陵夜行塗口〉 시의 注에 인용된 것에 모두 '無心鄙人也' 구절이 없다.

董無心曰 離婁之目은 **察秋毫之末於百步之外**하니 **可謂明矣**라하다

동무심이 말하기를 "離婁의 눈은 100步 밖에 있는 秋毫의 끝을 볼 수 있으니, 시력이 밝다 할 만하다."라고 하였다.

文選班孟堅答賓戲注라 案 以上三條는 竝董子難語라 今附於後하노라

≪문선≫ 班孟堅(班固)의 〈答賓戲〉 注에 나온다.

案 : 이상 세 조목은 모두 董子가 반박한 말이라 이제 뒷부분에 첨부해둔다.

馬國翰云 纏子一卷은 不詳何人이라 漢隋唐志에 皆不著此書之目하고 書亦佚이러니 馬總意林始載纏子一卷하여 引其書二節한대 中言與儒者董無心論難이라 按漢志儒家에 董子一篇이라 名無心이니 難墨子라하고 王充論衡에 亦載董無心難纏子天賜秦穆公以年之說하고 文選注引纏子에도 亦載董無心言하니 蓋本董子之書를 取爲纏子가 如孔穿與公孫龍論臧三耳[17]를 孔叢子公孫龍兩書竝載之類라

馬國翰은 "≪纏子≫ 1권은 어느 사람의 저술인지 未詳이다. ≪漢書≫, ≪隋書≫, ≪唐書≫의 〈經籍志〉, 〈藝文志〉들에 모두 이 책의 목록이 著錄되어 있지 않고 책도 逸失되었는데, 馬總의 ≪意林≫에 처음으로 ≪纏子≫ 1권을 기재하고 그 책의 2부분을 인용하였는데 그 가운데 儒者 董無心과 論難한 얘기를 말하였다.

살펴보건대 ≪한서≫ 〈예문지〉 '儒家' 條에 '≪董子≫ 1편이다. 동자는 이름이 無心으로, 墨子에게 반박하였다.'라 하였고, 王充의 ≪論衡≫에도 纏子의 '하늘이 秦 穆公에게 나이를 내려주었다'는 설을 동무심이 반박한 것을 기재하였고, ≪문선≫ 注에 ≪纏子≫를 인용한 곳에도 동무심의 말을 기재하였으니, 대개 본래 董子의 저서인 것을 취하여 ≪纏子≫로 삼은 것이 마치 孔穿이 公孫龍과 臧三耳에 대해 토론한 얘기를 孔叢子와 公孫龍의 두 저서에 모두 기재한 것과 같은 유형이다."라고 하였다.

---

17) 孔穿與公孫龍論臧三耳 : '臧三耳'는 '노비는 귀가 셋이다'라는 말로 일종의 궤변이다. 전국시대 趙나라 平原君 趙勝의 식객 중 公孫龍이란 사람이 궤변을 잘하여 堅白同異를 주장하였다. 孔穿이란 사람이 魯나라에서 조나라로 와서 공손룡과 '臧三耳'를 가지고 논쟁을 벌였다. 공손룡의 능란한 궤변에 공천이 응답하지 못하고 떠났다가 그 이튿날 평원군을 찾아갔다. 평원군이 "어제 공손룡의 변론은 참으로 대단하였습니다. 선생은 어떻게 생각하십니까?"라고 하자, 공천이 말하기를 "말씀한 바대로입니다. 노비는 귀가 셋이라는 것을 믿을 수 있게 말하였습니다. 그러나 그렇다손 치더라도 실제로 그럴 수는 없습니다. 지금 저는 묻고 싶습니다. 실로 노비의 귀가 세 개라고 보기는 매우 곤란하고 실제에 맞지도 않습니다. 노비의 귀가 두 개라고 말하는 편이 쉽고 실제에도 맞습니다. 저는 장차 君께서 쉽고도 맞는 쪽을 좇을 것인지, 아니면 곤란하고 맞지 않는 쪽을 좇을 것인지 모르겠습니다."라고 하였다.(≪孔叢子≫ 권中 〈公孫龍〉 제12)

纏子輯本序라

≪纏子輯本≫ 序에 나온다.

案 漢書藝文志儒家에 董子一篇이라 名無心이니 難墨子라하고 隋唐

案 : ≪한서≫ 〈예문지〉 '儒家' 條에 "≪董子≫ 1篇이다. 동자는 이름이 無心으로, 묵자에게 반박하였다."라고 하였으며, ≪隋書≫, ≪唐書≫와

舊經籍新藝文이라

≪舊唐書≫ 〈經籍志〉와 ≪新唐書≫ 〈藝文志〉이다.

宋諸史志에 竝一卷이라

≪宋史≫ 등 史書들의 〈예문지〉와 〈경적지〉들에 모두 1권으로 기재되어 있다.

竝入儒家라

모두 儒家에 들어 있다.

晁公武讀書志에 云 吳祕注라하고 玉海에 引中興館閣書目云 董子一卷에 與學墨者纏子辯上同兼愛上賢明鬼之非한대 纏子屈焉이라하니 是纏子與董子塙爲一帙이니 主墨言之則題纏子요

晁公武의 ≪郡齋讀書志≫에 "〈≪董子≫ 1권은〉 吳祕가 注를 달았다."라고 하였고, ≪玉海≫에 ≪中興館閣書目≫을 인용하여 "董子 1권이다. 동자는 묵자의 학술을 공부한 纏子와 上同·兼愛·上賢·明鬼의 옳지 않음을 논변하였는데, 전자가 굴복하였다."라고 하였다. 그렇다면 이는 ≪纏子≫와 ≪董子≫가 확실히 같은 책이다. 墨家를 위주로 말하면 ≪전자≫라고 쓰고

鄭樵通志藝文略에 以董子箸錄으로 而入墨家하니 則非라

鄭樵의 ≪通志≫ 〈藝文略〉에 董子의 箸錄을 墨家에 넣었으니, 잘못된 것이다.

主儒言之則題董子니 無二書也라 館閣書目에 謂纏子屈於董子라하니 與意林纏子不能應之言合하니 則是書自是先秦儒家遺籍이니 入墨家爲非其實이라 其書明時尚有傳本이러니

儒家를 위주로 말하면 ≪동자≫라 쓰는 것이니, 두 가지 책이 아니다. ≪중흥관서목≫에 "전자가 동자에게 굴복했다."라고 하였으니, ≪意林≫의 "전자가 응답하지 못했다."는 말과 부합한다. 그렇다면 이 책은 본래 先秦 儒家의 遺籍이니, 墨家에 넣는 것은 사실에 맞지 않다. 이 책은 명나라 때까지도 傳本이 있었는데

見陳第[18]世善堂書目이라

陳第의 ≪世善堂書目≫에 보인다.

今則不復可得이요 **佚文僅存六事**하니 **不足徵其論難之恉也**라

지금은 더 이상 찾아볼 수 없고 逸文 몇 가지만 겨우 남아 있으니 그 논란의 뜻을 확인해볼 수 없다.

---

18) 陳第 : 1541~1617. 明나라 때 福建省 連江 사람으로, 자는 季立, 호는 一齋·溫林山農·子野子이다. 音韻에 조예가 깊어 古今 字音의 同異를 고증하였다. 거처하던 世善堂에 장서가 매우 많았다. 저서로 ≪伏羲圖贊≫, ≪毛詩古音考≫, ≪尚書疏衍≫, ≪讀詩拙言≫, ≪屈宋古音義≫, ≪松軒齋集≫ 등이 있다.

黃紹箕의 발문 黃跋

漢志에 墨子書는 列在爲墨學者我子及隨巢子胡非子之後하고 其敍錄에 偁墨家出於淸廟之守하니 茅屋采椽이라 是以貴儉하며 養三老五更[1]이라 是以兼愛하며 宗祀嚴父라 是以右鬼하며 以孝視天下라 是以上同이어니와 及蔽者爲之하여는 見儉之利할새 因以非禮하며 推兼愛之意하여 而不知別親疏라하니 其文이 蓋出別錄이라 然則詳劉向之意컨대 七十一篇之書는 多弟子所論篹이요 孟荀孔鮒[2]諸所據以排斥墨氏者도 抑亦有蔽者增坿之言이니 其本師之說은 不盡如是也라 墨子生當春秋之後戰國之初하여 憤文勝[3]之極敝하여 欲一切反之質家하여 乃遂以儒爲詬病하니 其立論不能無偏宕失中이라 故傳其說者가 益倍譎不可訓이라 然其哀世變而恤民(殷)〔隱〕[4]之心은 宜可諒也라 南皮張尙書嘗語紹箕曰 荀卿有言하되 矯枉者必過其直이라하니 諸子志在救世에 淺深純駁不同이나 其矯枉而過直은 一也라 自非聖人으론 誰能無過리오 要在學者心知其意가 斯可矣라하니 自太史公敍六家하고 劉向條九流로 各以學術名其家로되 獨墨家乃繫以姓하니 豈非以其博學多方하여 周於世用이 儒家之匹亞가 異夫一曲不該姝姝自悅者與아 今觀其書에 務崇儉約하고 又多名家及兵技巧家言하고

---

1) 三老五更 : 周나라 시대에 천자가 부형의 禮로 대우한 연로하고 덕망이 있는 원로이다. ≪禮記≫ 〈樂記〉에 천자가 辟雍에서 養老의 잔치를 여는 것에 대해, "太學에서 三老와 五更을 모시고 잔치를 베풀되, 천자가 왼쪽 어깨를 벗는 左袒의 禮를 갖추고서 직접 희생의 고기를 자르고 醬을 잡고서 먹이고 술잔을 잡고서 마시게 했다."라고 하였다.

2) 孔鮒 : 孔子의 8대손으로 ≪孔叢子≫의 저자라고 한다. ≪공총자≫는 공자 이하 子思·子高·子順 등 孔氏 先賢의 말을 모은 것이다. 21편 7권인데, 대개 魏晉 이후에 후인이 선대의 언론을 모아 지은 僞書로 알려져 있다.

3) 文勝 : 본질보다 형식, 실제보다 文飾이 우세한 것을 말한다. 공자가 "질이 문을 이기면 비속하게 되고 문이 질을 이기면 겉치레만 잘하게 되니, 문과 질이 잘 어울린 뒤에 군자이다.〔質勝文則野 文勝質則史 文質彬彬然後君子〕"라고 하였다.(≪論語≫ 〈雍也〉)

4) (殷)〔隱〕 : 저본에는 '殷'으로 되어 있으나, 문리로 보아 오자로 판단하여 '隱'으로 바로잡았다.

≪漢書≫〈藝文志〉에 ≪墨子≫는 墨學者 我子 및 隨巢子・胡非子의 뒤에 열거되어 있고, 敍錄에 "淸廟를 지키는 관리에게서 나왔으니, 띠풀로 지붕을 하고 떡갈나무로 서까래를 만드는지라 이런 까닭에 검소함을 중시하며, 三老・五更을 봉양하는지라 이런 까닭에 兼愛를 주장하며 제사를 지내 부친을 존경하는지라 이런 까닭에 귀신을 숭상하며, 孝를 천하에 모범으로 보이는지라 이런 까닭에 上同을 주장하였다. 그렇지만 식견이 막힌 사람이 이 학문을 하면 검소함의 이익을 봄으로 인하여 禮를 그르다고 비판하며 兼愛의 뜻을 미루어나간 나머지 親疏 관계를 구별할 줄 모르게 된다."라고 하였으니, 이 글은 아마 ≪別祿≫에서 나온 것일 터이다.

그렇다면 〈敍錄을 쓴〉 劉向의 뜻을 詳考해보면, ≪묵자≫ 71편은 대다수 제자들이 論纂한 것이고, 孟子・荀子・孔鮒 등이 근거로 삼아서 墨氏를 배척한 것도 식견이 막힌 사람이 덧붙인 말일 터이니, 그 본래 스승인 묵자의 설은 다 이와 같지는 않을 것이다.

묵자는 춘추시대 후기, 전국시대 초기에 태어나서 극도로 심해진 文勝의 폐해에 분개하여 모두 다 質實한 쪽으로 되돌리고자 하여 마침내 儒家를 심하게 비판하였으니, 그 立論이 한쪽으로 치우쳐 중도을 잃은 점이 없을 수 없다. 그러므로 그 학설을 傳受한 이들이 더욱 도리에 위배되어 가르침으로 삼을 수 없는 말들을 더 늘어놓았던 것이다. 그러나 묵자가 세상의 변천을 슬퍼하고 백성의 疾苦를 걱정한 마음은 마땅히 헤아려야 할 것이다.

南皮 張尙書(張之洞)가 일찍이 나에게 말하기를 "荀卿이 말하기를 '굽은 것을 펴는 자는 반드시 지나치게 곧게 하게 마련이다.'라고 하였으니, 諸子들이 뜻은 세상을 구제하는 데 있으면서 그 淺深과 純駁은 서로 같지 않으나 굽은 것을 펴다가 지나치게 곧게 되는 점은 다 같다. 聖人이 아니고서는 누군들 지나친 점이 없을 수 있으리오. 요컨대 배우는 사람이 그 의도를 알면 될 것이다."라고 하였다. 太史公(司馬遷)이 六家를 서술하고 劉向이 九流를 열거한 뒤로 저마다 학술로 一家를 표방하였지만 유독 墨家만 '墨'이란 姓으로 묶여 있었으니, 이는 어찌 그 박학하여 다방면에 지식이 많아 세상의 수요에 두루 적응할 수 있는 점은 儒家에 버금가는 것이 저 한쪽만 알고 두루 해박하지 못하면서 자만하여 자기 것만 스스로 좋아하

는 자와 다르기 때문이 아니겠는가. 지금 그 책을 보면, 儉約을 힘써 숭상하고 게다가 이름난 인사와 兵技巧家(병법이나 병기에 조예가 깊은 사람)들의 말이 많이 기록되어 있고

備城門以下二十□篇은 今亡九篇이라 漢志兵技巧家注에 云 省墨子라하고 不言篇數하니 省者는 別錄有而志省也라 西漢諸子多別行本하여 篇數多寡不一하니 觀管子晏子孫卿書錄에 可見이라 任宏因楊僕兵錄之舊하여 專輯兵書[5)]하니 與劉向所定箸未必一本이라 漢志兵家都數注에 云 省十家二百七十一篇이라하니 以兵權謀家省九家二百五十九篇計之면 則技巧家之墨子는 僅十二篇이니 疑字有脫誤라

〈備城門〉 이하 20여 편 중에 지금 9편은 妄失되었다. ≪한서≫ 〈예문지〉 '兵技巧家' 注에 "≪묵자≫는 생략한다."라 하고 그 篇數를 말하지 않았으니, '생략한다'는 것은 ≪별록≫에 있으므로 이 〈예문지〉에서는 생략한다는 것이다.

前漢시대 諸子의 저술은 別行本이 많아서 편수의 多寡가 일정하지 않았으니, ≪管子≫·≪晏子≫·≪荀子≫의 書錄을 보면 알 수 있다. 任宏이 예전에 편찬한 楊僕의 ≪兵錄≫을 보완하여 專門 兵書를 편집하였으니, 이는 劉向이 著錄한 것과 반드시 동일한 책은 아닐 것이다.

≪한서≫ 〈예문지〉 '兵家都數'의 注에 "10家 271편을 생략한다."라고 하였으니, 兵權謀家로써 9家 259편을 계산하면 技巧家에 들어 있는 ≪묵자≫는 겨우 12편일 뿐이니, 아마도 이 대목에 글자의 오탈이 있을 듯하다.

明鬼非命은 往復以申福善禍暴之義가 與佛氏果報之說同하고 經上以下四篇은 兼及幾何算學光學重學하니 則又今泰西之所以利民用而致富强者也라 然西人은 覃思藝事하여 期於便己適用하고 爲閎侈以自娛樂而已라 墨子는 備世之急하여 而勞苦其身하고 又善守禦而非攻이어늘 而西人逐逐焉惟兼竝之是務하니 其宗旨蓋絶異라 今西書는 官私譯潤에 犖覽日衆이온 況於中國二千年絶學强本節用百家

---

5) 任宏因楊僕兵錄之舊 專輯兵書 : 任宏은 前漢 말엽 成帝 때의 관료로, 자는 偉公이다. 楊僕은 漢 武帝 때 樓船將軍으로 伏波將軍 路博德과 함께 南越을 정벌하여 전공을 세워 將梁侯에 봉해진 장수이다. 武帝 때 楊僕이 누락된 병서들을 모아 ≪兵錄≫을 만들어 올렸는데, 成帝 때에 이르러 任宏이 이를 보완하여 技巧, 陰陽, 形勢, 權謀의 4종으로 편차하여 병서를 편찬했다.

不能廢之書에 知言君子가 其惡(오)可過而廢之乎아 往讀鎭洋畢氏注本에 申證頗多나 而疑滯尙未盡釋하니 蓋墨書多引古書古事하여 或出孔子刪修之外하니 其難通一也요 奇字之古文과 旁行之異讀이 譌亂逡竄하니 自漢以來로 殆已不免이요 加以誦習者稀하고 楮槧俗書는 重貤悂謬일새 無從理董하니 其難通二也요 文體緐變하여 有專家習用之詞하며 有雅訓簡質之語하며 有名家奧衍之恉하며 有兵法藝術隱曲之文하니 其難通三也라 江都汪氏中과 武進張氏惠言이 皆嘗爲此學하여 勒有成書나 而傳本未覯러니 世丈孫仲頌先生이 旁羅異本하고 博引古書하여 集畢氏及近代諸儒之說하여 從善匡違하고 增補屚略하고 取許叔重淮南閒詁之目하여 以署其書라 太史公曰 書缺有閒이나 其軼乃時時見於他說[6]이라하고 鄭康成尙書大傳敍에 曰 音聲猶有譌誤하며 先後猶有差舛하고 重以篆隸之殊하니 不能無失이라 數子各論所聞하여 以己意彌縫其閒하여 別作章句라하니 所謂閒者는 卽指音聲之譌誤先後之差舛篆隸之殊失而言이요 彌縫其閒은 猶云 彌縫其闕也라 先生此書는 援聲類以訂誤讀하며 宷文例以逡錯簡하고 推篆籒隸楷之遷變하여 以刊正譌文하여 發故書雅記之晻昧하여 以疏證軼事하니 其所變易이 灼然如晦之見明이요 其所彌縫이 奄然若合符復析이라 許注淮南全袠은 不可得見이어니와 以視高誘張湛諸家之書면 非但不愧之而已라 紹箕幸與校字之役하여 旣卒業에 竊喜自此以後로 孤學舊文을 盡人通曉하노니 亦淵如[7]先生所云不覺僭而識其末也로다 黃紹箕謹跋하노라

〈明鬼〉·〈非命〉은 착한 사람에게 복을 주고 포악한 사람에게 화를 준다는 이치를 반복하여 펼친 것이 佛氏의 인과응보의 설과 같고, 〈經 上〉 이하 4편은 幾何·算學·光學·重學(力學)까지 언급하였으니, 또 오늘날 서양이 민생을 이롭게 하고 부강한 국가를 만든 것이다. 그러나 서양 사람들은 기예를 깊이 연구하여 자기에게 편리하고 실용에 적합하도록 하며, 사치한 물품을 만들어 스스로 즐기는 데 목적을 둘 뿐이다. 묵자는 세상의 급한 일에 대비하여 자신의 노고를 마다하지 않았

---

6) 太史公曰……其軼乃時時見於他說 : ≪史記≫ 〈五帝本紀〉에 보인다.
7) 淵如 : 淸나라 때 학자 孫星衍(1753~1818)의 자이다. 또 다른 자는 伯淵, 號는 季逑, 芳茂山人이다. 古書를 감별하고 교감하는 데 조예가 깊었다. 저서로 ≪尙書今古文注疏≫, ≪周易集解≫, ≪晏子春秋音義≫, ≪爾雅廣雅詁訓韻編≫, ≪史記天官書考証≫ 등이 있다.

으며, 게다가 守禦를 잘하면서도 침공을 비판하였다. 그런데 서양 사람들은 분주히 설치면서 오로지 다른 나라를 겸병하는 것만 일삼으니, 그 근본 취지가 묵자와 현격히 다르다.

지금 서양 서적들은 국가와 민간에 번역하여 읽는 사람이 날마다 많아지고 있는데, 하물며 중국 2,000년 역사에서 그 맥이 끊어져온 학문으로, 민생의 근본을 중시하고 財用을 節儉하는 사상이 담긴 百家가 무시할 수 없었던 이 책에 있어서 학술을 아는 군자가 어찌 지나쳐 무시할 수 있겠는가.

과거 鎭洋 畢氏(畢沅)가 注를 단 本을 읽어보았더니. 새로운 사실을 밝히고 증명한 것이 퍽 많았다. 그러나 미심쩍고 답답한 마음이 아직 다 풀리지 않았으니, 대개 ≪묵자≫란 책은 고대의 서적과 고대의 일을 많이 인용하여 그 글이 혹 孔子가 六經을 刪削 정리한 범주 밖에서 나오기도 한다. 이것이 이 책의 글뜻을 알기 어려운 첫째 이유이다.

기이한 古字와 旁行의 異讀이 혼란하여 뒤죽박죽하기도 하니, 이러한 문제점은 漢나라 때 이래로 거의 어쩔 수 없이 있어온 것이다. 게다가 이 책을 誦習한 사람은 드문 데다 민간에서 만들어진 책들은 오류가 있기에 읽고 이해할 수 없다. 이것이 이 책의 글뜻을 알기 어려운 둘째 이유이다.

이 책은 문체가 많이 변하여 전문가가 익숙히 쓰는 용어도 있고, 고상하고 간약한 말도 있으며, 名家의 심오하고 연역한 뜻도 있고 兵法·기술의 隱微하여 알기 어려운 글도 있다. 이것이 이 책의 글뜻을 알기 어려운 셋째 이유이다.

江都 汪中 씨와 武進 張惠言 씨 두 분이 다 일찍이 이 학문을 연구하여 편집하여 책을 만들었으나 그 傳本을 아직 보지 못하였다. 그런데 世丈(世交가 있는 분) 孫仲頌(孫詒讓) 선생이 異本을 두루 수집하고 古書를 널리 인용하여 畢氏 및 근대 학자들의 설을 모아 善本에 따라 정정하고 누락된 글들을 增補한 다음 許叔重(許愼)의 ≪淮南閒詁(淮南鴻烈閒詁)≫란 명목을 취하여 그 책에 이름을 붙였다.

태사공은 말하기를 "책이 결손되면 差異〔閒〕가 있으나 그 逸失한 글은 때때로 다른 글에 보인다."라 하였고, 鄭康成(鄭玄)의 〈尙書大傳敍〉에는 "音聲도 오히려 訛誤가 있고 先後도 오히려 差誤가 있으며 게다가 篆書와 隸書의 글자가 서로 다르니, 잘못 보는 곳이 없을 수 없다. 몇 학자들이 저마다 자기가 들은 바를 말하여 자기 생각을 가지고서 그 차이〔閒〕를 미봉하여 따로 章句를 만든다."라고 하였다. 여기서 말한 '차이〔閒〕'란 것은 곧 음성의 와오와 선후의 차오와 전서·예서의 글자가 다른 것을 가리켜 말한 것이고, 그 '차이를 미봉한다'는 것은 그 闕失을 미봉한다는 말과 같다.

선생의 이 책은 음성이 유사한 글자를 끌어와 誤讀을 고치고, 글의 용례를 모아서 錯簡을 바로잡고, 篆·籒·隸·楷의 변천을 유추하여 訛字를 刊正하여 애매했던 古書의 고아한 기록을 밝힘으로써 옛날의 逸事를 해석해 증명하였으니, 예전의 착오를 고치고 바꾼 것이 캄캄한 그믐에 밝은 빛을 보듯이 환하고, 그 미봉한 것이 符節을 합쳤다 나눈 것처럼 딱 들어맞는다.

許愼이 注를 단 ≪淮南子≫ 전질은 내가 보지 못하였거니와 이 책을 가지고서 高誘·張湛 諸家의 책에 비교해보면 부끄럽지 않을 뿐만이 아니다.

나는 다행히 글자를 교정하는 일에 참여하여 이미 작업을 마쳤기에 이 이후로는 이 외로운 학문의 옛 글을 모든 사람들이 다 읽고 알 수 있게 된 것을 적이 기뻐하노니, 또한 淵如 선생이 말한 참람한 줄도 모르고 그 말미에 이 글을 적는 격이다.

黃紹箕는 삼가 발문을 쓰노라.

附錄

〔附錄 1〕 – 索引

〔附錄 2〕 – 參考資料

索 引

索 引 凡 例

1. 색인의 대상

본서의 색인은 ≪譯註 墨子閒詁≫(全7冊)의 原文(≪墨子≫ 本文과 孫詒讓의 閒詁)을 대상으로 하였다.

2. 색인의 종류

1) 색인은 〈綜合索引〉으로 작성하였다.

2) 〈〈綜合索引〉에는 ≪墨子閒詁≫의 本文과 孫詒讓(淸)의 原註에서 색인어를 추출하였다. 인물에 관한 색인어는 해당 인물의 발언, 行動, 行跡, 타인과의 問答 및 해당 인물에 대한 評價 및 관련된 事件이나 故事 등을 종속항목으로 추출하여 참조할 수 있게 하였다.

3. 색인 작성 방법

1) 索引語

(1) 색인어는 人名, 地名, 國名, 書名, 官名, 物名 등의 고유명사와 주요 概念語 및 특수하게 사용된 語彙 등을 중심으로 추출하였다.

(2) ≪墨子閒詁≫의 本文과 原註 및 題下註를 구별하기 위해 原註에서 추출한 색인어에는 해당 일련번호 뒤에 (註)를 붙이고 題下註에서 추출한 색인어는 뒤에 (題)를 붙여 구분하였다.

예) 聖王 2-1-3　　陳壽祺 13-2-1(註)　　氾論訓(篇) 17-0-0(題)

(3) 색인어의 변별력을 높이고 내용을 분명하게 전달하기 위해 부가정보를 ( ) 안에 표기하였다. 특히 해당 색인어가 書名, 篇名, 官名, 年號, 地名, 國名

등임을 밝혔다.

예) 陶(地)　　　魯(國)　　　家範(書)
　　檀弓(篇)　　光祿勳(官)　　貞觀(年)

(4) 人名이나 書名이 2개 이상 合稱으로 쓰인 경우 색인어를 따로 구분하여 뽑아서 상호 참조하게 하였다.

예) 文武 → 文王(周), 武王(周)　　　史韓 → 史記(書), 漢書(書)

2) 人名

(1) 人名의 경우 ( ) 안에 時代, 國名 등을 부기하여 인물 구분을 용이하게 하였다. 동일한 國名이 존재할 경우 時代를 附記하여 구분하였다. 활약했던 國名이 둘 이상일 경우 주로 활약했던 국명을 취하고, 시대와 나라 등이 불확실한 경우에는 人으로 표시하였다.

예) 伯夷(殷 孤竹國)

(2) 人名의 경우 일반적으로 통용되는 名稱을 대표 색인어로 정하고 異稱, 略稱, 別稱 등을 추출하여 색인어를 상호 참조하게 하였다.

예) 孔子(春秋 魯) ← 孔丘, 尼父, 夫子　子墨者(戰國) → 墨子
　　畢沅(淸)←畢

3) 書名

(1) 書名 뒤에는 '書'라고 부기하였으며, 異稱, 別稱, 略稱 등은 상호 참조하게 하였다. ≪詩經≫, ≪書經≫ 등이 '詩云'이나 '書曰' 등으로 쓰인 경우 完稱으로 색인어를 추출하였다.

예) 孟子(書)　　　書經(書) ← 尙書, 書　　文選注(書) ← 文選
　　'詩云', '詩曰'의 경우 : 詩經(書)

4) 중요하거나 의미 있다고 판단되는 句節을 표제어로 추출하였다. 인용문인 경우 ( ) 안에 출전을 부기하였다.

예) 上之爲政 得下之情 則治 不得下之情 則亂 13-1-2
鳴鶴在陰 其子和之(周易) 8-59

5) 從屬項目

(1) 종속항목은 표제어에 관련된 사항을 추출하여 작성하였다. 동일한 표제어는 '——'를 사용하여 생략하였다.

예 1) 周易(書)
—— 鳴鶴在陰 其子和之 8-59

예 2) 金蘭
契若—— 29-14

예 3) 山中宰相 → 陶弘景(南朝 梁)
陶貞白隱茅山……時謂 —— 32-19

(2) ≪墨子閒詁≫는 墨者의 言行과 그에 대한 여러 註釋家들의 考證 및 해석이 많은 분량을 차지한다. 이러한 특성을 반영하여 人名을 표제어로 추출하고, 人物과 관련된 言行, 對話, 品評 등을 종속항목으로 추출하였다.

예1) 殷仲堪(東晉)
—— 云 三日不讀道德經 便覺舌本閒强 9-1

예2) 陸退(東晉)←退
—— 答曰 故當是丈夫之德 表於事行 婦人之美 非誄不顯 9-6

예3) 桓玄(東晉)←玄
—— 文翰之美 高於一世 9-8

(3) 해당 색인어가 포함된 句節 및 文章을 종속항목으로 추출하였다. 또 본문이나 原註의 내용이 해당 색인어를 보충 설명하거나 참고할 만한 내용이 있는 경우 종속항목으로 추출하였다.

4. 항목 배열 및 표시

1) 색인어의 배열은 한글 가나다 순서를 따랐으며 두음법칙을 적용하였다.

2) 색인어의 위치는 번역문에서 사용한 일련번호로 표시하였으며, 각 편의 맨 앞에 나오는 題下註에서 추출한 색인어는 해당 편의 번호 뒤에 0-0을 덧붙여 구별하였다.

예) 逸周書(書) 19-3-3(註)　　中興書目(書) 13-0-0(題)

3) 색인에 사용한 부호는 다음과 같다.

—— : 동일한 표제어 생략 표시
…… : 긴 표제어 줄임 표시
→ : 대표 표제어로 나간 표시
← : 대표 표제어로 모아주는 표시
( ) : 색인어에 대한 부가정보 표시
, : 각 일련번호 사이의 구분

綜 合 索 引

【ㄱ】

【ㄷ】

【ㅁ】

【ㅂ】

【ㅅ】

【ㅇ】

【ㅈ】

【ㅊ】

【ㅌ】

【ㅍ】

【ㅎ】

1. ≪墨子閒詁≫에 인용된 ≪墨子≫ 판본의 略稱과 槪要

- **道藏本** : 明朝 正統 10년(1445)에 張宇初(1359~1410)가 교정한 판본이다. ≪道藏≫은 ≪道教一切經≫, ≪道藏經≫, ≪道一切經≫이라고도 하며, 道教 관련 문헌들을 망라한 道教叢書이다. 明나라 正統 연간(1436~1449)에 칙명에 의해 張宇初가 편찬하여 大道觀에 반포한 ≪正統道藏≫을 가리킨다. 이후 萬曆 연간(1573~1619)에 ≪續藏≫을 추가하였다. 현전하는 ≪墨子≫ 판본들은 이 ≪正統道藏≫에 들어 있는 '道藏本'으로부터 시작된 것이다. 明나라의 많은 ≪墨子≫ 刊本들이 이를 토대로 삼았고, 畢沅 등 많은 淸나라 학자들이 이 판본을 대본으로 교감하였다.
- **吳鈔本** : 明朝 弘治 연간(1488~1505)에 吳寬(1435~1504)이 鈔한 寫本이다.
- **正德本** : 明朝 正德 원년(1506)에 兪弁(1488~1547)이 鈔한 寫本이다. 正德兪鈔三卷本이라고도 한다.
- **陸本** : 明朝 嘉靖 31년(1552)에 陸穩(?~?)이 교정한 活字本이다. 嘉靖壬子陸校銅板活字本이라고도 한다.
- **唐堯臣刻本** : 明朝 嘉靖 32년(1553)에 刊刻한 판본이다. 唐堯臣據陸穩壬子活字本刊刻이라고도 한다. 四部叢刊 수록본이다.
- **沈本** : 明朝 隆慶 원년(1567)에 沈津(?~?)이 刊刻한 판본이다. 隆慶丁卯沈刻百家類纂本이라고도 한다.
- **茅本** : 明朝 萬曆 연간(1573~1620)에 茅坤(1512~1601)이 교정하고 童思泉(?~?)이 刊刻한 판본이다. 萬曆辛巳茅校書坊刻本, 茅坤本이라고도 한다.
- **緜眇閣本** : 明朝 萬曆 연간(1573~1620)에 馮夢禎(1548~1606)이 緜眇閣에서 刊刻한 판본이다.
- **堂策檻本** : 明朝 天啓 연간(1621~1627)에 郎兆玉(?~?)이 堂策檻에서 刊刻한 판본이다.

- **寶曆本** : 日本 寶曆 7년(1757)에 秋山儀(秋山玉山, 1702~1764)가 교정한 校刻本이다. 日本寶曆七年秋山儀校刻本이라고도 한다. 明나라 茅坤本을 倣刻한 것으로 모두 6권이다.

- **畢本** : 淸朝 乾隆 48년(1783년)에 畢沅(1730~1797)이 교정한 판본이다. 畢沅校刻本이라고도 한다. 전 16권이다. 畢沅은 明나라 때 간행된 道藏本을 저본으로 삼았으며, 兩江總督採進本 및 萬曆 연간의 潛庵子本, 郎氏堂策檻刊本을 참고하였다. 여기에 盧文弨(1717~1795)와 孫星衍(1753~1818), 翁方綱(1733~1818) 등의 校勘 내용을 참고하여 校注를 완성하였다.

- **四庫全書本** : 淸朝 乾隆 연간(1736~1795)에 刊刻한 판본이다.

- **顧本** : 淸朝에 顧千里(1766~1835)가 道藏本을 교정한 것이다. 顧校道藏本이라고도 한다.

2. ≪墨子閒詁≫에 인용된 주요 註釋家

• 盧文弨(1717~1795) : 清 浙江 仁和 사람으로 자는 紹弓, 호는 磯漁 또는 號檠齋·抱經이며, 晩號는 弓父이다. 戴震·段玉裁 등과 교유하였으며, 校勘學者이자 藏書家·教育家로서 당대 크게 이름을 떨쳤다. 교감한 고적으로는 ≪逸周書≫, ≪孟子音義≫, ≪荀子≫, ≪呂氏春秋≫, ≪韓詩外傳≫, ≪春秋繁露≫, ≪方言≫, ≪白虎通≫ 등이 있다. 저서로 ≪抱經堂文集≫, ≪儀禮注疏詳校≫, ≪鍾山劄記≫, ≪龍城劄記≫, ≪廣雅釋天以下注≫, ≪廣雅注≫ 등이 있다.

• 畢沅(1730~1797) : 清 江蘇 鎭洋 사람으로 자는 纕蘅 또는 秋帆, 호는 靈巖山人이다. 乾隆 25년(1760)에 進士가 되고, 陝西巡撫와 湖廣總督 등을 역임하였다. 沈德潛과 惠棟에게 수학하였고, 경학으로는 漢儒, 문자학으로는 許愼을 종주로 했다. 經史, 書畫, 小學, 金石, 詩文, 地理 영역에 두루 통달하였다. 저서로 ≪經典文字辨正書≫, ≪音同義異辨≫, ≪說文解字舊音≫, ≪關中金石記≫, ≪中州金石記≫, ≪傳經表≫, ≪晏子春秋音義≫, ≪呂氏春秋校正≫, ≪靈巖山人詩文集≫, ≪墨子注≫ 등이 있으며, 대부분 經訓堂叢書에 수록되어 있다.

• 汪中(1744~1794) : 清 江蘇 江都 사람으로 자는 容甫이다. 經學과 史學에 정통하였으며, 특히 先秦圖書와 古代 學制興廢를 깊이 연구하였다. 王念孫·劉台拱과 교유하였으며, 阮元·焦循 등과 더불어 '揚州學派'로 일컬어진다. 저서로 ≪述學≫, ≪容甫先生遺詩≫, ≪春秋述義≫, ≪廣陵通典≫, ≪秦蠶食六國表≫, ≪知新記≫, ≪金陵地圖考≫ 등이 있다.

• 王念孫(1744~1832) : 清 江蘇 高郵 사람으로 자는 懷祖, 호는 石臞이다. 乾隆 40년에 進士가 되고, 翰林院 庶吉士와 工部 主事 등을 역임하였다. 戴震에게 수학하였으며, 音韻學, 文字學, 訓詁學, 校勘學에 조예가 깊었다. 당대 錢大昕, 盧文弨, 邵晉涵, 劉台拱 등과 '五君子'로 일컬어졌다. 저서로 ≪讀書雜志≫, ≪釋大≫, ≪王石臞先生遺文≫, ≪廣雅疏證≫, ≪古韻譜≫, ≪道河議≫, ≪河源紀略≫ 등이 있다. ≪讀書雜志≫에 ≪墨子雜志≫ 6권이 있다.

• **張惠言**(1761~1802) : 清 江蘇 武進 사람으로 자는 皐聞 또는 皐文, 호는 茗柯이다. 嘉慶 4년(1799)에 進士가 되고, 翰林院 庶吉士와 編修 등을 역임하였다. 詞에 능하여 常州詞派를 창시했다. 후에 古文에 전념하여 韓愈와 歐陽脩를 종주로 삼았으며, 經學과 음운학에도 정통하였는데, 특히 ≪周易≫과 ≪儀禮≫ 연구로 이름이 높아 '陽湖派古文'으로 일컬어졌다. 저서로 ≪虞氏易禮≫, ≪虞氏易事≫, ≪虞氏易言≫, ≪周易鄭氏義≫, ≪讀儀禮記≫, ≪茗柯文編≫, ≪詞選≫, ≪七十家賦鈔≫, ≪說文諧聲譜≫, ≪墨子經說解≫ 등이 있다.

• **洪頤煊**(1765~1837) : 清 浙江 臨海 사람으로 자는 旌賢, 호는 筠軒, 晚號는 倦舫老人이다. 孫星衍의 門人으로 경전의 訓詁에 밝았고 天文, 地理, 文學, 碑版, 鄉邦文獻 방면에 조예가 깊었다. 저서로 ≪尙書洪範五行傳論輯本≫, ≪校正竹書紀年≫, ≪讀書叢錄≫, ≪台州箚記≫, ≪諸史考異≫, ≪管子義證≫, ≪尙書古文敍錄≫, ≪筠軒詩文抄≫ 등이 있다.

• **王引之**(1766~1834) : 清 江蘇 高郵 사람으로 자는 伯申, 호는 曼卿이다. 王念孫의 아들이다. 翰林院 編修, 戶部尙書, 吏部尙書, 禮部尙書, 工部尙書 등을 역임하였다. 聲韻學, 文字學, 訓詁學 등에 정통하였다. 왕염손의 학통을 이어 ≪爾雅≫, ≪說文解字≫, ≪音學≫ 등의 책을 정밀히 연구하였다. 저서로 ≪經義述聞≫ 32권, ≪經傳釋詞≫ 10권이 있다.

• **顧廣圻**(1766~1835) : 清 江蘇 元和 사람으로 자는 千里, 호는 澗蘋 또는 思適居士이다. 당대의 저명한 校勘學者이자 藏書家・目錄學家이다. 四部圖書를 博覽하였으며, 經史, 訓詁, 曆算, 輿地, 諸子經學에 두루 통하였다. 阮元・胡克家・孫星衍의 초빙을 받아 고서 및 ≪說文解字≫, ≪禮記≫, ≪儀禮≫, ≪國語≫, ≪戰國策≫, ≪文選≫ 등의 제서를 교감하였으며, 특히 校讎學・目錄學에 정통하여 孫星衍・黃丕烈 등과 더불어 당대 校勘學의 거장으로 일컬어졌다. 저서로 ≪思適齋集≫ 등이 있다.

• **蘇時學**(1814~1874) : 清 藤縣 藤城鎭 사람으로 字는 斅元, 號는 琴舫 또는 爻山이다. 晚年에는 猛陵山人으로 불렸다. 평생 벼슬에 뜻을 두지 않았으며, 清 同治 연간에 한번 內閣中書 요직에 나아갔으나, 이때에도 內府의 經典을 열독하는 데 潛心求學하였다. 청년 시절 廣州, 香港, 杭州, 上海 등지에서 유학하였으며, 생전에 著述이 매우 많아 '藤州才子'로 일컬어졌다. 저서로 ≪寶墨樓詩冊≫, ≪寶墨樓楹聯≫, ≪遊

瑤日記≫, ≪羊城遊記≫, ≪爻山筆話≫, ≪鐔津考古錄≫, ≪墨子刊誤≫ 등이 있다.

- **兪樾**(1821~1906) : 清 浙江 德清 사람으로 자는 蔭甫, 호는 曲園이다. 道光 30년(1850) 進士에 급제하여 翰林院 編修, 河南學政 등을 역임하였다. 經學, 諸子學, 史學, 訓詁學, 戲曲, 詩詞, 小說, 書法 등에 두루 능통하였다. 관직을 그만둔 뒤 蘇州 紫陽書院, 上海 求志書院, 杭州 詁經精舍 등에서 후학을 양성하였다. 王念孫 부자의 학문 경향을 추종하였으며, 당대의 큰 스승으로 추앙받았다. 저서로 ≪群經平議≫, ≪諸子平議≫, ≪古書疑義擧例≫, ≪春在堂隨筆≫, ≪茶香室叢鈔≫, ≪詁經精舍自課文≫, ≪賓萌集≫, ≪古書疑義擧例≫, ≪春在堂詩編≫, ≪小浮梅閑話≫, ≪右臺仙館筆記≫ 등이 있다. 그의 ≪諸子平議≫에 ≪墨子平議≫ 15권이 들어 있다.

- **戴望**(1837~1873) : 清 浙江 德清 사람으로 자는 子高이다. 同治 연간에 江寧書局 校勘이 되었다. 清 咸豐 7년(1857)에 陳奐에게 수업하여 聲韻과 訓沽의 經師家法을 익혔으며, 宋翔鳳에게 ≪春秋公羊傳≫을 수업받고 西漢儒說을 연구하였고, 후에 孫治讓과 함께 金文을 考訂하였다. 저서로 ≪論語注≫, ≪管子校正≫, ≪顔氏學記≫, ≪謫麐堂遺集≫, ≪墨子校記≫ 등이 있다.

3. ≪墨子閒詁 7≫ 參考書目

1. 저본

• ≪墨子閒詁≫, 孫詒讓, 中華書局, 2001.

2. 주요 참고본

• ≪墨子閒詁≫, 孫詒讓, 掃葉山房, 光緒33(1907) 刊〔고려대학교 도서관 소장본, 육당C7-B3-1-8〕
• ≪墨子閒詁≫, 孫詒讓, 宣統2(1910) 重刊本〔續修四庫全書 수록본〕
• ≪墨子閒詁≫, 孫詒讓, 漢文大系 卷14, 富山房, 1913.
• ≪墨子≫(道藏本), 上海 涵芬樓 影印本, 1925.

3. 교감주해서 및 번역서, 연구논저

〔中國〕

• ≪墨子注≫, 畢沅, 經訓堂本, 1835.
• ≪郡經平議·墨子評議≫, 兪樾, 世界書局, 1881.
• ≪墨子經說解≫, 張惠言, 國粹學報館, 1909.
• ≪墨子閒詁箋≫, 張純一, 世界書局, 1922.
• ≪墨經校釋≫, 梁啓超, 商務印書館, 1922.
• ≪定本墨子閒詁校補≫, 李笠, 商務印書館, 1925.
• ≪墨學講義≫, 欒調甫, 齊魯大學, 1925.
• ≪墨子刊誤≫, 蘇時學, 中華書局, 1928.
• ≪墨子集解≫, 張純一, 文史哲出版社, 1932.
• ≪墨子大義述≫, 伍非百, 國民印務局, 1933.
• ≪墨辯疏證≫, 范耕研, 商務印書館, 1935.
• ≪墨辯新注≫, 魯大東, 中華書局, 1936.
• ≪墨子拾補≫, 劉師培, 藝文印書館, 1936.

- ≪墨子新證≫, 于省吾, 藝文印書館, 1938.
- ≪墨子新論≫, 王寒生, 中華文化出版社業委員會, 1956.
- ≪續墨子閒詁≫, 劉載賓, 藝文印書館, 1957.
- ≪墨經校詮≫, 高亨, 世界書局, 1958.
- ≪墨子斠證≫, 王叔岷, 中央硏究員 歷史語言硏究所, 1959.
- ≪墨子新箋≫, 高亨, 山東人民出版社, 1961.
- ≪墨子閒編≫, 嚴靈峯, 商務印書館, 1968.
- ≪經義述聞≫, 王引之, 中華書局, 1970.
- ≪墨子新釋≫(無求備齋墨子集成, 이하 墨子集成), 尹桐陽, 成文出版社, 1975.
- ≪墨子通解≫(墨子集成), 張其鍠, 成文出版社, 1975.
- ≪墨子箋≫(墨子集成), 曹耀湘, 成文出版社, 1975.
- ≪墨子刊誤≫(墨子集成), 蘇時學, 成文出版社, 1975.
- ≪墨子雜志≫(墨子集成), 王念孫, 成文出版社, 1975.
- ≪墨子辯經講疏≫(墨子集成), 顧實, 成文出版社, 1975.
- ≪墨子今註今譯≫, 李漁叔, 商務印書館, 1980.
- ≪墨經分類譯註≫, 譚戒甫, 中華書局, 1981.
- ≪墨子校詮≫, 高亨, 世界書局, 1981.
- ≪墨辯解故≫, 伍非百, 中國古代名家者言整理本, 1983.
- ≪墨經中的數學和物理學≫, 方孝博, 中國社會科學出版社, 1983.
- ≪墨子今註今譯≫, 李漁叔, 台灣商務印書館, 1984.
- ≪墨子注≫, 畢沅, 中華書局, 1985.
- ≪墨學源流≫, 方授楚, 中華書局, 1989.
- ≪墨子選譯≫, 譚家健, 鄭君華 選譯, 上海古籍出版社, 1992.
- ≪墨子大全≫, 任繼愈, 李廣星 主編, 北京圖書館出版社, 2004.
- ≪墨子校注≫, 吳毓江, 中華書局, 2006.
- ≪墨子大詞典≫, 王裕安・孫卓彩・郭震旦 編著, 山東大學出版社, 2006.
- ≪墨子今注今譯≫, 孫中原・譚家健, 商務印書館, 2012.

〔韓國〕

- ≪묵자≫, 송정희 역, 명지대학출판부, 1972.
- ≪墨子≫, 李元燮 譯註, 玄岩社, 1974.
- ≪新墨子≫, 李元燮 譯, 良友堂, 1985.

- ≪墨子≫, 권오석 譯解, 홍신문화사, 1994.
- ≪墨子 : 천하에 남이란 없다. 上・下≫, 기세춘 역저, 초당, 1995.
- ≪묵자≫, 朴文鉉・李俊寧 共解譯, 자유문고, 1995.
- ≪묵자≫, 박문현 외 역, 자유문고, 1995.
- ≪묵자≫, 박재범 역, 홍익출판사, 1999.
- ≪(新完譯) 墨子 : 新選明文東洋古典大系≫, 金學主 譯著, 明文堂, 2003.
- ≪(묵점 기세춘 선생과 함께하는) 묵자≫, 기세춘 역저, 바이북스, 2009.
- ≪묵자≫, 김득순 역, 연변인민출판사, 2010.
- ≪묵자≫, 박문현 옮김, 지만지, 2012.
- ≪묵경≫, 염정삼 주해, 한길사, 2012.
- ≪묵자≫, 이운구 옮김, 길, 2012.
- ≪묵자≫, 김학주 譯著, 明文堂, 2014.
- ≪묵자 : 겸애와 비공을 통해 이상사회를 추구한 사상가≫, 신동준 옮김, 인간사랑, 2014.
- ≪묵자≫, 윤무학 옮김, 길, 2015.

〔日本〕

- ≪墨子≫(中國の思想), 和田武司 譯, 德間書店, 1964.
- ≪墨子≫(中國古典文學大系), 藪內淸 譯, 平凡社, 1968.
- ≪墨子≫(講談社學術文庫), 淺野裕一, 講談社, 1998.
- ≪墨子≫(ちくま學芸文庫), 森三樹三郎 譯. 筑摩書房, 2012.
- ≪墨子≫, 金谷治 譯, 中央公論新社, 2018.
- ≪墨子よみがえる≫, 半藤一利, 平凡社, 2011.
- ≪和譯墨子・和譯列子≫, 田岡嶺雲 譯註, 玄黃社, 1911.

〔英美〕

- *Mozi : A Study and Translation of the Ethical and Political Writings*, John Knoblock & Jeffrey Riegel, University of California, Berkeley, 2013.
- *Mozi : Basic Writings*, Burton Watson, Columbia University Press, 2003.
- *Mozi : Collection of Critical Biographies of Chinese Thinkers*, Zheng Jiewen, Nanjing University Press, 2010.

- *The Book of Master Mo*, Ian Johnston, Penguin Classics, 2014.
- *The Essential Mòzǐ: Ethical, Political, and Dialectical Writings*, Chris Fraser, Oxford University Press, 2020.
- *The Mozi: A Complete Translation* (Translations from the Asian Classics), Ian Johnston, The Chinese University Press, 2010.
- *The Mozi as an Evolving Text: Different Voices in Early Chinese Thought*, Carine Defoort & Nicolas Standaert, Brill, 2013.
- *The Philosophy of the Mòzǐ: The First Consequentialists*, Chris Fraser, Columbia University Press, 2016.

4. 원전자료

〔經部〕

- ≪經傳釋詞≫, 王引之 撰, 黃侃·楊樹達 批本, 岳麓書社, 1982.
- ≪經典釋文≫, 陸德明 撰, 文淵閣四庫全書, 臺灣商務印書館, 1986.
- ≪廣雅≫, 張揖 撰, 文淵閣四庫全書, 臺灣商務印書館, 1986.
- ≪群經音辨≫, 賈昌朝 撰, 文淵閣四庫全書, 臺灣商務印書館, 1986.
- ≪論語注疏≫, 何晏 注, 邢昺 疏, 北京大學出版社, 1999.
- ≪論語集註大全≫, 朱熹 集註, 胡廣 等 編, 朝鮮 內閣本, 影印本, 學民文化社.
- ≪唐韻正≫, 顧炎武 撰, 文淵閣四庫全書, 臺灣商務印書館, 1986.
- ≪大戴禮記詳解≫, 王聘珍 撰, 中華書局, 1989.
- ≪大學章句大全≫, 朱熹 集註, 胡廣 等 編, 朝鮮 內閣本, 影印本, 學民文化社.
- ≪孟子注疏≫, 趙岐 注, 孫奭 疏, 北京大學出版社, 1999.
- ≪孟子集註大全≫, 朱熹 集註, 胡廣 等 編, 朝鮮 內閣本, 影印本, 學民文化社.
- ≪毛詩正義≫, 毛公 傳, 鄭玄 箋, 孔穎達 正義, 北京大學出版社, 1999.
- ≪方言≫, 楊雄 撰, 文淵閣四庫全書, 臺灣商務印書館, 1986.
- ≪尙書正義≫, 孔安國 傳, 孔穎達 正義, 北京大學出版社, 1999.
- ≪說文解字≫, 許愼 撰, 文淵閣四庫全書, 臺灣商務印書館, 1986.
- ≪書傳大全≫, 蔡沈 集傳, 胡廣 等 編, 朝鮮 內閣本, 影印本, 學民文化社.
- ≪說文解字注≫, 段玉裁 撰, 文淵閣四庫全書, 臺灣商務印書館, 1986.
- ≪詩三家義集疏≫, 王先謙 撰, 中華書局, 1987.
- ≪呂氏家塾讀詩記≫, 呂祖謙 撰, 文淵閣四庫全書, 臺灣商務印書館, 1986.

• ≪禮記正義≫, 鄭玄 注, 孔穎達 正義, 北京大學出版社, 1999.
• ≪禮記集說大全≫, 陳澔 集說, 胡廣 等 編, 朝鮮 內閣本, 影印本, 學民文化社.
• ≪龍龕手鑑≫, 釋行均 撰, 潘重規 編, 中華書局, 1988.
• ≪六書正譌≫, 周伯琦 撰, 文淵閣四庫全書, 臺灣商務印書館, 1986.
• ≪玉篇≫, 顧野王 撰, 文淵閣四庫全書, 臺灣商務印書館, 1986.
• ≪韻補≫, 吳棫 撰, 文淵閣四庫全書, 臺灣商務印書館, 1986.
• ≪儀禮注疏≫, 鄭玄 注, 賈公彦 疏, 北京大學出版社, 1999.
• ≪爾雅注疏≫, 郭璞 注, 邢昺 疏, 北京大學出版社, 1999.
• ≪一切經音義≫, 釋元應 撰, 文淵閣四庫全書, 臺灣商務印書館, 1986.
• ≪周禮注疏≫, 鄭玄 注, 賈公彦 疏, 北京大學出版社, 1999.
• ≪周易正義≫, 王弼・韓康伯 注, 孔穎達 正義, 北京大學出版社, 1999.
• ≪周易傳義大全≫, 程頤 傳, 朱熹 本義, 胡廣 等 編, 朝鮮 內閣本, 影印本, 學民文化社.
• ≪中庸章句大全≫, 朱熹 集註, 胡廣 等 編, 朝鮮 內閣本, 影印本, 學民文化社.
• ≪集韻≫, 丁度 等 編, 上海古籍出版社, 1985.
• ≪春秋穀梁傳注疏≫, 范寧 註, 楊士勛 疏, 北京大學出版社, 2000.
• ≪春秋公羊傳注疏≫, 何休 註, 徐彦 疏, 北京大學出版社, 2000.
• ≪春秋左氏傳注疏≫, 杜預 註, 孔穎達 疏, 北京大學出版社, 2000.
• ≪韓詩外傳≫, 韓嬰 撰, 文淵閣四庫全書, 臺灣商務印書館, 1986.
• ≪孝經注疏≫, 唐 玄宗 注, 邢昺 疏, 北京大學出版社, 1999.

〔史部〕

• ≪舊唐書≫, 劉昫 撰, 中華書局, 1975.
• ≪國史經籍志≫, 焦竑 撰, 廣文書局, 1975.
• ≪隋書經籍志≫, 長孫無忌 撰, 藝文印書館, 1965.
• ≪國語≫, 韋昭 注, 文淵閣四庫全書, 臺灣商務印書館, 1986.
• ≪東觀漢記≫, 劉珍等 撰, 文淵閣四庫全書, 臺灣商務印書館, 1986.
• ≪史記≫, 司馬遷 撰, 中華書局, 1999.
• ≪史記索隱≫, 司馬貞 編, 文淵閣四庫全書, 臺灣商務印書館, 1986.
• ≪史記正義≫, 張守節 撰, 文淵閣四庫全書, 臺灣商務印書館, 1986.
• ≪史記集解≫, 裴駰 撰, 文淵閣四庫全書, 臺灣商務印書館, 1986.
• ≪水經注≫, 酈道元 撰, 文淵閣四庫全書, 臺灣商務印書館, 1986.
• ≪新唐書≫, 歐陽脩・宋祁 撰, 中華書局, 1975.

• ≪晏子春秋≫, 晏嬰 撰, 文淵閣四庫全書, 臺灣商務印書館, 1986.
• ≪隷釋≫, 洪适 撰, 文淵閣四庫全書, 臺灣商務印書館, 1986.
• ≪戰國策≫, 高誘 注, 文淵閣四庫全書, 臺灣商務印書館, 1986.
• ≪漢書≫, 班固 撰, 中華書局, 1962.
• ≪後漢書≫, 司馬彪 撰, 中華書局, 1965.

〔子部〕

• ≪賈子新書≫, 賈誼 撰, 文淵閣四庫全書, 臺灣商務印書館, 1986.
• ≪鶡冠子≫, 無名氏 撰, 文淵閣四庫全書, 臺灣商務印書館, 1986.
• ≪古今譚概≫, 馮夢龍 撰, 文淵閣四庫全書, 臺灣商務印書館, 1986.
• ≪古今事文類聚≫, 祝穆 撰, 文淵閣四庫全書, 臺灣商務印書館, 1986.
• ≪孔子家語≫, 王肅 注, 文淵閣四庫全書, 臺灣商務印書館, 1986.
• ≪公孫龍子≫, 公孫龍 撰, 文淵閣四庫全書, 臺灣商務印書館, 1986.
• ≪管子≫, 管仲 撰, 文淵閣四庫全書, 臺灣商務印書館, 1986.
• ≪括地志輯校≫, 李泰 撰, 中華書局, 2005.
• ≪群書拾補≫, 盧文弨 撰, 中華書局, 1985.
• ≪群書治要譯注≫, 魏徵 等 撰, 中國書店出版社, 2012.
• ≪老子≫, 王弼 注, 文淵閣四庫全書, 臺灣商務印書館, 1986.
• ≪論衡≫, 王充 撰, 文淵閣四庫全書, 臺灣商務印書館, 1986.
• ≪讀書雜志≫, 王念孫 著, 江蘇古籍出版社, 2000.
• ≪墨子≫, 墨翟 撰, 文淵閣四庫全書, 臺灣商務印書館, 1986.
• ≪白虎通義≫, 班固 撰, 文淵閣四庫全書, 臺灣商務印書館, 1986.
• ≪法言≫, 揚雄 撰, 李軌·柳宗元 注, 文淵閣四庫全書, 臺灣商務印書館, 1986.
• ≪山海經≫, 郭璞 注, 文淵閣四庫全書, 臺灣商務印書館, 1986.
• ≪說苑≫, 劉向 撰, 文淵閣四庫全書, 臺灣商務印書館, 1986.
• ≪世說新語≫, 劉義慶 撰, 文淵閣四庫全書, 臺灣商務印書館, 1986.
• ≪荀子集解≫, 王先謙 集解, 中華書局, 1988.
• ≪荀子箋釋≫, 盧文弨 校, 謝墉 輯校, 上海古籍出版社, 1986.
• ≪尸子≫, 尸佼 撰, 文淵閣四庫全書, 臺灣商務印書館, 1986.
• ≪尸子≫, 尸佼 撰, 李守奎 譯注, 黑龍江人民出版社, 2003.
• ≪新書≫, 賈誼 撰, 文淵閣四庫全書, 臺灣商務印書館, 1986.
• ≪新序≫, 劉向 撰, 文淵閣四庫全書, 臺灣商務印書館, 1986.
• ≪愼子≫, 愼到 撰, 文淵閣四庫全書, 臺灣商務印書館, 1986.

- ≪申子≫, 申不害 撰, 文淵閣四庫全書, 臺灣商務印書館, 1986.
- ≪揚子法言≫, 揚雄 撰, 李軌・柳宗元 注, 文淵閣四庫全書, 臺灣商務印書館, 1986.
- ≪呂氏春秋≫, 呂不韋 編, 高誘 注, 文淵閣四庫全書, 臺灣商務印書館, 1986.
- ≪列子≫, 張湛 注, 文淵閣四庫全書, 臺灣商務印書館, 1986.
- ≪藝文類聚≫, 歐陽詢 撰, 文淵閣四庫全書, 臺灣商務印書館, 1986.
- ≪日知錄≫, 顧炎武 撰, 文淵閣四庫全書, 臺灣商務印書館, 1986.
- ≪莊子集釋≫, 莊周 撰, 郭象 注, 陸德明 釋文, 成玄英 疏, 郭慶藩 輯, 中華書局, 1961.
- ≪諸子平議≫, 兪樾 著, 中華書局, 1954.
- ≪太平御覽≫, 李昉 等 撰, 文淵閣四庫全書, 臺灣商務印書館, 1986.
- ≪太玄經≫, 揚雄 撰, 文淵閣四庫全書, 臺灣商務印書館, 1986.
- ≪通雅≫, 方以智 撰, 文淵閣四庫全書, 臺灣商務印書館, 1986.
- ≪韓非子≫, 韓非 撰, 文淵閣四庫全書, 臺灣商務印書館, 1986.
- ≪淮南子≫, 劉安 撰, 高誘 注, 文淵閣四庫全書, 臺灣商務印書館, 1986.

〔集部〕

- ≪經義述聞≫, 王引之 撰, 世界書局, 1975.
- ≪經傳釋詞≫, 王引之 撰, 黃侃 楊樹達 批本, 岳麓書社, 1982.
- ≪群書治要譯注≫, 魏徵 等 撰, 中國書店出版社, 2012.
- ≪讀書雜志≫, 王念孫 著, 江蘇古籍出版社, 2000.
- ≪文選≫, 蕭統 撰, 文淵閣四庫全書, 臺灣商務印書館, 1986.
- ≪文選注≫, 蕭統 撰, 李善 注, 世界書局, 1962.
- ≪諸子平議≫, 兪樾 著, 中華書局, 1954.
- ≪集韻≫, 丁度等 編, 上海古籍出版社, 1985.
- ≪楚詞補註≫, 洪興祖 撰, 文淵閣四庫全書, 臺灣商務印書館, 1986.
- ≪韓詩外傳≫, 韓嬰 撰, 文淵閣四庫全書, 臺灣商務印書館, 1986.

5. 전자자료

- 電子版 文淵閣四庫全書, 迪志文化出版社, 北京, 1999.
- 尙友千古(http://www.s-sangwoo.kr)
- 韓國古典綜合DB(http://db.itkc.or.kr)
- 東洋古典綜合DB(http://db.cyberseodang.or.kr)
- Chinese Text Project(http://ctext.org)

4. ≪墨子閒詁 7≫ 參考圖版 目錄

5. 戰國七雄圖

※ QR코드를 스캔하면 더 선명한 지도를 볼 수 있습니다.

(≪中國歷史地圖≫ 上冊 (程光裕·徐聖謨 主編, 中國文化大學出版部, 1980)에서 轉載)

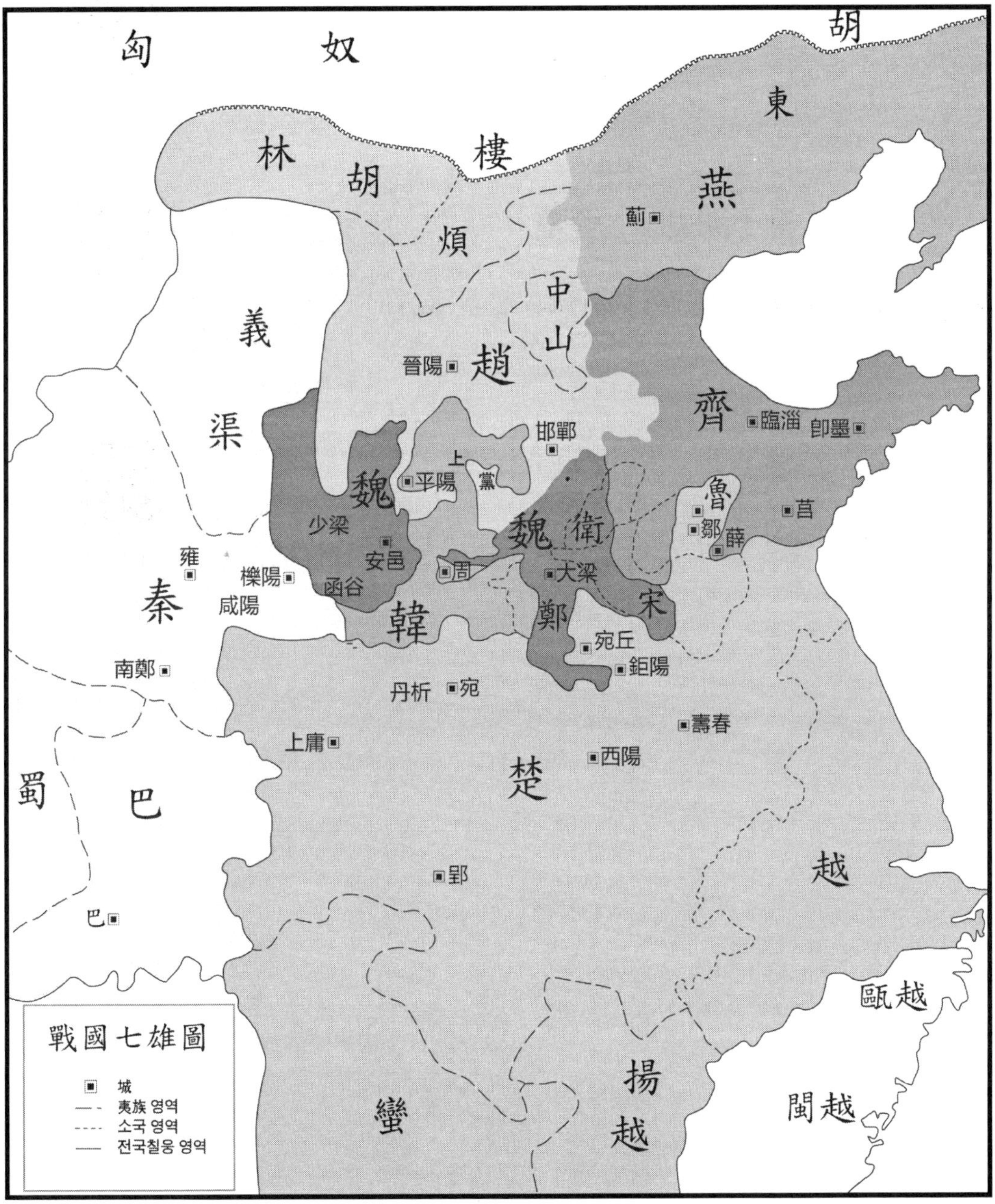

6. ≪墨子閒詁≫ 總目次

※ QR코드를 스캔하면 ≪墨子閒詁≫의 총목차를 볼 수 있습니다.

總目次

7. ≪墨子閒詁≫ 解題

※ QR코드를 스캔하면 ≪墨子閒詁≫의 해제를 볼 수 있습니다.

解題

8. ≪墨子≫ 관련 研究論著

※ QR코드를 스캔하면 ≪墨子≫ 관련 研究論著의 목록을 볼 수 있습니다.

研究論著

責任飜譯

李相夏

啓明大學校 中語中文學科 졸업
高麗大學校 大學院 國語國文學科 文學博士
民族文化推進會 부설 常任研究員 졸업
朝鮮大學校 漢文學科 教授
韓國古典飜譯院 부설 古典飜譯教育院 教授(現)

論文 및 譯書

〈漢文古典 文集飜譯의 특성과 문제점〉, 〈≪朱子書節要≫가 조선조에 끼친 영향〉, 〈退溪・南冥의 시와 대조적인 학문성향〉 등
≪寒洲 李震相의 主理論 研究≫, ≪冷淡家計≫, ≪儒學的 思惟와 韓國文化≫(共著) 등
≪挹翠軒遺稿≫, ≪容齋集≫, ≪石洲集≫, ≪月沙集≫(共譯), ≪鵝溪遺稿≫(共譯), ≪譯註 唐宋八大家文抄 歐陽脩≫(共譯), ≪譯註 明淸八大家文鈔≫(共譯), ≪古文眞寶 後集≫(共譯) 등

共同飜譯

邊球鎰

高麗大學校 國語國文學科 졸업
高麗大學校 大學院 國語國文學科 文學碩士
民族文化推進會 부설 研修部 졸업
韓國古典飜譯院 부설 專門課程 졸업
韓國古典飜譯院 研究員(現)

論著 및 譯書

〈谿谷 張維 散文 研究〉
≪東川遺稿≫, ≪滄溪集1≫, ≪譯註 唐宋八大家文鈔 歐陽脩≫(이상 共譯) 등

東洋古典譯註叢書 107-1

譯註 墨子閒詁 7　　　　0000000원

2023년 12월 20일 초판 인쇄
2023년 12월 30일 초판 발행

企劃編輯　東洋古典飜譯編輯委員會
飜譯研究管理　南賢熙
校　注　孫詒讓
責任飜譯　李相夏
共同飜譯　邊球鎰
索　引　李承俊
潤　文　朴勝珠
校　訂　李承俊 南賢熙
出　版　白俊哲
裝　幀　김진디자인

發行人　郭成文

發行處　社團法人 傳統文化研究會
서울시 종로구 삼일대로 428 낙원빌딩 411호
전화 : (02)762-8401　전송 : (02)747-0083
전자우편 : juntong@juntong.or.kr
홈페이지 : juntong.or.kr
사이버書堂 : cyberseodang.or.kr
온라인서점 : book.cyberseodang.or.kr
등록 : 1989. 7. 3. 제1-936호

인쇄처 : 한국법령정보주식회사(02-462-3860)
총　판 : 한국출판협동조합(070-7119-1750)

ISBN 979-11-5794-551-1 94150
978-89-85395-71-7(세트)

※이 책은 2023년도 교육부 고전문헌 국역지원사업 지원비에 의해 출판되었음.

전통문화연구회 도서목록

범례 : 周易正義 1~4〔全15〕- 전체 15책 계획, 현재 1~4책만 간행된 경우

新編 基礎漢文敎材

書名	譯者	價格
新編 四字小學·推句	고전교육연구실 編譯	11,000원
新編 啓蒙篇·童蒙先習	고전교육연구실 編譯	11,000원
新編 明心寶鑑	李祉坤·元周用 譯註	15,000원
新編 擊蒙要訣	咸賢贊 譯註	12,000원
新編 註解千字文	李忠九 譯註	13,000원
新編 原文으로 읽는 故事成語	元周用 編譯	15,000원
新編 唐音註解選	權卿相 譯註	22,000원

漢文讀解捷徑시리즈

書名	著者	價格
漢文독해 기본패턴	고전교육연구실 著	15,000원
四書독해첩경	고전교육연구실 著	20,000원
한문독해첩경 -文學篇	朴相水·李和春 외 著	15,000원
한문독해첩경 -史學篇	朴相水·李和春 외 著	15,000원
한문독해첩경 -哲學篇	朴相水·李和春 외 著	15,000원

五書五經讀本

書名	譯者	價格
論語集註 上·下	鄭太鉉 譯註	合 50,000원
孟子集註 上·下	田炳秀·金東柱 譯註	合 60,000원
大學·中庸集註	李光虎·田炳秀 譯註	15,000원
小學集註 上·下	李忠九 外 譯註	合 50,000원
詩經集傳 上·中·下	朴小東 譯註	合 90,000원
書經集傳 上·中·下	金東柱 譯註	合 90,000원
周易傳義 元·亨·利·貞	崔英辰 外 譯註	合 120,000원
詳說 古文眞寶大全後集 上·下	李相夏 外 譯註	合 64,000원
春秋左氏傳 上·中·下	許鎬九 外 譯註	合 109,000원
禮記 上·中·下	成百曉 外 譯註	合 90,000원

東洋古典國譯叢書

書名	譯者	價格
大學·中庸集註 -개정증보판	成百曉 譯註	10,000원
論語集註 -개정증보판	成百曉 譯註	27,000원
孟子集註 -개정증보판	成百曉 譯註	30,000원
詩經集傳 上·下	成百曉 譯註	合 70,000원
書經集傳 上·下	成百曉 譯註	合 70,000원
周易傳義 上·下	成百曉 譯註	合 80,000원
小學集註	成百曉 譯註	30,000원
古文眞寶 後集	成百曉 譯註	32,000원

東洋古典譯註叢書

〈經部〉

〔十三經注疏〕

書名	譯者	價格
周易正義 1~4	成百曉·申相厚 譯註	合 139,000원
尙書正義 1~7	金東柱 譯註	合 228,000원
毛詩正義 1~8〔全15〕	朴小東 外 譯註	合 259,000원
禮記正義 1~2, 中庸·大學	李光虎 外 譯註	合 77,000원
論語注疏 1~3	鄭太鉉·李聖敏 譯註	合 107,000원
孟子注疏 1~4〔全5〕	崔彩基·梁基正 譯註	合 119,000원
孝經注疏	鄭太鉉·姜珉廷 譯註	30,000원
周禮注疏 1~4〔全15〕	金容天·朴禮慶 譯註	合 122,000원
春秋左傳正義 1~2〔全18〕	許鎬九 外 譯註	合 59,000원
春秋公羊傳注疏 1〔全7〕	許鎬九 外 譯註	37,000원

書名	譯者	價格
春秋左氏傳 1~8	鄭太鉉 譯註	合 244,000원
禮記集說大全 1~5〔全10〕	辛承云 外 譯註	合 160,000원
東萊博議 1~5	鄭太鉉·金炳愛 譯註	合 153,000원
韓詩外傳 1~2	許敬震 外 譯註	合 62,000원
說文解字注 1~4〔全20〕	李忠九 外 譯註	合 141,000원

〈史部〉

書名	譯者	價格
思政殿訓義 資治通鑑綱目 1~22〔全39〕	辛承云 外 譯註	合 671,000원
通鑑節要 1~9	成百曉 譯註	合 275,000원
唐陸宣公奏議 1~2	沈慶昊·金愚政 譯註	合 80,000원
貞觀政要集論 1~4	李忠九 外 譯註	合 102,000원
列女傳補注 1~2	崔秉準·孔勤植 譯註	合 68,000원
歷代君鑑 1~4	洪起殷·全百燦 譯註	合 135,000원

〈子部〉

書名	譯者	價格
孔子家語 1~2	許敬震 外 譯註	合 71,000원
管子 1~3〔全4〕	李錫明·金帝蘭 譯註	合 91,000원
近思錄集解 1~3	成百曉 譯註	合 96,000원
老子道德經注	金是天 譯註	30,000원
大學衍義 1~5〔全7〕	辛承云 外 譯註	合 144,000원
墨子閒詁 1~6〔全7〕	李相夏 外 譯註	合 212,000원
說苑 1~2	許鎬九 譯註	合 50,000원
世說新語補 1~5	金鎭玉 外 譯註	合 171,000원
荀子集解 1~7	宋基采 譯註	合 224,000원
心經附註	成百曉 譯註	35,000원
顔氏家訓 1~2	鄭在書·盧暻熙 譯註	合 47,000원
揚子法言 1〔全2〕	朴勝珠 譯註	24,000원

列子鬳齋口義　崔秉準·孔勤植·權憲俊 共譯　34,000원
二程全書 1~6〔全10〕　崔錫起·姜導顯 譯註　合 205,000원
莊子 1~4　安炳周·田好根 共譯　合 113,000원
政經·牧民心鑑　洪起殷·全百燦 譯註　27,000원
韓非子集解 1~5　許鎬九 外 譯註　合 174,000원

〔武經七書直解〕

孫武子直解·吳子直解　成百曉·李蘭洙 譯註　35,000원
六韜直解·三略直解　成百曉·李鍾德 譯註　26,000원
尉繚子直解·李衛公問對直解　成百曉·李蘭洙 譯註　26,000원
司馬法直解　成百曉·李蘭洙 譯註　26,000원

〈集部〉

古文眞寶 前集　成百曉 譯註　30,000원
唐詩三百首 1~3　宋載卲 外 譯註　各 25,000원~36,000원

唐宋八大家文抄

韓愈 1~3　鄭太鉉 譯註　合 78,000원
柳宗元 1~2　宋基采 譯註　合 44,000원
歐陽脩 1~7　李相夏 譯註　合 203,000원
蘇洵　李章佑 外 譯註　25,000원
蘇軾 1~5　成百曉 譯註　合 110,000원
蘇轍 1~3　金東柱 譯註　合 64,000원
王安石 1~2　申用浩·許鎬九 共譯　合 45,000원
曾鞏　宋基采 譯註　25,000원

明淸八大家文鈔

歸有光·方苞　李相夏 外 譯註　35,000원
劉大櫆·姚鼐　李相夏 外 譯註　35,000원
梅曾亮·曾國藩　李相夏 外 譯註　38,000원

東洋古典新譯

당시선　송재소·최경렬·김영죽 편역　22,000원
손자병법　성백효 역주　14,000원
장자　안병주·전호근·김형석 역주　13,000원
고문진보 후집　신용호 번역　28,000원
노자도덕경　김시천 역주　15,000원
고문진보 전집 上·下　신용호 번역　合 44,000원
신식 비문척독　박상수 번역　25,000원

동양문화총서

동양사상 해설과 원전　정규훈 外 저　22,000원
화합의 길 《중용》 읽기　금장태 저　20,000원
호설과 시장　신용호 저　20,000원
어느 노학자의 젊은 시절　심재기 저　22,000원

문화문고

경전으로 본 세계종교 그리스도교　이정배 편저　10,000원
〃 도교　이강수 편역　10,000원
〃 천도교　윤석산 외 편저　10,000원
〃 힌두교　길희성 편역　10,000원
〃 유교　이기동 편저　10,000원
〃 불교　김용표 편저　10,000원
〃 이슬람　김영경 편역　10,000원
논어·대학·중용　조수익·박승주 공역　10,000원
맹자　조수익·박승주 공역　10,000원
소학　박승주·조수익 공역　10,000원
십구사략 1~2　정광호 저　合 24,000원
무경칠서 손자병법·오자병법　성백효 역　10,000원
〃 육도·삼략　성백효 역　10,000원
〃 사마법·울료자·이위공문대　성백효 역　10,000원
당시선　송재소·최경렬·김영죽 편역　10,000원
한문문법　이상진 저　10,000원
한자한문전통교재　조수익·이성민 공역　10,000원
士小節 선비 집안의 작은 예절　이동희 편역　12,000원
儒學이란 무엇인가　이동희 저　10,000원
동아시아의 유교와 전통문화　이동희 저　13,000원
현대인, 동양고전에서 길을 찾다　이동희 저　10,000원
100자에 담긴 한자문화 이야기　김경수 저　12,000원
우리 설화 1~2　김동주 편역　合 20,000원
대한민국 국무총리　이재원 저　10,000원
백운거사 이규보의 문학인생　신용호 저　14,000원